"Existem teologias do Antigo Testamento e teologias do Novo Testamento, mas pouquíssimas teologias bíblicas. Contudo, para o cristão, ambos os testamentos estão interligados. O que o leitor cristão da Escritura precisa é de teologia bíblica. Assim, enquanto a maioria dos eruditos se concentra em suas respectivas áreas de especialização, John Goldingay cruza ousadamente todas as fronteiras erigidas por esses especialistas entre as diferentes partes da Bíblia e nos dá aquilo de que precisamos: uma "síntese da Escritura", conforme define. Sua independência intelectual nos assegura que suas discussões são imprevisíveis e interessantes. Seu estilo vívido e acessível fará desta obra um recurso valioso a um público amplo."

RICHARD BAUCKHAM, professor emérito de Novo Testamento, Universidade de St. Andrews, Escócia.

"Que edifício teológico pode ser construído a partir da leitura de materiais bíblicos? Com um entusiasmo bem próprio, John Goldingay perde pouco tempo especulando sobre o formato do edifício ou sondando quais direitos têm seus potenciais inquilinos: ele simplesmente segue em frente e começa a reorganizar o mobiliário. Leituras atentas oferecem novos *layouts* e esquemas de cores. O resultado é um livro geralmente feliz em dizer o que não sabemos, imaginativo em sua forma de dizer o que pensamos saber e insistente no chamado para que nos voltemos mais uma vez à Escritura, para que ela modele todo o nosso conhecimento."

RICHARD S. BRIGGS, professor de Antigo Testamento, Diretor de Estudos Bíblicos, Cranmer Hall, St. John's College, Universidade de Durham, Reino Unido.

"Aqueles que partem da Bíblia para estudar teologia encontram-se em tensão com as categorias sistemáticas clássicas, mas raramente têm coragem de se aventurar em uma releitura detalhada e completa do universo bíblico. John Goldingay não apenas está equipado para tal desafio, como também o enfrentou com uma visão estrondosa de nada menos do que uma teologia bíblica — uma que, sem pudor, questiona o que a Bíblia fala sobre Deus e sobre a vida humana. Em um conjunto novo e orgânico de categorias, Goldingay oferece ao leitor uma visão para a teologia, a qual espero que substitua a sistemática ríspida que silenciou tanto da história bíblica."

SCOT MCKNIGHT, Professor Julius R. Mantey de Novo Testamento, Northern Seminary.

TEOLOGIA BÍBLICA

JOHN GOLDINGAY

O DEUS DAS ESCRITURAS CRISTÃS

THOMAS NELSON
BRASIL

Título original: *Biblical Theology: The God of the Christian Scriptures*
Copyright © 2016 John Goldingay
Edição original por InterVarsity Press. Todos os direitos reservados.
Copyright de tradução © Vida Melhor Editora LTDA., 2020.

Todas as citações das Escrituras, salvo indicações específicas, são traduções do próprio autor.

Os pontos de vista desta obra são de responsabilidade de seus autores e colaboradores diretos, não refletindo necessariamente a posição da Thomas Nelson Brasil, da HarperCollins Christian Publishing ou de sua equipe editorial.

Publisher	*Samuel Coto*
Editores	*André Lodos Tangerino e Bruna Gomes*
Tradutor	*Elissamai Bauleo*
Preparação	*Mauro Nogueira*
Revisão	*Davi Freitas e Shirley Lima*
Diagramação	*Sonia Peticov*
Capa	*Anderson Junqueira*

CIP-BRASIL. CATALOGAÇÃO NA FONTE
SINDICATO NACIONAL DOS EDITORES DE LIVROS, RJ

G981t

Goldingay, John

    Teologia bíblica: o Deus das escrituras cristãs / John Goldingay; Elissamai Bauleo. — 1.ed. — Rio de Janeiro: Thomas Nelson Brasil, 2020.
    656 p.; 15,5 x 23 cm

    ISBN 978-85-71671-00-3

1. Teologia.   2. Cristianismo.   3. Estudo bíblico.   4. Vida cristã.   5. Escrituras. I. Título.

CDD: 230

Índice para catálogo sistemático:
1. Teologia: cristianismo
2. Estudo bíblico: vida cristã
3. Escrituras

Aline Graziele Benitez – Bibliotecária – CRB-1/3129

Thomas Nelson Brasil é uma marca licenciada à Vida Melhor Editora LTDA.
Todos os direitos reservados à Vida Melhor Editora LTDA.
Rua da Quitanda, 86, sala 601A – Centro
Rio de Janeiro – RJ – CEP 20091-005
Tel.: (21) 3175-1030
www.thomasnelson.com.br

*Quem poderá descrever todo o poder
[da grandeza do Senhor]?
Quem empreenderá a explicação
de sua misericórdia?
Nada há a subtrair, nada a acrescentar às
maravilhas de Deus; elas são incompreensíveis.
Quando o homem tiver acabado, então
estará no começo; e, quando cessar a
pesquisa, ficará perplexo.*
Eclesiástico 18:4-6

O mistério é a força vital da dogmática.
Bavinck, Reformed Dogmatics 2:29

(Também é importante para a teologia bíblica.)

SUMÁRIO

Prefácio 9
Introdução 13

1. A PESSOA DE DEUS 21
  1.1 O caráter de Deus 23
  1.2 Um único Deus 35
  1.3 Espírito de Deus: vento e fogo 60
  1.4 A mente de Deus e sua mensagem 73

2. A SABEDORIA DE DEUS 88
  2.1 Personificada no mundo 90
  2.2 Declaratória 98
  2.3 Testificada 110
  2.4 Imperativa 121
  2.5 Inspiradora 128
  2.6 Diversificada 135

3. A CRIAÇÃO DE DEUS 145
  3.1 Céus e terra 146
  3.2 A comunidade humana 163
  3.3 A nação 174
  3.4 O ser humano 187
  3.5 O indivíduo 201
  3.6 Desvio e suas consequências 213

4. O REINADO DE DEUS 234
  4.1 Em Israel 235
  4.2 Por meio de Jesus 251
  4.3 A resistência 266
  4.4 O plano secreto de Deus: Israel expandido 281

5. O Ungido de Deus 297
   5.1 A vida de Jesus 297
   5.2 A morte de Jesus: incorporando e modelando 316
   5.3 A morte de Jesus: carregando a transgressão 330
   5.4 A morte de Jesus: purificando e fazendo restituição .. 346
   5.5 A morte de Jesus: libertando as pessoas para um
       novo trabalho 358
   5.6 A ressurreição de Jesus 376

6. Os filhos de Deus 390
   6.1 A congregação 390
   6.2 Relacionamento com Deus 411
   6.3 Ambiguidades 433
   6.4 Servos da congregação 456

7. As expectativas de Deus 474
   7.1 Andar 475
   7.2 Adorar 500
   7.3 Comprometimento mútuo 519

8. O triunfo de Deus 543
   8.1 O cumprimento da intenção de Deus 543
   8.2 A era vindoura e o novo mundo 553
   8.3 Entre o fim e o fim 571
   8.4 A aparição de Jesus 581
   8.5 Juízo 594

Obras consultadas 605
Índice de nomes 623
Índice temático 627
Índice bíblico 638

PREFÁCIO

QUANDO ESTAVA ESCREVENDO uma *Teologia do Antigo Testamento*,[1] uma voz em minha cabeça me disse que deveria ser uma teologia bíblica. Considerar a importância teológica do Antigo Testamento de forma isolada era um exercício insólito, visto que a igreja reconhece os dois Testamentos como Escrituras. Evidentemente, não é um exercício tão estranho quanto tratar o Novo Testamento isoladamente. As Escrituras do Antigo Testamento não pressupõem o Novo e não são incompreensíveis sem o Novo, e a ideia de alguém no ano 10 a.C. perguntando a respeito do conteúdo teológico do Antigo Testamento como um todo não é incoerente (se não levarmos em conta debates sobre quando a lista precisa de seus livros foi fixada). Em contrapartida, o Novo Testamento pressupõe o *status* bíblico desses escritos; questionar implicações teológicas do Novo Testamento de forma isolada deles é um empreendimento incoerente e perigoso.

A princípio, não tive resposta à voz da minha cabeça, exceto pela convicção tática (implícita, naquele ponto, no perigo de uma teologia do Novo Testamento) de que era importante ressaltar o Antigo Testamento para equilibrar a prática comum de ignorá-lo teologicamente. Reconheço, porém, a força da voz, e este livro é minha tentativa de atender a ela.

---

[1] 3 vols. (Downers Grove: InterVarsity Press; Milton Keynes: Paternoster, 2003, 2006, 2009).

Na escrita, segui um procedimento semelhante ao adotado em minha *Teologia do Antigo Testamento*. Fiz uma lista de possíveis títulos de capítulos com base em ideias de quais seriam necessários, passando, então, a ler o Novo Testamento e fazer observações com base nesses títulos.

Atuando dessa forma, quis dar prioridade à minha leitura das Escrituras e deixá-las, por si mesmas, determinar o andamento do trabalho. Tendo escrito uma *Teologia do Antigo Testamento*, não estava confiante de que poderia repensar o material do Antigo Testamento de maneira nova e começar por ele; seria uma reintrodução do trabalho anterior. Começar pelo Novo Testamento deu-me uma nova perspectiva do Antigo Testamento. Em harmonia com a forma pela qual me dediquei à tarefa, procuro sempre, ao apresentar o material neste volume, começar com o Novo Testamento. A vantagem é que começamos onde a igreja está hoje, ou seja, no contexto de seu maior envolvimento com o Novo Testamento.

Juntamente com meu estudo das Escrituras, li alguns comentários e outras obras, remodelando e desenvolvendo os títulos e a estrutura do trabalho conforme os dados o exigiam. Ao longo do caminho, adicionei material considerável do Antigo Testamento que interligava (ou não) os vários temas, fazendo-o de modo mais sistemático após ter completado meu trabalho inicial.

Além deste prefácio e da introdução a seguir, não discuto métodos, nem menciono questões sobre o relacionamento entre os Testamentos. Minha consideração mais recente a respeito de tais questões tornou-se um livro à parte: *Do We Need the New Testament* [Precisamos do Novo Testamento]?[2] O presente livro pressupõe posições estabelecidas na obra citada e, em termos proporcionais, presta mais atenção ao Novo Testamento do que esse outro título poderia sugerir ou do que você e eu esperaríamos. Essa característica reflete o método de trabalho que começou com o Novo Testamento; também significa que não repito substancialmente o conteúdo coberto na *Teologia do Antigo Testamento*, nem sou tentado a prolongar demais o livro. Geralmente, apenas indico onde um tema característico do Antigo Testamento se encaixa, faço um breve comentário sobre ele e adiciono algumas referências de rodapé

---

[2]Downers Grove: InterVarsity Press, 2015.

ao material da *Teologia do Antigo Testamento*, embora os três volumes dessa obra incluam material que se expande para quase todas as seções deste livro. Mantenho uma esperança, ainda que ingênua, de que o leitor sinta-se motivado a ler esse meu outro trabalho.

As traduções bíblicas são minhas, a menos que indicadas de outra forma. Em referências como "Sl 31:19 [TM 20]", a informação entre colchetes indica a versificação em bíblias hebraicas que difere das bíblias em português. No Novo Testamento, geralmente traduzo a palavra *christos* por "Ungido" em vez de usar a transliteração "Cristo", o que facilmente dá a impressão de que a palavra é um nome,[3] e traduzo a expressão *huios tou anthrōpou* por "Homem" em vez de "Filho do homem".[4] Geralmente, emprego a palavra *congregação* no lugar de *igreja*, bem como a palavra *fiéis* em vez de *cristãos*,[5] de uso esporádico no Novo Testamento. Jesus fala sobre discipular pessoas, não torná-las cristãs, enquanto para Paulo *fiéis* é a palavra principal nessa conexão, sendo "santos" (*hagioi*) sua outra palavra principal. Tanto judeus como pagãos são chamados de "infiéis" (*apistoi*).[6] Ao falar sobre a origem de livros bíblicos, como Jeremias, Mateus ou Efésios, geralmente menciono os autores de livros inteiros pelos nomes que lhes são tradicionalmente associados, sem a intenção de sugerir que tenho necessariamente um ponto de vista da verdadeira identidade do autor.

Normalmente, usei as seguintes abreviações:

ARA	Almeida Revista e Atualizada
CD	Karl Barth, *Church Dogmatics* [Dogmática cristã]. 13 vols. Edimburgo: T&T Clark, 1936-1969
JBL	*Journal of Biblical Literature* [Periódico de literatura bíblica]
JPSV	Jewish Publication Society Version [Versão da Sociedade de Publicações Judaicas]

---

[3] Cf. comentários em N. T. Wright, *Paul and the Faithfulness of God* [Paulo e a fidelidade de Deus] (Mineápolis: Fortress; Londres: SPCK, 2013), p. 835, embora o autor use a transliteração.

[4] Cf. parágrafos sob "Homem" na seção 5.2 abaixo; veja também "When the Man Comes Around" [Quando o homem faz uma visita], de Johnny Cash.

[5] Cf. Barth, CD IV, 3:525.

[6] E. P. Sanders, *Paul and Palestinian Judaism* [Paulo e o judaísmo palestino] (Londres: SCM Press; Filadélfia: Fortress, 1977), p. 445, 452.

JSNT *Journal for the Study of the New Testament* [Periódico para o estudo do Novo Testamento]
KJV   Versão King James [Versão Autorizada]
LW   Luther's Works [Obras de Lutero]
TM   Texto Massorético, especialmente nas referências aos números de versículos em bíblias hebraicas impressas quando diferem da numeração em versões bíblicas de língua portuguesa
NVI   Nova Versão Internacional
NPNF *A Select Library of the Nicene and Post-Nicene Fathers* [Bibliografia seleta dos pais nicenos e pós-nicenos]. Reimpressão, Edimburgo: T&T Clark; Grand Rapids: Eerdmans, 1991
NTS   *New Testament Studies* [Estudos do Novo Testamento]
OTT   John Goldingay, *Old Testament Theology* [Teologia do Antigo Testamento]. 3 vols. Downers Grove: InterVarsity Press; Milton Keynes: Paternoster, 2003, 2006, 2009
NTLH Nova Tradução da Linguagem de Hoje

Sou grato a Thomas A. Bennett e a Kathleen Scott Goldingay, por sua leitura e seus comentários cuidadosos do rascunho deste livro, assim como o de muitos outros. Menciono-os esporadicamente em notas de rodapé, mas sua contribuição é maior do que essas menções sugerem. Também sou grato a Anna Lo, por compilar os índices. Já era tempo de expressar minha gratidão pelo conselho e o apoio de Dan Reid, meu editor na IVP, cujos conselhos e o apoio têm me servido há muitos anos. A última sugestão em conexão com este volume era dizer-lhe que estava dando os últimos retoques no texto quando o *Desfile do Torneio das Rosas* passava por nossa casa em South Orange Grove Boulevard, Pasadena, Califórnia, no Ano Novo de 2016.

INTRODUÇÃO

"TEOLOGIA BÍBLICA" significa coisas diferentes para pessoas diferentes, e não estou preocupado em defender que a expressão deva ser usada apenas no sentido por mim atribuído; apenas deixarei claro o que quero dizer com essa expressão. Para a comunidade judaica, as Escrituras são compostas por uma coletânea de obras chamadas de "Torá", "Profetas" e "Escritos". Essa coletânea é chamada de "Antigo Testamento" pelos cristãos e, neste livro, receberá o nome de "Primeiro Testamento". Há ainda outra coletânea que a igreja veio a definir, denominada pelos cristãos de "Novo Testamento". A igreja considera que essas duas coletâneas estão interligadas e são normalmente impressas como um único volume. Neste livro, questiono: "Que entendimento sobre Deus, o mundo e a vida emerge desses dois Testamentos?" Não parece uma pergunta ultrajante, mesmo que tentar responder a isso possa ser um "ato de arrogância ingênua".[1] Mesmo que de fato pareça ultrajante, tenho feito essa pergunta, e este livro lhe dá minha resposta.

Uma razão pela qual parece ser uma pergunta complicada é que os dois Testamentos consistem de escritos que vieram à existência através da obra de diversas pessoas por cerca de mil anos, cobrindo uma área ampla

---

[1] O desconforto de Scott J. Hafemann acerca de sua própria tentativa, *The God of Promise and the Life of Faith* [O Deus da promessa e a vida de fé] (Wheaton: Crossway, 2001), p. 19.

do Oriente Médio e do leste do Mediterrâneo. Contudo, essas pessoas produziram o que os cristãos veem como uma única história concernente ao envolvimento de Deus com um povo particular e como esse envolvimento veio a abranger outros povos. Os Testamentos compõem uma coletânea de documentos que relacionam aspectos dessa história; transmitem *insights* sobre o Deus que a orquestrou; desafiam pessoas sobre sua existência nesse contexto; advertem e fazem promessas a respeito do futuro; registram a oração e o louvor de pessoas a Deus; incorporam cartas, poemas e observações sobre a vida. Esses documentos lembram uma foto de família, um livro corriqueiro, um álbum de recortes ou uma coleção de memorabilia, uma antologia que narra uma história de família, fornecendo-nos uma fotografia sua em diferentes períodos.

Assim, eles não são uma "tradição coerente", como o trabalho de Tomás de Aquino ou de João Calvino, porém um "pacote canônico de testemunhos sobrepostos de contextos drasticamente diferentes à única história de Deus com a humanidade, cujo ponto culminante é a morte e a ressurreição de Cristo. As Escrituras vêm até nós na forma de tradições plurais". De fato (como Nietzsche assinala), "o anseio por um sistema é uma falta de integridade".[2] Entretanto, "na pauta de uma hermenêutica da doutrina... há espaço para "sistema" tanto em termos de coerência... como de provisão para marcos de fronteira e de identidade em interação com a história em andamento, a experiência e uma hermenêutica dos mundos-da-vida", ainda que "a noção de um 'sistema final' seja excluída".[3]

No modo como as próprias Escrituras fazem teologia, duas formas estão entre as mais proeminentes. Ambos os Testamentos são dominados por uma série de narrativas, e essa característica reflete e aponta para um aspecto-chave da teologia bíblica: trata-se de uma teologia que se concentra em uma história. Ela abrange um relato de coisas particulares que Deus e o ser humano fizeram em lugares e tempos particulares, bem como uma reflexão considerável sobre essas ações e acontecimentos.

---

[2]Miroslav Volf, *Exclusion and Embrace* [Exclusão e aceitação] (Nashville: Abingdon, 1996), p. 208-9, citação extraída do início de "Maxims and Arrows" [Ditos e seitas], de Friedrich Nietzsche, em *Twilight of the Idols and The Anti Christ* [Crepúsculo dos ídolos e o anticristo] (Londres e Nova York: Penguin, 1968), p. 25.
[3]Anthony C. Thiselton, *The Hermeneutics of Doctrine* [Hermenêutica da doutrina] (Grand Rapids: Eerdmans, 2007), p. 141.

▶ Introdução

Ambos os Testamentos também incorporam um bom material de cunho mais discursivo e analítico; esse consiste em ensinar que, explícita ou implicitamente, lida com as implicações dos eventos apresentados nessas narrativas. Assim, cobre temas teológicos (verdade sobre Deus, Israel, o mundo, a humanidade etc.) e a natureza da resposta adequada a Deus (em adoração, espiritualidade, ética etc.).

Em *Old Testament Theology* [Teologia do Antigo Testamento], o primeiro volume se ocupou da forma narrativa, enquanto os outros dois, das formas discursiva e analítica (o Primeiro Testamento também faz teologia por meio de louvor e oração; não tentei emular essa abordagem). Neste livro, as duas formas se interligam mais. Começo com o próprio ser de Deus e prossigo abordando o mundo, a humanidade, o povo de Deus e as expectativas de Deus. Ao mesmo tempo, movo-me da Criação para Israel, de Israel para Jesus, de Jesus à consumação do propósito de Deus. Começo com o discursivo (a pessoa de Deus) e termino com o narrativo (o triunfo de Deus).

Definições de teologia bíblica distinguiram entre "teologia contida na Bíblia" e "teologia que está de acordo com a Bíblia".[4] Meu objetivo se encontra em algum lugar entre essas duas alternativas. Como Jerônimo, Calvino ou Barth, faço teologia como a pessoa que sou no tempo em que escrevo, o que significa, no meu caso, como um ministro britânico envelhecido, acadêmico e louco por música vivendo em Los Angeles, no século XXI. Formulo uma teologia bíblica com a ajuda de obras produzidas por eruditos como Karl Barth, Richard Bauckham, Rudolf Bultmann, James Dunn, Richard Hays, E. P. Sanders e N. T. Wright; além disso, há cinquenta anos, não podia ter escrito da forma como faço hoje. O mais assustador é que, em cinquenta anos, a obra terá de ser reformulada.

Quero saber que importância essas Escrituras têm em nosso tempo, e quero que outras pessoas a vejam e que seu interesse seja despertado. "Ética, enquanto descritiva, não é imparcial; ela reflete normativamente",[5]

---

[4]Gerhard Ebeling, *Word and Faith* [Palavra e fé] (Filadélfia: Fortress; Londres: SCM Press, 1963), p. 79; cf. Brevard S. Childs, *Biblical Theology of the Old and New Testaments* [Teologia bíblica do Antigo e do Novo Testamento] (Londres: SCM Press, 1992; Mineápolis: Fortress, 1993), p. 3.
[5]Oliver O'Donovan, *Self, World, and Time* [O 'eu', o mundo e o tempo] (Grand Rapids e Cambridge: Eerdmans, 2013), p. 71.

e o mesmo se dá com a teologia bíblica. Nem sempre resisto à tentação de apontar meios nos quais essas Escrituras são importantes para nós ou de tentar refletir sobre as questões suscitadas por elas. Não quero, porém, que tais interesses me impeçam de ver o que as Escrituras dizem por si só. Sou entusiasticamente preocupado com o modo como elas afetam nossa vida aqui e agora, e não há como esse fato não impactar o modo como vejo a teologia bíblica. Contudo, não busco intencionalmente declarar sua natureza de modo a torná-la uma mensagem para meu contexto, e não quero prestar muita atenção a questões que são mais importantes em nosso contexto do que nas Escrituras, tais como racismo, violência, aborto, homossexualidade, direitos da mulher ou ecologia. Quando um aluno do primeiro ano de teologia ouviu falar que eu estava escrevendo uma teologia bíblica, inferiu que se tratava, portanto, de uma teologia sistemática. Não é. Teologia sistemática elabora as implicações das Escrituras de uma forma que faça sentido para o próprio contexto do autor, usando categorias de pensamento que pertencem a esse contexto. Não reprovo o empreendimento, porém tento evitar seguir por essa linha.

Meu objetivo não é identificar um "núcleo comum" ou uma "unidade subjacente" que os escritos bíblicos compartilham; a natureza de tal núcleo comum está propensa a ser mínima.[6] Procuro identificar o "edifício" que pode ser construído a partir dos materiais que os escritos oferecem, de uma maneira que lhes faça jus.[7] Indivíduos e acontecimentos são complicados, e depois de assistir a um filme ou de ouvir

---

[6]Cf. comentários de Heikki Räisänen, "The New Testament in Theology" [O Novo Testamento em teologia], em *Companion Encyclopedia of Theology* [Enciclopédia de teologia], ed. Peter Byrne e Leslie Houlden (Londres e Nova York: Routledge, 1995), p. 122-41 (em p. 124), em relação a James D. G. Dunn, *Unity and Diversity in the New Testament* [Unidade e diversidade no Novo Testamento], 2ª ed. (Londres: SCM Press, 1990); cf. Anthony C. Thiselton, *Thiselton on Hermeneutics* [Thiselton em hermenêutica] (Grand Rapids e Cambridge: Eerdmans, 2006), p. 43.

[7]Para essas imagens, cf., e.g., I. Howard Marshall, *New Testament Theology* [Teologia do Novo Testamento] (Downers Grove, Nottingham: InterVarsity Press, 2004), p. 23-34, p. 710-26. Descrevo a natureza construtiva da teologia do Antigo Testamento em *Theological Diversity and the Authority of the Old Testament* [Diversidade teológica e a autoridade do Antigo Testamento] (Grand Rapids: Eerdmans, 1987; Carlisle: Paternoster, 1995), p. 181-99. Compare também Childs, *Biblical Theology of the Old and New Testaments* [Teologia bíblica do Antigo e do Novo Testamentos], p. 85, embora eu não veja o Antigo Testamento como "testemunho a Cristo" da forma como o autor. O Antigo Testamento diz respeito a Deus, não apenas a Cristo.

um álbum musical juntos, um grupo de pessoas pode sair com impressões diferentes e ter uma discussão acalorada sobre eles. Este volume é a impressão que tenho ao ter me deparado com as Escrituras. Quando João Calvino escreveu as *Institutas da Religião Cristã*, fê-lo a fim de fornecer um esboço da natureza da fé bíblica e prover às pessoas um contexto a partir do qual poderiam ler as Escrituras. Neste volume, almejo cumprir o mesmo objetivo. Minha tentativa é resumi-la, mas cabe ao leitor testar esse resumo à luz das próprias Escrituras.

Pressuponho que essas Escrituras pertencem de fato ao mesmo álbum. Boa parte dos leitores judeus do Novo Testamento questionaria essa convicção, e o leitor cristão pode ter uma suspeita desconfortável de que o leitor judeu está certo. Para a maioria dos leitores judeus, a ideia de que Jesus cumpriu as esperanças messiânicas de Israel parece implausível. Para o leitor cristão, o Jesus compassivo dos Evangelhos não parece ser a encarnação do Deus vingativo ao qual associam os primeiros três-quartos de suas Escrituras.

Contudo, escritores dos documentos que vieram a se tornar o Novo Testamento não sentiriam qualquer tensão em reconhecer o Deus das Escrituras judaicas como o Pai de Jesus, e diriam que não há "problema" algum no relacionamento entre o conteúdo de fé do Primeiro Testamento e a fé do Novo Testamento, assim como não há problema algum no relacionamento entre, digamos, Mateus, 1Coríntios e Apocalipse — ou entre Êxodo, Cântico dos Cânticos e Joel.[8] O fato de a Igreja reconhecer essas duas coletâneas de Escrituras implica ao menos alguma plausibilidade *prima facie* quanto a tratá-las juntas, bem como pedir qual impressão temos depois de fecharmos o álbum. Ler o fim de uma história geralmente nos faz revisar a primeira parte e ver aspectos cuja importância não percebemos na primeira leitura. Por outro lado, a prática cristã comum de avançar os primeiros três-quartos do filme com o objetivo de chegar ao desenlace significa não entender nenhum dos Testamentos.

Não pretendo demonstrar que a teologia bíblica é verdadeira, nem questionar se é verdadeira ou não. Meu objetivo é escrever uma teologia

---

[8]Compare a observação de Peter Balla a respeito do ponto de vista de Childs. Childs fala dos dois Testamentos como "vozes dissidentes", exagerando as diferenças entre eles (*Challenges to New Testament Theology* [Desafios à teologia do Novo Testamento] [Tubinga: Mohr, 1997], p. 230).

bíblica crítica no sentido de buscar evitar enquadrar as Escrituras em categorias e convicções da teologia cristã pós-bíblica. Assim, enquanto aceito a doutrina da Trindade como um conjunto de inferências das Escrituras, originadas da tradução de ideias bíblicas em categorias filosóficas europeias algum tempo depois do Novo Testamento — e ao mesmo tempo que cito, sem reservas, o Credo Niceno todos os domingos — não presumo que entendimentos posteriores de Deus como Trindade, ou entendimentos posteriores de propiciação, estão presentes nas Escrituras em si. Nesse sentido, não estou escrevendo uma "teologia eclesiástica".[9]

Mas a escolha entre ser histórico, crítico e acadêmico ou ser eclesiástico é, nesse sentido,[10] falsa. Aposto que seja possível até mesmo ao cristão fazer a pergunta crítica, histórica e acadêmica: "Dada a existência das Escrituras, que entendimento da realidade emerge da Bíblia?" Minha convicção de que seu entendimento da realidade é verdadeiro pode me levar a pular alguns aspectos bíblicos, a fim de fazer a Escritura dizer algo que posso aceitar, embora também possa me levar a buscar outros aspectos mais claramente do que o faria se não tivesse essa convicção em algum lugar da minha mente.

Apresentei a teologia bíblica como um exercício logicamente viável. Ela é importante? A teologia em geral é importante? Sim, pois a maneira como pensamos é importante, já que somos seres pensantes. É importante porque o modo como pensamos tem impacto na forma como vivemos, embora o contrário também seja verdade. Também é importante porque tanto a forma como pensamos quanto o modo como vivemos estão inclinados a se moldar pela cultura em que estamos inseridos, e estudar a Escritura nos dá algo que questiona esse pensamento ou se opõe à nossa forma de pensar.

Não há problema em nos achegarmos às Escrituras com nossos questionamentos e hipóteses, o que nos permite ver coisas que outras

---

[9] Gosto da caracterização feita por Heikki Räisänen sobre a obra de Alan Richardson, *An Introduction to the Theology of the New Testament* [Introdução à teologia do Novo Testamento] (Londres: SCM Press; Nova York: Harper, 1968) como descrevendo "ensinos de um Jesus anglicano" (Raisanen, *Beyond New Testament Theology* [Além da teologia do Novo Testamento] [Londres: SCM Press; Filadélfia: Trinity Press International, 1990], p. 53).

[10] Escolha que Räisänen postula (*Beyond New Testament Theology* [Além da teologia do Novo Testamento], xviii).

pessoas, com outros questionamentos e pressuposições, deixariam de ver. No entanto, se fizermos de nossas questões e hipóteses o critério para decidir se as Escrituras são relevantes ou corretas, acabaremos por absolutizar a nós mesmos, e nunca poderemos escapar das limitações de nossos questionamentos e hipóteses. Pelo menos como cristãos cabe a nós (não a Deus, nem ao mundo) testar nosso pensamento pelas Escrituras e não o contrário, expandindo, assim, os horizontes do nosso pensamento. Hipóteses e convicções que surgem do nosso contexto cultural geralmente fazem a verdade do evangelho parecer estúpida, e devemos pensar se é realmente a mensagem do evangelho que expressa o *insight* verdadeiro (1Co 1—2). Por outro lado, qualquer um que gosta de pensar a respeito de questões teológicas deve lembrar constantemente que o conhecimento traz orgulho, mas o amor edifica (1Co 8:1).

UM ▶ A PESSOA DE DEUS

ALEXANDER POPE DECLAROU que "o estudo adequado da humanidade é o próprio Homem",[1] o que parecia um empreendimento mais seguro do que tentar estudar Deus. Contudo, "o estudo adequado dos eleitos de Deus é Deus".[2]

A palavra *Deus* é tão familiar que pode soar inequívoca em seu significado e referência, mas no mundo antigo significava coisas diferentes para pessoas diferentes; além disso, no mundo moderno, não podemos presumir que aqueles que usam a palavra *Deus* se referem ao mesmo ser retratado pela Escritura.[3] A ideia é sugerida quando as pessoas perguntam, por exemplo, se muçulmanos adoram o mesmo Deus que os

---

[1] Segundo encontrado em *An Essay on Man* [Ensaio sobre o homem], epístola II, linha 2, em *The Complete Poetical Works of Alexander Pope* [Obras poéticas completas de Alexander Pope] (Boston: Houghton Mifflin, 1903), p. 142.

[2] C. H. Spurgeon, "The Immutability of God" [A imutabilidade de Deus], *The New Park Street Pulpit* [Púlpito de New Park Street], www.spurgeon.org /sermons/0001.htm; cf. James I. Packer, *Knowing God* [O conhecimento de Deus] (Londres: Hodder; Downers Grove: InterVarsity Press, 1973), p. 13.

[3] Cf. Larry W. Hurtado, *God in New Testament Theology* [Deus na teologia do Novo Testamento] (Nashville: Abingdon, 2010), p. 5-6; Richard B. Hays, "The God of Mercy Who Rescues Us from the Present Evil Age" [O Deus da misericórdia que nos resgata do presente século mau] em A. Andrew Das e Frank J. Matera, eds., *The Forgotten God* [O Deus esquecido], Paul J. Achtemeier Festschrift (Louisville e Londres: Westminster John Knox, 2002), p. 123-43 (em p. 123).

cristãos. Em conexão com o Primeiro Testamento, essa é uma das razões pelas quais devemos continuar com o uso do nome "Yahweh" em vez de substituí-lo por uma palavra comum, como "Senhor" ou "Deus". Foi como Yahweh que Deus criou o cosmos; é soberano definitivo sobre tudo que há nos céus e na terra; envolve-se de modo revelador, persistente e autossacrificial com Israel de maneira amável mas também firme; está comprometido a levar Israel e o mundo ao seu destino de reconhecê-lo; encarnou-se em Jesus; tornou-se conhecido no Espírito Santo; e continuará a ser Deus, de eternidade a eternidade.[4]

Podemos ver essa identidade emergindo em Salmos 96—100. Yahweh criou todo o cosmos, deve ser reconhecido por todas as nações e adorado por toda a criação. Ele estabeleceu sua soberania no mundo e pretende governar os povos com justiça. Juntamente com seu próprio povo, os demais povos têm razões para se regozijar no prospecto desse governo e na destruição dos inimigos de Deus. Suas ações em favor de Israel são expressões de comprometimento e fidelidade cuja importância abrange todo o mundo, sendo, desse modo, motivo de regozijo para todos. Ele é bom, e seu comprometimento e fidelidade permanecem para sempre. A deidade de Yahweh é tal que o termo "deuses" corresponde apenas a um título de cortesia quando aplicado a qualquer outro ser.

Quando Deus revela o nome "Yahweh" a Moisés, afixa-o à frase ʾehyeh ʾăšer ʾehyeh (Êx 3:14), dando a entender a promessa de que será "o Deus que intervém",[5] isto é, de que estará sempre presente e ativo de maneiras diferentes, em contextos diferentes e de quaisquer maneiras que esses contextos exigirem. Desse modo, ele é o Deus vivo. Esse fato constitui um ponto de partida para pensarmos sobre Deus em comparação com deuses e imagens sem vida (e.g., Jr 10:14; At 14:15), embora o contraste com imagens não nos deva acomodar frente à seriedade teológica da declaração das Escrituras de que Deus tem face, olhos, boca, orelhas,

---

[4]Cf. a definição de Richard Bauckham's em "The Divinity of Jesus Christ in the Epistle to the Hebrews" [A divindade de Jesus Cristo na carta aos Hebreus] em Bauckham et al., eds., *The Epistle to the Hebrews and Christian Theology* [A carta aos Hebreus e a teologia cristã] (Grand Rapids e Cambridge: Eerdmans, 2009), p. 15-36 (em p. 16).
[5]Título de um livro de Francis A. Schaeffer, *The God Who is There* [O Deus que intervém] (Londres: Hodder; Chicago: InterVarsity Press, 1968), embora eu use a expressão de maneira diferente.

nariz, costas, mão, dedo e pés (para a "confusão de todos os 'espiritualizadores'").[6] Deus é uma pessoa real e está realmente vivo.

Neste capítulo, exploraremos o caráter moral de Deus (seção 1.1) e sua natureza metafísica (seção 1.2). Em seguida, veremos as diferentes maneiras pelas quais ele se expressa no mundo, focalizando-nos no Espírito Santo (seção 1.3) e em sua mente ou mensagem, que passa a ser incorporada em Jesus (seção 1.4).

1.1 O CARÁTER DE DEUS

"O fruto do Espírito é amor, alegria, paz, longanimidade, generosidade, bondade, fidelidade, gentileza e moderação" (Gl 5:22-23). Por tais qualidades serem fruto do Espírito, devemos esperar que sejam as qualidades do próprio Espírito; e, por serem qualidades do Espírito, devemos esperar que sejam as próprias qualidades de Deus. E de fato elas são. As Escrituras descrevem Deus como amoroso, compassivo, gracioso e perdoador, embora também o descrevam como um Deus capaz de manifestar ira e como alguém que não está inclinado a simplesmente ignorar nosso erro. Assim, Deus age em juízo, embora a centralidade maior, a característica principal encontrada em Deus, signifique que ele o faz de modo um tanto relutante. A combinação dos dois tipos de características também remete à necessidade de Deus de ser flexível sobre a forma como ele age em diferentes contextos.

Amoroso, compassivo e gracioso

"Deus é amor". Essa declaração não pode ser invertida para "amor é Deus". "Deus é amor" significa "Deus é aquele que ama".[7] Seu amor encontra expressão e definição ao enviar seu Filho ao mundo "para vivermos por meio dele" e também, nessa mesma conexão, para lidar com nossas características negativas ao se tornar "expiação pelas nossas falhas" (1Jo 4:8-10). Assim, se o amor de Deus é manifesto em sua preocupação de nos vivificar, tal fato constitui o indício de que a criação original da vida foi um ato do amor divino. Assim, o desvio da humanidade

---
[6]Cf. Barth, *CD* II, 1:263, p. 266.
[7]Cf. Barth, *CD* II, 1:272, p. 276.

fez com que o amor de Deus fosse além e limpasse nossa bagunça, a fim de participarmos de sua vida. Estávamos mortos em nossa maldade no sentido de estarmos fadados à morte, estado de existência extremamente desagradável em que nada vale a pena. Foi então que Deus nos deu vida com Jesus, "por causa do grande amor com que nos amou" (Ef 2:4-5).

Entre os corolários do amor de Deus (em Ef 2:4-8), encontra-se, em primeiro lugar, o ato de amor em enviar Jesus como expressão de Deus sendo "rico em misericórdia" em relação às pessoas que, de outra forma, experimentariam a ira divina — e que, de fato, já a experimentam. Na Septuaginta, misericórdia (*eleos*) é o equivalente da palavra distintiva no Primeiro Testamento para "amor leal" ou "compromisso" (*ḥesed*); em essência, a palavra característica do Novo Testamento para "amor" (*agapē*) equivale à mesma do Primeiro Testamento. Em misericórdia e com tamanho amor, Deus toma a iniciativa segundo a qual não lhe é mais necessário continuar a mostrar ira às pessoas.

Um segundo corolário do amor de Deus é que Deus é rico em graça. "Por graça vocês foram resgatados" dessa ira, ressuscitados com Jesus, "a fim de que [Deus] demonstrasse as riquezas extraordinárias de sua graça". Em essência, graça (*charis*) seguramente é outro equivalente à palavra "compromisso" no Primeiro Testamento, ainda que, em termos linguísticos mais diretos, o Primeiro Testamento tenha sua própria palavra para "graça" (*ḥēn*). O uso que Paulo faz de *charis* combina ideias hebraicas de *ḥēn* e *ḥesed*, visto que *ḥēn* dá a entender algo mais ocasional demonstrado por um superior a um inferior, enquanto *ḥesed* dá a entender um compromisso contínuo.[8]

Um terceiro corolário é a ação amorosa de Deus como expressão de sua bondade generosa (*chrēstotēs*) — palavra usada na Septuaginta como referência à qualidade da bondade em Deus (e.g., Sl 25:7; 31:19 [TM 31:20]; 34:8 [TM 9]). Felizmente para nós, Deus é generoso em vez de calculista (Mt 20:1-16), como um proprietário de terra que se comporta como "benfeitor" estranho: inocente, profuso e abundante.[9]

Palavras em Efésios que descrevem o funcionamento do amor encaixam-se na primeira grande declaração sistemática de quem

---

[8] James D. G. Dunn, *The Theology of Paul the Apostle* [A teologia do apóstolo Paulo] (Grand Rapids e Cambridge: Eerdmans, 1998), p. 320-23.
[9] Jerome H. Neyrey, *Render to God* [Dai a Deus] (Mineápolis: Fortress, 2004), p. 73.

Deus é, cuja origem vem dos próprios lábios de Deus, como um ato de garantia e desafio após o envolvimento de Israel em infidelidade grave para com ele:

> Yahweh, Deus compassivo e gracioso, longânimo e grande em comprometimento e firmeza, que guarda o compromisso com milhares, carregando a transgressão, a desobediência e as falhas. No entanto, não deixa de punir o culpado, atento à desobediência dos pais nos filhos e nos netos, até a terceira e quarta geração (Êx 34:6-7).

A declaração não traz nada muito novo: tais qualidades "brilham nos céus e na terra".[10] Contudo, sua importância é refletida na forma como suas expressões reaparecem em outras passagens.[11] Elas recorrem mais sistematicamente nos lábios de Moisés, dirigindo-se a Yahweh em um contexto subsequente e semelhante em relação à rebelião do povo (Nm 14:18). Também reaparecem nas orações de Israel, com ênfase nos aspectos positivos (e.g., Ne 9:17; Sl 86:15; 103:8; 145:8; cf. ainda Jl 2:13 e, com ironia, em Jn 4:2), e então em um giro temível, com ênfase nos pontos negativos (Na 1:2-3, com mais ironia). O lado positivo aparece mais uma vez na descrição que João faz de Jesus como aquele que é "cheio de graça e verdade" (Jo 1:17). Em outras palavras, Jesus era a própria personificação de Deus, conforme a autodescrição divina no Sinai. Em essência, ambos os lados aparecem quando Paulo declara que a ação de Deus de corrigir todas as coisas é revelada no evangelho, e que essa revelação acontece no contexto em que sua ira está sendo revelada (Rm 1:17-18).

A declaração de que o amor de Deus significa seu desejo de remover nossa impureza (1Jo 4:8-10) também corresponde àquela grande e primeira descrição sistemática de Deus no Sinai, em que uma expressão crucial da graça e da verdade de Yahweh é "carregar a transgressão". Desse modo, "o próprio Deus expia os pecados do seu povo [...]. Não é possível ao homem fazer expiação; só Deus é capaz de expiar. Deus o faz ao transmutar culpa humana em sofrimento divino".[12] Segundo expresso

---

[10] João Calvino, *Institutas da Religião Cristã* I.10, 2.
[11] Cf. Michael P. Knowles, *The Unfolding Mystery of the Divine Name* [O desdobrar do mistério do nome divino] (Downers Grove: InterVarsity Press, 2012).
[12] Jürgen Moltmann, *The Spirit of Life* [Espírito da vida] (Londres: SCM Press; Mineápolis: Fortress, 1992), p. 134.

em um hino, o amor de Deus é o "amor que não abrirá mão [de Israel]"; 1Coríntios 13 e Cânticos 8:6 ilustram o envolvimento de Yahweh na história de Israel.[13]

Carregando a transgressão

> Graça é a própria essência do ser de Deus [...]. Este é, claro, o segredo do perdão dos pecados [...]. Apesar de toda santidade, justiça e sabedoria de Deus, [seu perdão] sai ao nosso encontro [...]. Afinal, o próprio Deus está no perdão. Ele revela sua essência nessa corrente constante de graça. Não existe um ser divino maior do que o Deus gracioso; não existe santidade maior do que aquela que ele demonstra ao usar de misericórdia e perdoar pecados. Nessa ação, Deus nos interpõe ninguém menos do que a si próprio.[14]

Há um custo para Yahweh ao se envolver conosco. Pagar o preço remonta ao Início. Quando a perversidade humana alcançou seu auge, Yahweh "arrependeu-se" de ter feito o ser humano (Gn 6:6-7). Enquanto a palavra para "arrependeu-se" (*nāḥam*) denota mudança com respeito a alguma intenção — o que não sugere, necessariamente, conotações emocionais — a palavra hebraica normalmente implica emoções e, quando aplicada a algo que já aconteceu, não significa apenas "mudar de ideia". A expressão denota a tristeza de Deus sobre a criação. Para que não haja dúvidas, Gênesis prossegue explicitando a ideia: "[ter feito o homem] cortou-lhe o coração" (Gn 6:6, NVI). Um substantivo correlato é usado para a dor da maternidade de Eva e do trabalho árduo de Adão (Gn 3:16-17).

João descreve Jesus como alguém "cheio de graça e verdade" e, em seguida, apresenta um relato de João Batista apontando para Jesus como cordeiro de Deus que "carrega" o pecado do mundo (Jo 1:29). Geralmente, Jesus é retratado na passagem como aquele que "tira" o pecado do mundo, o que ele realmente faz, mas o verbo *airō* dá a entender mais comumente o fato de Jesus "pegar" ou "carregar" o pecado do mundo, ideia estabelecida

---

[13] Anthony C. Thiselton, *1 Corinthians* [1Coríntios] (Grand Rapids: Eerdmans, 2006), p. 234.
[14] Barth, *CD* II, 1:356.

no livro de Êxodo.¹⁵ No Sinai, é a transgressão de Israel em particular que Yahweh sugere implicitamente carregar, mas a forma como as qualidades de Yahweh estão de fato "brilhando nos céus e na terra" denota que esse carregar se aplica ao mundo como um todo. João Batista torna essa ideia explícita. A palavra que ele usa é *kosmos*, de modo que o seu comentário sobre carregar se aplica não tão diretamente ao pecado individual, mas ao pecado que caracteriza o mundo como entidade, o mundo no qual Jesus veio — o mundo que foi feito por ele, mas que não o reconheceu (Jo 1:9-10). O mundo que Deus quase destruiu, mas poupou.

A expressão "cordeiro de Deus" só aparece aqui, e não há cordeiro que "carrega" ou "tira" o pecado no Primeiro Testamento. Contudo, há passagens antes e depois de Êxodo 34 com as quais a frase ressoa.¹⁶ Em Êxodo 12, Deus prescreve como Israel deve passar o sangue de um cordeiro nas portas de uma família a fim de protegê-la do Destruidor, agindo em juízo sobre o Egito, por sua rebelião contra Deus. No devido tempo, a morte de Jesus pelo pecado do mundo virá na ocasião em que a comunidade judaica reproduz o acontecimento, e Paulo declarará que Jesus, nosso cordeiro pascal, foi sacrificado por nós (1Co 5:7). Do outro lado de Êxodo 34, Yahweh estabelece outro aspecto de como a graça e a verdade de Deus funcionarão em conexão com "carregar" e "tirar" o pecado. No Dia da Expiação, é feita a provisão pela qual um bode deve carregar ou tirar atos de transgressão do povo para um lugar isolado (Lv 16:22; o verbo e o substantivo são os mesmos encontrados em Êx 34). Mais adiante, no Primeiro Testamento, seguindo uma descrição da glória personificada e revelada na vitória de Yahweh sobre a Babilônia, há também a descrição de uma glória personificada e revelada na perseguição e no martírio do servo de Yahweh, que "carrega" as fraquezas e as falhas das pessoas (Is 52:10; 53:1,4,12). De fato, "a glória de Deus [é] o fundamento da misericórdia".¹⁷

---

¹⁵Cf. a tradução alternativa na *English Revised Version* e na *American Standard Version*. O verbo latino *tollō*, empregado em *Agnus Dei*, recitado tradicionalmente durante a Eucaristia e traduzido por "tirais" em liturgias de língua portuguesa, também dá a entender mais comumente "pegar" ou "carregar". Em Êxodo 34:7, a Septuaginta usa *aphairōn*, termo que, de fato, dá a entender "tirar".
¹⁶Cf. Jon D. Levenson, *The Death and Resurrection of the Beloved Son* [A morte e ressurreição do Filho amado] (New Haven e Londres: Yale University Press, 1993), p. 208-10.
¹⁷Scott J. Hafemann, *The God of Promise and the Life of Faith* [O Deus da promessa e a vida de fé] (Wheaton: Crossway, 2001), p. 88.

Desse modo, enquanto a "cruciformidade" de Deus encontra expressão física *na* cruz,[18] foi o Deus cruciforme que se relacionou com Israel e o mundo no decorrer dos séculos e que continua a fazê-lo. A cruz "atesta a respeito de um Deus que não se assemelha nem age como um Deus respeitável. Os caminhos de Deus simplesmente não são os nossos caminhos".[19] Foi sempre assim, na história mundial e na história de Israel. Porque Jesus Cristo subsistia na forma desse Deus, envolvido com Israel e com o mundo, e era igual a ele — ou seja, não a despeito de ser igual a Deus, mas precisamente por causa disso — foi que "esvaziou-se" (Fp 2:6,7).[20] "A encarnação do Logos divino não é nem uma renúncia da divindade, nem seu encobrimento, mas um tipo de revelação total que só pôde acontecer porque o Filho de Deus, existindo em forma de Deus, também assume a forma de servo".[21]

Que se ira e não inocenta

De volta ao Início, Deus carregou a transgressão ao vetar a possibilidade de destruir o mundo inteiro, ao isentar Noé e sua família da destruição e ao começar tudo outra vez. A isenção aconteceu porque Noé era um homem justo. Isso fazia dele uma exceção à transgressão geral do mundo? A frase "Noé achou graça aos olhos de Yahweh" (Gn 6:8) aponta para outra direção. Se a retidão de Noé levou Deus a isentá-lo, então não foi "graça" que Noé "achou"; ele mereceu sua isenção. Assim, um dos meus primeiros mentores, Alec Motyer, gostava de falar em termos de graça indo ao encontro de Noé.[22] Esse entendimento ganha suporte na forma como a referência à retidão de Noé segue a referência à graça de Deus em vez de precedê-la (Gn 6:9). Foi o fato de Deus ter alcançado Noé que fez dele um homem justo.

---

[18]Cf. Michael J. Gorman, *Cruciformity* [Cruciformidade] (Grand Rapids e Cambridge: Eerdmans, 2001).
[19]Charles B. Cousar, *A Theology of the Cross* [Uma teologia da cruz] (Mineápolis: Fortress, 1990), p. 181.
[20]Michael J. Gorman, *Inhabiting the Cruciform God* [Habitando o Deus cruciforme] (Grand Rapids e Cambridge: Eerdmans, 2009), p. 29.
[21]Ray S. Anderson, *Historical Transcendence and the Reality of God* [Transcendência histórica e a realidade de Deus] (Grand Rapids: Eerdmans, 1975), p. 167.
[22]Cf. J. A. Motyer, "Covenant and Promise" [Aliança e promessa], *Evangel: The British Evangelical Review* 1, no. 1 (1983): 2-4 (on 2). Cf. ainda Carol M. Kaminski, *Was Noah Good?* [Noé era justo?] (Londres e Nova York: T&T Clark, 2014).

De qualquer maneira, a sequência do dilúvio afirma que Deus carrega a transgressão do mundo e opera com base na graça. Quando Deus aceita um sacrifício de agradecimento oferecido por Noé, declara que nunca mais amaldiçoará a terra, "porque a inclinação da mente humana é má desde a mocidade" (Gn 8:21). A ilogicidade magnífica dessa declaração leva alguns tradutores a mudar "porque" para "embora". Contudo, Gênesis emprega a palavra comum hebraica para "porque" (*kî*) e estabelece um ponto teológico profundo. A perversidade incorrigível da humanidade significa que Deus terá de carregar a transgressão do homem se quiser persistir com seu projeto. A graça terá de ser a base na qual ele se relaciona com o mundo. Deus sela a ideia com a primeira aliança da Escritura (Gn 9:8-17), uma aliança de graça. Cada arco-íris que brilha após a chuva relembra Deus e a humanidade do compromisso divino gracioso.

Entretanto, Deus praticamente destruiu o mundo. Se "Deus é amor", seria o caso de "o amor descrever a forma como Deus lida com o mundo temporal e contingente"?[23] Seria o caso de "estas duas palavras, 'graça' e 'amor', resumirem e caracterizarem da forma mais clara toda a teologia [de Paulo]"?[24] Seria então o juízo uma expressão paradoxal do amor? Seria a ira do cordeiro (o cordeiro que se deixou ser morto) uma expressão de amor, uma ira cujo desígnio é sempre levar pessoas ao arrependimento (cf. Ap 3:19), de modo que seu objetivo não é a destruição?[25] A ira comumente tem esse objetivo, mas pode falhar em seu propósito; nem todos se arrependem (Ap 9:20-21; 16:9,11). No Apocalipse, referências à ira não dão a entender algo sempre designado a levar ao arrependimento, e a recusa em se arrepender expõe alguém a mais ira (Ap 6:16-17; 11:18; 14:10,19; 15:1,7; 16:1,19; 18:3; 19:5).

Os capítulos de abertura de Romanos, carta em que Paulo expõe seu evangelho, dão lugar de proeminência à ira. De fato, Paulo se refere à ira e ao amor quase na mesma proporção em Romanos. "Paulo fala com seriedade sobre a ira de Deus e sobre como era real para

---

[23]Segundo Miroslav Volf, *Against the Tide* [Contra a maré] (Grand Rapids: Eerdmans, 2010), x. Cf. ainda Volf, *Captive to the Word of God* [Cativo à palavra de Deus] (Grand Rapids e Cambridge: Eerdmans, 2010), p. 133-50.
[24]Segundo Dunn, *The Theology of Paul the Apostle* [A teologia do apóstolo Paulo], p. 320.
[25]Cf. Mathias Rissi, *The Future of the World* [O futuro do mundo] (Londres: SCM Press; Naperville: Allenson, 1972), p. 13.

ele."²⁶ Ainda assim, podemos dizer que, "mesmo quando Paulo usa alusões bíblicas para destacar a mensagem do juízo de Deus, os textos em si sussurram o contratema da misericórdia de Deus", o qual "se encaixa no testemunho original da Escritura e no propósito que o argumento de Paulo, em última análise, impulsiona". A ideia se aplica às citações do apóstolo de Isaías 52, Salmos 51 e Salmos 143. Dessa forma, existe um "movimento dialético de juízo e graça que estrutura a apresentação do evangelho pregado por Paulo", que "na verdade é uma recapitulação do paradigma juízo/graça reforçado por todo o testemunho da Escritura".²⁷

Não é, porém, um movimento dialético, dando a entender que Deus tem "duas almas no mesmo peito".²⁸ (Das quais uma encontra expressão no Primeiro Testamento e a outra no Novo?) O equilíbrio entre amor e castigo em Êxodo 34:6-7 mostra que o amor tem prioridade. Um dos aspectos mais importantes da história do Sinai como um todo (especialmente Êx 32—34) é que ela oferece uma exposição narrativa extensa sobre a forma como Deus deve viver com a tensão entre misericórdia e castigo.²⁹

Na verdade, "poucas palavras sofrem mais inflação" do que a palavra *amor*.³⁰ De fato, "quando alguém fala de Deus e amor, está falando de um mistério".³¹ Em comparação com a "definição tentadora de que 'Deus é amor'",³² a fórmula "Deus é... em essência, em sua realidade, amor santo, livre e soberano" é mais aberta em suas possíveis implicações.³³

---

[26] Herman Ridderbos, *Paul: An Outline of His Theology* [Paulo: um esboço de sua teologia] (Grand Rapids: Eerdmans, 1975), p. 110.
[27] Richard B. Hays, *Echoes of Scripture in the Letters of Paul* [Ecos da Escritura nas cartas de Paulo] (New Haven e Londres: Yale University Press, 1989), p. 44-52 (em p. 46, 47).
[28] Reinhard Feldmeier e Hermann Spieckermann, *God of the Living* [Deus dos vivos] (Waco: Baylor University Press, 2011), p. 339. A frase vem de Goethe, que a coloca nos lábios de Fausto, no poema do mesmo nome.
[29] Cf. ainda *OTT* 1:408-25; 2:156-70.
[30] Krister Stendahl, *Paul Among Jews and Gentiles and Other Essays* [Paulo entre judeus e gentios e outros ensaios] (Filadélfia: Fortress, 1976), p. 53.
[31] Eberhard Jungel, "What Does It Mean to Say, 'God Is Love'?" [O que significa dizer: 'Deus é amor?'], em T. A. Hart e D. P. Thimell, eds., *Christ in Our Place* [Cristo em nosso lugar], J. Torrance Festschrift (Exeter: Paternoster; Allison Park: Pickwick, 1990), p. 264-312 (em p. 302).
[32] Barth, *CD* II, 1:275.
[33] Otto Weber, *Foundations of Dogmatics* [Fundamentos da dogmática] (Grand Rapids: Eerdmans, 1981), 1:407.

Os Evangelhos Sinóticos não mencionam o amor de Deus.[34] Outros escritos do Novo Testamento afirmam mais frequentemente que "Deus é fiel" (1Co 1:9; 10:13; 2Co 1:18) e "Deus é um" (Rm 3:30; Gl 3:20; Tg 2:19) do que "Deus é amor", e também declaram que "o nosso Deus é fogo consumidor" (Hb 12:29).

Juízo indesejado

A ideia é bem transmitida pela declaração de que "não é do [agrado de Deus] afligir ou entristecer pessoas" (Lm 3:33). Mais literalmente, ele não aflige "de coração" as pessoas, nem as entristece "de seu interior". Não é que a ira seja de alguma forma uma expressão de amor; não obstante o amor esteja de fato no coração de Deus, em seu ser também está presente a ira. Ela permanece em algum lugar periférico do coração de Deus, porém pode ser convocada quando necessária. Ben Kingsley, tendo feito o papel de Gandhi e em seguida de um gângster brutal e profano em *Sexy Beast*, foi questionado sobre como conseguiu desempenhar dois papéis tão diferentes. O ator respondeu que teve de ir fundo em outros aspectos de sua pessoa a fim de localizar características próprias que poderiam encontrar expressão nesse segundo papel. Yahweh faz o mesmo a fim de ser irascível e violento.

Tais características não lhe são estranhas, nem representam seu lado obscuro, no sentido de lhe serem inaceitáveis; contudo, elas não representam o que Deus é em essência. Juízo é sua obra estranha; mesmo, porém, sendo-lhe incomum, o juízo é algo do qual ele é capaz (Is 28:21). A ira não é a forma preferida de Deus para se relacionar com o mundo. "Calvino está ciente de que é apenas capaz de gaguejar ao falar do amor de Deus e de sua ira."[35] Deus pode relacionar-se com o mundo em ira, porém prefere evitar agir assim; ele prefere reparar relacionamentos. A história mundial e a história de Israel como um todo evidenciam sua autocontenção; ambas personificam seu desejo de viver em harmonia ao invés de expressar ira. Mas Deus é capaz de ficar irado.

Lendo o fruto do Espírito e as obras da natureza inferior (Gl 5:19-24), podemos ter a impressão, a partir dessas listas, de que o ciúme e a ira

---

[34]Cf. Barth, *CD* IV, 2:764.
[35]G. C. Berkouwer, *The Work of Christ* [A obra de Cristo] (Grand Rapids: Eerdmans, 1971), p. 269.

são inerentemente pecaminosos; ambos os Testamentos, porém, deixam claro que não é bem assim. Eles indicam que Deus e seres humanos são passíveis de ciúme e ira ocasionalmente. Emoções não são divididas em boas e más; há tempo para reter porção desse fruto do Espírito e tempo para manifestar ciúme e ira. Yahweh tem toda a gama de emoções de uma pessoa e pode evocá-las quando necessário. Deus não é apenas bonzinho. "Um Deus que pode ser compreendido e conceitualizado não é Deus."[36] "Yahweh está além de quaisquer representações, exceto aquelas retratadas no melhor do *Tanakh*. As próprias complexidades de Yahweh são infinitas, labirínticas e permanentemente inexplicáveis [...]. Astuto, inquisitivo, ciumento e turbulento, Yahweh é tão pessoal quanto um deus pode ser."[37] "O oposto de amor [...] *não é ira, mas indiferença*",[38] e "o axioma da apatia, aplicado amplamente à deidade na metafísica antiga", não se aplica ao Deus das Escrituras.[39] Yahweh "traduz em ação" sua ira e rejeição (e sua eleição).[40]

Yahweh o faz principalmente ao se esconder: "Tu te iraste conosco" e "escondeste o teu rosto de nós" (Is 64:5,7 [TM 4,6]).[41] Para esse Deus, juízo não é apenas uma possibilidade, mas uma necessidade: "Graça que perdoa tudo seria graça barata e não um sinal de amor, mas de indiferença e apatia. O verdadeiro amor não conhece a categoria de infidelidade permissível, mas apenas de fidelidade ou traição e, consequentemente, de ira, juízo — e perdão".[42]

"O real conflito presente na antítese entre ira e graça tem de ser suportado. Ao fazer teologia, deparamos constantemente com a tentação de evitar o tema da ira divina a fim de obter uma imagem harmoniosa de Deus."[43] A forma como Deus pode ser alternativamente amoroso e

---

[36]Adam B. Seligman, *Modernity's Wager* [A aposta da modernidade] (Princeton e Oxford: Princeton University Press, 2000), p. 35.
[37]Harold Bloom, *Jesus and Yahweh* [Jesus e Yahweh] (Nova York: Riverhead, 2005), p. 131-32 (seguindo a observação de Seligman), p. 138.
[38]Anthony C. Thiselton, *The Hermeneutics of Doctrine* [Hermenêutica da doutrina] (Grand Rapids: Eerdmans, 2007), p. 573.
[39]Feldmeier e Spieckermann, *God of the Living* [Deus dos vivos], p. 361.
[40]Baruch A. Levine, *In Pursuit of Meaning* [À procura de significado] (Winona Lake: Eisenbrauns, 2011), 1:365-84.
[41]Feldmeier e Spieckermann, *God of the Living* [Deus dos vivos], p. 339-60.
[42]Ibid., 316.
[43]Halvor Moxnes, *Theology in Conflict* [Teologia em conflito] (Leiden: Brill, 1980), p. 287.

irascível é um aspecto de como o caráter de alguém se manifesta de maneiras diferentes, dependendo do contexto.

A diferença não sugere inconsistência. A questão é que contextos diferentes suscitam a expressão de diferentes facetas de caráter. Êxodo 1—18 descreve como Yahweh se tornou um guerreiro quando os egípcios oprimiram Israel. Êxodo 32—34 relata como Yahweh optou por misericórdia em vez de justiça quando Israel ignorou suas expectativas. Isaías conta como Yahweh se envolveu em questões internacionais quando o Império Assírio se levantou. Isaías 40—55 descreve como Yahweh prometeu agir como criador quando Israel precisou de tal ação criativa. Os Evangelhos narram como Deus incorporou misericórdia e criatividade em Jesus.

Flexível

Desse modo, diferentes contextos extraem diferentes facetas de quem Deus é e do que ele pode ser. Deus é constante, consistente, firme e confiável. Consistentemente, Yahweh mostra integridade ao íntegro, mas resiste a pessoas cujo caminho é desonesto (Sl 18:25 [TM 26]). Sua consistência, porém, não significa que Deus é rígido, o que seria quase o mesmo que afirmar que ele está morto. Nem significa que ele é inflexível. Reis que não estão livres para mudar de ideia são estúpidos (Dn 6).

O Primeiro Testamento geralmente torna explícito que Deus, no curto prazo, pode mudar de ideia. Dois verbos podem sugerir tal ideia. Um que já notamos, *nāḥam*, sugere emoção e, em outros contextos, pode significar tristeza ou encontrar consolo. O outro, *šûb*, sugere ação; significa literalmente "virar". Os dois verbos podem ser traduzidos por "arrepender-se", conotando uma impressão enganosa em ambas as conexões. No que diz respeito à mudança de ideia, podemos usar as palavras em português "desistir" e "deixar" para os dois verbos. Jonas e Jeremias fornecem exemplos esclarecedores de ambas. Quando o rei de Nínive decreta que as pessoas devem "deixar" o mau caminho, espera que Deus "deixe" ou "desista" da intenção de destruir a cidade. Os ninivitas de fato "deixam" a perversidade, e Deus, por sua vez, "deixa" ou "desiste" da ação que pretendia (Jn 3:8-10). Em Jeremias 18:1-12, Deus estabelece o princípio envolvido, o qual também se aplica a Judá. Se ele anunciar a intenção de destruir uma nação e ela "deixar" os maus caminhos, ele "desistirá"; se, porém, anunciar a intenção de abençoá-la e a nação fizer o que é mau, ele também "desistirá" dessa intenção. Por isso, é possível a Moisés insistir com Yahweh para que "deixe" sua ira e "desista" da tribulação que intenciona trazer ao povo, mesmo que Israel a mereça. E é precisamente o que Yahweh faz (Êx 32:12-14; cf. Nm 14:11-20). Amós age da mesma forma, embora a sequência em Amós 7:1-9; 8:1-2 sugira um tempo em que essa possibilidade desaparece.

Evidentemente, Jonas, Jeremias, Moisés e Amós não estão preocupados com a possibilidade de que Yahweh, ao mudar de ideia, comprometa sua soberania, sua sabedoria ou seu controle dos acontecimentos. Eles se impressionam mais com uma percepção positiva de Yahweh, desaprovada por Jonas: o problema de Yahweh é que ele está sempre inclinado a ceder à graça, à compaixão e ao amor (Jn 4:2). O fato de Yahweh ser flexível dessa maneira é uma boa notícia. Profetas sabem que o propósito final de Deus não corre perigo, mas é impulsionado por essa flexibilidade. Deus não é inconsistente; antes, ele é fiel e confiável — amoroso, compassivo e gracioso. A vida de Deus não muda; o caráter de Deus não muda; a verdade de Deus não muda; os caminhos de Deus não mudam; o propósito de Deus não muda; e o Filho de Deus não muda.[44] Todavia, precisamente a fim de manter essa integridade consistente, em algumas ocasiões Deus diz uma coisa e faz outra, como resultado da resposta que suas declarações recebem.

Às vezes, então, Deus simplesmente diz o que vai acontecer e a coisa acontece; às vezes, Deus age em interação com as decisões humanas; às vezes, a sequência é quebrada, sem qualquer indicação de que alguém se arrependeu. Yahweh declara que Nabucodonosor destruirá Tiro, mas, posteriormente, observa que Nabucodonosor foi incapaz de fazê-lo e, por isso, diz-lhe que pode ficar com o Egito (Ez 26—28; 29:17-20). Houve ocasiões em que Yahweh poderia usar Assíria, Babilônia e Pérsia como agentes para trazer destruição ou libertação a Judá, mas, em Isaías 63:1-6, lamenta o fato de não haver, na época, ninguém disponível, de modo que ele é levado a agir por si só. Além do mais, no período a que o livro de Isaías pertence, não houve ação subsequente que pudesse contar como a implementação desse empreendimento. Houve até ocasiões em que Deus lutou com Jacó e Jacó venceu (Gn 32:25-31) e outros em que Deus tentou matar Moisés, mas não conseguiu (Êx 4:24).

---

[44] Packer, *Knowing God* [O conhecimento de Deus], p. 68-72.

Não é de surpreender, portanto, que a flexibilidade sugerida por alguns dos ditos de Jesus como predições que não "aconteceram" corresponda ao retrato de Deus em sua "consistência com flexibilidade", encontrada no Primeiro Testamento.

1.2 UM ÚNICO DEUS

A reflexão acerca da flexibilidade de Deus implica em uma transição da apreciação de seu caráter moral para a consideração de seus atributos metafísicos. Enquanto amor e integridade exigem flexibilidade, a flexibilidade parece comprometer qualidades metafísicas que consideramos estar associadas à deidade, tais como a soberania de Deus e sua natureza temporal-transcendental. Qual é a natureza da existência de Deus? Quais são suas propriedades? Que tipo de ser Deus é? Iniciamos com a explicação de que Deus é um, embora as Escrituras deixem claro que a unidade de Deus é modulada pelo fato de Jesus (também) ser Senhor. Deus é nosso Pai celestial, o que dá a entender comprometimento e transcendência. Deus é soberano no mundo; as Escrituras sugerem diversas nuances nesse fato em conexão com a soberania menor exercida pelo ser humano, pelo mundo criado e por outros seres sobrenaturais. Deus é onitemporal e capaz de saber qualquer coisa em relação ao passado, ao presente e ao futuro a partir de uma perspectiva humana.

Yahweh, nosso Deus, Yahweh é um

"Que a questão do 'monoteísmo' representa algo central para a teologia bíblica é um ponto que mal necessita de elaboração."[45] Na verdade, a questão deve ser elaborada, sim. O *Shemá* (Dt 6:4) não declara que "existe apenas um Deus", mas que "Yahweh, nosso Deus, Yahweh é um".[46] Para

---

[45]Segundo Richard Bauckham, *Jesus and the God of Israel* [Jesus e o Deus de Israel] (Carlisle: Paternoster, 2008; Grand Rapids: Eerdmans, 2009), p. 60. James D. G. Dunn vê o monoteísmo como o primeiro dos "quatro pilares do judaísmo do segundo templo" (*The Partings of the Ways* [Desavenças] [Londres: SCM Press; Filadélfia: Trinity Press International, 1991], p. 19).
[46]Na verdade, Bauckham tem a mesma perspectiva; o que ele quer dizer por "monoteísmo" é "monoteísmo judaico", o fato de que "YHWH é o único Deus verdadeiro" (*Jesus and the God of Israel* [Jesus e o Deus de Israel], p. 84). Semelhantemente, N. T. Wright declara que, "no mundo judaico e nascente do cristianismo", monoteísmo era "uma das maiores

o Primeiro Testamento, a questão-chave não é a existência de outros deuses ou a unidade de Deus, mas quem Deus é. Para o judaísmo, a afirmação-chave é que Yahweh é o único Deus verdadeiro, o criador de todo o mundo e o juiz de todos.[47] Para o Novo Testamento, o primordial nessa conexão diz respeito a como Jesus, sendo Senhor, encaixa-se naquilo que poderíamos chamar de "mono-Iavismo". Ambos os Testamentos presumem que apenas um ser pode ser chamado de Deus, mas, ainda assim, o fato de a palavra "monoteísmo" ter sido cunhada apenas no século XVII é relevante.[48] Nas Escrituras, o ponto de partida para o entendimento do ser de Deus não é uma análise em termos de monoteísmo com suas definições concomitantes em termos de onipotência, onisciência e onipresença. É o retrato bíblico de Yahweh como o único Deus e como o Deus que tem um nome.[49] Yahweh não é uma ideia, mas uma pessoa.[50]

Yahweh reage com indignação quando sua deidade exclusiva cai em descrédito ou quando seu povo serve a outras supostas divindades (Êx 20:5; 34:14). Ele se autodeclara ciumento, "inflamado", "exigente" (*qannā'*; VSJP). Deus tem o sentimento de alguém cujo marido ou cuja esposa tem tido um caso. O adjetivo também cobre outros tipos de sentimentos fortes. Yahweh sente indignação ardente pelo estado calamitoso de Jerusalém (Zc 1:14; 8:2), e a indignação ardente de Yahweh dos Exércitos garantirá o cumprimento daquilo que ele declara fazer

---

questões em jogo", mas então ele explica que, por monoteísmo, quer dizer "a crença de que o Deus de Israel era o Deus de toda a terra" (*The Climax of the Covenant* [O auge da aliança] [Edimburgo: T&T Clark, 1991; Mineápolis: Fortress, 1992], p. 122, 125).

[47]Cf. N. T. Wright, *Paul and the Faithfulness of God* [Paulo e a fidelidade de Deus] (Mineápolis: Fortress; Londres: SPCK, 2013), p. 638.

[48]Cf. Nathan MacDonald, *Deuteronomy and the Meaning of "Monotheism"* [Deuteronômio e o significado de "monoteísmo"] (Tubinga: Mohr, 2003), p. 5-52; MacDonald, "The Origin of 'Monotheism'" [A origem do 'monoteísmo'], em Wendy North e Loren T. Stuckenbruck, eds. *Early Jewish and Christian Monotheism* [Primórdios do monoteísmo cristão e judaico] (Londres e Nova York: Continuum, 2004), p. 204-15; R. W. L. Moberly, "How Appropriate Is 'Monotheism' as a Category for Biblical Interpretation?" [Quão apropriado é o 'monoteísmo' como categoria para interpretação bíblica?], no mesmo volume, p. 216-34. Em *Jesus and Yahweh* [Jesus e Yahweh], 2-4, Bloom conjectura de forma interessante razões psicológicas para a emergência do monoteísmo. Quanto ao relacionamento entre monoteísmo e politeísmo no mundo antigo, cf., e.g., Barbara N. Porter, ed., *One God or Many?* [Um Deus ou muitos deuses?] (Chebeague, ME: Casco Bay Assyriological Institute, 2000).

[49]Hans Kung, *Does God Exist?* [Deus existe?] (Garden City, Nova York: Doubleday; Londres: Collins, 1980), 621.

[50]Weber, *Foundations of Dogmatics* [Fundamentos da dogmática], 1:417.

(e.g., Is 9:7 [TM 6]). É possível, portanto, apelar à indignação de Yahweh quando a libertação tarda a chegar (Is 63:15). A indignação ardente pelo templo consumiu o salmista que orou o Salmo 69:9 (TM 10) e passou a caracterizar Jesus (Jo 2:17). Sim, Deus é uma pessoa, com as emoções fortes que caracterizam uma pessoa. Nem Deus nem Jesus são brandos e gentis, calmos e teóricos. Forte emoção é um ponto de partida melhor do que *apatheia* para pensarmos a respeito de Deus.[51]

Yahweh é, de fato, o único Deus. Mesmo em suas declarações mais amplas acerca da natureza de Jesus, o Novo Testamento trabalha dentro do paradigma de que há um único Deus. Jesus é, então, a "expressão do único Deus".[52] Deus possui um único nome, embora tenha diversas faces.[53]

O único Deus e o único Senhor

Paulo começa muitas de suas cartas com a saudação "Graça e paz de Deus, o Pai, e do nosso Senhor Jesus, o Ungido" (1Co 1:3; 2Co 1:2; Gl 1:3; Ef 1:2; Fp 1:2; 2Ts 1:2; Fm 1:3; redações semelhantes aparecem em Rm 1:7; 1Tm 1:2; 2Tm 1:2; Tt 1:4; 2Pe 1:2; 2Jo 3). Paulo expande essa colocação ao declarar que "para nós" há "um só Deus, o Pai (de quem todas as coisas existem e para quem existimos) e um único Senhor, Jesus, o Ungido (através de quem todas as coisas existem e para quem existimos)" (1Co 8:6). O "para nós" com o qual essa declaração começa não dá a entender que sua afirmação a respeito de Jesus e do Pai constitui mera opinião pessoal, tida por pessoas que creem em Jesus. Trata-se de um fato objetivo, o qual "nós" somos privilegiados em reconhecer e cuja importância é chave para a fé cristã, distinguindo "nós" que reconhecemos a verdade sobre Deus e Jesus de pessoas que não a reconhecem.

O *Shemá* permanece no fundo dessa declaração. Ele leva o nome de seu imperativo de abertura, "Ouve...", conduzindo a uma confissão--chave: "... Yahweh, nosso Deus, Yahweh [é] um". A Septuaginta traduz: "o Senhor nosso Deus [é] um Senhor" ou "o Senhor nosso Deus — o Senhor [é] um"; como no caso do hebraico, é difícil ter certeza de onde

---

[51]Cf. Jürgen Moltmann, *The Trinity and the Kingdom of God* [A trindade e o reino de Deus] (Londres: SCM Press; Nova York: Harper, 1981), p. 21-25.
[52]Dunn, *The Partings of the Ways* [Desavenças], p. 245.
[53]Fato (destacado a mim por Thomas A. Bennett) especificado na doutrina da Trindade.

colocar um "é". De modo elegante, Paulo, então, acrescenta "Deus" com "o Pai" e "Senhor" com "Jesus, o Ungido", dividindo o *Shemá* entre o único Deus e o único Senhor".[54] Desse modo, o apóstolo "redefine [o *Shemá*] em termos cristológicos, produzindo o que podemos apenas chamar de um tipo de monoteísmo cristológico".[55] Paulo não crê em dois deuses. Ele "inclui Jesus na identidade única do único Deus, afirmada no *Shemá*" e "identifica Jesus como 'Senhor', a quem o *Shemá* afirma ser um", de modo que "a identidade única de Deus *consiste no* único Deus, o Pai, e no único Senhor". O apóstolo "reescreve o *Shemá* para incluir tanto Deus como Jesus na identidade divina única".[56] Assim, algo decisivo acontece quando a palavra grega para "Senhor", o equivalente de Yahweh na Septuaginta, é usada com referência a Jesus.[57]

Essas considerações remetem a um aspecto central da natureza distintiva de Deus conforme as Escrituras o descrevem. "No Novo Testamento, cristologia funciona no contexto de teologia. O significado divino de Cristo é, na verdade, uma subcategoria da doutrina de Deus. A identidade divina de Jesus Cristo é firmemente mantida no paradigma axiomático cristão (e judaico) de que Deus é um." Paulo a coloca em termos de Deus em Jesus (ele é a revelação do amor e da fidelidade de Deus); Mateus, em termos de Jesus como Deus conosco; João, em termos de Jesus ser igual a Deus (Jesus é aquele que revela Deus); Apocalipse, em termos de Jesus compartilhando o trono e a adoração de Deus.[58] Dessa maneira, é possível declarar que o Novo Testamento simplesmente reafirma o entendimento de Deus que emerge do Primeiro Testamento, não revelando nada novo sobre Deus, redefinindo-o, porém, drasticamente.[59] O evangelho exposto no Novo Testamento expressa novamente

---

[54]Dunn, *The Theology of Paul the Apostle* [A teologia do apóstolo Paulo], p. 268.
[55]Wright, *The Climax of the Covenant* [O auge da aliança], p. 120.
[56]Bauckham, *Jesus and the God of Israel* [Jesus e o Deus de Israel], p. 101.
[57]Feldmeier e Spieckermann, *God of the Living* [Deus dos vivos], p. 41.
[58]Cf. James D. G. Dunn, *The Christ and the Spirit* [Cristo e o Espírito] (Edimburgo: T&T Clark; Grand Rapids; Eerdmans, 1998), 1:377-87 (citação de p. 378); cf. ainda Larry W. Hurtado, *Lord Jesus Christ: Devotion to Jesus in the Earliest Christianity* [Senhor Jesus Cristo: devoção a Jesus nos primórdios do cristianismo] (Grand Rapids e Cambridge: Eerdmans, 2003), e.g., p. 29-53; Hurtado, *How on Earth Did Jesus Become God?* [Como foi que Jesus se tornou Deus?] (Grand Rapids e Cambridge: Eerdmans, 2005), p. 31-55.
[59]Cf. o levantamento de Hurtado por eruditos do Novo Testamento em seu *God in New Testament Theology* [Deus na teologia do Novo Testamento], p. 10-25.

afirmações do Primeiro Testamento acerca de Deus; outras versões do evangelho (inclusive versões judaicas), não.[60]

Fluidez

O Novo Testamento parece não se preocupar com a dificuldade lógica envolvida na convicção paradoxal de que Deus é um e que também Jesus é divino. Inevitavelmente, essa convicção surge da narrativa bíblica, sendo, por isso, prudente "começar da história bíblica e, portanto, fazer da unidade das três Pessoas divinas o problema" em vez de começar do postulado filosófico de unidade e, então, considerar problemática a forma como as Escrituras comunicam sua mensagem.[61]

Enquanto o comprometimento com o único Deus pode coexistir com um reconhecimento e uma veneração de anjos e espíritos em ambos os Testamentos e no judaísmo,[62] esse reconhecimento não sugere flexibilização na distinção entre Deus e tais entidades; além disso, a forma como o Novo Testamento fala de Jesus corresponde mais ao pensamento judaico sobre Deus do que ao modo como judeus abordam anjos e espíritos. "Colocar Jesus na posição [...] de um servo angelical de Deus de alto nível não seria o mesmo que dar um passo a mais em integrá-lo a Deus, porque a distinção absoluta entre Deus e todas as outras realidades teria de ser transposta."[63]

O Novo Testamento foi auxiliado pelo fato de a articulação do pensamento cristão a respeito de Jesus ter ocorrido no contexto do pensamento judaico, segundo o qual existem "dois poderes no céu" — não um entendimento dualístico de poder bom e poder mau, mas a realidade de expressões semi-independentes de Deus.[64] O próprio Primeiro

---

[60]Cf. Moxnes, *Theology in Conflict* [Teologia em conflito].
[61]Moltmann, *Trinity and the Kingdom of God* [Trindade e o reino de Deus], 149. Cf. Jürgen Moltmann, *History and the Triune God* [História e o Deus triúno] (Londres: SCM Press, 1991; Nova York: Crossroad, 1992), p. 82.
[62]Cf., e.g., North and Stuckenbruck, *Early Jewish and Christian Monotheism* [Primórdios do monoteísmo cristão e judaico]; Carey C. Newman et al., eds., *The Jewish Roots of Christological Monotheism* [Raízes judaicas do monoteísmo cristológico] (Leiden and Boston: Brill, 1999).
[63]Richard Bauckham, *God Crucified* [Deus crucificado] (Grand Rapids: Eerdmans, 1998), p. 28 (2ª ed. rev., *Jesus and the God of Israel* [Jesus e o Deus de Israel], p. 20).
[64]Cf. Alan F. Segal, *Two Powers in Heaven* [Dois poderes no céu] (Leiden: Brill, 1977).

Testamento combina afirmações fortes acerca da identidade exclusiva de Yahweh com outras declarações — como a descrição da sabedoria de Deus como ser pessoal, distinguível de Deus (Pv 8:22-31) — que haviam sido encontradas em obras judaicas posteriores, como no Livro da Sabedoria e em Eclesiástico, e depois retomadas por Paulo (e.g., Cl 1—2).

Assim, muitos pensadores judaicos pareciam sentir-se confortáveis em entender a Sabedoria de Deus como uma quase-pessoa, semi-independente de Deus, e Paulo parecia pensar nesses termos antes de Jesus confrontá-lo. Se Paulo o entendia dessa forma ou não, dado o fato de que Jesus é claramente uma pessoa distinta de Deus, a figura da Sabedoria de Deus deu ao apóstolo uma forma de pensar sobre o significado de Jesus como uma pessoa distinta que, contudo, é, ao mesmo tempo, essencialmente uma em natureza com Deus e diferente de qualquer outro ser humano.[65] Deus possuía sua sabedoria desde o princípio e usou-a para criar o mundo; Jesus é a personificação suprema da sabedoria de Deus, especialmente, embora, de forma paradoxal, ao ser executado (1Co 1:18-31). O pensamento judaico também podia conceber o espírito de Deus ou sua palavra como semi-independentes de Deus, e a forma discursiva do Novo Testamento corrobora mais com esse pensamento do que com o reconhecimento de seres sobrenaturais subordinados, como anjos e espíritos.

Tal fluidez no entendimento bíblico judaico a respeito de Deus significa que a doutrina da Trindade não precisa, por si só, criar problemas para um judeu. A razão pela qual um judeu pode não ser capaz de tornar-se cristão é que o judaísmo considera Jesus alguém cuja reivindicação messiânica é falsa.[66] Para o judeu, Jesus não cumpriu as promessas de Yahweh relacionadas ao Ungido (uma das razões pelas quais Jesus precisa retornar).

Em contrapartida, o reconhecimento cristão de que Deus é Pai, Filho e Espírito emana da história de Jesus como Filho de Deus, na medida em que ela vem pela mediação do Espírito na congregação, e não, por exemplo,

---

[65]Cf., e.g., James D. G. Dunn, *Christology in the Making* [Cristologia em formação] (Londres: SCM Press; Filadélfia: Westminster, 1980; 2ª ed., Londres: SCM Press; Grand Rapids: Eerdmans, 1989), p. 163-212.
[66]Segundo Benjamin Sommer, *The Bodies of God and the World of Ancient Israel* [Os corpos de Deus e o mundo do Israel antigo] (Cambridge e Nova York: Cambridge University Press, 2009), p. 132-37.

tem origem em um pensamento teórico ou na tentativa de resolver um problema.[67] Cristãos acreditam na complicada, misteriosa e aparentemente ilógica doutrina da Trindade porque, a despeito das desvantagens, é a melhor maneira de compreenderem o relato sobre Deus nas Escrituras.

Pai...

Na adaptação paulina do *Shemá*, a descrição de Deus como Pai denota o relacionamento de Deus com seu povo, e a versão de Lucas da oração que Jesus dá aos discípulos começa com uma simples invocação: "Pai" (Lc 11:2). Essa forma de se dirigir a Deus resume parte do entendimento expresso pelo Novo Testamento com respeito a esse relacionamento. A forma natural da palavra ("Pai" em vez de "Pai-Nosso") dá a entender que, por trás da palavra grega *patēr*, está a palavra aramaica 'abbā'. Usado no hebraico, o vocábulo expressa a forma comum com a qual uma criança se dirige ao seu pai, embora traduzi-la por "papai" dilua suas implicações.[68] Em contraste com o pano de fundo do entendimento do Primeiro Testamento e do judaísmo, ser pai dá a entender ser a origem ou fonte de vida e, assim, aquele que garante uma herança, uma figura de autoridade digna de submissão e obediência; e aquele que ama e cuida dos filhos.[69] A relação paternal é um exemplo de relacionamento patrão-empregado, envolvendo um comprometimento mútuo entre duas partes de *status* desigual.[70] Senhor e servo, rei e súdito, pai e filho — todos servem de exemplo desse tipo de relacionamento.

Israel sabia que Deus era seu Pai, embora o Primeiro Testamento empregue a imagem apenas raramente. Uma ocorrência de destaque é a declaração de Deus de sua intenção de "trazer meus filhos de longe e minhas filhas dos confins da terra" (Is 43:6). É o único lugar nas Escrituras em que Deus fala de "filhas", exceto em uma passagem do Novo Testamento que, aparentemente, alude a esse texto (2Co 6:18).

---

[67] Thiselton, *Hermeneutics of Doctrine* [Hermenêutica da doutrina], p. 452-53.
[68] Cf. Thomas A. Smail, *The Forgotten Father* [O pai esquecido] (Londres: Hodder, 1980; Grand Rapids: Eerdmans, 1981), p. 39; James Barr, "*Abba* Isn't 'Daddy'" [Abba não é 'papai'], *Journal of Theological Studies* 39 (1988): 28-47.
[69] Marianne Meye Thompson, *The God of the Gospel of John* [O Deus do Evangelho de João] (Grand Rapids e Cambridge: Eerdmans, 2001), p. 58.
[70] Cf. ainda, e.g., Neyrey, *Render to God* [Dai a Deus], p. 249-51.

A reticência de Israel em empregar a imagem servia de distinção útil da religião israelita para a canaanita, cuja menção de El, o deus superior, remetia a "Pai", e cuja crença era de que El tinha filhos e filhas. A relutância israelita também distinguia sua religião da religião grega. Segundo Homero, Zeus era "pai de homens e deuses".[71]

Na verdade, o Novo Testamento vê Deus como alguém cujo relacionamento é de paternidade com toda a humanidade e com toda a criação: o poeta grego Aratus descreve a humanidade como "geração" de Deus, e Paulo concorda (At 17:28). Deus é o "Pai das luzes, em quem não há variação ou sombra causada por movimento" (Tg 1:17). A ideia de que existe um relacionamento paternal entre Deus e o ser humano é algo característico das religiões.[72] Contudo, há desvantagens no conceito de que somos "naturalmente" filhos de Deus e de que Deus é "naturalmente" nosso Pai.[73] Conversas sobre Deus como Pai são familiares, e podem ser banalizadas. Israel sabia que pertencia à família de Yahweh, mas, em vez de se dirigir a ele como Pai, o judeu estava mais inclinado a falar de Deus como seu *gōʾēl*, o membro da família disposto a oferecer recursos a fim de ajudar um parente necessitado, redimindo-o ou restaurando-o. Trata-se de mais um relacionamento patrão-empregado, ainda que sua essência seja relacionamento familiar, intervenção poderosa e restauração eficaz.[74]

Embora o israelita não fosse inclinado a se dirigir a Deus como Pai, ele sabia que podia relacionar-se com Deus com a liberdade de um filho, conforme o livro de Salmos deixa abundantemente claro; em oração, o judaísmo dos dias de Jesus se dirigia a Deus como Pai. A percepção dos judeus de que existia um relacionamento de amor e comprometimento mútuo entre Deus e Israel significava que os israelitas não viam necessariamente a forma como Jesus falava do relacionamento paternal de Deus como algo novo. É no contexto dessa conscientização judaica que a fala de Jesus ao chamar Deus de Pai encoraja os discípulos a

---

[71] E.g., Homero, *A Ilíada* 8.132.
[72] Cf. Friedrich Heiler, *Prayer* [Oração] (Londres e Nova York: Oxford University Press, 1932), p. 59-60.
[73] Cf. Feldmeier e Spieckermann, *God of the Living* [Deus dos vivos], p. 68-72.
[74] Cf. Christopher J. H. Wright, *The Mission of God* [A missão de Deus] (Downers Grove: InterVarsity Press; Nottingham: InterVarsity Press, 2006), p. 267.

invocarem-no como tal, em conexão com a insistência para que Yahweh traga seu reino à terra e os proteja.[75]

Como na abertura de outras cartas, o início de Efésios capta a imagem de Deus como Pai, mas, em seguida, leva-a para uma direção diferente e com nuances variadas: "A vocês, graça e paz da parte de Deus, nosso Pai, e do Senhor Jesus, o Ungido. Bendito seja o Deus e Pai do nosso Senhor Jesus, o Ungido... Ele nos destinou para sermos adotados como filhos, por meio de Jesus, o Ungido" (Ef 1:2-5). Deus é o Pai de Jesus, o Pai de Israel e o Pai daqueles que se tornaram irmãos e irmãs de Jesus. Enquanto o discurso cananeu de El como Pai de filhos e filhas entre os deuses deixasse Israel um tanto hesitante ao falar de Deus como Pai de um Filho em sentido metafísico, é evidente que, para os primeiros escritores cristãos, não havia problema algum em chamar Deus de Pai no período neotestamentário.

Hebreus não vê necessidade alguma de hesitação: o Deus que falou com Israel de diversas maneiras pelos profetas finalmente nos falou por meio de um Filho (Hb 1:1-2). Também nos Evangelhos, "Pai" é mais comumente uma descrição do relacionamento de Deus com Jesus do que com os discípulos, além de expressar a singularidade desse relacionamento. Efésios 1:2-5, então, remete a um novo *insight* acerca de Deus como Pai: a posição de cristãos como filhos e filhas de Deus está relacionada ao fato de o próprio Deus, o Pai, ter um Filho. Por meio de Jesus, gentios e judeus têm acesso ao Pai e se tornam membros de sua família (Ef 2:18-19).

Dizer que Deus é Pai não é o mesmo que dizer que ele é do sexo masculino ou feminino. Paternidade é uma metáfora, e metáforas envolvem sobreposição, não identidade entre uma coisa e outra. Devemos deixar que outras metáforas nos guiem se quisermos ver quão longe uma metáfora pode ir. Em sua descrição de Deus, o Primeiro Testamento nos fornece praticamente todas as partes do corpo, mas não a genitália, embora atribua a Deus "seio" [cf. Jo 1:18, ARA] e "entranhas" [cf. Jr 31:20, KJV]. Descrever Deus como pai e caracterizá-lo com aspectos maternais atribuem a ele qualidades importantes de ambos. Dirigir-se a Deus por "ele" não o designa como alguém de determinado sexo, mas como pessoa em

---

[75]Cf. Marianne Meye Thompson, *The Promise of the Father* [A promessa do Pai] (Louisville: Westminster John Knox, 2000), p. 34.

oposição a uma "coisa". É claro que, em determinados contextos culturais (e.g., no Ocidente do século XXI), tais descrições podem ressoar de outras formas. Portanto, devemos ter cautela quanto ao modo de usá-las, a fim de evitar impressões erradas.

... que estás nos céus

Na versão de Mateus, a oração que Jesus ensina aos discípulos começa assim: "Pai-Nosso, que estás nos céus" (Mt 6:9), explicitando o fato de que não estamos falando de um pai qualquer. Alguns sugerem que a descrição paternal de Mateus contribui para um contraste desfavorável com o Primeiro Testamento: em Gênesis, "Yahweh é íntimo, próximo de nós, enquanto o Deus cristão, o Pai, retirou-se para os céus".[76] Enquanto é simples estabelecer esse contraste como forma de favorecer o Primeiro Testamento, descrever o Pai como "nos céus" não sugere afastamento. É natural que o Primeiro Testamento descreva Yahweh como "nos céus", mas isso não implica que Yahweh não esteja presente e ativo na terra. Na realidade, a descrição dá a entender o oposto (cf., e.g., 1Sm 2:10; 1Rs 8:30-49). De sua posição no topo da cidade, o rei tem uma perspectiva privilegiada e pode agir quando necessário; de sua posição no céu dos céus, Deus pode ver o que ocorre no mundo e fazer algo a esse respeito (Sl 11:4). Quando Mateus usa frases como "reino dos céus" em contraste com "reino de Deus" (traduções comuns do grego), segue um uso judaico contemporâneo. Talvez o próprio Jesus empregasse ambas as expressões.

Enquanto não há implicação de distanciamento na preferência pelo uso de "os céus" em lugar de "Deus", a expressão não é explicitamente pessoal. Por isso, a frase "Pai-Nosso, que estás nos céus" reafirma a natureza pessoal daquele a quem nos dirigimos em oração. Nosso foco não está nos céus, mas em nosso "Pai" celestial.[77]

Descrever o Pai como "nos céus" sugere transcendência e leva à comparação com a descrição de Deus como santo. Talvez santidade seja um ponto de partida melhor do que amor se desejarmos articular o

---

[76]Bloom, *Jesus and Yahweh* [Jesus e Yahweh], p. 138.
[77]Cf. Alon Goshen-Gottstein "God the Father in Rabbinic Judaism and Christianity", [Deus Pai no judaísmo rabínico e no cristianismo], *Journal of Ecumenical Studies* 38 (2000–2001): 471-504 (em 477-79).

entendimento de Jesus sobre Deus.[78] No Primeiro Testamento, "santo" é a descrição mais fundamental de Yahweh, um termo apropriado à sua deidade. Em Isaías 6, os serafins proclamam: "Santo, santo, santo".[79] Yahweh não é santo apenas uma vez, nem santo por dois, mas por três.

Contudo, Yahweh não é apenas retratado como "o Santo" no profeta Isaías, mas como "o Santo de Israel". O título indica que o Deus transcendente se afeiçoou a um povo particular, o que oferece, simultaneamente, encorajamento e pressão. O Santo está comprometido com seu povo, mas também deseja o comprometimento desse povo, de modo que está pronto para confrontá-lo se Israel falhar em sua fidelidade. Assim, dizer que Yahweh é o "Santo de Israel" é dizer que ele é "incomparável, soberano e além da compreensão da humanidade — inacessível, mas, ao mesmo tempo, habitando com o seu povo escolhido".[80]

Embora o Novo Testamento possa usar a palavra "santo" para sugerir justiça e moralidade (e.g., 2Co 6:6; 1Pe 1:15-16; Ap 22:11), também pode usá-la para denotar transcendência ou separação quando se aplica a uma cidade, a anjos, à aliança ou às primícias (e.g., Mt 4:5; Mc 8:38; Lc 1:72; Rm 11:16), e da mesma forma na expressão "Espírito Santo". Talvez essas conotações de compromisso e confrontação estejam ligadas à frase "o Espírito Santo" e a Jesus como "o santo". Quando seres viventes assumem o clamor dos serafins (Ap 4:8) e proclamam a santidade de Deus, declaram que o ocupante do trono é o Deus transcendente, sobrenatural, imponente e, assim, aquele a quem ninguém pode desafiar. Na versão de Lucas da oração do Pai-Nosso, a ideia emerge a partir da sequência: "Pai! Que o teu nome seja reconhecido como santo". Dirigir-se a Deus como Pai expressa sua proximidade; o imperativo reconhece sua santidade.[81]

Gênesis não chama Deus de "santo"; contudo, aplica ao único Deus, Yahweh, o termo "*El*", a despeito de outros povos chamarem seu deus

---

[78]Cf. Scot McKnight, *A New Vision for Israel* [Uma nova visão para Israel] (Grand Rapids e Cambridge: Eerdmans, 1999), p. 22.
[79]Segundo Levine (*In Pursuit of Meaning* [À procura de significado], 1:332.), visto que Isaías usa qādôš em outro lugar como substantivo: "O Santo, o Santo, o Santo!".
[80]John Rogerson, "What Is Holiness" [O que é santidade], em Stephen C. Barton, ed., *Holiness* [Santidade] (Londres e Nova York: T&T Clark, 2003), p. 3-21 (em p. 20). Cf. ainda Philip Jenson, "Holiness in the Priestly Writings of the Old Testament" [Santidade nos escritos sacerdotais do Antigo Testamento], no mesmo volume (p. 93-121).
[81]Feldmeier e Spieckermann, *God of the Living* [Deus dos vivos], p. 17.

mais importante pelo mesmo nome. Qualificadores adicionados a esse prefixo ajudam a ressaltar verdades a respeito de Deus. Ele é *El Elyon*, Deus Altíssimo, criador dos céus e da terra (Gn 14:19); *El Ro'i*, aquele que me vê (ou o Deus a quem eu vi [Gn 16:13]); *El Shadday*, o Deus Todo-poderoso (etimologicamente, o termo pode ter diversos significados, mas o único que o Primeiro Testamento adota é "Todo-poderoso" [e.g., Is 13:6]); *El Olam* (e.g., Gn 21:33), aquele cuja divindade é das eras passadas até as eras vindouras. Desse modo, os nomes são importantes, tanto do ponto de vista teológico como por corresponderem à designação canaanita do deus principal. O fato de Abraão usar "Deus Altíssimo" e "Yahweh" ao mesmo tempo (Gn 14:22) é duplamente importante. A designação do patriarca dá a entender que outros povos não estão destituídos do verdadeiro conhecimento de Deus e, portanto, devem adicionar ao seu conhecimento à revelação da identidade de Yahweh.

A forma distinta pela qual os antepassados de Israel descrevem Yahweh é como "o Deus de teu pai" — ou seja, "o Deus de Abraão, o Deus de Isaque e o Deus de Jacó" (Êx 3:6). Essas frases dão a entender que Yahweh entra em um nível pessoal de comprometimento com o ancestral responsável pela família. Ele é o Deus que diz: "Eu estou/estarei com você" (Gn 26:24). A descrição que Jesus faz de Deus como "Pai celestial" corresponde aos dois lados da descrição de Deus dos antepassados de Israel: como *El* e como aquele cujo relacionamento com eles era pessoal.

Soberano

A visão celestial de João assume a conotação de transcendência atrelada à santidade quando ele vê uma figura imponente em um trono e escuta vozes com a mesma declaração que os serafins: "Santo, santo, santo é o Senhor Deus, o Todo-Poderoso, que era, que é e que está vindo". Outro conjunto de vozes declara: "Tu és digno, nosso Senhor e Deus, de receber glória, honra e poder, visto que criaste todas as coisas; sim, por tua vontade, vieram a existir e foram criadas" (Ap 4:8,11). A descrição que João faz de Deus como "Senhor Deus Todo-Poderoso" é recorrente por todo o livro, aparecendo pela última vez em sua visão final de novos céus e nova terra (Ap 21:22); "todo-poderoso" equivale à descrição posterior dos serafins ao retratarem o Santo como "Yahweh dos Exércitos" (Is 6:3).[82] Poder e soberania são características importantes de Deus.

Em que sentido as Escrituras dão a entender que Deus é todo-poderoso, onipotente ou soberano?[83] Em certos aspectos, se Deus é soberano, então muitos acontecimentos no mundo nos geram perplexidade. Normalmente, é impossível ver qualquer motivo por trás das coisas que acontecem ou deixam de acontecer. Por ser poderoso, Yahweh é capaz de livrar seu povo (e.g., Sl 21:13 [TM 14]; 28:8); contudo, parece permitir que em certas ocasiões o povo seja derrotado, mesmo quando a derrota não pode ser entendida como um castigo por sua infidelidade (e.g., Sl 44). Quando desafiado, Yahweh responde, dizendo: "Desculpe (apesar de não se desculpar realmente), mas o mundo não gira em torno de você. Viva apenas com base na evidência de que, em geral, faço um bom trabalho ao gerir o mundo" (Jó 38—41). Ao mesmo tempo, para aqueles que o amam, Deus faz com que tudo coopere "para o bem" (Rm 8:28).[84] A verificação da soberania de Deus não está nas coisas que acontecem, mas no que ele faz com as coisas depois que elas acontecem.

Apocalipse associa o poder ou a soberania de Deus à criação original e aos novos céus e terra, e outras afirmações bíblicas da soberania e do poder de Deus fazem a mesma conexão, estabelecendo-nos, assim, um ponto de partida para entendê-los. Soberania divina significa que Deus iniciou sozinho o projeto que trouxe o mundo à existência, e que apenas ele o levará à sua consumação final. Outras alegações importantes dessa soberania na encarnação e na ressurreição também se relacionam ao cumprimento do seu propósito. O mesmo se dá com a execução de Jesus, a qual dá a entender novas nuances no entendimento da soberania de Deus.

Mais amplamente, Deus "tenciona empregar o potencial de poder universal e pessoal ao seu dispor para a manutenção e a ordem benevolente do seu mundo". Além disso, "ele é o Senhor soberano, que vem para julgar seu povo". Em Apocalipse, "a revelação do Altíssimo contradiz a noção atual de falta de esperança. O livro adere à confiança de que Deus

---

[82]Em Isaías, a Septuaginta traz *kurios sabaōth*, mas, em outras passagens (e.g., Am 4:13), emprega o parafrástico *pantokratōr*, palavra usada em Apocalipse.
[83]Cf. ainda *OTT* 1:642-56; 2:59-84.
[84]Faz pouca diferença se traduzirmos a frase por "todas as coisas trabalham em conjunto para o bem".

anseia estabelecer seu reino e é capaz de fazê-lo na batalha contra os poderes que lhe são hostis".[85]

Deus exerce sua soberania de diversas maneiras: intenção divina, acontecimentos mundiais e decisões humanas se inter-relacionam de diversas maneiras. A vida funciona com base em processos naturais, na dinâmica da sabedoria e na dinâmica da ética. Yahweh faz a vida funcionar, faz com que coisas ruins aconteçam a pessoas ruins, age via meios "deste mundo", leva nossa experiência a corresponder às nossas ações, trabalha a despeito dos planos que elaboramos, protege e livra. A morte abate o opressor. Contudo, as Escrituras também reconhecem que a vida nem sempre reflete essas regras.

Trabalhando indiretamente

O projeto criativo de Deus envolve seu trabalhar via elementos da própria criação. Enquanto o ato criativo de Deus começa com o uso de palavras que ocasionam o próprio cumprimento (Gn 1:3), muitas das obras subsequentes de Deus envolvem o comissionar da ação por elementos da própria criação. Quando árvores frutíferas crescem no Éden ou Eva fica grávida, tais acontecimentos implementam a vontade de Deus; sua soberania trabalha através deles. Tudo que acontece no mundo natural representa o trabalhar da soberania de Deus. Ao produzir fruto, uma árvore faz algo extremamente "natural", mas é também o meio pelo qual Deus nos provê alimento. Podemos formular mais de um nível de explicação acerca de determinado acontecimento, e os níveis de explicação complementam um ao outro.

Yahweh usa o ser humano como seu agente. Quando Tiglate-Pileser, Senaqueribe ou Nabucodonosor invadiram Judá, Deus moveu o espírito desses homens nessa direção (e.g., 1Cr 5:26). Quando Ciro comissionou judeus a voltarem para Jerusalém a fim de reconstruírem o templo, Yahweh o incitou (Ed 1:1). Não é que eles tenham tomado atitude por se sentirem impelidos por Yahweh. Embora estivessem preparados a se autodenominar agentes de Yahweh quando lhes fosse conveniente, esses reis, em outros contextos, intitulavam-se servos de alguma outra deidade. Podemos especular que, de uma perspectiva pessoal, esses governantes

---

[85]Feldmeier e Spieckermann, *God of the Living* [Deus dos vivos], 151, 157, 161, 195.

agiam a fim de estender e assegurar seu império. Embora não buscassem atuar como agentes de Yahweh, mesmo assim o faziam, da mesma forma que a árvore frutífera cumpre involuntariamente a intenção de Deus.

Caifás enfatiza a necessidade de Jesus morrer pela nação em vez de todo o povo perecer; entretanto, João comenta que a asserção do sumo sacerdote não partiu dele mesmo. Caifás estava profetizando (Jo 11:49-52). Em certo sentido, podemos dizer que ele fez a declaração por vontade própria: Caifás não estava sendo manipulado por Deus para falar algo que não lhe ocorrera. Sua fala, porém, dá ensejo a outro nível de explicação e interpretação.

Na história do êxodo, Yahweh age através de parteiras, da mãe de Moisés, de sua irmã e da filha do rei, bem como através do próprio Moisés, que sabia estar agindo no comissionamento de Yahweh (depois de ter sido persuadido, tudo que Moisés devia fazer era falar). Yahweh também age por meio do faraó (que pensa resistir a Yahweh) e através de sinais e maravilhas do mundo criado, assustadoras e benéficas (Êx 4—18). A inter-relação do propósito divino e da responsabilidade humana são ainda mais evidentes na forma como o livro de Êxodo fala da intenção de Deus de endurecer o coração de faraó; deste como alguém cujo coração era duro; e também como aquele que endurece o próprio coração. Jesus também o evidencia ao mencionar sua intenção de levar alguns a uma cegueira ainda maior (Mc 4:10-12).

Podemos dizer que, em certas ocasiões, Deus não faz coisas acontecerem às pessoas, porém as acompanha enquanto agem ou passam por determinadas experiências.[86] Deus e humanidade trabalham juntos, embora o ser humano não esteja ciente do que está acontecendo. Yahweh não opera como quem pilota um drone; assim, sua ação pode preceder ou suceder ações humanas, bem como trabalhar, misteriosa e simultaneamente, com elas. Ester atua de forma corajosa, e sua história não faz menção de Deus, mas o silêncio de Yahweh testifica em voz alta sobre seu envolvimento misterioso. De modo semelhante, Rute insiste em seu compromisso com Noemi e com Deus, de modo que sua história também serve de ilustração, ainda que contenha pouquíssimas referências à atividade de Deus.

Ester e Rute não apenas agem de forma corajosa: ambas são bem-sucedidas através de coincidências inesperadas. Nesse aspecto, a

---

[86]Cf. Barth, *CD* III, 3:90-154.

história de ambas também não faz quase nenhuma referência à atividade de Deus, porém evidencia a soberania divina operando por meio dessas coincidências. Acontecimentos mundiais podem desdobrar-se por uma dinâmica própria, mas, em outro nível, Deus está agindo através deles. Por "acaso" acontece de Rute recolher espigas em determinado campo (Rt 2:3), e o resto da história depende desse "acaso". Ambas as narrativas partem do pressuposto de que Yahweh opera através das ocorrências acidentais que elas registram. Enquanto as narrativas em questão não demonstram Yahweh levando o acaso a acontecer, essa convicção recebe expressão paradoxal quando o servo de Abraão pede para que a "sorte" ocorra de determinada maneira (Gn 24:12). Apenas os filisteus não associam o acaso a Yahweh (2Sm 6:9).

Enquanto, por exemplo, os ocidentais estão inclinados a ver questões como deficiência física, esterilidade ou mudança climática como obras do acaso, as Escrituras estão mais inclinadas a enxergar o envolvimento de Deus nesses acontecimentos. Deus pode trazer infertilidade ou cegueira como disciplina ou como experiências com as quais tenciona intervir a fim de cumprir um objetivo (e.g., 1Sm 1:5-6; Jo 9:3). Contudo, certas aflições ou curas simplesmente acontecem pelo fato de Deus ter criado o mundo de determinada maneira. Há ocasiões em que Deus cura por processos naturais, e os médicos não veem nada de estranho e miraculoso; há, porém, situações em que os médicos são incapazes de explicar como a cura aconteceu, e pode ser porque Deus agiu de uma forma que não envolveu processos regulares — como, por exemplo, no caso da ressurreição de Dorcas em resposta à oração de Pedro (At 9:36-42).

Soberania deliberada

Se Deus não parece poderoso o suficiente, ele também pode soar poderoso demais, "formando a luz e criando as trevas, criando bem-estar (*šālôm*) e coisas más (*raʿ*)" (Is 45:7).[87] Dois aspectos dessa declaração precisam ser esclarecidos. O primeiro é que "luz" e "trevas" servem de imagem para bênção e tribulação, e essa conotação se encaixa no

---

[87] Em "Yahweh as the source of evil" [Yahweh como fonte do mal], cf., e.g., John Barton, *Ethics in Ancient Israel* [Ética na antiga Israel] (Oxford e Nova York: Oxford University Press, 2014), p. 257-61.

contexto. As palavras descrevem situações em que tudo ocorre bem às pessoas e situações quando as coisas vão mal, ou seja, nas ocasiões em que as pessoas experimentam catástrofe. A passagem não descreve Deus como criador do mal moral.

O segundo é que isso não dá a entender que todas as catástrofes e bênçãos emanam da soberania de Yahweh, pelo menos não no mesmo sentido. A declaração particular de Isaías se preocupa em afirmar que tanto a destruição de Jerusalém por Nabucodonosor como sua subsequente restauração através de Ciro se originam de Yahweh. Embora nem toda destruição ou restauração procedam diretamente de Yahweh, algumas tem origem nele.

"Ocorre algo ruim na cidade sem que Yahweh o tenha mandado?" (Am 3:6). A princípio, a pergunta soa como uma declaração particularmente forte sobre a soberania ativa de Yahweh em cada acontecimento. Em seguida, porém, Amós declara: "Certamente, Yahweh não faz coisa alguma sem revelar o seu plano aos seus servos, os profetas" (Am 3:7). A afirmação dá a entender que o profeta está se referindo às coisas ruins que sucederam a Efraim, não a qualquer coisa que acontece em qualquer cidade, visto que a maioria desses acontecimentos não é anunciada por profetas.

À primeira vista, a leitura de Amós 3:6 dá a entender que tudo que acontece no mundo decorre da soberania de Deus. Em certo sentido, Deus realmente está por trás de toda a história. Contudo, há acontecimentos nos quais Deus age com um tipo mais deliberado de soberania em conexão com seu projeto de criação. A distinção sugere nuances relacionadas à ideia da presença de Deus. Yahweh diz a Moisés: "Desci a fim de livrá-los [os israelitas]" (Êx 3:8) — ou seja, desceu dos céus para a terra, como um rei que desce do trono e entra na cidade. Se pensarmos apenas em termos de presença divina permanente e soberania divina uniforme, excluímos o retrato bíblico da ausência e da inatividade de Deus, segundo o qual podemos esperar por sua intervenção.[88]

Enquanto Ciro estendia seu império, os fenícios também ampliavam seu domínio ao longo do Mediterrâneo. Tanto persas como fenícios alastravam seu território para acrescentar à sua esfera de influência e poder. No entanto, a ação dos fenícios não servia de expressão à vontade de Deus e ao seu propósito, enquanto a ação dos persas, sim. Anteriormente,

---

[88]Cf. seção 1.3.

Deus libertara Israel do Egito e o levara para Canaã, mas também libertara os filisteus de Caftor e os arameus de Quir (Am 9:7). A despeito de qualquer intervenção especial de Deus na história de Israel, o movimento desses cinco povos envolveu o exercício da vontade humana e constituiu o desenvolvimento da comissão divina na criação, embora a iniciativa de Ciro e o deslocamento de Israel tenham sido expressivos como exercício da soberania de Deus, de forma que não se aplica às demais nações mencionadas.

Historiadores não precisam falar em termos de intervenção divina para explicar os acontecimentos. Estes geralmente refletem a ambição, o poder e a estupidez do ser humano. Todavia, Yahweh está em posição de dizer ao seu povo: "eu previ que isto aconteceria, e aconteceu". Tais eventos têm lugar na vontade geral de Deus de alcançar algo no longo prazo e através da história de Israel. Deus tem um propósito para essa história, e formula planos ou intenções em curto prazo para Israel. Yahweh pode ter objetivos separados para a Assíria ou para Amom, mas eles não têm o mesmo peso em seu propósito mais amplo.

Soberania restritiva

O exemplo de Ciro sugere mais uma variável na ideia de soberania divina. Ciro toma o papel de agente de Yahweh do rei da Babilônia, o qual, por sua vez, o tomara do rei da Assíria. Em ambos os casos, sua atividade se relaciona ao fato de que Israel se recusara a aceitar a soberania de Deus. Posteriormente, Jesus anuncia que o reino de Deus está presente (Mc 1:15), dando a entender que, em certo sentido, esse reino ainda não se havia manifestado. Exceto em termos de abnegação, Deus não estava exercendo sua soberania.

Quando Deus pergunta à Eva "O que foi que você fez?" e, posteriormente, faz a mesma pergunta a Caim (Gn 3:13; 4:10), ele dá a entender que ambos não fizeram a vontade dele. Adão e Eva agiram de modo diferente do que foram instruídos. Deus não desejou a ação que os dois realizaram. Embora o Senhor seja paciente, "não querendo que ninguém pereça, mas que todos cheguem ao arrependimento" (2Pe 3:9, NVI), afigura-se que muitos não chegam ao arrependimento e perecem. Em um nível, a soberania de Deus encontra expressão; em outro, é frustrada.

Para os pensadores europeus, poder absoluto é o atributo proeminente da divindade;[89] todavia, "nenhum atributo divino tem sido tão controverso quanto a onipotência".[90] Deus é incapaz de parar a maldade no mundo? Ou é capaz de fazê-lo, mas não exerce esse poder? A soberania de Yahweh envolve o desejo abnegado de dar às pessoas a possibilidade de lhe desobedecerem. Em sua natureza, o Todo-poderoso Deus é capaz de fazer as coisas acontecerem e de impedi-las; ele podia ter impedido Eva de se apropriar do fruto, mas não o fez. Deus tinha a capacidade de enviar legiões de anjos para resgatar Jesus (Mt 26:53), porém não a exerceu.

Antes, Yahweh permitiu à humanidade agir da pior maneira, alcançando, desse modo, aquilo que intencionava. Ele sabia o que aconteceria, intencionou o que aconteceria e sobrepujou as consequências do que a humanidade fez de pior (At 2:23-24). Suposições relacionadas às ações divina e humana correspondem àquelas que se aplicam a Senaqueribe: os assírios invadem Judá porque Deus os incitou, mas, até onde sabem, fazem-no com o objetivo de expandir seu império e eles sofrerão as consequências dessa ação, ainda que estejam cumprindo a vontade de Deus (Is 10:4-19).

A imagem de Deus como Pai ilumina a forma como a soberania de Deus trabalha. Sua soberania é como a de pais em relação aos filhos jovens. Há um sentido no qual pais exercem a soberania absoluta sobre os filhos e podem compeli-los a fazer determinada coisa, bem como impedi-los. Assim, os pais devem aceitar certo nível de responsabilidade pelo que os filhos fazem, embora os filhos também devam aceitá-la.

Na prática, é improvável que os pais exerçam sua soberania de maneira profunda. Em alguns pontos, eles estabelecem e impõem limites; em outros, permitem que as crianças tomem decisões e cumpram os próprios objetivos a partir das decisões que elas tomaram. Há situações em que os pais deixam as crianças decidirem e, então, limpam a bagunça depois. Há outras em que as crianças obedecem à ordem dos pais a determinado pedido; outras vezes, não. Há ocasiões em que os pais semeiam uma ideia na mente dos filhos, gerando fruto nas decisões que eles tomam. Assim é que devemos entender o fato de Deus estar por trás do ardil dos irmãos de

---

[89]Jürgen Moltmann, *God in Creation* [Deus na criação] (Londres: SCM Press; San Francisco: Harper, 1985), p. 26.
[90]Feldmeier e Spieckermann, *God of the Living* [Deus dos vivos], p. 147.

José, ou da teimosia do faraó ou da traição de Judas. Em alguns contextos, as crianças podem ter ideias sobre o que a família deve fazer, e os pais concordam. Além disso, a soberania dos pais não significa que podem obrigar os filhos a pensar do mesmo modo que eles.

O desejo de Deus Pai para que os filhos cheguem ao arrependimento significa que ele está preparado a esperar praticamente para sempre — mas não para sempre. Também dá a entender que é possível às pessoas apressarem a vinda do dia de Deus (2Pe 3:8-12).

Deus em contraste com...

Só existe um Deus. As Escrituras não são dualistas. Não existem duas realidades como o bem e o mal compondo uma realidade última. Entretanto, como Gênesis 1 dá a entender, as trevas existiam antes da luz? Forças da desordem competem com forças da ordem desde o Princípio? Unidade é um propósito a ser concretizado no Fim ao invés de uma caraterística do Princípio?

Podemos dizer que o Primeiro Testamento pende para o monismo e o Novo para o dualismo, mas o verbo "pender" abre espaço para que não sejamos dualistas sobre essa comparação, o que serve, por si só, de parábola para a natureza da própria dualidade.[91] No Primeiro Testamento, Deus está envolvido neste mundo e nesta era e é, em certo sentido, responsável por todos os acontecimentos do mundo, incluindo invasões das grandes potências imperiais e aflições experimentadas por indivíduos; este mundo também é o único contexto no qual o ser humano experimenta vida. No entanto, no limite dessa figura está o reconhecimento de que os poderes dinâmicos resistem à vontade de Deus, de que a morte geralmente exerce sua vontade de modo a privar pessoas de plenitude de vida e que a vontade de Deus não chega ao cumprimento nesta era, mas aguarda "aquele dia". Por outro lado, o Novo Testamento pode contrapor Deus a Satanás, luz às trevas, confrontar esta era em contraste com a era vindoura, este mundo contra o mundo celestial e a igreja contra o mundo.

---

[91]Nesta questão, cf., e.g., Stephen C. Barton, "Johannine Dualism and Contemporary Pluralism" [Dualismo joanino e pluralismo contemporâneo] em Richard Bauckham e Carl Mosser, eds., *The Gospel of John and Christian Theology* [O Evangelho de João e a teologia cristã] (Grand Rapids e Cambridge: Eerdmans, 2008), p. 3-18.

No entanto, o poder de Satanás é limitado e, em última análise, subordinado ao poder de Deus; as trevas não extinguem a luz; esta era está sendo invadida e destinada a dar lugar à era vindoura; e Jesus venceu o mundo.

É importante notar que as Escrituras remetem à dualidade, e não ao dualismo. Deus é diferente de nós, mas se torna humano; e o ser humano pode entrar na presença de Deus. Vida é distinta de morte, mas os mortos podem ressuscitar e a morte pode invadir a vida. A era vindoura é distinta da era presente, mas pode exercer um efeito nesta era; e aquele que pertence a esta era pode mover-se em direção à era vindoura (Jo 12:25). O bem é distinto do mal, mas o ser humano tem elementos de ambos. A humanidade à imagem de Deus é distinta da humanidade deformada pelo pecado, porém a humanidade deformada continua a personificar a imagem de Deus.

Enquanto Gênesis 1 começa com trevas, João 1 apresenta a luz desde o Princípio. Tanto Gênesis como João veem trevas como contrárias à luz, e nenhum desses livros indica de onde as trevas se originam, embora ambos declarem que Deus começou a dissipá-las e completará esse projeto. Assim, as Escrituras não remetem a um dualismo cósmico ou metafísico, no qual luz e trevas sempre existiram e sempre estarão em conflito. Nem apontam a um monismo cósmico ou metafísico, no qual o triunfo da luz pertence apenas ao Fim. Gênesis e João remetem a um monismo histórico, no qual Deus assegura-se, desde o início da criação, de que a luz continue a triunfar sobre as trevas ("as trevas não a venceram" [Jo 1:5]). A história de Israel é o foco dessa segurança e alcança seu ponto culminante na morte e na ressurreição de Jesus.

Talvez seja a vinda da luz que ocasiona a manifestação das trevas. Apenas quando existe luz é que as trevas mais profundas se tornam aparentes. Quanto mais Deus brilha no mundo, mais as trevas procuram vencer a luz; e é precisamente a tentativa das trevas de extinguir a luz que dá ensejo ao seu próprio desaparecimento. Ao lutarem contra a luz, as trevas ocasionam a vitória da luz. Foi o que aconteceu no ministério de Jesus, quando poderes demoníacos resistiram a ele abertamente e foram derrotados publicamente; foi o que aconteceu na morte de Jesus, pela qual a luz triunfou; foi o que aconteceu no nascimento da igreja, estimulada em sua propagação pela perseguição.

O fato de Deus ser um é importante para a teologia e a filosofia cristã; assim, pode soar estranho que as próprias Escrituras não pareçam muito interessadas em tal afirmação. Talvez as razões estejam relacionadas ao contexto da época, da mesma forma como nossa necessidade de afirmar um monismo metafísico pode refletir considerações contextuais contemporâneas. No caso das Escrituras, no contexto do pensamento do Oriente Médio, não surge essa questão, porém surge em nosso contexto, a partir de pensadores europeus. Mas a declaração bíblica de que Yahweh é o único Deus sugere a existência de apenas um, mesmo que seu retrato do único Deus, cuja vitória é certa em seu conflito com forças opostas, ofereça uma crítica dos instintos pluralistas do nosso mundo, que pressupõem não existir uma verdade ou realidade unificada.[92]

Eterno

"Eu sou o primeiro e o último", assegura Yahweh (Is 44:6; 48:12). A reivindicação é retomada em Apocalipse: "Eu sou o 'A' e o 'Z', diz o Senhor Deus, aquele que é, que era e que está vindo, o todo-poderoso"; e no final do livro: "Eu sou o 'A' e o 'Z', o Princípio e o Fim" (Ap 1:8; 21:6; cf. Ap 1:4; 4:8). Em contrapartida, a expressão "aquele que é, que era e que está vindo" reafirma as palavras que Yahweh dirigiu a Moisés: "Eu sou o que sou" ou "Eu serei o que serei" e "Eu sou" (Êx 3:14). Com a chegada do Fim, os anciãos poderão mudar esse reconhecimento em: "Graças te damos, Senhor Deus todo-poderoso, que és e que eras, porque assumiste o teu grande poder e começaste a reinar" (Ap 11:17, NVI).

"Eternidade" é uma ideia essencialmente positiva; não se trata apenas de uma negação do tempo. Afirmações em Isaías e Apocalipse não dão a entender que Deus é "*a*-temporal", mas "*oni*-temporal". No decorrer das eras, ele é Deus. Yahweh é Deus *mēʿôlām ʿad-ʿôlām*, de eternidade a eternidade (Sl 90:2). Talvez exista uma esfera atemporal além do nosso mundo, e lá Deus é atemporal; as Escrituras, porém, não a revelam. Talvez existisse uma realidade atemporal antes do tempo, ou talvez essa realidade existirá após o tempo; mais uma vez, porém, as Escrituras não indicam isso. Entretanto, nos limites do tempo, não há tempo além do alcance de Deus. Essa é uma das razões pelas quais Yahweh é capaz de

---

[92]Cf. Miroslav Volf, "Johannine Dualism and Contemporary Pluralism" [Dualismo joanino e pluralismo contemporâneo], em Bauckham e Mosser, *The Gospel of John and Christian Theology* [O Evangelho de João e a teologia cristã], p. 19-50 (em p. 27-29); Volf, *Captive to the Word of God* [Cativo à palavra de Deus], p. 100-103.

revelar aos seus servos "o que deve acontecer" (Ap 1:1). Deus sabe que os descendentes de Abraão viverão como servos em um país estrangeiro, serão maltratados por quatrocentos anos, e que o faraó não deixará Israel ir senão depois de se ver forçado (Gn 15:13; Êx 3:19). O tempo como um todo está exposto perante Deus. Yahweh é o dramaturgo diante do qual o enredo inteiro está exposto. O futuro daqueles que desempenham um papel na história é, para Deus, o presente.

Há outra razão pela qual Deus é capaz de fazer declarações sobre o futuro. Ele fala como aquele que determina o que acontecerá. Enquanto profetas predizem o futuro — e Deus o faz quando fala de coisas que os seres humanos farão —, Deus não apenas prediz o futuro. Mais especificamente, ele o determina, e é com base nisso que ele está em uma posição de dizer o que devemos esperar (e.g., Gn 41:25,32). A capacidade que Yahweh tem de anunciar alguns acontecimentos por determiná-los é uma razão-chave para crermos que ele é Deus (Is 41:21-29). É por esse motivo que, "a respeito daquele dia e hora, ninguém sabe... nem mesmo o Filho, mas somente o Pai" (Mc 13:32), e por essa razão é que Deus pode revelar o que *deve* acontecer em breve (e.g., Ap 1:1).

Contudo, juntamente com a ideia de que Deus é Deus ao longo de todo o tempo, existe o fato de que, para Deus, há um "antes" e um "depois". Tenho estado presente no mundo por volta dos últimos setenta anos, mas não de uma só vez; talvez algo semelhante seja verdade a respeito de Deus. As Escrituras falam de Deus se lembrando do passado e pensando sobre o futuro. A lembrança de Deus é uma expressão essencial de seu amor e compaixão, embora também possa representar uma ameaça potencial, por significar que ele não absolverá o culpado. Talvez Deus possa mover-se entre passado, presente e futuro. Além disso, as Escrituras geralmente descrevem o futuro desenvolvendo-se de forma que Deus não antecipa. Deus pode questionar-se sobre o futuro e dizer: "talvez" (e.g., Jr 26:3; Ez 12:3). Além disso, pode ter expectativas frustradas (e.g., Is 5:1-7; 63:8-10; Jr 3:6-7, 19-20).

Podemos questionar se observações a respeito do conhecimento futuro de Deus ou sua aparente surpresa devem ser vistas de modo metafórico ou antropomórfico, mas tais sugestões se assemelhariam demais a uma desmitificação por conveniência, conformando as Escrituras ao nosso próprio entendimento, e não o contrário. De qualquer maneira, sejam literais, sejam antropomórficas, essas observações não negam a realidade da soberania de Deus em relação ao futuro. Por um lado, nada pega Deus de surpresa no sentido de representar um nível de complexidade com o qual ele não pode lidar. Por outro lado, Deus está genuinamente envolvido em sua interação com as pessoas, e tem de fato expectativas em relação ao ser humano, mas não predetermina os resultados das ações deste a ponto de remover a realidade da responsabilidade humana em relação a ele mesmo e à vida. Para o bem ou para o mal, as pessoas de fato respondem a Deus, e ele pode ficar entristecido ou desapontado com o que fazem, bem como gratificado e exultante.[93]

Conhecedor

Deus sabe o que se passa nas congregações (Ap 2:1—3:22): sabe a respeito de sua atividade, de sua perseverança e fidelidade, aflição e pobreza — e também da perda de seu "primeiro amor" e de sua tolerância ao falso ensino. Ele sabe a diferença entre aqueles na congregação que são fiéis e aqueles que não são. É impossível se esconder de Deus: "todas as coisas estão nuas e abertas aos olhos daquele a quem devemos prestar contas" (Hb 4:13). Deus tem acesso ao pensamento e às ações das pessoas (e.g., 1Cr 28:9; Sl 44:21 [TM 22]).

Enquanto poderíamos presumir que onisciência é parte inerente de ser Deus, é comum que as Escrituras mencionem Deus fazendo perguntas e, aparentemente, obtendo informações, surpreendendo-se e ficando desapontado. Algumas dessas perguntas podem ser retóricas; Deus age como um pai que deseja dar ao filho a chance de admitir algo (e.g., Gn 3:13; 4:6). Outras soam mais literais e têm o objetivo de levar Deus a descobrir algo: esse é o caso de referências a Deus testando pessoas. O teste que Deus faz com Abraão conduz à seguinte conclusão: "Agora sei que você teme a Deus, porque não me negou seu filho, o seu único filho" (Gn 22:12, NVI). Deus testa Israel para descobrir se a nação fará ou não o que ele diz (Êx 16:4; cf. Dt 8:2; Jz 2:22). Deus concorda em testar Jó para estabelecer que a razão pela qual o patriarca o temia não era apenas por ganho pessoal (Jó 1:8-12). Há ocasiões em que Deus usa o teste para

---

[93]Nas questões levantadas nesses parágrafos, cf. ainda John Goldingay, "Does God Have Surprises?" [Deus é surpreendido?] em *Key Questions About Christian Faith* [Perguntas-chave sobre a fé cristã] (Grand Rapids: Baker, 2010), p. 25-41.

estabelecer a verdade para si mesmo; no caso de Jó, foi para provar a outros a verdade da qual ele está convencido.

Salmos 139 é uma confissão notável do conhecimento de Deus:

> Yahweh, tu me sondaste e me conheceste;
> > tu mesmo sabes quando me assento e me levanto;
> > de longe, discerniste minha intenção.
> Meu caminhar e meu reclinar, tu mediste;
> > estás familiarizado com todos os meus caminhos.
> Embora não haja palavra alguma em minha língua,
> > mesmo assim tu, Yahweh, já a conheces inteiramente.
> Cercaste-me por trás e pela frente,
> > e sobre mim pões a tua mão.
> Teu conhecimento é extraordinário demais para mim;
> > é como uma fortaleza contra a qual não posso prevalecer [...]
>
> Eu mesmo o reconheço plenamente;
> > Meu molde não estava escondido de ti,
> quando fui formado em secreto,
> > quando fui enfeitado nas profundezas da terra.
> Os teus olhos me viram como embrião,
> > e em teu livro foram escritos, todos eles,
> os dias que foram formados,
> > antes de existir qualquer um deles.
> Por isso, para mim, quão imponentes são as tuas intenções, Yahweh,
> > e quão grande é a soma delas! [...]
>
> Examina-me, ó Deus, e conhece a minha mente;
> > testa-me, e conhece as minhas preocupações.
> Vê se há algum caminho idólatra em mim
> > e guia-me no caminho antigo (Sl 139:1-6, 14-17, 23-24).

O salmo deixa claro que o conhecimento do qual Davi fala não é aquele inerente a Deus em virtude de sua onisciência, mas o conhecimento que Deus adquire. Deus olha e, por isso, sabe. É esse processo que lhe permite perceber a extensão da vida de alguém, com base (conforme o colocaríamos) em informações nos genes de uma pessoa. Para o ser humano, existe conhecimento inato e conhecimento adquirido.

O mesmo é verdade em relação a Deus. A diferença entre Deus e o ser humano é que não há limites para quanto conhecimento Yahweh pode adquirir. Deus pode ver qualquer coisa e pode, por exemplo, examinar o coração humano. Deus realmente "olha" com o objetivo de "ver" (Sl 33:13-15); repare que, também no exemplo desse salmo, Deus não sabe "automaticamente". A mesma coisa se aplica a Jesus, que algumas vezes sabe o que alguém está pensando e, outras vezes, faz perguntas (Lc 7:39-47; 8:45).

Como em declarações sobre o relacionamento de Deus com o futuro, talvez as diversas alegações bíblicas sobre o meio pelo qual Deus passa a conhecer as coisas sejam metafóricas ou antropomórficas. Por outro lado, a declaração de que Deus "conhece todas as coisas" (1Jo 3:20) talvez deva ser entendida contextualmente. Nesse caso, a ideia é que Deus conhece tudo que precisa ser conhecido a fim de estabelecer um juízo mais justo do que aquele que nós mesmos formulamos.[94] De qualquer forma, devemos questionar a importância teológica de cada declaração. Declarações sobre o conhecimento de Deus testificam a realidade de suas interações conosco. O conhecimento sobrenatural de Deus não torna seu relacionamento conosco uma farsa. Afirmações a respeito do conhecimento de Deus em relação a nós, como o conhecimento muito superior dos pais em relação aos filhos, dão-nos segurança e também nos salvaguardam de pensar que podemos sair impunemente das situações.

1.3 ESPÍRITO DE DEUS: VENTO E FOGO

Se Yahweh é o Deus todo-poderoso, temporal-transcendente e admirável nos céus, como está envolvido no mundo comum? Onde e como ele pode ser encontrado, interagido, reconhecido? "Nosso Deus é fogo consumidor" (Hb 12:24): certamente, a presença e a atividade direta do Deus transcendente e absoluto seriam demais para a humanidade criada, como o poder da eletricidade ou o brilho do sol, mesmo sem levarmos em conta a complicação introduzida pelo pecado.

---

[94]Segundo C. Clifton Black, "The First, Second, and Third Letters of John" [Primeira, segunda e terceira cartas de João], em Leander E. Keck *et al.*, eds., *The New Interpreter's Bible* [A nova Bíblia do intérprete] (Nashville: Abingdon, 1998), 12:363-469 (acerca da passagem).

Quando as Escrituras falam de um aspecto de Deus em termos de presença e atividade, como espírito, face, sabedoria, braço, mão, palavra ou nome de Deus, denotam uma realidade de presença e atividade divinas mais maleável para a humanidade. Essa forma de expressar a realidade de Deus também provê meios de conceituar o relacionamento de Jesus com Deus e o mundo. Jesus é a personificação do espírito e da sabedoria, da palavra e da face, do braço e da mão, do esplendor ou do nome de Deus no mundo. Dessa maneira, ele é a personificação de Deus como um todo, já que o "todo" de Deus é expresso por um desses aspectos divinos. Tais modos de falar dão a entender que ser vencido por Deus pode assemelhar-se a ser arrebatado por uma força sobrenatural ou deparar com uma pessoa sobrenatural.

Face, presença

Retornemos a Salmos 139:

> *Para onde fugiria do teu espírito,*
> *para onde fugiria da tua face?*
> *Se subisse aos céus,*
> *lá estarias.*
> *Se fizesse a minha cama no Sheol,*
> *também lá estarias.*
> *Se subisse com as asas da alvorada*
> *e morasse na extremidade do mar,*
> *ainda lá a tua mão me guiaria,*
> *e a tua destra me sustentaria.*
> *Se eu dissesse: "Certamente, as trevas me encobrirão;*
> *a luz pode ser noite ao meu redor",*
> *até mesmo as trevas não seriam escuras demais para ti,*
> *e a noite seria como o dia.*
> *Luz e trevas são a mesma coisa* (Sl 139:7-12).

Uma característica elegante desse salmo é sua ambiguidade quanto a ser boa ou má notícia a habilidade de Deus de nos alcançar em qualquer lugar. Aquele cujo viver está comprometido com Deus pode tomá-lo como boa notícia, porém declarações de Jeremias advertem alguns contra essa leitura particular:

> *Acaso sou Deus de perto* [declaração de Yahweh],
>   *mas não de longe?*
> *Se alguém se esconde,*
>   *não consigo vê-lo?* [...]
>   *Não preencho os céus e a terra?* (Jr 23:23-24)

A mesma advertência surge quando uma linguagem semelhante ocorre em Amós 9. De fato, o contexto em Salmos 139 tem implicações idênticas: não posso me esconder da presença de Deus na mesma proporção de sua capacidade em saber o que estou fazendo.

Em certo sentido, Deus está em toda a parte. Se não fosse a presença de Deus, o cosmos perderia sua energia e sua existência cessaria. Contudo, as Escrituras põem mais ênfase na capacidade dinâmica de Deus em alcançar qualquer lugar do que em sua onipresença. A interpretação bíblica da presença de Deus estabelece um paralelo com sua revelação do poder e do conhecimento divinos. A Bíblia fala mais da capacidade de Deus em fazer qualquer coisa, conhecer qualquer coisa e estar em qualquer lugar do que de onipotência, onisciência e onipresença. Implicações das perguntas retóricas em Salmos 139 e Jeremias são que Deus pode nos alcançar e nos encontrar em qualquer lugar. Tanto é impossível escapar de Deus como estar fora de sua esfera de ação em nosso favor. Por onde os discípulos de Jesus forem para discipular as nações, até o fim dos tempos, o Messias estará com eles (Mt 28:16-20).

As passagens seguintes dão a entender ainda outras variáveis relacionadas à presença de Deus: "Onde dois ou três se reunirem em meu nome, ali estarei no meio deles", Jesus assegura aos discípulos (Mt 18:20). "O Senhor está com você", Gabriel garante a Maria (Lc 1:28). "Seja forte e fique firme, não entre em pânico nem se atemorize, pois Yahweh, o seu Deus, estará com você por onde você andar", Josué testifica aos israelitas na fronteira com Canaã (Js 1:9). Yahweh já havia ordenado aos israelitas um santuário "para que eu possa habitar no meio deles" e, após o término da obra, "o esplendor de Yahweh encheu a habitação" (Êx 25:8; 40:34). Subsequentemente, "o esplendor de Yahweh encheu a casa de Yahweh", e Salomão descreve a morada divina como uma casa "para... habitação perpétua [de Yahweh]" (1Rs 8:10-13), embora essa esperança não se tenha cumprido porque depois o esplendor de Yahweh abandonou a casa (Ez 9—10).

À vista disso, a presença de Deus pode assumir diversas formas. A diferença não é apenas uma questão de níveis variados nos quais as pessoas sentem a presença de Deus: diferentemente do leitor ocidental, as Escrituras estão menos preocupadas com a questão de como alguém sente a presença de Deus. O foco bíblico está mais no fato objetivo da presença divina. Há uma realidade geral da presença de Deus por todo o cosmos, mantendo-o estável e unificado. Há uma presença concentrada e garantida de Deus em lugares particulares, possibilitando às pessoas a oferta de sacrifícios e orações, certificando-as de que elas serão vistas, ouvidas e que seu desejo será levado em conta. Há uma presença dinâmica e ativa de Deus, fazendo as coisas acontecerem no mundo.[95] Nenhuma dessas realidades objetivas diz respeito a uma *percepção* de Deus estar presente.

Esplendor, nome

Em que sentido o esplendor de Yahweh (*kābôd*) enche sua casa? Ideias sobre esplendor, glória ou honra de Deus ou de um ser humano geralmente têm conotações figuradas. Os céus declaram o esplendor de Yahweh; todos os povos verão o esplendor de Yahweh; o esplendor de Yahweh se manifestará em seu retorno a Jerusalém e na própria restauração da cidade; Jesus manifesta o esplendor de Deus; o esplendor de Deus é demostrado na ressurreição de Jesus (Sl 19:1 [TM 2] 97:6; Is 40:5; 60:1; Jo 1:14; 2:11; Rm 6:4; 2Co 4:4).

O Primeiro Testamento não inclui relatos individuais de pessoas que viram esse esplendor com os olhos físicos e puderam descrevê-lo. Descrições se originam em visões de profetas como Ezequiel ou em narrativas como as de Êxodo, 1Reis e Crônicas, em que o uso figurativo denota o fato inspirador de que o Deus magnífico viera, havia muito, realmente habitar no santuário do deserto e, em seguida, no templo. No curso da reconstrução do templo, Deus promete enchê-lo com grande esplendor (Ag 2:1-9), e o relato de sua finalização descreve a alegria com a qual o trabalho é concluído (Ed 6:13-23). Entretanto, as Escrituras não falam do esplendor divino aparecendo na dedicação do templo como, segundo os deuteronomistas, ocorrera no tempo de Salomão.

A fala de Deuteronômio sobre o lugar onde Yahweh põe o seu nome (*e.g.*, Dt 12:5, 11; 26:2) nos ajuda a entender a presença de Deus no santuário; a fala em termos do nome de Yahweh também é adotada

---

[95]Cf. ainda *OTT* 1:385-408; 2:96-108.

sistematicamente por Salomão (1Rs; 2Cr 6) e em outras passagens de Reis e Crônicas. O nome de uma pessoa a representa. O nome dá a entender a realidade de alguém; pelo nome, tornamo-nos cônscios dessa pessoa. Além disso, se o nome dá a entender o que essa pessoa significa, além de fornecer uma nominação (como no caso de Yahweh), também evoca a uma consciência da pessoa de maneira mais multifacetada. Declarar o nome "Yahweh" gera uma percepção da realidade de sua presença entre seu povo e da importância dessa presença. O fato de Deus pôr seu nome no santuário significa depositar sua presença real no local (não se trata apenas de uma consciência humana). Ao declarar o "nome", Israel encoraja a consciência humana (não se trata apenas de um fato teológico).

A presença de Deus no deserto com o povo de Israel e, em seguida, no templo de Jerusalém gera um grande entusiasmo pelo templo, não menos por parte da maioria dos israelitas que não estavam em posição de ir lá mais de uma vez ou duas vezes por ano. Enquanto sabiam que podiam orar em qualquer lugar porque Yahweh os escutaria onde quer que vivessem — e eles estavam cientes de que Yahweh estaria presente e ativo em qualquer lugar—, os israelitas ainda valorizavam o fato de poderem ir à habitação de Yahweh, da mesma forma como os cristãos em Jesus sabem que Deus está com eles em qualquer lugar e, ainda assim, gostam de se reunir com outros cristãos, sabendo que Jesus se faz presente em seu meio em um sentido especial.

Quão amável é o lugar da tua habitação,
　Yahweh dos Exércitos.
Todo o meu ser anseia e se desgasta
　[procurando] *pelos átrios de Yahweh;*
Meu coração e o meu corpo cantam
　Pelo Deus vivo.
Um pássaro encontrou lar,
　uma andorinha, um ninho para si,
onde colocou os seus filhotes: o teu grande altar,
　Yahweh dos Exércitos, Rei meu e Deus meu.
Como é abençoado o povo que vive em tua casa;
　louva-te continuamente! [...]
Um dia nos teus átrios é melhor do que mil [em outro lugar];
　Escolho ficar à porta da casa do meu Deus
　a habitar nas tendas do infiel (Sl 84:1-4, 10).

Havia vantagens e desvantagens no comprometimento de Deus de estar presente no santuário. Pessoas sabiam que podiam ir ao templo, falar com Deus e mostrar-lhe coisas — como Ezequias fez com a carta ameaçadora de Senaqueribe (2Rs 19:14). Entretanto, Yahweh observa duas desvantagens quando Davi primeiro propõe a construção de um templo em um lugar fixo (2Sm 7). Como uma imagem, um templo transmite uma falsa impressão da natureza de Yahweh, dado que Yahweh gosta de estar ativo e em movimento, além de inverter o relacionamento adequado entre Yahweh e Davi sobre a construção de uma casa. A oração de dedicação feita por Salomão reconhece a tensão entre o fato de que Yahweh habitava em uma nuvem espessa e, no entanto, ele mesmo lhe construiu uma casa (1Rs 8:12-13). Yahweh enfatiza a mesma ideia ao falar dos céus como seu trono e da terra como estrado dos seus pés (como, então, alguém poderia pensar em construir-lhe uma casa?), ao mesmo tempo que está atento ao aflito e necessitado (Is 66:1-2; cf. Is 57:15).

Lugar e presença

Indiretamente, Salmos 84 reconhece o perigo de pensar que o santuário é o único lugar no qual a presença de Yahweh poderia ser encontrada. Para aqueles que moravam em Jerusalém, não havia problemas; para aqueles cuja morada era distante, porém, significava um problema. O salmo oferece uma reflexão pura a esse respeito, afirmando a maravilha de estar na presença de Yahweh no templo, mas dando a entender também que é possível relacionar-se com Yahweh em outro lugar (cf. ainda Sl 16; 27; 42). O potencial para ansiedade que a passagem reflete se compara com a ansiedade factual expressa na pergunta dos israelitas: "Yahweh está presente entre nós, ou não?" (Êx 17:7; cf. Êx 34:9). Podemos ver a resposta de Yahweh em sua ordenança: "Farão um santuário para mim, para que eu possa habitar no meio deles" (Êx 25:8). Embora os israelitas soubessem que Yahweh estava presente em toda parte (Sl 145:18), "havia sempre a necessidade de uma presença divina tangível, visível".[96]

---

[96]Baruch A. Levine, "Temple Building in the Hebrew Bible" [Construção do templo na bíblia hebraica], em Mark J. Boda e Jamie Novotny, eds., *From the Foundations to the Crenellations* [Dos fundamentos às torres] (Münster: Ugarit-Verlag, 2010), p. 423-36 (em p. 425).

Embora seja comum que o Primeiro Testamento fale apenas da presença de Yahweh em meio a Israel, também pode falar em termos de Yahweh pondo "seu espírito santo" entre os israelitas ou dando-lhes descanso "pelo espírito de Yahweh" (Is 63:7-14). Yahweh pode dizer: "estou com vocês" ou "meu espírito está entre vocês" (Ag 2:4-5): ambas são maneiras de descrever a mesma realidade. De fato, quer se refiram à presença de Deus como uma realidade geral, uma realidade concentrada em lugares particulares ou uma presença que faz as coisas acontecerem, as Escrituras falam, nessas três conexões, em termos de "espírito de Deus". Da mesma forma, o Novo Testamento pode falar tanto de Deus como do Espírito Santo como aquele que está conosco. Assim, ambas as expressões se referem à mesma realidade, porém seu retrato da presença de Deus em termos do Espírito Santo passa a ser a maneira predominante pela qual o Novo Testamento fala da presença de Deus. Nesse sentido, por exemplo, Gênesis relata muitas ocasiões em que Deus falou com as pessoas e lhes deu revelação em sonhos; teologicamente, podemos dizer que a fala e a revelação se originaram sempre do Espírito Santo.

Enquanto a tradição rabínica falava do Espírito Santo como presente no primeiro templo, mas não no segundo, em consonância com o fogo do céu, o óleo da unção, a arca da aliança e o Urim e Tumim,[97] a comunidade de Qumran cria que o espírito de Deus estava presente em seu meio, e há pouca evidência de que as Escrituras falam em termos de Deus haver retirado seu espírito de Israel ao fim da época do Primeiro Testamento. Referências à ausência dos profetas (Sl 74:9; Lm 2:9) relacionam-se a situações particulares, quando há "fome... com respeito a ouvir a mensagem de Yahweh" (Am 8:11-12). Essa promessa de Ageu não dá a entender que a queda de Jerusalém e o exílio significavam o afastamento permanente da presença de Deus (cf. ainda Zc 4:6).[98] Escritos do segundo templo, como Esdras, Neemias, Crônicas, Ageu e Zacarias, sugerem a presença de Deus em Israel, mesmo que lamentem a relativa inatividade de Yahweh.

---

[97]E.g., Talmude Babilônico 21b 48a; Cântico dos Cânticos de Rabbah VIII, 9.3 em Cânticos 8:8.
[98]Segundo Gordon D. Fee, *God's Empowering Presence* [Presença empoderadora de Deus] (Peabody: Hendrickson, 1994), 7. Sua única evidência é Ageu 2:3, que pertence ao templo antes da reconstrução do templo (dois versículos depois, Ageu assegura o povo de que o espírito de Deus permanecia entre os israelitas).

Por outro lado, Joel 2:28-32 (TM 3:1-5) realmente promete um novo derramamento do espírito de Yahweh. A figura geral de Joel em relação à experiência atribulada da comunidade dá a entender que, nos dias do profeta, o povo não estava ciente da presença e da atividade do espírito de Deus, mesmo na forma como apontada em Isaías 63 e por Ageu. Além disso, a maioria das referências explícitas sobre o espírito de Deus falando e revelando no Primeiro Testamento envolve pessoas em posições de liderança. A promessa em Joel prevê não apenas a restauração de como as coisas eram, mas também a chegada de algo sem precedentes em termos de abrangência; Atos 2 vê o Pentecoste como cumprimento dessa promessa.

De modo semelhante, Paulo, sem fazer referência a Joel, vê "a promessa do Espírito" cumprida na vida das congregações da Turquia. O espírito é uma realidade experimentada dinamicamente, e seu significado é a própria presença de Deus, inspirando pessoas a ter vidas piedosas, a orar e a louvar. A vinda do Espírito cumpre a promessa de Deus a Abraão sobre bênçãos para os gentios (Gl 3:13-14). Em outras palavras, a bênção de Abraão e o Espírito são a mesma coisa. Desse modo, o Espírito desempenha papel crucial na experiência dos cristãos e no entendimento de Paulo a respeito do evangelho. E, além de indicar que as promessas de Deus foram cumpridas, a atividade do Espírito constitui uma garantia de que elas serão cumpridas.

Espírito e verdade

O próprio Jesus afirma a verdade que Salmos 84 questiona diretamente, mas afirma indiretamente: que a presença de Deus não é uma questão de lugar específico. Tendo passado por diversos casamentos, a mulher samaritana, ao mudar de assunto para evitar constrangimentos, sugeriu outro problema quanto à ideia da presença de Deus sendo conhecida em um lugar específico. Como saber o lugar certo? Por exemplo: é em Jerusalém ou em Gerizim? Enquanto Jesus já deixou claro em João que se importa profundamente com o templo — seu pai morava lá (Jo 2:12-17) — alguém maior do que o templo estava presente (Mt 12:6). Durante o diálogo, Jesus se deixa levar e responde: "Vem o tempo (e já chegou) quando os verdadeiros adoradores adoração o Pai em/por espírito e verdade... Deus é espírito, e aquele que o adora deve fazê-lo em/por espírito e verdade" (Jo 4:23-24).

A natureza enigmática da declaração[99] reflete o momento da conversa (cf. Jo 7:39). "Espírito e verdade" é uma expressão composta, não tão diferente de "espírito da verdade" (Jo 14:17; 15:26; 16:13); refere-se à adoração "pelo/no verdadeiro Espírito". A adoração será oferecida pelo/no Espírito Santo, e não em um lugar particular. "Adoramos pelo Espírito de Deus" (Fp 3:3).[100] Semelhantemente, Paulo se apropria da linguagem da Torá sobre Deus estar presente entre o seu povo (Lv 26:11-12) e declara que ela se aplica à presença de Deus na congregação: "vocês são templo de Deus e o Espírito de Deus vive entre vocês" (1Co 3:16-17; 2Co 6:16; aplicado ao indivíduo em 1Co 6:19). À luz da posição-chave do templo como "epicentro do mundo judaico... lugar onde o Deus vivo escolheu pôr seu nome... para onde as nações afluiriam para ver sua glória e aprender o nome de Yahweh", a declaração de uma pequena congregação como templo de Deus é de tirar o fôlego.[101]

O mover da parte de Deus é também um retorno à forma como as coisas eram quando ele, cuja natureza é semelhante ao vento, não tinha lugar fixo, situação que Yahweh sempre preferiu a estar preso a um edifício (cf. 2Sm 7). Contudo, a igreja veio a reinventar a ideia de edifícios como "casa de Deus" ou "santuário". Enquanto o salmo 84 abertamente declarou o templo, mas indiretamente o fato de Deus poder ser adorado em qualquer lugar, a igreja inverteu o posicionamento desse salmo. Mesmo tendo ciência de ser o templo do Espírito Santo e que a adoração no/pelo Espírito era o que contava, a igreja veio a associar a presença de Deus a edifícios, intitulados até mesmo como "igrejas" (palavra usada para a comunhão dos fiéis propriamente dita). Por trás desse desenvolvimento, estava o mesmo instinto humano que subjaz ao estabelecimento em Israel de santuários como os "lugares altos", o desejo de um espaço sagrado no qual se tenha a convicção de que é possível encontrar-se com Deus.

Um problema com a ideia de adoração no/pelo Espírito Santo é que não podemos controlar quando o Espírito Santo inspira tal adoração. Não podemos compelir a vida do Espírito Santo ou satisfazer as condições que garantirão sua vinda. Dessa maneira, talvez possamos circum-navegar

---

[99]Cf. Benny Thattayil, *In Spirit and Truth* [Em espírito e verdade] (Louvain: Peeters, 2007).
[100]Embora o verbo seja *latreuō* nessa passagem, também pode ser traduzido por "servir", não havendo preposição antes de *pneumati*.
[101]Wright, *Paul and the Faithfulness of God* [Paulo e a fidelidade de Deus], p. 355.

essa dificuldade, construindo santuários. Enquanto não estava disposto a abrir exceção ao instinto humano de fazer imagens de Deus (cf. comentário em At 17:29), Yahweh aceitou a proposta da construção de uma casa para ele; talvez ele também esteja disposto a abrir uma exceção à construção de santuários cristãos.[102]

Todavia, não existem templos na nova Jerusalém do Apocalipse, visto que a presença de Deus ocupa toda a cidade — o novo mundo, personificando novos céus e nova terra. Podemos praticamente dizer que a cidade é um templo.[103]

Força, vento e fogo

Embora "estou com vocês" e "meu espírito está entre vocês" se refiram à mesma realidade, a diferença entre essas duas expressões é importante. Tanto o hebraico *rûaḥ* quanto o grego *pneuma* podem denotar a dinâmica de uma pessoa, mas também podem referir-se ao vento. A imagem do derramamento do espírito dá a entender que sua vinda é como a descida de chuva e tempestade. A tempestade não pode ser determinada nem controlada pela humanidade.[104] *Espírito* é uma palavra "para expressar e explicar o aspecto misterioso da vida como aquilo que é dado e sustentado de fora", o que é sugerido pelo poder do vento e pelo fôlego de vida.[105] O Espírito Santo é "o estrangeiro", "Deus está além do nosso controle".[106]

"Na vida humana, o misterioso e o impressionante emanam do Espírito de Deus": o indivíduo ouve palavras, tem visões ou reconhece compulsões "cuja origem vem de fora".[107] A fala sobre o espírito de Deus sugere sua presença de forma esmagadora: "*Pneuma* é o poder miraculoso divino

---

[102]Cf. ainda comentários nos subtítulos "Purificação" e "O sagrado" na seção 7.1.
[103]Segundo G. K. Beale, *The Temple and the Church's Mission* [O templo e a missão da igreja] (Leicester: InterVarsity Press; Downers Grove: InterVarsity Press, 2004), e.g., p. 23-25 (embora eu mesmo não pense que o templo de Jerusalém antecipe essa presença; antes, a visão dessa presença remonta ao templo como uma forma de retratá-la).
[104]Michael Welker, *God the Spirit* [Deus, o Espírito] (Mineápolis: Fortress, 1994), p. 138.
[105]Dunn, *The Christ and the Spirit* [Cristo e o Espírito], 2:vii.
[106]Eduard Schweizer, *The Holy Spirit* [O Espírito Santo] (Filadélfia: Fortress, 1980), p. 46, 127.
[107]Hermann Gunkel, *The Influence of the Holy Spirit* [A influência do Espírito Santo] (Filadélfia: Fortress, 1979), p. 32, 33. Cf. John R. Levison, *Filled with the Spirit* [Cheio do Espírito] (Grand Rapids e Cambridge: Eerdmans, 2009), p. 3.

em absoluto contraste com tudo que é humano".[108] Assim, ao mencionar o espírito de Deus, Isaías 63:7-14 reconhece que, no êxodo — especificamente no mar Vermelho — Yahweh estava presente com Israel em pessoa e em poder. No contexto dos desafios dos dias de Ageu, Yahweh em pessoa está com os judeus, e o poder de Yahweh permanece com eles. "O Espírito de Deus torna o poder divino conhecido. O Espírito revela o poder de Deus no ser humano e através dele, assim como nas demais criaturas." Enquanto o pensamento ocidental separa "espírito" do "corpo", *rûaḥ* dá a entender a força experimentada no mundo e no corpo. Em um contraste ainda maior: "o Espírito não é algo numinoso, mas um poder real que muda vidas e relacionamentos".[109] No Novo Testamento, pessoas "entendiam — e tinham por certo — o Espírito como alguém que se manifestava em poder... de modo que os termos 'Espírito' e 'poder' são usados de modo intercambiável em algumas passagens" (e.g., Lc 1:35; 1Co 2:4).[110]

Como Isaías 63:7-14, a Torá também conecta *rûaḥ* com a libertação de Israel dos egípcios no mar Vermelho (Êx 14:21; 15:8,10), embora traduções geralmente presumam que a palavra se refira ao sopro forte do vento. Em Juízes, o espírito de Yahweh vem espetacularmente sobre indivíduos em conexão com a luta para libertar o povo de Deus, embora esse espírito "não seja o espírito da guerra, mas de libertação da opressão e do desamparo como 'Espírito de justiça e misericórdia'".[111] Entretanto:

> O Espírito de Deus *é experimentado* como poder não apenas para trazer libertação em situações que aparentam não ter saída, mas também como uma preservação em ocasiões de perigo e tribulação. Mesmo nesse contexto, o Espírito age — ainda que de maneira pouco clara — como "consolador", como um poder que atribui firmeza em meio à aflição. A experiência de ser preservado na aflição é, em grande medida, ambígua. Preservação na aflição significa, afinal, que o ser humano deve perseverar em meio a uma situação dolorosa e intolerável.[112]

---

[108]Rudolf Bultmann, *Theology of the New Testament* [Teologia do Novo Testamento] (reimp., Waco: Baylor University Press, 2007), 1:153; cf. Thiselton, *Hermeneutics of Doctrine* [Hermenêutica da doutrina], p. 416.
[109]Welker, *God the Spirit* [Deus, o Espírito], p. 2, 108.
[110]Fee, *God's Empowering Presence* [Presença empoderadora de Deus], p. 35.
[111]Welker, *God the Spirit* [Deus, o Espírito], p. 55.
[112]Ibid., p. 65.

De fato, talvez o consolo dado pelo Espírito emane, de alguma forma, de sua imprevisibilidade e da nossa falta de poder e autocontrole.[113]

É comum que Deus ofereça sustentação, não explicação. Além disso, "embora o Espírito de Deus desencadeie forças inesperadas e produza resultados improváveis, esse Espírito age sob condições características do universo criado e finito. Seres humanos mortais e imperfeitos são alistados por esse Espírito para prestar serviço, e eles continuam como seres humanos reais" — como as histórias de Jefté e Sansão ilustram. "A ação do Espírito é cercada por aquilo que é estranho, ambíguo e desalentador", e não está "necessariamente conectada com alegria e circunstâncias favoráveis para aquele que leva o Espírito e para as pessoas ao seu redor." Por outro lado, em todas essas histórias, o contexto é o pecado de Israel, de modo que a atividade do espírito de Deus visa ocasionar a restauração da comunidade e o perdão dos pecados, ressoando na associação, no terceiro artigo do credo, entre Espírito Santo, comunhão dos santos e perdão de pecados.[114]

Pessoa e força

A vinda do espírito de Deus afeta tanto o indivíduo sobre o qual Yahweh desce quanto aqueles que estão ao seu redor. Não se trata de algo que alguém busca ou tenta produzir; nem mesmo é uma experiência particular *não notada* por outros ou sem importância para as demais pessoas. A vinda do espírito ocasiona uma nova capacidade de agir em favor de determinada comunidade, mas não um tipo de confiança, convicção segura ou senso de estar no controle. "Em todas as situações da descida do Espírito, a *segurança geral da expectativa* é questionada", quer se trate de uma derrota, quer se trate de uma ordem contínua.[115] O espírito de Deus se apoderou de Davi de modo contínuo (1Sm 16:13); podemos imaginar essa realidade como o espírito "repousando" sobre ele, mas o Primeiro Testamento não usa essa imagem.[116] Além do mais, "repouso" soa como uma expressão um tanto gentil. Enquanto Números 11:25 emprega o verbo

---

[113]Devo essa ideia a Thomas A. Bennett.
[114]Welker, *God the Spirit* [Deus, o Espírito], p. 55-56, 60, 62-65.
[115]Ibid., p. 82.
[116]Ibid., p. 109.

cujo significado comum é "repouso" (*nûaḥ*), esse "repouso" é temporário; "pouso" seria uma tradução mais apropriada. De forma semelhante, Isaías 11:2 fala do repouso do espírito de Deus no sentido de "pousar" no ramo do tronco de Jessé, e Atos 2:3 mostra o Espírito Santo pousando sobre os discípulos. Talvez seja mais como as garras de uma águia que se apoderam de alguém.[117] Nos capítulos 42 e 61 de Isaías, o espírito de Deus simplesmente está "sobre" o servo de Deus e "sobre" o profeta.

O contexto do espírito de Deus "sobre" alguém em Isaías 11; 42; 61 é de preocupação por *mišpāṭ ûṣədāqâ*, pelo exercício da autoridade de uma forma correta. A promessa é que o ramo do tronco de Jessé desempenhará o papel de Davi (2Sm 8:15): "Ele exercerá autoridade da forma correta em favor do pobre, e reprovará com justiça em prol dos necessitados da nação; ferirá a nação com o cajado de sua boca, com o sopro de seus lábios" (Is 11:4). O servo de Deus dirá às nações que Yahweh está ocasionando *mišpāṭ*, o exercício de sua autoridade no mundo. O profeta que fala em Isaías 61 dirá aos oprimidos de Judá que Deus está no processo de fazê-lo.

Ambos os Testamentos retratam o espírito de Deus como uma pessoa e um fenômeno,[118] embora o Novo Testamento o descreva mais em termos pessoais e o Primeiro, em termos de fenômeno. Entender o Espírito Santo seria menos complicado se não precisássemos levar em conta ambos os aspectos; no entanto, ambos são formas pelas quais as pessoas experimentaram a presença do espírito de Deus.

Assim, a presença do Espírito é como um dilúvio ou um fogo esmagador sobre indivíduos; também é como uma pessoa, que fala e ama. O espírito de Deus é como um vento ou um sopro, conforme o *pneuma* do Novo Testamento e o *rûaḥ* do Primeiro Testamento sugerem. Contudo, também é um espírito pessoal e, como tal, traz à tona a realidade dessa pessoa. Ele faz com que alguém esteja vividamente cônscio de uma presença pessoal, misteriosamente no espírito de alguém e, ao mesmo tempo, operando de fora desse alguém. A noção do espírito como campo de força[119] transmite, na prática, a natureza impessoal do espírito, embora não sua natureza pessoal.[120] O espírito também ensina e

---

[117]Devo esse comentário a Kathleen Scott Goldingay.
[118]Cf. Bultmann, *Theology of the New Testament* [Teologia do Novo Testamento], 1:155-56.
[119]Welker, *God the Spirit* [Deus, o Espírito], p. 242.
[120]Cf., e.g., Timothy Harvie, "God as a Field of Force" [Deus como campo de força], *Heythrop Journal* 52 (2011): 250-59.

guia (Ne 9:20; Jo 14:25-26); encontra oposição (Is 63:10; At 7:51); inspira oração, louvor e profecia (Jl 2:28; At 2:17-18; Ef 6:18); nomeia supervisores (At 20:28); fala (At 28:25); testifica (Rm 8:16); intercede (Rm 8:26-27); investiga, conhece e ensina (1Co 2:10-13); e podemos mentir para ele e entristecê-lo (Is 63:10; At 5:3; Ef 4:30). Para haver qualquer equivalência entre "estou com vocês" e "meu espírito está entre vocês", a presença do espírito deve ser pessoal. João 16 oferece um retrato particularmente sistemático do espírito como pessoa, alguém que convence, guia, fala, escuta e glorifica. Por reunir essas capacidades pessoais e não ser meramente uma "coisa", o espírito é capaz de compensar a partida do próprio Jesus (Jo 14:16-17). O espírito medeia uma presença pessoal.

Além disso, ambos os Testamentos se complementam no seguinte sentido: enquanto o Primeiro Testamento menciona o espírito de Deus como dádiva à humanidade por força da criação, raramente o Novo Testamento se refere a essa noção (e.g., 2Co 6:6-7; At 6:5,10). Qual a relação entre o espírito que Deus sopra na humanidade como resultado do nascimento e o espírito que ocasiona feitos extraordinários? No Primeiro Testamento, o enchimento com o espírito de Deus não era uma dádiva simplesmente adicionada ao que o ser humano é por natureza, mas o desenvolvimento da dádiva original.[121] É comum que o Novo Testamento dê a entender uma dádiva que vem sobre as pessoas como dom extra em virtude de conhecerem a Jesus,[122] embora se refira com mais frequência ao espírito de Deus do que ao espírito de Jesus.[123] Por fim, a promessa do espírito no Primeiro Testamento (Ez 36—37) se refere ao povo como um todo, enquanto o imaginário e a fraseologia de Paulo (e.g., Rm 5:3; 1Ts 4:8) correspondem ao da comunidade de Qumran no sentido de relacionar mais o espírito ao indivíduo.[124]

1.4 A MENTE DE DEUS E SUA MENSAGEM

"No princípio era o *logos*, e o *logos* estava com Deus, e o *logos* era divino" (Jo 1:1). João inicia seu Evangelho a partir das palavras de abertura do

---

[121]Cf. Levison, *Filled with the Spirit* [Cheio do Espírito], p. 11-12, e o que segue (p. 14-105).
[122]Cf. ibid., p. 229-46.
[123]Fee, *God's Empowering Presence* [Presença empoderadora de Deus], p. 835.
[124]Segundo Levison, *Filled with the Spirit* [Cheio do Espírito], p. 253-316.

Primeiro Testamento: "No princípio, Deus criou os céus e a terra... e Deus disse..." (Gn 1:1,3). *Logos* significa "palavra", e Deus criou ao falar; logo, dá a entender que, em certo sentido, o *logos* estava lá no Princípio. Os céus foram feitos "pela palavra de Yahweh" (Sl 33:6). Em sua essência, a fala de Deus é a ação de Deus. Contudo, "logos" significa muito mais do que "palavra": significa uma ideia, um princípio, uma mente; além disso, *logos* denota a mensagem do evangelho. Jesus é a personificação de tudo isso. Ele é a personificação de Deus.

Desde o princípio

As primeiras palavras de Deus em Gênesis trazem a luz à existência. João também, em seguida, afirma que tudo que veio a existir por meio do *logos* era vida, "e a vida era a luz do ser humano" (Jo 1:3-4). Há certa lógica e harmonia na ordem criada. O mundo não é simplesmente o produto do "impessoal, do tempo e do acaso":[125] é a expressão de um propósito e tem significado. No mundo intelectual de João, as pessoas podiam expressar essa convicção ao falar em termos da existência de um *logos* (lógica, ideia, pensamento, princípio, racionalidade, mente) no mundo que remonta ao início. No princípio, era a mente.

Enquanto João começa afirmando esse pressuposto, ele não adota, subsequentemente, essa forma de pensar. O apóstolo faz uso da palavra *logos* mais do que qualquer outro evangelista, mas sempre denota uma ideia filosófica, não uma palavra individual; João a emprega mais como uma declaração ou mensagem (e.g., Jo 2:22; 4:41, 50; 5:24). Atos usa a palavra *logos* ainda mais do que João, no qual ela se refere mais caracteristicamente à mensagem do evangelho (e.g., At 4:4,29,31; 6:2,4,7; 8:4; cf. Cl 1:25; 3:16).[126]

Assim, para muitos leitores de João, *logos* implicaria a mensagem do evangelho: pessoas iam por toda a parte pregando o *logos*, o *logos* de Deus ou o *logos* do Ungido (João não usa a palavra "evangelho" [*euangelion*], e Atos a usa apenas duas vezes, em Atos 15:7; 20:24).[127] Desse modo:

---

[125]Francis A. Schaeffer, e.g., *He Is There and He Is Not Silent* [Ele se faz presente e não está em silêncio], ed. rev. (Wheaton: Tyndale House, 2001), p. 8.
[126]Cf. ainda Dunn, *Christology in the Making* [Cristologia em formação], p. 230-34, embora o autor não interprete João 1 à luz deste uso.
[127]Outras ocorrências da palavra "evangelho" em traduções de língua portuguesa representam o verbo *euangelizomai*, "proclamar o evangelho".

"No Princípio era a Mensagem". Essa conotação dá a entender uma conexão entre a criação e o evangelho. A mensagem do evangelho remonta à criação do mundo, e mesmo antes dele. Jesus é o "Deus sacrificial e altruísta", porém o fato de ser o cordeiro morto antes da fundação do mundo (Ap 13:8) assinala que o altruísmo sacrifical é um aspecto do ser eterno de Deus. "O sacrifício temporal, caracterizado pela 'entrega' ou 'envio' do Filho, não é um ato estranho à deidade, nem uma intervenção isolada, visto que flui de quem Deus é desde a eternidade".[128]

Por isso, a mensagem do evangelho é antiga (conforme a leitura que o Novo Testamento faz do nascimento e da morte de Jesus no Primeiro Testamento), escrita no ato da criação. Deus sempre foi o tipo de pessoa que encarnaria e, com o tempo, se autodoaria para morrer pelo mundo. Em certo sentido, não há nada de novo na mensagem do evangelho; ela remonta ao Princípio. A mensagem sempre foi o evangelho. O instinto e os princípios esculpidos no evangelho foram inicialmente gravados na forma como Deus criou o mundo, o que, por sua vez, não implica que a criação em si é divina, mas que o próprio poder e amor de Deus são declarados na criação e através dela. O comprometimento de Deus é expresso nos céus; sua fidelidade chega até as nuvens (Sl 36:5 [TM 6]).

De forma semelhante, a Torá, em reflexões judaicas posteriores, remonta ao Princípio:

> A Torá declara: "Sou ferramenta desenvolvida pelo Santo; que Ele seja bendito". Na prática humana, um rei mortal, ao construir um palácio, constrói-o não por sua própria habilidade, mas pela habilidade de um arquiteto. Além do mais, o arquiteto não constrói utilizando apenas a sua mente, porém emprega plantas e diagramas para saber como organizar os cômodos e as portas que levam de um cômodo ao outro. Da mesma forma, Deus consultou a Torá e criou o mundo... Por isso, o mundo e sua plenitude foram criados exclusivamente por amor da Torá. (*Rabbah* de Gênesis, comentando em Gn 1:1).[129]

---

[128]Colin E. Gunton, *The Actuality of Atonement* [A contemporaneidade da expiação] (Edimburgo: T&T Clark; Grand Rapids: Eerdmans, 1989), p. 149; cf. Thomas A. Bennett, "The Cross as the Labor of God" [A cruz como trabalho de Deus] (tese de doutorado, Fuller Theological Seminary, 2015), p. 14.

[129]*Midrash Rabbah: Genesis* [*Midrash Rabbah:* Gênesis] (reimp., Londres: Soncino, 1961), 1:1, 7. Cf. Frederick E. Greenspahn, "Jewish Theologies of Scripture" [Teologias bíblicas judaicas], em Isaac Kalimi, ed., *Jewish Bible Theology* [Teologia da Bíblia judaica] (Winona Lake: Eisenbrauns, 2012), p. 13-29 (em p. 19).

João ainda declara: "Ele estava com Deus no princípio. Todas as coisas vieram a existir por meio dele" (Jo 1:2). A mente, ou a mensagem, era uma pessoa. Assim, as coisas ficaram mais misteriosas para o leitor a quem "palavra" sugere a mensagem do evangelho, mas não para o leitor a quem o termo sugere "mente", "lógica" ou "ideia". O filósofo judeu Fílon de Alexandria, contemporâneo de Jesus, apropriara-se da ideia de uma mente por trás da criação nos moldes de sua crença em um Deus pessoal. Ele via o *logos* não apenas como a mente de Deus, mas também como o seu primogênito, seu principal mensageiro e mediador ao relacionar-se com o mundo.[130] Portanto, não seria tão difícil conceber a mente como um "ele".

Mente, sabedoria e fala envolvidas na formação do mundo

Ao escutar a leitura de João 1, muitas pessoas perceberiam outra alusão bíblica, paralela tanto a Gênesis 1 como a Provérbios 8:22-31. Nesse texto, "sabedoria" apresenta características quase pessoais.[131] Ela fala de si como que vindo à existência "no princípio" e como que estando com Deus antes de ele ter criado qualquer coisa. A sabedoria de Deus permaneceu ao seu lado enquanto ele criava o mundo, como se fosse separada dele. Assim, sabedoria, razão e a mensagem do evangelho estavam todas interligadas na criação dos céus e da terra.

Conforme indica Provérbios 8, Deus trouxe o mundo à existência ao refletir com seriedade, planejar e implementar seu propósito por meio de sua palavra. Deus usou sua sabedoria quando lançou os alicerces da terra, estabeleceu os céus e possibilitar à chuva cair dos céus para a terra (Pv 3:19-20). O livro de Provérbios estabelece uma ideia central a fim de instigar o ser humano a levar a sabedoria a sério na forma como gere sua vida: "Deus usou a sabedoria para formar o mundo: não seria uma boa ideia se seguíssemos o exemplo de Deus na forma como conduzimos a vida?"

Nessa conexão, Provérbios 8 traz diversos modelos para entendermos como Yahweh começou a criar o mundo. A ação envolveu dar forma,

---

[130] A posição de Fílon sobre o assunto surgiu no contexto de comentários em Gênesis e Êxodo: e.g., *Concerning the Cherubim*, *Concerning the Confusion of Tongues* and *Concerning Dreams* [Acerca dos querubins, da confusão das línguas e dos sonhos].
[131] Cf. o parágrafo intitulado "Fluidez", seção 1.2.

como no trabalho de um artesão; fundação, como no trabalho de um construtor; demarcação, como no trabalho de um engenheiro; e determinação verbal, como no caso de um rei — estabelecendo limites para o mar, ordenando-lhe que não os ultrapassasse. Ambos os modelos, ativo e verbal, também aparecem em Gênesis 1—2. Nessa passagem, Deus cria como um artista, dá forma como um artesão, modela como um oleiro, sopra como um paramédico, planta como um jardineiro e ordena: "Luz!", "Um domo!", "Juntem-se as águas, apareça a terra!", "Gere a terra vegetação!", "Sejam frutíferos, multipliquem-se!", "Não comam do fruto da árvore!"

Percebemos, então, que Deus usa diversos tipos de fala, que se tornam mais fáceis de entender à medida que os capítulos vão se desdobrando. As duas últimas são imperativas, diretas o suficiente. As outras são mais desafiadoras. A quem Deus está se dirigindo? As águas e a terra devem ouvir as ordens de Deus e perceber que é melhor fazerem o que ele está mandando? (A primeira ocorrência de "sejam frutíferos e multipliquem-se" também não é dirigida a seres humanos.) Ou Deus está se dirigindo a auxiliares celestiais, que se apressam em juntar águas e plantar algumas árvores? Seria o caso de Deus emitir a ordem e, então, fazer a coisa acontecer, como no caso do domo e da terra, produzindo seres vivos? E quanto ao "haja luz" inicial? A simplicidade da frase ("Deus disse, 'Luz!' E houve luz") dá a entender que há algo poderoso na própria fala de Deus; afinal, as palavras têm o poder de criar. Dependendo do *status* de alguém — seu poder, posição ou aquilo que representa — sua palavra pode fazer uma diferença monumental em determinada situação. Pessoas assim podem fazer algo acontecer. "Quando Deus fala, não há motivo para procurarmos por alguma ação relacionada".[132]

Desse modo, a sabedoria de Deus e sua fala são importantes para a forma como o mundo passou a existir e também como o mundo é sustentado, particularmente no que diz respeito à história de Israel. As Escrituras não figuram todos os acontecimentos no mundo como que trabalhando de acordo com um plano geral de Deus (nesse caso, teria sido um plano muito estranho). Contudo, elas falam de como Deus faz planos em determinados períodos e os implementa, embora retratem sua implementação em interação com o ser humano, o que é crucial para o plano.

---

[132] Barth, *CD* I, 1:143.

Temos, porém, de ler apenas duas ou três passagens nas Escrituras para descobrir que as coisas não funcionam de acordo com o plano geral de Deus. De fato, a intenção divina é implementada em interação com o ser humano, que é parte do plano. As Escrituras não dizem o porquê. Teria sido possível, e mais eficiente, se Deus fizesse um plano e o implementasse sem envolver a humanidade — fazendo-o, por exemplo, pelo *fiat* divino que lemos no capítulo 1 de Gênesis. Talvez Deus não tenha agido dessa forma porque o plano em si envolvia a criação de pessoas que tomariam parte na determinação de como o plano seria cumprido; também porque Deus desejava cultivar um relacionamento com essas pessoas. Talvez seja por razões assim que Deus não se interessou por um plano que funcionaria como relógio, ou como um programa de computador. Mas isso não passa de um palpite, não se tratando de algo que as Escrituras nos revelam.

A mente-mensagem se fez carne

No início de sua narrativa dramática, o Evangelho de João nos apresenta a mente/mensagem que personifica luz e vida; em seguida, apresenta-nos João Batista falando que tal pessoa é um ser humano. Somente depois a narrativa deixa explícita a noção de que "a mente/mensagem" que "se fez carne e habitou entre nós" é o Filho de Deus, cuja manifestação de esplendor corresponde ao que podíamos esperar de sua divindade (Jo 1:14). Somente no fim dessa seção narrativa é que João nos diz o nome dessa pessoa (Jo 1:17).

Jesus é a própria personificação do princípio racional que subjaz o universo, a personificação da sabedoria. Jesus é também a personificação da mensagem. A mensagem do Novo Testamento não é somente acerca de algumas verdades, nem mesmo a respeito de uma pessoa. A mensagem *é* a pessoa; a pessoa *é* a mensagem. Tal mensagem-mensageiro sempre viveu em proximidade com Deus e em comunhão íntima com ele, canalizando sua graça e o poder de Deus. Na verdade, a mensagem--mensageiro compartilha o próprio ser de Deus. Ao deparar com ele, talvez você perceba, com o tempo, que deparou com Deus. Jesus canaliza Deus em pessoa. A mensagem-mensageiro é divina (essa tradução pode transmitir melhor a ideia de João do que a tradução "ele é Deus", que dá a entender que Jesus é o Pai).

E isso não é muito novo. A mensagem-mensageiro, cuja aparição não se deu "do nada" e cuja presença remonta ao Princípio, sempre viveu próximo de Deus, em comunicação estreita com ele, transferindo sua graça e seu poder. Esse ser sempre compartilhou a própria essência de Deus. A mensagem sobre graça e poder é uma mensagem divina e, assim, expressa, desde o Princípio, o ser de Deus. Quando Jesus começou a personificá-la e proclamá-la, a mensagem não era nova. Como podia ser? Se Deus sempre foi graça e poder, como pôde esconder essas características em vez de manifestá-las desde o Princípio? A questão não é que as pessoas não soubessem que tipo de pessoa Deus era, mas, sim, que nunca tinham visto Deus encarnado até então. Agora, elas o viram; viram a magnificência. No Primeiro Testamento, Deus tem um nome; "o Deus do Novo Testamento tem um nome e uma face".[133]

Jesus, em contrapartida, não passou a existir apenas depois de nascer como ser humano. Deus sempre teve sua mente, sua sabedoria, sua mensagem. Tendo declarado que a mente-mensagem não somente estava ao lado de Deus, como também era divina, João adiciona que a mente-mensagem tornou-se ser humano: assim, o homem chamado "Jesus" era a personificação da mente-mensagem, escrita na criação. Esse Filho de Deus foi aquele através do qual Deus fez os mundos (no sentido de "eras" — isto é, este mundo e o mundo vindouro), aquele que sustenta todas as coisas por meio de sua palavra poderosa (Hb 1:1-3). "Por meio dele todas as coisas foram criadas, nos céus e na terra, visíveis e invisíveis, sejam tronos ou poderes, governantes ou autoridades: tudo foi criado por meio dele e com vistas a ele. Ele é antes de todas as coisas; nele, tudo é sustentado" (Cl 1:16-17). Sim, há algo que sustenta toda a criação — ou, antes, existe alguém que o faz. Jesus compartilha o ser de Deus e é o meio da ação divina, da criação à consumação do seu propósito (Hb 1:2-4).[134]

A maior parte dos leitores saberia que Jesus era aquele a respeito do qual a história de João 1 estava narrando, de modo que reter por um longo tempo o nome inverte um aspecto do relacionamento entre o leitor

---

[133]Hans Kung, *Does God Exist?* [Deus existe?] (Garden City, Nova York: Doubleday; Londres: Collins, 1980), p. 690.
[134]Segundo Richard Bauckham, a referência à criação, em Hebreus 1:2, certamente sugere a preexistência de Jesus. Cf. Richard Bauckham, "Monotheism and Christology in Hebrew 1" [Monoteísmo e cristologia em Hebreus 1], em Wendy North e Loren T. Stuckenbruck, eds., *Early Jewish and Christian Monotheism* [Primórdios do monoteísmo cristão e judaico] (Londres e Nova York: Continuum, 2004), p. 167-85 (em p. 184-85); argumentando contra Dunn, *Christology in the Making* [Cristologia em formação], p. 208-9.

e o texto. Que o ser de Jesus remontava à criação não seria a primeira ideia percebida pelo leitor; nesse sentido, a revelação não pertence ao primeiro capítulo sobre o Messias. Possivelmente, a informação pertence ao fim, como na confissão de Tomé (Jo 20:28). Mas, uma vez que as pessoas percebem que Jesus estava presente desde o Princípio, esse fato pode adequadamente vir primeiro.

Como em nenhum outro lugar, a natureza da identidade de Jesus assume posição central no Evangelho de João.[135] Enquanto Mateus começa estabelecendo as credenciais de Jesus como o Ungido ao descrever sua origem humana, João começa em um tempo muito mais remoto. Mateus se apropria da declaração de Isaías de que, após um grande livramento, uma jovem chamaria seu filho pelo nome de "Emanuel", cujo significado é "Deus conosco" (Mt 1:23). À luz da vida de Jesus, podemos ver que ele é Deus conosco em um sentido que José jamais teria percebido. Enquanto João deixa clara sua convicção de que Jesus era plenamente ser humano — e a ideia surge incidentemente na progressão da narrativa — e enquanto o evangelista escreve para que as pessoas venham a crer que Jesus é o Ungido (Jo 20:31), sua preocupação é ainda mais profunda: o apóstolo deseja ajudar as pessoas a crer que Jesus é o Filho de Deus, não em um sentido honorífico, mas em seu próprio ser.

O "Eu Sou"

Entre as confissões no início e no fim do Evangelho de João, o próprio Jesus faz declarações cujas implicações são semelhantes. Ele tinha esplendor com o Pai antes da fundação do mundo (Jo 17:5). Na verdade, "antes que Abraão viesse a existir, Eu Sou" (Jo 8:58). Jesus fala aos discípulos de antemão aquilo que vai acontecer, "para que, quando acontecer, vocês creiam que Eu Sou" (Jo 13:19; cf. Jo 8:24-25; 18:5-8). Na Septuaginta, "Eu Sou" equivale a 'ănî hû', "apenas Eu Sou", cuja ocorrência nos lábios de Yahweh serve para afirmar sua deidade exclusiva como o único capaz de matar e dar vida (Dt 32:39); o único que, do Princípio ao Fim, faz as coisas acontecerem no mundo (Is 43:13; 46:4; 48:12); e o único soberano, capaz de cumprir planos nos acontecimentos que se desdobram na vida

---

[135] Cf. D. Moody Smith, *The Theology of the Gospel of John* [A teologia do Evangelho de João] (Cambridge e Nova York: Cambridge University Press, 1995), p. 21, e o cap. seguinte.

de Israel (Is 41:4; 43:10). A frase também remete ao *'ehyeh* de Yahweh, em Êxodo 3:14 (na Septuaginta, *egō eimi ho ōn*).

Apocalipse vai além nas afirmações que faz a respeito da deidade de Jesus.[136] Em cerimônias tradicionais de casamento, o casal declara "adorar" um ao outro. Adoração não é algo confinado a Deus; o contexto determina que tipo de adoração estamos oferecendo. De modo semelhante, referências do Novo Testamento à "adoração" de Jesus não pressupõem, necessariamente, que ele é visto como divino, e o Novo Testamento não aplica a Jesus alguns dos termos usados em relação a Deus, tais como *latreuein* (adorar de forma litúrgica), *ainein* (louvor), *eucharistein* (oferecer ação de graças) ou *proseuchesthai* (orar); da mesma forma, pessoas não oferecem sacrifícios a Jesus. Após sua morte e ressurreição, adoração e oração são caracteristicamente oferecidas a Deus através de Jesus no Espírito.

Entretanto, cânticos direcionados a Jesus dão a entender que ele compartilha do *status* de Deus. Porque o cordeiro que foi morto "comprou com o seu sangue para Deus [gente de] toda tribo, língua, povo e nação, [fazendo] deles reino, sacerdotes para o nosso Deus" e porque "eles reinarão sobre a terra", Jesus "é digno de receber poder, riqueza, sabedoria, força, honra, glória e louvor... Ao que está assentado no trono e ao cordeiro sejam o louvor, a honra, a glória e o poder pelos séculos dos séculos" (Ap 5:9-13). É a indicação mais clara de adoração a Jesus como Deus no Novo Testamento.[137] "Salvação estava conectada demais com Jesus para que ele fosse contornado na adoração oferecida a Deus por ela [...] O que Cristo faz, Deus faz". Por isso, Deus é aquele que vem, como Cristo é aquele que vem.[138] "Eu sou o Alfa e o Ômega, o Primeiro e o Último, o Princípio e o Fim", Jesus declara de si mesmo (Ap 22:13; cf. Ap 1:17): essas frases são a própria autodescrição de Deus em contextos próximos (Ap 1:8; 21:6); além disso, as autodeclarações são extraídas

---

[136]Cf. J. D. G. Dunn, *Did the First Christians Worship Jesus?* [Os primeiros cristãos adoravam Jesus?] (Louisville: Westminster John Knox; Londres: SPCK, 2010), p. 130.
[137]Cf. Richard Bauckham, *The Climax of Prophecy* [O auge da profecia] (Edimburgo: T&T Clark, 1993), p. 118-49. Para mais informações sobre tal adoração no Novo Testamento, cf., e.g., Bauckham, *Jesus and the God of Israel* [Jesus e o Deus de Israel], p. 127-51; Hurtado, *How on Earth Did Jesus Become God?* [Como foi que Jesus se tornou Deus?].
[138]Richard Bauckham, *The Theology of the Book of Revelation* [A teologia do livro de Apocalipse] (Cambridge e Nova York: Cambridge University Press, 1993), p. 62, 63.

do livro de Isaías (Is 44:6; 48:12), servindo de forte afirmação de que somente Yahweh é Deus. Jesus não apenas faz o tipo de coisas que Deus faz, ou age no lugar de Deus, ou está associado de perto com Deus em juízo. Em sua pessoa, Jesus compartilha a natureza divina.

Em Jesus, as pessoas veem a magnificência de Deus (Jo 1:14). Elas a veem na face de Jesus (2Co 4:6). Trata-se de uma experiência diferente de ver com os olhos físicos, privilégio dado aos que viram Jesus durante sua vida terrena ou após a ressurreição;[139] trata-se também de um tipo diferente de magnificência daquela que os discípulos esperavam. A mensagem encarnada não vem com o esplendor deslumbrante de um *superstar*; nem de forma organizada, como um professor que processa informações antes de começar a lecionar. Jesus não usa traje formal; nenhum *paparazzo* o persegue. Sua magnificência jaz em ser "cheio de graça e verdade". São essas as características que fazem dele uma personificação adequada de Deus; são essas as qualidades que Deus reivindicou para si em sua autodescrição a Israel, feita no Sinai. Não são qualidades comuns, nem características de outros deuses que permeiam o mundo de Israel. Nem são características do Deus (ou deus, já que não correspondem ao Deus verdadeiro) adorado por muitos cristãos, tido como aconchegante e cordial ou ameaçador e crítico.

Do Sinai em diante, toda a história do Primeiro Testamento é uma mensagem sobre um Deus de graça e verdade. Agora, essa mensagem foi personificada. "Quem me vê, vê o Pai" porque "eu estou no Pai e... o Pai está em mim... As palavras que eu lhes digo não se originam apenas em mim"; antes, "o Pai, vivendo em mim, realiza a sua obra". Desse modo, os discípulos podem acreditar no testemunho de Jesus quanto a ele estar no Pai e o Pai estar nele, ou podem acreditar com base nas obras (Jo 14:9-11).

"Em sua vida, morte e ressurreição, Jesus conquistou o novo êxodo e fez pessoalmente o que o Deus de Israel havia prometido." Portanto, era inevitável que os seguidores de Jesus o reconhecessem como a personificação de Deus.[140]

---

[139]Cf. N. T. Wright, *The Resurrection of the Son of God* [A ressurreição do Filho de Deus] (Londres: SPCK; Mineápolis: Fortress, 2003), p. 384.
[140]Wright, *Paul and the Faithfulness of God* [Paulo e a fidelidade de Deus], p. 655.

O Eterno permaneceu por um tempo

Em Êxodo, Deus comissionou o povo a construir um santuário no centro do acampamento de Israel, onde Deus viria para habitar. Quando Jesus nasceu, a mente ou mensagem, cuja existência é desde o Princípio e cuja permanência no mundo remonta ao início, tornou-se humana e permaneceu entre as pessoas por um tempo, manifestando-lhes sua glória (Jo 1:14).

Há uma bela paronomásia na fala de como Jesus permaneceu no mundo por um tempo, já que a palavra grega para "permanecer" (*skēnoō*) significa, mais literalmente, "acampar"; além disso, o termo se assemelha à palavra hebraica usada para descrever como Yahweh "permanecia" no santuário (*šākan*), verbo responsável pela produção pós-bíblica da expressão para a "glória" de Deus (*šəkina*). Os israelitas sabiam que podiam ir ao santuário e encontrar-se com Deus. O esplendor da tenda, com seu bordado e ornamentação, remetia ao esplendor ou à glória de Deus; de fato, a glória de Deus enchia a tenda (Êx 40:34-35), da mesma forma como, posteriormente, encheu o templo. Quando Jesus veio, mediou essa glória para as pessoas. Como no caso de Êxodo, a glória pertence àquele que é graça e verdade; na realidade, a glória subjaz na graça e na verdade, conforme a autorrevelação de Deus indica. "Revelei o teu nome àqueles que me deste do mundo... As palavras que me deste eu lhes transmiti" (Jo 17:6,8). Por toda a parte, Jesus demonstrava o ser de Deus ao exercer poder, perdoar, curar e permanecer fiel às pessoas, a despeito de sua falta de fiabilidade — sendo também direto com elas e confrontador, como Deus. Tudo isso fazia parte de ser gracioso e verdadeiro. Jesus personificava Deus; por isso, as pessoas viram sua magnificência. A personificação do altruísmo de Deus na vida humana "não podia ser antecipada, mas também não deixa de ser característica. Trata-se de uma novidade, porém uma novidade aprovada à identidade do Deus de Israel".[141]

Encaixa-se nessa dinâmica o fato de que, paradoxalmente, uma das formas pelas quais o santuário-tenda testifica da magnificência de Deus é não tendo nada que tentasse figurá-lo. A humanidade tem a necessidade

---

[141]Bauckham, *God Crucified* [Deus crucificado], p. 74 (2ª ed., *Jesus and the God of Israel* [Jesus e o Deus de Israel], p. 55); cf. Graham A. Cole, *The God Who Became Human* [O Deus que se tornou homem] (Downers Grove: InterVarsity Press; Nottingham: InterVarsity Press, 2013), p. 111.

natural de algo para representar e mediar Deus fisicamente, algo para o qual olhar e no qual tocar. Deus, porém, não o concedeu, sabendo que algo assim poderia ser apenas enganoso. O Deus real é alguém que age e fala, de modo que uma figura ou imagem não podem representá-lo. Sem dúvida, algo do tipo seria ilusório (cf. Dt 4). O único ícone que a fé bíblica veio a gerar é um livro — Torá, Profetas e Escritos — que poderia aproximar-se muito mais em sua representação do Deus verdadeiro pelo fato de registrar suas palavras e ações, de modo a retratá-lo como Deus vivo, ativo e comunicador. O livro poderia registrar a mensagem.

Quando, finalmente, a mensagem tornou-se ser humano, o desenvolvimento foi permanente. Uma vez que isso aconteceu, a mensagem foi personificada para sempre; e, quando a mensagem personificada retornou para Deus outra vez, continuou personificada. Contudo, a mensagem permaneceu conosco por um tempo. (Por quê? Imagine se Jesus não tivesse retornado para estar com o Pai, mas simplesmente tivesse permanecido aqui para sempre. Alguém poderia escrever uma narrativa de ficção, imaginando como seria.)

Por um tempo, algumas pessoas podiam ver quão magnífico era Jesus, a mensagem, capaz de representar Deus pessoalmente. Conforme dizemos: "tal pai, tal filho". Se o filho de alguém vem para nos ver, então temos uma noção de como é o pai. É claro que não podemos exagerar demais a analogia: em termos de características, filhos podem ser diferentes dos pais. Mas, se o pai é um ser humano, então o filho será ser humano; se o pai é um leão, o filho será um leão. Ao conhecer o filho, temos uma boa ideia do pai. Como o filho de alguém, a mensagem encarnada nos diz com o que o pai se assemelha. É por isso que podemos pensar na mensagem *como* o Filho do Pai. Trata-se de uma metáfora, claro, com aplicação limitada. Você não pode perguntar como o pai gerou esse filhou ou quem é a mãe. Nesse contexto, a importância está no fato de o filho representar que tipo de entidade é o pai.

Em João 1, nenhum sacrifício está envolvido na encarnação do Filho. Em outras passagens, esse sacrifício está implícito. Jesus era rico, mas se tornou pobre para que pudéssemos compartilhar sua riqueza (2Co 8:9). Jesus compartilhava a própria natureza de Deus, porém assumiu a natureza de um escravo e, então, humilhou-se até a morte (Fp 2:6-11). Apesar de subsistir na forma (*morphē*) de Deus, rejeitou tirar vantagem disso ou apegar-se a esse benefício. Jesus estava disposto a assumir o perfil de um escravo. Sua descrição como portador da imagem de Deus pode referir-se ao fato de Jesus aceitar o empobrecimento em sua vida humana e não cometer o erro de Adão;[142] contudo, parece mais um retrato da forma como ele abriu mão de seu esplendor celestial a fim de se tornar um ser humano comum.[143] Sendo divino, mas preparado para se tornar verdadeiramente um ser humano, Jesus estava pronto para se esvaziar e deixar de lado qualquer aspecto exterior impressionante de deidade.

Na verdade, Jesus também estava preparado para pôr de lado qualquer aspecto exterior impressionante de sua humanidade ao se submeter ao caminho que levaria à sua execução. "Sua morte na cruz é o cumprimento da encarnação da Palavra e, portanto, a humilhação do Filho de Deus e a exaltação do Filho do Homem."[144] Ele simplesmente se derramou.[145] Como ser humano, Jesus representa de fato um novo início para Adão. Como "o último Adão", ele inverte o desastre ocasionado pelo primeiro Adão (1Co 15:45; cf. Rm 5:12-19).[146] Deus, então, fez do autoesvaziamento de Jesus a base para estabelecê-lo à posição devida à deidade, dando-lhe o nome acima de todo nome, para que todo joelho se dobre perante ele e toda língua o confesse como Senhor — também para a glória do Pai (Fp 2:6-11).

"Não há forma de entendermos como a condescendência de Deus funciona. Podemos apenas tomar conhecimento dela e adorar a Deus por tal demonstração."[147]

O Filho

No Primeiro Testamento, a ideia de Deus ter um filho não é usada para dar a entender que uma pessoa é uma só em natureza com Deus. O filho de Deus é um ser humano com o qual Deus está comprometido em um relacionamento paternal. O filho de Deus não é a personificação de Deus ou um aspecto de Deus. No entanto, Jesus, mesmo em sua vida na carne,

---

[142]Dunn, *Christology in the Making* [Cristologia em formação], 2ª ed., p. 113-25; também xviii-xx.
[143]Cf., e.g., Wright, *The Climax of the Covenant* [O auge da aliança], p. 90-97.
[144]Barth, *CD* IV, 2:140-41.
[145]Cf. Gerald F. Hawthorne, *Philippians* [Filipenses] (Waco: Word, 1983), p. 85-86.
[146]Cf., e.g., Dunn, *Christology in the Making* [Cristologia em formação], p. 98-128.
[147]Barth, *CD* I, 2:34.

foi designado como filho de Deus de acordo com o sentido encontrado no Primeiro Testamento, haja vista que passou a ser identificado também como encarnação de Deus ou possuindo características de Deus. Por isso, seria apenas um passo estender o significado, retratando-o como filho gerado de Deus em vez de adotado, compartilhando, assim, da natureza de seu Pai (cf. Cl 1:15; Hb 1). Em contraste com os demais Evangelhos, Jesus, no Evangelho de João, comumente se autodeclara filho de Deus. Uma vez que Jesus é identificado com a personificação da sabedoria e a mensagem de Deus, o fato de ser o filho divino enviado poderia assumir um significado extra. Por exemplo: Jesus serviu de meio para a criação do mundo como filho de Deus (Hb 1:2).

Enquanto judeus não viam nada de especial na forma como Jesus retratava a relação paternal de Deus com seu povo, eles não tinham conhecimento do relacionamento de amor e comprometimento entre as pessoas da Trindade. No entanto, esse fato dificilmente seria uma grande surpresa. Eles sabiam que o amor pertence a Deus, que ao "Senhor pertence a misericórdia (*hesed*)" (Sl 62:12 [MT 13]). Eles sabiam que a bondade e o amor de Deus os seguiriam (Sl 23:6) à maneira dos intermediadores divinos, que incorporavam a presença de Deus e eram de alguma forma distinguíveis de Deus e, portanto, não traziam a ameaça de que a presença marcante de Deus pudesse destruir quem se aproximava. Eles sabiam que Deus era uma pessoa complexa e misteriosa, capaz de conversas internas.

É um exagero dizer que o Novo Testamento traz "um aprofundamento total da doutrina de Deus encontrada no Antigo Testamento", visto que "'Pai' é, agora, revelado como algo mais do que um epíteto: é o nome pessoal de Deus, no qual a forma e o conteúdo de sua autorrevelação como Pai através de Jesus Cristo, seu Filho, são inseparáveis".[148] Para começar, "Pai" não é um nome pessoal, mas um epíteto ("Yahweh" é o nome pessoal de Deus).[149] Embora se trate de um epíteto que agora estabelece não

---

[148] Segundo Thomas F. Torrance, "The Christian Apprehension of God the Father" [A compreensão cristã de Deus como Pai] em Alvin F. Kimel, ed., *Speaking the Christian God* [Retratando o Deus cristão] (Grand Rapids: Eerdmans; Leominster: Gracewing, 1992), p. 120-43 (em p. 131); Marianne Meye Thompson inclui diversas citações semelhantes em *The Promise of the Father* [A promessa do Pai], p. 10-15.

[149] Torrance não falha em observar que "Yahweh" é o nome pessoal de Deus no Primeiro Testamento.

só um ponto metafísico, mas também metafórico, não está claro se seu desenvolvimento deve ser chamado de um aprofundamento: a metáfora é pelo menos tão importante quanto a metafísica. Entretanto, a fala de Jesus sobre amor mútuo e compromisso entre Pai e Filho levaria o entendimento das pessoas a respeito de Deus e sua paternidade a um novo nível.

Como é verdade sobre qualquer filho, Jesus é o mesmo que seu Pai em termos de natureza. Nesse sentido, ele é igual a Deus. Como é verdade a respeito de qualquer filho, porém, ele é subordinado ao Pai. "O Pai é maior do que eu" (Jo 14:28). O Pai dá ordens; o Filho obedece (Jo 14:31). Essa subordinação não levanta questões sobre o *status* de Jesus; antes, ajuda a confirmá-lo. Ao final, Jesus entregará sua soberania a Deus Pai e se sujeitará àquele que lhe sujeitou todas as coisas; assim, Deus será "tudo em todos" (1Co 15:25-28).

Realidades que a doutrina da Trindade procura sintetizar estão presentes no Novo Testamento: que Deus é um e que as pessoas experimentam Deus como Pai, Filho e Espírito, distintos o bastante para conversar uns com os outros.[150] O Filho é divino e capaz de falar com o Pai; porém, Deus é um. O Espírito tem uma natureza pessoal, é de natureza semelhante à de Jesus, mas é distinto de Deus Pai e de Jesus. Contudo, Deus é um. O reconhecimento cristão de que Deus é Pai, Filho e Espírito surgiu da experiência da congregação em relação à presença e à atividade de Deus.

Reparamos que, enquanto o Novo Testamento não pressupõe que Deus é uma Trindade, a ideia corresponde à única forma pela qual a igreja inter-relaciona os dados das Escrituras de modo a fazer jus a eles.[151] Pode ser iluminador explorar as implicações da articulação de Deus como Trindade, embora também seja importante explorar implicações das próprias Escrituras a respeito do único Deus — espírito, vento, face, mente, mensagem etc. — e não perdê-los de vista ao ponderar o que a Trindade de Deus significa em nosso próprio contexto cultural.[152]

---

[150]Cf. Fee, *God's Empowering Presence* [Presença empoderadora de Deus], p. 828.
[151]Cf. "Fluidez" na seção 1.2.
[152]Cf. John Goldingay, *Do We Need the New Testament?* [Precisamos do Novo Testamento?] (Downers Grove: InterVarsity Press, 2015), p. 22.

DOIS ▶ A SABEDORIA DE DEUS

CONFORME VIMOS, a mente-mensagem-sabedoria divina estava incorporada em Jesus, aquele que é cheio de graça e verdade (Jo 1:1-18). Desse modo, Deus nos falou através de um Filho (Hb 1:1-2), sua personificação. Nessa conexão, a carta aos Hebreus também observa que Deus já havia falado por meio de profetas, como Isaías; a Torá, os Profetas e os Escritos foram os primeiros repositórios da fala e da ação de Deus na história de Israel. A existência do Novo Testamento pressupõe que Deus continuou a falar através de escritores, como os autores de Hebreus e de outros documentos do Novo Testamento. Também pressupõe que a fala de Deus através do Filho precisava ser registrada para pessoas que não o escutaram; os Evangelhos são o repositório desse registro. Assim, algumas das Escrituras da nova aliança juntaram-se à Torá, aos Profetas e aos Escritos.

A forma — aliás, as formas[1] — do repositório duplo são, em parte, surpreendentes (salmodia, músicas e cartas, bem como narrativa, profecia e instrução), ainda que, em retrospectiva, possamos inferir certos aspectos da lógica por trás das formas.[2] As Escrituras têm importância-chave por oferecerem acesso à ação e à fala de Deus na história essencial de Israel,

---

[1] Cf. a ênfase de Paul Ricoeur sobre as formas variadas de discurso nas Escrituras em *Essays on Biblical Interpretation* [Ensaios sobre a interpretação bíblica] (Filadélfia: Fortress, 1980; Londres: SPCK, 1981), p. 73-95.
[2] Cf. comentários na introdução deste volume.

cujo ponto culminante é alcançado na ação e na fala de Deus através do Filho, nascido israelita. Assim, ambos os Testamentos começam com longas narrativas de como Yahweh agiu de forma decisiva para o mundo e para seu povo, mesmo para aqueles que vivem fora da estrutura cronológica dessas narrativas. O mundo precisa conhecer essa história a fim de tomar parte nela. Em seguida, a metade final dos Testamentos é dominada pelas implicações da história para o entendimento que as pessoas têm de Deus, de si e da forma como vivem.

Considerações da natureza da fé cristã, conforme exposta pelas Escrituras, esclarecem o porquê de Deus ter induzido ou permitido seu povo a reconhecer a Bíblia em sua forma atual, e não de outra forma, como, por exemplo, uma coletânea eterna de princípio ou uma série de cartas de amor, escritas para a mulher amada.

Conceitos bíblicos confrontam suposições comuns do mundo ocidental do século XXI. As Escrituras constituem uma metanarrativa, em ambos os sentidos da palavra. Elas oferecem uma metanarrativa em um sentido estrito de história sobre a atividade de Deus no mundo, em Israel e em Jesus como chave para o entendimento de Deus, do mundo e da vida. A Bíblia também sugere uma metanarrativa em um sentido mais flexível, isto é, como um conjunto de *insights* sobre a natureza de Deus e de uma realidade abrangente, não meramente local. Enquanto nossa apreensão da verdade é parcial e distorcida em virtude de nossa perspectiva e contexto, de modo que o relato da narrativa seja local, existe, sim, uma verdade objetiva, bem como uma diferença entre verdade e falsidade, e as Escrituras transmitem essa verdade.

O povo de Deus é sempre tentado a olhar para o mundo da mesma maneira que outras pessoas, mas um dos propósitos das Escrituras é levá-lo a enxergar as coisas de outra forma. A história bíblica procura encorajar as pessoas a ver sua própria história no contexto da narrativa da criação; do êxodo; de Davi; do exílio; de Esdras e Neemias; dos macabeus; do nascimento de Jesus e seu ministério, morte e ressurreição; e do início do seu movimento. Como João, em Apocalipse, profetas e visionários buscam levar o povo de Deus a vislumbrar realidades terrenas à luz das realidades celestiais e a ver realidades presentes à luz do que Deus pretende fazer. Apocalipse faz isso ao retratar um universo simbólico alternativo.[3] Esse

---

[3] Cf. Richard Bauckham, *The Theology of the Book of Revelation* [A teologia do livro de Apocalipse] (Cambridge e Nova York: Cambridge University Press, 1993), p. 10.

retrato extraordinário e desconcertante, complexo e fantástico, cativa sua audiência como um filme cheio de efeitos especiais. A narrativa apocalíptica submerge as pessoas em um mundo totalmente diferente do mundo empírico a que estão sujeitas. De forma semelhante, é tentador ao povo de Deus presumir que sabe adorar a Deus e orar sozinho, mas tanto Apocalipse como Salmos dão a entender o contrário.

Neste capítulo, consideramos uma área comumente abordada na teologia sob rótulos como revelação, autoridade, inspiração e palavra de Deus, ainda que as próprias Escrituras usem essas expressões de outras maneiras. *Insight* ou sabedoria (*ḥokmâ, sophia*) são os termos que mais se aproximam. Consideraremos a sabedoria personificada no mundo (seção 2.1) e a forma como a sabedoria de Deus é expressa em declarações ou promessas (seção 2.2), em testemunho ou história (seção 2.3), em imperativos e expectativas (seção 2.4) e em orações e louvores que inspiram nossa adoração (seção 2.5). A diversidade na forma pela qual a sabedoria de Deus encontra expressão, bem como a diversidade no contexto dessas formas (e.g., diferentes Profetas, diferentes Evangelhos), refletem a complexidade da realidade (seção 2.6). Essa diversidade implica uma advertência contra a teologia bíblica, contra o pensamento de que podemos sistematizá-la sem perder a realidade de vista. Que o leitor esteja de sobreaviso!

2.1 PERSONIFICADA NO MUNDO

Uma característica surpreendente das Escrituras é o fato de incluir livros cuja leitura se dá como reflexões da experiência humana, sem referências ao envolvimento especial de Deus com Israel (ou mesmo sem qualquer referência a Deus). Sua inclusão se interliga ao pressuposto de que a sabedoria de Deus está personificada no mundo e na experiência humana para qualquer um ver, mesmo que nem todos a enxerguem. Encontramos a sabedoria divina escrita na natureza do mundo e na forma como a vida funciona. Tal percepção se amplia na compreensão do básico a respeito de Deus e do básico sobre o certo e o errado, conceitos enraizados na humanidade.

Sabedoria escrita na realidade material

Enquanto as Escrituras são o depositório-chave para o compartilhamento da sabedoria de Deus, a Bíblia não se autorretrata como o primeiro desses depósitos. A própria Escritura vê a sabedoria de Deus incorporada no mundo, mesmo antes de se materializar no relacionamento de Deus com Israel, na encarnação e na mensagem do evangelho. "Não é verdade que a sabedoria clama?" (Pv 8:1) Por que, porém, ela deveria clamar? Porque se trata de "um chamado de Deus" que "ecoa a vontade do criador para nós, segundo expressa em sua criação".[4] Visto que a mente ou mensagem incorporadas em Jesus remontam à criação, não é de surpreender que essa natureza esteja expressa na forma como Deus criou as coisas, bem como nos resultados desse trabalho criativo. Como poderia ser de outro jeito? A natureza do mundo reflete a natureza da mente ou da mensagem.

O mundo em si incorpora graça e verdade. Ele reluz com o amor e a generosidade de Deus para com pessoas que o ignoram e para aqueles que desejam viver para ele (cf. Mt 5:45). Manifesta a veracidade e o compromisso de Deus, não importa quanto esteja inclinado a resistir a ele. Por isso, a vinda de Jesus e sua morte foram a culminação lógica da forma como Deus criou o mundo e se relaciona com a criação. A vinda e a morte do Ungido não deviam ter sido tão surpreendentes, visto que a mensagem-mensageiro foi o meio pelo qual Deus criou todas as coisas. Consequentemente, "nas coisas criadas subjaz o perdão dos pecados".[5] Criação foi um ato de graça.[6] "À luz da cruz de Cristo, *creatio ex nihilo* [criação a partir do nada] significa perdão de pecados através do sofrimento do Ungido."[7]

Vida é o que veio a existir por meio da mente e da mensagem (Jo 1:3-4). A própria mensagem testifica acerca de uma vida real dada a pessoas cuja existência é apenas nominal, cuja vida se assemelha à de mortos-vivos e cuja trajetória tem conduzido à morte real. Desde o Princípio, a mensagem-mensageiro emanava vida, de modo que a Bíblia parte da natureza inerente da mensagem e de seu propósito, reestabelecendo-o. Jesus trouxe iluminação e vida para as pessoas falando com elas, e suas

---

[4] Oliver O'Donovan, *Finding and Seeking* [Procurando e encontrando] (Grand Rapids e Cambridge: Eerdmans, 2014), p. 100.
[5] Devo esta observação ao meu ex-colega Charles Napier, que a descreve como resumo dos pontos de vista de Martinho Lutero.
[6] Otto Weber, *Foundations of Dogmatics* [Fundamentos da dogmática] (Grand Rapids: Eerdmans, 1981), 1:479-86, seguindo Karl Barth, *CD* III, 1.
[7] Jürgen Moltmann, *God in Creation* [Deus na criação] (Londres: SCM Press; São Francisco: Harper, 1985), p. 91.

palavras correspondem à forma como Deus trouxe vida no Princípio, falando e emitindo luz. Jesus disse coisas que deram vida às pessoas; ele tinha "palavras de vida eterna" (Jo 6:68). Apesar de muitos considerarem áspero o falar de Jesus, sua palavra iluminava e vivificava.

Mais uma vez, essa dinâmica corresponde à maneira como as coisas eram no Princípio. Deus disse: "Haja luz; e houve luz" (Gn 1:3, ACF); e essa luz era vivificante. Onde não há luz, não há vida; nada pode crescer. Assim, luz é uma imagem natural para bênção. Quando uma pessoa sorri, a luz emana de sua face de maneira vivificante. Quando Deus sorri no mundo, há luz, vida e bênção. Foi assim desde o Princípio. Até Deus falar, havia apenas trevas; a vida não podia existir. Uma vez que Deus chamou a luz à existência, cessaram as trevas, e a vida pôde florescer.

A partir de então, o ser humano passou a conhecer algo a respeito de Deus, visto que "o que de Deus se pode conhecer é manifesto entre eles, porque Deus lhes manifestou. Pois, desde a criação do mundo, os atributos invisíveis de Deus, seu eterno poder e sua natureza divina têm sido vistos claramente, sendo compreendidos por meio das coisas criadas" (Rm 1:19-20, NVI). Jesus, então, convida as pessoas a aprenderem do mundo criado. "Observem as aves do céu", insta. "Considerem as flores do campo, como crescem: elas não trabalham nem tecem" (Mt 6:26,28). Com frequência, as parábolas também começam com realidades da natureza (sementes, figueiras, trigo) ou com a experiência humana (um rico tolo, um pastor, uma mulher que perdeu uma moeda). Jesus parte do pressuposto de que há coisas a serem aprendidas pela forma como o mundo é e pela maneira como é a experiência humana.[8]

Paulo também presume que o fato de a criação incorporar o poder e a deidade de Deus não levou as pessoas a lugar algum. Quando mostramos algo a alguém, tudo depende de como esse alguém reage ao que lhe foi mostrado. No entanto, a humanidade, desde o início, tem disponível a revelação da natureza. Talvez a exortação de Jesus funcione melhor com os fiéis do que com os incrédulos. Paulo não prevê argumentar para que ateus se tornem teístas com base em um argumento da criação, nem mesmo fornece aos crentes uma maneira de justificar sua crença para si

---

[8]Sobre Jesus como mestre de sabedoria, cf., e.g., Karl Loning e Erich Zenger, *To Begin with, God Created...* [Para início de conversa, Deus criou...] (Collegeville: Liturgical, 2000), p. 143-62.

mesmos com base nisso. Ele pressupõe que todos realmente sabem que Deus existe, tão naturalmente quanto sabem que outras pessoas também existem. O poder e a deidade de Deus são visíveis a partir da natureza do mundo, assim como a impotência e a relativa simplicidade do ser humano. Mas Paulo também está ciente da existência de uma lacuna entre o que está bem diante das pessoas e como elas respondem ao que veem. E, por essa ignorância, a humanidade se esvaziou ainda mais em seu pensamento, tornando-se ainda mais impotente e comum.

Sabedoria escrita na forma como a vida funciona

O pressuposto de que podemos aprender com o mundo e a experiência humana caracteriza em especial as obras denominadas literatura sapiencial, Provérbios, Jó e Eclesiastes. Cântico dos Cânticos sugere a mesma ideia. Provérbios parte desse pressuposto ao oferecer ensinos sobre como as coisas funcionam na vida e, assim, a sensatez de comportamento. Provérbios funciona empiricamente. Cântico dos Cânticos também opera empiricamente e parte do mesmo fundamento quanto ao relacionamento entre homem e mulher.

Além disso, Provérbios manifesta um instinto ecumênico ao incorporar citações de pessoas como Agur e Lemuel (Pv 30:1; 31:1). Não sabemos sua identidade, embora não pareçam ser israelitas. Menos explicitamente, o livro inclui uma seção de trinta unidades (Pv 22:17—24:22) que equivale a um documento egípcio mais antigo, intitulado "Instrução de Amenemope". Talvez Amenemope e Provérbios sejam versões independentes de ensinos de sabedoria comuns do Oriente Médio e um não tenha correlação direta com o outro. De qualquer maneira, a conexão reflete o pressuposto de que, por meio de Provérbios, podemos aprender com a experiência de vida de outras pessoas e suas reflexões, bem como a partir de nossa própria experiência como povo de Deus. A vida foi configurada por Deus de modo a fazer sentido para aqueles que usam o bom senso, mesmo que não estejam cientes de tudo que pode ser conhecido a respeito dele. O livro de Jó conta uma história sobre pessoas cuja identidade não parece ser israelita e cuja habitação é em Edom, outra cultura do Oriente Médio conhecida pelos ensinos de sabedoria acerca da vida.

Entretanto, em contraste com supostos ensinos de sabedoria, antigos e modernos, Jó e Provérbios enfatizam como Deus e ética são inerentes na realidade empírica que ambos os livros consideram. Em sua observação sobre a sabedoria, ambos incorporam referências à justiça e ao temor de Deus (Jó 28:28; Pv 1:1-7). Após começar com esse entrelaçamento, a seção principal de dizeres de Provérbios ilustra a ideia ao se mover aleatoriamente entre observações empíricas de como a vida funciona, comentários sobre integridade na prática e observações a respeito do movimento de Yahweh na vida comum. Semelhantemente, nos capítulos seguintes à inesperada conclusão do poema sobre sabedoria, em Jó 28, o livro desenvolve os dois pontos principais que essa conclusão estabelece.

Tomados de forma isolada, muitos dizeres individuais dos ensinos de Jesus ou em Provérbios são irrealistas; outros, porém, mostram a outra face da moeda. Na literatura sapiencial, o elenco geral de observações em Provérbios é complementado pelo elenco geral de Jó e Eclesiastes. Como Provérbios, esses dois livros fundamentam seu argumento em ensinos de sabedoria incorporados no mundo e na experiência, mas chegam a conclusões diferentes. Cântico dos Cânticos exulta no relacionamento de duas pessoas que se amam, mas chama a atenção para as ameaças e ansiedades incluídas no relacionamento. Embora a experiência humana frequentemente sugira um elo entre fazer certo ou errado, por um lado, e descobrir que as coisas vão bem ou mal em sua vida, por outro, Eclesiastes enfrenta o fato de que tal elo pode não se sustentar.

Pessoas têm muito a aprender com o mundo criado. Ainda assim, uma das coisas que aprendem é que ele não revolve em torno da necessidade humana. O mundo criado tem uma ecologia própria (Jó 28; 38—39). De fato, ao que tudo indica, Deus colocou na mente humana um anseio por entender a natureza da realidade como um todo, mas não abriu um caminho para a satisfação desse desejo. Não podemos entender a lógica na forma como a experiência humana alterna entre nascimento e morte, guerra e paz etc. (Ec 3:1-11). Podemos apenas obter *insights* parciais do mundo e da vida, assim como algumas dicas sobre a vida feliz no contexto da família; não, porém, o quadro geral. Há o suficiente na forma como o mundo criado personifica a fidelidade e o comprometimento de Deus, bem como sua capacidade de restringir o mal a fim de vivermos pela confiança nele, mas essa confiança também envolve o convívio com o mistério. Parte de nossa felicidade e paz subjaz em nosso desejo e capacidade de confiar em Deus quanto ao que não compreendemos.

expectativas da Torá estão, de fato, escritas em seu coração, já que vivem por sua confiança em Deus, como Abraão; perdoam, como José, aqueles que lhes causaram mal; e desobedecem a ordens imorais, como as parteiras hebreias.

Semelhantemente, os Profetas pressupõem que as nações como um todo conhecem, em geral, as expectativas de Deus para a humanidade. O rei babilônico é culpado por destruir sua nação e massacrar seu povo, e a própria Babilônia é culpada por não mostrar compaixão por Judá, mesmo sendo agente do juízo de Yahweh (Is 14:20; 47:6). A nação sabia o suficiente para tomar a melhor decisão. Amós evidencia isso ao declarar que Yahweh não revogará sua ira sobre potências regionais, como Síria, Filístia, Tiro, Edom, Amom e Moabe, por ações que categorizaríamos como crimes de guerra. Essas ações incluem tratar pessoas como se debulha a terra; transportá-las em exílio; rasgar mulheres grávidas ao meio. Segundo Amós, tudo isso resulta de falta de compaixão (Am 1:3—2:3).

Dessa maneira, não é inconcebível esperar que as nações operem com base em expectativas expostas no Sermão do Monte, visto que também se baseiam na forma como Deus nos criou como seres humanos e comunidades. "Perdão é o que acontece quando a vítima de alguma ação dolorosa escolhe livremente liberar o agressor de seu cativeiro de culpa, abre mão de seu desejo de se vindicar e renuncia a qualquer tentativa de 'dar o troco', de ferir ou danificar o agressor, abrindo, assim, o caminho para a reconciliação e a restauração do relacionamento."[13] O amor expresso no perdão não é satisfeito em apenas liberar alguém no coração; sua expressão maior está no desejo pelo bem-estar do infrator, ansiando e trabalhando, assim, por uma resposta, por reconciliação.[14] E, com frequência, os descrentes estão tão prontos quanto os crentes para reconhecer esse fato. Eles demonstram que, em virtude de sua humanidade, também trazem tais verdades escritas em sua consciência. Portanto, vale a pena instar com pessoas e nações a fazerem a coisa certa e altruísta, ainda que, para tal fim, seja inapropriado ou insensato apelar a Jesus e às Escrituras. Apelamos ao que as pessoas realmente sabem em virtude de sua humanidade.

---

[13]Christopher D. Marshall, *Beyond Retribution* [Além da retribuição] (Grand Rapids e Cambridge: Eerdmans, 2001), p. 264.
[14]Ibid., p. 17.

"Independentemente, porém, de sua piedade, o ser humano continua sendo filho de Adão, isto é, um ser carnal, debaixo do poder do pecado e da morte".[15]

2.2 DECLARATÓRIA

Da mesma forma que a literatura sapiencial reconhece como a criação e a experiência humana regular limitam nosso entendimento a respeito de algumas questões, a história que se desdobra em Gênesis 1—11 termina em incertezas quanto ao prevalecimento da bênção ou da maldição em sua luta por vitória na história mundial. Talvez a melhor maneira de explicar isso seja reconhecer que o poder e a graça de Deus denotam que a bênção vencerá, mas não está claro como essa vitória acontecerá.

Na cultura ocidental, os leitores podem inferir que, como seres humanos, é melhor nos comprometermos em nossa atitude de trabalhar para a vitória da bênção e encontrar formas de encorajá-la. As Escrituras, no entanto, veem tal pressuposto como uma causa perdida. Não temos qualquer fundamento para pensar que funcionará. Não podemos obter vitória sozinhos. O que precisamos é de uma ação maior por parte de Deus. Assim, o que segue em Gênesis 1—11 é a declaração de Deus a respeito do curso de ação que ele deseja seguir. Sua declaração envolve parcialmente o comissionamento da ação humana, mas a importância dessa ação é eclipsada pela realização de Deus.

Promessas desempenham um papel crucial no repositório bíblico das falas de Deus, sendo uma forma vital pela qual Yahweh se pronuncia — vital para Deus e para seu povo. Promessas exercem uma função-chave na história que continua após Gênesis 1—11. Por sua natureza, promessas constituem revelação e, na Escritura, essa revelação é tanto pessoal como proposicional. Desse modo, a revelação requer resposta: o povo de Deus é chamado a viver pelas promessas. Fé deve transformar-se em confiança. Promessas divinas possibilitam a compreensão de acontecimentos que marcam seu cumprimento; ao mesmo tempo, o cumprimento facilita o entendimento da promessa.

---

[15]Martin Luther, "Evangelium am vierten Sonntag nach Ostern [Evangelho no quarto domingo depois da Páscoa]: Joh. 16, 5-15", em *D. Martin Luthers Werke* [Obras de Martinho Lutero] (*Weimarer Ausgabe*) 21:352-80 (em 365); cf. Barth, *CD* I, 2:310.

Promessas...

Destarte, em vez de exortar ainda mais a humanidade acerca do seu dever, a Escritura apresenta ao leitor, ao fim de sua exposição de abertura sobre a história mundial, a promessa de como se cumprirá o propósito divino de bênção. No curso da dispersão da humanidade, resultado do último erro na história até então, uma família deixa a Babilônia na direção noroeste, como parte da atividade migratória da época. Aparentemente, sua intenção é mudar-se para Canaã, porém ela deixa de prosseguir e se estabelece em Harã, na fronteira com as atuais Síria e Turquia (Gn 11). Lá, Yahweh se envolve na história, ordenando a Abraão que dê continuidade à jornada e dando-lhe uma série de promessas em conexão com seu deslocamento (Gn 12:1-3). O patriarca se tornará uma grande nação (acontecimento improvável devido à infertilidade de sua esposa) no país para o qual decidiram ir (outro acontecimento improvável, visto que a terra em questão é ocupada por outros povos).

Deus conclui sua promessa ao falar de como todos os povos da terra serão abençoados por meio de Abraão ou de como eles orarão para ser abençoados como o patriarca. Ele será tão bem-sucedido que outras pessoas usarão seu nome em orações para bênção ("Que Deus nos abençoe como abençoou a família de Abraão"). Enquanto esse elemento na promessa amplia o que Yahweh fará pessoalmente a Abraão, o contexto seguinte de Gênesis 1—11 também remete à sua importância para as próprias nações. Deus também fará o bem àqueles que abençoarem a família de Abraão e abaterá todo aquele que tentar abatê-la: em outras palavras, Deus protegerá a família do patriarca. Posteriormente, Yahweh acrescenta variações às promessas, comprometendo-se em ser "o seu Deus e o Deus de sua posteridade" (Gn 17:7).

Em Gênesis 1—11, as palavras de Deus entrelaçam mandamentos e promessas, e o padrão continua em sua interação com Abraão. A seu tempo, Paulo descreverá sua própria vocação como que originando de uma ordem às nações à "obediência da fé" (Rm 1:5; Rm 16:26). Diferentes traduções trazem "obediência fiel", "fé e obediência", "obediência à fé" ou "confiança obediente". Qualquer dessas expressões descreveria o que Deus, em vão, buscava da humanidade e o que, agora, busca de Abraão. O patriarca deve ir para onde Deus diz, confiando nas promessas divinas. Sua expressão de confiança nas promessas é ir para onde Deus o orienta.

Enquanto a fala de Deus envolve tanto ordenança quanto promessa, o que vemos é uma ordem para cada meia dúzia de promessas; assim, a ênfase recai nesse segundo elemento. De modo semelhante, Deus conecta um desafio a que Abraão seja fiel e totalmente compromissado a Yahweh com uma promessa de aliança (Gn 17:1-2). Fidelidade e comprometimento, porém, são respostas ao caráter de Deus e à sua própria fidelidade e comprometimento, e não qualificações como meio de obtê-las. Quando Paulo afirma a prioridade da confiança na promessa de Deus acima de qualquer outra obra realizada por Abraão (Rm 4), ele observa que, no contexto em que Yahweh faz a promessa ao patriarca, seria tarde demais transformar a obediência em uma condição para a formulação da aliança. O argumento de Paulo se baseia na cronologia dos acontecimentos: Deus primeiro faz a promessa e, muitos anos depois, ordena a circuncisão (Gn 17:10). Contudo, o apóstolo poderia ter estabelecido a mesma ideia com base na forma como as promessas de Deus, em sua aliança com Noé, funcionam (Gn 9:1-17). Essas duas alianças formam "mapas divinos dos tempos".[16] Em conexão com o pacto de Deus com Noé, também há conotação de comando, mas a promessa de que a vida humana continuará na terra é simplesmente uma promessa. A aliança não está atrelada a condições.

"Promessa" é uma palavra empregada no Novo Testamento (e.g., Rm 4); o hebraico não tem um vocábulo para "promessa". Na língua hebraica, podemos encontrar um termo para "voto" ou "compromisso" (*neder*), um tipo particularmente solene de promessa, mas a palavra não é usada para as promessas de Deus. A "promessa" de Deus é simplesmente sua "palavra" a Abraão, a partir da qual o patriarca responde com sua "confiança" (Gn 15:6, explicada em Rm 4). O "sim" de Deus significa "sim", e seu "não" é "não" (Mt 5:37; Tg 5:12). Posteriormente, porém, Deus faz o juramento de que manterá sua promessa (Gn 22:16; cf. Gn 24:7; Hb 6:13-17) e, subsequentemente, a Escritura faz diversas referências aos juramentos de Deus como motivo de louvor, confiança e oração (e.g., Dt 26:3,15; 31:7).

... contendo revelação

Em suas promessas, Deus revela sua intenção. A primeira menção explícita de revelação nas Escrituras aborda o fenômeno como algo pessoal.

---

[16]Jerome H. Neyrey, *Render to God* [Dai a Deus] (Mineápolis: Fortress, 2004), p. 202.

Deus "se revelou" pessoalmente a Jacó (Gn 35:7; *gāla*) e "apareceu" a Moisés (e.g., Êx 3:16; *rā'â*). Nessa última conexão, Deus revelou seu nome a Moisés. O nome em si aponta para a revelação da pessoa, e isso ocorre de duas maneiras.[17] O nome é a identificação do indivíduo. Mas, além disso, o nome diz algo sobre a pessoa, e esse é o caso de Yahweh, já que se assemelha às formas do verbo "ser". Yahweh é "o Deus que está perto" significando que ele se faz presente quando o seu povo precisa de libertação, que ele está presente para fazer o que a situação exige. Os judeus pararam de usar o nome Yahweh e muito se perde substituindo esse nome significativo que Yahweh revelou ao seu povo pela palavra *Senhor*.[18]

Entretanto, Deus também oferece revelações importantes, em Gênesis e Êxodo, sobre as suas intenções, e essas intenções são a chave para sua revelação a profetas e apóstolos: "Devemos chamar o que aconteceu com eles de "Deus dixit" [Deus falou]. O que engendrou a Escritura e o que ela, por sua vez, atesta aconteceram de forma verdadeira e definitiva, de uma vez por todas".[19] Em Patmos, a Revelação, ou seja, o Apocalipse de João, dizia respeito ao que "em breve deve acontecer" (Ap 1:1). Revelação envolve o desvendar de coisas que, de outra forma, permaneceriam desconhecidas, a divulgação daquilo que, de outra maneira, seria um mistério. Se fé é o conteúdo das coisas que se esperam, e a prova de coisas *não* vistas (Hb 11:1), revelação é o fundamento da certeza e da convicção, embora não forneça, empiricamente, a realidade em si. Por isso a revelação exige fé como resposta. Também as cartas de Paulo anunciam coisas que hão de acontecer e desafia congregações a viverem à luz desse anúncio.

Quando Yahweh proclama o que há de acontecer — na Torá, por exemplo —, Abraão ou os israelitas no Egito são desafiados a viver à luz dessa proclamação. Yahweh revela ao faraó a abundância e subsequente fome que trará no mundo, para que o rei do Egito responda ao anúncio de forma adequada (Gn 41:25).

Yahweh poderia revelar esses fatos sobre o futuro por ser ele quem os concretiza. Ao cumprir o que fora dito, Deus é capaz de exigir: "Vejam:

---

[17]Cf. parágrafos sob o título de "Espírito de Deus: vento e fogo" na seção 1.3.
[18]Cf. ainda início do cap. 1.
[19]Barth, CD I, 1:116. A expressão "Deux dixt" vem de Herman Banvick (e.g., Reformed Dogmatis [Dogmática reformada] [Grand Rapids: Baker, 2003], 1:582).

agora vocês têm de reconhecer que eu sou Yahweh" (cf., e.g., Is 41—44). A expressão "reconhecer que eu sou Yahweh" soa menos estranha em hebraico do que em português, embora ainda envolva uma elipse. O enunciado forma um paralelo com o *Shemá*,[20] do qual é, na realidade, uma variante. O que reconhecemos mais naturalmente é: "que eu, Yahweh, sou Deus".

Enquanto Lucas e João descrevem o processo pelo qual compuseram os Evangelhos em termos que dão a entender nada diretamente sobrenatural quanto ao modo como escreveram, os profetas falam frequentemente em termos de algo como se fosse ditado, dando a entender uma fala à luz de revelação sobrenatural. No início da história de Jesus, pessoas também profetizam como resultado da descida do Espírito Santo sobre elas (e.g., Lc 1:41,67) e, em Atos, o início da história emprega termos semelhantes, associando o fenômeno à promessa de Joel 2:28-32 (cf. At 2). O contexto é a forma como o judaísmo associa o espírito de Deus de modo especial a profecia, revelação e sabedoria para a vida.[21]

Uma revelação dá entendimento às pessoas que experimentam o evento que se segue, em parte pelo fato de que esse evento foi o tema de uma revelação que veio antes do tempo, e não apenas depois que aconteceu. A revelação evidencia a importância do evento, e o evento, a verdade da revelação. Em contrapartida, "revelação mais acontecimento" conduzem ao louvor expresso em testemunho (e.g., Êx 15:1-21), o qual, finalmente, recebe a forma escrita (nesse caso, em Êxodo), de modo a expressar sua importância também às gerações futuras. Assim, Escrituras semelhantes às do Êxodo passam adiante a revelação, a narrativa do acontecimento, a proclamação e a interpretação.

A sequência de revelação e acontecimento — e a correlação interpretativa de ambos — é importante para todos os itens na sequência. A revelação obtém sua validação e importância por meio do acontecimento e

---

[20]Cf. "Yahweh, nosso Deus, Yahweh é um", seção 1.2.
[21]Cf. e.g., Archie Hui, "The Spirit of Prophecy and Pauline Pneumatology" [O espírito da profecia e pneumatologia paulina], *Tyndale Bulletin* 50 (1999): p. 93-115; Max Turner, *Power from on High* [Poder do alto], ed. corrigida (Sheffield: Sheffield Academic Press, 2000), esp. p. 81-165, 348-400. Turner nota essa ênfase em João e Paulo, bem como em Lucas–Atos: cf. *The Holy Spirit and Spiritual Gifts in the New Testament Church and Today* [O Espírito Santo e dons espirituais na igreja do Novo Testamento e hoje], ed. rev. (Carlisle: Paternoster; Peabody: Hendrickson, 1998), p. 57-135.

da interpretação que se segue. Já o acontecimento adquire importância por meio de sua associação com a revelação e a interpretação. O louvor expresso no testemunho tem seu fundamento no acontecimento como o cumprimento de uma revelação promissora. Por fim, a interpretação ganha sua validação através da associação com a revelação e o acontecimento, permitindo ao testemunho soar no decorrer das eras.

Confiáveis

Embora o Apocalipse de João se concentre em acontecimentos vindouros, fala sobre eles em termos de testemunho. A noção de testemunho é paradoxal quando aplicada ao futuro, visto que só é possível ser testemunha de coisas que já aconteceram (razão pela qual é estranha a fala do Antigo Testamento de seu serviço como testemunha de Cristo). A linguagem reflete o fato de que João realmente "viu" acontecimentos futuros, mas factuais, visto que Deus decidira a seu respeito. O Apocalipse começa descrevendo como Deus transmitiu uma revelação a Jesus; Jesus a comissionou a um mensageiro sobrenatural; o mensageiro transmite a revelação ao servo de Deus, João, em Patmos; ele viu isso; ele testemunhou o que viu, a mensagem de Deus e o testemunho de Jesus; alguém escreveu a profecia (provavelmente, o próprio João); um leitor lê isso; e as pessoas o ouvem e guardam no coração (Ap 1:1-3).

O Apocalipse é uma "revelação de Jesus, o Ungido": isto é, a revelação procede dele, encaixando-se com a forma como ele mesmo descreveu, em seu ensino terreno, implicações no que diz respeito ao Fim (Mc 13). Jesus é a testemunha fiel e verdadeira (Ap 1:5; 3:14). Há uma cadeia de revelação: de Deus a Jesus; de Jesus a um anjo; do anjo a João; de João aos leitores e ouvintes, cujo dever é guardar a mensagem no coração. Contudo, a capacidade para compreender a revelação exige o dom do Espírito, sem o qual as pessoas não conseguirão receber a dádiva do que lhes foi transmitido (Jo 1). É necessário crer para o recebimento do Espírito (Gl 3), mas o Espírito é necessário para o exercício da fé.

A questão da confiança na palavra de Deus remonta ao Princípio. No início, a questão era se Adão e Eva confiariam na bondade da ordem de Yahweh ou no questionamento da serpente. Enquanto, inicialmente, Abraão é impressionante em sua obediência a Yahweh, a ponto de sair de sua terra sem questionar (Gn 12:1-6), uma questão-chave no decorrer da vida do patriarca será sua confiança em Deus. Assim, sua história prefigura um ponto essencial em relação ao próprio relacionamento de Israel com Yahweh. Em algumas histórias subsequentes, não está claro se Abraão confia em Deus (Gn 12; 16; 20); em outras, sim (Gn 13).

O ponto é explicitado quando Gênesis declara, de forma específica, que Abraão depositou sua confiança em Yahweh (Gn 15:6). Nesse contexto, Gênesis usa o verbo *he'ĕmin* pela primeira vez. Muitas traduções trazem o verbo "crer", embora "a mera noção de 'ter uma opinião', um dos sentidos da palavra 'crer' em português, esteja totalmente ausente do hebraico".[22] O verbo denota um autocomprometimento ativo com base na percepção de que a palavra de Deus é digna de confiança, o mesmo comprometimento envolvido na jornada de Abraão depois de chamado.

Segundo Martin Buber, fé significava, no antigo Israel, confiar em alguém; na igreja primitiva, significava reconhecer algo como verdadeiro. Um conceito leva naturalmente a outro, embora o contexto determine sua ênfase.[23] Tão vital quanto a fé é localizá-la de forma apropriada. De modo expressivo, a palavra grega para "fé" (*pistis*) também pode denotar "a fé" (At 6:7; Gl 1:23; 1Tm 3:9; Jd 3). Em contrapartida, a crença deve transformar-se em confiança, e o conhecimento, em reconhecimento. Assim como partem do pressuposto de que realmente existe algo chamado "verdade", questionando as hipóteses de um mundo pós-moderno, as Escrituras afirmam um tipo correto de conhecimento e rejeitam o tipo errado.

A história de Israel reflete como pode ser difícil crer que algo acontecerá e viver com base nessa fé; a maioria das pessoas vive com base em outros fundamentos. O desafio envolvido no viver à luz de reivindicações não comprovadas relacionadas ao futuro é importante em Eclesiastes. No Novo Testamento, as primícias (sinal ou garantia das coisas que Deus fará) são a presença e a atividade do Espírito: uma realidade interior (em certo sentido, a realidade de Deus); uma realidade moral (no caminhar das pessoas com o Espírito); uma realidade milagrosa (em acontecimentos, como curas). Na igreja ocidental, nenhuma dessas formas da

---

[22] Walther Zimmerli, *Old Testament Theology in Outline* [Teologia do Antigo Testamento em esboço] (Richmond: John Knox; Edimburgo: T&T Clark, 1978), p. 147.
[23] Martin Buber, *Two Types of Faith* [Dois tipos de fé] (Londres: Routledge; Nova York: Macmillan, 1951), p. 7-8.

presença e da atividade do Espírito parece evidente, de modo que retornamos, mais uma vez, à posição de Eclesiastes.

Visionárias

Visões proféticas sobre o cumprimento do propósito de Yahweh para Israel e o mundo se apropriam do conteúdo de dois conjuntos de promessas de bênçãos há muito pronunciadas. No primeiro, Yahweh faz promessas a Abraão concernentes à terra, ao crescimento numérico e ao relacionamento pautado na aliança. No segundo, adiciona promessas a Davi e sua linhagem e promessas concernentes a Sião e ao templo. De fato, tudo que a visão dos profetas faz é atualizar e reelaborar essas promessas. O ponto é particularmente evidente em Ezequiel 33—48, passagem na qual podemos traçar a ligação entre cada capítulo com uma ou mais dessas promessas.

Os Profetas falam de como Deus pretende implementá-las na vida das pessoas às quais eles se dirigem. Também falam acerca de como Deus cumprirá seu propósito definitivo em eventos que não ocorrerão na vida dos destinatários, mas que, no entanto, são significativos para eles; são realidades à luz das quais precisam viver. Dessa forma, as mesmas promessas servem de estrutura para a vida de uma geração individual e também para o destino do povo em longo prazo. Embora o Dia de Yahweh não tenha ocorrido na época dos profetas, sua vinda era, ainda assim, importante, da mesma forma como a aparição final de Jesus não aconteceu durante o tempo de vida das congregações para as quais os escritos do Novo Testamento se destinam, mas, ainda assim, representavam a certeza vital à luz da qual os cristãos deveriam viver.

Apropriando-se da linguagem de "revelação", o livro de Isaías começa chamando o que seguirá de uma "visão" do profeta com respeito a Judá e Jerusalém (Is 1:1). Segundo acontece com palavras como *visão* e *revelação* em português, pode ser que essa introdução ao livro use essas expressões em um sentido mais livre. Contudo, Isaías tem, de fato, visões (notadamente, Is 6). O livro de Amós também começa retratando as palavras que Amós "viu" e, posteriormente, o profeta reconta às pessoas o que "viu" — enxames de gafanhotos, fogo, um muro, uma cesta de frutos, tudo isso sinalizando o que estava por vir (Am 7:1-9; 8:1-3).

Tais visões mostram que as revelações de Yahweh podem estar mais relacionadas a algo como pesadelos do que sonhos, algo como o cancelamento do propósito positivo de Yahweh, não sua conquista. Contudo, também mostram, surpreendentemente, que a revelação de algo em uma visão não significa que o acontecimento retratado seja definitivo. As duas primeiras visões de Amós relatam como o profeta ora e como, em resposta, a visão não se cumpre. De fato, o trabalho de Amós como profeta é intervir para que as visões não sejam cumpridas. Assim, "uma visão 'falha' não é o mesmo que uma "profecia '*falsa*'".[24] Uma profecia pode falhar justamente por ter sido bem-sucedida em seu propósito.

Além do mais, visões proféticas de acontecimentos como a queda da Babilônia não fornecem imagens prévias de como se cumprirão na prática. De modo semelhante, enquanto a vinda de Jesus era o cumprimento de revelações dadas pelos Profetas, o relacionamento entre revelação e os acontecimentos associados à sua vinda não são claros e objetivos. Servos fiéis, como João Batista, têm dificuldade de reconhecer o relacionamento entre a atividade de Jesus e o tipo de rei que os Profetas anunciaram.[25]

Mais uma vez, muitas das ligações detalhadas com o Primeiro Testamento feitas pelos Evangelhos envolvem pontos de conexão notáveis entre aquilo que aparenta ser frases aleatórias nas Escrituras e os aspectos da história de Jesus que não parecem de grande importância. Na crucificação, os soldados tiram sortes para distribuir as roupas de Jesus, "para que se cumprisse a Escritura: 'Dividiram entre si as minhas roupas; pelas minhas vestes, tiraram sortes'". A forma como Jesus morreu aconteceu "para que se cumprisse a Escritura: 'Nenhum dos seus ossos será quebrado'; e, como diz a Escritura em outro lugar; 'Olharão para aquele a quem atravessaram'" (Jo 19:24,36-37). Apenas a última dessas Escrituras (Zc 12:10) é uma profecia em seu contexto — e é precisamente aquela da qual não se diz ter sido "cumprida". De qualquer maneira, porém, a palavra *cumprimento* em português, ainda que soe técnica, é enganosa. Tanto o verbo hebraico *mallēʾ* quanto o verbo grego *plēroō* são palavras comuns, cujo significado é "preencher". Além do sentido de "cumprir", é iluminador saber que ambas dão a entender o fato de a profecia poder ser preenchida, completada.

---

[24] Andrew Chester, *Future Hope and Present Reality* [Esperança futura e realidade presente] (Tubinga: Mohr, 2012), 1:134.
[25] Cf. ainda "Filho de Deus, que haveria de vir", seção 5.1.

Interpretando

O comentário sobre nenhum dos ossos de Jesus ser quebrado é o mais próximo que o Evangelho de João chega da Torá, na medida em que as palavras remetem a regulamentações da Páscoa (Êx 12:46; Nm 9:12), embora também citem Salmos 34:20. Por isso, mesmo nesse texto de João, "é difícil dar a fonte da citação".[26] De qualquer modo, ninguém, ao ler qualquer dessas passagens do Primeiro Testamento, podia esperar perceber que elas estavam falando sobre o Messias. Antes, o que acontece é que a história da morte de Jesus, a regulamentação da Páscoa e o trecho do salmo são colocados juntos e iluminam uns aos outros.

É dessa forma que os detalhes das Escrituras interpretam Jesus, tomando o Primeiro Testamento como elemento-chave para entendê-lo. A da ligação entre revelação e evento confunde nossos modos de pensar, mas abre a oportunidade de questionar se existe algum contexto maior a partir do qual podemos perceber o que Deus está fazendo, se revelação e evento são parte de uma trama mais ampla que Deus está tecendo, cuja existência emerge como buracos na cortina que envolve o mundo. Paradoxalmente, quando é difícil identificar a escritura específica aludida por uma passagem do Novo Testamento (como nos exemplos de Jo 19:36 e Mt 2:23), esses questionamentos são ainda mais fortalecidos. Nós vemos apenas as bordas da tapeçaria.

Por outro lado, enquanto é possível entender o Primeiro Testamento sem saber a respeito de Jesus (até certo ponto, as pessoas conseguiam interpretá-lo antes do nascimento de Jesus), conhecê-lo adiciona ao entendimento de seu significado e de sua importância. Enquanto João sugere aos gentios: "Vocês só entenderão Jesus plenamente se procurarem interpretá-lo pelas Escrituras", aos judeus o apóstolo sugere: "Vocês só entenderão plenamente as Escrituras se procurarem interpretá-las através de Jesus". À luz do fato de que o propósito de Deus alcançou seu auge no Ungido, é possível perceber uma nova importância e um novo propósito (em vez de um novo sentido) nas Escrituras (Rm 1:2; 4:23-24; 15:4; 1Co 9:9-10; 10:11). Frequentemente, as peças individuais de dados não dizem muito enquanto estão isoladas, mas, depois de encaixadas, formam uma imagem reconhecível.

---

[26] C. K. Barrett, *The Gospel According to St John* [O evangelho Segundo João] (Londres: SPCK, 1962), p. 464.

As Escrituras forneceram uma revelação sobre Deus e implicitamente a respeito de seu propósito em Jesus, ainda que algumas vezes essa revelação tenha sido ocultada. Pode ser que uma revelação permaneça selada (Dn 8:26; 12:4) ou precise de um intérprete para ser explicada (At 8:30-31). O autor de Isaías 53 provavelmente entendeu melhor o *significado* desse capítulo do que nós, e o mesmo pode ser verdade para as pessoas a quem ele o entregou. Mas a passagem continuou a ser um mistério para os exegetas; por isso, também é provável que tanto o autor como seus ouvintes não estivessem esclarecidos sobre o significado da profecia. Além disso, mesmo que o mediador e os receptores conhecessem seu *significado*, não quer dizer que entendessem sua *referência* e, assim, sua *relevância* para eles (compare com os comentários de 1Pe 1:10-12). Em Atos 8, o eunuco não sabe que Jesus é a personificação suprema da visão do servo retratado em Isaías 53 (nesse sentido, o eunuco não sabe a referência da passagem) e, por isso, não entende sua importância como revelação.

É estranho notar que, se uma revelação se refere a algum acontecimento futuro, apenas a ocorrência desse acontecimento pode tornar a revelação em si inteligível. Paralelos se formam entre sonho e revelação; ambos podem estar sujeitos a *pesher*, interpretação revelatória. Não devemos ser duros demais com os discípulos que, apenas após a ressurreição, "creram na escritura e na palavra de Jesus" (Jo 2:22), nem com João Batista.

Podemos estabelecer uma ideia mais ampla. Embora a revelação seja um aspecto-chave da fé cristã, não significa necessariamente que ela responderá a todas as perguntas, mesmo para aqueles que a aceitam com um ato simples de fé. O entendimento de Paulo a respeito de Jesus e do evangelho surgiu a partir de um emaranhado de situações: da aparição e da revelação de Jesus no caminho para Damasco; de um momento de intuição, quando o apóstolo percebeu como ler as Escrituras em conexão com essa revelação; das próprias Escrituras, nas quais ele então meditava; do relato de Jesus que havia sido transmitido às congregações. A aparição de Jesus a Paulo lhe deu uma dica essencial sobre a intenção de Deus no que diz respeito ao mundo gentílico, mas sua experiência foi bem-sucedida como resultado de uma longa e árdua reflexão. Assim, o processo pelo qual o apóstolo obteve revelação não foi totalmente sobrenatural, e as cartas que Paulo escreveu não resultaram de palavras ditadas por Deus.

Revelação desvendada

João Batista é aquele que foi anunciado através do profeta Isaías: "Voz do que clama no deserto: 'Preparem o caminho do Senhor'" (Mt 3:3). Alguém é tentado a dizer: "Não, não é: a profecia se referia a algo que estava acontecendo seis séculos antes de Jesus". Em que sentido a voz de João é essa voz? A profecia teria recebido apenas cumprimento parcial na época de Isaías e, agora, cumprimento pleno? O Novo Testamento, porém, emprega linguagem desse tipo em contextos nos quais a profecia original foi completamente cumprida. Em sua interpretação revisionista de Deuteronômio 30:11-14 (Rm 10:6-8), "Paulo obtém vantagem em relação ao texto ao reivindicar revelação imediata; os rabinos obtêm vantagem ao apelarem à opinião da maioria na comunidade interpretativa"[27] (os métodos eruditos modernos seguem a tradição rabínica).

Pode-se pensar que a mensagem do Primeiro Testamento sobre as ações de Deus tem um significado autoexplicativo, mas esse não é o caso. A maioria pelo menos não entende assim. Deus há muito tinha a intenção de fazer judeus e gentios compartilharem juntos sua promessa, e esse fato estava explícito o suficiente na promessa de Deus a Abraão, mas, como Jonas, muitos não o compreenderam. Ao menos em retrospectiva, Paulo é capaz de perceber como os Profetas indicam que alguém como Jesus, rejeitado e executado, seria aquele por meio de quem a intenção de Deus chegaria ao cumprimento final. Mas o apóstolo reconhece que o meio de cumprir essa intenção — e talvez a própria intenção em si — dependia de revelação (Ef 3:4-5; cf. Rm 16:25-26). Assim, a revelação desvenda como o fato de Jesus estar vivendo em meio aos gentios, bem como em meio aos judeus, na congregação, é de ambos a esperança da glória da ressurreição e a consumação dos propósitos de Deus (Cl 1:26-27): ou seja, desvenda esse *mystērion*.

> Não há qualquer evidência nas cartas de que Paulo — em contraste com outros autores antigos, como Fílon — se ocupava do texto bíblico e tentava compreender seu sentido ao aplicar procedimentos exegéticos abstraídos de determinada passagem que estava lendo. Antes, o apóstolo parece saltar — em momentos de *insight* metafórico — a apreensões

---

[27]Richard B. Hays, *Echoes of Scripture in the Letters of Paul* [Ecos da Escritura nas cartas de Paulo] (New Haven e Londres: Yale University Press, 1989), p. 4.

intuitivas dos significados do texto, sem o auxílio ou a imposição de reflexões sistemáticas sobre sua própria hermenêutica. [...] Existem restrições na interpretação bíblica de Paulo, mas elas são de ordem primariamente material (i.e., teológica), não de considerações metodológicas formais. O fundamento hermenêutico de sua leitura é a convicção de que a Lei e os Profetas testificam acerca do evangelho da justiça de Deus, agora revelado, definitivamente, na morte e na ressurreição do Messias Jesus.[28]

Por conseguinte, Paulo, em geral, não emprega um método exegético, embora muitos dos argumentos-chave que ele faz com base em uma passagem bíblica sobrevivam à aplicação do método exegético moderno. Mas métodos podem ser frios.

Entender as Escrituras pode exigir uma revelação, ainda que elas mesmas tenham uma "função revelatória. [...] A voz da Escritura, considerada autoritativa de uma forma ou de outra, continua a falar através de textos que tanto dependem como transformam textos anteriores".[29] No passado, Deus "falou" por meio dos profetas, os quais "testificaram"; além disso, porém, Jesus, no presente, "fala" palavras que se originaram em Salmos 22:22 [TM 23] e Isaías 8:17-18, e o mesmo é verdade sobre o que o Espírito Santo "diz" (Hb 1:1; 2:6; 12-13; 3:7). São palavras como essas do Primeiro Testamento que Deus fala agora — palavras vivas, ativas e penetrantes no dia de hoje (Hb 4:12).

2.3 TESTIFICADA

As Escrituras afirmam que a sabedoria escrita no mundo e na experiência humana é verdadeira, porém incompleta ou insuficiente. O ser humano pode perder facilmente seus aspectos centrais. É a história narrada na palavra de Deus que nos dá a verdadeira sabedoria e diversas dicas que, do contrário, a sabedoria humana é incapaz de apreender.

Enquanto a sabedoria que vem apenas da Escritura se expressa em declarações revelatórias do que Deus prometeu, as promessas também são incompletas sem algum nível de cumprimento. Por isso, a sabedoria que tem origem apenas na Bíblia continua na história do que Deus fez.

---

[28]Ibid., p. 160-61.
[29]Ibid., p. 7, 14.

A história aponta para "a diferença entre um gênio e um apóstolo"; apóstolos e outros narradores bíblicos contam uma história que eles mesmos não elaboraram. Como João Batista, escritores bíblicos não chamam a atenção para si.[30] Eles recordam e transmitem aspectos-chave da história de Israel, da história do Ungido e do nascimento da igreja, testificando as obras de Deus e a conquista de Jesus. No processo, escritores bíblicos a interpretam, assim como interpretam Jesus à luz do Primeiro Testamento, e o Primeiro Testamento à luz de Jesus. Seu testemunho contradiz muitos dos *insights* comuns, fato que às vezes os coloca em apuros.

Recordada e transmitida

Embora toda a verdade de Deus esteja escrita na forma como ele se relaciona com o mundo e com toda a humanidade, tal verdade se perde com facilidade; e a história de Israel e a história de Jesus lhe dão uma expressão vívida, tornando-a mais clara. Depois de começar com promessas do que Deus tenciona fazer, a história de Israel testifica a respeito de como Yahweh é fiel ao que prometeu. A vida de Jesus deixa claro que ele é a personificação de Deus. Sua morte e ressurreição expressam da forma mais vívida possível o que Deus sempre demonstrou ser: aquele que paga o preço pelo desvio da humanidade e se recusa a ser derrotado. Através de Jesus, o propósito final de Deus será cumprido. O Ungido é a garantia do seu cumprimento, uma vez que ele já se tornou factual na ressurreição. O Novo Testamento leva o processo de promessa e cumprimento ao seu auge, mas não ao seu fim. Nele, as pessoas vivem à luz das promessas de Deus.

Da mesma forma como a base da vida de Israel é a história do envolvimento de Deus com ela, a base da vida de qualquer congregação é a história do evangelho, "a mensagem da verdade do evangelho" ou "a verdadeira mensagem do evangelho" (Cl 1:5). "Fé cristã não é caracterizada por qualquer coisa que um cristão moderno acha por bem acreditar [...] mas fé relacionada a Jesus e ao Deus de Israel."[31] Ela envolve fé e

---

[30]Barth, *CD* I, 1:113. A frase citada é o título de um ensaio escrito por Søren Kierkegaard (cf. *The Present Age, and Of the Difference Between a Genius and an Apostle* [Sobre a presente era e a diferença entre gênio e apóstolo] [reimp., Nova York: Harper, 1962], p. 89-108).
[31]James Barr, *The Bible in the Modern World* [A Bíblia no mundo moderno] (Londres: SCM Press; Nova York: Harper, 1973), p. 118.

ação que correspondem ao que Jesus foi e ensinou. Envolve, portanto, lembrar. Assim, enquanto o Primeiro Testamento se preocupava com a transmissão do que Deus estava fazendo com Israel e falava com a nação, o Novo Testamento se preocupa em transmitir o que Jesus era e ensinou. Lucas começa seu Evangelho mencionando predecessores dedicados à compilação de um relato ordenado da história de Jesus, com base no que fora transmitido por "testemunhas oculares e servos da mensagem [*logos*]". É com base neles que, agora, Lucas produz sua versão (Lc 1:1-2).

Em jargão teológico, a palavra *tradição*, substantivo que denota a ideia de "transmissão", pode referir-se a métodos de pensamento e práticas que se desenvolveram depois dos tempos bíblicos, mas minha preocupação nesta seção é com seu uso para descrever o que foi transmitido e aceito no contexto das Escrituras. No Novo Testamento, "transmissão" cobre a natureza geral da fé e do estilo de vida que se interliga com essa fé; também cobre aspectos específicos das palavras e ações de Jesus. O termo ocorre com referência ao comissionamento de Jesus aos discípulos para que reproduzam a última ceia que tiveram juntos e, em termos mais gerais, em referência à sua morte pelos pecados da humanidade, à sua ressurreição e à forma como ambos os acontecimentos se relacionam com as Escrituras (1Co 11:2, 23; 15:3; Fp 4:9; Cl 2:6; 1Ts 2:13; 4:1; 2Ts 2:15; 3:6; 1Tm 6:20; 2Tm 1:14; 2Pe 2:21; Jd 3). O próprio Novo Testamento serve de repositório formal para essa transmissão. Em sua forma, o Novo Testamento corresponde à transmissão da tradição, especialmente pelo papel de destaque dos Evangelhos, escritos com o propósito de divulgar a história de Jesus e seu ensino. A inclusão das cartas também atende a esse propósito, uma vez que, através delas, a tradição apostólica é transmitida tendo em vista a resolução de problemas enfrentados pelas congregações locais.

Recordação é o outro lado da transmissão. É um exagero dizer que nenhum mandamento bíblico é tão persistente quanto a ordem para que alguém "se lembre",[32] mas a ideia não está totalmente errada. Livros como Deuteronômio e Salmos enfatizam a lembrança e ressaltam como a recordação do que se passou é essencial para a vida religiosa, espiritual e

---

[32] Elie Wiesel, *From the Kingdom of Memory* [Do reino da memória] (Nova York: Summit, 1990), p. 9; cf. Miroslav Volf, *Exclusion and Embrace* [Exclusão e aceitação] (Nashville: Abingdon, 1996), p. 235.

ética à luz do que Deus fez.³³ Paulo elogia os coríntios por se lembrarem do que ele lhes havia transmitido (1Co 11:2). A recordação se centraliza na Ceia do Senhor, e a Ceia do Senhor, na recordação.

O elogio de Paulo é qualificado. Os coríntios celebravam a Ceia do Senhor de maneira muito próxima à convenção social, com sua divisão entre ricos e pobres, enquanto, para Paulo, pão e vinho são "expressões primárias de unidade congregacional e [...] meio dessa unidade".³⁴ Parte do contexto da Ceia do Senhor é a prática da comunhão na refeição, iniciada pelo ministério de Jesus, mas os coríntios não assimilaram o que Paulo lhes "transmitiu" com respeito à forma pela qual a ceia devia ser conduzida (1Co 11:23).

Escrita e entregue

Testemunhar pode significar a proclamação de uma verdade que as pessoas não desejam ouvir, e "*martys*" (palavra grega para "testemunha") pode acabar virando "mártir". No início da história da igreja, Pedro, cujo nome passaria a ser bem conhecido, tinha um papel a desempenhar; o apóstolo apascentaria o rebanho e pagaria o preço final por fazê-lo. Também havia um papel a ser desempenhado por aquele cujo nome não estava nos lábios de todo mundo, mas que, a despeito disso, era um bom amigo de Jesus: "o discípulo a quem Jesus amava" (Jo 21). Enquanto um seria mártir, o outro seria apenas *martys*, em posição de manter vivo o seu testemunho pelo que Jesus havia feito, possivelmente até o seu retorno.

A tarefa de apascentar o rebanho pode ser passada para a próxima geração, de modo que Pedro é dispensável. Já o dever de dar testemunho em primeira mão não pode ser transmitido no mesmo sentido, ainda que tal amigo de Jesus pudesse registrar o seu testemunho — conforme de fato o fez. Entretanto, o Evangelho de João, talvez o último das Escrituras a ser escrito, realmente contém uma reflexão mais notória sobre o significado e a importância de Jesus do que os três primeiros Evangelhos. Não

---

³³Cf. John Goldingay, *Do We Need the New Testament?* [Precisamos do Novo Testamento?] (Downers Grove: InterVarsity Press, 2015), p. 119-37.
³⁴Cf. James D. G. Dunn, *The Theology of Paul the Apostle* [A teologia do apóstolo Paulo] (Grand Rapids e Cambridge: Eerdmans, 1998), p. 609-20, seguindo Gerd Theissen, *The Social Setting of Pauline Christianity* [Contexto social do cristianismo paulino] (Filadélfia: Fortress, 1982); cf. p. 165-66; citação de 616.

há, necessariamente, ligação entre tempo, profundidade e reflexão, porém permanecer vivo possibilitou ao amigo de Jesus não apenas dar seu testemunho em primeira mão, como também escrevê-lo de modo mais reflexivo. A igreja é edificada sobre Pedro; mas também é edificada sobre João.

Jesus e João falam muito de testemunho.[35] "Falamos do que conhecemos e testificamos do que vimos", declara Jesus. "O que ele tem visto e ouvido, é sobre isso que ele testifica... Aquele que Deus enviou fala as palavras de Deus, visto que ele não dá o seu Espírito por medida." Deus deu palavras a Jesus; ele as transmitiu (Jo 3:11,32,34; 17:8). O próprio Jesus fala de modo autorreferencial: ele é tanto o mensageiro como a mensagem; fala de vida eterna e, ao mesmo tempo, é aquele por meio de quem a vida eterna chega às pessoas (Jo 3:15-16). O mundo é caracterizado pelo engano; Jesus fala a verdade (e.g., Jo 5:33; 8:32,40,44-46). Seus feitos testificam a seu respeito; o Pai testifica a seu respeito; a Escritura testifica a seu respeito (Jo 5:36-39).

Não se trata de testemunhos separados. "A forma do Pai não é vista, mas pode ser discernida nas obras de Jesus; sua voz não é ouvida, mas é ecoada nas Escrituras" e continuada na obra do Espírito Santo através dos discípulos, companheiros de Jesus desde o início (Jo 15:26-27; cf. Lc 1:2; At 1:21-22).[36] Os discípulos são santificados pela verdade (ou na verdade) e dedicados ao serviço da palavra (a mensagem), que é a verdade (Jo 17:17). O fato de Jesus compartilhar essa informação com eles é uma indicação de proximidade. Os discípulos são seus amigos, não escravos, ignorantes do que o seu senhor faz (Jo 15:15). Por isso, estão na mesma posição que Abraão, chamado de amigo de Deus (Is 41:8; 2Cr 20:7; Tg 2:23), ou de Moisés, chamado de servo de Deus, mas com quem Deus conversava face a face, do modo como alguém conversa com um amigo (Êx 33:11).

Discípulos são testemunhas (At 1:8), e os Evangelhos são o repositório do testemunho deles (cf. Jo 21:24). Eles viram e ouviram coisas

---

[35]Sobre o tema de testemunho em João, cf. Andrew T. Lincoln, *Truth on Trial* [Verdade sob julgamento] (Peabody: Hendrickson, 2000); cf. ainda Richard Bauckham, *The Testimony of the Beloved Disciple* [O testemunho do discípulo amado] (Grand Rapids: Baker, 2007).
[36]John Ashton, *Understanding the Fourth Gospel* [Entendendo o quarto evangelho] (Oxford e Nova York: Oxford University Press, 1991), p. 525-27 (expresso diferente na 2ª ed., 2007, p. 501-3).

que podiam registrar. Apenas um testemunho assim dá acesso aos fatos àqueles que não viram, nem escutaram, o que se passou; consequentemente, o testemunho é um meio vital de acesso à verdade. O que sabe transmite a informação ao que não sabe. Lucas escreve seu Evangelho para que o leitor tenha certeza das coisas que lhe foram transmitidas verbalmente (Lc 1:1-4). As ações de Jesus são essenciais à resposta de fé nele. Todavia, "àqueles que recebem a mensagem dos discípulos de Jesus, assim como aos leitores do Evangelho [de João], *as obras foram transformadas em palavras*".[37]

Interpretada

Jesus é aquele sobre quem se testifica, mas, com sua morte, não é mais possível a ninguém testemunhar seus sinais. Contudo, ver por si mesmo nunca foi uma rota necessária, nem suficiente, a uma resposta adequada em relação a Jesus. Muitos dos que viram não creram. Tomé creu com base no que viu; contudo, há uma bênção especial sobre aqueles que não viram, mas, mesmo assim, creram. É para os que não viram que João escreve seu Evangelho, para que saibam das coisas que Jesus fez na presença dos discípulos e creiam que ele é o Ungido, o Filho de Deus, e, assim, tenham vida por meio dele (Jo 20:29-31). Além disso, enquanto a revelação de Deus foi incorporada em Jesus (Jo 1:1-18), também foi expressa em sua palavra, à qual as pessoas ainda podem ter acesso. "Meu ensino não é meu, mas daquele que me enviou. Se alguém decide fazer a vontade de Deus, descobrirá se o meu ensino vem de Deus ou se falo por mim mesmo" (Jo 7:16-17). O Evangelho preserva o ensino.

A escrita do testemunho dos discípulos seguiu o precedente estabelecido pelas Escrituras do Primeiro Testamento. No mar Vermelho, Moisés e Miriã conduziram os israelitas em uma proclamação do que Yahweh havia feito, mas a proclamação não podia se perder no ar. Tinha de se tornar uma história contada por Israel e, finalmente, registrada por escrito. A primeira vantagem do testemunho escrito atrelada ao povo judeu é que Deus lhe confiou sua *logia* (Rm 3:1-2; cf. At 7:38). Enquanto *logia* dá a entender dizeres, instruções ou oráculos, podemos expandir

---

[37] Ibid., 522 (2ª ed., p. 498).

a ideia e observar a importância do povo judeu, em posição de narrar essa história.

O que nos é transmitido, então, é um relato de algumas coisas que aconteceram. Todavia, o relato incorpora interpretação. Marcos enfatiza a chegada do governo de Deus em Jesus. Mateus faz de sua narrativa "Jesus: Ato 2" em relação ao "Primeiro Testamento: Ato 1", relatando como Jesus interpreta a Torá. Lucas faz o mesmo, mas, em seu registro, Jesus é o primeiro ato, e a igreja, o segundo.[38] João indica como o Espírito Santo interpreta Jesus na vida da igreja. Samuel—Reis é uma interpretação da história da monarquia, importante para Judá, à luz da queda de Jerusalém. Crônicas é outra interpretação da história, relevante para Judá no período persa.

Na verdade, não existe algo do tipo "história não interpretada". Não é pela coletânea de fatos, mas pela interpretação de acontecimentos que conseguimos gerar uma história. Como testemunho, os Evangelhos oferecem tanto fatos quanto interpretação em sua combinação inevitável. Eles não oferecem uma "imposição arbitrária" de significado teológico acerca de "fatos objetivos", mas "a forma como a testemunha apreendeu a história, em uma convergência de acontecimentos observáveis e significados perceptíveis".[39]

O testemunho e a interpretação dos próprios discípulos tiveram como fundamento as Escrituras judaicas. Fosse ou não Jesus inteligível sem elas, na verdade foram essas Escrituras que o tornaram inteligível. Além disso, a pregação de Pedro, no Pentecoste (At 2), dependeu substancialmente do Primeiro Testamento. O evangelho de Deus foi algo por ele anunciado de antemão por meio da profecia nas "Escrituras Sagradas" (Rm 1:2), através das quais Jesus é compreendido. Antecipadamente, os escritos proféticos anunciaram como o Ungido seria. As Escrituras o anteviram e o preanunciaram (Gl 3:8). Assim, elas mesmas testificaram de Jesus; Moisés "escreveu a meu respeito" (Jo 5:40, 46; cf. Lc 24:27).

---

[38]Embora talvez a conexão entre Lucas e Atos seja menos acolhedora do que essa descrição implica: cf. Andrew F. Gregory and C. Kavin Rowe, eds., *Rethinking the Unity and Reception of Luke and Acts* [Repensando a unidade e a recepção de Lucas e Atos] (Columbia: University of South Carolina Press, 2010).
[39]Richard Bauckham, *Jesus and the Eyewitnesses* [Jesus e as testemunhas oculares] (Grand Rapids: Eerdmans, 2006), p. 5.

Mesmo assim, reparamos que não existe sequer uma única citação inequívoca da Torá no Evangelho de João. Logo, como esse testemunho antecipatório funciona? João começa declarando que a mensagem sobre Jesus remonta ao início do que Moisés escreveu (segundo a tradição) no capítulo 1 de Gênesis. O apóstolo descreve Jesus como a personificação da graça e da verdade, retratadas por Moisés. Ele registra a descrição de Jesus, feita por João Batista, como o cordeiro de Deus; compara a narrativa de Moisés ao levantar a serpente de bronze no deserto com o levantar de Jesus na cruz. Em seguida, registra como Jesus alimentou milagrosamente uma multidão de modo não apenas a remeter, mas também superar os eventos em que Moisés alimentou o povo apenas como agente (Jo 6). Formando um paralelo com um material bíblico fora da Torá, João descreve Jesus como o verdadeiro pastor e a videira verdadeira.

As Escrituras e a história

As Escrituras do Primeiro Testamento dão testemunho de Jesus ao formar parte do recurso material à luz do qual as pessoas podem entendê-lo. Mateus começa seu Evangelho com um relato da ancestralidade de Jesus, marcado por referências a Abraão, Davi e ao exílio, convidando o leitor a refletir sobre o fato de que a história do Ungido continua o testemunho à ação de Deus aparente na história de Abraão e Davi — e mesmo na história da deportação para a Babilônia.

Juntamente, então, com os feitos e as palavras de Jesus e as coisas que lhe sucedem, essas Escrituras são fundamentais para a forma como o cristão passa a entendê-lo, bem como significados para a maneira como defendem seu reconhecimento por outros judeus e o jeito como lidam com aparentes objeções à ideia de que ele possa ser o Ungido. Quando as coisas que acontecem não fazem sentido, olhar para elas à luz das Escrituras pode parecer que se tornam inteligíveis. É problemática, por exemplo, a ideia de todos os bebês de Belém morrerem como consequência do nascimento de Jesus na cidade; entretanto, estabelecer a tragédia no contexto das palavras de Jeremias sobre a Raquel que chora por seus filhos acaba por torná-la um pouco mais tolerável (Mt 2:16-18). De fato, as passagens bíblicas desempenham papel essencial em cada uma das cinco vinhetas que formam, em Mateus, a história do nascimento de Jesus, mas também ajudam a tornar inteligível como Jesus nasceu de uma virgem e personificou a presença de Deus, como nasceu em Belém, e não em Jerusalém, como foi parar no Egito e, em seguida, passou a viver em Nazaré, uma região afastada (Mt 1:18—2:23).

"Tudo o que foi escrito de antemão foi escrito para nos ensinar, de modo que, por meio da perseverança e do encorajamento procedentes das Escrituras, mantenhamos a nossa esperança" (Rm 15:4). É comum que a Bíblia retrate o povo de Deus tendo de suportar experiências indesejadas; a vida de Jesus serve de ilustração máxima. Isso, porém, contribui para o cumprimento do propósito de Deus em trazer salvação ao mundo. Desse modo, as Escrituras nos inspiram a perseverar e esperar.

A vocação da igreja é dar testemunho, é ser testemunha fiel. Essa tem sido descrita como nossa primeira responsabilidade, depois de guardar a observância do dia de descanso, como nossa vocação central como cristãos.[40] A igreja é uma entidade impotente; testemunhar é a única coisa que os impotentes podem fazer (cf. Jo 9:25). Mas que tarefa importante ela é! "O ministério e, portanto, o testemunho da comunidade são, em todas as formas e circunstâncias, essencialmente (1) a declaração do evangelho [...] (2) a exposição e a explicação do evangelho [...] (3) a pregação do evangelho, i.e., sua proclamação em forma de aplicação."[41] E, "nesse testemunho impotente, o poder da verdade em vencer a mentira passa a ter vida própria".[42]

No entanto, não é de surpreender quando, para a congregação como um todo e para o indivíduo, ser *martys* leva ao martírio. À primeira vista, a ideia de que o sofrimento de um judeu é de fundamental importância para a humanidade soa como uma expressão de estupidez e afronta, não de *insight* e sabedoria (1Co 1:23; Gl 1:18). Mas a pregação dessa mensagem é o meio pelo qual o Espírito penetra o coração das pessoas e abre seus olhos para verem que o que pensavam ser tolice é, na verdade, sabedoria (1Co 2:6-16). A palavra de Deus (isto é, a mensagem do evangelho) é a *espada* do Espírito (Ef 6:17). O evangelho é o poder de Deus

---

[40]Barth, *CD* III, 4:73; IV, 3:554-614.
[41]Barth, *CD* IV, 3:844, 846, 850.
[42]Bauckham, *The Theology of the Book of Revelation* [A teologia do livro de Apocalipse], p. 163.

para a salvação (Rm 1:16). Ele compartilha o poder comumente atrelado às palavras de Deus (e.g., Gn 1:3, 6; Sl 147:15; Is 40:8; 55:10-11; Jr 23:29).[43]

Contraintuitiva, mas poderosa

Quando Deus fala, sua mensagem é deveras vívida, ativa e aguda; ela penetra e expõe (Hb 4:12-13). Ela tem esse poder quando é uma mensagem falada dentro das Escrituras, mas também quando aborda a congregação contemporânea, como pode ser o caso no contexto da declaração de Hebreus (cf. Hb 3:7—4:10) sobre o poder de penetração da palavra de Deus,[44] ou quando se trata da mensagem do evangelho (Hb 13:7) ou ainda da palavra que cria o mundo (Hb 11:3 [trecho que traz *rhema* em vez de *logos*]. Jesus também "sustenta todas as coisas [na criação] pela sua palavra poderosa" (Hb 1:3; mais uma vez, *rhema*). Sua palavra é seu meio de ação. É ao falar que Jesus resgata e condena: "As palavras que eu lhes disse são espírito e vida". A palavra do Ungido (sua mensagem) tem o poder de limpar os discípulos (Jo 6:63, NVI; 15:3).[45]

Notícias são capazes de exercer um poder extraordinário. A proclamação de emancipação por Abraham Lincoln, em 1863, não surtiu efeito algum no Texas até ter sido anunciada publicamente ali, dois anos depois; após, porém, sua proclamação, a notícia revolucionou a vida dos escravos. Eis o porquê de a celebração do "Dia da Emancipação" acontecer em 19 de julho, data correspondente à chegada do anúncio. Notícias sobre um judeu executado não soariam impressionantes ou revolucionárias, de modo que alguém, ao proclamar sua importância, passaria por estúpido. Na verdade, porém, Paulo sabe que a mensagem é de importância vital e transformadora e, por isso, "não se envergonha" dela [cf. Rm 1:16]. Sua declaração pode representar uma figura de linguagem como lítotes: na realidade, o apóstolo tem pleno orgulho da mensagem.

Em Jesus, encontram-se todos os tesouros da sabedoria e do conhecimento. É importante que as pessoas não recebam, de forma acrítica,

---

[43]Cf. C. E. B. Cranfield, *A Critical and Exegetical Commentary on the Epistle to the Romans* [Comentário crítico e exegético da carta aos Romanos] (Edimburgo: T&T Clark, 1975), p. 88.
[44]Cf. comentários sobre essa passagem na seção intitulada "Interpretada".
[45]Cf. Rudolf Bultmann, *Theology of the New Testament* [Teologia do Novo Testamento] (reimp., Waco: Baylor University Press, 2007), 2:60-61.

a sabedoria humana. O fato de a humanidade ter-se afastado de Deus significa que a sabedoria humana pode ser vazia e enganosa, baseada em "tradições" transmitidas pelo ser humano carnal, e não algo que reflete a sabedoria personificada em Jesus (Cl 2:3,8). Por meio desse Ungido, em quem toda a plenitude de Deus habita, somos preenchidos (Cl 2:10); não precisamos de nada mais, nem de qualquer outro ensino. Mas a mensagem acerca da qual a Escritura testifica vai contra aquilo a que estamos naturalmente inclinados, visto pertencermos a uma humanidade que voltou as costas para Deus. Receber, então, o testemunho bíblico para combater os resultados desse desvio significa receber um tipo de sabedoria que o mundo, em geral, não possui. Destarte, o mundo é caracterizado pela tolice.

Até mesmo a congregação pode pensar facilmente que a sabedoria está no que é realmente tolice mundana. Devemos nos tornar tolos a fim de abraçarmos a verdadeira sabedoria (1Co 3:18-23; cf. Jó 5:13; Sl 94:11). "Toda sabedoria intelectual do homem deve ser submetida à tolice da cruz."[46] Deus virou o mundo de cabeça para baixo. "Fraqueza é força; tolice é sabedoria; pessoas sem honra ou posição derrubam aquelas com honra, sabedoria e poder." Partes vergonhosas do corpo recebem mais honra do que as partes honrosas. Paulo, o último, torna-se o primeiro.[47] O modo como Paulo fala a respeito de Deus envolve um exercício constante de "troca de código".[48]

Quando alguém que crê ter a verdade está em posição de poder, sua crença pode encorajar divisão, exclusão, perseguição e violência. Aqueles que acreditam que Jesus é a verdade devem, portanto, continuar se lembrando de que apoiar a mensagem pelas armas do poder faz com que sua postura seja desconstruída. Seu testemunho fala a respeito de como Deus venceu o poder não ao exercê-lo, mas ao se sujeitar. Paulo foi a Corinto em fraqueza, mas também com poder e eficácia (1Co 2:1-5),

---

[46]T. F. Torrance, resumindo o ensino de Calvino em *Calvin's Doctrine of Man* [Doutrina de Calvino acerca do homem], nova ed. (Grand Rapids: Eerdmans, 1957), p. 169.

[47]Jerome H. Neyrey, *Render to God* [Dai a Deus] (Mineápolis: Fortress, 2004), p. 187-88.

[48]Pheme Perkins, "God's Power in Human Weakness" [Poder de Deus na fraqueza humana], em A. Andrew Das e Frank J. Matera, eds., *The Forgotten God* [O Deus esquecido], Paul J. Achtemeier Festschrift (Louisville e Londres: Westminster John Knox, 2002), p. 145-62 (na p. 147).

em parte porque Deus agiu poderosamente em sua pregação (cf. Rm 15:18-19): "Paulo nunca pensou que o miraculoso *não* acompanharia a proclamação do evangelho".[49] Mas foram os atos de poder de Deus que fizeram a diferença.

2.4 IMPERATIVA

A sabedoria de Deus também encontra expressão em asserções sobre como ele espera que vivamos. Expectativas de Deus cobrem as obrigações da comunidade e do indivíduo; interligam ética, adoração e espiritualidade; e unificam diretrizes que se relacionam a uma variedade de contextos históricos, geográficos e sociais. O cumprimento dessas expectativas não é a forma como as pessoas adentram pela primeira vez a esfera da graça e da aliança de Deus. "Ética não pode reivindicar primazia na teologia."[50] Cumprir com essas expectativas, porém, é algo intrínseco a viver nessa esfera.

Recebida e contextualizada, porém preocupante

Os primeiros imperativos de Deus aparecem nas histórias da criação e do Éden. Implicitamente, eles dependem apenas da autoridade de Deus. O ser humano não é parceiro de Deus ou seu companheiro de trabalho, nem é seu escravo ou robô. A humanidade é serva de Deus, e servos seguem as ordens de seu mestre.

Enquanto nos inclinamos a objetar a qualquer um que nos diz o que devemos fazer e a questionar o que nos é dito, o Primeiro Testamento é entusiástico acerca dos mandamentos de Deus. Ele se deleita nos mandamentos, ama-os e sente-se consolado pelas ordenanças divinas (e.g., Sl 119:16,40,48). Somos privilegiados de tê-los. A submissão demonstrada por Jesus ao Pai expressa a atitude sugerida pelo Primeiro Testamento, ainda que, na prática, Israel não estivesse tão pronto a obedecer à ordem divina. O mesmo se dá com a igreja.

---

[49]Gordon D. Fee, *God's Empowering Presence* [Presença empoderadora de Deus] (Peabody: Hendrickson, 1994), p. 7.
[50]Oliver O'Donovan, *Finding and Seeking* [Procurando e encontrando] (Grand Rapids e Cambridge: Eerdmans, 2014), p. 6.

"A graça de Deus em Jesus Cristo não é apenas o fundamento, mas também o conteúdo, a forma decisiva da reivindicação que nos é dirigida no mandamento divino",[51] e o Primeiro Testamento pressupõe uma convicção equivalente. Ele presume que o mandamento de Deus realmente exprime sabedoria e oferece o segredo para uma vida que implementa o propósito de Deus, alcança satisfação pessoal e encontra bênção. Pessoas como Adão e Eva, que ignoram o mandamento de Deus, são simplesmente estúpidas. Mandamentos fundamentais, como adorar apenas a Yahweh, não fazer imagens, não atrelar o nome de Yahweh a projetos aos quais não pertence e guardar o sábado, são expressões deleitosas de sabedoria. Um resumo das expectativas do Primeiro Testamento, tais como a dupla ordenança de amor a Deus e ao próximo, é, de maneira semelhante, uma expressão de sabedoria.

O deleite do Primeiro Testamento em *muitos* mandamentos indica o reconhecimento de que precisamos de mais do que apenas duas, ou dez, das ordenanças fundamentais. Precisamos da sabedoria que especifica suas implicações, e é por isso que ambos os Testamentos expõem as ordenanças de Deus para nós de maneiras que reconhecem a necessidade de fazê-lo em diferentes contextos. O Novo Testamento, por exemplo, explicita mandamentos em conexão com a diversidade geográfica das comunidades dos fiéis. O que deve ser dito aos coríntios difere do que deve ser explicado aos tessalonicenses. Já o Primeiro Testamento expõe os mandamentos em reconhecimento à diversidade histórica de Israel. Imperativos em Êxodo 21—23, Levítico e Deuteronômio refletem contextos histórico-sociais diferentes. A sabedoria imperativa de Deus é tanto eterna como pontual, tanto universal como contextual. É divina e também humana, trabalhada com o auxílio do Espírito Santo por pessoas como Paulo e pensadores anônimos, cuja reflexão jaz por trás dos imperativos da Torá.

Gênesis não descreve o relacionamento entre Deus e a humanidade como pactual, ainda que, em um sentido mais amplo, possamos dizer que a aliança da graça existe desde a criação. Ela denota a comunhão que existia originalmente entre Deus e a humanidade, rompida, mas, em Jesus, restabelecida.[52] Esse relacionamento é ainda menos

---

[51]Barth, *CD* II, 2:632.
[52]Barth, *CD* III, 1:44; IV, 1:22.

baseado em obra humana do que em graça, conforme sugerido pela frase "aliança de obras".[53] O contexto em que o Primeiro Testamento usa a palavra "aliança" dá a entender um comprometimento gracioso da parte de Deus, que intervém apenas quando as coisas dão errado.

Por isso, a primeira aliança é o mandamento de Deus a Noé, e não atrela imperativos. Em Gênesis 1—11, temos tanto imperativo quanto aliança, mas um não tem relação com a outra. A situação muda um pouco em Gênesis 12—50, quando Deus, mais uma vez, promulga imperativos e faz comprometimentos pactuais, mas não correlaciona ambos de modo integral. No Sinai, Deus dá um passo na direção de inter-relacionar expectativas com sua ação concernente a Israel (cf. Êx 19:3-8; 24:1-12), e Moisés, nas fronteiras de Moabe, expõe as implicações dessa inter-relação (cf. Deuteronômio). Agora que Yahweh cumpriu de fato sua promessa de libertar Israel da escravidão, está em posição de estabelecer o que espera de seu povo.

Lei e legalismo

Se a posse da Torá é um privilégio, por que "todo o Novo Testamento parece obcecado com sua relação ansiosa para com a Lei e os Profetas"?[54] Para que serve a Torá?

"À medida que vamos transitando em Romanos, a função mais óbvia da lei é definir e medir o pecado e a transgressão."[55] Nem judeus nem gregos podem concertar-se com Deus com base em fazer a coisa certa. Ninguém pode concertar-se com Deus por meio das obras prescritas pela Torá, visto que, por ela, apenas nos tornamos conscientes de nossas falhas (Rm 3:20; cf. 4:15). Essa função de expor o desvio corresponde a um dos papéis da instrução da Torá no Primeiro Testamento; na história das reformas de Josias, descobrir o que a Torá diz leva pessoas sábias a entrarem em pânico.

A Torá como um todo é a história dos primeiros estágios no relacionamento entre Yahweh e Israel. Trata-se de uma história, embora contenha imperativos. Contudo, a palavra *tôrâ* em si comumente se refere à instrução dada no Sinai (e, subsequentemente, em Números e

---

[53]Confissão de Fé de Westminster, 7:2.
[54]Harold Bloom, *Jesus and Yahweh* [Jesus e Yahweh] (Nova York: Riverhead, 2005), p. 36.
[55]Dunn, *The Theology of Paul the Apostle* [A teologia do apóstolo Paulo], p. 133-34.

Deuteronômio), instrução dominada pela declaração de exigências divinas que devem ser mantidas, e não transgredidas, com sanções atreladas à transgressão.[56] Desse modo, a palavra *tôrâ* é traduzida para o grego por *nomos*, para o latim por *lex* e para o português por "lei". Essas traduções são sistematicamente errôneas. Embora Deuteronômio seja o livro cuja exposição das expectativas divinas é mais sistemática, razão pela qual está cheio de mandamentos, chamar Deuteronômio de "lei" é, ainda assim, errado. Embora a equação Torá = obrigação esteja fundamentada em Deuteronômio, não é o caso de "a equação *Torá* = lei estar firmemente enraizada no livro de Deuteronômio em si".[57]

O cristão geralmente presume que, no período do Segundo Templo, a fé judaica foi caracterizada por legalismo ou nomismo; que tal legalismo era o tipo de religião contra o qual Paulo se opunha; e que tal religião estava em relação de continuidade com a fé do Primeiro Testamento.[58] Discussões de questões levantadas por essas suposições são complicadas, visto que o "legalismo" pode ser entendido de diversas formas.[59] O "nomismo" normalmente corresponde a um desses significados, ou seja, a ideia de que alguém pode relacionar-se corretamente com Deus, com base nas coisas que faz, e não na graça de Deus.

Não restam dúvidas de que havia judeus que mantinham essa visão nomista, assim como existem cristãos que a mantêm hoje; no entanto, a posição judaica padrão é que Deus escolheu o povo de Israel por sua graça e que o povo deveria então responder à iniciativa divina com a obediência detalhada à Torá. Segundo esse ponto de vista, "nomismo pactual é a perspectiva de que o lugar de alguém é estabelecido no plano

---

[56]Cf. Stephen Westerholm, *Israel's Law and the Church's Faith* [A lei de Israel e a fé da igreja] (Grand Rapids: Eerdmans, 1988), p. 106-9, 136-40.

[57]Contra a posição de James D. G. Dunn, *The Partings of the Ways* [Desavenças] (Londres: SCM Press; Filadélfia: Trinity Press International, 1991), p. 24.

[58]Cf., e.g., Martin Noth, "The Laws in the Pentateuch: Their Assumptions and Meaning" [As leis e o Pentateuco: pressuposições e o seu significado], em *The Laws in the Pentateuch and Other Studies* [As leis no pentateuco e outros estudos] (Edimburgo: Oliver and Boyd, 1966; Filadélfia: Fortress, 1967), p. 104-5; Rudolf Bultmann, *Primitive Christianity in Its Contemporary Setting* [Cristianismo primitivo em seu contexto contemporâneo] (Londres e Nova York: Thames e Hudson, 1956), p. 59-71.

[59]Cf. Bernard S. Jackson, "Legalism" [Legalismo], *Journal of Jewish Studies* 30 (1979): p. 1-22; Kent Yinger, "Defining Legalism" [Definindo Legalismo], *Andrews University Seminary Studies* 46 (2008): 91-108.

de Deus com base na aliança, a qual exige, como resposta adequada da humanidade, sua obediência aos mandamentos, provendo, ao mesmo tempo, o meio de expiação da transgressão. [...] *Obediência mantém a posição de alguém na aliança, mas não obtém a graça de Deus*".[60] Não consiste em "como entrar", mas em "como permanecer".[61]

Reconheço que essa análise é mais teórica do que prática, e no bom sentido. Se fosse exigida obediência para que Israel mantivesse sua posição na aliança, ela teria sido anulada muito antes do exílio, e certamente bem antes de Jesus. Obediência é a resposta adequada do povo de Deus, mas, na ausência dela, Yahweh não é levado a abandonar Israel. Felizmente, o mesmo é verdade com respeito à igreja.

Torá e aliança

Ademais, a distinção entre "permanecer" e "entrar" é mais difícil de sustentar do que parece. Se obediência é vital a fim de que alguém experimente vida, esse fato pode não ser muito diferente da ideia de que a aceitação por Deus é condicional à obediência.[62] Ambas as ideias estão presentes no judaísmo, e ambas se encaixam no "padrão de religião"[63] de Paulo. O apóstolo afirma que Deus escolhe quem escutará e receberá a mensagem do evangelho e que as pessoas decidem crer e se comprometer; Paulo parece não ter sentido necessidade de harmonizar as duas declarações.[64] "Na questão do relacionamento entre justificação (inicial) e juízo final, entre fé e obediência [...] *o ensino do NT tem o mesmo inter-relacionamento, ou pelo menos um inter-relacionamento semelhante*" como o encontrado no Primeiro Testamento ou em boa parte do judaísmo.[65]

---

[60]E. P. Sanders, *Paul and Palestinian Judaism* [Paulo e o judaísmo palestino] (Londres: SCM Press; Filadélfia: Fortress, 1977), p. 75, 420; expandido na p. 422.

[61]Cf. E. P. Sanders, *Paul, the Law, and the Jewish People* [Paulo, a lei e o povo judeu] (Londres: SCM Press; Filadélfia: Fortress, 1983), p. 6.

[62]Cf. James D. G. Dunn, "In Search of Common Ground" [Em busca de um denominador comum], em Dunn, ed., *Paul and the Mosaic Law* [Paulo e a lei mosaica] (Tubinga: Mohr, 1996), p. 309-34 (em p. 312).

[63]James D. G. Dunn, "Epilogue" [Epílogo], em Reimund Bieringer e Didier Pollefeyt, eds., *Paul and Judaism* [Paulo e judaísmo] (Londres e Nova York: T&T Clark, 2012), p. 208-20 (em p. 215).

[64]Sanders, *Paul and Palestinian Judaism* [Paulo e o judaísmo palestino], p. 446-47.

[65]James Dunn, *The New Perspective on Paul* [A nova perspectiva sobre Paulo] (Tubinga: Mohr, 2005), p. 67.

A questão do significado da Torá surge de outro modo no Primeiro Testamento se for questionado o relacionamento entre Abraão e Moisés, ou entre o Sinai (fundamentado nas expectativas de Yahweh) e Sião (fundamentado no comprometimento gracioso de Yahweh).[66] Se é ou não adequado falar da aliança Sinai-Moabe *como condicional* à obediência de Israel, o fato é que a aliança em questão *requer* obediência israelita. O comprometimento entre duas partes precisa ser mútuo para ser real. De modo semelhante, "para Jesus, o perdão não pode ser conquistado... mas o nosso arrependimento é a única resposta adequada ao perdão de Deus".[67] Embora o perdão seja imerecido e incondicional, Jesus indica que ele é condicional: se você não perdoar outras pessoas, Deus não o perdoará (Mt 6:14-15). Jesus parece dar a entender que a graça é imerecida, mas condicional.[68] Talvez a linguagem de condicionalidade seja enganosa, mas, apropriada ou não, Jesus reafirma a estrutura do relacionamento de Yahweh com Israel.

Não é o caso de que no Primeiro Testamento "a ideia de 'misericórdia' e 'graça' divina se apoie em fundamentos legalistas", de modo que "a Lei [...] diz a palavra final e definitiva, na visão do Antigo Testamento, do relacionamento entre o homem e Deus", em contraste com "a ideia de que a redenção no Novo Testamento constitui, de fato, uma verdadeira revolução; pois declara que o soberano Amor Divino [...] rompe a ordem pautada em justiça e mérito".[69] O contraste entre a velha dispensação e a nova não é um contraste entre lei e evangelho.[70] Falar sobre graça "não produz em si contraste entre 'graça' e 'Lei' porque, para o judeu, a Lei era uma *charis*, uma revelação graciosa de Deus".[71] Assim, "a Lei está

---

[66]Cf. Gerhard von Rad, *Old Testament Theology* [Teologia do Antigo Testamento] (Edimburgo: Oliver and Boyd; Nova York: Harper, 1962), 1:339.
[67]L. Gregory Jones, *Embodying Forgiveness* [Incorporando o perdão] (Grand Rapids: Eerdmans, 1995), p. 121.
[68]Cf. John Piper, *Future Grace* [Graça futura] (Sisters: Multnomah, 1995), p. 11.
[69]Contra a posição de Gustaf Aulém, *Christus Victor* (Londres: SPCK, 1931), p. 95-96. Ironicamente, o entendimento equivocado de Aulén surge de sua leitura do Primeiro Testamento através das lentes de tradições cristãs posteriores, prática à qual ele resiste em sua leitura do Novo Testamento.
[70]Cf., e.g., Daniel P. Fuller, "Progressive Dispensationalism and the Law/Gospel Contrast" [Dispensacionalismo progressivo e o contraste entre lei e evangelho], em *Biblical Theology* [Teologia bíblica], ed. Scott J. Hafemann (Downers Grove: InterVarsity Press; Leicester,: InterVarsity Press, 2002), p. 237-49.
[71]Edward Schillebeeckx, *Christ* [Cristo] (Nova York: Crossroad; Londres: SCM Press, 1980), p. 122.

completamente encerrada no evangelho; ela não é uma segunda coisa que está além ou ao lado do evangelho; nem se trata de um elemento estranho que precede o evangelho ou apenas o segue. A Lei é a reivindicação que nos é dirigida pelo próprio vangelho e, como tal, o evangelho, à medida que tem a forma de uma afirmação que nos é dirigida, é o evangelho que realmente não podemos ouvir, exceto quando obedecemos a ele".[72] Por isso, "somente aquele que crê obedece, e somente obedece aquele que crê".[73] E, se não existisse lei no sentido de mandamentos relacionados ao comportamento, a própria graça seria descaracterizada.

Graça e condições

Nesse sentido, a "teologia da aliança caracteriza não apenas o pensamento judaico nesse período, mas também toda a visão paulina de mundo". O apóstolo e a Torá unificam o que Deus fez e o que devemos fazer. Jesus e os profetas mantêm juntos, como um todo integral, o que Deus está prestes a fazer e o que devemos fazer. "A mensagem escatológica de Jesus e sua mensagem ética formam uma unidade"; ele é "tanto o profeta que proclama a erupção do reino de Deus quanto o rabi que expõe a Lei divina".[74]

Como o Sermão do Monte, então, a Torá nunca foi designada como meio para entrar em um relacionamento com Deus. Antes, ela foi designada para modelar a atitude das pessoas às quais a vida já havia sido concedida. Enquanto o conteúdo da Torá originou-se de uma gama ampla de contextos históricos e sociais, a ligação do material de Êxodo e Levítico com o Sinai declara que tudo isso elabora as implicações do êxodo e da aliança estabelecida no Sinai. Em contrapartida, posicionar Deuteronômio na outra extremidade do período no qual a geração do êxodo morreu afirma a legitimidade e a necessidade de adaptar a revelação original a contextos posteriores.[75]

---

[72]Barth, *CD* II, 2:557.
[73]Dietrich Bonhoeffer, *Discipleship* [Discipulado] (reimp., Mineápolis: Fortress, 2003), p. 63. Boa parte da oração está em itálico.
[74]Bultmann, *Theology of the New Testament* [Teologia do Novo Testamento], 1:19; Bultmann registra a primeira citação em itálico.
[75]Brevard S. Childs, *Old Testament Theology in a Canonical Context* [Teologia do Antigo Testamento em um contexto canônico] (Londres: SCM Press, 1985; Filadélfia: Fortress, 1986), p. 54-56.

Na medida em que a Torá é uma declaração verdadeira das expectativas de Deus com relação às pessoas, não é de surpreender que ela corresponda a *insights* de atitudes e comportamentos cujo reconhecimento é compartilhado por outros povos, seja no Oriente Médio, na Grécia ou em sociedades tradicionais, em outras localidades. Deus fez a humanidade à imagem divina e a envolveu numa consciência de que é preciso amar o próximo, administrar justiça e evitar a cobiça. Isso não significa que todos os povos em toda parte tenham aceitado tais princípios, mesmo que em tese; demonstra apenas que, em sociedades além de Israel, pouca coisa na Torá surpreenderia os pensadores éticos.

A relação entre os Profetas e a Torá sugere um pressuposto semelhante. Os Profetas proclamam o que Deus espera das pessoas a quem eles se dirigem, embora o façam de modo menos específico que a Torá. De fato, seu foco se dirige mais ao que as pessoas não deveriam estar fazendo. Com frequência, eles falam de modo a se apropriar da linguagem da Torá ou referindo-se diretamente à lei (e.g., Am 2:4), a fim de lembrar as pessoas de suas falhas. Para eles, todavia, essa é uma prática incomum. Os profetas também pensam ser óbvio aquilo que Deus espera do ser humano, de forma que, para eles, as pessoas mal precisam da Torá como indicador do que é certo.

O pressuposto do Novo Testamento não é que as interações de Deus com seu povo fossem anteriormente baseadas na lei e agora já não são mais, embora sejamos arrastados facilmente a essa ideia, mas que é mais difícil para nós cometermos esse erro depois da vinda de Jesus, principalmente por expor uma forma mais eficaz pela qual os interesses da Torá podem ser incorporados na vida das pessoas:

> Pela Torá, eu morri em relação à Torá, a fim de viver para Deus. Fui crucificado com o Ungido. Já não sou eu quem vive; o Ungido vive em mim. A vida que agora vivo na carne, vivo pela fé no Filho de Deus, que me amou e se entregou por mim. Não rejeito a graça de Deus. Pois, se a justiça vem pela Torá, então o Ungido morreu inutilmente. (Gl 2:19-21).

2.5 INSPIRADORA

Há ainda mais uma forma da sabedoria de Deus que é mais surpreendente. As Escrituras incorporam exemplos do modo como as pessoas são convidadas a louvar a Deus e orar, especialmente nos Salmos. Em grande medida, esse convite não assume a forma de mais imperativos, ou seja, de ordens de louvor e oração, mas de conteúdo ilustrativo, cobrindo o que Deus gostaria que lhe fosse dito em oração e louvor. Esse aspecto da sabedoria divina tem como desígnio ensinar e inspirar pessoas a orar e louvar.

Instrutiva

Embora esse material bíblico seja inspirador, também envolve imperativos:

> Encham-se do Espírito, falando entre si com salmos, hinos e cânticos espirituais, cantando e louvando em seu ser interior ao Senhor, dando graças continuamente a Deus Pai por todas as coisas, em nome de nosso Senhor Jesus, o Ungido. Sujeitem-se uns aos outros, por sua reverência ao Ungido... Orem em todas as ocasiões no Espírito, com toda oração e súplica; tendo isso em mente, estejam atentos e continuem a orar por todos os santos. Orem também por mim, para que uma mensagem me seja dada ao abrir da minha boca e eu torne conhecido com intrepidez o mistério do evangelho, pelo qual sou embaixador acorrentado. (Ef 5:18-21; 6:18-20).

Enquanto, sem dúvida, expressões de adoração instadas por essa exortação incluem cânticos inspirados pelo Espírito em referência a Jesus, como os hinos incorporados no Novo Testamento (e.g., Lc 1:46-55, 68-79; 2:29-32), os "salmos" aos quais a passagem se refere certamente incluem aqueles registrados no Saltério. Se o livro de Salmos era o lugar no qual judeus e cristãos costumavam aprender a orar,[76] esse papel se encaixa em seu objetivo. Talvez os salmos individuais (ou a maioria deles) tenham surgido como expressão de louvor e oração, compostos com o objetivo de exprimir o que as pessoas queriam dizer a Deus em contextos específicos. Contudo, sua inclusão no Saltério lhes confere um novo significado. A composição do Saltério em cinco livros, como a Torá, dá a entender que sua intenção é ensinar o povo de Deus a adorar e orar.

---

[76] Segundo Eugene Peterson, *Working the Angles* [Trabalhando os ângulos] (Grand Rapids: Eerdmans, 1987; reimp., 1993), p. 50.

Em algumas versões bíblicas em português, a estrutura de cinco livros do Saltério é explícita em subtítulos atrelados a Salmos 1; 42; 73; 90; 107. Embora não façam parte do texto hebraico original, o texto realmente traz codas ao final de Salmos 41; 72; 89; 106, as quais estabelecem a mesma ideia por meio de bênçãos e "améns" distintivos. Dividindo em cinco livros instrutivos e formando um paralelo com a própria Torá, o Saltério é "a resposta quíntupla da congregação à palavra de Deus nos cinco livros de Moisés".[77] Para cada palavra que Deus nos fala, há uma palavra-resposta de nossa parte. Não que, por exemplo, Salmos 1 corresponda a Gênesis 1; Salmos 2; Gênesis 2 etc. O diálogo entre Deus e seu povo não é pré-programado dessa maneira. Antes, o Saltério nos apresenta um diálogo vívido e nos mostra como participar dele.[78]

Além do mais, o Saltério começa com uma declaração concernente à bem-aventurança da pessoa que se dedica à Torá de Yahweh. Inicialmente, poderíamos pensar que essa declaração se refere à Torá de Moisés, mas a estrutura de cinco livros do Saltério abre a possibilidade de que o próprio Saltério, nesse contexto, seja designado como Torá de Yahweh. O Saltério é, então, o ensino de Yahweh sobre louvor e oração, composto por 150 exemplos de coisas que você pode dizer a Deus.

Qualquer que seja o entendimento correto de Salmos 1, a implicação da estrutura do Saltério e de sua presença nas Escrituras é que ele é designado para ensinar as pessoas a adorar e orar — ou antes, mostrar a elas como fazê-lo, tendo em vista que o faz em forma de exemplos, e não de exposição de princípios e regras. Talvez o formato sugira algo a respeito de adoração e oração: o fato de que ambas são apropriadas, não ensinadas. É através de ver e ouvir as pessoas adorando e orando que aprendemos como adorar e orar.

Destarte, as Escrituras pressupõem que adoração e oração não são atividades que nos ocorrem com naturalidade — ou antes, que a forma natural com que adoramos e oramos pode não ser a forma apreciada por Deus. Uma comparação com as orações babilônicas e egípcias sugere como isso se aplica em certo sentido; se é que é justo contrastar salmos

---

[77]Christoph F. Barth, *Introduction to the Psalms* [Introdução a Salmos] (Nova York: Scribner's; Oxford: Blackwell, 1966), p. 4; cf. Peterson, *Working the Angles* [Trabalhando os ângulos], p. 54.

[78]Peterson, *Working the Angles* [Trabalhando os ângulos], p. 56.

do Primeiro Testamento com salmos egípcios, que só oferecem louvor em termos gerais, e não em relação a qualquer feito atribuído à deidade, ou com os salmos babilônicos, que só oferecem louvor como condução da oração, e não para o objetivo da oração em si.[79] Certamente, adoração e oração no livro de Salmos afirmam resolutamente a deidade exclusiva de Yahweh e que apenas ele deve ser adorado e servido, contrastando, assim, com a suposição de que existem muitos deuses que devem ser adorados e cuja ajuda podemos buscar.

Convidativa

Após constratar o louvor e a oração dos Salmos com a adoração de outros povos do Oriente Médio, podemos estabelecer o mesmo contraste com práticas de oração e louvor da igreja ocidental. No Ocidente Moderno, as práticas devocionais geralmente partem da ideia de que a importância da oração jaz em seu papel transformador, de modo que muitas orações se resumem a uma autorresolução ("Senhor, ajuda-nos a ser mais amorosos, comprometidos, acolhedores... concede-nos grande amor nos pequenos feitos... ajuda-nos a servir aos interesses do reino"). Nesse contexto, a sabedoria do livro de Salmos diz respeito à realidade de Deus e de seu envolvimento no mundo.

Para um livro chamado *təhillîm* ("louvores"), o Saltério começa de maneira estranha, não apenas na declaração sobre atentar ao ensino de Yahweh (Sl 1), mas também nas declarações subsequentes em relação ao decreto de Yahweh acerca de seu ungido (Sl 2). Esse decreto é estranho por corresponder a uma declaração, e não a um ato de louvor ou oração, e por encontrar pouco cumprimento na época do Primeiro Testamento. Por isso, leva, de forma estranha, mas pertinente, aos protestos que seguem, começando com Salmos 3. "Pede-me", convida Yahweh, "e eu farei das nações a sua possessão" (Sl 2:8). Os salmos subsequentes partem desse convite.

Salmos de protesto desse tipo dominam o Saltério; trata-se de outra razão para questionarmos o título *təhillîm*. Através do Saltério, salmos

---

[79] Segundo Claus Westermann, *The Praise of God in the Psalms* [O louvor a Deus nos Salmos] (Richmond: John Knox, 1965; Londres: Epworth, 1966); *Praise and Lament in the Psalms* [Louvor e lamento nos Salmos] (Atlanta: John Knox; Edimburgo: T&T Clark, 1981), p. 36-51.

afirmando o compromisso de Yahweh com o rei de Israel se repetem de tempos em tempos, porém estão entrelaçados com salmos de protesto, instando Yahweh para que cumpra seus compromissos. Sua presença no livro de Yahweh representa um convite para que oremos da mesma forma, bem como uma segurança de que sairemos impunes ao fazê-lo.

Os Salmos, portanto, oferecem uma visão inspiradora do compromisso de Deus com Israel — uma visão que inspira a adoração e a oração. De fato, o livro se conecta com as quatro formas de sabedoria que consideramos neste capítulo. Os Salmos respondem ao mundo que Deus criou e no qual continua a concentrar sua atividade. Eles se apropriam das declarações de intenção de Yahweh e clamam a Deus para que as cumpra. O livro também menciona a história das ações de Deus, regozija-se nelas e insta Yahweh para que continue a agir. Além disso, o Saltério recapitula a exposição das expectativas de Yahweh estabelecidas na Torá e reconhece que é impossível adorar e orar sem ser o povo que vive por essa Torá.

Variedade é uma característica dos salmos de protesto que Deus aprova. Entretanto, os salmos contêm elementos recorrentes. O mais comum e proeminente é o protesto em si, cuja descrição se concentra na tribulação que acomete as pessoas que oram, mas a repetição também incorpora algum tipo de súplica para que Deus escute e aja; normalmente, há alguma declaração de confiança ou voto de compromisso. Contudo, tão explícita quanto a recorrência de tais elementos é a variedade com que são expressos, bem como a variedade de sua aparição. Embora a sabedoria de Deus ofereça ensino sobre oração e exija que as pessoas orem ao único Deus, no âmbito de sua estrutura sapiencial ela convida a orar segundo a necessidade de sua situação particular. Sabedoria e inspiração não envolvem uma fórmula, um único modelo, mas uma coletânea de ilustrações.

Comunidade e indivíduo têm a responsabilidade e a liberdade de escolher o salmo que deve ser orado em determinada circunstância. Pode-se ver essa liberdade sendo exercida nas narrativas do livro de Crônicas, em que a comunidade aceita o convite. A oração de pessoas como Ana, Jeremias, Esdras, Neemias, Daniel, Maria e Zacarias implicam a suposição de que o livro de Salmos é composto de exemplos para guiar pessoas na formulação das próprias orações, bem como orações que elas possam seguir ao pé da letra.

Mais uma característica surpreendente sobre louvor e oração nos Salmos é sua falta de foco nas falhas daqueles que oram. Em um comentário do livro de Salmos, Cassiodoro, escritor romano do século VI, identificou um grupo de sete "salmos penitenciais" (Sl 6; 32; 38; 51; 102; 130; 143),[80] mas apenas um ou dois deles são, de fato, penitenciais. Há mais penitência em orações encontradas fora do Saltério, como em Esdras 9; Neemias 9; e Lamentações. O Saltério dá maior ênfase à necessidade de as pessoas poderem reivindicar compromisso com Deus e viver corretamente, se quiserem vir adorar ou orar. Sua ênfase está em consonância com as declarações dos Profetas, no sentido de que Yahweh não está interessado na adoração e oração de pessoas que não estão compromissadas. Deste modo, as Escrituras encorajam o adorador a não se inibir por uma "teologia autodepreciativa" em sua prática devocional, ao mesmo tempo que levam a sério a questão do comprometimento com uma vida de fidelidade a Deus e ao próximo.

Doxológica

Na introdução deste volume, notamos que o Primeiro Testamento faz teologia por meio de louvor e oração, e o Saltério é o principal repositório dessa "teologização". A doxologia do livro de Salmos tem diversos focos: reitera Yahweh como aquele que é caracterizado por graça e misericórdia; narra as ações de Yahweh como criador e como libertador de seu povo indefeso; relata os atos divinos na vida comunitária de Israel e na vida individual do israelita. Os Salmos de protesto partem do princípio de que, se Deus agiu de determinada maneira no passado, pode fazer o mesmo hoje, de modo que sua doxologia desafia Deus a ser Deus. Os Salmos de ação de graças regozijam-se no fato de que Deus agiu mais uma vez com fidelidade, proferindo expressões doxológicas em prol da glória dele e como meio de encorajar outros a se juntarem ao louvor, para, assim, confiarem em Deus ao recorrerem a ele.

Os salmos de louvor que não fazem qualquer referência à minha necessidade são a forma mais pura de doxologia — uma doxologia

---

[80]Cf. sua *Explanation of the Psalms* [Explicação dos Salmos], 3 vols. (reimp. Nova York: Paulist, 1990, 1990, 1991). Não está claro se Cassiodoro foi o primeiro a designá-los dessa maneira.

celestial. Tais salmos não estão vinculados à minha necessidade, seja ela atual ou aquela que fora satisfeita por Deus. Eles não me mencionam, mas concentram-se apenas em Deus. Desse modo, eles exercem um paralelo com o sacrifício abundante do templo.

É comum ao cristão pensar que a importância do sacrifício está centrada em sua necessidade de encontrar perdão. Enquanto esse é um dos focos mais importantes do Novo Testamento no que diz respeito a sacrifícios, o Novo Testamento lhe atribui outros aspectos importantes e, no Primero Testamento, a ligação entre sacrifício e pecado é um tema de menor ênfase. A importância primária do sacrifício reside no fato de envolver uma expressão concreta e custosa de louvor; certamente, o sacrifício mais puro é aquele que envolve dar algo para Deus por nenhuma outra razão além de Deus ser Deus.

Enquanto o Saltério começa com ensino e é dominado por protesto, ele termina com esse tipo de louvor. O princípio implícito na atitude de louvor dos Salmos é explícito no *Mishná*, que começa com um corpo de ensinamentos sobre bênçãos (ou seja, louvores), dentre os quais está a provisão de formas de louvor para qualquer um que deseja algo impressionante como uma estrela cadente, um terremoto ou um relâmpago, mas também em conexão com coisas relacionadas ao dia a dia e até mesmo em conexão com acontecimentos ruins.[81] Tudo criado por Deus deve ser recebido com ação de graças, visto ser santificado pela palavra de Deus e pela oração (1Tm 4:4-5).

Com exceção do Apocalipse e de algumas das cartas de Paulo, o Saltério é o tratado teológico mais denso das Escrituras. O próprio Paulo se entrega à doxologia depois de se envolver em exposição teológica profunda (notadamente em Rm 11:33-36; 16:25-27) e Apocalipse o faz como forma de expor teologia (e.g., Ap 4—5), enquanto Efésios e 1Pedro começam glorificando a majestade de Deus. Doxologia é uma (talvez "a") forma natural de fazer teologia. "Oração meditativa em Deus — em caminho, obra, propósito e fidelidade" é "a tarefa a que chamamos vagamente de 'teologia'".[82] Como podemos escrever detalhadamente sobre a pessoa

---

[81] *Mishná Berakoth* 9; cf. N. T. Wright, *Paul and the Faithfulness of God* [Paulo e a fidelidade de Deus] (Londres: SPCK; Mineápolis: Fortress, 2013), p. 411.
[82] Wright, *Paul and the Faithfulness of God* [Paulo e a fidelidade de Deus], p. 403. A primeira citação está em itálico.

do grande Deus e permanecer apáticos, em vez de nos deixar envolver e atrair pela adoração?

Na verdade, há muito o estudo bíblico e teológico tem feito isso. Para Agostinho, em contrapartida, sua autobiografia assumiu naturalmente a forma de doxologia. *Confissões* significa relatar como Deus tem-se envolvido na minha vida. Reconhecer minha tendência errática em vez de pensar que posso fazer algo para Deus desencoraja o orgulho e encoraja a doxologia. O modelo de espiritualidade e reflexão de Agostinho é semelhante ao de Salmos, em que a fala sobre necessidades pessoais é intercalada com pensamentos da grandeza e do amor de Deus. Para Lutero e Calvino, pensamento e adoração, estudo bíblico e comprometimento com Deus, tudo isso se interliga de modo intuitivo, e não calculado. No contexto do Iluminismo, mente e espírito passaram a operar como esferas separadas, e mantê-los juntos continua a ser um ato da vontade, e não um instinto natural.

2.6 DIVERSIFICADA

Poderíamos pensar que as Escrituras oferecem respostas diretas e inequívocas, ganhando imediatamente o parecer favorável do leitor. Esse, porém, não é o caso — em parte, porque a maioria das perguntas sérias é complexa, misteriosa e não receptiva a respostas diretas. A fé bíblica não envolve ter respostas a todas as perguntas, mas indícios centrais que nos permitem viver com questionamentos e confiar em Deus quanto às perguntas para as quais não temos as respostas. Além disso, a Bíblia normalmente é indelicada, áspera e agressiva. Ela é culturalmente enraizada, mas também fala além de seu contexto.

Multifacetada

Jesus conclama as pessoas a escolherem entre um caminho que leva à destruição e outro que leva à vida, a escolherem entre dois senhores (Mt 6:24; 7:13-14). Ele segue o ensino de Provérbios, cujo apelo é que as pessoas escolham entre dois estilos de vida mutuamente excludentes (e.g., Pv 4:14; 15:19). Deuteronômio coloca diante de Israel vida e morte, bênção e maldição. O Evangelho de João vê as coisas em preto e branco: luz em oposição a trevas, o mundo inferior em oposição ao mundo superior, fé em oposição à incredulidade. Você está dentro ou fora. Apocalipse termina com a ênfase de que sua profecia deve ser levada a sério, sem que alguém adicione ou exclua qualquer coisa (Ap 22:18-19).

Em outras passagens, porém, Jesus e os autores bíblicos deixam claro que a situação é mais complicada do que uma declaração incisiva pode sugerir. As Escrituras levam à desconstrução de sua própria antítese. Em Josué, uma mulher cananeia como Raabe está dentro ou fora? E um israelita como Acã? No Evangelho de João, Nicodemos está dentro ou fora? E Pedro? E quanto a Judas? Judeus são bons ou maus, estão dentro ou fora? Jesus é o único caminho para Deus (Jo 14:6), porém a mente-mensagem ilumina a todos (Jo 1:9). Jesus não ora pelo mundo (Jo 17:9), mas foi o amor pelo mundo que levou Deus a enviá-lo (Jo 3:16).[83] Passagens bíblicas que veem coisas em termos de preto e branco, dentro e fora, expressam algo importante em contextos culturais que não estão inclinados a perceber as coisas de determinada maneira, e algo importante para pessoas que não estão inclinadas a vê-las de tal maneira. Já os textos bíblicos que veem menos coisas em termos de preto e branco, dentro e fora, também manifestam algo importante, complementando e sendo complementados por essa outra categoria de passagens bíblicas, exprimindo aspectos essenciais da verdade a pessoas de mentalidade oposta.

Da mesma forma como a sabedoria de Deus se expressa nas Escrituras de diversas maneiras, também seu conteúdo é multicolorido. Jesus é servo, rei e sacerdote; senhor, mártir e redentor; mestre, pastor e "Filho do homem". O Novo Testamento precisa dessas imagens variadas porque o papel de Jesus é complexo e rico demais para ser comunicado por apenas uma ou duas imagens. Morrer voluntariamente foi um sacrifício para purificar as pessoas; uma batalha que roubou do inimigo seu poder; um preço que ele pagou para a libertação da escravidão; uma oferta para aplacar a transgressão. O Novo Testamento indica que é adequado batizar pessoas que confessam Jesus como Senhor, mas também crianças, desde que pertençam a uma família que partilhe da aliança. Declara que

---

[83]Cf. Miroslav Volf, "Johannine Dualism and Contemporary Pluralism" [Dualismo joanino e pluralismo contemporâneo], em Richard Bauckham e Carl Mosser, eds., *The Gospel of John and Christian Theology* [O evangelho de João e a teologia cristã] (Grand Rapids e Cambridge: Eerdmans, 2008), p. 19-50 (em p. 21); Volf, *Captive to the Word of God* [Cativo à palavra de Deus] (Grand Rapids e Cambridge: Eerdmans, 2010), p. 94.

passamos a ser contados entre os fiéis simplesmente com base em nossa confiança em Jesus, e não no que fazemos, e que passamos a ser contados entre os fiéis com base no que fazemos, e não apenas em nossa confiança em Jesus; e dá suporte a ambas as declarações ao adicionar: "Você só precisa olhar o exemplo de Abraão" (Rm 4; Tg 2).

No Primeiro Testamento, há uma diferença entre Provérbios de um lado e, do outro, Jó e Eclesiastes.[84] As duas metades do livro de Daniel assumem posições diferentes em uma série de questões-chave: a primeira metade retrata Deus envolvido com seu povo na dispersão, ativo no mundo, implementando seu reino, engajado em acontecimentos políticos e permitindo aos seus servos que sejam ativos na política; na segunda metade, porém, o foco está em Jerusalém e Deus é retratado como inativo no mundo, não implementando seu reino nem engajado em acontecimentos políticos, enquanto o papel dos seus servos é ajudar seu povo a entender o que está acontecendo e permanecer fiel.[85] Alguns escritos do Primeiro Testamento enfatizam a oferta de adoração custosa a Deus e põem menos ênfase na necessidade de cuidado pelo pobre; outros, porém, invertem essa ênfase. Às vezes, obras diferentes assumem posturas diversificadas por causa da situação contrastante das pessoas às quais se dirigem, testificando, forçosamente, à sua ideia particular.

Com o passar do tempo, "o cânon presume unidade doutrinária, mas não um sistema normativo de dogmática. Isso quer dizer que *essa unidade é apenas relativa*. [...] O cânon reflete uma multiplicidade de concepções da fé cristã".[86] Também reflete a complexidade da própria verdade, de modo que não dá a entender uma unidade doutrinária simples. Dá ensejo a muitas perspectivas, mas também estabelece limites. A inclusão de muitos dentre outros "apocalipses" e "evangelhos" que conhecemos alteraria a natureza do cânon.

Grosseira

As Escrituras podem ser ásperas. Embora a mensagem de Deus possa ter sabor agradável (Ez 3:1-3), é amarga no estômago (Ap 10:9-11).

---

[84]Cf. trecho encabeçado "Sabedoria escrita na forma como a vida funciona", seção 2.1.
[85]Cf. John Goldingay, *Daniel* [Daniel] (Dallas: Word, 1989), p. 329-34.
[86]Bultmann, *Theology of the New Testament* [Teologia do Novo Testamento], 2:141.

Na maioria das vezes, a Escritura sequer tem um sabor aprazível. Os profetas são rudes ao falar de seu povo, dos líderes, das mulheres e de outras nações. Jesus chama os líderes de Israel de "serpentes" e "víboras" (Mt 23:33), um de seus discípulos de "Diabo" (Jo 6:10) e outro de "Satanás" (Mc 8:33). Os Evangelhos testificam de Satanás entrando em Judas (Lc 22:3; Jo 13:27), e Pedro fala de Satanás enchendo o coração de Ananias (At 5:3). O texto de 1João 3:10 diz que quem não faz o que é certo ou não ama seu irmão é filho do Diabo. Paulo descreve seus compatriotas judeus acumulando pecados até o limite (1Ts 2:16) e acusa Elimas de filho do Diabo (At 13:10).

Apocalipse fala de um grupo de homens "que se dizem judeus, mas não são", descrevendo-os como membros da "sinagoga de Satanás" (Ap 2:9; 3:9, NVI). João retrata Jesus chamando os judeus de "filhos do Diabo" (Jo 8:31-59).[87] Embora tal linguagem parecesse normal para João e para as igrejas que o aceitaram (embora não aceitassem muitos outros evangelhos) e parecesse normal também para incontáveis gerações de seguidores de Jesus, tornou-se um problema no Ocidente nas últimas décadas, sendo considerada antijudaica ou antissemita.

A rotulação de judeus como "filhos do Diabo" foi usada para justificar atitudes nazistas, mas o fato é que as Escrituras têm sido usadas para justificar todo tipo de atitude — escravidão e abolição, democracia e autocracia, genocídio e pacifismo.[88] Existem muitas formas possíveis de "desculpar" os escritores do Novo Testamento de seu antijudaísmo. Eles mesmos são escritores judeus, e sua obra reflete um conflito em meio ao judaísmo, não uma divergência em que judaísmo e cristianismo são tidos por duas religiões separadas. No Evangelho de João, Jesus e os discípulos estão entre "os judeus" e são muitas vezes descritos dessa forma. Os judeus a quem

---

[87]Sobre o antijudaísmo em João, cf., e.g., ensaios em Bauckham e Mosser, *Gospel of John and Christian Theology* [O Evangelho de João e a teologia cristã], p. 143-208; R. Bieringer *et al.*, eds., *Anti-Judaism and the Fourth Gospel* [Antijudaísmo e o quarto evangelho] (Assen: Van Gorcum, 2001); Luke T. Johnson, "The New Testament's Anti-Jewish Slander and the Conventions of Ancient Polemic" [Acusação antijudaica do Novo Testamento e convenções polêmicas antigas], *JBL* 108 (1989): p. 419-41; Adele Reinhartz, "The Gospel of John" [O Evangelho de João], em Paula Fredriksen e Adele Reinhartz, eds., *Jesus, Judaism, and Christian Anti-Judaism* [Jesus, judaísmo e antissemitismo] (Louisville: Westminster John Knox, 2002), p. 99-116.
[88]Cf. exemplos em Bieringer *et al.*, *Anti-Judaism and the Fourth Gospel* [Antijudaísmo e o quarto evangelho], p. 16.

Jesus e os Evangelhos demonstram hostilidade são os líderes judaicos da época, pessoas que tentam matar Jesus, não os judeus em geral.

Nesse sentido, os escritores do Novo Testamento podem ser descritos como antijudaicos, mas não como anti-Israel;[89] além disso, polêmicas envolvendo Paulo, Atos, Mateus e João são partes de uma disputa, no contexto do judaísmo, sobre quem conta como Israel. Envolvem rivalidade fraternal, crítica profética e franqueza.[90] Também podemos comparar a posição anti-Efraim de Oseias com a atitude anti-Judá de Jeremias, especialmente em seu contexto de batalha a respeito do que significa realmente ser Israel — isto é, se fazer parte de Israel envolve adoração somente a Yahweh. De fato, dependendo da ocasião, as Escrituras são contrárias a uma série de povos: cananeus, filisteus, assírios, babilônicos, edomitas, moabitas, romanos...

O antijudaísmo de João pode refletir um contexto após a queda de Jerusalém, quando boa parte do judaísmo precisou repensar sua própria natureza e fez isso ao se redefinir de modo mais acentuado. Na prática, o judaísmo rabínico se estabeleceu como o único judaísmo válido, e esse judaísmo dominante negou aos judeus que criam em Jesus o direito de se verem como parte da comunidade judaica.[91] A descrição de João das interações de Jesus com seus compatriotas judeus reflete a interação entre a congregação do apóstolo e os judeus da época. Embora, em tese, essa perspectiva possa estar certa, já que cada Evangelho conta a história de modo a interagir com seu contexto, é perigoso fazer dela uma ideia privilegiada como chave para a interpretação do evangelho,[92] pois abre possibilidades no que diz respeito à identificação dos judeus em João, mas é impossível saber qual delas é a correta.

Confrontadora

A rudeza e a aspereza de Deus e das Escrituras chamam a atenção para a natureza cultural-relativa de algumas das pressuposições que temos

---

[89]Dunn, *The Partings of the Ways* [Desavenças], p. 145.
[90]Ibid., p. 161.
[91]Cf. James D. G. Dunn, "Let John Be John" [Deixe João ser João], em Dunn, *The Christ and the Spirit* [Cristo e o Espírito] (Edimburgo: T&T Clark; Grand Rapids: Eerdmans, 1998), 1:345-75 (em p. 370-72).
[92]Reinhartz, "The Gospel of John" [O Evangelho de João], p. 114-15.

com respeito ao tipo de pessoa que Deus deve ser e o tipo de fala que ele aprova. A Escritura parte do pressuposto de que devemos ser diretos, mas não violentos, e, nesse ponto, assemelha-se a outros escritos dos tempos bíblicos. Documentos de Qumran, por exemplo, referem-se a outros grupos como que compostos por homens do abismo, do pecado ou de Belial. "O linguajar duro do NT é típico daquele encontrado entre reivindicantes rivais de uma tradição filosófica; também é encontrado tão amplamente entre judeus quanto entre helenistas. [...] A maneira como o NT fala sobre os judeus se assemelha à forma como cada oponente falava um do outro naquela época".[93]

Que responsabilidade o Novo Testamento carrega pela forma como seu linguajar foi exposto e usado de forma antijudaica e antissemita? A pergunta também surge em relação ao uso das Escrituras para justificar guerra, escravidão e opressão da mulher. Por que Deus não inspirou livros que nunca poderiam ser usados dessa maneira? Talvez sua capacidade de descaracterização fosse o preço a ser pago para a sua eficácia no contexto original. Talvez a pergunta subestime nossa capacidade humana de perverter qualquer coisa inspirada por Deus. Podemos questionar o porquê de Deus não haver incluído nas Escrituras uma declaração explícita, tal como "não batize bebês", ou uma ordenança como "faça qualquer coisa, mas não batize bebês". Mas, se Deus tivesse feito isso, estou certo de que teríamos encontrado uma maneira de reinterpretar tal instrução.

Parte da discussão contemporânea simplesmente pressupõe que o antijudaísmo é errado e, por isso, entra em conflito com a mensagem bíblica do amor, defendendo, assim, a falibilidade da Escritura.[94] Em pontos como esse, a Bíblia "deixa a desejar com respeito a valores éticos centrais".[95]

Há uma série de pressuposições sobre esse tema. Elas incluem: a convicção de que o amor é a mensagem central das Escrituras; que alguém que ama também está impedido de odiar; que a avaliação moderna do que

---

[93]Johnson, "The New Testament's Anti-Jewish Slander and the Conventions of Ancient Polemic" [Acusação antijudaica do Novo Testamento e convenções polêmicas antigas], p. 429. O autor prossegue, dando evidência para essas declarações.
[94]E.g., Roger Burggraeve and Marc Vervenne, eds., *Swords into Plowshares* [Espadas em podadeiras] (Louvain: Peeters; Grand Rapids: Eerdmans, 1991).
[95]Bieringer *et al.*, *Anti-Judaism and the Fourth Gospel* [Antijudaísmo e o quarto Evangelho], p. ix.

é correto tem prioridade sobre a avaliação bíblica do que é correto; que um escritor como João é exclusivista; que a igreja erroneamente substitui Israel como povo de Deus; e que o antijudaísmo de João carrega parte da responsabilidade pelo antissemitismo.

E se invertermos esses pressupostos com base na hipótese de que os "valores éticos centrais" do nosso mundo contemporâneo são falíveis? Nesse caso, a pergunta passa a ser: De que maneira o antijudaísmo do Novo Testamento nos dá algo sobre o qual ponderar e desafia nossos valores? Pessoas modernas estão inclinadas a desejar que Jesus tivesse sido "o único homem moderno a ter vivido no mundo antigo" e alguém que não compartilhava de valores e suposições antigas, impopulares no mundo ocidental.[96] As Escrituras confrontam nosso ponto de vista ocidental — inclusive nosso relativismo e o politicamente correto. Elas declaram que Deus tem, de fato, uma forma de alcançar a salvação do mundo, mas que todos são convidados a trilhar o caminho estabelecido por ele. Se devemos relacionar antissemitismo às Escrituras, talvez ele emane da "incompreensão perversa da teologia cristã no que diz respeito à visão de Paulo sobre reconciliação escatológica, uma visão que busca... aceitar judeus e gentios da mesma forma no âmbito da misericórdia insondável de Deus".[97]

Se em João a atitude em relação aos judeus é de "dor e... frustração",[98] surgindo da forma como as pessoas que criam em Jesus foram perseguidas e finalmente expulsas pelas autoridades da sinagoga, então o Evangelho de João está se comportando de forma análoga aos Salmos em relação aos agressores. Como os salmistas, a comunidade de João não é um grupo ávido por perseguir opositores, nem pessoas poderosas incitando alvoroço, mas um povo indefeso que clama. Embora trate-se de um exagero alegar que falta uma "ética pelos inimigos"[99] nas Escrituras, pelo menos Salmos e João realmente acreditam que castigo e perdão são problema de Deus, e não nosso.

---

[96]E. P. Sanders, "Jesus, Anti-Judaism, and Modern Christianity" [Jesus, antijudaísmo e cristianismo moderno], em Fredricksen e Reinhartz, *Jesus, Judaism, and Christian Anti Judaism* [Jesus, judaísmo e antijudaísmo cristão], p. 31-55 (em p. 34).

[97]Hays, *Echoes of Scripture in the Letters of Paul* [Ecos da Escritura nas cartas de Paulo], p. x.

[98]Ashton, *Understanding the Fourth Gospel* [Entendendo o quarto evangelho], p. 293 (2ª ed., p. 196).

[99]Cf. Donald W. Shriver, *An Ethic for Enemies* [Uma ética para inimigos] (Nova York: Oxford University Press, 1995).

Transcendente ao tempo

A Escritura reflete um corpo e um processo de interpretação por meio dos quais a importância da fala de Deus é continuamente discernida para novos contextos. Esse processo acontece, por exemplo, em Êxodo, Levítico e Deuteronômio; em Reis e Crônicas; no livro de Isaías; no Primeiro e no Novo Testamento; nos Evangelhos e nas cartas. Isso indica que a fala de Deus é tanto enraizada no tempo quanto transcendente ao tempo (o termo *atemporal* é menos iluminador).

O processo pelo qual compreendemos a fala de Deus também é enraizado no tempo e transcendente ao tempo. Tanto a força do meu entendimento quanto sua limitação residem no fato de ele refletir quem eu sou em meu contexto particular. O entendimento também pode ser transcendente ao tempo. Através das Escrituras, Deus nos permite ver coisas que, de outra forma, não perceberíamos, coisas que não correspondem necessariamente ao significado inerente da Bíblia, mas que podemos ver apenas através dela. Devemos a nós mesmos e a Deus procurar discernir o que outras pessoas conseguiram ver nas Escrituras em virtude do contexto no qual viveram, e o que Deus permitiu que outras pessoas vissem por meio das mesmas Escrituras.

A Escritura "deve ser lida... sob a direção do Espírito, como testemunha do evangelho". Desse modo, ela deve tornar-se "uma metáfora, um vasto tropo cujo significado ilumina o evangelho de Jesus Cristo". O significado "não corresponde tanto a uma relíquia escavada de um texto antigo, mas à faísca que surge de uma pá acertando uma rocha. Consequentemente, para Paulo, a intenção original não é a preocupação principal". Todavia, ao ler as Escrituras primariamente como narrativa e promessa, e não como um conjunto de regras, "Paulo dificilmente pode ser acusado de impor sua própria concepção sobre a tradição mais antiga". "Não podemos mais pensar em significado como algo contido em um texto; textos têm significado apenas enquanto são lidos e usados por comunidades de leitores".[100] Colocando nos termos de Paulo ao relembrar Timóteo de seu relacionamento com as Escrituras do Primeiro Testamento (2Tm 3:14-17), essas Escrituras, cuja origem remonta aos

---

[100] Hays, *Echoes of Scripture in the Letters of Paul* [Ecos da Escritura nas cartas de Paulo], p. 149, 155-56, 157.

dias anteriores ao tempo de Jesus, exerceram uma capacidade extraordinária de instruir o apóstolo sobre sua fé em Jesus que lhe trouxera salvação, fruto de terem sido "inspiradas" por Deus.

Podemos sobre-enfatizar, subestimar ou simplificar demais a capacidade comunicativa das Escrituras, independentemente de seu contexto original. Existe uma diferença entre o que Paulo faz com Êxodo 34 em 2Coríntios 3; o que faz com Gênesis 12 em Gálatas 3; e o que faz com Gênesis 15 em Romanos 4. Em cada uma das cartas, sua pá acerta a rocha e produz faíscas. Colocando de modo mais teológico, cada trecho interpretativo é inspirado pelo Espírito. Em cada caso, ele se move do presente para o texto. Mas, com 2Coríntios 3, dificilmente ele acertaria a rocha mais uma vez e produziria a mesma faísca; o experimento é irrepetível. Seu *insight* é imaginativo. Em Gálatas 3, Paulo parte do pressuposto de que o fato de Deus falar com Abraão deve ser entendido à luz da experiência do Espírito pelos cristãos, e é com base nisso que ele encontra uma referência ao Espírito em Gênesis 12. Gênesis se refere a progênie e terra; Paulo "traduz" esses elementos por "dom do Espírito". "O cumprimento precede a promessa, hermeneuticamente falando."[101] Em Romanos 4, sua interpretação talvez seja mais original; seu argumento é mais exegético, e pode ser discutido em termos mais sequenciais. Na verdade, ele precisa estar aberto a essa validação para ser convincente.

Esse fato se interliga com um ponto exegético mais genérico. Escrituras individuais vieram a existir como resultado de um ato de comunicação entre Deus e as pessoas, no qual o significado inerente das palavras em seu contexto era importante; no entanto, elas se tornaram então Escrituras por também comunicarem algo além de seu contexto original. Seria estranho, irresponsável e arriscado se as tratássemos como documentos meramente históricos, mas também estranho, irresponsável e arriscado se abandonássemos o interesse no que significavam enquanto atos de comunicação entre Deus e as pessoas em seu contexto original. Por essa razão, é mais prudente falar da Bíblia como tendo um *significado* inerente que se conecta com sua origem em um ato comunicativo, mas também como tendo um vasto *potencial de sentido* fora desse contexto quando é lida e usada.

---

[101]Ibid., p. 109.

A referência de Paulo à Escritura como inspirada por Deus chama a atenção para o fato que observamos no início deste capítulo. O capítulo lidou com ideias que aparecem em conversas doutrinárias de inspiração, autoridade, cânon, inerrância, revelação e palavra de Deus.[102] A inspiração dessas Escrituras como palavra de Deus significa que elas têm o poder de realizar o propósito divino e a capacidade de comunicar além do contexto em que foram proferidas. Não indica se são ou não factualmente inerrantes, e a natureza das narrativas bíblicas deixa claro que inerrância ou inconsistência factual não lhes são prioritárias, embora deem importância a um nível geral de precisão. Sua autoridade canônica significa que elas são nosso principal recurso e norma para nosso pensamento, porque somente elas podem nos dizer o que Deus estava fazendo na história de Israel e na história de Jesus. Como expressão escrita da revelação de Deus aos profetas, a Escritura nos conta o que Deus pretende fazer para completar seu propósito.

---

[102]Cf. ainda John Goldingay, *Models for Scripture* [Modelos para a Escritura] (Grand Rapids: Eerdmans; Carlisle: Paternoster, 1994).

TRÊS ▶ A CRIAÇÃO DE DEUS

ENQUANTO AS ESCRITURAS focam na participação de Deus nas histórias de Israel e de Jesus, ambos os Testamentos estabelecem essa participação no contexto do envolvimento divino com o cosmos e a humanidade como um todo. A Bíblia fala da natureza do cosmos (seção 3.1), do universo humano e da vida humana como um todo (seções 3.2-5), bem como da forma como as coisas deram errado com a humanidade e o mundo (seção 3.6). O envolvimento de Deus com a criação é uma pressuposição da ligação que as Escrituras veem entre o discernimento expresso na história de Israel e de Jesus, bem como o *insight* expresso na criação do mundo em si e entre a mensagem personificada nessa história e a mensagem personificada na criação.

Em português, *criação* pode referir-se tanto ao mundo conforme existe hoje como ao ato que o trouxe à existência. A ambiguidade tem vantagens e desvantagens. É importante notar que *criação* denota mais do que algo que aconteceu há muito tempo. O verbo hebraico para "criar" (*bārā'*) também tem referência dupla, embora diferente: denota um ato soberano de Deus no Princípio, mas não criatividade, nem se refere à criação contínua ou descontínua. Sua segunda aplicação corresponde aos atos soberanos de Deus na vida de Israel (e.g., Is 41:20; 45:7-8): "Reflexões judaicas acerca do poder criativo de Deus são feitas continuamente em um contexto de sofrimento e derrota".[1] Da mesma forma como a criação original foi um ato de soberania, também em novos atos de soberania Deus continua a agir como criador.[2] Ao mesmo tempo, a Escritura realmente enfatiza que a criação aconteceu "no princípio". Não se trata apenas de uma atividade contínua de Deus, mas de algo que aconteceu em determinado momento. A criação não precisa estar relacionada ao que vem a seguir — a história de Israel, a vinda de Jesus e o Fim. Pelo contrário: o que vem a seguir deve ser entendido à luz da criação como seu fundamento.[3]

Mundo também é uma palavra complicada, tanto seu equivalente hebraico como o grego. Em ambas as línguas, "mundo" pode referir-se a tudo que existe ao redor do globo, humano ou não humano; *à humanidade,* como objeto do cuidado de Deus e destinada a reconhecê-lo; e também a uma estrutura sistematizada de poder, que resiste a Deus e tenta controlar a humanidade.

3.1 CÉUS E TERRA

"No princípio, Deus criou os céus e a terra" (Gn 1:1). "Os céus são seus, a terra também é sua", porque você os estabeleceu e os criou (Sl 89:11-12 [TM 12-13]). Na verdade, não é correto dizer que "a doutrina da criação significa antropologia — a doutrina do homem".[4] A doutrina da criação faz afirmações a respeito do relacionamento de Yahweh com o mundo e relembra-nos que o ser humano não é alvo exclusivo do cuidado de Deus.

Deus é aquele que dá ao mundo sua ordem, luz, vida, beleza e bondade. Sua ação criativa foi uma asserção de sua soberania e ele continua ativo no mundo, sustentando-o. Contudo, o mundo ainda manifesta ambiguidades e parece não ser um projeto completo. Além disso, sua bondade é comprometida pela atividade de seres sobrenaturais criados, que podem ser agentes da ação de Deus no mundo, mas também podem

---

[1] Brevard S. Childs, *Old Testament Theology in a Canonical Context* [Teologia do Antigo Testamento em um contexto canônico] (Londres: SCM Press, 1985; Filadélfia: Fortress, 1986), p. 33.
[2] Cf. Otto Weber, *Foundations of Dogmatics* [Fundamentos da dogmática] (Grand Rapids: Eerdmans, 1981), 1:463-507.
[3] Cf. Francis Watson, *Text and Truth* [Texto e verdade] (Edimburgo: T&T Clark; Grand Rapids: Eerdmans, 1997), p. 225-75.
[4] Segundo Barth, *CD* III, 2:3.

trabalhar contra seus desígnios. Satanás, ou o Leviatã, é a grande personificação de tal resistência a Deus.

Ordem, bondade, beleza

A criação como um todo é como um edifício que Deus projetou e construiu. Ela é, de fato, um "cosmos", um todo cujas partes se encaixam (cf. Gn 1). O mundo foi fundamentado com segurança (Jó 38; Sl 24), trabalha ecologicamente e demonstra não estar centralizado na humanidade (Jó 38; Sl 104). Deus o construiu como um lar, como uma tenda (Is 40:22). Mais especificamente, Deus vive nos céus, de onde é capaz de administrar as coisas na terra e ficar atento aos acontecimentos terrenos (1Rs 8:30; Sl 2:4; 11:4; 104). É claro que céus e terra não podem contê-lo (1Rs 8:27), da mesma forma que uma casa não pode deter um ser humano. Ambos, porém, constituem um lugar onde Yahweh se sente em casa.

Na condição de construtor, Deus está em posição de decidir como o mundo funciona e garantir sua segurança e estabilidade. A ordem do mundo inclui a estruturação de noite e dia, estrelas e planetas, sol e lua. Seu estabelecimento serve de suporte à estrutura semanal de sete dias e ao mês lunar, bem como ao ciclo anual de estações e festas. A ordem inclui o agrupamento de plantas e de vida animada em espécies que se reproduzem: sementes de romã geram romãs, cordeiros dão origem a cordeiros.

Como isso acontece? Foi dito que o Novo Testamento "não oferece qualquer ideia sobre o início da criação do mundo e da humanidade",[5] mas, na verdade, uma passagem como a abertura do Evangelho de João faz declarações importantes acerca dessas questões. Ela declara que tudo veio a existir por meio da mente-mensagem de Deus, e que aquilo que passou a existir através dela foi vida, a luz da humanidade (Jo 1:2-4). Assim, o que Deus criou era bom (Gn 1). Embora certos falsos mestres rejeitem o casamento e alguns tipos de alimento, tudo que Deus criou é bom e deve ser recebido com ação de graças (1Tm 4:3-5). A terra e tudo o que nela há pertencem ao Senhor (Sl 24:1); por isso, a princípio, pode-se comer de tudo, embora nessa conexão Deus estabeleça limites à nossa liberdade (como fez com Israel) e sejamos ainda chamados a comer

---

[5] Karl Loning e Erich Zenger, *To Begin with, God Created...* [Para início de conversa, Deus criou...] (Collegeville: Liturgical, 2000), p. 45.

e beber para a glória de Deus e para a edificação, não para a queda de outros (1Co 10:25-26,31-32).

A bondade do mundo inclui sua beleza. A palavra traduzida como "bom" em Gênesis 1 (*ṭôb*) é comumente usada para descrever uma pessoa "bonita" (e.g., Gn 24:16; 26:7, NVI), e não seria surpreendente essa conotação sendo aplicada ao primeiro capítulo da Bíblia. A palavra mais explícita para "belo" (*yāpeh*) recorre com mais frequência em Cântico dos Cânticos (e.g., Ct 1:8,15,16), que sistematicamente explora o potencial do mundo natural em sua beleza e ordem, como forma de transmitir a beleza do homem e da mulher retratados nos poemas. Em outras passagens, o Primeiro Testamento fala da beleza das árvores e de seu fruto, de animais e joias (2Cr 3:6; Is 4:2; Jr 11:16; 46:20; Ez 31:3).

Ao confrontar pessoas que se opunham à ideia de Deus ter criado o mundo, Irineu declarou: "Enquanto o ser humano não pode fazer qualquer coisa existir a partir do nada, mas apenas da matéria já existente, Deus, nesse ponto, é preeminentemente superior ao ser humano, visto que ele mesmo chamou à existência a substância da criação, outrora inexistente".[6] Embora a ideia de criação a partir do nada não tenha chamado a atenção dos autores de Gênesis, no contexto dos debates da época de Irineu era uma articulação apropriada de algo implícito à fé bíblica. Ela enuncia uma implicação das declarações de que "aquilo que se vê não foi feito do que é visível" (Hb 11:3, NVI) e que Deus "estende os céus do norte sobre o vazio, suspende a terra sobre o nada" (Jó 26:7).[7]

Essas afirmações são o mais próximo que a Escritura chega da ideia de que Deus criou o mundo a partir do nada, em vez de modelá-lo a partir de matéria-prima preexistente. Se alguém perguntasse aos autores de Gênesis quem criou a matéria-prima usada por Deus, certamente afirmariam ter sido o próprio Deus, mas eles estavam mais interessados no fato de que Deus fez algo ordenado a partir da matéria que, de outra maneira, não teria beleza, propósito ou coerência: "O que fascina narradores bíblicos sobre a criação não é que algo antes inexistente passou a existir, mas que Deus deu forma a um projeto que, do contrário, jamais

---

[6]*Contra as Heresias* II.10.4.
[7]Cf. Barth, *CD* III, 2:152. Barth observa que o conceito de criação a partir do nada aparece pela primeira vez em 2Macabeus 7:28: "Deus não fez [céus e terra] a partir de coisas que já existiam".

se autoformaria".[8] É a capacidade elaborativa de Deus de algo criativo quando as coisas parecem fora de ordem que faz da criação uma boa notícia. Esse fato se liga ao modo como Isaías 40—55, falando em termos de criação, promete o grande ato vindouro no qual Deus restaurará Israel.

Asserção da soberania de Deus na criação

Houve um aspecto fortuito no processo de criação em que Deus fez experimentos com as coisas para ver se elas funcionavam e agiu para compensar deficiências quando necessário (Gn 2). Esse aspecto da atividade criativa de Deus corresponde ao relato científico, segundo o qual espécies vieram a existir e sofreram mutação para outras espécies de forma experimental, processo que envolveu a sobrevivência do mais forte. Também se encaixa na forma como as Escrituras descrevem a sequência de acontecimentos aparentemente não planejados na história humana. Todavia, a Bíblia também descreve Deus elaborando o trabalho da criação de maneira organizada (Gn 1), o que deixa implícitos o planejamento e a premeditação. Deus usou sua sabedoria, seu *insight*, para criar o cosmos (Pv 3:19-20; 8:22-31): "A sabedoria começou como concepção inventiva na imaginação de Deus, dando início ao processo de criação".[9] Contudo, sabedoria ou *insight* também funcionam experimentando possibilidades, pensando em como elas acabam, abandonando algumas experiências e fazendo novos planos à luz da experiência e da reflexão, e as Escrituras dão a entender que a sabedoria de Deus também pode trabalhar dessa forma.

Se existem monstros no mundo, eles não são invasores de outra galáxia, mas seres criados por Deus. É em tal conexão que Gênesis 1:21 usa o verbo *bārā'* pela primeira vez desde a abertura do capítulo. O uso se interliga com o fato de que esse verbo carrega tanto ressonâncias de poder soberano como de atividade criativa. Não existe prospecto de quaisquer monstros alienígenas fazendo incursões sérias no mundo de Deus; ele transforma o Leviatã em um golfinho (Sl 104:26). Sua pergunta retórica

---

[8]Loning e Zenger, *To Begin with, God Created...* [Para início de conversa, Deus criou...], p. 10.
[9]Leslie C. Allen, *A Theological Approach to the Old Testament* [Abordagem teológica do Antigo Testamento] (Eugene, OR: Wipf and Stock, 2014), p. 33.

sobre quem é capaz de controlar o Leviatã ou o Beemote (Jó 40—41) não exige resposta.

Portanto, a criação foi um momento em que Deus expressou sua soberania:

> *Yahweh começou a reinar, vestiu-se de majestade;*
> *Vestiu-se Yahweh, armou-se de poder.*
> *Sim, o mundo está firme e não se abalará;*
> *há muito o teu trono está firme, desde a eternidade.*
> *As águas se levantaram, Yahweh, as águas levantaram a voz;*
> *as águas levantaram seu bramido.*
> *Acima das águas impetuosas, mais poderoso do que as ondas do mar*
> *é Yahweh, majestoso nas alturas* (Sl 93:1-4).

A criação foi o início do reinado de Deus. Por trás da superfície suave da terra, jazem forças tumultuosas, capazes, aparentemente, de ameaçar sua estabilidade — forças que encontram expressão em terremotos, vulcões e tsunamis. Deus fez valer sua soberania sobre essas forças ao criar o mundo. Embora possam tentar se impor, não terão, ao final, êxito: "Yahweh assentou-se soberano sobre o dilúvio; Yahweh assentou-se como rei para sempre" (Sl 29:10). Essa imposição de autoridade aconteceu quando a voz de Yahweh trovejou pelas águas poderosas, uma voz poderosa e majestosa (Sl 29:3-4).

É pela fala que exercemos autoridade. O diretor diz: "Luz!", e há luz. Pais nomeiam o bebê, e o nome determina como a criança será conhecida. Avós legam parte de sua propriedade aos netos, e a bênção chega até eles. Um presidente diz: "precisamos de um projeto para colocar um homem na lua", e o projeto toma vida. Um centurião ordena ao soldado para que vá, e ele vai. Foi através da fala que Deus criou o universo (Gn 1).

A criação também pode ser descrita como resultado de um processo de gestação (Sl 90:2). Deus é a mãe da criação. O fato de ela vir a existir é misteriosamente maravilhoso, embora tenha envolvido trabalho. O estabelecimento da autoridade de Yahweh no mundo foi, em certo sentido, fácil; outras forças não tinham qualquer esperança de êxito em resistir a Yahweh. Contudo, a criação envolveu esforço e a derrota de forças cuja resistência a Yahweh não passou de irrisória (Sl 74; 89); como resultado, o cosmos está, de fato, seguro.

Providência

Israel sabia que o cosmos nem sempre aparenta segurança. A segurança do próprio mundo de Israel poderia ser ameaçada por invasores (e.g., Sl 46; 124). Mas o mundo permanece firme (Jó 26:10-13; 38:8-11). Não precisamos nos preocupar quanto à sua segurança, embora possamos, talvez, nos preocupar em relação a vandalizá-lo ou espoliá-lo, principalmente porque o construtor pode reivindicar para si o direito a demoli-lo. Uma vez ele quase exerceu esse direito (cf. Gn 6—8). Yahweh disse que não o faria outra vez, mas seríamos tolos de pensar que podemos, por isso, agir de qualquer maneira. Talvez Deus jamais destrua o mundo, mas não deixará, necessariamente, de nos impedir de destruí-lo.

O bom mundo criado por Deus não perdeu sua bondade. Ele ainda está vivo e aceso. Olhe para os pássaros do céu, alimentados por Deus, ou contemple as flores, com as quais Deus veste o campo (Mt 6:26-30). Em outras palavras, Deus não fez o mundo girar, como alguém que dá cordas em um relógio, e o deixou operar sozinho. Deus faz nascentes jorrarem e, do lugar de sua habitação, rega a terra; faz brotar alimento para animais e seres humanos; ergue o sol de manhã e o faz se pôr; dá vida e a tira; causa terremotos e acende vulcões (Sl 104).

Assim, o poder e a bondade demonstrados no universo de uma vez por todas continuam com Deus mantendo o mundo em sua existência e exercendo soberania sobre ele. Criação é "presente e bênção".[10] Deus descansou, mas Deus trabalha (Jn 5:17). A palavra *providência* cobre de maneira útil essas duas formas de envolvimento: sustentação e governo,[11] dando a entender a provisão do que precisamos e a experiência de coisas em nossa vida que, de outra forma, não poderíamos experimentar. Denota:

> O poder majestoso e sempre presente de Deus, pelo qual ele sustenta, com sua mão, céus, terra e todas as criaturas, governando sobre tempos de plantio e colheita; chuva e seca; anos frutíferos e escassos; comida e

---

[10] James W. McClendon, *Systematic Theology: Doctrine* [Teologia sistemática: doutrina] (Nashville: Abingdon, 1994), p. 148.
[11] Cf., e.g., G. C. Berkouwer, *The Providence of God* [A providência de Deus] (Grand Rapids: Eerdmans, 1952), p. 57-134.

bebida; saúde e doença; prosperidade e pobreza. Por isso, tudo chega até nós não por acaso, mas por sua mão paternal.[12]

Respostas apropriadas à provisão de Deus, então, são confiança, obediência e petição.[13]

Notamos que Deus exerce sua soberania real em eventos históricos de diversas maneiras.[14] As Escrituras deixam implícita uma ideia paralela a respeito de sua soberania na natureza e na experiência humana. A Bíblia faz afirmações fortes em relação à sua soberania que justificam as declarações do Catecismo de Heidelberg, supracitado. Deus não apenas concede vida, como também a termina (Sl 104:29-30). A terra literalmente inclui o reino para onde vamos quando chega o nosso fim, quando morremos, seja nosso descanso num túmulo cavado na rocha ou numa sepultura aberta no solo. Caracterizando as profundezas, a terra também é a habitação dos mortos, o *Sheol*, lugar de trevas e silêncio. Lá, onde Deus olha por nós e nenhum outro poder governa, estamos salvos e seguros. Até, porém, o dia da ressurreição, é como se Deus não estivesse normalmente ativo no *Sheol* (e.g., Sl 6:5 [TM 6]; 30:9 [TM 10]; 88:10-12 [TM 11-13]).

Notamos, além disso, que a Escritura algumas vezes diz que Deus causou fome, infertilidade ou enfermidade, enquanto, em outras, essas coisas simplesmente aconteceram por si. Tudo isso dá a entender que a soberania de Deus opera de maneira variada, com finalidades diferentes e em contextos diversos.[15] A providência trabalha de muitas maneiras e em relação diversificada com o exercício da liberdade humana e da liberdade da criação.

Ambiguidade e incompletude

Além de fornecer ao cosmos ordem e previsibilidade, Deus é soberano em relação a eventos imprevisíveis. Por um lado, ele pode causá-los, pois

---

[12]Resposta 27 do Catecismo de Heidelberg, de 1563. Traduzido da versão inglesa, aprovada, em 2011, pelo Sínodo da Igreja Reformada Cristã da América do Norte (www.crcna.org/welcome/beliefs/confessions/heidelberg-catechism).
[13]Barth, *CD* III, 3:246.
[14]Cf. comentários sobre a soberania de Deus na seção 1.2.
[15]Cf. comentários sobre a soberania de Deus na seção 1.2.

não fez do cosmos um lugar tão ordeiro a ponto de não ter mais espaço para realizar coisas surpreendentes e alarmantes; nem impediu o universo de ter iniciativa própria. Por outro lado, Deus está em posição de estabelecer limites à sua volatilidade. Há, de fato, uma unidade que o caracteriza enquanto cosmos, e em sua ordem e volatilidade Deus manifesta sua grandeza, seu compromisso e sua soberania (e.g., Jó 38—41; Sl 19; 29; 36; 104). O cosmos expressa a generosidade divina: podemos compartilhar do mundo porque Deus nos convida a fazê-lo, mas não podemos nos comportar como se fôssemos os donos do universo.

O relacionamento de Deus com o mundo significa que não apenas a criação pode nos ajudar a entender o modo pelo qual o criador lida conosco, mas também que céus e terra podem adorar a Deus (e.g., Sl 148). Significa que podemos orar por bênçãos materiais (e.g., Sl 67), mas apenas se reconhecermos a ligação entre tais bênçãos e um comprometimento com ṣədāqâ ûmišpāṭ — fidelidade na forma como tomamos decisões —, visto ṣədāqâ ûmišpāṭ ser uma característica-chave do próprio Deus, incorporada na criação.[16] "Pela palavra de Yahweh, foram feitos os céus" e "a palavra de Yahweh é verdadeira; ele é fiel em tudo o que faz". Portanto, o mundo criado é uma personificação dessa retidão e justiça; "a terra está cheia do comprometimento [ḥesed] de Yahweh" (Sl 33:4-6).

Certamente, o resultado do processo pelo qual o mundo veio a existir parece extraordinário demais para ser a soma de tempo e probabilidade. Em muitos aspectos, o cosmos parece resultar de planejamento (Is 40:12-14; Jó 28). Assim, alguns cientistas podem argumentar que ele parece ter sido fruto de um *design* inteligente. Entretanto, paradoxalmente, a bondade do mundo também inclui certa ambiguidade. O mundo tal como Deus o criou, governa e administra é cheio de surpresas, e não apenas boas surpresas. Certos elementos parecem não fazer sentido. Assim, outros cientistas replicam que há também evidências que trabalham contra a ideia de que o mundo evidencia um *design* inteligente. A natureza é um meio pelo qual Yahweh abençoa as pessoas, mas também é um meio de trazer desastre. A criação surgiu da ação divina, mas, desde o Princípio, certos elementos do mundo criado tentam impor-se contra Yahweh. O projeto da criação parece incompleto.

---

[16]Cf. ainda *OTT* 2:647-709.

Na verdade, a criação ainda geme, como em dores de parto (Rm 8:22). A razão não é que certa vez ela esteve bem e então foi danificada; a Escritura não fala da Queda da criação. Trata-se mais de uma mulher grávida que ainda não deu à luz. O ser humano foi criado a fim de simplificar a completude da criação, como o mundo intencionado por Deus. Ele deveria controlá-la e subjugá-la (*kābaś*, palavra usada para a conquista de um país por invasão [Gn 1:28]). Paradoxalmente, é dessa maneira que a humanidade deveria servir à criação e cuidar dela (Gn 2:5,15). A questão não é que Deus criou o mundo por amor à humanidade;[17] fomos criados por amor ao cosmos. Mas falhamos em servi-lo e, por isso, o mundo não alcançou seu destino. Em termos de Gênesis 3, ao invés de governar a criação, o ser humano deixou a criação governá-lo. Desde então, o resultado tem sido uma tensão constante com o mundo animal e um trabalho árduo para que as coisas cresçam. Ainda assim, Deus está comprometido a levar essa ambiguidade a uma resolução, e o mundo, ao seu destino.

Seres sobrenaturais

O fato de existir um só Deus, Yahweh, não impede a existência de outros deuses de *status* inferior a Deus, mas a divindade de Yahweh é tal que apenas ele pode ser adequadamente descrito como Deus; outros deuses pertencem a uma categoria de existência metafisicamente diferente de ser.[18] Em outras palavras, não existem, na verdade, outras deidades. Em língua portuguesa, podemos estabelecer essa ideia ao distinguir entre Deus e deuses — o que corresponde a uma distinção real no pensamento de ambos os Testamentos, embora não possa ser marcada tipograficamente. Tanto o hebraico (*'ĕlōhim*) quanto o grego (*theos*) abrangem Deus e deuses (é comum que o português não consiga expressar certas palavras-chave do hebraico e do grego de forma adequada, como *ḥesed*, *ṣədāqâ* ou *agapē*; por isso, é bom quando às vezes acontece precisamente

---

[17]Segundo João Calvino, *Institutas* I.14, 22: cf. T. F. Torrance, *Calvin's Doctrine of Man* [Doutrina de Calvino acerca do homem], nova edição (Grand Rapids: Eerdmans, 1957), p. 23.
[18]Cf. uma argumentação vigorosa sobre o assunto em Christopher J. H. Wright, *The Mission of God* [A missão de Deus] (Downers Grove: InterVarsity Press; Nottingham: InterVarsity Press, 2006), p. 136-88.

o contrário). Dessa maneira, os dois Testamentos usam, esporadicamente, expressões como ʾĕlōhe hāʾĕlōhim e *kyrios tōn kyrieuontōn* ("Deus dos deuses" e "Senhor dos senhores"; e.g. Dt 1:17; 1Tm 6:15) para salvaguardar a ideia em questão.

Podemos localizar a discussão de outros seres sobrenaturais no contexto da discussão sobre Deus, mas esse contexto pertence, mais apropriadamente, à discussão da criação. O que esses outros seres sobrenaturais têm em comum com Deus reduz-se à insignificância em comparação com o que os distingue de Deus. Eles são entidades criadas; como seres humanos, tiveram um início, são dependentes de Deus para a sua existência e podem morrer (cf. Sl 82). "As tradições bíblicas não apenas transpõem um entendimento meramente naturalístico do céu: também resistem à *divinização* tipicamente religiosa do céu e de seus poderes. Como no caso da terra, o céu também é *criado*".[19] É importante a declaração de que esses outros seres são apenas "deuses", e não Deus, porque muito pode ser dito sobre o politeísmo ou a idolatria. Podemos, por exemplo, encontrar um deus de acordo com preferências pessoais. Assim, esse pressuposto deve ser confrontado.

Além de ʾĕlōhim e *theos*, os dois Testamentos têm diversas outras palavras que denotam entidades sobrenaturais além de Deus — como anjos, filhos dos deuses, governadores e poderes. Em geral, esses seres existem como o meio pelo qual Deus implementa sua vontade no mundo. Dentre eles, há aqueles que servem a Deus com fidelidade. Auxiliadores sobrenaturais aparecem como mensageiros de Deus na história do nascimento de Jesus (Mt 1:18—2:23; Lc 1:5—2:20). Filósofos orientais vão a Israel depois de terem visto a estrela de Jesus "no oriente" ou "enquanto se levantava" (Mt 2:2, NVI). A história da estrela da manhã autoafirmativa (Is 14:4-21; Ez 28:1-19) é invertida. Jesus é a Estrela da Manhã cujo brilho não pode ser eclipsado. O Jesus ressurreto tem sete estrelas em sua mão; são os assistentes supervisionando as sete congregações (Ap 1:16, 20; cf. Is 40:26).

Mateus e Lucas também se referem a "um anjo do Senhor" (Mt 1:20-25; 2:13-20; Lc 1:11-20; 2:9-15), chamado, em Lucas, de "Gabriel" (Lc 1:26-38). Gabriel já havia aparecido em Daniel, assim como Miguel, que reaparece

---

[19] Michael Welker, *God the Spirit* [Deus, o Espírito] (Mineápolis: Fortress, 1994), p. 139.

em Apocalipse (cf. Dn 8:16; 9:21; 10:13, 21; 12:1; Ap 12:7; Cf. ainda Jd 1:9). Em Mateus, o anjo traz mensagens cujo objetivo é assegurar, de diversas maneiras, que o nascimento de Jesus aconteça de acordo com a intenção de Deus. Em Lucas, o anjo traz mensagens que permitem a Zacarias, Maria e alguns dos pastores entender o que está acontecendo. O anjo aparece a José em sonhos; a Zacarias, enquanto oferece incenso no templo, e à Maria, em circunstâncias não especificadas. Após o nascimento de Jesus, uma multidão do exército celestial junta-se ao anjo para louvar a Deus.

Um anjo do Senhor aparece, mais uma vez, na outra extremidade da história de Jesus; seu objetivo é fortalecer, no Getsêmani, o Messias (Lc 22:43)[20] e, depois da ressurreição, rolar a pedra do sepulcro para que as mulheres confirmem o acontecimento e saibam o que fazer em seguida (Mt 28:1-7). Tais como ele, outros anjos também aparecem diversas vezes em Atos (At 5:19; 8:26; 10:3; 12:7, 23; 27:23) e muitas vezes em Apocalipse. O plural "anjos" aparece em muitas outras ocasiões, geralmente em conexão com anúncios acerca do Fim (e.g., Mc 1:13; 8:38; 13:27).

Deus implementa seu propósito no mundo por meio desses agentes.

Anjos rebeldes e um mundo rebelde

Alguns seres sobrenaturais evitam aceitar seu papel mediador de implementar as intenções de Deus, enquanto outros algumas vezes fazem o que Deus quer e outras vezes não. Na verdade, eles são como os seres humanos. Salmos 82 serve de expressão direta de protesto quanto à falha dos deuses de exercer autoridade de maneira fiel, deixando, assim, de proteger o pobre, o vulnerável, o oprimido e o necessitado; o salmista desafia Deus a fazer algo a esse respeito. Alguns dos poderes criados por Deus estão em rebelião contra ele, embora continuem a exercer certa função ordeira, como no caso de autoridades humanas.[21]

Foram os poderosos desta era que crucificaram o Senhor da glória, sem perceberem o que estavam fazendo (1Co 3:8). Embora ambos os Testamentos pressuponham a existência de seres sobrenaturais por trás dos poderes político e religioso responsáveis pela crucificação, não falam

---

[20]Este versículo não se encontra em manuscritos importantes.
[21]Cf. John Howard Yoder, *The Politics of Jesus* [A política de Jesus], 2ª ed. (Grand Rapids: Eerdmans; Carlisle: Paternoster, 1993), p. 140-42.

detalhadamente sobre essas entidades, concentrando-se mais no governo humano. A história impressionante[22] e enigmática da "grande ira" que veio "contra Israel" e o privou da vitória contra Moabe (2Rs 3:27) indica a consciência de que as próprias Escrituras não pretendem dar todas as respostas sobre o relacionamento entre Yahweh e outros deuses;[23] Jesus também fala apenas alusivamente a respeito de ira (Lc 21:23).

A Escritura pressupõe que há algo mais por trás de poderes religiosos e impérios do que os olhos podem ver. A asserção de que outros deuses existem não é simplesmente um bocado de teoria teológica; antes, oferece parte da explicação do porquê de a vontade de Deus não ser implementada no mundo. "O mundo é governado por muitos poderes, e a nossa experiência desconhece uma solução para a luta constante entre eles."[24] De fato, "a superfície visível de um mundo ímpio e sua história... é coberta por uma camada fina que, ao se romper, revela, de profundezas misteriosas, realidades assombrosas": dragão, anticristo e antiespírito, bem como um exército de espíritos malignos (Ap 12—13).[25] "Esses poderes são tanto terrenos como celestiais, espirituais e políticos, invisíveis e estruturais" (e.g., Cl 1:16), embora encontremos o sobrenatural no terreno: "Poderes são, ao mesmo tempo, aspectos externos e internos de uma mesma concretização individual".[26] A personificação de poderes sobrenaturais rebeldes é um mundo rebelde.[27] A soberania absoluta de Deus não é incompatível com a ideia de que Yahweh se recusa a abafar toda e qualquer resistência a essa soberania.

---

[22]Cf. David Penchansky, *Twilight of the Gods* [Crepúsculo dos deuses] (Louisville: Westminster John Knox, 2005), p. 11.
[23]Cf. discussão da passagem em Burke O. Long, "Letting Rival Gods Be Rivals" [Deixando deuses rivais continuarem rivais], em Henry T. C. Sun e Keith L. Eades, eds., *Problems in Biblical Theology* [Problemas em teologia bíblica], Rolf Knierim Festschrift (Grand Rapids e Cambridge: Eerdmans, 1997), p. 222-33.
[24]Ulrich Mauser, "One God Alone" [Apenas um Deus], *Princeton Seminary Bulletin* 12 (1991): 255-65 (em 261).
[25]Mathias Rissi, *The Future of the World* [O futuro do mundo] (Londres: SCM Press; Naperville: Allenson, 1972), p. 11. Cf. ainda Walter Wink, *Unmasking the Powers* [Desmascarando os poderes] (Filadélfia: Fortress, 1986).
[26]Walter Wink, *Naming the Powers* [Nomeando os poderes] (Filadélfia: Fortress, 1984), p. 11, 107 (ambas as citações em itálico). Wink pressupõe que a natureza mista de tais figuras sobrenaturais, envolvendo anjos bons e maus, estende-se às igrejas, em Apocalipse 2—3 (*Unmasking the Powers* [Desmascarando os poderes], p. 69-86).
[27]Cf. ainda "O mundo", seção 3.6.

É comum que o Novo Testamento também mencione demônios, o que raramente acontece no Primeiro Testamento. Esse contraste simboliza o fato de a vinda de Jesus ter elevado ao máximo o conflito entre Deus e os poderes que resistem a ele.[28] "Um elemento proeminente no pensamento de Paulo sobre a natureza da era passada é a convicção de que ela está sob o controle de poderes sobrenaturais malignos."[29] O lugar importantíssimo desses poderes em escritos judaicos da época provavelmente signifique a afirmação de sua realidade pelo próprio Paulo. O apóstolo não faz apenas uma alusão formal com base na crença dos leitores ou de sua cultura.[30]

De modo semelhante, enquanto poderíamos questionar se, em Jó 1—2, a ideia de um conselho ministerial constitui "teologia adequada" ou "parte de uma visão de mundo",[31] também devemos considerar se o nosso desconforto sobre tal ideia é simplesmente parte da nossa visão de mundo e considerar o fundamento do nosso desconforto. "A desmitificação desses poderes na teologia atual, segundo a qual eles representam estruturas da sociedade humana que oprimem as pessoas, é uma reinterpretação válida de um conceito do NT, mas apenas uma reinterpretação." O escritor de Efésios "crê que os poderes são agentes espirituais da esfera celestial cujo posicionamento subjaz qualquer instituição terrena ou humana (cf. 6:12)".[32]

Contudo, é realmente notável o fato de que nenhum dos Testamentos fala muito a respeito deles. Paulo "cria realmente em poderes espirituais e tratava o assunto com imensa seriedade. Mas os poderes espirituais acerca dos quais ele concentrava sua preocupação teológica e pastoral não eram os 'poderes e autoridades', mas o poder do pecado e da morte".[33]

---

[28]Cf. Barth, *CD* III, 3:529-30.
[29]George Eldon Ladd, *A Theology of the New Testament* [Uma teologia do Novo Testamento] (Grand Rapids: Eerdmans, 1974), p. 400 (ed. rev., p. 440).
[30]Segundo T. K. Abbott, *A Critical and Exegetical Commentary on the Epistles to the Ephesians and to the Colossians* [Comentário crítico e exegético de Efésios e Colossenses] (Edimburgo: T&T Clark; Nova York: Scribner, 1897), p. 32-33.
[31]Cf. Roland E. Murphy, "Reflections on a Critical Biblical Theology" [Reflexões em teologia bíblica crítica], em Sun e Eades, *Problems in Biblical Theology* [Problemas em teologia bíblica], p. 265-74 (em p. 273).
[32]Andrew T. Lincoln, *Ephesians* [Efésios] (Dallas: Word, 1990), p. 64. Cf. ainda "Liberation from the Powers" [Libertação dos poderes], em M. Daniel Carroll R. et al., eds., *The Bible in Human Society* [A Bíblia na sociedade humana], John Rogerson Festschrift (Sheffield: Sheffield Academic Press, 1995), p. 335-54.
[33]James D. G. Dunn, *The Theology of Paul the Apostle* [A teologia do apóstolo Paulo] (Grand Rapids e Cambridge: Eerdmans, 1998), p. 110. Cf. cap. 5 deste livro.

Religião rebelde

Outros seres sobrenaturais atraem adoração humana e, assim, despertam o ciúme de Deus (1Co 10:20-22). Outro termo bíblico relacionado a eles é a expressão *ídolos*. São entidades que parecem ser algo, mas na realidade são não entidades. Uma das considerações por trás da exortação de evitar jugo desigual com descrentes (2Co 6:14—7:1) está na importância de evitar a idolatria,[34] que implica estar ligado a essas não entidades. Já que estamos fadados a estar jungidos a alguma coisa, é bom que não seja a coisa errada. Somos tentados a pensar em entidades sobrenaturais como seres mais importantes do que na verdade são — mais importantes até do que Jesus —, mas Deus não se dirige a eles da mesma maneira que ele faz quando está se dirigindo ao Filho. Eles mesmos são convidados a adorar o Filho; são meios terrestres do agir de Deus, mas o Filho está sentado em um trono divino, sentado à direita de Deus (Hb 1:4-14).

A humanidade tem encravada uma percepção das verdades básicas a respeito de Deus e de moralidade, porém o ser humano está inclinado a suprimir essa percepção e elaborar uma religião própria. O instinto de reconhecer um poder superior e distinguir entre certo e errado é intrínseco demais para ser ignorado, mas a humanidade acaba com uma religião estúpida e uma "moralidade imoral" (Rm 1:18-32). O povo judeu não pratica exatamente a mesma coisa pelo fato de ter sido privilegiado ao receber a verdade de Deus e a revelação de como responder a ele. Sua falha, porém, de viver à luz dessa revelação significa que, ao final, seu estado não é tão diferente.[35]

Dessa forma, o Novo Testamento está inclinado a uma postura negativa em relação a outras religiões. Seus adeptos precisam ser convertidos. Por toda a multiplicidade de seus deuses, seus adeptos reconhecem que não sabem o que precisam saber; Paulo, portanto, diz algo aos atenienses acerca daquilo sobre o qual se autoconfessam ignorantes (At 17:22-23).

---

[34] E.g., Margaret E. Thrall, *A Critical and Exegetical Commentary on the Second Epistle to the Corinthians* [Comentário crítico e exegético da segunda carta aos Coríntios] (Edimburgo: T&T Clark, 1994), 1:475-76.
[35] De acordo com James D. G. Dunn, (*The Theology of Paul the Apostle* [A teologia do apóstolo Paulo], p. 115-19), Paulo vê o povo judeu como que também afetado por "religião mal orientada", mas a crítica de Romanos 2:1—3:20 diz respeito ao seu comportamento. Circuncisão e outros aspectos da religião dele eram "de grande valor" (Rm 3:1-2).

O Primeiro Testamento ocupa a mesma posição em relação à religião tradicional de Canaã, pela forma como ela ilude os israelitas, embora a atitude dos ancestrais de Israel à religião do rei-sacerdote de Salém, Melquisedeque, tenha sido mais caracterizada por algo como "cordialidade ecumênica".[36]

Yahweh inspirou Israel a adotar expressões tradicionais de adoração, como sacrifícios, salmodia e festas na primavera e no outono, e as transformou ao conectá-las com a forma pela qual ele os libertou do Egito. Dessa maneira, os israelitas puderam empregá-las como expressão de celebração a Yahweh, mantendo viva sua memória e respondendo ao que ele havia feito. A desvantagem dessa estratégia foi que Israel sempre esteve inclinado a se esquecer da transformação e simplesmente viver pela tradição em seu significado original, que se relacionava mais imediatamente às necessidades e à vida diária das pessoas.

O Novo Testamento não inclui um comissionamento paralelo para que adotemos expressões tradicionais de adoração a fim de comemorar o que Jesus fez, mas a igreja acabou por fazê-lo ao adaptar algumas festas, como Natal e Páscoa. A estratégia surtiu o mesmo efeito desvantajoso, e na cultura ocidental a versão cristianizada das formas tradicionais desapareceu. Mais uma vez, as festas pertencem aos deuses, embora essa alegação não seja necessariamente verdadeira em relação ao calendário cristão como um todo.[37]

O Diabo

Em termos teológicos, não existe, em uma descrição da fé bíblica, espaço para o Diabo ou para o pecado: "Não cremos 'no' Diabo... cremos 'contra' ele; seu poder é real, mas inválido."[38] Contudo, as Escrituras falam tanto do Diabo como do pecado, e precisamos de uma forma de pensar

---

[36]Frase de G. J. Wenham, em "The Religion of the Patriarchs" [A religião dos patriarcas], em A. R. Millard e D. J. Wiseman, eds., *Essays on the Patriarchal Narratives* [Ensaios sobre as narrativas dos patriarcas] (Leicester: InterVarsity Press, 1980; Winona Lake: Eisenbrauns, 1983), cap. 6.
[37]Cf. "Palavras e ações", seção 7.2.
[38]Weber, *Foundations of Dogmatics* [Fundamentos de dogmática], 1:489; cf. Nigel G. Wright, "Charismatic Interpretations of the Demonic" [Interpretações carismáticas do demoníaco], em Anthony N. S. Lane, ed., *The Unseen World* [O mundo invisível] (Carlisle: Paternoster; Grand Rapids: Baker, 1996), p. 149-63 (em p. 163).

sobre eles. Poderíamos relegá-los ao apêndice de uma teologia bíblica, colocando-os em seu devido lugar. Ambos, porém, estão interligados no corpo principal do pensamento bíblico.

Antes da Última Ceia de Jesus com os discípulos, "o Diabo já tinha em mente que Judas Iscariotes, filho de Simão, haveria de traí-lo".[39] Jesus sabia que viera de Deus, que era tempo de deixar o mundo e voltar para Deus; também sabia que sua morte mostraria aos discípulos a extensão plena do seu amor e revelaria que seu Pai havia posto tudo sob o seu poder (Jo 13:1-3). O propósito soberano de Deus é bem maior do que o poder do Diabo, e Deus usa esse poder não para barrá-lo de fazer o que quer, mas para que o propósito divino seja cumprido por meio do adversário. Jesus, mesmo antes de Judas, sabe que seu discípulo o trairá. É como se Judas fosse praticamente comissionado a fazê-lo, pois, ao receber o pedaço especial de pão (após o qual é possuído por Satanás), é ordenado por Jesus a cumprir depressa o que tenciona realizar (Jo 13:21-30).

É quando Satanás entra em Judas e sai na calada da noite para trair Jesus que o Filho do Homem e Deus são glorificados (Jo 13:31). Jesus será humilhado por sua morte e glorificado por sua ressurreição, mas também será glorificado por sua morte, assim como o Pai. A morte do Messias é o ponto culminante da revelação do Pai como o Deus que paga o preço pelo desvio das pessoas no decorrer da história, especialmente a história de Israel; e Deus faz uso de Satanás a fim de ocasionar uma revelação de si mesmo como Deus. Satanás é "uma força hostil contra Deus, porém permitido a atuar para cumprir a vontade divina".[40]

O Primeiro Testamento também se refere a um *śāṭān*, mas ele não tem o perfil de uma entidade cujo foco de rebelião é contra Deus. A palavra hebraica denota um adversário comum, militar ou legal, e um *śāṭān* age como adversário legal em cenas de corte que Deus preside (Jó 1—2; Zc 3). Existem contextos em que o Novo Testamento fala de Satanás em termos mais reminiscentes das referências a um *śāṭān* no Primeiro Testamento (e.g., Lc 22:31). Em contrapartida, o Primeiro Testamento realmente supõe a existência de uma entidade sobrenatural

---

[39] Ideia mais provável, embora alguns manuscritos variem, indicando que o Diabo *induziu* Judas a trair Jesus. No mesmo capítulo, somente depois Satanás entra em Judas (Jo 13:27).
[40] Dunn, *The Theology of Paul the Apostle* [A teologia do apóstolo Paulo], p. 38.

cuja concentração é a resistência a Deus, uma entidade denotada por termos como Leviatã (e.g., Jó 41:1), Raabe (e.g., Sl 89:10 [TM 11])[41] e serpente (e.g., Jó 26:13), mas não pela palavra *śāṭān*. São as figuras do monstro ou da serpente, e não de "adversário" no Primeiro Testamento que equivalem a Satanás no Novo Testamento. É de se observar que nenhum dos termos sugere um ser semelhante a homem. Há algo bestial e monstruoso sobre essa entidade.

É possível viver "de acordo com aquele que governa o reino da atmosfera, o espírito que agora trabalha entre pessoas desobedientes" (Ef 2:2). Gênesis 3 fala apenas de uma entidade "terrena" que leva a humanidade a desobedecer a Deus; Efésios fala de uma entidade sobrenatural. Além disso, enquanto Paulo argumenta que o pecado governa por causa de algo que deu errado no Princípio (conforme Gênesis dá a entender), João acrescenta que o pecado governa porque "o Diabo está por trás de cada pecado particular" (Jo 8:44; 1Jo 3:8).[42]

Precisamos permanecer firmes contra o Diabo; lutamos não contra carne e sangue, mas contra governantes, autoridades, poderes mundiais, entidades espirituais do mal na esfera celestial (Ef 6:11-12). Existe uma entidade individual quase-pessoal ativa nos céus e na terra; seu centro de oposição está acima de nós, não abaixo, conforme frequentemente concebemos.[43] Efésios pode dar a entender que influências sobrenaturais negativas chegam até nós, de alguma forma, a partir do ar ao nosso redor; conforme diríamos hoje, elas estão na atmosfera. O Diabo domina a atmosfera do mundo no qual vivemos.

Descrevê-lo como regente do reino do ar pode evitar a ideia de que ele governa a própria esfera celestial, embora ele exerça certo poder lá. Seu objetivo, ou *modus operandi*, é levar as pessoas a viverem de forma oposta àquela estabelecida por Deus; nossa luta é no sentido de viver o caminho de Deus. Tentações nos sobrevêm a partir de nossa natureza inferior, e os fiéis também devem lutar contra a tentação, que é caminho da morte. Satanás nos tenta a realizar os desejos de nossa natureza

---

[41]Que deve ser distinguida da Raabe de Josué 2, cujo nome tem uma pronúncia diferente.
[42]Rudolf Bultmann, *Theology of the New Testament* [Teologia do Novo Testamento] (reimp., Waco: Baylor University Press, 2007), 2:25.
[43]Cf. Markus Barth, *Ephesians* [Efésios] (Garden City, Nova York: Doubleday, 1974), 1:228-29.

inferior — comprar e viajar em excesso, adquirir uma casa maior, ter um caso extraconjugal ou trabalhar sem o devido descanso.

3.2 A COMUNIDADE HUMANA

Apesar de a criação não girar em torno da humanidade, o ser humano exerce um lugar proeminente na criação, pelo menos no planeta Terra. A própria natureza da humanidade é comunitária. Ela envolve aspectos relacionais, o que significa que o indivíduo é um ser social, que vive em relacionamento com outros seres humanos. Mas existe outro aspecto atrelado ao relacional: a existência individual humana é complementada pela capacidade de viver em comunidade, ou *koinōnia*. A noção de Paulo acerca do corpo expressa essa realidade, denotando mais do que a ideia de partes em interação umas com as outras e dando a entender que as partes pertencem a um todo que é, em si mesmo, uma realidade.

A partir do modo como a humanidade foi criada por Deus, a natureza comunitária do homem assume diversas formas nos povos e culturas. Uma forma particularmente significativa é a comunidade da aldeia, que também é um contexto para cuidar dos necessitados e do estrangeiro. Ambiguidade maior está atrelada à cidade.

Capacidade de viver em comunidade

Uma história em Números 20:14-21 ilustra o ponto sobre a realidade da entidade comunitária. Cada "tu" na passagem está no singular, como se fosse uma referência a uma única pessoa:

> Moisés enviou, de Cades, mensageiros ao rei de Edom: "Assim diz teu irmão Israel: Tu sabes de toda tribulação que nos sobreveio. [...] Agora, estamos em Cades, fronteiriço ao teu território. Podemos atravessar tua terra? Não passaremos por campos, nem por vinhas... até que tenhamos atravessado o teu território". Edom, porém, respondeu: "Não passe pelo meu território; do contrário, sairemos até você com a espada". Os israelitas disseram a Edom: "Iremos pela estrada principal. Se bebermos da tua água, nós e o nosso rebanho, pagaremos por ela. Só queremos apenas atravessar a pé; só isso". Mas Edom insistiu: "Vocês não poderão atravessar", e saiu ao encontro de Israel com um exército poderoso, fortemente

armado. Edom recusou deixar Israel passar pelo seu território, de modo que Israel desviou-se dele.

Embora parte do pano de fundo dessa troca é que por trás de Israel e Edom estão os indivíduos Jacó e Esaú, representados pelos indivíduos Moisés e o rei edomita, a passagem também implica uma consciência comunitária. Israel é tanto um conjunto de indivíduos como um "ele", assim como Edom. Essa conscientização se compara ao fato de que cidades, como Los Angeles e Londres; um estado, como a Califórnia; um país, como a Inglaterra; nações, como os Estados Unidos ou o Reino Unido — todos têm personalidade e caráter comunitários, bem como responsabilidade comunitária pelo que são e fazem. Podemos dizer que até mesmo o mundo como um todo partilha a personalidade e o caráter corporativos.

Alega-se com frequência que o ocidental é individualista, mas essa questão precisa de esclarecimento. Ocidentais são individualistas e não relacionais no sentido de ignorarem outros indivíduos, procurarem autonomia ou evitarem transparecer vulnerabilidade a outras pessoas. Quando, porém, o assunto é tomar parte da personalidade de sua cultura, esse já não é o caso. Na verdade, paradoxalmente, é precisamente por ser individualista que o ocidental toma parte em sua cultura. Em uma comunidade como o sul da Califórnia, muitos, incluindo os cristãos, não pensam que conceitos como "comunidade" sejam reais, porém o fato é que eles estão profundamente moldados por sua comunidade cultural.[44]

Nas décadas antes de o individualismo se tornar um termo pejorativo, era comum frequentemente retratar as Escrituras como que evoluindo de um ponto de vista comunitário para uma visão de mundo individual da humanidade. Uma forma de ver esse desenvolvimento envolvia retratá-lo como um mover da natureza comunitária da religião israelita para a fé do Novo Testamento, que é uma questão de escolha individual. Outra forma de ver esse desenvolvimento é estabelecendo o movimento do corporativo para o individual nos profetas, que prometem que as pessoas não mais terão de reclamar que "pais comeram uvas verdes, mas a boca

---

[44]Cf. Cyril S. Rodd, *Glimpses of a Strange Land* [Vislumbres de uma terra estranha] (Edimburgo: T&T Clark, 2001), p. 274.

dos filhos é que fica com gosto ruim"; agora cada qual pagará pela penalidade do próprio pecado (Jr 31:29-30; Ez 18). Entretanto, esses profetas estão estabelecendo um ponto diferente, já que respondem à inclinação das pessoas de culpar os pais pelo próprio destino, desafiando-as, assim, a não mais fazê-lo.[45]

Hoje em dia, podemos retratar um desenvolvimento do corporativo para o individual como uma evolução negativa. Na verdade, no decorrer dos dois Testamentos, Deus lida com ambos, ou seja, com comunidades e indivíduos. "A modernidade gerou dois mitos de origem rivais, relacionados ao 'eu' e ao 'nós'. [...] De acordo com o primeiro, o indivíduo construiu a sociedade; de acordo com o segundo, a sociedade construiu o indivíduo."[46] Por natureza, o ser humano é individual e ao mesmo tempo membro de um todo maior, para o qual contribui e pelo qual é afetado, quer queira ou esteja ciente, quer não.[47]

Povo e cultura

Da mesma forma que o ser humano individual é diversificado em características, como em atributos físicos e modo de pensar, assim também são as comunidades. Em um contexto ocidental do século XXI, a diversidade é importante, pelo menos em tese. Essa conscientização chama a nossa atenção à "bênção divina da diversidade",[48] que começa em Gênesis 1—11. As páginas de abertura das Escrituras narram a história do desenvolvimento de culturas, cidades, comunidades e nações. Esse desenvolvimento constitui um desdobrar maior do processo da criação e, ao mesmo tempo, reflete como o "muito bom" de Gênesis 1:31 é comprometido pela desobediência humana.

As Escrituras não veem a cultura humana como algo inerentemente maligno, aceitando suas convenções, ao mesmo tempo que a estabelecem

---

[45]Cf., e.g., John Barton, *Ethics in Ancient Israel* [Ética na antiga Israel] (Oxford e Nova York: Oxford University Press, 2014), p. 53-55.
[46]Oliver O'Donovan, *Finding and Seeking* [Encontrando e buscando] (Grand Rapids e Cambridge: Eerdmans, 2014), p. 59.
[47]Cf., e.g., e.g., Jose Ignacio Gonzalez Faus, "Anthropology: The Person and the Community" [Antropologia: o indivíduo e a comunidade], em Jon Sobrino e Ignacio Ellacuria, eds., *Mysterium Liberationis* (Maryknoll: Orbis, 1993), p. 497-521.
[48]Allen, *A Theological Approach to the Old Testament* [Abordagem teológica do Antigo Testamento], p. 114.

no contexto do evangelho, através do qual a cultura é purificada, radicalizada, expandida ou modificada. É pela cultura que temos as formas literárias bíblicas, como provérbios, diálogos e salmos. As cartas saúdam pessoas de forma semelhante às convenções da época, embora modifiquem a saudação à luz do evangelho.[49] Como em outras culturas, a Bíblia usa narrativa, e essa narrativa emprega técnicas de diversas culturas locais, mas também utiliza essas técnicas de forma inovadora, devido à natureza de sua mensagem. (Gênesis, Reis e os Evangelhos são bons exemplos dessa inovação.)

Caim assume a tarefa de servir à terra que Deus deu ao seu pai, e Abel acrescenta a isso pastorear ovelhas. Ambos elaboram maneiras de ofertar a Deus. A iniciativa de Abel funciona melhor, mas com uma consequência horrível. Condenado a vagar em um lugar ainda mais distante do Éden que seus pais, Caim propõe-se a construir uma cidade. Poucas gerações depois, seus descendentes estão inventando instrumentos musicais e criando poesia, usando-a, porém, para se gabar de morte por vingança.

Do outro lado do dilúvio, Noé descobre como fermentar uvas, mas também percebe o lado negativo dessa descoberta. Seus filhos e descendentes são o meio pelo qual o comissionamento de Deus para que a humanidade encha a terra é implementado. O desenvolvimento e a dispersão das nações são mais um passo na direção do propósito divino de povoar a terra, mas a construção de uma cidade cuja torre permitirá aos construtores fazer um nome para si leva a uma catástrofe ainda maior.

Na Escritura, a noção de "povo" se aproxima do conceito de "raça", mas não como meio de categorizar pessoas com base em características físicas, como cor da pele; essa ideia se desenvolveu apenas em séculos recentes. A Bíblia toma por certo um mundo multiétnico e vê toda a humanidade como feita à imagem de Deus. Embora as Escrituras se oponham ao casamento misto com base em argumentos religiosos e mostrem reações de preconceito étnico, não se opõem ao casamento misto com base étnica. A Bíblia abre com o envolvimento de Deus com todos os grupos étnicos e com um corpo de adoradores de toda tribo, língua, povo e nação.[50]

---

[49] Cf. Anthony C. Thiselton, *1 Corinthians* [1Coríntios] (Grand Rapids: Eerdmans, 2006), p. 30.
[50] Cf. J. Daniel Hays, *From Every People and Nation* [De cada povo e nação] (Downers Grove: InterVarsity Press; Nottingham: InterVarsity Press, 2003).

A comunidade local

Em uma sociedade sem os meios de comunicação modernos, as políticas governamentais não sutem muito efeito em termos locais. Boa parte dos israelitas vivia a certa distância da capital, em seu próprio mundo local. Embora, sem dúvida, os livros do Primeiro Testamento tenham sido produzidos na cidade e reflitam a vida urbana, as cidades não representavam o contexto para a maior parte das pessoas. A maioria vivia em vilarejos (ou em grandes propriedades familiares), e a comunidade deles era a aldeia onde tinham as casas e trabalhavam nas terras das fazendas ao redor.

A realidade não era tão diferente nos dias de Jesus, embora, na época, Judeia e Galileia tenham experimentado maior desenvolvimento urbano. Desse modo, o ensino de Jesus apropria boa parte de seu imaginário da vida do fazendeiro e do pastor, e sua preocupação com questões como resolução de conflitos, generosidade e empréstimo para pessoas em dificuldade seria particularmente importante nas comunidades afastadas da cidade. Tais comunidades devem ser aquelas onde as pessoas vivem em um bom relacionamento umas com as outras, ajudam umas às outras quando estão em dificuldade, resolvem conflitos e lidam com injustiças.

Como na Torá, o ensino de Jesus assume as características e os potenciais riscos e desafios da vida em comunidade. Relacionamentos com o "próximo" já eram o foco em Êxodo 20—22; vizinhos e amigos são um dos focos principais de Provérbios (e.g., Pv 27). A Torá geralmente se refere a membros participantes de uma mesma comunidade como irmãos e irmãs (e.g., Dt 22:1-4): ela encoraja a comunidade a assumir obrigações familiares como modelo de obrigações comunitárias.[51] A Bíblia espera que a comunidade tome a iniciativa de cuidar dos membros mais vulneráveis, e sabe que o desenvolvimento de uma vida comunitária saudável é um aspecto essencial do florescimento humano.

Em tal comunidade, choramos com os que choram e nos regozijamos com os que se regozijam (Rm 12:15) — embora o contexto sugira que esse pressuposto se relaciona à identificação com pessoas de fora, e não

---

[51] Isso está menos claro nas traduções gênero-inclusivas, que usam expressões como "membros da sua comunidade" para traduzir palavras cuja tradução mais literal denotaria "irmãos".

apenas de dentro, da comunidade. De modo semelhante, os salmos de protesto presumem que outras pessoas se juntem à oração quando estamos em necessidade urgente, e os salmos de ação de graças idealizam que outros se regozijam conosco quando nos livramos de problemas.

Uma forma pela qual a comunidade faz a vida funcionar é encorajando as pessoas a se comportar de modo a trazer honra em vez de vergonha por serem de integridade, fidelidade, coragem e generosidade. Assim, honra, em contraste com vergonha, é uma das ênfases de Provérbios (e.g., Pv 10:5; 11:16; 12:4; 13:5). Entretanto, um dos aspectos importantes da história de Jó é que uma comunidade pode cometer o erro de envergonhar pessoas por sua vida não corresponder ao que se espera de pessoas íntegras. Ser abandonado por Deus é uma razão para ter vergonha, quer você a mereça, quer não. Trata-se, portanto, de um elemento a ser trabalhado em oração, tanto em favor do indivíduo como contra acusadores (e.g., Sl 25:1-3; 31:17 [TM 18]; 69:6-7,19 [TM 8-9,20]; 71:1,13,24; 119:6, 31,46,78,80,116).

"Busquem primeiro sua soberania e sua forma de tratar as pessoas de maneira correta, e todas essas coisas lhes serão acrescentadas", promete Jesus (Mt 6:33). "Todas essas coisas" abrangem comida, bebida e vestimenta. Jesus não quer que as pessoas ajuntem para o amanhã, mas também não quer que passem necessidade. Ele não prega um evangelho de prosperidade no sentido de prometer uma SUV ou uma casa de férias, mas promete que as pessoas terão em abundância a fim de que sua vida floresça. Ele declara "bem-aventuradas" as pessoas tranquilas e comuns: elas terão a posse do país, ou mesmo do mundo (cf. Mt 5:5; enquanto traduções geralmente transpõem *gē* com o significado de "terra" nessa passagem, ela significa "país" nas cinco ocasiões precedentes em que aparece em Mateus, e tem esse significado na passagem da qual Jesus toma essas palavras, em Sl 37:11). De uma forma ou de outra, receber a posse é um dos aspectos de ser uma comunidade "abençoada".

Também nessa questão, a posição de Jesus corresponde ao que encontramos no Primeiro Testamento. As pessoas que vivem no temor de Yahweh, andando em seus caminhos, são "abençoadas" no sentido de usufruir o fruto de seu trabalho, viver bem e ter uma grande família (Sl 128). A bênção de Deus a Abraão e sua família encontra expressão no florescimento da colheita e do gado de Isaque (Gn 26:12-14), embora o florescimento resulte em conflitos e problemas. O mesmo já havia ocorrido a Abraão e Ló (cf. Gn 13—14) e acabará por recorrer, em um nível muito maior, quando Jacó privar Esaú de sua "bênção" (privilégios do primogênito que acompanhavam sua responsabilidade) e em seus relacionamentos subsequentes (Gn 27—34). Por outro lado, tais bênçãos geralmente dão ensejo às pessoas para mostrar hospitalidade e generosidade (Gn 18). Infeliz e paradoxalmente, embora a sabedoria deva gerar prosperidade e influência ou poder, a prosperidade e o poder tendem a estimular a estupidez (como a história de Salomão ilustra de maneira vívida). Jesus e o livro de Provérbios observam que o ser humano passa a confiar em sua riqueza, esquecendo-se de sua vulnerabilidade.

As pessoas comuns obterão a posse do país ou do mundo no sentido de possuí-los, governá-los e usufruir deles? As Escrituras subvertem a noção de possuir terra, dando a entender que a vocação humana é servir ao invés de governá-la. Todavia, a boa notícia do Primeiro Testamento, que subjaz à linguagem de Jesus, é que obter posse indica de fato ter segurança, provisão e independência (mas não de Deus).

O necessitado e o estrangeiro

"Dois fatos paradoxais intrigam e desafiam o teólogo": sociedades ricas (que não precisam de esperança) e o pobre (que tem esperança).[52] Em certa ocasião, Jesus encoraja uma pessoa rica a vender tudo o que tinha e dar aos necessitados (Lc 18:18-25); contudo, a história não representa a abordagem comum da Escritura em conexão com as riquezas. Antes, enfatiza a obrigação que acompanha a riqueza: usá-la de modo a glorificar a Deus e ministrar às necessidades das pessoas, especialmente aquelas que não dispõem de recursos próprios. A ordem de Jesus ao indivíduo em questão reflete o fato de que as riquezas são uma armadilha.

Podemos até dizer que o amor ao dinheiro é a raiz de todos os males, ou pelo menos de toda a espécie de males (1Tm 6:10). A Torá e os Profetas trazem abundante evidência desse fato. Regras na Torá tentam levar pessoas que têm recursos a usá-los em benefício do necessitado, e os Profetas, por sua vez, protestam contra a forma como as pessoas

---

[52]Joao Batista Libano, "Hope, Utopia, Resurrection" [Esperança, utopia, ressurreição], em Sobrino e Ellacuria, *Mysterium Liberationis*, p. 716-27 (em p. 716); *Systematic Theology* [Teologia sistemática] (Maryknoll, Nova York: Orbis, 1996), p. 279-90 (em p. 279).

ricas evitam essa responsabilidade. Sem dúvida, as pessoas continuam com essa manobra, incluindo o autor e os leitores do presente livro, que pertencem à elite socioeconômica global.[53]

Enquanto dar é um aspecto da generosidade, emprestar é outro. Nas economias ocidentais, emprestar é uma forma de fazer mais dinheiro. A Escritura não exclui por completo tais empréstimos como "negócio", mas enfatiza o empréstimo que não cobra juros, o empréstimo que funciona para ajudar as pessoas a sobreviver quando estão com problemas, com base na ideia de que estarão em condições de repagar a dívida no devido tempo.

A prática pode caracterizar relacionamentos em uma sociedade em que os membros se apoiam mutuamente. Este ano eu empresto para você; no próximo, você me empresta. Tal abordagem ao empréstimo tem o potencial de caracterizar um tipo de sistema econômico local, embora não funcione segundo as regras de mercado ocidentais. Trata-se de um aspecto na forma como as Escrituras sugerem uma ideologia que pode ser chamada de "relacionismo", e não "capitalismo democrático" ou "socialismo de mercado".[54] Empresto a alguém dessa maneira pelo fato de ele ou ela ser meu "irmão" ou minha "irmã" (e.g., Lv 25:35-37; Dt 15:7-8); não devemos cobrar juros no contexto familiar.

Lembretes de como até mesmo o pobre é "seu irmão" ocorrem em conexão com a forma pela qual alguém endividado pode acabar como seu "servo". Desde a Segunda Guerra Mundial, a maioria das traduções usou a palavra *escravo*, mas a palavra *servo* (NVI) é mais apropriada: um 'ebed não é alguém de propriedade de um senhor. Ele ou ela é um servo de família, como o homem a quem Abraão comissionou para encontrar uma mulher para Isaque, ou um trabalhador temporário, como os ingleses que pagaram sua passagem para as Américas com seu trabalho. Assim, a Torá permite ao homem que se vê em dificuldades econômicas insolúveis pagar dívidas ao empreender um termo limitado desse serviço.

Essa forma de servidão funcionaria como uma rede de segurança para aqueles que se encontravam em dificuldade, permitindo-lhes um

---

[53]Cf. Craig L. Blomberg, *Neither Poverty nor Riches* [Nem pobreza, nem riqueza] (Downers Grove: InterVarsity Press; Leicester: Inter-Varsity Press, 2000), p. 11.
[54]Michael Schluter e John Ashcroft, eds., *Jubilee Manifesto* [Manifesto do jubileu] (Leicester: InterVarsity Press, 2005).

recomeço ao fim de seis anos de trabalho. Regulamentações sobre a liberação da terra (o "jubileu") também tinham o propósito de permitir às pessoas um novo começo. Elas têm um ângulo social (preocupação em fortalecer famílias), um ângulo econômico (preocupação em fortalecer a forma como a terra é distribuída entre todas as famílias israelitas) e um ângulo teológico (fundamentam-se na ideia de que tanto pessoas como a terra pertencem a Deus).[55]

Trabalho temporário, então, é um arranjo entre israelitas: relaciona-se ao fato de cada família ter uma porção de terra. Não pode aplicar-se ao estrangeiro cuja habitação passa a ser entre os israelitas, seja qual for o motivo (talvez estejam fugindo ou passando por dificuldades econômicas no próprio país). Espera-se apenas que o israelita lhe seja generoso, como Boaz foi com Rute. As mesmas expectativas se aplicam a viúvas e órfãos ("órfão" necessariamente não dá a entender "criança"). Mais uma vez, a preocupação de Boaz com Noemi ilustra esse princípio, e a história de Rute talvez remeta à razão pela qual viúvas e órfãos seriam vulneráveis: aparentemente, a terra de Elimeleque já havia sido confiscada. A expectativa de generosidade também se aplicava aos levitas, a quem não haviam sido alocadas porções de terra.

No vilarejo, a responsabilidade pela implementação da visão da Torá é do corpo de anciãos, detentores de poder e recurso na comunidade. Os anciãos também são responsáveis pela justiça em termos de resolução de conflitos nas aldeias. Sua função inclui lidar com questões envolvendo homicídio, roubo ou apropriação indevida de terra. O foco da implementação da justiça é restaurativo e religioso, não apenas retributivo, reabilitativo ou preventivo; sua ênfase está na restauração de relacionamentos e na reparação pelo dano.[56] Justiça quer dizer retificar as coisas. Outro elemento desse quadro é a convicção de que alguém que causou mal a outro também ofendeu a Deus. É por isso que esse alguém deve ajustar o relacionamento com Deus e com a pessoa ofendida (cf. Nm 5:6-10).

---

[55] Christopher J. H. Wright, e.g., *The Mission of God* [A missão de Deus] (Downers Grove: InterVarsity Press; Nottingham: InterVarsity Press, 2006), p. 291-93.
[56] Cf. Christopher D. Marshall, *Beyond Retribution* [Além da retribuição] (Grand Rapids e Cambridge: Eerdmans, 2001).

A cidade

Enquanto os imperativos de Provérbios, dos Profetas e do Sermão do Monte ficam sob pressão no vilarejo, podem ser mais vulneráveis na cidade. Em Israel, o desenvolvimento importantíssimo da cidade acontece como consequência da evolução do Estado, dependente da cidade como meio administrativo — principalmente na arrecadação de impostos. Cidade e vilarejo vivem em dependência mútua. Entretanto, por diversas razões, a cidade parece também ser o contexto em que alguns podem acumular riqueza à custa de outros; e se dificuldades econômicas impulsionam pessoas à cidade, sua dificuldade pode aumentar. Por isso, enquanto riqueza e pobreza podem ser uma realidade no país, ambas podem ser mais endêmicas na cidade.

Fatores dessa natureza fazem da justiça um problema maior na cidade. O Primeiro Testamento também dá a entender que a cidade é o lugar onde honestidade e retidão no comércio e na resolução de conflitos estão em perigo, de modo que a comunidade precisa de sistemas para salvaguardá-la. No vilarejo, a responsabilidade pela implementação da justiça está com os anciãos da comunidade, que se reúnem na entrada da cidade, e é possível que esse arranjo seja menos suscetível à corrupção do que o sistema mais formal que seria necessário na cidade — embora, nesse caso, também a administração da justiça sequer tenha sido profissionalizada. A justiça, portanto, tem conotações diferentes daquelas sustentadas nas sociedades urbanizadas e industriais.

Essa diferença é a mesma em conexão com penalidades pela transgressão. O Primeiro Testamento não tem ideia da imposição de multas, o que pressupõe que uma pessoa tenha prejudicado o Estado, e também não há nenhuma prática de encarceramento. Um princípio de justiça encontrado no Primeiro Testamento é a exigência de que o transgressor faça restituição pelo erro. Outro princípio é que a punição não exceda o crime, como no caso de Lameque (Gn 4:23-24). Dito poeticamente, o apropriado é olho por olho, dente por dente; punição excessiva, não. Enquanto a Torá prescreve a pena de morte para muitas ofensas, incluindo, por exemplo, o adultério, o Primeiro Testamento praticamente não registra a implementação da pena de morte, e uma declaração como "alguém que agride um de seus pais deve ser executado" é mais uma declaração de ética teológica ("agredir um dos pais é realmente maldoso") do que uma lei.

Considerações paralelas aplicam-se à noção de justiça social. O equivalente hebraico é *mišpāṭ ûṣĕdāqâ*, traduzido comumente como "justiça e retidão".[57] A expressão hebraica reestrutura a ideia de justiça social. *Mišpāṭ* denota o exercício de autoridade ou governo, que pode pertencer ao cabeça de uma família, ao ancião ou ao rei, enquanto *ṣĕdāqâ* denota fidelidade aos relacionamentos comunitários e ao relacionamento com Deus, com os quais se exercita o *mišpāṭ*. Tal justiça social é tanto local como centralizada. Ela é expressa por pessoas que têm poder, que são capazes de exercê-lo como certificação de que todos são tratados com justiça e, por exemplo, de que a comunidade se comporta de modo a cuidar das pessoas em vez de explorá-las.

As origens das cidades como Gênesis as descreve, e a injustiça que floresce delas, podem levar-nos a pensar que as Escrituras as veem como uma invenção humana inerentemente questionável e rebelde, e por associação aplicar essa percepção ao desenvolvimento musical, à poesia e à fermentação de uvas. Mas Deus afirma tudo isso. Davi vê a cidade como algo necessário e escolhe Jerusalém como capital; em retrospectiva, Yahweh se identifica com a escolha davídica (Sl 132). A cidade se torna o lugar onde Deus manifesta sua fidelidade e poder (e.g., Sl 46), equivalente israelita ao monte Zafom (Sl 48), o *verdadeiro* monte Zafom. É o lugar onde Yahweh escolhe ter um palácio (o templo), além daquele que já possui nos céus, onde o adorador pode aproximar-se para apresentar sua necessidade e clamar a Deus em favor de sua intervenção. Ademais, a visão bíblica do futuro não é um regresso à vida na aldeia, mas novos céus e nova terra — um novo mundo, personificado em uma nova Jerusalém, apesar de a visão reconhecer o equilíbrio necessário entre cidade e campo (Is 65:15-25; Ap 21:1—22:5).O colapso moral, social e material de Jerusalém não leva Deus a abandoná-la. Em um cumprimento parcial da visão de Isaías, há momentos em que podemos ver Jerusalém transformando-se em uma cidade recriada, ou seja, em uma cidade que abriu mão da adoração de outras deidades, da criação de imagens e da contravenção do sábado, aspectos característicos de antes do exílio. O comprometimento de pessoas como Esdras e Neemias, bem como de "mestres sábios", a quem Daniel 11 se refere, contribuiu para essa renovação.

---

[57]Cf. Moshe Weinfeld, *Social Justice in Ancient Israel and in the Ancient Near East* [Justiça social e o antigo Oriente Próximo] (Filadélfia: Fortress, 1995).

A cidade não é especialmente um lugar onde muitas pessoas vivem,[58] mas um centro de poder e administração, bem como lugar de refúgio; também é o local onde desigualdade, corrupção, fraude e opressão florescem. Contudo, a cidade se torna a chave para a propagação da história de Jesus e o desenvolvimento de congregações daqueles que creem nele. Depois de se tornar a cidade de Deus, a cidade santa, Jerusalém nunca perde sua importância. A despeito de todas as vicissitudes de sua história, Jerusalém fornece a imagem de uma cidade cuja permanência é eterna: a Nova Jerusalém. Assim, a Escritura começa com um jardim, mas termina com uma cidade. Jonas figura uma grande cidade como que caracterizada por corrupção e destinada a julgamento, mas também capaz de se arrepender e encontrar perdão.

3.3 A NAÇÃO

Enquanto a cidade é uma invenção humana da qual Deus se apropria e com a qual trabalha, o desenvolvimento de diferentes nações, cada qual com sua particularidade, parece surgir de um trabalhar mais direto de Deus.[59] Embora Deus tenha chamado Abraão para longe das civilizações da Mesopotâmia e da antiga cidade de Ur, distanciando-o de seu país, seu povo e sua família, Deus promete fazer do patriarca uma grande *nação*, o ascendente de muitas nações e uma bênção para as nações (e.g., Gn 12:2; 17:4; 18:8). Israel é tanto *'am* como *gôy*, mesmo antes de sua chegada à terra — tanto um povo como uma nação (Êx 33:13; Dt 26:5; Js 3:17). É uma entidade que vê a si própria como uma unidade étnica, uma grande família, assim como um corpo cujos membros estão cientes de constituir uma unidade política. O foco do Primeiro Testamento em Israel como nação e na expectativa de Yahweh em relação às demais nações complementa o foco relativamente amplo do Novo Testamento na congregação e na fé individual dos fiéis em

---

[58]Cf. J. W. Rogerson e John Vincent, *The City in Biblical Perspective* [A cidade na perspectiva bíblica] (Londres e Oakville: Equinox, 2009).
[59]Contraste com Barth, *CD* III, 4:305-9. O contexto para os comentários de Barth é a ideologia de povos propagada na Alemanha entre as duas guerras mundiais. Mas, mesmo na década de 1950, um juiz nos Estados Unidos declarou crime o casamento inter-racial de um casal com base no fato de Deus ter criado brancos e negros distintamente, de modo que eles deveriam continuar separados.

Jesus, quando "a concepção de 'nação santa', em seu sentido restrito, já não era mais viável".[60]

Deus está preocupado com todas as nações. A terra é, então, intrínseca à sua natureza. O governo central talvez não seja; é uma necessidade prática e também uma bênção mista. Já a perspectiva bíblica de superpotências é menos ambígua. Não restam dúvidas de que superpotências são um tipo de antideus, mesmo que Deus possa fazer uso delas.

Nações

Em consonância com as promessas de Deus a Abraão, os Profetas incluem promessas espetaculares sobre o destino das nações (e.g., Is 19:18-25), enquanto o Apocalipse apropria-se das palavras de Salmos 86:9, declarando que "todas as nações virão e adorarão" Yahweh. Elas andarão pela luz da cidade santa, a Nova Jerusalém, para a qual lhe trarão seu esplendor e honra (Ap 15:4; 21:24-26). Até lá, elas se beneficiam do livramento de Yahweh a Israel, visto que o livramento dos israelitas envolve abater a superpotência, porque a superpotência é também sua opressora. Essa libertação estabelece o tipo de Deus que Yahweh é e estabelece a base na qual ele opera no mundo, bem como revela traços de caráter que funcionam em benefício das nações quando se encontram em dificuldade. A ação de Yahweh para com Israel modela sua intenção positiva para as nações. Deus também é seu libertador, soberano e provedor.

Em ambos os Testamentos, o fato de Deus escolher algumas pessoas não dá a entender a rejeição de outras. Quando Jesus escolhe alguns dentre o mundo, sua ação é estabelecida no contexto do amor de Deus pelo mundo como um todo, além de ser, aparentemente, uma expressão desse amor (Jo 3:16; 15:19). De modo semelhante, ao escolher Israel, Deus não rejeita as demais nações.[61] Elas foram criadas por Yahweh, vivem no mundo de Yahweh e, mesmo agora, são convocadas a adorá-lo (e.g., Sl 47; 66; 67; 113; 117), principalmente pelo que ele fez por Israel. O reinado de Yahweh significa que:

---

[60]Martin Buber, *Two Types of Faith* [Dois tipos de fé] (Londres: Routledge; Nova York: Macmillan, 1951), p. 173.
[61]Cf., e.g., Joel Kaminsky, "Did Election Imply the Mistreatment of Non-Israelites?" [Eleição sugere maus-tratos de gentios?], *Harvard Theological Review* 96 (2003): 397-425.

O mundo está firme e, de fato, não se abalará;
ele decide em favor dos povos com retidão.

Yahweh julgará o mundo com fidelidade
e os povos, com lealdade (Sl 96:10,13; cf. Sl 98:9).

Traduções em língua portuguesa geralmente transmitem a ideia de Yahweh "julgando" o mundo, porém o verbo (*šāpaṭ*) é a palavra usada com relação ao "julgar" do pobre — ou seja, decidir em favor do pobre, exercer autoridade em seu benefício.[62]

Uma forma pela qual Yahweh decide em favor das nações é atraindo-as a Sião, onde, metaforicamente, a cidade se posiciona acima dos povos como localização da casa de Yahweh e, de alguma forma, as nações sabem que devem aprender os caminhos de Yahweh se quiserem viver, e seu ensino resultará na resolução de conflitos entre elas (Is 2:2-4). Deus pretende dar fim à morte e ao pranto decorrentes da guerra, e está preparando um banquete, "neste monte", para celebrar esse fato (Is 25:6-8). Embora seja uma ocasião na qual ele removerá a vergonha do seu povo, o banquete também trará alívio e celebração para todas as nações. De fato, por servir a Yahweh, Israel será o meio pelo qual o "governo justo e gentil"[63] de Yahweh chegará até elas (Is 42:1-4).

Bênção e honra

Uma forma pela qual essa intenção se concretizaria, talvez *a única* forma, decorreria do fato de Israel ser uma aliança para os povos — ou seja, a personificação do que significa, para Yahweh, estar em um relacionamento pactual com alguém. Israel seria luz das nações precisamente dessa maneira (Is 42:5-7). A imagem reafirma a ideia dos descendentes de Abraão como bênção para as nações (Gn 12:1-3).[64] Na verdade, para ser luz, ou bênção, Israel não deve fazer nada além de deixar Yahweh

---

[62]Cf. comentários sobre *mišpāṭ* na seção 3.2, "A Cidade". "Fidelidade" é *ṣedeq*, relacionada à palavra *ṣĕdāqâ*, comentada também na seção.
[63]Mais uma vez, *Mišpāṭ*. A frase entre aspas foi aplicada pelos cidadãos da Grã-Bretanha ao seu governo no século XVIII, sendo também empregada, posteriormente, pelos cidadãos americanos como referência ao governo dos Estados Unidos.
[64]Cf. "Promessas", seção 2.2.

governar sua vida, embora até mesmo esse comprometimento lhe tenha sido pesado (cf. Is 42:18-25). Entretanto, no final do livro de Isaías são retratados os sobreviventes da catástrofe que recaiu sobre Israel como enviados às nações, inclusive os próprios representantes das nações envolvidos nesse envio (Is 66:18-24).

Israel será, dessa forma, honrado perante outros povos. Assim como honra ao invés de vergonha é uma ambição apropriada para uma comunidade, também é uma ambição adequada no relacionamento entre comunidades (Jr 2:26 faz a conexão). Vergonha representa uma realidade dolorosa; Jeremias 46—51 a estabelece como um tema proeminente ao descrever Yahweh abatendo Egito, Moabe e Babilônia. Também se trata, assim, de um tema nas orações de Israel. O povo de Deus pode se regozijar nas ocasiões em que Yahweh não permitiu que esperimentasse vergonha ao deixar de ouvir suas orações (e.g., Sl 22:5 [TM 6]), mas também pode entristecer-se diante de Yahweh, por deixá-lo viver em vergonha (e.g., Ed 9:7; Ne 1:3; Dn 9:7-8).

Paradoxalmente, porém, prestar atenção demais à honra pode resultar em sua perda. A própria posse de honra e majestade ameaça comprometer a honra e a majestade daquele a quem ambas inerentemente pertencem. Certamente, aqueles que têm majestade e honra podem ficar orgulhosos — condição praticamente inevitável — de modo a infringir a dignidade de Deus, correndo, portanto, o risco de perdê-las. Caso se exaltem, não há como não perdê-las (cf. Is 2:5-22).

O livro de Salmos ressalta consequências terríveis se as nações falharem em sua fidelidade e lealdade. Quando elas se agitam, Yahweh as silencia (Sl 46). Os Profetas também falam da queda de nações individuais ao substituírem a adoração devida a Deus por deuses falsos, ou quando são culpadas de crimes de guerra (e.g., Is 13—23; Am 1—2); e o Apocalipse anuncia um destino terrível para os povos. Assim como a ação de Yahweh contra o faraó por sua opressão a um povo subordinado modela a forma como Deus se relaciona com qualquer superpotência, sua ação contra os amalequitas ou cananeus modela o destino daquelas nações que atacam o fraco ou sacrificam crianças. Os Profetas incorporam advertências paralelas sobre o próprio Israel como nação. Como Israel, então, os povos deparam com uma escolha. Deus lhes estabelece duas possibilidades. Como no caso de Israel, porém, mesmo que optem pela destruição, não significa que será seu fim; existe a possibilidade de restauração (mais uma vez, Isaías 19:18-25 é uma expressão espetacular dessa ideia).

Yahweh está diretamente envolvido nas questões políticas das nações, já que as ações dos povos afetam seu povo. "Yahweh desfaz a política das nações e frustra a intenção dos povos" (Sl 33:10). Com frequência, Deus opera em meio à política das nações mediante os membros do seu povo — como quando comissiona Eliseu a ungir um novo rei para a Síria (1Rs 19:15). Para Israel, a tentação é confiar nas nações, temê-las ou admirá-las por sua sabedoria. O fato de Israel ter de viver por sua confiança em Yahweh em sua vida política é um desafio e tanto: é difícil quando os israelitas estão no Egito e quando rumam em sua jornada pelo deserto; é difícil para Judá quando, como entidade política, está sob pressão da Assíria, e quando está sob pressão semelhante da Síria e de Efraim (cf., e.g., Is 7; 30).

Território

A promessa de que Abraão se tornará uma grande nação está associada à ordem de que ele vá para determinada região, o que leva, naturalmente, à promessa de que seu povo terá a posse desse território (Gn 12:1-7). A resposta de Abraão é construir uma série de altares nessa região, no norte, no centro e no sul, declarando, assim, o nome de Yahweh sobre a terra como um explorador moderno que finca uma bandeira. Posteriormente, Yahweh pode referir-se a essa região como "minha terra" (e.g., Jr 2:7; Ez 38:16; Jl 1:6). Para Yahweh, não se trata de um problema prático o fato de o território pertencer aos cananeus; afinal, ele tem o direito e o poder de realocar territórios. Fazê-lo, porém, resultaria em um problema moral, levando Yahweh a aguardar por um bom tempo até cumprir sua promessa a Abraão, esperando até que pudesse fazê-lo sem ser injusto com os ocupantes de Canaã (Gn 15:16).

A Escritura continuará a falar da terra de Israel como que pertencendo a Yahweh. Por estabelecer seu povo no território, a região pertencerá, em certo sentido, aos israelitas; no entanto, eles viverão na terra como inquilinos, e não como donos. Assim, Israel deve habitar na terra de Canaã de uma forma que agrade ao seu verdadeiro dono. A terra é o lugar onde deverão implementar a Torá. De Êxodo a Deuteronômio, o viver correto em Canaã é um dos focos principais de seu vasto trato de exigências e exortações. A falha em viver de acordo com as expectativas do proprietário pode levar a suspensão ou cessação do arrendamento, da mesma forma como Yahweh fizera com os ocupantes anteriores — e o mesmo resultado sobrevirá a Israel.

A ação de dar a Israel seu território serve de exemplo particular de uma atividade mais ampla. Foi Yahweh quem deu aos filisteus e aos sírios sua terra (Am 9:7). Deus espera que todas as nações vivam em "sua" terra (ou seja, na terra que pertence a Yahweh), de modo a corresponder às expectativas divinas.

Território, povo e nação estão interligados. A identidade de um povo ou nação subjaz, em parte, em sua terra. Nação sem uma terra é um conceito estranho. A conexão reflete algo sobre a forma como Deus criou a humanidade. Seria o equivalente corporativo de Deus criando o ser humano individual como um ser sem corpo.[65] Destarte, como nação, Israel é uma entidade territorial. É um tanto estranho o fato de a ligação do povo judeu com sua terra ser, hoje em dia, sujeita à crítica, enquanto "a ligação de indígenas americanos ou australianos às rochas, às árvores e aos desertos é celebrada como uma conexão orgânica que 'nós' perdemos com a Terra".[66]

Em Gênesis, mais explicitamente, especificar a bênção de Abraão em termos de expansão familiar e territorial se encaixa na natureza da atividade de Deus na criação. Em seu ato criativo, Deus já havia explicitado a natureza da bênção que intencionava ao ordenar o crescimento da humanidade e o preenchimento do território. Deus repete esse tema tríplice ao falar de bênção, crescimento e território para Abraão como aquele em quem a intenção da criação de Deus será assim cumprida — um modelo da intenção de Deus para a humanidade e para o mundo como um todo ('*ereṣ* é tanto a palavra para "terra", em Gênesis 1, como para "porção de terra", em Gênesis 12).

O Novo Testamento faz pouca referência à ligação entre o povo judeu e sua terra. Os Evangelhos podem simplesmente dá-la por garantida.

---

[65]Cf. comentários de Thomas F. Torrance, "The Divine Vocation and Destiny of Israel in World History" [A vocação divina e o destino de Israel na história mundial], em *The Witness of the Jews to God* [O testemunho judaico de Deus], ed. David W. Torrance (Edimburgo: Handsel, 1982), p. 85-104 (em p. 103).
[66]Daniel Boyarin, *A Radical Jew* [Um judeu radical] (Berkeley e Londres: University of California Press, 1994), p. 251.

Se a terra está ligada à identidade de determinado povo, a importância contínua do povo judaico resultará na importância contínua de sua terra.[67] Além disso, a localização geográfica dos acontecimentos relacionados a vida, morte e ressurreição de Jesus quer significar que a terra não pode perder sua importância. O fato de Paulo omitir referências à terra ao enumerar os privilégios de Israel (Rm 9:4; Ef 2:12-13) pode estar ligado à ideia de que ele escreve a judeus e gentios em Roma e na Turquia, para os quais a terra não tem importância tão direta quanto seria, por exemplo, para os cristãos da Judeia.

Essa omissão também aponta para um ponto teológico. A família de Abraão foi escolhida como uma ponte para todas as nações do mundo, e agora todas as famílias da terra passam a compartilhar sua bênção. Por isso, a ideia de a família de Abraão encher a 'ereṣ de Canaã interliga-se com o propósito de Deus para a 'ereṣ como um todo, encaixando-se, portanto, no fato de que o reino de Deus não deve estar confinado à terra de Israel, mas à ocupação do mundo inteiro,[68] embora isso não sugira que as nações e seu território desaparecerão.

Estado

Enquanto o Novo Testamento realmente aborda a autoridade de um poder imperial como Roma em Romanos 13, o Primeiro Testamento tem mais a dizer sobre a devida responsabilidade de um governo. Essa responsabilidade é tanto da nação como da cidade e do vilarejo. Israel começa como povo e nação, tornando-se, finalmente, um reino — uma nação com um governo central. A palavra "reino" é o mais próximo que o hebraico chega de um termo para "Estado". Significa uma forma particular de organização central que, como tal, tem a capacidade de proteger seu povo e guardar-se de desordem social — limitar a liberdade das pessoas de fazer o que bem entendem, como acontecera no tempo dos juízes (Jz 21:25).

---

[67]Contudo, Nicholas C. R. Brown ("For the Nation: Jesus, the Restoration of Israel and Articulating a Christian Ethic of Territorial Governance" [Pela nação: Jesus, a restauração de Israel e a articulação da ética cristã para a governança territorial] [Tese de doutorado, Fuller Theological Seminary, 2015]) observa passagens em que os evangelhos sugerem tal ligação.
[68]Cf. N. T. Wright, *Paul and the Faithfulness of God* [Paulo e a fidelidade de Deus] (Mineápolis: Fortress; Londres: SPCK, 2013), p. 366-67.

Salmos 72 expõe a responsabilidade que paira sobre um governo nacional. O salmo fala em termos de governo monárquico, mas seu relato das prioridades esperadas do rei é transferido a sistemas presidenciais e a democracias parlamentares. A preocupação principal expressa na oração é que o governo se entregue à *mišpāṭ* e *ṣədāqâ*, a um exercício de autoridade cujo reconhecimento é de obrigações e comprometimentos mútuos, encorajando as pessoas a viverem umas com as outras à luz dessas obrigações e comprometimentos.[69] Tal exercício fiel de autoridade e do salvaguardar de fidelidade mútua na nação é a principal obrigação do governo. Destarte, o egoísmo humano significa que o governo deve preocupar-se em proteger o indefeso, o necessitado e o explorado por pessoas com poder e recursos, que procurarão tirar vantagem. O problema é que as próprias pessoas do governo são propensas à corrupção. A promessa de Salmos 72 é que um governo cuja prioridade são os que a passagem enfatiza será bem-sucedido em fazer a nação florescer, visto que, segundo o salmo dá a entender, há uma ligação moral entre prosperidade e fidelidade no contexto da comunidade.

Na época do Primeiro Testamento, Israel foi um Estado — ou melhor, dois Estados — por apenas alguns séculos; não demorou para que Efraim, depois Judá, passassem a ser províncias de um império estrangeiro. Conforme estabelecido por Samuel, o governo central é tão propenso a ser um fardo quanto uma liberação (cf. 1Sm 8:11-17), mas, no caso de Israel, isso trouxe estabilidade em sua política externa (ou seja, o fato de haver lidado com povos como cananeus e filisteus) até a chegada desses poderes imperiais. A transformação da família de Abraão em uma nação e, posteriormente, em um Estado tornou quase inevitável seu funcionamento como um Estado qualquer, levando, por exemplo, Israel a se envolver em guerras como uma forma de proteção nacional.

Aparentemente, no devido tempo, Deus abandonou a ideia de trabalhar por meio de um Estado. Podemos inferir que o fato de Israel se transformar em uma nação não facilitou o objetivo de Yahweh de levar todas as nações ao reconhecimento de seu povo e, assim, ao reconhecimento do próprio Yahweh; a Escritura, porém, não faz nenhuma declaração explícita do motivo pelo qual Deus abandonou a ideia. Nenhum

---

[69] Cf. comentários a esse respeito em "A Cidade", seção 3.2.

dos Testamentos se sente desconfortável com a questão de Israel ter sido uma nação ou Estado e, como tal, ter-se envolvido em guerras — nem com a ação particular de Josué ao guerrear contra os cananeus (cf. At 7 e Hb 11), embora o fato seja embaraçoso tanto para o judaísmo como para o cristianismo.[70]

As Escrituras consideram a guerra simplesmente um aspecto da humanidade, uma vez que o conflito faz parte da vida. Enxergam conflitos como resultado da rebelião cuja origem remonta ao Princípio, mas prometem que um dia a guerra deixará de existir, mas até lá a narrativa bíblica aceita a guerra como uma realidade. Por isso, o único comentário de Jesus sobre o assunto é que as guerras continuarão até o Fim (e.g., Mc 13:7). Nos Evangelhos, Jesus demonstra mais tolerância com soldados do que com pessoas ricas. Como em tudo mais, a fé em Deus é a chave para lutar em uma guerra (Hb 11:34).

Desse modo, a Escritura não se exaspera com a guerra e com outras formas de violência humana da mesma forma que as pessoas do mundo ocidental. "O problema da guerra" não é sequer um problema em qualquer dos Testamentos.[71] Parte da razão envolvida em nossa inquietação tem origem no Iluminismo; a outra parte resulta do fato de a guerra moderna redundar em perdas muito mais pesadas para a humanidade devido aos avanços tecnológicos. Assim, as Escrituras não nos auxiliam diretamente com o problema que temos acerca da guerra, mas falam bastante de guerra e nos ajudam precisamente em virtude de sua abordagem ao assunto a partir de um ângulo diferente.

Com aparente aprovação, as Escrituras podem figurar a guerra como um meio de abater potências opressoras e libertar os oprimidos (cf. Gn 14); resistir ao ataque de outros povos e punir invasores (e.g., Êx 17:8-16); e punir os transgressores em geral (e.g., Nm 31:1-3). Também podem exultar quanto à libertação que não envolve guerras (Êx 14—15) e quando o confronto é evitado (Nm 20:14-21). Enquanto a guerra representa um dos meios principais pelos quais as nações obtêm território, as Escrituras não dão a entender que seria correto a Israel simplesmente invadir Canaã e,

---

[70]Cf., e.g., Robert Eisen, *The Peace and Violence of Judaism* [A paz e a violência do judaísmo] (Oxford e Nova York: Oxford University Press, 2011).
[71]Contraste com o título de Peter C. Craigie's, *The Problem of War in the Old Testament* [O problema da guerra no Antigo Testamento] (Grand Rapids: Eerdmans, 1978).

em virtude da promessa de Deus, obter a terra à força. Já observamos que a invasão da terra podia apenas ser justificada porque seus ocupantes mereciam a perda de seu território (e.g., Gn 15:16). Em vez de fornecerem a racionalização para ações egoístas, essas passagens bíblicas reforçam o pressuposto de que Israel não poderia apropriar-se do território de outros povos simplesmente por desejar isso.[72]

A superpotência

Boa parte da história bíblica se desdobra no contexto de uma sequência de superpotências do Oriente Médio: Egito, Assíria, Babilônia, Medo-Pérsia, Grécia e Roma.[73] As Escrituras supõem que a razão de esses impérios existirem é a permissão de Deus, mas ele geralmente o faz sem se envolver diretamente com eles ou intervir em suas histórias. Ocasionalmente, ele se impõe sobre essas potências, como aconteceu no êxodo e no mar Vermelho. Nesses episódios, seu propósito foi demonstrar que o faraó não era rei, muito menos deus. Paulo menciona o comentário de Deus em Êxodo: "Eu o levantei exatamente com este propósito: mostrar em você o meu poder, e para que o meu nome seja proclamado em toda a terra"; em seguida, o apóstolo adiciona um retoque final: "Portanto, Deus tem misericórdia de quem ele quer, e endurece a quem ele quer" (Rm 9:17-18, NVI).

Subsequentemente, Deus endurece duas superpotências, Assíria e Babilônia, para cumprir seu propósito de trazer tribulação ao seu povo. O rei assírio é agente de Yahweh (e.g., Is 10:5-6). O rei babilônico é servo, e Judá, bem como outras nações menores, devem submeter-se a ele (Jr 27). É claro que a superpotência não vê dessa maneira (e.g., Is 10:7-15), ou reconhece isso apenas nominalmente. Além do mais, está inclinada a confiar em seu vasto poderio militar e nos recursos de informações (e.g., Is 47).

Yahweh usa uma superpotência para abater a outra. Sua destruição vem como *šōd* de *šadday*, como a destruição do Destruidor; esse é um dos propósitos do Dia de Yahweh (Is 13:6,8). Yahweh, assim, usa a Pérsia para trazer libertação a Judá, despertando o espírito do rei persa nessa conexão (Ed 1:1). Metaforicamente falando, Ciro, de fato, torna-se Ungido de

---

[72]Cf. ainda *OTT* 1:474-505; 3:548-82.
[73]Cf. ainda *OTT* 2:758-88.

Yahweh, um tipo de Rei Davi gentílico (Is 44:24—45:7), e um dos sucessores de Ciro comissiona Esdras a garantir que, em Jerusalém, a vida seja estruturada segundo a Torá de Yahweh (Ed 7). A lei de Deus também é a lei do rei. Sem dúvida, o imperador tem suas razões; seu desejo é manter um Estado ordeiro. No entanto, sem se dar conta, ele é agente de Yahweh.

Circunstâncias do nascimento e da infância de Jesus interagem com políticas e ações da superpotência da época (Mt 2:1-23; Lc 1:5—2:40). É o édito de Roma que o leva a nascer em Belém. A chegada de um possível Ungido causa nervosismo em Herodes, fantoche local de Roma, que busca, com crueldade, eliminar Jesus (Mt 2:1-18). É também esse ato que leva Jesus a viver no Egito e, no devido tempo, retornar a Israel e habitar em Nazaré. Jesus é levado de um lado para outro pelas superpotências políticas, mas, em cada ponto, podemos interligar os acontecimentos a passagens das Escrituras, dando a entender a existência de um quadro mais amplo, em que a superpotência desempenha um papel involuntário e incapaz de frustrar. A superpotência procura servir a si própria e frustrar a Deus. Talvez ela o faça no curto prazo, mas não no longo.

Na verdade, no devido tempo, o senhor se tornará servo. Deus pode usar uma superpotência mesmo que não seja essa a vontade dela e ela é desafiada a reconhecer Yahweh como Deus, juntando-se, assim, à adoração jubilosa das nações. Seu destino alternativo é receber o cetro de ferro de Jesus, ou ter de dar seu cetro ao povo de Deus (Ap 2:27; 12:5; 19:15). A expressão vem de Salmos 2, cuja promessa é que o rei davídico exercerá autoridade sobre as nações, a menos que se submetam a Yahweh. Isaías 52:13—53:12 oferece outro ângulo desse reconhecimento ao mostrar as nações reconhecendo o servo de Yahweh, o outro lado de sua humilhação e exaltação; Jesus carrega a transgressão das nações, da mesma forma como o faz com Israel. De forma semelhante, a humilhação de Israel será invertida (Is 49:22-23). O reconhecimento de Yahweh e o reconhecimento do povo de Yahweh estão interligados (e.g., Is 45:14-17; 49:7; 55:1-5). Entretanto, também para o Egito e a Assíria, derrota e humilhação não serão a última palavra (cf. Is 19:18-25).

Em termos logísticos, o abatimento da superpotência é necessário para que Israel seja restaurado. Abater nações inclinadas à guerra é algo logisticamente necessário se Israel e outras nações desejam ter paz. Derrubar opressores é teologicamente necessário se a ordem moral deve ser estabelecida no mundo. Yahweh, assim, busca compensação da superpotência (e.g., Jr 50:15-18). A promessa de abater o opressor é pastoralmente necessária para que o povo de Israel continue a existir, ainda que tenha sido dominado pelo império. A boa notícia é que Yahweh é um "Deus zeloso, um Deus que toma medidas para a compensação" (Na 1:2).

O povo subjugado

Quando Jesus pede a um coletor de impostos dos romanos que o siga (Mt 9:9), não o faz insinuando uma avaliação negativa do trabalho deste; pelo menos esse julgamento não está implícito ao dar a mesma ordem a pescadores ou a membros do exército. Não se trata de um fator essencial. Jesus compartilha uma refeição com Mateus e outros publicanos e pecadores, atraindo a reprovação de pessoas preocupadas com a pureza ritualística. Associar-se, porém, a eles dessa forma é uma demonstração de *ḥesed*, amor leal ou comprometimento.

Todavia, as Escrituras são "uma história de resistência fiel ao império".[74] Nos tempos do Novo Testamento, Roma, com certa plausibilidade, reivindicou o governo do mundo. Apocalipse pressupõe que tal reivindicação "não passaria de uma usurpação blasfema do governo exclusivo de Deus e poderia apenas ser resistida". Deus é o *kyrios* e o *pantokratōr* (Ap 1:8; 4:8; 11:17; 15:3; 16:7; 16:14; 19:6; 19:15; 21:22).[75] Apocalipse é "um documento de resistência política [...]. O livro procura comissionar as sete igrejas a uma posição de testemunho corajoso contra uma cultura que expõe profanações sedutoras perante o povo de Deus".[76] Assim, Apocalipse é "o livro mais explicitamente anti-imperial do Novo Testamento".[77] É "um dos ataques mais ferozes contra Roma e uma das

---

[74] A frase surge do subtítulo de Richard A. Horsley, ed., *In the Shadow of Empire* [À sombra do império] (Louisville e Londres: Westminster John Knox, 2008). Cf. Theodore W. Jennings, "Paul Against Empire" [Paulo contra o império], em Alejandro F. Botta e Pablo R. Andinach, eds., *The Bible and the Hermeneutics of Liberation* [A Bíblia e a hermenêutica da libertação] (Atlanta: SBL, 2009), p. 147-67.

[75] M. Eugene Boring, "The Theology of Revelation" [A teologia do Apocalipse], *Interpretation* 40 (1986): 257-69 (em p. 258, 259).

[76] Richard B. Hays, *The Moral Vision of the New Testament* [A visão moral do Novo Testamento] (São Francisco: Harper, 1996), p. 170.

[77] Greg Carey, "The Book of Revelation as Counter-Imperial Script" [O livro de Apocalipse como um roteiro anti-imperial], em Horsley, *In the Shadow of Empire* [À sombra do

peças mais eficazes da literatura de resistência política do período do início do império". Ademais: "sua crítica abrangente a todo o sistema de poder romano inclui um elemento importante de crítica econômica".[78] Provavelmente, Apocalipse 17—18 apropria-se do imaginário de Isaías 23:15-18, em que Tiro é retratado como uma prostituta; Roma é uma prostituta "porque sua associação com os povos de seu império é para o próprio benefício econômico. Àqueles que se associam a ela, Roma oferece os supostos benefícios da *Pax Romana*". Contudo, esses não passam de "favores de uma prostituta, comprados a um alto preço. Na verdade, a *Pax Romana* é um sistema de exploração econômica do império".[79] Também podemos enxergar Roma como o epítome do poder patriarcal e ver Deus abatendo o poder romano, restaurando a situação como no Princípio, em que não existem estruturas de poder entre seres humanos. Deus governa toda a humanidade; nenhum ser humano exerce autoridade sobre o outro.

Onde quer que se olhe nas Escrituras, pressupõe-se a superpotência como uma personificação de rebelião cujo poder deve ser abatido; entretanto, esse abatimento deve partir de Deus. Até lá, o povo de Deus deve submeter-se à autoridade, na medida em que pode dar a César o que é de César, sem comprometer o dar a Deus o que é de Deus (Mt 22:15-22). A superpotência foi posta no poder por Deus, como todo poder governamental (Rm 13:1-7).

O cidadão romano que habitava em Roma talvez temesse menos as autoridades romanas do que outras pessoas que viviam na periferia do império; por isso, o cristão romano devia pagar impostos com um sorriso no rosto. Ao que parece, Paulo notava que Roma praticava injustiças, mas, mesmo assim, declara que aqueles cujo comportamento era íntegro não deviam temer as autoridades do mundo porque seu foco consiste em abater os transgressores. Como no caso em que declara que "tribulação produz perseverança, e perseverança gera caráter aprovado" (Rm 5:3-4), o apóstolo está definindo como as coisas devem ser. Exceções à regra não nos devem fazer esquecer da regra em si. Os Profetas, bem

---

império], p. 157-76 (em p. 157).
[78]Richard Bauckham, *The Climax of Prophecy* [O auge da profecia] (Edimburgo: T&T Clark, 1993), 338.
[79]Ibid., p. 347.

como 1 e 2Reis, indicam que Deus pode trabalhar, e ainda trabalha, com a superpotência.[80] Esse fato, porém, não faz de Yahweh injusto por julgar a superpotência (cf. Rm 3:1-8).

Daniel oferece a perspectiva bíblica mais ampla de impérios, vendo a sequência de Babilônia, Medo-Pérsia e Grécia como uma sequência que narra implicitamente toda a história das superpotências, uma sequência que é, no devido tempo, terminada por Deus ao trazer um tipo diferente de superpotência. O judaísmo do segundo templo estende a sequência e adiciona Roma, o que é aceito pelo Novo Testamento. Enquanto Daniel fala de Deus dando poder a um governante imperial, às vezes o livro simplesmente descreve o surgimento de tais poderes. O envolvimento de Deus jaz em sua ruína.

3.4 O SER HUMANO

A humanidade foi feita à imagem de Deus com o objetivo de exercer responsabilidade pelo mundo em nome de Yahweh. Fomos criados para cuidar uns dos outros, ter liberdade e trabalhar. Fomos criados homem e mulher, e o casamento desempenha papel importante no cumprimento da nossa vocação. O mesmo acontece com a vida em família.

Responsabilidade

A humanidade carrega a imagem de seu criador (Cl 3:10). Deus criou a humanidade à sua imagem, conforme sua semelhança (Gn 1:26-27); o segundo substantivo reafirma e destaca o primeiro. Na Escritura, não há qualquer indício de que essa imagem tenha sido perdida ou arruinada em decorrência do pecado; antes, indica sua permanência.[81] Em Gênesis, as implicações de ser a imagem de Deus são especificadas no contexto. Isso

---

[80]Cf. Jacques Ellul, *The Politics of God and the Politics of Man* [Política de Deus e política do homem] (Grand Rapids: Eerdmans, 1972).
[81]Cf. John F. Kilner, "Humanity in God's Image" [Humanidade à imagem de Deus], *Journal of the Evangelical Theological Society* 53 (2010): 601-17; compare com Barth, *CD* I, 1:238-41. Em G. C. Berkouwer, *Man: The Image of God* [Homem: imagem de Deus] (Grand Rapids: Eerdmans, 1962), a discussão situa o problema desse desacordo no fato de a teologia sistemática empregar palavras diferentes do uso bíblico. Pode ser que ela estabeleça uma ideia bíblica, porém o faz usando palavras ao seu próprio modo.

implica responsabilidade para governar o mundo. Por trás dessa imagem, está a forma como um rei erige imagens de si próprio em diferentes partes do reino para simbolizar, nessas regiões, seu governo.[82] Súditos tinham de demonstrar respeito pela imagem, da mesma forma como hoje deve-se mostrar respeito pelo retrato de um rei ou de uma rainha (enquanto eu escrevia este texto, um homem britânico estava sendo julgado por haver desfigurado um retrato da rainha). Por isso, espera-se que tenhamos respeito por outros seres humanos e não os amaldiçoemos (Tg 3:9). A base para a afirmação de que a vida humana é sagrada está no fato de que o ser humano é feito à imagem de Deus.

Assim, ser humanidade é uma questão de vocação e responsabilidade em relação a Deus e ao mundo, não uma questão de diretos. Evidentemente, tal comentário é apropriado apenas àqueles que não devem preocupar-se com direitos, ou seja, que ocupam posição de honra ou ignoram os diretos de pessoas maltratadas.[83] Gente com certo nível de poder, como o escritor deste livro e a maioria dos leitores, têm obrigação de se preocupar com o direito de outras pessoas, e não apenas com o seu.

Criada à imagem de Deus, a humanidade era parte da boa criação de Deus. Entretanto, criado com capacidade moral, o ser humano ainda não era bom ou mau, mas estava no início da jornada que o modelaria como ser moral. "Adão... é retratado no início de sua 'carreira', não no fim."[84] Ao menos no Princípio, a criação da humanidade abriu-lhe a possibilidade de ser boa ou má. Contudo, o ser humano falhou em exercer soberania sobre o mundo como Deus pretendia, sujeitando-se, antes, à autoridade do mundo.[85] Como resultado, a humanidade viu-se em um relacionamento de luta com o mundo, de modo que a criação nunca alcançou seu objetivo final. Deus colocou tudo debaixo dos pés da humanidade, mas as coisas não funcionaram do jeito que Deus pretendia.

---

[82]Cf. J. Richard Middleton, *The Liberating Image* [A imagem libertadora] (Grand Rapids: Brazos, 2005).
[83]Cf. ilustrações em David Novak, "God and Human Rights" [Deus e os direitos humanos], em Isaac Kalimi, ed., *Jewish Bible Theology* [Teologia bíblica judaica] (Winona Lake: Eisenbrauns, 2012), p. 89-99.
[84]Herman Bavinck, *Reformed Dogmatics* [Dogmática reformada] (Grand Rapids: Baker, 2004), 2:564.
[85]Cf. "Ambiguidade e Incompletude", seção 3.1.

Vemos, porém, Jesus coroado de glória e de honra ao sofrer a morte (Hb 2:6-8), garantindo que o propósito de Deus se cumprirá. Não há quase nenhum embasamento bíblico para a alegação de que "nos originamos totalmente de Jesus, não apenas em termos do nosso relacionamento com Deus, potencial e factual, mas mesmo em nossa natureza humana como tal. [...] Somos participantes da natureza humana porque Jesus é, em primeiro lugar, participante dela".[86] Entretanto, podemos afirmar que Jesus é "o paradigma da verdadeira humanidade". Ele cumpriu nossa vocação de subjugar a terra e assumir responsabilidade por ela, abrindo caminho para nós, a quem deseja ver como seus irmãos e irmãs, compartilhando nossa fragilidade humana como criaturas de carne e osso, alcançando a maturidade através do sofrimento, vivendo pela confiança em Deus, afirmando-se sobre sua experiência e aprendendo a obediência através do sofrimento (Hb 2:5-14; 5:7-8).[87]

Poderíamos esperar que a renovação da imagem de Deus em Jesus (Cl 3:10) significasse progresso no cumprimento do propósito de Deus, segundo o qual a humanidade governaria bem o mundo em nome de Deus; contudo, aparentemente, tal progresso parece ainda não haver acontecido.

Capacidade relacional

Costuma-se dizer que ser a imagem de Deus implica ter a capacidade de estar em relação com Deus, e/ou que a descrição dessa imagem em termos de masculino e feminino implica que a capacidade relacional humana é um aspecto fundamental da imagem de Deus.[88] Ambas as implicações, porém, não são inerentes à ideia de imagem divina, mas ambas estão implícitas no relato mais amplo da humanidade, em Gênesis 1—2.

Na Escritura, a primeira coisa que os seres humanos descobrem sobre si mesmos é que Deus se dirige a eles; Deus já se dirigiu às criaturas do mar e do céu, embora não na mesma proporção, e não como recipientes de sua dádiva. Entendemos o que é o ser humano começando pelo fato de termos sido criados, tratados, abençoados e comissionados para cuidar

---

[86] Barth, *CD* III, 2:50.
[87] Anthony C. Thiselton, *The Hermeneutics of Doctrine* [Hermenêutica da doutrina] (Grand Rapids: Eerdmans, 2007), p. 241, 242.
[88] Cf. discussão em ibid., p. 223-40.

do mundo; de recebermos provisão generosa, a despeito da limitação de não podermos comer carne; de sermos obrigados a arar a terra com permissões amplas, embora sujeitos a restrições leves, passíveis de morte por ignorar restrições; e de estarmos sujeitos à tentação. Deus sai à procura do primeiro homem; faz algumas perguntas à sua mulher; expressa angústia pela forma como o casal ignora sua proibição; declara consequências e pronuncia punições; provê vestimenta a eles; e, ainda que os expulse de seu paraíso, persiste no relacionamento com o ser humano fora do Éden (Gn 2—4).

Assim, o pecado não separa a humanidade de Deus, embora dificulte ao ser humano o cumprimento de sua vocação. Qualquer entendimento do que é o ser humano tem de ressaltar o fato de que a humanidade vive perante Deus e é alvo de sua bênção e de seu senhorio. Recebemos a vida como dádiva — ou antes, como empréstimo — de Deus. Nossa resposta apropriada deve ser "assombro, humildade, admiração reverente, modéstia, circunspeção e cuidado". O fato de o próprio Deus ter-se tornado um ser humano como nós faz dessa resposta algo ainda mais apropriado.[89]

O relacionamento inter-humano também é essencial para o ser humano. Não é bom que o homem fique por conta própria; ele precisará de uma companhia se quiser realizar sua missão. Animais não podem cumprir esse papel. O paraíso precisa de mais seres humanos, para que a comissão seja cumprida; o homem não pode gerar sozinho, e os animais não podem ajudá-lo no cumprimento de seu chamado. Por isso, a mulher é criada a fim de que ambos tenham filhos e, juntos, cumpram sua comissão.

Seu relacionamento é assim orientado para a execução de tarefas. Não há nada em Gênesis 1—2 sobre alegria ou amizade no relacionamento romântico de Adão e Eva. Sem perceber, adicionamos, em nossa leitura particular desses capítulos, "o mito do amor romântico".[90] Felizmente (pensamos), as histórias posteriores em Gênesis apontam para um reconhecimento dessa faceta humana. Em outro lugar da Escritura, o Cântico dos Cânticos traz, em especial, essa ênfase. O livro retrata o relacionamento sexual como aquele em que homem e mulher encontram deleite,

---

[89] Barth, *CD* III, 4:339, 340.
[90] James W. McClendon, *Systematic Theology: Ethics* [Teologia sistemática: ética] (Nashville: Abingdon, 1986), p. 133.

ainda que, mesmo na intimidade, as Escrituras reconheçam as frustrações e dores atreladas ao relacionamento. Na relação de amor, há um conflito entre sabedoria e tolice (Pv 7).[91]

Encaixa-se nessa percepção o fato de que em Gênesis 3 é o relacionamento homem-mulher que serve de contexto imediato para a falha: homem e mulher falham um com o outro e, em seguida, falham com Deus; depois, culpam tanto um ao outro como a Deus. Embora seu relacionamento com Deus e um com o outro não estejam rompidos, eles estão confusos. A história de Caim e Abel implica que seres humanos têm, como um aspecto de sua responsabilidade para com Deus, responsabilidade mútua e para com o mundo. "Em sua forma básica, a humanidade é uma co-humanidade" e eu devo amar o meu próximo como a mim mesmo. Destarte, fito o olhar no meu próximo, olho no olho, vendo-o e deixando-me ver; ouvindo-o e deixando-me ouvir; dando e recebendo ajuda; fazendo-o com alegria, em um companheirismo no qual "ambos são amigos, colegas, associados, parceiros e ajudadores". Como tais, somos indispensáveis uns aos outros.[92]

É possível definir o que é o ser humano em termos da pessoa como um todo ou de suas partes — por exemplo, um ser humano é, essencialmente, alma, corpo ou a combinação dos dois.[93] Discussões atreladas à embriologia e aos equipamentos de apoio à vida pressupõem apenas uma definição biofísica do ser humano. No entanto, "entender *o humano* talvez não seja possível a menos que abordemos o tema *em relação com o 'Outro'*".[94] A declaração de que "a teologia de Paulo é relacional", de que o apóstolo "não estava preocupado com Deus em si ou com a humanidade em si", aplica-se às Escrituras como um todo. A Bíblia não fala tanto de "Deus em si ou da humanidade em si" da forma como o debate e a formulação teológico-cristã são abordados nos moldes do pensamento filosófico europeu. A Escritura se preocupa com Deus em relação ao mundo e com a humanidade em relação a Deus; com homem e mulher em seu

---

[91]Cf. Brevard S. Childs, *Biblical Theology in Crisis* [Teologia bíblica em crise] (Filadélfia: Westminster, 1970), p. 184-200. Childs prossegue em seu argumento de que a perspectiva do Novo Testamento sobre o sexo é um tanto estreita, devendo, assim, ser entendida à luz do Primeiro Testamento.
[92]Cf. Barth, *CD* III, 2:285 e 250-71; segunda citação extraída de 271.
[93]Cf. seção 3.5.
[94]Thiselton, *Hermeneutics of Doctrine* [Hermenêutica da doutrina], p. 181.

relacionamento mútuo; e com Jesus como resposta de Deus ao problema da humanidade.[95]

Liberdade para viver

Uma característica inesperada da história do Éden é a presença da tentação, ou do teste. Deus ordena a Adão que não coma da árvore do conhecimento do bem e do mal, a despeito de sua utilidade evidente (em conexão com seu comissionamento) em termos de capacidade de vida que, aparentemente, o homem poderia adquirir; e um dos seres criados por Deus sugere a Eva que ela e seu marido ignorem a instrução de Deus. Depois de Jesus ter sido batizado e recebido o Espírito, a primeira coisa que lhe sucede é passar por uma experiência semelhante. A história de Jó começa com a narrativa de que o seu sofrimento é um teste, e podemos perceber como ela se desenrola nesse sentido, embora o próprio Jó nunca o saiba. De fato, essa falta de percepção é um dos aspectos do teste.

A intenção da criação de Deus inclui colocar pressão sobre o ser humano para que ele cresça em maturidade. Não é uma resposta total ao "problema do sofrimento", mas é um dos pressupostos com os quais as Escrituras o abordam. A questão não é de onde surge o sofrimento, mas o que você faz quando ele ocorre. Uma atitude possível é argumentar: com Deus (como Jó), consigo mesmo (e.g., Sl 42—43) e com a fonte imediata da tentação (ao contrário de Adão e Eva).

Elaborei os dois subtemas desta seção (responsabilidade e capacidade relacional) sem perceber que eles formam um paralelo com dois subtemas de Barth em seu tópico a respeito da humanidade. Barth, então, adiciona um terceiro subtema: "liberdade para a vida".[96] O autor chama atenção ao que poderíamos chamar de "comissionamento divino para que o ser humano seja ele mesmo", comissionamento refletido no retrato bíblico da humanidade. Deus nos fez criaturas distintas dele e deseja que vivamos — ou seja, que escolhamos viver. Mais uma vez, a resposta apropriada é assombro, humildade, admiração reverente, modéstia, circunspeção e cuidado.

---

[95]Dunn, *The Theology of Paul the Apostle* [A teologia do apóstolo Paulo], p. 53.
[96]Barth, *CD* III, 4:324.

No mundo urbano, pode ser surpreendente encontrar, no início de Gênesis, o trabalho como um aspecto da liberdade para a qual fomos criados. Na Escritura, porém, o trabalho é a nossa vocação.[97] Todavia, não fomos criados para ser empregados, ou seja, para trabalhar para outra pessoa. Tornar-se "servo" de alguém dessa forma é uma possível solução quando alguém entra em apuros, mas não o ideal. Ainda menos é a ideia de que "a cada dia, o ser humano venda pedaços de si mesmo com o objetivo de tentar comprá-los a cada noite e a cada fim de semana".[98] Nas Escrituras, o trabalho é parte da atividade familiar.

Ao mesmo tempo, o descanso é um dos aspectos da liberdade para a qual fomos criados. Em especial, o Primeiro Testamento está interessado na "boa vida",[99] epitomada na ideia de alguém capaz de se assentar debaixo de sua vinha ou de sua figueira e convidar pessoas a partilhar esse momento (e.g., 1Rs 4:25; Zc 3:10). Significa usufruir o "vinho, que alegra o coração do homem; [o] azeite, que lhe faz brilhar o rosto; e [o] pão, que sustenta o coração humano" (Sl 104:15).

Deus assim criou o mundo como um lugar bom e posicionou os primeiros seres humanos em um paraíso maravilhoso, algo que as Escrituras fazem questão de recordar. "Poucas palavras do Antigo Testamento são tão características quanto 'alegria'".[100] "É impressionante [...] o número de referências, no Antigo e no Novo Testamentos, com respeito a deleite, regozijo, bem-aventurança, exultação, alegria e felicidade; e quão enfaticamente reivindicados no Livro de Salmos e da carta aos Filipenses".[101] O Cântico dos Cânticos não apenas se regozija no prazer do sexo; podemos notar que Eclesiastes também fala com frequência sobre alegria (e.g., Ec 5:20; 11:8-9), a despeito de — ou talvez devido a — restrições sobre a "liberdade" humana, das quais o livro trata. Nossa liberdade não implica que podemos encontrar, em última análise, significado através

---

[97]Cf. Jürgen Moltmann, *On Human Dignity* [Sobre a dignidade humana] (Filadélfia: Fortress; Londres: SCM Press, 1984), p. 45.
[98]C. Wright Mills, *White Collar* [Colarinho branco] Nova York: Oxford University Press, 1951), p. 237.
[99]Cf. R. Norman Whybray, *The Good Life in the Old Testament* [A boa vida no Antigo Testamento] (Edimburgo: T&T Clark, 2002).
[100]Ludwig Kohler, *Old Testament Theology* [Teologia do Antigo Testamento] (Londres: Lutterworth, 1957; Filadélfia: Westminster, 1958), p. 151.
[101]Barth, *CD* III, 4:375.

do que fazemos ou experimentamos, nem através do alcance de grande conhecimento ou poder ("na Bíblia, não existe passagem em que, como tal, o poder — físico, mental ou político — seja elogiado como algo bom ou mesmo desejável, muito menos tratado como bem supremo").[102]

Contudo, uma vez que aceitamos as limitações que Deus colocou sobre nós, podemos usufruir o pensar, o possuir, o experimentar e o realizar. Esse princípio se aplica, de modo mais espetacular, à aceitação de nossa mortalidade. Sem ironia, esse entusiasmo com vinho, boa aparência e pão aparece em um salmo cujo reconhecimento resoluto é de Deus como aquele que doa e retira a vida (Sl 104:27-30). "Considerar que morreremos significa, em contraste com quaisquer tentativas de evasão, aceitar-se; assentir apenas àquilo que corresponde com o querer de Deus; admitir que, um dia, não mais existiremos, mas nos colocaremos perante um 'tarde demais' final".[103] Tal admissão abre a porta da liberdade.

"Podemos ver que a ética do Novo Testamento [e também do Antigo Testamento] é uma convocação poderosa para que o homem leve a sério sua existência durante o tempo limitado que lhe resta e, assim, aproprie--se do hoje, do momento, como sua oportunidade".[104] "Ser humanidade é estar na esfera em que a primordial e misericordiosa vontade de Deus em relação às suas criaturas, sua vontade de salvá-las e guardá-las do poder do vazio, é revelada em ação." Então, em segundo lugar, "a humanidade é convocada pela Palavra de Deus". Consequentemente, "o ser da humanidade é uma história", e não algo estático. "O ser humano vive em seu tempo." "O fato de o ser humano ser temporal significa [...] que ele está sempre no agora."[105] Esse fato nos faz vulneráveis em relação ao passado e ao futuro, mas, felizmente, o "agora" inclui, para Deus, nosso passado e nosso futuro.

Homem e mulher

A criação de homem e mulher se relaciona com o propósito de Deus para o mundo; homem e mulher compartilham uma vocação igualitária em

---

[102]Barth, *CD* III, 4:391.
[103]Barth, *CD* III, 4:591.
[104]Barth, *CD* III, 4:584.
[105]Barth, *CD* III, 2:145, 150, 157, 437, 527.

conexão com subjugar a terra e servir o solo, ainda que, reconhecidamente, nossa própria preocupação com uma sociedade igualitária tenha origem no pensamento iluminista. A preocupação do Antigo Testamento é "humanizar a sociedade sob a perspectiva da fé israelita".[106]

Jesus dá boas-vindas às mulheres entre seus seguidores e, em geral, a mulher demonstra ser uma seguidora melhor do que o homem, mas Jesus não inclui nenhuma mulher entre os Doze, e as mulheres que o seguem não são chamadas de "discípulas".[107] Jesus mantém o teto de vidro intacto. De modo semelhante, as primeiras congregações cristãs reconhecem com frequência o papel criativo da mulher em missões e no ministério, mas também impõem restrições. Adaptando-se às realidades culturais dessa forma, Jesus e outros, como Paulo, continuam a prática do Primeiro Testamento, segundo a qual os sacerdotes são apenas homens, enquanto as mulheres podem ser profetisas. Homem e mulher foram criados à imagem de Deus e, assim, compartilham o trabalho para o qual Deus criou a humanidade, mas um valor monetário maior poderia ser colocado em um homem como trabalhador (e.g., Lv 27).

Assim, nenhum dos Testamentos põe em vigor as implicações de que tanto homem como mulher foram feitos à imagem de Deus. As Escrituras podem ser usadas como suporte às inquietações ocidentais do século XXI, como o relacionamento igualitário (e questões como liderança e a relevância de teólogos), mas nós estamos, na verdade, usando-as como suporte à nossa preocupação, não refletindo problemas intrínsecos ao mundo bíblico. Os dois Testamentos se adaptam ao seu contexto cultural, da mesma forma que o cristão ocidental se adapta ao seu.

As histórias no Primeiro Testamento oferecem uma série de *insights* sobre o que significa, em seu contexto, ser homem ou mulher. Mais uma vez, a forma como isso é retratado relaciona-se com expectativas e estereótipos de sua cultura, não sendo, necessariamente, oferecidos em termos normativos, embora deem perspectivas com as quais contrastar àqueles cujo contexto de vida é diferente.

---

[106] Brevard S. Childs, *Old Testament Theology in a Canonical Context* [Teologia do Antigo Testamento em um contexto canônico] (Londres: SCM Press, 1985; Filadélfia: Fortress, 1986), p. 182.

[107] Cf. discussão em John P. Meier, *A Marginal Jew* [Um judeu marginal] (Nova York: Doubleday, 2001), 3:73-80.

Nas histórias do Primeiro Testamento, a violência é uma característica da masculinidade; o tema aparece em diversas narrativas dos juízes, ainda que figure, de modo especial, na história de Davi. A violência comumente opera no contexto familiar, e está geralmente associada ao sexo. De forma semelhante, política e sexo estão interligados. A história de Davi também ilustra o fardo terrível que pode ser imposto sobre uma família que vive em meio à desordem sexual. O acúmulo de mulheres é uma marca de *status* para homens como Gideão e Davi; na vida de Sansão, a mulher figura como mãe, esposa, prostituta e amante. O barateamento da posição feminina encontra sua expressão mais clara na história horrível da segunda mulher do levita, em Juízes 19.[108] Ao mesmo tempo, a Escritura contém histórias de mulheres que se destacaram, trazendo Débora como líder; Ana, como pessoa que sabe orar; Rute e Noemi, como mulheres que defendem uma à outra em um universo masculino; e Ester, que se vê arrastada para uma posição de abuso, capaz, porém, de usá-la para produzir a libertação de seu povo.

A julgar pelas observações sobre os essênios em Fílon, Josefo e Plínio, o Velho, o comprometimento com o celibato era um fenômeno conhecido no mundo de Jesus; as observações desses autores condizem com as informações contidas nos rolos de Qumran. O comprometimento não implicava a rejeição do casamento em si, mas a aceitação da vocação do celibato como um sinal de devoção completa a Deus, como parte de pertencer a uma comunidade cuja espera servia de preparação para o momento em que Deus ocasionaria a restauração de Israel.

O celibato pode, então, ser um adjunto natural e comum do chamado profético a pessoas como João Batista e Jesus. Seu celibato é passível de ímpeto ainda maior pela ideia de o estado civil corresponder a um foco voltado para o futuro, para a vinda do reino de Deus. Por outro lado, a declaração de que "a mulher não é independente do homem, nem o homem independente da mulher" (1Co 11:11 [NVI]) não se aplica apenas ao casamento.[109]

---

[108] A tradução tradicional "concubina" é enganosa: o termo se refere à mulher como alguém que, de alguma forma, não partilhava o mesmo *status* de "mulher primária", talvez em conexão com os direitos de herança de seus filhos.
[109] Barth, *CD* III, 4:163.

Casamento

Gênesis 1—2 apresenta o casamento como uma união vitalícia entre homem e mulher, e o Primeiro Testamento retrata o relacionamento conjugal de forma menos patriarcal do que imaginaríamos.[110] Homem e mulher são interdependentes, e ambos devem envolver-se na administração do trabalho e da vida familiar. A esposa não é propriedade do marido,[111] exceto no sentido de a esposa pertencer ao marido e o marido à esposa. De fato, palavras técnicas do hebraico para marido e esposa que sugerem etimologicamente senhor e servo, proprietário e propriedade, raramente aparecem no Primeiro Testamento. Geralmente, "sua esposa" ou "seu marido" são, em uma tradução mais literal, "sua mulher" e "seu homem".

Entretanto, em todos esses aspectos, masculinidade e feminilidade são comprometidos pela desobediência humana, de modo que há diversas maneiras pelas quais alguém pode distanciar-se da visão divina para ambos. Jesus faz um comentário perspicaz sobre o casamento ao ser questionado em relação ao divórcio (Mt 19:1-12; Mc 10:1-12). Ele reconhece a visão de Gênesis 1—2 para o casamento, mas também admite que a regulamentação do divórcio, registada em Deuteronômio, trabalha com o fato da dureza do coração humano. Essa dureza significa que o divórcio é uma realidade, e que as mulheres precisam da documentação para estabelecer seu *status*. O próprio livro de Gênesis sugere mais *insights*. Enquanto o objetivo do casamento é levar adiante o propósito de Deus no mundo, a rebelião humana resultou em danos no relacionamento, comprometendo, também, a vocação. Daqui em diante, Deus diz para Eva: "seu desejo será para o seu homem, mas ele dominará você" (Gn 3:16). Existem diversas formas pelas quais podemos interpretar essa declaração. Talvez se refira ao desejo sexual puro da mulher, em contraste com o desejo mais opressor do homem; talvez se refira ao desejo sexual feminino em termos de luxúria; ou talvez se refira ao domínio do homem em

---

[110]Cf. Carol Meyers, "The Family in Early Israel" [A família nos primórdios de Israel], em *Families in Ancient Israel* [Famílias no antigo Israel], Leo G. Perdue *et al.* (Louisville: Westminster John Knox, 1997), p. 34.
[111]Cf. Christopher J. H. Wright, *God's People in God's Land* [Povo de Deus na terra de Deus] (Exeter: Paternoster; Grand Rapids: Eerdmans, 1990), p. 183-221.

um sentido mais geral e se refira ao que chamaríamos de "patriarcado". Qualquer que seja a interpretação, há mácula no relacionamento.

Quando Jesus dá a entender que pessoas seriamente comprometidas com a Torá viverão pelos padrões da criação de Gênesis 1—2, e não pelas concessões de Deuteronômio, os discípulos ficam horrorizados. Pelas cartas, percebemos que a maioria dos cristãos sequer beira esse padrão. Por exemplo: "Em Corinto, a 'igreja dos santos' era uma selva sociológica".[112] Alguns homens estão envolvidos em um casamento que ignora as regras de Levítico 18, enquanto outros recorrem a prostitutas (cf. 1Co 5—7), e havia ainda aqueles que renunciam ao casamento e à vida familiar, de modo semelhante aos essênios. Paulo se opõe a essa reação (sua instrução de que os escravos devem continuar na mesma condição parte de princípios correlatos). Marido e mulher devem envolver-se em atividade sexual, em vez de correr o risco da imoralidade como resultado de tentar o celibato; da mesma maneira, as pessoas devem se casar, a menos que tenham a graça do celibato. Enquanto os casados não podem focar em Deus de forma exclusiva como o celibatário o faz, enquanto o mundo aguarda a vinda do Senhor, o celibato é um dom e, portanto, não corresponde ao chamado de todos.

Instruções de Paulo acerca da vestimenta da mulher ao liderar a adoração na igreja (1Co 11:2-16) também envolvem uma espécie de meio-termo entre os ideais de criação e as questões de ordem prática. Expondo de outra forma, elas dão a entender o reconhecimento de que o Fim ainda não chegou: "pois o cristão, mesmo sendo nova criatura, *ainda pertence à ordem natural*", e "restrições de mera convenção" continuam a deter certa importância.[113] Já observamos que devemos nos voltar para Cântico dos Cânticos, para um entusiasmo e uma exploração menos equivocada do relacionamento entre homem e mulher, já que a ênfase do livro não é dominada por preocupações com ordem, filhos ou propriedades.

Enquanto 1Coríntios 7 "acabou por determinar todo pensamento cristão sobre casamento e celibato por mais de um milênio", Efésios "corrige, de modo belo, o tom frio da resposta de Paulo aos coríntios. A carta

---

[112] Peter R. L. Brown, *The Body and Society* [O corpo e a sociedade] (Nova York: Columbia University Press, 1988; Londres: Faber, 1989), p. 36-41, 52.
[113] Cf. Anthony C. Thiselton, "Realized Eschatology at Corinth" [Escatologia concretizada em Corinto] *NTS* 24 (1978): 510-26 (em p. 521).

apresenta o relacionamento entre marido e mulher como reflexão da solidariedade primordial resgatada por Cristo em prol do universo e da igreja" (cf. Ef 5:21-33).[114] Para o homem, o casamento envolve, em particular, tomar a cruz e seguir Jesus, porque implica o "desfazer da vontade própria": no contexto conjugal, o amor mútuo é jubiloso, mas também sacrificial.[115] Enquanto Colossenses 3:18-19 simplesmente insta a mulher a se submeter ao marido, e ao marido que ame sua esposa e não a trate com aspereza, Efésios 5:21-33 inverte as implicações óbvias de tal instrução: a forma como o marido deve amar sua esposa é entregando-se por ela; por isso, a forma pela qual a mulher se sujeita ao marido é permitindo essa entrega.[116] Assim, o "casamento é um tipo de programa de discipulado ao cristão de segunda classe"[117] — por exemplo, para o homem que precisa aprender altruísmo. Mas esse programa funciona (quando de fato acontece), pois a realidade do amor pode, no relacionamento, ter um efeito transformador.

Família

O Novo Testamento começa com o reconhecimento implícito da importância da família (embora talvez esse termo deva ser evitado, pois o significado de família em contextos bíblicos varia do significado atribuído em diferentes partes do mundo ocidental). O relacionamento entre pai e filho integra a forma como o propósito de Deus alcança seu auge em Jesus, e a encarnação acontece por meio de seu nascimento em uma família. De fato, o nascimento de Jesus traz uma família à existência, transforma o casamento em uma família, ou acrescenta ao que o pensamento ocidental denominaria de "núcleo familiar" à parentela mais ampla a que José e Maria pertenciam. Essa extensão familiar desempenha papel relevante no drama do nascimento do Ungido (Lc 1:5-80). Jesus cresce no contexto de uma família e se junta a peregrinações familiares para Jerusalém

---

[114]Brown, *The Body and Society* [O corpo e a sociedade], p. 54, 57.
[115]Kallistos Ware, *The Inner Kingdom* [O reino interior] (Crestwood, Nova York: St. Vladimir's Seminary Press, 2001), p. 123.
[116]Cf. Michael J. Gorman, *Cruciformity* [Cruciformidade] (Grand Rapids e Cambridge: Eerdmans, 2001), p. 261-66.
[117]Thomas A. Bennett, em um comentário pessoal.

(Lc 2:41-51). O retrato se encaixa no quadro do Primeiro Testamento, em que a família é o contexto no qual as pessoas obtêm sabedoria, aprendem o que Deus fez e assimilam o que Deus espera delas.

Uma situação típica da época seria a de um vilarejo contendo cem ou duzentas pessoas, divididas entre duas, três ou quatro famílias estendidas, cada qual composta por diversos lares. Em Jerusalém e em outras grandes cidades, a situação seria diferente; mas, para a maioria das pessoas que viviam em vilarejos ou propriedades rurais, porções particulares de terra, pertencentes à família, seriam a base para a vida comum, de acordo com a comissão de Gênesis e as alocações encontradas no livro de Josué. Assim, a família mais ampla seria a unidade de trabalho de determinado lar e o ambiente em que a fé é ensinada, e em ambos os aspectos é a unidade através da qual a criação de Deus e seu propósito redentor entram em ação. Ambos proveem estruturas para a vida como um todo, incluindo adoração, disciplina, generosidade, hospitalidade e cuidado com o estrangeiro. Se um lar entra em dificuldade econômica, a família estendida tem a responsabilidade de ajudá-lo.

O Primeiro Testamento pressupõe que todos pertencem a uma família estendida. Dessa forma, as pessoas que se mudam para um vilarejo, para outro país ou para outra parte do território de Israel são adotadas em uma família, assim como órfãos e viúvas — pelo menos em tese, embora as regras relacionadas à colheita sugiram que as coisas nem sempre funcionavam dessa maneira. De modo semelhante, os servos são membros da família estendida, enquadrando-se na rede de proteção da sociedade. No Novo Testamento, o lugar dos servos na família é sugerido por uma história como a da preocupação do centurião com seu "menino" (Mt 8:5-13). Na prática, a vida familiar, segundo descrita no Primeiro Testamento, não funciona como deveria, e Deus trabalha através dela em meio à sua natureza disfuncional. Rivalidade, conflito, engano e trapaça estão em suas características consistentes.

O Novo Testamento também demonstra certa preocupação com a estrutura familiar e em salvaguardar sua ordem e suas obrigações (e.g., Ef 6:1-4; Cl 3:20-21; Cf. ainda 1Tm 5:4, 8). É provável que essa preocupação esteja por trás das regras presentes na Torá relacionadas ao casamento, nas instruções afirmadas por Paulo (1Co 7). A comunidade precisa de meios para salvaguardar a estabilidade da família estendida quando ela se torna um lugar de conflito e opressão, principalmente em conexão com sexo.

Ademais, o Novo Testamento vê a noção de Deus como Pai (*patēr*) por trás da noção de família (*patria* [Ef 3:15]), e não o contrário, e reconhece a importância da família ao tomá-la como imagem para a congregação. A comunidade dos fiéis é composta de irmãos e irmãs (e.g., Rm 8:29; 1Co 8:11-13; Gl 1:2; 1Pe 2:17). No caso de Israel, essa realidade era mais literal; no caso da congregação de fiéis em Jesus, é mais metafórica. A congregação dos fiéis é a "família da fé" (Gl 6:10).

Tornar a família uma metáfora dessa maneira é também subvertê-la e minar sua importância. Tal subversão é explícita em outras passagens. Em certa ocasião, Jesus, ao ser chamado por sua família durante uma ministração em um lar, declara que sua verdadeira família é composta por aqueles que fazem a vontade do Pai (Mc 3:31-35). Alguns abandonaram sua família biológica por causa de Jesus; a estes, ele promete reposição (Mc 10:29-30). De fato, Jesus veio para dividir famílias, e seus seguidores devem odiá-las (Mt 10:34-37; Lc 14:26). A congregação se torna o grupo primário dos fiéis.

3.5 O INDIVÍDUO

A forma como as Escrituras pensam quanto aos elementos que constituem a pessoa humana não precisa ter um significado teológico direto, porém remete a alguns *insights* sobre a pessoa humana. Falar sobre "a carne" pode não apenas indicar fisicalidade, mas também sugerir nossa fragilidade física e, em certos contextos, nossa fragilidade moral. Nossa fragilidade física está ligada à nossa vulnerabilidade ao sofrimento, que pode ligar-se à nossa fraqueza moral, embora não necessariamente. Corpo e alma podem operar quase de modo independente, mas isso é estranho; ambos estão intrinsecamente relacionados. A alma é o "eu", e o "eu" abrange tanto o aspecto exterior como o interior. No pensamento bíblico, "coração" comumente denota mente e emoções, ambas também intrínsecas ao verdadeiro "eu". "Espírito" sugere dinâmica pessoal; o espírito humano é nosso ponto de contato "natural" com o espírito divino.

Vida humana e sua fragilidade

Gênesis 2—3 mostra a humanidade como livre para comer da árvore da vida e, assim, dar início a uma vida que duraria para sempre. Desse modo, o corpo humano não foi criado para levar as pessoas a viverem para sempre de maneira automática, e o conhecimento direto que temos do corpo humano se encaixa nessa afirmação. A vida começa quando Deus nos modela no útero, dando-nos vida e trazendo-nos para o mundo (Sl 22:9-10 [TM 10—11]; 139:13-16); então segue-se um ciclo natural de nascimento, crescimento, amadurecimento, estabilização, declínio e morte. Ausentes da árvore da vida, devolvemos, no devido tempo, o fôlego de vida para aquele que o deu (Lc 23:46; At 7:29).

Uma espécie de fragilidade é inerente à existência humana. Jesus, assim, partilha nossa fraqueza como um dos aspectos de seu compartilhar a natureza humana (Hb 5:2), e Paulo menciona muitas vezes sua fraqueza pessoal.[118] Destarte, a vida *na* carne é diferente de vida *segundo a* carne: vida na carne significa vulnerabilidade e fragilidade, sendo, porém, algo no qual podemos nos gloriar, ao contrário da vida segundo a carne. É nesse contexto de fraqueza da carne que experimentamos o poder do Espírito, o poder da era vindoura.[119] Dessa maneira, a vida humana é uma combinação de fragilidade e força, na medida em que espírito, o fôlego divino, é soprado em sua fragilidade. "Toda a carne é como a relva, e todo o seu esplendor, como uma flor na relva. A relva murcha e sua flor cai, mas a palavra do Senhor permanece eternamente" (1Pe 1:24; cf. Is 40:6-8).

Algumas experiências de fragilidade são culpa nossa. Quando amigos de um paralítico o levam até Jesus, ele diz ao homem que seus pecados estão perdoados (Mc 2:5); e, depois de curar um homem que havia 38 anos estava paralítico, Jesus o instrui a não pecar mais (Jo 5:14). Em ambos os casos, a implicação é que o sofrimento dos paralíticos esteve relacionado ao pecado. O contexto da declaração de Yahweh: "eu sou aquele que te cura" (Êx 15:26), "a *Magna Carta* divina quanto à saúde e tudo mais relacionado ao bem-estar",[120] inclui expressões de desilusão e desafio à obediência (cf. Jr 33:6; Sl 107:17-18). Paulo também estabelece a ligação entre pecado e sofrimento ao falar de doenças e morte

---

[118]Cf. Krister Stendahl, *Paul Among Jews and Gentiles and Other Essays* [Paulo entre judeus e gentios e outros ensaios] (Filadélfia: Fortress, 1976), p. 40-52.
[119]Cf. Gordon D. Fee, *God's Empowering Presence* [Presença empoderadora de Deus] (Peabody: Hendrickson, 1994), p. 822-26; também David Alan Black, *Paul, Apostle of Weakness* [Paulo, apóstolo da fraqueza] (Nova York: Lang, 1984).
[120]Barth, *CD* III, 4:369.

prematura na congregação dos coríntios: ambas resultam da forma como as pessoas estão comendo o pão e bebendo o cálice na Ceia do Senhor, sem discernir o corpo de Jesus — ou seja, sem reconhecer que são um só corpo (1Co 11:17-32).

Por outro lado, um dos aspectos mais importantes da história de Jó é que o sofrimento individual das pessoas nem sempre resulta de transgressão pessoal, e muitas outras histórias bíblicas ilustram essa mesma conscientização. João 9 tem como contexto o fato de que o sofrimento pode resultar de pecado, e os discípulos perguntam se o homem nasceu cego por causa de seu pecado ou pela transgressão dos pais. Nesse caso, a resposta é por nenhuma dessas razões: "Nem ele nem seus pais pecaram". O homem nasceu cego "para que a obra de Deus se manifestasse na vida dele" [v. 3, NVI], ou seja, a obra de Deus através de Jesus, que o cura. Da mesma forma, a enfermidade de Lázaro é "para a glória de Deus, para que o Filho de Deus seja glorificado por meio dela" (Jo 11:4). O livro de Jó contém a reflexão mais sistemática da Escritura a respeito da fragilidade humana. Não diz nada que também não ocorra em outras passagens, porém unifica os insights bíblicos. O sofrimento humano pode ser corretivo; pode ser um contexto no qual Deus é glorificado; pode ser um teste de nosso relacionamento com Deus; pode levar-nos a questionar Deus com protestos; pode ser uma experiência através da qual Deus nos alcança; e pode ser uma experiência que despedaça, adequadamente, nossas pressuposições sobre Deus e nós mesmos.

Outra forma de fraqueza caracteriza Israel e a comunidade dos fiéis. Exceto por cerca de um século durante os tempos de Davi e Salomão, e outro século no final do período do Primeiro Testamento, Israel e o povo judaico nunca foi poderoso politicamente; ambos comumente estavam sujeitos ao controle de potências maiores. Além do mais, no contexto de Israel, a Torá e os Profetas geralmente ressaltam que pessoas poderosas (capazes de exercitar *mišpāṭ*) têm a responsabilidade de agir de forma correta para com pessoas comuns e fracas (mostrar-lhes *ṣədāqâ*). Eles enfatizam que pessoas indefesas, como a viúva, o órfão e o sem-terra, têm direitos. Embora os seguidores de Jesus não sejam, em sua maioria, pessoas pobres, são pessoas sem poder, e nas primeiras congregações de crentes, como a de Corinto, havia poucas pessoas poderosas (cf. 1Co 1:26-31). Todavia, o não poderoso personifica um aspecto da humanidade comum, pois a fragilidade é uma característica da humanidade e ressalta o poder de Deus, cujo aperfeiçoamento se dá na fraqueza (1Co 1:18—2:5). Alguns dão a entender que a comunidade cristã negra (pessoas presentes umas nas vidas das outras e conscientes da presença de Deus) tenha encarnado, apresentado e exposto a profundidade do sofrimento humano.[121] Nesse aspecto, ela modela a natureza de toda a humanidade.

Carne/Corpo e alma

Carne (*sarx*), então, pode sugerir natureza humana em sua fragilidade e denotar natureza humana inferior. Em outras passagens, a palavra tem um significado neutro. "A mente-mensagem se fez carne e habitou entre nós" (Jo 1:14); "Jesus, o Ungido, veio em carne" (1Jo 4:2,3). "Carne" simplesmente denota a natureza humana criada em sua fisicalidade; foi essa natureza humana que Jesus assumiu. No contexto dessas passagens, "carne" é uma forma de fazer referência à nossa humanidade completa (se preferir, corpo e alma). A tribulação que sobrevém ao servo de Deus significa que seu corpo compartilha a experiência de morte pela qual Jesus passou, mas essa experiência abre a possibilidade para que a vida de Jesus seja exibida no corpo do servo de Deus, em sua carne mortal (2Co 4:10-11).

Embora, segundo a carne, tenha vindo da descendência de Davi, fora declarado Filho de Deus com poder quanto ao espírito de santidade pela ressurreição dos mortos (Rm 1:4). A declaração não contrasta carne e espírito com fraqueza e poder. No entanto, o pensamento ocidental também foi inclinado a traçar um contraste diferente entre material e espiritual, entre corpo e alma, um dualismo no qual os dois são vistos como opostos, ou uma dualidade que pode simplesmente implicar que eles são um tanto independentes um do outro. A suspeita é que espírito ou alma corresponde à pessoa real e que é fácil imaginar o espírito ou a alma sobrevivendo com alegria à separação do corpo ou à morte física.

O Novo Testamento, porém, não coloca espírito (*pneuma*) e alma (*psychē*), corpo (*sōma*) e carne (*sarx*, em um sentido natural) em oposição um ao outro, da mesma forma como o Primeiro Testamento não

---

[121]James W. McClendon, *Systematic Theology: Ethics* [Teologia sistemática: ética] (Nashville: Abingdon, 1986), p. 79-84.

contrasta *nepeš* e *bāśār*. Corpo e alma podem ser distinguidos, mas ambos estão interligados. Jesus fala do risco de um e outro serem destruídos no inferno (Mt 10:28). "O corpo de um homem não é mero adorno ou conveniência exterior; antes, pertence à sua própria natureza como ser humano" (eis o porquê de o instinto humano proporcionar ao corpo um enterro decente).[122]

Ambos podem operar quase separadamente. Uma pessoa pode estar ausente no corpo, mas presente em espírito (1Co 5:3-4; Cl 2:5). O corpo pode estar em determinado lugar, mas a pessoa em si, misteriosamente, em outro (2Co 12:1-3). Em uma reunião de comitê, posso estar presente fisicamente, mas meu espírito encontra-se em outro lugar. Outra ilustração é de alunos durante uma aula: ao mesmo tempo que o aluno se encontra fisicamente na sala, seu espírito "vagueia" em outro lugar. Podemos falar de espírito e corpo como os aspectos interior e exterior da pessoa, mas essa linguagem é enganosa. Aquilo que chamamos de pessoa interior tem alguma independência do que chamamos de pessoa exterior, e pode estar vagando por outros lugares enquanto a pessoa exterior está presa em um lugar. Embora o corpo e o espírito sejam interdependentes, podem, até certo ponto, funcionar separadamente ou estar em tensão. Em minha mente, posso querer uma coisa, mas, com o meu corpo, posso fazer outra (Rm 7:22-23). Posso estar externamente sofrendo desgaste, mas sendo renovado interiormente (2Co 4:16) — ou vice-versa.

Naturalmente, quando Paulo diz, "embora ausente de vocês no corpo, em espírito estou presente, alegrando-me em ver como estão vivendo em ordem e como está firme a fé que vocês têm no Ungido" (Cl 2:5; cf. 1Co 5:3-4), ele não se refere, necessariamente, à capacidade natural do espírito humano de estar em um lugar diferente do corpo. As palavras do apóstolo implicam mais a ideia de que "no Espírito, estou com vocês". É por causa do envolvimento do Espírito com Paulo que essa presença entre os colossenses ou os coríntios é possível. Contudo, se o envolvimento do Espírito conosco através de Jesus é uma elevação, ou cumprimento ou a restauração de algo embutido na criação, isso se encaixaria na forma pela qual qualquer um pode estar presente com outros em espírito, embora ausente no corpo.

---

[122] Agostinho, *The City of God* [Cidade de Deus], 1.23.

Morrer significa perder o corpo por um tempo (2Co 5:1-10), uma experiência desagradável. É como ficar nu. Seria preferível estar presente com as pessoas como um todo, da mesma forma como prefiro que eu e os alunos estejamos presentes em uma aula como pessoas como um todo. O corpo é parte integral demais do ser humano para que a separação entre corpo e espírito seja satisfatória. O corpo não é algo não essencial que se agarra ao ser real, que é o espírito. O corpo "pertence à sua própria essência", de modo que uma pessoa não *tem* um corpo, mas *é* um corpo. O corpo *é* o eu. Dito de forma menos paradoxal, o corpo é a personificação do indivíduo.[123]

Se Jesus é magnificado no meu corpo, ele é magnificado em *mim* como pessoa essencialmente corporal; apresentar nosso corpo a Deus significa apresentar *nós mesmos* a Deus; e "[nossos] corpos são membros do Ungido" (1Co 6:15; cf. Fp 1:20; Rm 6:12-13; 12:1).[124] Meu corpo não é algo que pertence ao mundo externo a mim; trata-se do *meu* corpo. É através do meu corpo que obtenho minha experiência primária de mim mesmo e também minha dependência de outros. Enquanto o espírito também é relacional e comunitário, parte da importância do corpo reside no fato de ele ser um elemento mais óbvio e exterior em termos relacionais e comunitários.[125] Mente e corpo também não se contrapõem entre si: apresentar meu corpo a Deus está associado a ser transformado pela renovação da minha mente (Rm 12:1-2). Significa retornar à forma como fomos criados para pensar (Rm 1:20-21,28).

A forma como corpo e espírito podem ser semisseparados se interliga à nossa capacidade, de certa maneira, de nos distinguirmos de nós mesmos, enquanto refletimos sobre o que fazemos e sobre o que nos acontece. Podemos estar em discordância e alienados de nós mesmos. Podemos nos controlar ou perder o autocontrole. Enquanto essa perda de controle pode ser claramente um aspecto negativo, também pode significar o retorno de nossa autoalienação. Podemos nos sujeitar, entregar, render, gastar e governar (Rm 6:12-13; 12:1; 1Co 7:4; 9:27; 13:3; Fp 1:20). Podemos arguir a nós mesmos (Sl 42:5,11 [TM 6,12]; 43:5). A Escritura

---

[123]Cf. Dunn, *The Theology of Paul the Apostle* [A teologia do apóstolo Paulo], p. 56.
[124]Bultmann, *Theology of the New Testament* [Teologia do Novo Testamento], 1:194.
[125]Thiselton, *Hermeneutics of Doctrine* [Hermenêutica da doutrina], p. 47, 240-56.

aceita, assim, a experiência de tensão envolvida no relacionamento que temos conosco, embora tal tensão seja evitada de diversas maneiras pelo gnosticismo (com seu dualismo de alma e corpo), pelo misticismo (se esse termo dá a entender que desenvolver nosso relacionamento com Deus envolve escapar do corpo) e pelo asceticismo (com sua postura de que o corpo precisa ser tratado duramente). As três posições envolvem ver o corpo não como um aspecto do real e do "eu" essencial.[126]

"A ressurreição do corpo é importante: se o meu corpo não é ressuscitado, então eu não sou ressuscitado. A ressurreição do corpo é... menos uma adição secundária de almas ou espíritos de existência eterna do que o destino necessário de criaturas definidas, em parte, por sua personificação."[127] Enquanto Paulo pode falar em termos do anseio de ser libertado do corpo (2Co 5:1-10), esse anseio está relacionado à sua vulnerabilidade física, e não à fraqueza moral, gerando o desejo por uma "habitação" nova, celestial, para substituir sua existência terrena, em vez de um desejo ou suposição de que podemos escapar da fisicalidade.

Alma/Eu

Quando Deus criou Adão, modelou-o do barro e soprou-lhe nas narinas o fôlego de vida, de modo que o homem "passou a ser alma vivente" (Gn 2:7, ARA). A palavra "alma" tem uma gama de significados em português, como *nepeš*, em hebraico, e *psychē*, em grego. A língua portuguesa emprega expressões como "alma do negócio", bem como "música *soul*", "alimento para a alma" e "coisas que fazem bem para a alma". Ao dizer que o homem se tornou "alma vivente", Gênesis fala sobre o fato de ele passar a ser uma pessoa; de forma semelhante, o Novo Testamento pode usar a palavra *psychē* para denotar uma pessoa (e.g., At 7:14; Rm 13:1;

---

[126] Esse parágrafo incorpora um resumo de Bultmann, *Theology of the New Testament* [Teologia do Novo Testamento], 1:192-97.

[127] Amos Yong, *Renewing Christian Theology* [Renovando a teologia cristã] (Waco: Baylor University Press, 2014), p. 38. Em *Theology of the New Testament* [Teologia do Novo Testamento], 1:198-99, Bultmann prossegue dando a entender que Paulo está interessado no corpo e na ressurreição apenas por simbolizar a forma como nos relacionamos conosco, mas, aqui, parece impor essa ideia sobre Paulo. Cf. ainda críticas em, e.g., Richard B. Hays, "Humanity Prior to the Revelation of Faith" [Humanidade antes da revelação da fé], em Bruce W. Longenecker e Mikeal C. Parsons, eds., *Beyond Bultmann* [Além de Bultmann] (Waco: Baylor University Press, 2014), p. 61-77.

1Co 15:45; 1Pe 3:20). A julgar por Gênesis, as pessoas são formadas de corpo físico mais fôlego, ainda que, paradoxalmente, mesmo sem fôlego, o corpo (ou seja, o cadáver) possa ser chamado de *nepeš* (e.g., Lv 21:1,11). *Corpo* e *alma* e outros termos semelhantes "não se referem a *partes* do homem... mas, antes, significam sempre o *homem como um todo*, referindo-se, possivelmente, a algum aspecto específico do seu ser".[128]

Em um contexto ocidental moderno, o pressuposto de que o corpo encarna a pessoa pode ser inteligível em uma nova base, pois sabemos que as operações físicas do cérebro são essenciais para o funcionamento do indivíduo e para quem ele é. Sem o cérebro, não há indivíduo. Isso não quer dizer que o ser humano seja "apenas" corpo; antes, significa que, sem o cérebro, não há pessoa. Contudo, nem o cérebro é a totalidade do indivíduo: o corpo é a encarnação da pessoa.[129]

A Bíblia supõe que nosso comprometimento moral deve cobrir pensamento e ação. Os Dez Mandamentos instam as pessoas a evitar o homicídio, o adultério e o falso testemunho. Jesus declara que a prevenção não é suficiente: os discípulos devem evitar ira, cobiça, juramento, oposição e preconceito (Mt 5:21-48). Ele não dá as razões, e suas palavras podem colocar um fardo sobre aqueles que sentem culpa por uma ira ocasional ou um pensamento lascivo fora do seu controle, mas o ensino se encaixa em um *insight* de Provérbios: da mente, procedem as fontes da vida. A pessoa humana é um todo. Se alguém deseja ser um todo como pessoa (*teleios*; Mt 5:48), tem de haver consistência entre o trabalhar da pessoa interior e da pessoa exterior. De qualquer forma, é difícil ser algo do lado de fora e algo diferente por dentro. As ações surgem de atitudes e as afetam. Pode não ser bom tentar controlar as ações, a menos que você faça alguma coisa sobre atitudes, e vice-versa.

Jesus não está interessado na atitude interior em detrimento da ação exterior; nesse caso, poderíamos nos justificar ao enfatizar um em detrimento do outro. Entretanto, pode ser fácil para o fiel ressaltar a observância exterior, como dizimar e evitar palavreado profano, conforme

---

[128] Rudolf Bultmann, *Existence and Faith* [Existência e fé] (Nova York: Meridian, 1960; Londres: Hodder, 1961), p. 130; cf. Thiselton, *Hermeneutics of Doctrine* [Hermenêutica da doutrina], p. 261.

[129] Cf. ainda Joel B. Green, *Body, Soul and Human Life* [Corpo, alma e vida humana] (Grand Rapids: Baker; Milton Keynes: Paternoster, 2008).

Jesus declara sobre a atitude dos fariseus e dos teólogos da época. Não devemos ser duros demais com os fariseus e os teólogos; a Torá realmente enfatiza a atitude exterior, segundo sua natureza como livro de regulamentação. Preocupações com a intenção surgem mais em um livro como Provérbios e nos Profetas, embora referências mosaicas a atitudes como confiança e compaixão mostrem que a Lei parte do mesmo pressuposto enfatizado por Jesus. A Torá expressa isso no mandamento de amar com toda a mente e coração, com toda a alma e força (Dt 6:5), e, no Decálogo, o último mandamento está relacionado à cobiça. Contentamento é uma virtude difícil, quer o objeto seja casa, cônjuge ou algum item qualquer. Insatisfação é uma grande raiz de confusão. Procurando por um comprometimento tanto interior como exterior, então, Jesus está, mais uma vez, preenchendo ou explicitando as implicações da Torá, dos Profetas e dos Escritos, conforme ele mesmo o declara (Mt 5:17).

Coração/Mente

Em certa ocasião, Jesus falou de coração, alma e mente (Mt 22:37), mas dificilmente sugere uma divisão tríplice do interior humano; e Paulo menciona espírito, alma e corpo em uma de suas cartas (1Ts 5:23), mas entendê-lo como alguém que defende a divisão tríplice do indivíduo deixa de corresponder, de maneira consistente, à forma como outros escritores bíblicos falam em outras passagens. Pelo contrário, ele se compara com outras formulações (Dt 6:5; Mc 12:30; Lc 10:27; também Mt 22:37) ao transmitir retoricamente a ideia de completude pessoal. Esse modo de falar da Escritura atrai nossa atenção para a natureza flexível da distinção entre diferentes aspectos do indivíduo.

Ambos os Testamentos empregam os termos *lēb/lēbāb* e *kardia* com referência ao coração, no sentido de "ser o interior completo", incluindo mente, emoções e vontade. Faraó endurece o próprio coração (Êx 8:15); os artesãos devem ser sábios de coração (Êx 28:3); as ideias de Moisés não se originam de seu próprio coração (Nm 16:28); Salomão ora por um coração sábio (1Rs 3:9); Jeroboão elabora algo do próprio coração (1Rs 12:33); Deus pergunta a Satanás se seu coração foi direcionado a Jó (Jó 1:8); a recusa em reconhecer Deus à luz do que ele revelou leva as pessoas a um coração estúpido e entenebrecido (Rm 1:20-21); o coração sente desejo (Rm 1:24); a Torá de Deus precisa ser escrita no coração das pessoas

(Rm 2:15); a circuncisão do coração é aquela que conta (Rm 2:29); o amor de Deus é derramando em nosso coração (Rm 5:5); Paulo sente tristeza em seu coração (Rm 9:2); com o coração, as pessoas creem (Rm 10:8-10) e nós tomamos decisões (2Co 9:7). O coração representa tanto a mente como as emoções.

Enquanto *lēb/lēbāb* é a palavra principal no hebraico para "mente", o grego traz *nous* e *kardia*, de modo que há uma sobreposição de palavras para "coração" e "mente" na terminologia do Novo Testamento. Deus entregou pessoas a uma mente reprovável (Rm 1:28); as pessoas precisam ser transformadas pela renovação da mente (Rm 12:2); cada qual deve estar plenamente convicta em sua própria mente (Rm 14:5), e não demovida (2Ts 2:2). Podemos substituir essas passagens por *kardia*, sem alterar consideravelmente seu significado, embora não possamos reescrever todos os trechos contendo *kardia* com *nous*; a ligação com o pensamento, e não com a emoção, é essencial a *nous*.

Em hebraico, "coração" abrange "consciência", o senso de que alguém cometeu um erro (e.g., Gn 20:5-6; 1Sm 24:5; 25:31; 2Sm 24:10; Jó 27:6). Mais uma vez, o grego contém uma palavra para consciência (*suneidēsis*; Jo 8:9; At 24:16; Rm 2:15; 9:1) e outra para emoções, localizadas no estômago (*splanchna* e o verbo *splanchnizomai*). Esses sentimentos são uma motivação para a ação de Jesus (e.g., Mc 1:41; 6:34; 8:2; 9:22) e para o relacionamento dos fiéis uns com os outros (Fp 2:1; 3:12; 1Jo 3:17).

Diferentes culturas são inclinadas a avaliar aspectos diversos do interior de maneiras distintas. O pensamento erudito ocidental tem sido inclinado a ver a razão como algo bom e as emoções como algo ruim,[130] podendo ser atraído à ênfase de Paulo sobre a mente: o apóstolo insta às pessoas que fujam da insensatez (Gl 3:1, 3); ele não quer que os tessalonicenses estejam "fora de si" (*apo tou nous*; 2Ts 2:2); e enfatiza que a adoração deve envolver tanto a mente como o espírito (1Co 14:14-15). A atitude do ocidental comum, em comparação com alguém de cultura tradicional, pode ser diferente. O oriental pode ser atraído à forma como as pessoas em ambos os Testamentos expressam alegria e dor. A natureza mista na forma como as Escrituras falam do coração, e o uso do

---

[130] Cf. Thomas Kazen, *Emotions in Biblical Law* [Emoções na lei bíblica] (Sheffield: Sheffield Phoenix, 2011), p. 12.

Novo Testamento de outras expressões nos lembram de que facetas do ser interior estão entrelaçadas e de que as emoções impulsionam à ação. De fato, muitos julgamentos morais são intuitivos e apenas subsequentemente racionalizados.[131]

Espírito humano/espírito divino

A vida humana é uma combinação de fragilidade e força. O fôlego divino, o espírito divino, é soprado em um corpo frágil. "Minha mensagem e minha pregação não se basearam em palavras persuasivas de sabedoria, mas na demonstração do Espírito e de poder, para que sua confiança não se apoiasse na sabedoria humana, mas no poder de Deus" (1Co 3:4-5). "O que é nascido da carne é carne, e o que é nascido do Espírito é espírito" (Jo 3:6). "Deus é espírito" (Jo 4:23). Entre os termos cuja referência é à natureza humana, como *carne, corpo, coração* e *alma*, "espírito" é a expressão mais evocativa de Deus e a mais sugestiva de seu envolvimento com o ser humano.

Quando Paulo diz "Se vivemos pelo Espírito, andemos também pelo Espírito" (Gl 5:25, NVI), não está necessariamente sugerindo "um poder funcional explosivo", mas, antes, o direcionamento por uma tendência definida;[132] o Espírito é uma norma ética, conforme sugerido em referências como "andar pelo Espírito" e "estabelecer a mente nas coisas do Espírito" (Rm 8:4-5).[133] No entanto, Paulo também remete ao fato de Deus ter de fazer algo miraculoso em nós para que andemos de uma forma correta. A dupla ressonância de *santidade* implica a mesma coisa. Santidade implica o metafísico, o sobrenatural e o extraordinário; por conseguinte, também implica o que é moralmente sobrenatural e extraordinário.

Espírito sugere uma realidade que contrasta com o que é humano. O Espírito de Deus constitui o dinamismo distintivo de Deus que transforma o ser humano. A implicação de 1Coríntios 2 é que "conversa sobre 'espiritualidade' e 'sabedoria' se resume a nada, a menos que o Espírito

---

[131]Cf. ibid., p. 14.
[132]Bultmann, *Theology of the New Testament* [Teologia do Novo Testamento], 1:207; cf. ainda 191-227 na ênfase de diferentes termos, como *carne, corpo, coração* e *alma*.
[133]Bultmann, *Theology of the New Testament* [Teologia do Novo Testamento], 1:336-37.

de Deus ative a mensagem da cruz, retransmitindo-a de maneira nova".[134] Atanásio pergunta: "Que afinidade poderia existir [...] entre Espírito e criatura? [...] O Espírito procede dele [de Deus]".[135] O uso que Paulo faz de *pneumatikos* denota "o que pertence ao Espírito Santo, não à espiritualidade humana".[136] Apenas seres semelhantes podem conhecer um ao outro; assim, "o ser humano não tem, por si próprio, a qualidade que tornaria a ele possível conhecer a Deus ou a sabedoria divina". Porque apenas Deus pode conhecer a Deus, apenas o Espírito de Deus pode revelá-lo.[137] *Pneumatikos* não denota "espiritual" no sentido de "interior" ou "não corpóreo" em oposição a "físico" ou "terreno".[138] "Provavelmente, 'espiritual', com letra minúscula, deveria ser eliminado de nosso vocabulário", visto que tende a sugerir o religioso, o imaterial, o místico "ou ainda pior, 'a vida interior do cristão'". Paulo nunca usa essa palavra para se referir ao espírito humano ou à "vida espiritual": sua referência primária é ao Espírito de Deus, mesmo quando o contraste corresponde a corpos 'terrenos' e 'apoio material'".[139]

Em um contexto cristão, *espiritualidade* deve significar o que Paulo chama de "nova vida no Espírito", mas, na prática, dá a entender facilmente um mover "da *vitalidade* da vida criativa de Deus à *espiritualidade* de uma vida "que não é deste mundo" *em* Deus. [...] Uma linha clara divide espiritualidade da vida diária" e "experiências espirituais" contrastam com "experiências sensoriais". "A *análise da alma* toma o lugar de *conversão* prática".[140] *Espiritualidade* denota a inclinação humana de tratar de aspectos da vida cuja essência é mais do que meramente material. Conversas sobre espiritualidade, então, correspondem pouco à forma como a Escritura fala do "espírito" de Deus ou do "Espírito" de Deus.

---

[134]Thiselton, *1 Corinthians* [1Coríntios], p. 57-58.
[135]Atanásio, *The Letters of Saint Athanasius Concerning the Holy Spirit* [Cartas de St. Atanásio sobre o Espírito Santo] (Londres: Epworth, 1951), 1:22; cf. Thiselton, *1 Corinthians* [1Coríntios], p. 58.
[136]Thiselton, *1 Corinthians* [1Coríntios], p. 192 (as palavras estão em itálico).
[137]Gordon D. Fee, *The First Epistle to the Corinthians* [Primeira carta aos coríntios] (Grand Rapids: Eerdmans, 1987), p. 110.
[138]Fee, *God's Empowering Presence* [Presença empoderadora de Deus], p. 30.
[139]Ibid., p. 32.
[140]Jürgen Moltmann, *The Spirit of Life* [Espírito da vida] (Londres: SCM Press; Mineápolis: Fortress, 1992), p. 83-84.

Todavia, espírito é "aquela dimensão da pessoa humana pela qual o indivíduo se relaciona mais diretamente com Deus".[141] É o aspecto da nossa personalidade que temos mais em comum com Deus. Paulo pode falar do "meu espírito" quando "está claro, no contexto, que o Espírito Santo está também em vista" (e.g., 1Co 5:3-4; 6:17; 14:14-15). "O espírito do cristão é o lugar onde, por meio do próprio Espírito de Deus, o humano interage com o divino."[142]

O Primeiro Testamento dá a entender, assim, que Atanásio enfatiza demais sua posição. "A possibilidade de perceber Deus em todas as coisas, e todas as coisas em Deus, fundamenta-se teologicamente na compreensão do Espírito de Deus como poder da criação e fonte da vida" (cf. Jó 33:4; 34:13-14; 104:29-30). Assim, "toda experiência verdadeira do 'eu' também se torna uma experiência do espírito divino na vida do ser humano".[143] *Existe* uma afinidade natural entre Espírito e criatura, mas o ser humano, ao se desviar de Deus, comprometeu-a. As Escrituras não esclarecem se essa proximidade foi apenas prejudicada (de modo que podemos nos aproximar de Deus ou responder a ele quando se aproxima de nós) ou destruída (de modo que, sempre que uma pessoa se aproxima de Deus, ela o faz porque Deus já iniciou um processo de recriação).

Fomos criados como seres espirituais (*pneumatikos*), porém nos tornamos carnais (*sarkinos* [1Co 3:1]). Não se trata de uma distinção absoluta. Os coríntios são "crianças no Ungido", não estão fora dele. Visto que a humanidade se desviou de Deus, nossa postura padrão é agir e tomar decisões de modo a deixar Deus e outras pessoas de fora. A história do Primeiro Testamento elucida isso; a vida dos coríntios, também. O fato de Deus nos reconquistar inverte nossa posição padrão, embora a vida de Israel e a vida dos coríntios indiquem que não há necessariamente uma única forma pela qual isso acontece.

3.6 DESVIO E SUAS CONSEQUÊNCIAS

Ao considerarmos os poderes celestiais; as comunidades locais e cidades; as nações e superpotências; e a constituição e a vida do indivíduo, vimos

---

[141]Dunn, *The Theology of Paul the Apostle* [A teologia do apóstolo Paulo], p. 77.
[142]Fee, *God's Empowering Presence* [Presença empoderadora de Deus], p. 25.
[143]Moltmann, *The Spirit of Life* [Espírito da vida], p. 35.

que nada mais é tão bom quanto a criação original. Toda criação foi comprometida e maculada pela forma como o ser humano agiu. Contudo, a humanidade é tanto vítima como agressora.

Uma série de imagens

Ambos os Testamentos apresentam várias imagens para expressar a natureza da transgressão humana, e não é sábio fixar-se apenas em uma se desejamos captar essa essência.[144]

O título desta seção assume a imagem do desvio, dando a ideia de abandonar a estrada que Deus posiciona na frente das pessoas como o caminho certo e escolher ir por outro caminho (e.g., Jr 3:21).

(A) Transgressão pode descrever o ato de rebelião contra Deus. As pessoas estavam familiarizadas com o uso do verbo *rebelar-se* no sentido não teológico (e.g., 2Rs 3:7; 8:20), e é bem provável que seu sentido etimológico esteja na mente das pessoas ao usarem essa imagem para transgressão (e.g., Is 1:2; Jr 3:13). O conceito envolve rejeitar a autoridade de Deus. Ele ocupa posição de rei ou pai, e nós, a posição de filhos rebeldes ou servos desafiadores.

(B) Transgressão também pode descrever infidelidade, como a infidelidade de alguém que recua em um comprometimento ou comete adultério (e.g., Êx 21:8; Jr 3:20). Por isso, envolve retroceder no compromisso para com Yahweh e prostituir-se com outras deidades (e.g., Jr 5:11; Lm 1:2). Pode ser explicada como incredulidade em um contexto mais amplo (*rešaʿ*), palavra hebraica mais geral para transgressão (compare com *adikia*, no grego). O termo serve de antônimo de fidelidade (*ṣədāqâ*), de modo que o par de expressões estabelece um contraste entre viver corretamente em relação a Deus e outras pessoas, e ignorar as obrigações inerentes a esses relacionamentos.

(C) Transgressão pode implicar a invasão dos direitos e da honra de Deus. O cônjuge que comete adultério partilha essa culpa em relação aos diretos e à honra do parceiro (Nm 5:12,27). No relacionamento com Yahweh, um exemplo clássico é ilustrado pela história de Acã, que toma parte dos despojos de Jericó pertencentes a Yahweh, ninguém menos

---

[144]Cf. G. C. Berkouwer, *Sin* [Pecado] (Grand Rapids: Eerdmans, 1971), p. 255.

do que aquele que trouxera destruição à cidade (Js 7:1). Outra forma de transgressão dos direitos e da honra de Deus está envolvida no casamento de alguém de outro povo, cujo culto seria prestado a outra divindade (Ed 9—10). A ideia de transgressão encontra-se relacionada à profanação (*hănupâ*; Jr 23:15). Significa falhar em tratar o sagrado como tal. Pior ainda: significa tratar o Santo como se não fosse, de fato, Deus. Trata-se, na prática, de impiedade (*asebeia*; e.g., Rm 1:18).

(D) Transgressão pode descrever a quebra de regras estabelecidas por Deus, ultrapassando os limites com os quais Yahweh circunscreveu a vida de seu povo (e.g., Dt 2:14; para um uso literal, 12:10; para um uso teológico, Dt 17:2; 26:13). A transgressão da humanidade teve início como desobediência: juntamente com um escopo amplo para a tomada de decisões, Yahweh estabeleceu uma única proibição, mas, como resultado da desobediência de uma única pessoa a essa proibição, a humanidade como um todo acabou como pecadora. A ação de Adão pode assim ser descrita como o traspassar de um limite (Rm 5:14,19). "Pecado é transgressão" (1Jo 3:4) e resulta em um registro das ocasiões em que pessoas quebraram a lei (Cl 2:14).

Enquanto Gênesis não descreve a desobediência de Adão e Eva como "pecado", a palavra aparece na história de Caim e Abel (Gn 4:7). Normalmente, "pecado" traduz palavras hebraicas e gregas cujo uso diário comum sugere "falha" ou "fracasso", não pelo fato de as pessoas tentarem o suficiente e não obterem sucesso, mas porque, na verdade, nem tentaram. Podemos argumentar que o pecado original da humanidade é a preguiça.[145] "Todos pecaram e estão destituídos do esplendor de Deus" (Rm 3:23). Embora as palavras hebraica e grega tenham etimologias similares, nas Escrituras raramente são empregadas em sentido cotidiano, como ocorre com o uso da palavra *pecado*, em língua portuguesa. Portanto, as pessoas em geral provavelmente não eram bem-informadas sobre o senso de "falta" que a etimologia dá a entender.

Uma comunidade desviada

Como subcategoria do fato de que o ser humano é tanto realidade corporativa quanto individual, o desvio caracteriza entidades corporativas

---

[145]Cf. Barth, *CD* IV, 2:403-83.

(famílias, comunidades, cidades, nações, congregações, o mundo) e individuais. O pecado é, desde o início, uma questão comunitária. Desde o princípio, envolve um casal, então uma família e, em seguida, um vilarejo (Gn 3—4). Gênesis culmina seu relato do pecado com uma ênfase de quão "ruim" *(raʿ)* a situação ficou e como toda a terra se encheu de "violação" ou "violência" (*ḥāmās*; Gn 6:5,11,13; 8:21).

A palavra *raʿ* traz a mesma conotação dupla de "mau" em português. É o oposto de agradável ou belo, bem como oposto de honrável, reto e justo. A palavra sugere um contraste com a bondade do mundo tal como Deus o criou (em Gn 1—2, "bom", *ṭōb*, ocorre nove vezes). A natureza equívoca de palavras hebraicas se equipara aos termos *bom* e *mau* em língua portuguesa, à ambiguidade explorada na seguinte pergunta: "Por que coisas ruins acontecem com pessoas boas?" O uso duplo da palavra dá a entender que é apropriado acontecer coisas ruins a pessoas ruins, e coisas boas a pessoas boas.

A palavra para "violência" ou "violação" também carrega outra conotação dupla, ou seja, a ideia de pessoas violando regras de Deus e usando de violência umas para com as outras, e implica a interligação entre uma coisa e outra: que a violação às regras de Deus leva à violência entre as pessoas, e vice-versa. De um jeito ou de outro, as coisas estão arruinadas (Gn 6:11-12).

De igual modo, após o dilúvio, o pecado envolve uma família e uma nação (Gn 9—11). Subsequentemente, Yahweh adverte Israel como nação de que a posse do território poderia transformar-se em uma distração, desorientando-o, como o fruto fizera com Adão e Eva. Assim aconteceu, e Yahweh expulsou Israel de seu território por um tempo, da mesma forma como havia feito com os primeiros ocupantes do Éden. Da mesma maneira, a cidade com a qual Deus se comprometeu tornou-se uma cidade abandonada por causa de sua infidelidade (cf. esp. Lamentações). No desenrolar do livro de Isaías, o horizonte se amplia, expandindo de um foco em Judá (Is 1—12) a um *tour* das nações em redor (Is 13—23), até que as profecias dão um passo para trás e falam do mundo como um todo (Is 24—27), poluído pela violação das regras de Yahweh para a vida e entregando-se à violência.

Assim, uma sociedade pode ser caracterizada por ganância, desperdício, preguiça, trabalho excessivo, racismo, sexismo ou desigualdade. Uma nação pode fazer guerra por amor à vingança ou pelo desejo de obter território; ou pode falhar em tomar atitude contra opressores. "O mundo ocidental foi modelado e definido por um espírito que exibe outra constituição, outros interesses, outros objetivos e outras estruturas de poder, não procedentes do Espírito de Deus." Esse outro espírito "cultiva e espalha a relação individual e comunitária no sentido de segurança própria e posse exclusiva, bem como o aumento constante dessa relação autocentralizada, cujo propósito é servir à autoprodução". Seu "alvo é o culto ao abstrato, ao individual e à instituição estratificada e autocentralizada, bem como à dominação cognitiva ou cognitivamente controlável do mundo".[146] "Na história que o americano conta para si mesmo, cada grande problema, da independência à escravidão e ao totalitarismo, pode ser finalmente resolvido pela *ultima ratio* da guerra", enquanto "a narrativa-mestra da Bíblia gira em torno de um povo escravo que fugiu 'às pressas' (Dt 16:3) e de um Salvador que, montado em um jumento, entra em Jerusalém e é chamado de Príncipe da Paz".[147]

No contexto do século XXI, como em Gênesis e Isaías, o aspecto comunitário da experiência humana não é exclusivo de determinada sociedade ou nação. Sociedades e povos do mundo são interdependentes. A cultura é um fenômeno global. Os processos econômico, político e cultural são levados a cabo na luta econômica e exploração da natureza; na luta pelo poder e pelo controle do poder; e na luta por privilégios educacionais, raciais e sexuais.[148] Membros individuais da sociedade, da nação e do mundo podem, portanto, sofrer diversas consequências. Eles podem ser vítimas diretas da desobediência; e/ou podem inevitavelmente compartilhar essa responsabilidade; e/ou podem ser tão influenciados por seu grupo que ficam pessoalmente sob o controle de tais atitudes. Nesse contexto, escapar do efeito do pecado é ainda mais complexo do que escapar da escravidão do pecado individual. Esse fato adiciona ainda mais ao fardo do pecado sobre o indivíduo.

---

[146] Welker, *God the Spirit* [Deus, o Espírito], p. 279, 280, 281.
[147] James W. McClendon, *Systematic Theology: Witness* [Teologia sistemática: testemunho] (Nashville: Abingdon, 2000), p. 361-62.
[148] Cf. Jürgen Moltmann, *The Church in the Power of the Spirit* [A igreja no poder do Espírito] (Londres: SCM Press; Nova York: Harper, 1977), p. 163-89.

O mundo

A expressão definitiva dessa realidade é o mundo como um todo. Enquanto o mundo pode representar a criação em geral (Jo 1:10; 17:5,24), também pode simbolizar a criação humana em sua rebelião contra Deus, especificamente em sua oposição a Jesus. Teologicamente, o mundo é uma fonte possível de verdade para a igreja, é o contexto no qual a igreja vive e o objeto de sua missão,[149] mas também é uma personificação de resistência a Deus, uma esfera estabelecida contra Deus e "um superego independente, acima de todos os demais". A criação transformou-se em mundo, e o espírito do mundo é "a atmosfera de influência convincente com a qual cada homem contribui, mas que, ao mesmo tempo, está sempre sujeito". O mundo é caracterizado por trevas e oposição a Deus e à esfera da luz. "A essência do *cosmos*... são as *trevas*", não como sombra ou aflição imposta sobre ele (como em Is 9:2 [TM 1]), mas como sua própria natureza inerente; "o mundo se apropria das próprias trevas". O mundo é caracterizado pela mentira (visto que Jesus vem para trazer a verdade [Jo 18:37]) e pela cegueira.[150]

Desse modo, o mundo se encontra em uma condição "desesperadora".[151] "O mundo inteiro jaz no Maligno" (1Jo 5:19, ARA). A Torá estabelece regras cujo objetivo é tornar impossível às pessoas terem falta de comida, abrigo, vestimenta, trabalho, descanso, família, comunidade e liberdade. Mas "o mundo" é um sistema, ou contexto, no qual podemos, metodicamente, privar as pessoas de comida, abrigo, vestimenta, trabalho, descanso, família, comunidade e liberdade. O mundo é o antirreino.[152] Os feitos do mundo são maus (Jo 7:7).

O mundo é muito poderoso, por ser presidido por forças sobrenaturais, embora exerça esse domínio apenas porque a humanidade permite, não porque seu poder e o poder de Deus sejam inerentemente semelhantes.

---

[149]Francis Watson, *Text, Church and World* [Texto, igreja e mundo] (Edimburgo: T&T Clark; Grand Rapids: Eerdmans, 1994), p. 9-11.
[150]Bultmann, *Theology of the New Testament* [Teologia do Novo Testamento], 2:26-27; 1:207; 2:15.
[151]D. Moody Smith, *The Theology of the Gospel of John* [A teologia do Evangelho de João] (Cambridge e Nova York: Cambridge University Press, 1995), p. 80, 81 (o autor usa essa palavra duas vezes).
[152]Jon Sobrino, *Jesus the Liberator* [Jesus, o libertador] (Maryknoll: Orbis, 1993; Tunbridge Wells: Burns and Oates, 1994), e.g., p. 24.

O cristão pode lamentar o fato de viver em um mundo caído, mas não em uma criação caída. É o mundo que está sob o controle do "príncipe deste mundo" (Jo 12:31). A besta foi autorizada a exercer autoridade sobre "toda tribo, língua, povo e nação", para que "os habitantes da terra" como um todo sejam iludidos em sua adoração (Ap 13:7-8), embora isso não se aplique àqueles "cujos nomes estão escritos no livro da vida do cordeiro".

Este mundo também contrasta com o mundo vindouro, tanto em termos cronológicos como espaciais. Esta era se opõe à era vindoura (1Co 2:6-8; Ef 1:21). Falar em termos desta era em oposição a este mundo é referir-se à mesma entidade, chamando, porém, atenção à sua limitação temporal, retrospectiva e prospectiva. Por natureza, falamos "de acordo com este mundo, com esta era", literalmente, de acordo com "a era deste mundo" (Ef 2:2).[153] O contraste entre "esta era" e a "era vindoura", assim como o contraste entre "este mundo" e o "mundo vindouro", são distintos, mas relacionados. A frase distintiva "era deste mundo" estabelece a ideia de que o problema desta era é estar sob a dominação deste mundo, mas também que o governo deste mundo é limitado a esta era. O destino deste mundo é perder seu poder quando esta era passar.

Deus se levantou contra o mundo em Israel (Israel é o mundo); basicamente, é sobre isso que tratam os Profetas. Deus se levantou contra o mundo na história de Israel (o império é o mundo); é sobre isso que tratam as visões de Daniel. Deus se levantou contra o mundo na época de Jesus. Deus se levantou contra o mundo na vida da igreja de João. Desse modo, o Novo Testamento assume uma postura negativa com relação ao mundo,[154] embora essa postura não signifique uma atitude negativa em relação às pessoas. Na verdade, o mundo é objeto do amor e do autossacrifício de Deus. O Novo Testamento assume uma postura negativa em relação ao *cosmos*, aos líderes que o apoiam e ao modo como ele é, mas não em relação ao ser humano em geral. Os discípulos são a luz

---

[153]Cf. J. Armitage Robinson, *St. Paul's Epistle to the Ephesians* [Carta de S. Paulo aos Efésios], 2ª ed. (Londres: James Clarke, [?1904]), p. 48 (e p. 153-54 para outras expressões semelhantes em Efésios). Traduções em português trazem frases como "presente ordem deste mundo" para produzirem uma expressão mais natural.

[154]Compare com a exposição de H. Richard Niebuhr, "Christ Against Culture" [Cristo contra a cultura], em *Christ and Culture* [Cristo e a cultura] (reimp., São Francisco: Harper, 2001), p. 45-82, embora Niebuhr não seja entusiástico a essa forma de ver o relacionamento entre os dois.

do mundo (Mt 5:14). Foi por amar o mundo que Deus enviou seu Filho para lidar com seu pecado e ser o seu salvador; foi por amor que Jesus enviou os discípulos ao mundo, da mesma maneira como ele próprio fora enviado (Jo 1:29; 3:16-17; 4:42; 12:46; 17:18).[155]

Níveis de pecado e estupidez

Somos todos pecadores, porém alguns o são em um sentido especial. O relato de Mateus acerca da atividade batismal de João ilustra esse pressuposto duplo. João Batista insta arrependimento em termos gerais, mas também confronta grupos particulares, especialmente necessitados de consertar a vida e não pensar que seu batismo pode trazer purificação se isolado de tal mudança.

Esses grandes pecadores são os líderes religiosos, denunciados também pelos Profetas. Fariseus e saduceus são "raça de víboras" (Mt 3:7-10). Eles matam especialmente seus pais, de acordo com a tradição antiga; João está invertendo sua própria reivindicação de uma paternidade reconhecida.[156]

O fato de João Batista insistir com as pessoas em geral para que se arrependessem e fossem batizadas também pode soar estranho. O povo judeu é beneficiário da chegada do reino de Deus e da derrota de poderes usurpadores. Evidentemente, porém, o judeu também precisa de purificação. O pressuposto corresponde às regras de purificação da Torá. Sim: "Todos pecaram e estão destituídos do esplendor de Deus" (Rm 3:23).

Reações a Jesus foram estranhamente mistas. Por um lado, Jesus convoca indivíduos que, na ocasião, abandonam trabalho e família para o seguirem (Mt 4:18-22); multidões o seguem por causa do seu ensino e curas (Mt 4:23-25; cf. Mt 7:28-29; 8:16); e, cheio de espanto, o povo glorifica a Deus (Mt 9:8; cf. Mt 9:33). Por outro lado, em Gadara, a população local pede para que Jesus se retire (Mt 8:34); alguns teólogos pensam que Jesus blasfema (Mt 9:3); e os fariseus questionavam o porquê de Jesus

---

[155]Cf. Miroslav Volf, "Johannine Dualism and Contemporary Pluralism" [Dualismo joanino e pluralismo contemporâneo], em Richard Bauckham e Carl Mosser, eds., *The Gospel of John and Christian Theology* [O Evangelho de João e a teologia cristã] (Grand Rapids e Cambridge: Eerdmans, 2008), p. 41; Volf, *Captive to the Word of God* [Cativo à palavra de Deus] (Grand Rapids e Cambridge: Eerdmans, 2010), p. 118.
[156]Cf. Craig S. Keener, "'Brood of Vipers'" [Raça de víboras], *JSNT* 28 (2005): 3-11.

comer com publicanos e pecadores, conjecturando que seu poder para expulsar demônios tinha origem em Belzebu (Mt 9:11, 34; 10:24).

Em João, capítulo após capítulo, todos narram como as pessoas falharam em compreender Jesus: Natanael, Maria, Nicodemos, a mulher samaritana, o povo que deseja torná-lo rei e os judeus em geral. Geralmente, concordamos com eles, assim como concordamos com os judeus que não entendem a declaração de Jesus no que diz respeito à destruição do templo e com Filipe, que questiona como os discípulos poderiam alimentar cinco mil pessoas. Contudo, mesmo quando Jesus fala com clareza, seu ensino resulta em mal-entendido, visto que as pessoas devem mudar categorias de pensamento a fim de o compreenderem. Existe um milagre envolvido. Alguns passam a entendê-lo somente após a ressurreição (Jo 2:22).

A ignorância do ser humano é ilustrada pela história de como Jesus cura o homem cego de nascença no dia de sábado. O ato deixa os líderes de Jerusalém sem saber o que fazer. Dificilmente daríamos uma resposta melhor do que a do homem curado: "Ora, isso é extraordinário! Vocês não sabem de onde ele vem, contudo ele me abriu os olhos. Sabemos que Deus não ouve pecadores, mas ouve quem é piedoso e pratica a sua vontade. Nunca se ouviu de alguém abrir os olhos de um cego de nascença. Se esse homem não fosse de Deus, não poderia fazer coisa alguma" (Jo 9:30-33). Tudo que os líderes conseguem fazer é expulsar o homem.

Outra coisa que as pessoas não são muito boas é em conhecer a si mesmas. Pedro ilustra esse ponto (e.g., Jo 13:1-11). Há muito, o mesmo princípio já havia sido ilustrado por Abraão, Isaque e Jacó; trata-se de uma das formas pelas quais o ser humano é escravo do pecado (Jo 8:34). O pensamento do mundo gentílico é caracterizado por vazio e ignorância; a luz deixou a mente das pessoas, levando-as a perder toda sensibilidade (Ef 4:17-19). A perda de percepção ou *insight* moral começa com resistência e culmina em toda a sorte de transgressão. A vida do mundo gentílico é caracterizada por um endurecimento das artérias mentais do indivíduo, resultando em alienação de Deus, entendimento entenebrecido e no estilo de vida caracterizado por sensualidade, impureza, ganância, engano e ira. "O pecado é próprio da mente."[157] Podemos dizer

---

[157]T. F. Torrance, resumindo o ponto de vista de Calvino (*Calvin's Doctrine of Man* [Doutrina de Calvino acerca do homem], p. 116).

que sua essência é a estupidez.[158] Envolve a supressão da verdade por meio de *adikia* e do julgamento de outros quando praticam a mesma coisa (Rm 1:18; 2:1). "Pecado não diz respeito à fraqueza, mas a mentira e cegueira." Acabamos cegos por nos fazermos cegos.[159]

Ao pregarem o evangelho, os apóstolos são responsáveis por fazê-lo sem diluir a mensagem; as pessoas, porém, são responsáveis pela forma como reagem. Àqueles a caminho da salvação, a mensagem da morte de Jesus (personificada na vida de pessoas cujo próprio ministério as ameaça de morte) terá fragrância suave e vivificadora; àqueles a caminho da morte, cheirará desagradável e mortal (2Co 2:14-17).

Impiedade

De volta ao Princípio, parecia uma boa ideia tomar uma atitude para salvaguardar o futuro, assumir o controle do próprio destino e exercer responsabilidade individual. No final, acabou sendo uma ideia ruim (cf. Gn 3). "O pecado do homem é o orgulho."[160] Esse orgulho encontra-se na recusa em confiar e obedecer. Embora seja o processo envolvido em Gênesis 3, subsequentemente a confecção do bezerro de ouro fornece uma grande ilustração.[161] O orgulho precede a queda.[162]

A queda significava que o relacionamento das pessoas umas com as outras havia sido distorcido. De agora em diante, homem governaria sobre mulher, e marido, sobre esposa; maternidade significaria dor (assistir a um filho matando o outro); o trabalho seria pesaroso; o relacionamento com o mundo animado envolveria conflito constante. A carne se tornou a natureza inferior e, desde então, ceder a ela parecia uma boa ideia. Nas histórias de Caim e Abel, Lameque, Noé e seus filhos, e dos migrantes em Sinear (Gn 4—11), a carne venceu o argumento, como ocorrera no Éden. A humanidade seguiu as inclinações da natureza inferior. Essa dinâmica

---

[158]Cf. Barth, *CD* IV, 2:410-45.
[159]Jose Ignacio Gonzalez Faus, "Sin" [Pecado], em Sobrino e Ellacuria, *Mysterium Liberationis*, p. 532-42 (na p. 533); *Systematic Theology* [Teologia Sistemática] (Maryknoll, Nova York: Orbis, 1996), p. 194-204 (em p. 195, 196).
[160]Barth, *CD* IV, 1:413.
[161]Cf. Barth, *CD* IV, 1:423-32. Barth prossegue, considerando uma sequência de histórias do Primeiro Testamento.
[162]Barth, *CD* IV, 1:478.

gerou tribulações de curto e longo prazo. Doravante, bênção e maldição funcionam em conflito no mundo, com Deus em ambos os lados da batalha. Deus é soberano, sim, castigando, destruindo e espalhando, mas também se envolvendo e chamando, protegendo e restringindo. Pessoas resistem a ele e o adoram (Gn 4:26; 8:20-23).

Fora do paraíso, Deus continua a dar provimento às pessoas, agindo em favor delas e falando com elas. O ser humano não perdeu seu relacionamento com Deus; além da esfera do Éden, Deus não está ausente. O pecado, no entanto, polui. O conflito entre maldade moral e o caráter de Deus significa que transgressão moral e infidelidade para com Deus tornam o ser humano impuro (e.g., Sl 106:39). As pessoas precisam de purificação se desejam permanecer na presença de Deus (e.g., Pv 20:9).

Assim, somos ímpios (*asebeis*; Rm 5:6) — uma descrição impressionante, visto que o mundo sempre esteve cheio de deuses e de religião; Paulo, porém, dispensa tudo isso com uma única palavra. Pessoas são *atheoi* (Ef 2:12): o termo pode denotar aqueles que abandonam a Deus ou que são abandonados por ele. A rejeição de Paulo abrange as religiões pagã e judaica. Agora, abrangeria também a religião cristã, incapaz de salvar alguém, como qualquer outra.

Além de sermos ímpios, estávamos fracos e alienados (Rm 5:6-11). Não éramos nem justos, nem bons; éramos pecadores, inimigos. Estávamos fracos e fragilizados, como consequência de termos voltado, havia muito, as costas ao caminho de Deus. Ele então afastou-se de nós, abandonando-nos à nossa sorte e nos deixou impotentes para fazer qualquer coisa a respeito da nossa situação. Por conseguinte, havia uma espécie de impasse entre nós e Deus, em que não havia nada que pudéssemos fazer. Tal é a implicação da história da primeira parte de Gênesis. O envolvimento gracioso e longânimo de Deus para com Israel fez muito pouco para mudar sua situação, e ainda menos para mudar o restante do mundo.

Em favor do justo e daquele cuja ação para conosco é honesta, podemos estar preparados para morrer. Uma mãe pode estar preparada para se posicionar entre uma bala e seu filho obediente (e mesmo entre uma bala e seu filho desonroso, desobediente). Por um justo, estaríamos dispostos a morrer. Além disso, outra mulher, que vê a ação e se impressiona com o ato de bondade, pode, ela mesma, estar preparada para arriscar sua vida a fim de proteger a mãe. Mas, em relação a Deus, éramos pessoas que viraram as costas à nossa responsabilidade para com ele. Nem estávamos em um relacionamento correto, nem éramos bons. Éramos pecadores: pessoas que intencionalmente decepcionaram a Deus, agindo contra sua expectativa. Éramos, enfim, inimigos.

Em contrapartida, Deus foi hostil para conosco? Deus nos atacou? Ou seria o caso de nós termos sido hostis para como ele, atacando-o? Existem muitas formas de inimizade e hostilidade. Em anos recentes, níveis diferentes de hostilidade aumentaram entre Estados Unidos e, digamos, Iraque, sob o governo de Saddam Hussein; Irã, sob o governo de Ahmadinejad; Venezuela, sob Chavez; e Coreia do Norte, sob Kim Jong-il. Diferentes formas de inimizade e hostilidade podem existir entre membros dos partidos Republicano e Democrata, ou, no lado britânico, entre membros dos partidos Conservador e Trabalhista. Dizem-nos que, em público, os parlamentares rilham os dentes uns com os outros, enquanto, durante o jantar, riem e fazem piadas.

Diferentes formas de inimizade e hostilidade podem existir no contexto familiar: pai e filho podem agredir verbalmente um ao outro; o marido pode irritar-se com a esposa e sair de casa por um tempo. A Escritura geralmente descreve Deus criticando pessoas, particularmente Israel, e os Evangelhos mostram Jesus censurando os discípulos. O Novo Testamento revela Paulo dando bronca nas igrejas, e o mesmo apóstolo descreve como Deus entrega a humanidade às consequências de suas ações, voltando-lhe as costas. Sua referência a Deus e a nós como inimigos segue imediatamente sua referência à ira da qual precisamos ser resgatados (Rm 5:9), o que sugere hostilidade por parte de Deus. Exceto no caso de Deus, essas críticas normalmente se resumem a conflitos familiares e não culminam em guerra aberta.

Com menos frequência, a Escritura descreve a humanidade criticando Deus. Jó nos serve de exemplo espetacular (Jó também acusa Deus de tratá-lo como inimigo). Contudo, as Escrituras de fato falam de nós como rebeldes, o que é uma indicação de que precisamos nos ver em inimizade com aquele contra o qual nos rebelamos. Mais uma vez, essa dinâmica forma um paralelo com uma eclosão de hostilidades no contexto familiar. Somos como crianças que ignoraram as regras da mãe, fazendo com que ela nos expulse de casa. A humanidade se sujeita ao senhorio de todo tipo de entidade, na maioria das vezes de forma inconsciente. Por natureza, o ser humano serve ao pecado, à Torá e à natureza inferior.

Filhos da ira por natureza

No relato de Paulo, o pecado reside no fato de a humanidade não ter louvado a Deus, nem lhe dado graças, embora visse fatos básicos a seu respeito a partir do mundo criado. Antes, o ser humano suprimiu a verdade e, como resultado, perdeu-a. Sua mente tola ficou obscura. "Dizendo-se sábios, tornaram-se loucos" [Rm 1:22, NVI]. Seu problema não foi tanto a falta de louvor, mas o redirecionamento do louvor a coisas criadas, como a adoração de animais, ilustrada pelo episódio do bezerro de ouro (a passagem alude a Sl 106:19-20). Deus assim os abandonou e, como resultado, a ação da humanidade resultou em uma vida de impureza, de desonra do próprio corpo e em todo o tipo de transgressão, como ganância, inveja, homicídio, confusão, engano e maldade. Foi dessa maneira que a ira de Deus se manifestou contra a impiedade e a perversão humana (Rm 1:18-32).

Assim, a hostilidade de Deus resulta em ira. Pessoas que se recusam a se voltar para Deus acumulam para si mesmas ira para o dia da ira e da revelação do juízo divino (Rm 2:5-8; cf. Rm 5:9; 1Ts 1:10). Nesse dia, Deus recompensará cada um segundo suas obras (Rm 2:5, referindo-se a Sl 62:12 [TM 13]). A expressão "dia da ira" capta um dos usos do Primeiro Testamento (e.g. Ez 7:19; Sf 1:15, 18) e é um outro termo para "Dia de Yahweh". Enquanto membros do povo de Deus pensam que o Dia de Yahweh será de bênção para eles e de juízo para outras pessoas, o quadro poderá acabar invertido (Am 5:18).

O Dia de Yahweh manifestará o cumprimento definitivo de seu propósito; ao mesmo tempo, porém, o dia encontra cumprimento na história. A queda de Jerusalém, em 587 a.C., foi "o dia em que sua fúria se acendeu... o dia de sua ira... o dia da ira de Yahweh" (Lm 1:12; 2:1,21,22). A ira de Deus é tanto uma realidade presente e histórica como uma ação que culminará no Fim. Desde já, "a ira de Deus se revela do céu contra toda impiedade e transgressão da humanidade, que suprime a verdade pela mentira" (Rm 1:18). Um processo leva invariavelmente a outro: ações estúpidas geram desastre. O processo também envolve uma operação intervencionista, segundo o qual Deus traz punição à ação errada.[163]

---

[163]Cf., e.g., Gene M. Tucker, "Sin and 'Judgment' in the Prophets" [Pecado e 'juízo' nos Profetas], em Henry T. C. Sun e Keith L. Eades, eds., *Problems in Biblical Theology* [Problemas em teologia bíblica], Rolf Knierim Festschrift (Grand Rapids e Cambridge: Eerdmans, 1997), p. 373-88.

Deixar de reconhecer o corpo de Jesus torna alguém passível de julgamento, levando-o a enfermidade e morte prematura; embora pelo menos possamos experimentar juízo nesta era, mas não no Fim (1Co 11:27-34). Assim, juízo pode ser uma forma de disciplina. Não há purgatório após a morte, mas há purgatório antes da morte.

"Éramos, por natureza, filhos da ira" (Ef 2:3, ARA). "Por natureza" tem o sentido de "em nós mesmos".[164] O que acontece pela graça de Deus (Ef 2:5) contrasta com o modo pelo qual as coisas são por natureza. Pelas decisões tomadas no início da história humana, algo aconteceu, alternando a situação da humanidade de modo irreversível. Desde então, todo ser humano nasce em um contexto moralmente tortuoso e partilha, inevitavelmente, esse desequilíbrio. O "pecado original" do primeiro casal alterou o que os futuros seres humanos seriam "por natureza", tornando-os, assim, merecedores da ira de Deus, possibilitados à restauração apenas mediante uma ação divina generosa, extraordinária. Em outras palavras, sua restauração poderia acontecer somente "pela graça". Embora o contraste entre natureza e graça seria agora usado de forma mais definida nas discussões teológicas,[165] o uso mais técnico no ensino teológico não se distancia tanto do entendimento de Efésios a respeito da humanidade e da salvação.

As Escrituras não tentam provar a existência de Deus apelando para a natureza. É como se elas fizessem o contrário: na melhor das hipóteses, a Bíblia dá a entender que o argumento pautado na natureza não pode funcionar. O mundo realmente existe apenas devido ao poder de Deus, de modo que qualquer um pode ver esse fato e, assim, se submeter devidamente a Deus; contudo, o ser humano suprime essa verdade por sua transgressão. Assim, há uma ligação entre impiedade e transgressão. A implicação não é necessariamente que a impiedade resulte em transgressão para com outro ser humano. Muitas pessoas ímpias se preocupam com a justiça feita no mundo. No entanto, a transgressão pode estar relacionada à impiedade. Acreditamos ser do nosso interesse viver para nós mesmos, sem ter de nos preocupar com os outros, mas, a fim de viver dessa maneira, temos de ignorar a Deus.

---

[164]Robinson, *Ephesians* [Efésios], p. 156.
[165]Cf. e.g., Agostinho, *A Natureza e a Graça*; João Calvino, *Commentaries on the Epistles of Paul to the Galatians and Ephesians* [Comentários na carta de Paulo aos gálatas e efésios] (reimp., Grand Rapids: Eerdmans, 1948), p. 222-24.

Pecado, o poder

As coisas chegaram a esse ponto por causa de uma falha na forma como a humanidade foi criada? Não. Antes, o pecado resultou das decisões que a humanidade tomou no Princípio. O ser humano foi criado para compartilhar a glória soberana de Deus sobre a criação (cf. Sl 8), porém perdeu esse direito. O ser humano foi criado para usufruir a glória eterna, representada pela árvore da vida, porém abriu mão dela e foi lançado para fora do paraíso de Deus, onde teria acesso à árvore. A humanidade foi feita à imagem de Deus, mas falhou em perceber as implicações disso (cf. Hb 2:5-9). Embora o ser humano não tenha perdido a imagem, essa imagem precisava de renovação. Por sua inerente natureza criada, a vida na carne envolvia fragilidade física e emocional, razão pela qual devíamos ter confiado em Deus e obedecido a ele. Confiança e obediência não eram automáticas. Em vez de exercer autoridade sobre o mundo animado, a humanidade se sujeitou à autoridade de um de seus representantes e optou por tomar as próprias decisões sobre como obter a sabedoria necessária para viver. Essa decisão distorceu as coisas para todo homem e toda mulher que passariam a existir. Desde então, a humanidade vive segundo a carne, não apenas na carne.

Qual a explicação para que, apesar do envolvimento profundo de Deus com o mundo e com Israel, tanto um quanto o outro se tenham voltado, de forma sobreposta, contra ele? Qual a explicação para que nossa resposta a ele eventualmente tenha assumido a forma de matar seu Filho? Olhando para trás, o início da história dá a entender uma resposta. Adão e Eva não foram criados com algum tipo de falha, mas, no jardim, suspeita, desconfiança e desobediência sobrevieram de fora deles. Pouco tempo depois, o pecado rastejava à porta de Caim, como outra criatura selvagem. Do outro lado da morte de Jesus, Paulo pôde ver o pecado como:

> Uma compulsão ou obrigação que o ser humano geralmente experimenta em si mesmo ou em seu contexto social, uma compulsão em relação a atitudes e ações que nem sempre aprova. [...] Pecado é o poder que leva o ser humano a se esquecer de que é criatura e depende de Deus, o poder que impede a humanidade de reconhecer sua verdadeira natureza e engana *adam*, levando-o a pensar que é semelhante a Deus e impedindo-o de compreender que não passa de *adamah*. É esse poder que

leva a humanidade a se voltar contra si, precupando-se em satisfazer e compensar sua própria fraqueza como carne.[166]

Embora a transgressão seja um fenômeno complexo que se beneficia de ser descrito por diversas imagens, também é algo coerente. "O pecado encontra-se entre os poderes anti-Deus, cuja derrota final é inaugurada e garantida pela ressurreição de Jesus Cristo."[167] O pecado fez do mundo sua base de operação, tornou-se um poder escravizador que se apropriou de todo ser humano e desencadeou a Morte, sua parceira cósmica, até mesmo assumiu o controle da Torá, transformando-a em seu próprio agente, de modo que poderíamos, na prática, incluí-lo na discussão sobre poderes sobrenaturais.[168]

Pecado e morte podem dizer: "Eu vim, eu vi, eu conquistei". "*O poder do pecado* [...] força todo homem, sem exceção, à escravidão."[169] Existe um mistério sobre essas duas forças; de fato, diversos mistérios. De onde elas vieram? Como exercem seu poder? Por que todos cederam a esses poderes? Qual é a relação entre o poder de ambas e a responsabilidade humana? As Escrituras não esclarecem a resposta a essas questões, embora sua omissão não mine as afirmações. Sabemos que pecado e morte tinham, e continuam tendo, poder; contudo, também sabemos que somos responsáveis por decisões sobre certo e errado. Não nos pegamos dizendo: "O pecado me obrigou a fazer isto, contra a minha vontade". Todavia, somos tanto vítimas quanto perpetradores do pecado.[170]

Pecado e morte

Assim, a morte veio a todo ser humano de forma que todos pecaram, mesmo que seu pecado não tenha sido como o de Adão ou o de Israel, isto é, ao desobededecer às instruções explícitas de Deus. Em certo sentido,

---

[166]Dunn, *The Theology of Paul the Apostle* [A teologia do apóstolo Paulo], p. 112-14.
[167]Beverly Roberts Gaventa, "The Cosmic Power of Sin in Paul's Letter to the Romans" [Poder cósmico do pecado na carta de Paulo aos Romanos], *Interpretation* 58 (2004): 229-40 (em 231). A próxima frase resume os parágrafos subsequentes do texto da autora.
[168]Cf. seção 3.1.
[169]Bultmann, *Theology of the New Testament* [Teologia do Novo Testamento] 1:249.
[170]Cf. Ian A. McFarland, *In Adam's Fall* [Na queda de Adão] (Chichester e Malden: Wiley--Blackwell, 2010).

o pecado da humanidade não poderia ter sido delineado e indicado com exatidão, mas o fato de que seres humanos morreram é uma indicação de que estavam pecando e pagando o preço por isso (Rm 5:12-14). A humanidade estava ciente de Deus e de sua responsabilidade para com ele, mesmo sem uma revelação direta de Deus, como Adão, ou a Torá, que viria posteriormente; o ser humano optou pelas trevas ao invés da luz (Jo 3:19).

A fragilidade das pessoas significava que elas precisavam de acesso à árvore da vida, porém esse acesso foi perdido. Os primeiros seres humanos foram advertidos a não comer da árvore do conhecimento do bem e do mal, pois, do contrário, morreriam; mesmo assim, escolheram comer do fruto. Adão e Eva não morreram no mesmo dia, mas, finalmente, faleceram, assim como todo ser humano depois deles (cf. Rm 5:12). Adão viveu 930 anos; Sete, 912; Enos, 905; Cainã, 910; Matusalém, 969 (Gn 5). Ao ler a sequência genealógica, criamos expectativa: será que algum deles viverá por mil anos? Ninguém, contudo, consegue. Retratando a genealogia de Adão, cada parágrafo termina com o solene epitáfio: "Viveu ao todo... e morreu". A exceção é Enoque (e, posteriormente, Elias), que simplesmente desaparece (Gn 5:24). O caso de Enoque indica que há outra possibilidade, mas a exceção só aumenta a angústia do refrão. "O salário do pecado é a morte" (Rm 6:23).

O Primeiro Testamento, porém, é estranhamente acolhedor no que diz respeito à mortalidade e não se inquieta frente à morte, exceto, talvez, nas páginas de abertura. O Primeiro Testamento não protesta a morte prematura das pessoas. Esse protesto é refletido em Daniel 12, capítulo final do Primeiro Testamento (partindo do pressuposto de que Daniel é o último livro), o qual inclui a única promessa de uma forma de ressurreição. Contudo, essa seção da Escritura aceita o fato de pessoas morrendo e indo para estar com seus ancestrais quando seu tempo é cumprido. Ele sabe que a morte é mais ou menos o fim; após a morte, tudo que resta é uma existência um tanto entediante no *Sheol*. No entanto, o Primeiro Testamento aceita esse fato.

O Primeiro Testamento também retrata a morte e o *Sheol* chegando a esta vida quando as pessoas são vencidas por enfermidades e por ataques (e.g., Sl 18:4-5 [TM 5-6]; 30:3; 86:13). A morte não espera até que as pessoas morram para dominá-las. Moralmente, também por natureza, estamos "mortos em conexão com nossas transgressões e delitos" mesmo durante a vida, à medida que seguimos o rumo da presente era e nos focalizamos no cumprimento de desejos (Ef 2:1-3). Trata-se da causa e do resultado de nossa morte, e não de sua natureza. O mundo não tem esperança e não nos dá esperança (Ef 2:12), estando na mesma condição que as pessoas na visão dos ossos secos de Ezequiel, passagem em que a morte da comunidade consiste em sua falta de esperança (Ez 37:11). Onde há esperança, há vida. Por "esperança", ambas as passagens se referem a uma realidade objetiva, e não a uma atitude interior, embora a realidade objetiva (ou a falta dela) gere, logicamente, atitude interior. "Não é a esperança que faz do futuro o futuro de Deus; é o futuro que desperta a esperança."[171] O fato de que, na melhor das hipóteses, a vida não resultaria em nada — e, na pior das hipóteses, em ira — fez do viver um tipo de morte em vida. A morte já nos havia alcançado.

Como Jesus, então, após a crucificação, estávamos mortos. Não tínhamos futuro. Estávamos mortos no sentido de desesperança, em conexão com caminhos tortuosos. Mais uma vez, essa análise traça um paralelo com a ideia pressuposta em Ezequiel 37 e sugere um paralelo com Gênesis 1—3. Enquanto o ser humano não foi criado com imortalidade inerente, o objetivo de Deus era que comessem da árvore da vida e vivessem para sempre; entretanto, sua desobediência ao mandamento de Deus e sua indulgência e anseio pelo discernimento da árvore significaram que a humanidade abriu mão dessa possibilidade.

Natureza inferior

Ao falar do poder do pecado, Paulo se refere ao "corpo do pecado", o corpo mortal no qual o pecado pode reinar (Rm 6:6,12). Mais comumente, o apóstolo se refere a ele em conexão com "a carne" (e.g., Rm 7:18,25). Paulo não dá a entender que o corpo em si é pecaminoso, nem mais pecaminoso do que o coração e a mente. Tampouco o corpo, em oposição à mente, consiste na fonte do pecado.[172] Em sua referência à natureza pecaminosa, podemos falar de "carne" como que tendo "desejos" (e.g., Gl 5:16-17), indicando que "carne" ocupa a posição central no interior e no exterior do indivíduo, ou seja, tanto em sua mente e alma como em seu corpo.

---

[171]Moltmann, *Church in the Power of the Spirit* [A igreja no poder do Espírito], p. 197.
[172]Cf. Agostinho, *The City of God* [Cidade de Deus] 14.3.

A história da jornada de Israel, do Egito a Canaã (1Co 10:1-13), interpreta o problema do povo como um desejo desorientado. O problema estava no que o povo queria. Seu anseio encontrou expressão em atitudes relacionadas a festas, ídolos, sexo e reclamação, bem como na forma como testavam a paciência de Deus. No Decálogo, a exortação para não cobiçar surge como um inesperado *coup de grâce*; não é difícil evitar a adoração de ídolos, quebrar o sábado ou matar alguém. Mas essa exortação final rompe com nosso senso pessoal de justiça.

Quando Paulo descreve a forma como é possível chegar a uma percepção de pecado, refere-se ao seguinte mandamento: "Não cobiçarás" (Rm 7:7-8). Sua percepção se interliga com o relato do primeiro e desastroso ato de desobediência (cf. Gn 3:6)[173] e condiz com a progressão de seu argumento: a humanidade não dá a honra devida a Deus, que, por sua vez, entrega a humanidade à cobiça, cuja manifestação encontra expressão no desejo sexual pervertido (Rm 1:24-27). Em contrapartida, nas listas que o apóstolo faz das obras da carne, é comum que o pecado sexual venha em primeiro lugar, seguido pela cobiça.[174]

A pergunta crucial é: vivemos "na carne" ou "segundo a carne", no sentido de "vida segundo a natureza inferior"? O Novo Testamento não faz distinção linguística dessas expressões da mesma forma; tanto "na carne" como "segundo a carne" podem ter conotações positivas, neutras ou negativas, como no caso dos substantivos "corpo" e "carne". A distinção funciona, porém, como ponto de análise teológica, assim como a distinção entre "corpo humano, a ser afirmado e regozijado, e carnalidade humana, contra a qual devemos nos guardar sempre".[175] Viver na carne e viver no corpo é uma coisa; viver segundo a natureza inferior envolve "desviar-se do Criador, o doador da vida, e fixar-se na criação [...] É nesse sentido, então, que 'fixar a mente nas coisas da carne' é estar em guerra contra Deus (Rm 8:7)".[176]

---

[173]Cf. discussão no subtítulo "The Hermeneutics of Misdirected Desire" [Hermenêutica do desejo mal orientado], em Thiselton, *Hermeneutics of Doctrine* [Hermenêutica da doutrina], p. 257-82.
[174]Cf. Dietrich Bonhoeffer, *Discipleship* [Discipulado] (reimp., Mineápolis: Fortress, 2003), p. 264.
[175]Dunn, *The Theology of Paul the Apostle* [A teologia do apóstolo Paulo], p. 73 (embora o autor procure equacionar distinções teológicas e linguísticas entre *sōma* e *sarx*).
[176]Bultmann, *Theology of the New Testament* [Teologia do Novo Testamento], 1:239.

A influência da carne se manifesta em atos como imoralidade sexual, religião idealizada pelo ser humano, hostilidade para com outras pessoas, ciúmes, ambição, inveja e bebedices (Gl 5:19-21). A listas de pecado do Novo Testamento (cf. Rm 1:28-32; 1Co 3:3; 5:9-11; 6:9-10) correspondem às transgressões que o Primeiro Testamento vê em Israel. Elas combinam o que poderíamos ver como pecados mais sérios, como homicídio, e mais triviais, como mexerico, mas ambos têm em comum o aspecto social, remetendo à ideia de que mesmo o pecado mais trivial pode ter efeitos cataclísmicos e destrutivos em uma comunidade.[177]

Enquanto o relato paralelo do fruto do Espírito Santo (Gl 5:22-23) parece em geral assumir uma ordem aleatória, o fruto da natureza inferior pode ser catalogado com uma lógica maior. A lista começa com sexo (imoralidade, impureza e pornografia) e prossegue para falsa religião (idolatria e feitiçaria). A sequência mais longa cobre relacionamentos pessoais (hostilidade, rivalidade, ciúme, acesso de raiva, ambição, disputa, separação e inveja), e o relato chega, por fim, a ações de intemperança (bebedices e farra). O contexto maior da lista ilustra o tipo de coisa a que ela se refere: fala de cristãos atacando uns aos outros (literalmente, "mordendo e devorando uns aos outros") e de presunção, provocação e inveja. Assim, enquanto a sequência começa com imoralidade sexual, o contexto também deixa claro que "carne" não se refere especialmente a sexo, nem contrasta, necessariamente, "corpo" a "espírito". Nosso espírito é, de fato, tão carnal quanto nosso corpo.

A introdução e a conclusão da lista esclarecem que ela não tem a intenção de ser um inventário exaustivo e, em cada categoria ampla, há subcategorias que se sobrepõem. Em cada lista também existem características de orientação cultural: idolatria e feitiçaria caracterizam mais as sociedades tradicionais do que o Ocidente moderno, embora a vida secular e a igreja ocidental deem a entender que sexo, relacionamentos pessoais e intemperança representem problemas interculturais.

O contexto também dá a entender que o fiel não deve ficar ansioso por ter mais conflito interno hoje nessas áreas do que antigamente. Em vez de nos fazer aceitar as obras da carne como algo comum, o Espírito Santo gera conflito em nós e nos encoraja a lhes resistir; uma motivação

---

[177]Dunn, *The Theology of Paul the Apostle* [A teologia do apóstolo Paulo], p. 124.

é que aqueles que se entregam às obras da carne não chegam a participar do reino de Deus (Gl 5:17-21). Viver segundo a natureza inferior significa andar à luz da era presente, que está passando. Viver segundo o Espírito significa andar à luz do fato de que o novo tempo começou. Enquanto o viver na carne caracteriza pessoas que não vivem com Jesus, o andar no Espírito é a vida natural daqueles que vivem com ele.[178]

---

[178]Cf. Fee, *God's Empowering Presence* [Presença empoderadora de Deus], p. 816-22.

QUATRO
O REINADO DE DEUS

"A SOBERANIA PERTENCE A YAHWEH; ele governa as nações" (Sl 22:28 [TM 29]). A soberania de Deus ocupa lugar definitivo na teologia cristã,[1] mas pode dar a entender algo tão abrangente que corremos o risco de banalizá-la. Embora seja importante o fato de que tudo, em última análise, está sob o controle de Deus — mesmo quando o mundo age em rebelião, de modo que nada acontece sem a permissão de Deus — a ideia do reinado (*malkût, basileia*) de Deus é mais dinâmica. As Escrituras enfatizam o tema de Deus estabelecendo sua autoridade ou implementando seu reinado. Nesse sentido, a soberania de Deus "raramente representou uma categoria-chave na teologia cristã".[2] "O reino de Deus" significa "Deus vindo em poder para governar".[3] Em oposição à existência de um "antirreino",[4] Deus

---

[1] Cf. discussão na seção 1.2.
[2] James W. McClendon, *Systematic Theology: Doctrine* [Teologia sistemática: doutrina] (Nashville: Abingdon, 1994), p. 64. Cf. Jon Sobrino, "Central Position of the Reign of God in Liberation Theology" [Posição central do reinado de Deus na teologia da libertação], em Jon Sobrino e Ignacio Ellacuria, eds., *Mysterium Liberationis* (Maryknoll, Nova York: Orbis, 1993), p. 350-86; *Systematic Theology* [Teologia sistemática] (Maryknoll, Nova York: Orbis, 1996), p. 38-74. Compare, porém, com ressalvas em John P. Meier, *A Marginal Jew* [Um judeu marginal] (Nova York: Doubleday, 2001), 3:243-52, com resumo em 289.
[3] Meier, *A Marginal Jew* [Um judeu marginal], 3:148.
[4] Jon Sobrino, *Jesus the Liberator* [Jesus, o libertador] (Maryknoll, Nova York: Orbis, 1993; Tunbridge Wells: Burns and Oates, 1994), e.g., p. 24.

frequentemente faz valer sua soberania contra poderes opositores que procuram se impor.

Abordaremos o reinado de Deus em Israel (seção 4.1); sua proclamação por Jesus (seção 4.2); a resistência ao reinado e à sua proclamação (seção 4.3); e como Deus transforma essa resistência em um meio para alcançar seu objetivo de reinar sobre um povo advindo de todas as nações (seção 4.4).

4.1 EM ISRAEL

Deus é soberano no mundo como um todo, e nada acontece sem seu desejo ou permissão; ele poderia encerrar o mundo amanhã se assim o desejasse. Entretanto, ele não força as pessoas a reconhecerem seu governo, talvez porque reconhecimento forçado não é reconhecimento verdadeiro. Depois de tentar, duas vezes, obter reconhecimento humano voluntário a fim de realizar seu propósito soberano no mundo através da humanidade como um todo (cf. Gn 1—11), Deus tentou uma tática diferente, concentrando-se em um grupo que acabaria por se tornar sua cabeça de ponte para as nações.

Yahweh escolhe Israel para ser essa cabeça de ponte. É um ato de graça e não um ato baseado na suposição de que Israel estaria apto a realizar a tarefa de alguma forma, e pertencer a Israel etnicamente não é suficiente nem necessário para fazer parte desse povo de Deus. O reinado de Yahweh sobre seu povo descarta implicitamente sua necessidade de ter algum governante humano, porém Yahweh cede ao desejo de Israel por um rei entre os homens. O monarca poderia ser agente do reino de Deus — ou seja, tinha ao menos o potencial de sê-lo, o que, na prática, não se concretizou. Posteriormente, o reinado de Deus foi algumas vezes levado a cabo pelas soberanias das superpotências, mas essa é uma expressão um tanto paradoxal do reinado de Yahweh, o qual também intervém no governo da superpotência para reivindicar o próprio reinado.

A promessa de Deus e seu cumprimento em Israel

Yahweh é o Deus de Israel. Ele é o Deus desse povo mais fundamentalmente do que Deus de um território, de uma cidade, de um santuário ou de alguém em particular, embora não mais fundamentalmente do que o fato de ele ser Deus de toda a criação. Israel, por sua vez, é o povo que pertence a Yahweh mais fundamentalmente do que o fato de ser uma nação, um Estado ou uma entidade geográfica. Como povo, Israel é uma comunidade interligada por ligações familiares, mas sua unidade familiar não é suficiente para definir sua identidade. Israel é um povo que pertence a Yahweh e, a fim de corresponder à sua identidade, precisa reconhecer Yahweh como seu Deus. Quando deixa de fazê-lo, a nação não deixa de ser Israel, mas entra em uma espécie de zona intermediária em sua identidade.

Se o indivíduo deixa de se comprometer com Yahweh (e.g., se um homem recusa a circuncisão), é "eliminado do meio do seu povo" (Gn 17:14, NVI). Em contrapartida, a falta de laços sanguíneos não exclui alguém de se tornar membro de Israel, cujas fronteiras, nesse sentido, também são permeáveis. Pessoas de origens diversas podem ser adotadas em Israel, da mesma forma que um indivíduo pode ser adotado em uma nova família. Alguém que reconhece Yahweh como Deus e Israel como seu povo torna-se um israelita *de facto*. As pessoas podem relembrar por muito tempo que alguém é etnicamente um moabita ou hitita, embora o grande aumento da comunidade judaica na terra no período que antecede o Novo Testamento partisse do pressuposto de que povos, como, por exemplo, edomitas/edumeus, que vieram a se comprometer com o Deus de Israel, fossem então tratados simplesmente como "judeus".

"A função especial de Israel na totalidade da comunidade eleita consiste [...] no meio pelo qual a humanidade pode ouvir e receber a promessa divina."[5] Na prática, a promessa de Deus a Abraão foi que o patriarca veria cumprida, nele, a bênção divina para a criação. Deus não permitiria que o seu plano fosse frustrado ou abandonado, por exemplo, em favor de um relacionamento com indivíduos. Em cumprimento do propósito da criação e da promessa ancestral. Israel passa a existir como povo; com base no mesmo propósito e na mesma promessa, Israel passa a existir como povo, em sua própria terra. Yahweh, ao entregar a Israel o território que prometera, implementa sua soberania. Vemos esse desenvolvimento na travessia miraculosa do Jordão, no colapso miraculoso das muralhas de Jericó e nas vitórias extraordinárias de Josué com seu exército desorganizado. Israel não tomou posse de seu território por ter lutado o bastante, mas porque Yahweh lhe dera.

---

[5]Barth, *CD* II, 2:233.

Nesse sentido, o livro de Josué enfatiza quão completo foi o cumprimento da promessa de Yahweh. Promessas de Deus a Abraão encontraram cumprimento parcial em Gênesis, mas, pela decisão tomada por outros, o povo acaba na terra errada. Pode parecer que as promessas agora encontrem cumprimento completo. Contudo, o livro de Josué também inclui outro lado da história. Israel devia tomar posse de um território ainda maior. Embora o relato algumas vezes diga que Israel "não tomou" posse da terra, dando a entender que era isso que os israelitas deviam ter feito, o texto diz algumas vezes que Israel "não pôde" tomar posse de todo o território, o que não implica que seja culpado. O livro de Josué deixa claro que Israel continua a experimentar um cumprimento cujo propósito deve ser concluído por Deus e que, embora os israelitas experimentassem apenas um cumprimento parcial, eles viviam, mesmo assim, em esperança. O padrão "agora, mas ainda não" continua do Primeiro Testamento ao Novo, persistindo ao longo da história que passara.

Destarte, a Escritura fala do reinado de Deus, em termos presente e futuro, de diversas maneiras. Por exemplo:

1. O reino de Deus virá um dia.
2. O reino de Deus virá um dia, porém experimentamos, hoje, aspectos que lhe foram antecipados.
3. O reino de Deus virá em breve.
4. O reino de Deus virá em breve, porém experimentamos, hoje, aspectos que lhe foram antecipados.
5. O reino de Deus está aqui hoje, mas, um dia, chegará à completude.
6. O reino de Deus está aqui hoje, mas chegará brevemente à completude.

Em Daniel, possivelmente o livro bíblico mais voltado ao reino de Deus, esse reinado é apresentado como uma realidade presente na primeira metade do livro e, na segunda, como uma realidade vindoura.

Privilegiado e honrado

Israel é o povo escolhido por Yahweh; o alvo da eleição é um povo, não o indivíduo. Somente em Deuteronômio a Torá usa a palavra *escolher* para estabelecer a ideia da posição de Israel: "Vocês são um povo santo para Yahweh, o seu Deus. Yahweh, o seu Deus, os escolheu para ser o seu povo especial dentre todos os povos da face da terra" (Dt 7:6). Como propriedade de Yahweh, Israel é como um pedaço de terra que está em posse de uma família (*naḥălâ*; e.g., Dt 9:26); algo de grande estima (*səgulla*; e.g., Dt 26:18); povo reivindicado por Yahweh em detrimento de outros povos (Is 43:1-7); objeto de amor (Dt 7:7-8), como um filho amado e consolado (Os 11:1-9). Por isso, quando Israel clamava, Yahweh escutava, recordava, observava e reconhecia (Êx 2:23-25).

A Escritura não indica o porquê de Deus decidir trabalhar através de uma entidade basicamente étnica, em vez de escolhida com base na cor da pele, na cor do cabelo, em dons, santidade ou decisão pessoal. Deuteronômio realmente comenta que a razão por trás da escolha particular de Israel não se deu por ser uma nação numerosa, nem pelo seu caráter. A posição de Israel como povo escolhido resultou inteiramente da soberania e da graça de Deus, não de mérito humano ou escolha humana — como Romanos 9—11 de certa forma argumenta.

A ideia de eleição é "tão ofensiva à nossa razão humana quanto central à Bíblia".[6] "A 'doutrina da predestinação', a doutrina da eleição divina da graça, caiu sob um tipo de sombra durante o curso de sua história." Mas "a eleição da graça é o resumo do evangelho", o evangelho em poucas palavras. Significa que:

> Deus é Deus em Seu ser como Aquele que ama em liberdade. [...] Toda alegria e benefício de toda Sua obra como Criador, Reconciliador e Redentor, toda a bênção divina e, portanto, real, toda promessa declarada do evangelho: tudo isso é fundamentado e determinado no fato de que Deus é o Deus da eterna eleição de Sua graça.

O problema é que, "nessa decisão livre de Deus, temos de lidar com o mistério de Deus, i.e., com sua resolução e decreto divinos, cuja base nos é oculta e inescrutável. Não fomos admitidos no conselho de Deus enquanto ele preparava sua eleição, nem podemos, subsequentemente, chamá-lo para

---

[6] Lesslie Newbigin, *A Faith for This One World?* [Fé somente para este mundo?] (Nova York: Harper; Londres: SCM Press, 1961), p. 77; cf. *The Gospel in a Pluralist Society* [O evangelho em uma sociedade pluralista] (Grand Rapids: Eerdmans; Londres: SPCK, 1989), p. 80.

prestar contas e obrigá-lo a nos responder a esse respeito".[7] Devemos apenas aceitar que aquilo que ele faz é expressão de sua sabedoria e fidelidade.

Embora não haja assim explicação para a lógica por trás desse ato de escolha cuja base é o amor, existem, por outro lado, expectativas que resultam dela. Israel deve viver da forma como Yahweh espera; do contrário, escolha e fidelidade podem transformar-se em repúdio e disciplina. Israel também deve viver com base na confiança em Yahweh, pois ele assume ser capaz de levar seu povo ao seu destino e nada pode impedi-lo. Yahweh é o único para o qual Israel deve recorrer em tempos de crise e aquele do qual deve buscar conselho.

Da mesma forma que Deuteronômio não revela a base pela qual Yahweh escolhe Israel, também não fala nada em termos de sua intenção, ou seja, não fala nada sobre o que Yahweh pretende fazer com ou através de Israel, embora o contexto do livro, na Torá, acarrete implicações a essa questão. Embora Gênesis não fale explicitamente sobre Yahweh "escolhendo" Abraão ou Israel, revela, estranhamente, parte do motivo de Yahweh tê-lo feito. Abraão e seus descendentes são de fato a cabeça de ponte de Deus no mundo como um todo. Yahweh fala em "reconhecer" Abraão e, nesse aspecto, refere-se à forma como todas as nações encontrarão bênçãos através dele (Gn 18:18-19). Enquanto a escolha de Israel se atrela à rejeição de outros povos, como os cananeus, essa rejeição se relaciona a particularidades desses povos, bem como à forma determinada pela qual Yahweh trabalha seu propósito. A escolha de Israel não implica repúdio das nações como um todo. Pelo contrário: Yahweh pode relacionar-se de forma positiva com os povos, como os filisteus e egípcios, a despeito do relacionamento problemático que terão posteriormente com Israel; e representantes dessas nações podem servir de repreensão a Israel. Cananeus e moabitas que escolhem individualmente se identificar com Israel são bem-vindos a fazê-lo, como mostram as histórias de Raabe e Rute.

A família mais ampla de Israel

A escolha de Yahweh representa um relacionamento pactual com Israel. Essa afirmação simples esconde muita complexidade. Muitos

---

[7] Cf. Barth, *CD* II, 2:13-14,20.

relacionamentos são descritos como que envolvendo uma aliança. A palavra "aliança" (bərît) pode ser aplicada a várias formas de relacionamento, como tratados, contratos e pactos. O Primeiro Testamento pode falar de relacionamentos que podemos descrever como pactuais, mesmo quando a palavra para aliança não é empregada.

Antes de entrar em aliança com Abraão ou Israel, Yahweh fez uma aliança com toda a humanidade que descenderia de Noé. Alianças com Noé e Abraão ressaltam um comprometimento promissório de Deus, da mesma forma que sua aliança com Davi. O comprometimento não precisa ser recíproco para ser chamado de "aliança".

Já a aliança com Israel tem natureza mais recíproca. Com base no que fez por Israel, Yahweh anseia por um comprometimento pactual adequado. Além de Josué, o Primeiro Testamento não se refere explicitamente à aliança, porém pressupõe um relacionamento com a mesma dinâmica. Ao israelita, pertencem a adoção, o esplendor, as alianças, a Torá, a adoração e as promessas. E de Israel veio o Ungido (Rm 9:4).

"Amei Jacó, mas odiei Esaú" (Rm 9:13; cf. Ml 1:2-3). O que isso significa? Verbos grego e hebraico traduzidos por "odiei" (miseō, śānē') não denotam tanto um sentimento, mas uma ação. Usado em um sentido forte, sugerem rejeição ou repúdio. Mas, além disso, "odiei" em oposição a "amei" pode sugerir uma escolha preferencial. Assim, a Nova Versão Internacional traz: "rejeitei Esaú", e a versão inglesa *New International Reader's Version* [Nova versão internacional do leitor]: "Escolhi Jacó em lugar de Esaú".

Em Romanos 9—11, o argumento de Paulo mostra como a escolha de Deus, optando por Jacó no lugar de Esaú, relaciona-se à sua intenção de tornar sua misericórdia conhecida a outros povos, além de Israel. Paulo já avaliou a escolha de Jacó sobre Esaú e a escolha de Isaque sobre Ismael, e o apóstolo podia ter observado também o comissionamento de Deus a Abraão, e não aos seus irmãos, e o seu foco em Abraão, e não em Ló, sobrinho do patriarca, e em seus descendentes, Moabe e Amom. Contudo, "a eleição de Israel é estabelecida no contexto da universalidade de Deus" e "não implica a rejeição de outras nações". Ela é "fundamentada apenas no amor inexplicável de Deus", sendo também "instrumental, e não um fim em si mesma" e "parte da lógica subjacente ao comprometimento de Deus para com a história". A escolha de Israel é "fundamentalmente missional, não apenas soteriológica".[8] Em outras palavras, Deus, ao escolher seu povo, tem a preocupação central de se manifestar ao mundo, e não apenas de resgatar Israel.

Desse modo, o fato de Deus escolher um irmão, e não o outro, não descarta sua preocupação pelo não escolhido, a despeito de toda tensão e conflito entre Israel e os povos com os quais tinha laço familiar. Israel não busca tomar posse do território de Edom, Amom ou Moabe. A história de Ismael se aproxima ao máximo dessa ideia: a despeito do tratamento duro dispensado a Agar e ao seu filho, Ismael recebe uma promessa particular de bênção e o sinal pactual da circuncisão. Povos que descendem de Ismael não pertencem à linhagem da qual nascerá o Ungido, porém são herdeiros de uma promessa de Deus.

No livro de Malaquias, o contexto da declaração de Deus é um tempo de relações conflituosas entre Judá e as comunidades circunvizinhas, aparentemente rancorosas, pelo fato de o reino do sul ter-se tornado uma província individual; o desejo dessas comunidades era anexar Judá. Edom, em particular, veio a ocupar boa parte do sul de Judá. Ademais, os habitantes de Judá são inclinados ao casamento com pessoas dessas outras comunidades. Uma coisa é o fato de os habitantes de tais povos reconhecerem Yahweh, como Rute (presume-se que a história de Rute tenha sido escrita nesse período); outra bem diferente é se preservam sua lealdade religiosa, segundo pressuposto em Esdras e Neemias. A prática compromete a existência de Judá e, assim, de Israel como povo de Yahweh.

Um tipo de contraste do inter-relacionamento tenso entre a comunidade de Judá e seus vizinhos (alguns dos quais eram parentes) é a tensão entre judeus e comunidades dominantes em outras partes do Império. No período persa, os judeus são legalmente livres para retornar ao país de origem de suas famílias, mas muitos não o fizeram — condição recorrente durante os mil anos seguintes. O exílio se transformou em dispersão. Em Daniel e Ester, a tribulação sobrevém aos judeus não diretamente do imperador, mas de seus subordinados, os quais procuram manipulá-lo de modo a colocar os judeus sob ameaça de morte.

---

[8]Christopher J. H. Wright, *The Mission of God* [A missão de Deus] (Downers Grove: InterVarsity Press; Nottingham: InterVarsity Press, 2006), p. 263 (frases em itálico no original).

Enquanto Daniel ressalta a tensão envolvendo os líderes de Judá, a crise em Ester envolve o povo todo. A crise ameaça a aniquilação de toda a comunidade, uma "solução final" para o problema judaico. O livro de Ester testifica que Deus assegurou a sobrevivência de seu povo, livramento cuja ação envolve uma situação paradoxal. O livramento de Deus não acontece da mesma forma que o êxodo e a travessia do mar Vermelho. A história não faz menção a Deus ou a uma ação religiosamente fundamentada por parte dos judeus. Sem dúvida, a narrativa parte do pressuposto de que Deus traz a libertação, porém a retrata não por atos extraordinários de Deus, mas por uma combinação de coincidência e do empreendimento humano corajoso. Sim, ela testifica quanto ao trabalhar divino da eleição de Israel.

Yahweh como Rei

O resgate de Israel no mar Vermelho, com sua vitória sobre o faraó, é a ocasião em que as Escrituras confessam Yahweh como rei de Israel. Ele agiu com poder majestoso, e seu ato conclama à seguinte declaração: "Yahweh reinará para todo o sempre" (Êx 15:6,18). Faraó via a si mesmo como rei e, da mesma forma que governantes e líderes humanos, exercia poder com falta de sabedoria ou moralidade. Até então, Yahweh não agira como rei, não no sentido de ser denominado como tal ou declarado como que reinando. O exercício do reinado também exige que "Yahweh seja guerreiro" (Êx 15:3). Até então, a história dá a entender que Yahweh não é guerreiro por natureza, mas, como um lado complementar à sua natureza, ele tem a capacidade de sê-lo; e está disposto a dar expressão a esse lado quando necessário. É nesse sentido que Deus "será o que será" (Êx 3:14), em outras palavras, será o que lhe for exigido de acordo com a circunstância.[9]

Subsequentemente, potências tumultuosas impõem-se com frequência contra o povo de Yahweh e tentam surpreender a cidade onde Yahweh habita, porém falham. A proteção de Yahweh sobre Jerusalém provoca um desafio para que o mundo reconheça quem é, realmente, rei:

> *Vocês, todos os povos, batam palmas;*
> *aclamem a Deus com cânticos alegres.*

---

[9] Cf. início do cap. 1, "A pessoa de Deus".

> *Pois Yahweh, o Altíssimo, é temível,*
> *o grande rei sobre toda a terra!* [...]
> *Ofereçam música a Deus, ofereçam música!*
> *Ofereçam música ao nosso rei,*
> *Ofereçam música!*
> *Pois Deus é o rei de toda a terra;*
> *cantem louvores com entendimento.*
> *Deus começou a reinar sobre as nações;*
> *Deus se assentou em seu santo trono.*
> *Soberanos das nações se juntam*
> *ao povo do Deus de Abraão,*
> *pois os escudos da terra pertencem a Deus;*
> *ele é exaltado nas alturas* (Sl 47:1-2,6-9 [TM 2-3,7-10]).

O salmo faz uma declaração desafiadora e ultrajante, visto que "grande rei de toda a terra" é um título reivindicado pelo rei da Assíria, superpotência da época. O pequeno Israel declara que, na verdade, seu Deus é aquele cujo reinado começou sobre as nações (Sl 95—99 oferecem outras formulações da declaração). Da mesma forma como Yahweh impôs sua soberania ao permitir que Israel ocupasse o território reivindicado pelos cananeus, assim ele fez ao frustrar as tentativas assírias de capturar Jerusalém. De modo ainda mais ultrajante, o salmo declara que os chamados "senhores das nações" reconhecerão Yahweh, tornando-se parte do povo de Abraão, em harmonia com a intenção de Yahweh de que todas as nações encontrem bênção em Abraão.

Em outras passagens de Salmos, o reinado de Deus se refere ao poder divino exercido na criação, ou seja, a majestade inerente de Deus como senhor entre outros poderes nos céus e sua soberania exercida em favor de Israel e sobre Israel.[10] Nos três aspectos, o conceito de "reino" está presente, mas não completo, de modo que as declarações sobre o governo de Deus são sempre "exageradas". Quando parece que Yahweh não age como rei, mesmo assim o fiel declara: "Yahweh é rei para todo o sempre; da sua terra, nações pereceram" (Sl 10:16). Talvez os fiéis se recordem, e

---

[10]Cf. Bruce Chilton, *Pure Kingdom* [Reino puro] (Londres: SPCK; Grand Rapids: Eerdmans, 1995), p. 32.

recordem a Deus, do modo como ele agiu como rei; ou talvez falem, pela fé, sobre o que Deus faz, deve fazer ou fará. Deus está envolvido em ação enérgica, em força agressiva, para implementar sua soberania no mundo. (Nesse sentido, "ação enérgica" e "força agressiva" são termos menos enganosos do que "violência", cuja definição geralmente se assemelha a uma forma de ação etnicamente questionável. O Primeiro Testamento tem uma palavra para violência ilegítima [ḥāmās], e ela nunca é atribuída a Yahweh.).[11]

A libertação do êxodo e do mar Vermelho estabeleceu o reino de Yahweh sobre Israel em particular. Israel é o objeto imediato do governo para o qual o cântico de Moisés e Miriã se refere. Yahweh é, em um sentido especial, rei de Israel (e.g., Is 44:6). Israel é um reino (mamlākâ) de sacerdotes (Êx 19:6). Israelitas são súditos somente de Deus; Israel reconhece apenas Yahweh. Pelo menos, essa é a teoria. Na prática, Israel não vive como se Yahweh fosse rei, de modo que Deus toma ação agressiva e enérgica contra seu próprio povo. De fato, é uma característica mais proeminente do Primeiro Testamento do que o uso de força agressiva contra outros povos.[12] Mesmo então, a ação de Deus envolve uma asserção de soberania não apenas como forma de mostrar que é soberano, mas "a fim de transformar uma realidade sócio-histórica ruim e injusta em uma realidade diferente, marcada por bondade e justiça".[13] Essa é a razão para a proclamação do reinado de Deus ser uma boa notícia.

Reinado divino e reinado humano

Israel é uma nação sobre a qual um rei divino governa. Moisés governa em nome de Yahweh, ele não é rei; é servo do rei. Ele dá permissão para que Israel designe um rei caso assim o deseje, mas com algumas ressalvas, incluindo a exigência de que o rei mantenha de perto uma cópia da Torá de Moisés e a estude assiduamente (Dt 17:14-20). Em determinada época,

---

[11]Cf. Rob Barrett, *Disloyalty and Destruction* [Deslealdade e destruição] (Londres e Nova York: T&T Clark, 2009), p. 58. Sobre a conexão entre Deus e violência, cf. a discussão em Heath A. Thomas *et al.*, eds., *Holy War in the Bible* [Guerra santa na Bíblia] (Downers Grove: InterVarsity Press, 2013).
[12]Cf. Barrett, *Disloyalty and Destruction* [Deslealdade e destruição], p. 10.
[13]Sobrino, *Jesus the Liberator* [Jesus, o libertador], p. 71.

alguns israelitas pedem a Gideão que governe sobre eles. Eles não usam a palavra *reino* ou *rei*, mas fazem um pedido explícito com relação a um governo permanente e hereditário (Jz 8:22-23). Gideão, em sua melhor fase, recusa-o com base no fato de que Yahweh deve reinar sobre Israel. Posteriormente, seu filho se agrada da ideia de governar o povo, e os poderosos de Siquém o nomeiam rei. Entretanto, o comprometimento mútuo não dura muito, bem como o experimento com o reinado (Jz 9). Por outro lado, o livro de Juízes conclui com um comentário retrospectivo, sugerindo que a falta de governo central era parte da razão pela qual as pessoas faziam o que bem entendiam, segundo as histórias horrendas que o livro retrata (Jz 21:25).

O problema se eleva a outro patamar quando os anciãos de Israel desejam que Samuel lhes designe um rei, conforme a realidade das nações vizinhas. Trata-se de um passo lógico para uma nação em desenvolvimento, porém a reação de Yahweh é semelhante à de Gideão, apenas um pouco mais enérgica. Pedir por um rei é repudiar o reinado de Yahweh (1Sm 8:7) e fazer-lhes um desfavor. À luz da reação de Yahweh e de Samuel, é de surpreender a leitura de Yahweh instruindo o profeta a ungir Saul, embora ele não se refira a Saul como rei, mas como *nāgîd*, algo mais semelhnte a um "chefe" (1Sm 9:16). No devido tempo, Yahweh torna manifesta sua escolha de Saul como um todo ao povo, o qual, então, declara: "Vida longa ao rei!" (1Sm 10:24).

Saul faz jus ao novo cargo ao resgatar o povo de Jabes-Gileade de um ataque horrível dos amonitas, e Samuel os convida a Gilgal para a inauguração do reinado; lá, Saul é proclamado rei. Samuel os relembra: "Vocês me disseram: 'Não! Escolha um rei para nós', embora Yahweh, seu Deus, fosse o rei. Eis, então, o rei que vocês escolheram". Yahweh troveja perante o povo, que roga ao profeta: "Ora a Yahweh, o teu Deus, em favor dos teus servos, para que não morramos, pois a todos os nossos pecados acrescentamos o mal de pedir um rei" (1Sm 11:14-15; 12:12-13,19).

No reinado de Saul, os resultados relacionados ao pedido do rei são mistos, mas Yahweh leva Samuel a ungir Davi como sucessor de Saul e se compromete com ele de modo abrangente e duradouro. Yahweh declara: "eu o nomeei como chefe" (*nāgîd*, mais uma vez), mas então adiciona que estabelecerá o filho de Davi em seu reinado (*mamlākâ*) "perpetuamente"; assim, o próprio trono de Davi será estabelecido para sempre. A promessa de Deus equivale a uma aliança feita com Davi (2Sm 7:8,

12-13,16,28; 23:5). "Pastor" torna-se uma imagem comum para Deus e para o rei de Israel, assim como em outras partes do Oriente Médio.[14]

A atitude de Yahweh para com o reinado em Israel revela uma pungente contradição. A ideia de um rei humano sugere a rejeição de Yahweh como rei; todavia, Yahweh aceita a ideia. Ele não o faz com relutância, mas vigorosamente: Deus não faz as coisas pela metade. De fato, a permanência do comprometimento de Yahweh com a linhagem davídica de reis implica que a suspensão da monarquia humana, em 587 a.C., não pode ser seu fim. Ao mesmo tempo, porém, um profeta como Sofonias, em meio às circunstâncias ameaçadoras do século VII a.C., relembra Jerusalém de que a cidade não deve amedrontar-se, pois "Yahweh, o Rei de Israel, está em seu meio". Yahweh é o verdadeiro Rei, mesmo durante o reinado do grande rei Josias. Isaías 55:3-5 estabelece outro ponto de interrogação sobre a monarquia humana ao declarar que as promessas atreladas a Davi estão sendo estendidas ao povo como um todo; afinal, antes de gerações anteriores rejeitarem Yahweh como rei, a promessa pertencia ao povo.

Assim, o reinado de Yahweh sobre Israel foi comprometido pela insistência israelita em um rei humano. O acordo não foi meramente teórico. Na prática, os reis de Israel não costumavam usar seu poder para levar a nação a aceitar a autoridade régia de Deus; antes, usavam seu poder para desviar o povo do reinado de Yahweh. A soberania de alguns líderes, como no caso dos reis, deveria ser limitada pela Torá e, na prática, a vocação dos profetas consistia em responsabilizar a monarquia por sua falha em trabalhar nos limites impostos pela Torá. A falha resulta na força de Yahweh voltando-se contra eles. Portanto, "a contribuição radical dos profetas não está na negação da atividade militar de Deus [...] mas na projeção de Israel como novo inimigo de Deus".[15]

Quando outras potências governam

A atitude rebelde do povo de Deus não foi a única força que comprometeu o reinado de Yahweh em Israel. Poderes imperiais também o fizeram.

---

[14]Cf. Jeffrey J. Niehaus, *Ancient Near Eastern Themes in Biblical Theology* [Temas do Oriente Próximo na teologia bíblica] (Grand Rapids: Kregel, 2008), p. 34-55.
[15]Brevard S. Childs, *Old Testament Theology in a Canonical Context* [Teologia do Antigo Testamento em um contexto canônico] (Londres: SCM Press, 1985; Filadélfia: Fortress, 1986), p. 185. Para mais informações sobre esse "pesadelo", cf. *OTT* 2:254-349.

Devemos admitir que, quando Assíria, Babilônia e Pérsia governaram o Oriente Médio e reinaram sobre Efraim e Judá, fizeram-no na estrutura do reinado de Yahweh. E assim o fizeram não apenas porque a soberania de Yahweh subjaz todos os acontecimentos. Assíria e Babilônia foram, especificamente, o meio pelo qual a própria soberania de Yahweh foi exercida contra Efraim e Judá (enquanto a Pérsia foi o meio da restauração de Judá). Contudo, a situação apresenta aspectos que, em última análise, revelam-se insatisfatórios, a saber: (a) o reinado de Deus acaba por trazer implicações negativas para o seu povo e (b) a nação através da qual Yahweh opera não tem interesse em ser o meio pelo qual ele reina.

A queda de Jerusalém representa o abandono de Deus. A questão não é apenas o fato de que Judá sentiu abandono ou que Deus parecia tê-la abandonado; Deus confirma o seu abandono (Is 54:7-8; cf. 2Cr 12:5). Israel pensava que Yahweh nunca o faria. O livro de Lamentações expressa a conscientização de que essa convicção revelou-se falsa, e que o povo não podia reclamar. A situação de Judá não é aquela em que o povo pode orar salmos de protesto que são tão proeminentes no Saltério, que lamentam a forma como Deus o abandonou injustamente. As orações em Lamentações expressam a percepção de que esse tratamento foi merecido.

Entretanto, essa percepção não significa que estariam impedidos de protestar a Deus sobre o modo horrível como tudo aconteceu, nem que não podiam buscar a Deus em busca de livramento, tampouco que não podiam esperar por restauração à luz da fidelidade de Deus. Muitas promessas proféticas asseguravam os judeus de que o abandono de Deus não seria final (Is 54:7-8, por exemplo). Salmos 137 expressa a mesma convicção em favor das pessoas levadas para o exílio, não deixadas em Jerusalém. Da parte de Deus, Jeremias 29 promete que o exílio não durará para sempre. Os exilados devem estabelecer-se na Babilônia por um tempo, porém o desígnio final de Deus para eles é *šālôm*, não desastre; reunificação em Israel, não exílio permanente.

Eles foram de fato autorizados a voltar, e reconstruíram o templo, os muros da cidade e a própria cidade. Sua condição, porém, foi em muito reduzida, como as orações contínuas dão a entender (e.g., Ed 9; Ne 9). Em comparação com o momento anterior a perderem a terra, a posição dos judeus se assemelha à condição da comunidade nativo-americana em uma área de demarcação. Israel se reduzira a Judá, e Judá se reduziria a algo pequeno e insignificante. Embora o império de Salomão tenha ocupado uma extensão territorial do tamanho da Califórnia, Judá não passa agora de um pequeno condado após o exílio. Agora, Judá é uma província — uma colônia — do Império Persa, que a controla e nutre, sem um descendente de Davi no trono. Judá está cercada de outras províncias, ávidas pelo mesmo nível de independência usufruído por ela, e os edomitas ocupam o sul do país até Hebrom. Os moradores não conseguem plantar o suficiente para comer e pagar impostos, de modo que acabam endividadas e em servidão. Algumas promessas encontradas nos Profetas se cumpriram, mas muito ainda estava por se cumprir.

Por isso, é impressionante, e significativo, o fato de a comunidade afirmar que Deus "é o Deus dos nossos ancestrais" e também "o Deus dos céus" (Ed 7:27; Ne 1:5). Também é importante o conceito de Yahweh ser "o Deus que em Jerusalém tem a sua morada" (Ed 1:3, NVI) e de que os judeus têm o privilégio de adorá-lo em Jerusalém, pois se tornaram uma comunidade que presta atenção à Torá (e.g., Ne 8—10), incluindo a prática de pedir o que Moisés pediria, caso estivesse presente com eles. Israel, no decorrer de sua história, teve esse tipo de indagação e incorporou respostas registradas na Torá durante o seu desenvolvimento ao longo dos séculos. O processo resulta na completude da Torá, cem ou duzentos anos depois do exílio. Com o passar do tempo, o povo demonstra que Yahweh cumpriu sua promessa de escrever a Torá em sua mente e em seu coração, de modo que Israel abre mão da adoração de outros deuses, da confecção de imagens e de ignorar o sábado.

O reino de Deus está aqui?

Quando Israel foi derrotado pela Babilônia, a derrota sinalizou a soberania de Yahweh, porém em tom irônico. O propósito soberano de Yahweh para com Israel dificilmente estaria sendo implementado na vida nacional. Quando Ciro, o persa, estava prestes a findar com o poder babilônico, o significado era que Yahweh começava a reinar outra vez (Is 52:7-10). Yahweh agia como rei, impondo sua autoridade no mundo, a fim de libertar Israel do domínio imperial. Nessa conexão, um profeta escutou a proclamação de um arauto (*məbaśśēr*): a Septuaginta traduz a palavra com uma forma do verbo *euangelizomai*, usado por Jesus como uma referência à proclamação da boa notícia (e.g., Lc 4:18,43). O arauto fala de šālôm, de coisas boas, de libertação, e proclama: "O teu Deus começou a reinar!" Traduções trazem "o teu Deus reina", mas o verbo (mālak) encontra-se no pretérito perfeito, dando a entender algo que aconteceu, e não que está apenas acontecendo agora. Em certo sentido, Yahweh sempre reina; foi o reinado de Yahweh que ocasionou a dominação de Judá pela Babilônia, mas o profeta fala sobre uma nova imposição desse reino, a qual toma um rumo diferente.

O advento dos persas realmente trouxe libertação do jugo babilônico, mas ainda significava o jugo e a dominação de um poder estrangeiro sobre Judá, o que continuou com os selêucidas e, após cem anos de liberdade, com os romanos. Tal experiência parecia mais difícil de justificar em termos de tratamento merecido pelos judeus; eis o motivo então por trás do anseio de pessoas como Maria e Zacarias pelo dia em que Deus arrancaria do trono os poderosos e resgataria as pessoas das mãos de inimigos (Lc 1:52,74). A questão continuava martelando na mente de cristãos judeus e gentios, cuja vida se desenvolvia sob o governo romano. A realidade da perseguição ressaltava o problema. O Apocalipse de João promete que Deus derrubará Roma. Contudo, Zacarias também menciona o perdão dos pecados de seu próprio povo, o que implica uma posição semelhante àquela encontrada em orações do período persa (Ed 9; Ne 9; Dn 9). Tais orações reconhecem que o pecado continua a surtir efeito sobre o destino de Israel.

No período de 160 a.C., o visionário inspirado por Deus a adotar a *persona* de Daniel e compartilhar visões de auxílio e restauração (Dn 7—12) estava ciente do fato de que as promessas concernentes à restauração de Israel, dadas através de Jeremias, não haviam sido realmente cumpridas; punição e tribulação persistiam. Ele questiona o que sucedeu ao povo e quando, enfim, tudo será retificado (Dn 9). O "Documento de Damasco", conhecido a partir dos manuscritos de Qumran e outros textos, fala em termos semelhantes (1.5-6; 3.9-17; 5.20—6.5).

A questão não é exatamente o fato de que o exílio continua.[16] As visões em Daniel vêm de alguém de Jerusalém, e não de

---

[16]Contra a posição de N. T. Wright, *The New Testament and the People of God* [O Novo Testamento e o povo de Deus] (Mineápolis: Fortress; Londres: SPCK, 1992), p. 268-72; Wright, *The Climax of the Covenant* [O auge da aliança] (Edimburgo: T&T Clark, 1991; Mineápolis: Fortress, 1992), p. 141. Cf. J. Ross Wagner, *Heralds of the Good News: Isaiah and*

alguém que habitava entre os exilados.[17] De fato, enquanto a declaração de Jesus sobre o reino de Deus se encaixa na forma pela qual o governo de Roma era experimentado como opressor na Judeia, uma razão importante para Paulo não falar acerca do reino de Deus talvez seja o fato de, na época dele, o governo de Roma não era experimentado dessa forma nas cidades ao redor do Mediterrâneo (cf. Rm 13).[18] Na realidade, o ajuntamento de Israel dentre todas as nações é um elemento importante nas promessas de alguns profetas. Para Judá, porém, Deus ocasionara um novo êxodo, uma nova entrada na terra, uma nova construção para o templo e uma restauração da cidade e da comunidade. Esdras e Neemias, assim, contam a história de um cumprimento parcial das promessas de Deus. Todavia, o povo ainda vive sob a servidão de um poder estrangeiro. "O problema de Esdras-Neemias não corresponde tanto ao exílio contínuo, mas à restauração incompleta."[19]

Dizer que "o reino de Deus está aqui", que "Yahweh se tornou rei" (Is 52:7-10), parece sugerir a chegada definitiva e final do regime ou da esfera em que Deus governa — em comparação, por exemplo, com a declaração de que Roboão se tornou rei (1Rs 14:21). Entretanto, a história de 530 a.C. até o governo romano, assim como as orações desse período, elucida que Yahweh não está reinando, em um sentido dinâmico, na vida do seu povo. É o padrão que corre ao longo da história do povo de Deus.

Paul "in Concert" in the Letter to the Romans [Arautos da boa notícia: Isaías e Paulo "em harmonia" na carta aos Romanos] (Leiden e Boston: Brill, 2002), p. 30; Brant Pitre, *Jesus, the Tribulation, and the End of the Exile* [Jesus, a tribulação e o fim do exílio] (Tubinga: Mohr; Grand Rapids: Baker, 2005), esp. p. 31-40. Cf. a crítica de Maurice Casey, "Where Wright Is Wrong" [Onde Wright está errado], *JSNT* 69 (1998): 95-103 (em 99-100). Em sua réplica, Wright descreve o exílio como "abreviação para 'tempo da desolação, iniciado pela destruição babilônica" e como "um *período da história*, com certas características particulares, não uma mera referência geográfica" (Wright, "Theology, History and Jesus" [Teologia, história e Jesus], *JSNT* 69 [1998]: 105-12 [na p. 111]).
[17]N. T. Wright (*Paul and the Faithfulness of God* [Paulo e a fidelidade de Deus] [Mineápolis: Fortress; Londres: SPCK, 2013], p. 139-63) descreve Daniel 9 como o ponto de partida ideal para defender que entendemos a necessidade de Israel como um retorno do exílio. Entretanto, Daniel 9 fala apenas da restauração de Jerusalém e não faz menção ao exílio.
[18]Cf. Gerd Theissen, *The Social Setting of Pauline Christianity* [Contexto social do cristianismo paulino] (Filadélfia: Fortress, 1982), p. 36; cf. ainda "O povo subjugado", seção 3.3.
[19]Steven M. Bryan, *Jesus and Israel's Traditions of Judgement and Restoration* [Jesus e as tradições judaicas de juízo e restauração] (Cambridge e Nova York: Cambridge University Press, 2002), p. 16; cf. ainda p. 12-20.

As declarações feitas no mar Vermelho ao final do governo babilônico no Oriente Médio, e às vésperas do colapso do reinado selêucida na década de 160 a.C. em Jerusalém, acabaram não sendo declarações finais.

4.2 POR MEIO DE JESUS

Na época de Jesus, a situação do povo judeu é a mesma que o judeu já experimentava havia séculos. Os judeus são o povo subjugado e esquecido de um império, obtendo alguns benefícios dessa posição, porém explorados pela superpotência. Em Jesus, Deus, mais uma vez, impõe-se como rei. Contudo, o término do governo da superpotência deve ser acompanhado de uma transformação no que diz respeito ao próprio relacionamento entre Deus e seu povo, exigindo uma resposta de arrependimento. Jesus vem para trazer renovação a Israel em seu próprio relacionamento com Deus, renovação cuja ocorrência se dá pelo derramamento do espírito de Deus sobre seu povo.

O reino de Deus chegou

Chegou o tempo para uma mudança de governo, uma revolução.[20] Enquanto o amor é integral à proclamação de Jesus, a proclamação do amor é lugar-comum, e "o centro programático do ministério de Jesus não estava no conceito de amor, mas no governo de Deus".[21] E, no Novo Testamento, o reino de Deus não é um tema, uma ideia ou uma nova crença. "Jesus estava anunciando o reinado de YHWH como já *em andamento*."[22] O reino de Deus é "um reino presente de bênção" e "o dom da vida, concedido ao seu povo".[23] Cerca de oito meses antes do nascimento de Jesus, sua mãe expressa alegria no fato de que o nascimento do Ungido significará que Deus:

---

[20]Cf. David Wenham, *Paul: Follower of Jesus or Founder of Christianity?* [Paulo: seguidor de Jesus ou fundador do cristianismo?] (Grand Rapids e Cambridge: Eerdmans, 1995), p. 40-41.
[21]Bruce Chilton e J. I. H. McDonald, *Jesus and the Ethics of the Kingdom* [Jesus e a ética do reino] (Londres: SPCK, 1987; Grand Rapids: Eerdmans, 1988), p. 3.
[22]N. T. Wright, *Jesus and the Victory of God* [Jesus e a vitória de Deus] (Mineápolis: Fortress; Londres: SPCK, 1996), p. 563.
[23]George Eldon Ladd, *A Theology of the New Testament* [Teologia do Novo Testamento] (Grand Rapids: Eerdmans, 1974), p. 70, 72 (ed. rev., p. 68, 70).

> *Derrubou poderosos do trono,*
> *mas exaltou pessoas de condição humilde.*
> *Encheu de coisas boas o faminto,*
> *mas despediu o rico de mãos vazias.*
> *Foi ao auxílio do seu menino, Israel,*
> *lembrando-se da sua misericórdia,*
> *como dissera aos nossos antepassados,*
> *para com Abraão e seus descendentes para sempre* (Lc 1:52-55).

Posteriormente, um visitante sobrenatural aparece ao pai adotivo de Jesus para lhe dizer que o seu filho "resgatará o seu povo dos seus pecados" (Mt 1:21). Inspirado pelo Espírito Santo e profetizando, o tio-avô de Jesus se regozija nos acontecimentos provocados por Deus:

> *Salvação de inimigos,*
> *sim, das mãos dos que nos repudiam...*
> *para nos garantir, sem medo*
> *(resgatados das mãos de inimigos),*
> *servi-lo em santidade e justiça perante ele*
> *todos os dias...*
> *para dar ao seu povo conhecimento da salvação*
> *pela remissão de pecados* (Lc 1:71,74-75,77).

Ambos, assim, veem Jesus trazendo restauração a Israel em dois aspectos.[24] No primeiro, ansiado pela maioria das pessoas, havia a libertação do governo romano. Como no caso dos profetas, Maria, José e Zacarias não falam nada sobre como o Ungido lideraria Israel no abatimento do poder opressor e elevaria o povo de Deus como potência política sobre as nações; Maria, no entanto, dá a entender que Deus tomará uma atitude nesse sentido. No segundo, José e Zacarias reconhecem que essa restauração envolve o resgate dos pecados do povo porque a razão pela qual Deus permitiu a dominação de Israel por uma série de superpotências foi a infidelidade dos judeus no decorrer dos séculos.

"O reino dos céus chegou (*ēngiken*)", esse é o anúncio de João Batista; posteriormente, Jesus declara a mesma coisa (Mt 3:2; 4:17). No uso de

---

[24]Cf. Wright, *Jesus and the Victory of God* [Jesus e a vitória de Deus], p. 264-74.

João, o verbo é antecipatório, como os verbos empregados na oração de Maria. Por "chegou", João quer dizer que "está às portas", mas não ainda dentro da cidade. Seu modo de falar forma um paralelo com outros profetas, os quais falaram de como Deus começava a reinar quando, na verdade, queriam dizer que Yahweh estava prestes a estabelecer sua soberania (notavelmente, Is 52:7). Possivelmente, o uso que Jesus faz das mesmas palavras implica a mesma coisa.

A situação do povo na época de Maria, José, Zacarias, João e Jesus é semelhante à sua condição em séculos anteriores. Apenas o nome do império é diferente. "Na história calamitosa e cheia de dor de que Jesus participou, era impossível encontrar qualquer base ou razão que servisse para explicar a segurança absoluta da salvação caracterizada por sua mensagem."[25] Suas ações, porém, começam a prover fundamentos para que as pessoas acreditem na proclamação. Ao andar por toda a parte "anunciando a boa notícia da soberania divina", Jesus também envolveu-se na "cura de todas as doenças e enfermidades entre o povo", expulsando demônios e comissionando os Doze para curar, ressuscitar, purificar e libertar pessoas de opressão demoníaca, proclamando, ao mesmo tempo, a chegada do reino de Deus (Mt 10:1-8).

No tempo devido, Jesus ocasiona a renovação dos discípulos ao soprar neles o Espírito Santo, ato cuja representação consiste em uma renovação do modo como foram criados (Jo 20:22). Na frase "soprou sobre eles", o verbo assume a mesma forma que na Septuaginta em Gênesis 2:7, e é o mesmo verbo que aparece em Ezequiel 37:9.[26] Ezequiel prometeu uma renovação da criação, e a situação do povo judeu e do resto do mundo indica que essa renovação ainda não havia acontecido. Jesus traz essa renovação, embora o Espírito só pudesse ser derramado após sua morte e ressurreição (Jo 7:39).

Destronando o poder opositor

A proeminência da expulsão de demônios no ministério de Jesus se interliga com a declaração de que o reino de Deus chegou: "Se é pelo espírito de Deus que eu expulso demônios, então o reino de Deus chegou

---

[25]Edward Schillebeeckx, *Jesus* (Nova York: Crossroad; Londres: Collins, 1979), p. 267.
[26]O verbo também ocorre em 1Reis 17:21. Cf. John R. Levison, *Filled with the Spirit* [Cheio do Espírito] (Grand Rapids e Cambridge: Eerdmans, 2009), p. 368-72.

sobre vocês" (Mt 12:28; Lc 11:20). "A realidade do Maligno" representa "a dimensão definitiva do antirreino".[27] A expulsão de demônios é uma vitória simbólica na conquista de Jesus de poderes que se impõem contra Deus. Indica que "o Reino de Deus está entre vocês" (Lc 17:21, NVI). "Reino de Deus" significa Deus abatendo tudo que se opõe ao seu governo, incluindo poder satânico, dor e tristeza que resultam dessa oposição (os demônios também eram comumente associados a fantasmas, de modo que a vitória sobre demônios sugeriria vitória sobre a morte).[28]

Estar endemoninhado poderia ser, também, uma manifestação da dominação esmagadora de pressões e estresses no âmbito familiar, social ou político. Pessoas haviam estado sob o controle de forças poderosas, hostis e estrangeiras; por isso, não eram mais elas mesmas. Pressões sóciopolíticas do governo romano na Judeia poderiam assim se manifestar em enfermidade.[29] As curas de Jesus, então, seriam outro sinal de que o governo libertador de Deus substituía o governo repressivo de Roma. Ambos eram atos de restauração do indivíduo e parte do grande ato restaurador de Deus para com Israel como um todo.[30] Jesus, assim, ao libertar o geraseno aflito, lida não apenas com suas necessidades individuais, como também o restaura ao seu lugar em meio à comunidade — na verdade, a transformação da comunidade, pois o homem curado é enviado a Decápolis para falar sobre Jesus (em vez de ser autorizado a acompanhá-lo [Mc 5:1-20]).[31]

Desse modo, o reino de Deus beneficia o povo da Judeia ao colocar o governo de Deus no lugar do governo de Roma e de outros seres sobrenaturais. A proclamação do reino de Deus é complementada pela denúncia do antirreino.[32]

---

[27]Sobrino, *Jesus the Liberator* [Jesus, o libertador], p. 93.
[28]Cf. Peter G. Bolt, "Jesus, the Daimons and the Dead" [Jesus, demônios e os mortos], em Anthony N. S. Lane, ed., *The Unseen World* [O mundo invisível] (Carlisle: Paternoster; Grand Rapids: Baker, 1996), p. 75-102.
[29]Cf. Richard A. Horsley, *Jesus and the Spiral of Violence* [Jesus e o espiral de violência] (reimp., Filadélfia: Fortress, 1993), p. 183-84.
[30]Cf. ainda comentário de Michael Welker sobre possessão demoníaca, em *God the Spirit* [Deus, o Espírito] (Mineápolis: Fortress, 1994), p. 198-200.
[31]Amos Yong, *Renewing Christian Theology* [Renovando a teologia cristã] (Waco: Baylor University Press, 2014), p. 193-97.
[32]Cf. Jon Sobrino, "Central Position of the Reign of God in Liberation Theology" [Posição central do reino de Deus na teologia da libertação], em Sobrino e Ellacuria, *Mysterium Liberationis*, p. 350-88 (em p. 364-65); *Systematic Theology* [Teologia Sistemática], p. 38-74 (em p. 51-52).

Todavia, a atividade de Jesus, antes, intimida João Batista; afinal, não era isso que ele esperava envolver o reino de Deus. A vinda de Jesus não resultou no cumprimento das principais promessas sobre um rei vindouro, expressas nos Profetas (e.g., Is 9,11), nem nas declarações feitas por seus pais ou por João. Os Profetas não falaram sobre a expulsão de demônios, característica tão proeminente da atividade de Jesus. Embora para algumas pessoas da época libertação e cura pudessem ter conotações messiânicas,[33] não há correspondência direta entre os atos de Jesus e as promessas nos Profetas. Contudo, essa faceta do relacionamento entre profecia e cumprimento é típica;[34] havia correspondência suficiente para dar testemunho da declaração de que Jesus cumpria promessas no sentido de que Israel, em sua fraqueza e humilhação nas mãos da superpotência, escutaria boas notícias de cura, ressurreição dos mortos e experimentaria essa realidade em seu meio (e.g., Is 35; 61; Ez 37). Profetas como Elias e Eliseu se haviam envolvido em cura, e a implicação dos Evangelhos é que tais atividades são, de fato, uma indicação de que o reino de Deus tivera início. O rei entrou na cidade e marcou presença entre os necessitados próximos ao portão, embora não tenha, ainda, avançado contra os rebeldes que ocupavam o palácio. Ainda é necessário orar para que o reino de Deus venha (Mt 6:10; Lc 11:2).

Jesus não falou tanto sobre o próprio reino; antes, falou a respeito do reino de Deus (cf., porém, Jo 18:36; Ef 5:5; Cl 1:13). Nos Sinóticos, o próprio reinado de Jesus não pertence a esta era, mas à era vindoura. "Jesus não trouxe o reino, mas foi 'arrastado' por sua manifestação."[35] Ao anunciar o reino de Deus, "a preocupação de Jesus era proclamar 'Deus em força'. A cada momento, o anúncio de Jesus direciona nossa atenção a Deus".[36]

"Você é o rei dos judeus?", perguntou-lhe Pilatos (Jo 18:33). Jesus não se entusiasma muito com o modo como a pergunta é formulada. Ele não pode negar ser rei, mas seu reino não é "deste mundo", conforme

---

[33]Cf., e.g., Ben Witherington III, *The Christology of Jesus* [A cristologia de Jesus] (Mineápolis: Fortress, 1990), p. 156.
[34]Cf. seções 2.2 e 2.3.
[35]Chilton, *Pure Kingdom* [Reino puro], p. 8, resumindo Rudolf Otto, *The Kingdom of God and the Son of Man* [Reino de Deus e o filho do homem] (reimp., Londres: Lutterworth, 1951), p. 97-107.
[36]Bruce D. Chilton, *God in Strength* [Deus em força] (Freistadt: Plochl, 1979), p. 287.

evidenciado pelo fato de ele não ter súditos que o impeçam de ser preso. Ninguém tenta impedi-lo de ser rei; na verdade, seria inútil fazê-lo. Em vez de falar, porém, como rei, Jesus escolhe falar como testemunha. Seu trabalho é dizer a verdade (Jo 18:37).[37] O famoso "o que é a verdade?", de Pilatos, encontra sua resposta no fato de toda a vida e todo o ensinamento de Jesus personificarem graça e verdade. Jesus veio para testificar a respeito da verdadeira luz (Jo 1:8,14,17).

Israel renovado, reconstituído e penitente

"Jesus tinha uma missão para com a nação de Israel."[38] Ele veio para restaurar Israel ao tipo de posição que esperaria de um povo de Deus.[39] "Jesus não pretendia fundar uma igreja, *porque já existia uma.*" Sua intenção era a reforma da comunidade que já existia.[40] Jesus os convocou a se voltar para Deus à luz do que ele estava fazendo ao implementar seu reino e, assim, santificar seu nome, à luz das intenções declaradas pelos Profetas (e.g., Is 52:7-10; Ez 36). Ele realmente formou um grupo de discípulos, sua verdadeira família e seu "pequeno rebanho", o povo que faz a vontade de Deus (e.g., Lc 8:19-21; 12:32). O fato de ele formar um grupo de *doze* se interliga com sua preocupação com um *Israel* renovado; eles são "símbolos proféticos da reunificação das doze tribos de Israel".[41] Os discípulos se equiparam ao conselho dos doze de Qumran. Eles julgarão os doze clãs de Israel (Mt 19:28). "Julgar" (*krinein*) se assemelha a um hebraísmo; implica "governar" (*šāpaṭ*). Jesus, assim, comissiona um representante de cada um dos doze clãs para tomar parte na implementação do projeto

---

[37]Dado o fato de que Jesus prossegue para dizer que nasceu a fim dar testemunho da verdade, a paráfrase "Tens razão em dizer que eu sou rei" (versão portuguesa "O Livro") torna a declaração incoerente. Contraste com a tradução mais literal da NVI, "Tu dizes que sou rei".
[38]Scot McKnight, *A New Vision for Israel* [Uma nova visão para Israel] (Grand Rapids e Cambridge: Eerdmans, 1999), viii.
[39]James M. Scott vê "A visão de Jesus para a restauração de Israel como base para a teologia bíblica do Novo Testamento" (título de seu ensaio em *Biblical Theology* [Teologia Bíblica], ed. Scott J. Hafemann [Downers Grove: InterVarsity Press; Leicester: InterVarsity Press, 2002], p. 129-43).
[40]Wright, *Jesus and the Victory of God* [Jesus e a vitória de Deus], p. 275, seguindo Gerhard Lohfink, *Jesus and Community* [Jesus e a comunidade] (Filadélfia: Fortress, 1984); a informação que se segue, devo-a a Lohfink, *Jesus and Community* [Jesus e a comunidade], p. 7-29.
[41]Meier, *A Marginal Jew* [Um judeu marginal], 3.148.

de resgatar Israel, o rebanho perdido (cf. Ez 34). Para Paulo, a prática da justiça por Israel é o mesmo que sua restauração e, assim, é o mesmo que falar do reino de Deus.[42]

Em associação com sua proclamação do reino de Deus, João Batista declara "um batismo de arrependimento para remissão de pecados" e, quando João foi preso, Jesus, seu primo, assume a proclamação e declara ao povo que se arrependa e creia na boa notícia (Mc 1:4,15). O arrependimento é responsabilidade do indivíduo (e.g., Lc 13:1-5), de famílias (Lc 16:27-30), de comunidades locais (e.g., Lc 10:10-15) e da nação como um todo (e.g., At 5:31). Quando Deus está prestes a afirmar sua soberania, o arrependimento é uma boa ideia para todos, mas especialmente para os líderes. Jesus ressalta esse ponto quando afirma que aqueles que herdarão o reino de Deus precisam de uma justiça que excede a daqueles cujo objetivo na época era obedecer à Torá e ensiná-la (Mt 5:20). A exposição subsequente (Mt 5:21—7:27) indica a natureza dessa justiça mais exigente.

Como em Isaías 40—55, então, quando um profeta proclama a chegada do reino de Deus e faz uma promessa a Israel, ele também faz uma exigência. Não se trata de condições, por assim dizer; trata-se mais do tipo de resposta que a vinda de Deus exige. O reino de Deus está chegando; por isso, as pessoas devem arrepender-se. Embora, "sem arrependimento, não possam existir vida, salvação e entrada no Reino", pode ser o brilho da luz que gera arrependimento, não o contrário. É o fato de Deus perdoar que transforma o pensamento das pessoas.[43] Todavia, o brilho da luz deve ter esse efeito. Pregar perdão sem arrependimento sugere que a graça é barata, enquanto, na verdade, a graça custou a Deus a vida do seu Filho, e custa, ao seguidor de Jesus, sua vida.[44]

Do que as pessoas devem arrepender-se? A literatura profética geralmente refere-se a pessoas adorando outras divindades, a pessoas com recursos ignorando o necessitado; e a Israel pensando que deve cuidar do próprio destino, fazendo-o por meios políticos e militares.

---

[42]Cf. Wenham, *Paul: Follower of Jesus or Founder of Christianity?* [Paulo: seguidor de Jesus ou fundador do cristianismo?], p. 80.
[43]Kallistos Ware, *The Inner Kingdom* [O reino interior] (Crestwood, Nova York: St Vladimir's Seminary Press, 2001), p. 43,46-47.
[44]Dietrich Bonhoeffer, *Discipleship* [Discipulado] (reimp., Mineápolis: Fortress, 2003), p. 44-45.

Nos Evangelhos, o chamado ao arrependimento por João e Jesus talvez se refira à pecaminosidade geral de pessoas comuns que estão envolvidas no que Paulo chamará, posteriormente, de pecados da natureza inferior, os quais incluem pecado sexual, ódio, ciúme, ira e ambição. O reino de Deus os desafia a um novo estilo de vida, conforme João ressalta; e o mesmo é sugerido pelo verbo comum empregado no Primeiro Testamento para "arrependimento" (*šûb*, "voltar"). Enquanto o Sermão do Monte não expõe diretamente a natureza do pecado que Jesus tem em mente, pode, entretanto, fazê-lo indiretamente. A natureza geral da pecaminosidade pressuposta por esse chamado também pode formar um paralelo com pressupostos sobre a pecaminosidade do povo que se encontram em orações como a de Daniel 9, no sentido de Israel estar sob castigo por seu desvio.

Etimologicamente, a palavra do Novo Testamento para "arrependimento" (*metanoia*) sugere uma nova forma de pensar. Até mesmo pessoas cuja vida está razoavelmente em ordem e que não precisam "voltar-se" podem precisar dessa revolução. Esse pressuposto corresponde à ideia subjacente à proclamação profética do reino de Deus. O povo de Deus tende a pensar que pode prever a forma como Yahweh agirá ao olhar para suas obras no passado, e que podem usar esse conhecimento para avaliar o que homens de Deus, como os profetas, dizem; contudo, esse pressuposto prende-o à ideia de que Deus fará apenas o que outrora já fez, quando, na verdade, Yahweh está inclinado a ter outras ideias (Is 55:8-11). Os Profetas também podem referir-se a pessoas tornando-se desiludidas quanto a Israel, um dia, experimentar restauração, e que o pecado pode, mais uma vez, ser um problema. As pessoas devem "voltar-se" desse pensamento, confiando em Jesus e em sua capacidade de gerar sua restauração.

Em resposta a João e Jesus, as pessoas vieram para confessar seu pecado e receber uma lavagem cerimonial. Os israelitas estavam acostumados a um banho comum para lidar com a forma pela qual sua vida era contrastada com a vida de Deus, metafísica ou moralmente. Esse novo lavar é uma versão única que corresponde a um contraste mais geral entre sua vida e o que Deus espera dela.

Vivendo na esfera onde Deus reina

Como no caso do chamado original de Deus a Israel, o anúncio do reino de Deus, com suas promessas e bênçãos, não chega às pessoas com base em seu mérito, nem com base em terem sido extraordinárias em algum aspecto. As bênçãos são anunciadas para as pessoas que não têm nada do que se orgulhar; que se entristecem quanto à sua insignificância; que anseiam para que o propósito justo de Deus seja cumprido; que são perseguidas e caluniadas por esse anseio e por sua associação com Jesus. É por essas qualificações negativas que elas demonstrarão ser uma comunidade profética. Seu anseio será satisfeito; elas possuirão a terra com liberdade; experimentarão o consolo de Deus; receberão o reino de Deus como lar; receberão a recompensa de Deus (Mt 5:3-12). Podemos ver esse perfil personificado no tipo de gente que Mateus e Lucas descrevem no início de seus Evangelhos: Zacarias e Isabel, Maria e José, Simeão e Ana. Isabel foi descrita como "protótipo da vida cheia do Espírito", antes do nascimento de Jesus e do Pentecoste.[45]

Em meio à sua descrição de tal perfil de personalidade, Jesus entrelaça outro conjunto de qualidades pessoais, como pesar, capacidade de viver em comunidade e anseio. Para participar da esfera da bênção, a comunidade tem de ser misericordiosa, pura e pacificadora; é esse tipo de comunidade que receberá a misericórdia de Deus, verá a Deus e será tratada como família de Deus; que será o sal da terra e a luz da casa (Mt 5:13-16). Jesus se refere aqui à luz do mundo, mas, no primeiro exemplo, "mundo" denota o povo comunitário de Deus e/ou em sua natureza mundana. Jesus "desafia Israel a *ser* Israel".[46] Quando o povo de Deus faz jus ao seu chamado ao manifestar esse perfil de personalidade, a atração do mundo será automática. Se a comunidade falhar em ser misericordiosa, pura e pacificadora, deixará de glorificar a Deus e, assim, será pisoteada.

Desse modo, o reino de Deus anunciado por Jesus sugere obrigações que as pessoas devem aceitar. A revolução trazida pela chegada do reino de Deus envolve uma "transformação de relações sociais".[47] Pessoas vão participar da revolução? O reino de Deus não é imposto sobre as pessoas designadas para ser seus beneficiários; elas são encorajadas a compartilhar do regozijo festivo em sua chegada. "Estar triste na presença de Jesus" é "uma impossibilidade existencial: os discípulos de Jesus 'não

---

[45] Yong, *Renewing Christian Theology* [Renovando a teologia cristã], p. 59.
[46] Wright, *Jesus and the Victory of God* [Jesus e a vitória de Deus], p. 288.
[47] Horsley, *Jesus and the Spiral of Violence* [Jesus e a espiral de violência], p. 324.

jejuam'."[48] Entretanto, as pessoas não são compelidas a tomar parte na revolução. Há um sentido em que "o reino vindouro de Deus consiste em um acontecimento milagroso, ocasionado apenas por Deus, sem ajuda humana". Tudo que o ser humano pode ou deve fazer em face disso é "manter-se pronto ou preparar-se para o reino".[49] Enquanto o evangelho social enfatiza a exigência ética do reino, "Jesus parece proclamar a iminência do reino de Deus" e, "mesmo hoje, conversas sobre 'edificar' ou 'espalhar' o reino [...] são correntes, originando-se da crença de que Jesus pregava uma causa ética" quando, na verdade, pregava "uma realidade divina".[50] Davi queria construir um templo a Deus, mas "o templo de Deus só pode ser construído pelo próprio Deus".[51]

As parábolas de Jesus deixam claro que há uma ligação entre promessa de Deus e atividade humana,[52] e outras referências ao reinado de Deus também mostram como seu governo envolve interação entre vontade divina e vontade humana. Enquanto o Primeiro Testamento comumente presume que Deus obterá vitória na guerra, há guerras que ele vence sem a participação humana, mas há também aquelas em que ele trabalha através da participação humana. Em cerca de 540 a.C., Deus introduziu seu reinado através da Pérsia, levando à queda a Babilônia. Sem que o ser humano perceba, Deus o emprega como agente. Até em Apocalipse, espera-se que Deus use a participação humana, ainda que ela seja a participação do martírio.[53]

Pastor e subpastores

Israel deveria ser o lugar onde Deus reina, o reino sacerdotal de Deus. Na prática, os israelitas eram como ovelhas sem pastor (Mt 9:36). A primeira

---

[48]Schillebeeckx, *Jesus*, p. 201.
[49]Rudolf Bultmann, *Theology of the New Testament* [Teologia do Novo Testamento] (reimp., Waco: Baylor University Press, 2007), 1:4,9.
[50]Bruce Chilton, "Introduction" [Introdução], em Chilton, ed., *The Kingdom of God in the Teaching of Jesus* [O reino de Deus no Ensino de Jesus] (Londres: SPCK; Filadélfia: Fortress, 1984), p. 1,6.
[51]Bonhoeffer, *Discipleship* [Discipulado], p. 223.
[52]Cf. Chilton and McDonald, *Jesus and the Ethics of the Kingdom* [Jesus e a ética do reino], p. 24-47.
[53]Richard Bauckham, *The Climax of Prophecy* [O auge da profecia] (Edimburgo: T&T Clark, 1993), p. 210-37.

vez que eles estiveram nessa posição foi na morte de Josué, quando o povo se perdeu social, moral e politicamente. Subsequentemente, Israel teve pastores, mas esses pastores geralmente falhavam para com o rebanho. O mesmo se deu com pastores nos dias de Jesus, com o resultado de que as pessoas são, mais uma vez, hostilizadas e incapacitadas. Deus lhes havia prometido pastoreio adequado e reunificação. Assim, Jesus foi enviado às ovelhas perdidas da casa de Israel (Mt 15:24). Jesus "via a si mesmo como pastor divinamente enviado e capacitado". Ele é o apóstolo de Deus, e os discípulos, apóstolos de Jesus.[54]

Para mudar a metáfora, parte do trabalho apostólico consiste em orar para que Deus traga o momento da grande colheita ao enviar ceifeiros, ajudadores sobrenaturais que reunirão o Israel numeroso, porém esparso, quando o Homem voltar, cumprindo a promessa encontrada nos Profetas (Mt 13:39; 24:31). O trabalho feito por esses auxiliadores será um aspecto da chegada do reino, e tal oração é um dos meios pelos quais os discípulos buscarão o reino de Deus. Para que o reino de Deus se manifeste, o que se requer é ensino, cura e oração (Mt 9:35-38). Ao enviar os Doze, então, Jesus não dá a entender que eles são os ceifeiros, da mesma forma que não podem trazer o reino de Deus. De fato, seria estranho para Jesus pedir-lhes para orar pela intervenção de Deus e, em seguida, enviá-los como se fossem a resposta às próprias orações.

Jesus os envia às ovelhas perdidas da casa de Israel. Seu trabalho se relaciona ao ajuntamento dessas ovelhas. Os discípulos assumem o trabalho do pastoreio que havia sido negligenciado, como doze líderes dos clãs que constituem Israel. A ideia é que o reino de Deus chegará, e que o Homem virá na glória descrita em Daniel 7, à medida que forem completando essa comissão (Mt 10:23). As nações, então, serão levadas a reconhecer o que Deus fez e o confessarão.

Após a execução, a ressurreição e a ascensão de Jesus, os apóstolos e os demais fiéis (At 2:44) também supõem que sua vocação é trazer boas-novas da restauração de Israel. Como quando Jesus estava entre eles, cura e ressurreição de mortos ocorrem em meio à comunidade dos fiéis, que também testificam do cumprimento de outra promessa (cf. Jl 2:28-29). Mais uma vez, não há correspondência direta entre acontecimentos em

---

[54]Witherington, *Christology of Jesus* [A cristologia de Jesus], p. 143.

Atos e promessas proféticas; os profetas não disseram nada sobre línguas de fogo ou falar em línguas (características-chave do Pentecoste), nem sobre hospitalidade e compartilhamento (características-chave da vida comunitária, em Atos). Uma vez mais, porém, há sobreposição o bastante para tornar plausível a reivindicação de que as promessas estão encontrando cumprimento. E, em um sentido mais amplo, podemos ver o Pentecoste e o dom de línguas como o inverso de Babel e como símbolo de uma solução mais ampla ao problema da língua humana (reconhecido também em Tg 3).[55]

Os apóstolos também batizam pessoas como sinal de seu retorno para Deus, encontrando purificação e juntando-se à comunidade reconstituída. Os Doze também adicionam uma nova razão para o arrependimento: a morte de Jesus. Eles também explicitam que deve haver um atraso até que Deus realize a consumação de seu propósito (At 3:19-21). Enquanto aguardam por esse momento, os fiéis veem a si mesmos como a personificação de um Israel renovado, ao qual o restante de Israel é instado a se juntar.

Jesus os incumbe da tarefa de testemunhar para todo o mundo (At 1:8). No contexto, o mais natural para os discípulos seria entender esse testemunho como algo reservado à comunidade judaica mundial, destinada a experimentar a restauração de Deus, e não ao mundo gentílico, cuja atração se daria, então, pela percepção do que Deus estava fazendo em favor de Israel. Inicialmente, foi à comunidade judaica que deram seu testemunho, embora a versão de Mateus sobre a comissão final de Jesus (Mt 28:16-20) explicite que eles devem discipular todas as nações.

Contraste com os dias de hoje

Uma geração ou duas depois de Jesus, ainda é difícil ver que Deus está reinando. Após sua morte e ressurreição, Jesus é retratado como aquele que reina ao lado de Deus (Ap 4—5), segundo a visão de João. O fato de que ambos, Jesus e Deus Pai, reinam ressalta a necessidade e a possibilidade de que o mal seja abatido, o que é enfatizado pelo restante do livro de Apocalipse. A visão de João recapitula a visão de Ezequiel 1—3, que,

---

[55] Yong, *Renewing Christian Theology* [Renovando a teologia cristã], p. 97-98.

por sua vez, recapitula Isaías 6, que, por sua vez, recapitula a confissão em Êxodo 15.

Apocalipse, contudo, testifica uma realidade que contrasta com a experiência da audiência de João, que era incapaz de ver Deus reinando em sua vida. Da mesma maneira, a visão de Ezequiel afirma a realidade que sua audiência seria tentada a questionar: a ideia de que Yahweh era soberano na Babilônia. A visão de Isaías contrastava com o fato de que o soberano terreno, Josias, acabara de morrer (Is 6:1) e com o fato de que era difícil crer na soberania de Yahweh quando Assíria e Efraim procuravam se impor. Em comparação, porém, a confissão de Êxodo 15 resulta de que Yahweh de fato afirmou sua soberania contra o maior soberano da época.

Apocalipse dá continuidade à narrativa, relatando o "cântico de Moisés, servo de Deus, e o cântico do Cordeiro":

> *"Grandes e maravilhosas são as tuas obras,*
> *Senhor Deus todo-poderoso.*
> *Justos e verdadeiros são os teus caminhos,*
> *ó Rei das nações.*
> *Quem não te temerá, ó Senhor?*
> *Quem não glorificará o teu nome?*
> *Pois tu somente és santo.*
> *Todas as nações virão à tua presença e te adorarão,*
> *pois os teus atos de justiça*
> *se tornaram manifestos* (Ap 15:3-4, NVI).

Como boa parte do Apocalipse, o cântico reelabora frases do Primeiro Testamento — no caso, o cântico anterior de Moisés, em Êxodo 15. A conexão é pertinente à luz da forma como o Apocalipse retrabalha temas da história das pragas que Yahweh impôs ao Egito, relatadas no início do livro de Êxodo. A prostração diante de Deus em adoração, como aquele que está entronizado, associa-se à submissão a ele em ação em seu trono. Em ambos os casos, em oposição à prostração e à submissão a Roma.

Muitos judeus ansiavam pela vinda do Ungido, pela restauração da liberdade de Israel e pela ressurreição dos mortos. Alguns escritores de Qumran defendiam que a chegada do Fim acarretaria grandes mudanças e que a comunidade tinha a vocação de viver no presente em preparação para esse acontecimento. Para Jesus, também o reino de Deus é "a realidade final";[56] no entanto, sua declaração acerca do reino de Deus segue o padrão de declarações anteriores a respeito do assunto, ou seja, não leva à sua implementação final.

Com base na ressurreição de Jesus e no derramamento do Espírito, os judeus que criam em Jesus sabiam que o Fim havia chegado. "Ocorrera uma mudança decisiva de possibilidades confrontando a humanidade. Uma época caracterizada pelo poder do pecado e da morte havia sido sobrepujada por outra, marcada por graça e fé."[57] Entretanto, eles ainda aguardavam pela consumação desses acontecimentos. "O todo da existência cristã — e teologia — tem como estrutura básica essa 'tensão' escatológica."[58] "O fim dos tempos chegou"; contudo, "o fim, quando ele entregará a soberania a Deus Pai", ainda está por vir (1Co 10:11; 15:24). Em Gálatas, Paulo coloca ênfase mais no primeiro fato e na mudança de atitude que ele ordena; em 1 e 2Tessalonicenses, coloca-a mais no segundo.[59]

O padrão de acontecimentos e respostas segue, assim, o modelo exemplificado no êxodo, em Josué, na restauração do exílio e na libertação macabeia.[60]

O Espírito

A atividade do Espírito de Deus na igreja é sinal de que, em um novo sentido, o reino de Deus começou e é a garantia de sua consumação. A dádiva do Espírito de Deus representa um pré-pagamento que se traduz em obrigação contratual e garante o cumprimento dessa obrigação (2Co 1:21-22; 5:5; Ef 1:14). É o selo com o qual Deus marca seu povo como sua propriedade (2Co 1:22-23; Ef 1:13; 4:30), bem como as primícias, o compromisso de que Deus trará a colheita final (Rm 8:23). (Paulo também fala, em 1Coríntios 15:20,23, da ressurreição de Jesus como "primícias").[61]

---

[56]Sobrino, *Jesus the Liberator* [Jesus, o libertador], e.g., p. 67.
[57]James D. G. Dunn, *The Theology of Paul the Apostle* [A teologia do apóstolo Paulo] (Grand Rapids e Cambridge: Eerdmans, 1998), p. 318.
[58]Gordon D. Fee, *God's Empowering Presence* [Presença empoderadora de Deus] (Peabody: Hendrickson, 1994), p. 803.
[59]Cf. Wayne A. Meeks, *The First Urban Christians* [Primeiros cristãos urbanos], 2ª ed. (New Haven e Londres: Yale University Press, 2003), p. 171-80.
[60]Cf. ainda cap. 8.
[61]Fee, *God's Empowering Presence* [Presença empoderadora de Deus], p. 806-8.

Com base no amor e na submissão dos discípulos a Jesus, ele promete que rogará a Deus outro *paraklētos* (Jo 14:16). Não sabemos o motivo pelo qual João usa essa palavra ao se referir ao Espírito Santo. *Paraklētos* pode ser um advogado (1Jo 2:1), mas o Evangelho de João não menciona esse papel. Outra tradução convencional é "consolador", e o *paraklētos* age como tal, mas não no sentido que normalmente atribuímos ao termo. Podemos dizer que o próprio Jesus veio como consolador, à luz do uso que o Primeiro Testamento faz da expressão. Depois da queda de Jerusalém, em 587 a.C., a cidade "não tem consolador" (Lm 1:2,9,16,17,21). Enquanto, no contexto imediato, "conforto" tem a ideia de "consolação", no contexto mais amplo a palavra dá a entender "ação para colocar as coisas certas que trará outro nível de conforto" (e.g., Is 49:13; 51:3). Tal consolo resulta do reinado de Deus (Is 52:7-10). Jesus veio como o consolador que restauraria Israel ao destino que deveria ter e garantiria o cumprimento das promessas de Deus à nação. Ele está partindo agora. Paradoxalmente, sua partida é o meio de completar o cumprimento desse propósito, mas esse propósito ainda demanda implementação. Desse modo, Deus substituirá Jesus na terra por "outro consolador", a fim de dar continuidade ao trabalho. Nunca será necessário a esse consolador deixar os discípulos; ele estará para sempre com eles.

Jesus também enfatiza que, após sua ressurreição, ele próprio retornará para os discípulos (Jo 14:18) e, mais adiante, que "nós" (ou seja, ele e o Pai) viremos estabelecer em cada um deles "nossa" habitação (Jo 14:23). O Espírito Santo estará "com eles" (*meta*), e Pai e Filho farão morada "com" as pessoas, individualmente (*para*). O Espírito Santo viverá com (*para*) e estará entre eles (*en*; os manuscritos variam em relação ao tempo verbal [Jo 14:17]). "Eu estou em meu Pai, vocês em mim, e eu em vocês" (Jo 14:20, NVI). O *paraklētos* será o "espírito da verdade", o verdadeiro espírito, o espírito fiel. Da mesma forma que Jesus é a verdade, a personificação da fidelidade, esse espírito será a verdade, e não uma personificação dela, mas a expressão contínua da fidelidade de Deus. Ele será o espírito verdadeiro no sentido de declarar a verdade, que o mundo (incluindo o povo judaico) não pôde receber.

Outra tradução convencional de *paraklētos* é "conselheiro", que também corresponde com o papel de Jesus e do Espírito Santo ao compensar sua partida. O Espírito Santo é um conselheiro ou mestre (Jo 14—16), lembrando-os do que Jesus disse e elucidando seu significado. O Espírito guiará os discípulos na verdade e lhes dirá a respeito do que está por vir, já que é capaz de comunicar o diálogo entre o Pai e o Filho (Jo 16:12-15). De imediato, o que está por vir é a morte de Jesus, mas, em seguida, a elaboração do significado desse acontecimento na exposição e na condenação do mundo. Essa exposição e essa condenação fazem parte do juízo final, mas, através do Espírito — e através do Filho —, esse juízo acontece agora. "O Espírito já proclama a verdade que um dia será manifesta e o juízo que, então, será executado."[62] "Naquele dia vocês não me perguntarão mais nada." (Jo 16:23, NVI)

Ademais, o Espírito convencerá ou exporá o mundo em relação à sua culpa, convencendo-o ou expondo-o por não reconhecer Jesus e, por conseguinte, matá-lo, o que manifesta sua culpa. Isso vai acontecer porque a morte de Jesus significa sua ida para o Pai e o meio de condenação deste mundo e de seu príncipe (Jo 16:8-10). Como o Espírito convence o mundo? Através da igreja,[63] isto é, através de sua vida, ações e palavras.

4.3 A RESISTÊNCIA

É tanto surpreendente quanto algo previsto que o povo judeu rejeite Jesus. Por um lado, é surpreendente em vista de Jesus anunciar o reino de Deus e sua restauração. Por outro lado, a rejeição de Jesus corresponde à resistência do povo de Deus aos profetas no decorrer dos séculos.

> "Vocês não quiseram" (Mt 23:37). Tudo pode ser resumido nessas palavras direcionadas aos habitantes de Jerusalém. Esse é o enigma da existência de Israel em relação a Jesus. [...] Jerusalém se opusera à proteção de Jesus, formando ao redor de si a mais antiga, espessa e impregnável de suas muralhas: sua própria falta de vontade: "Jerusalém, Jerusalém, você, que mata os profetas e apedreja os que lhe são enviados!".[64]

É um mistério, mas, ao mesmo tempo, não é um mistério, porque Jesus é uma ameaça aos poderes religiosos e políticos existentes.

---

[62]C. K. Barrett, *The Gospel According to St John* [O evangelho segundo João] (Londres: SPCK, 1962), p. 76.
[63]Ibid., p. 405-6.
[64]Barth, *CD* IV, 2:261.

O padrão do Primeiro Testamento se repete: Jesus confronta pessoas, elas não querem ter envolvimento com as implicações das palavras dele, elas acabam sendo cortadas, embora não rejeitadas. O povo de Deus está sempre seguro no comprometimento de Deus, porém sempre vulnerável à sua disciplina.

O enigma

No mar Vermelho, Israel afirmou o reinado de Yahweh, mas logo passou a objetar sua forma de governo. Na época de Samuel, os israelitas se rebelaram contra o governo de Yahweh, pedindo um rei humano que os governasse. No século VI a.C., Yahweh declara que seu reino havia chegado e põe um fim no governo babilônico sobre seu povo; a maioria dos exilados, porém, não retorna para Jerusalém com o reinado de Yahweh. A asserção definitiva do reino de Deus implementado por Jesus seguiu esse padrão e também não conquistou a lealdade do povo. A mensagem-mensageiro, que tinha sido o meio de fazer o mundo, estava no mundo, mas o mundo não a aceitou; o mundo está cheio de equívocos sobre Deus e prefere, misteriosamente, sua má compreensão à verdade. Até mesmo o próprio povo de Deus rejeitou Jesus. O Primeiro Testamento ilustra essa questão; a história de Jesus a ilustra outra vez (Jo 1:1-11).

Por que deve ser assim? A incredulidade é um mistério desconcertante. Em Romanos 9, Paulo luta contra essa ideia e conclui que Israel estava predestinado a rejeitar a mensagem, o que, em certo sentido, é apenas uma reformulação da razão pela qual isso acontece. Jesus analisa algumas dessas razões em Marcos 4. Às vezes, Satanás apenas rouba a mensagem assim que as pessoas a escutam — o que também é simplesmente uma maneira de reformular a questão. Alguns aceitam a mensagem por um tempo, porém a abandonam com a perseguição, o que nos leva a, mais uma vez, reformular: por que as pessoas perseguem aqueles que aceitam a mensagem? Algumas a abandonam devido à tribulação; pensavam que seus problemas acabariam, mas eles não acabam. Outros inicialmente a aceitam, porém as preocupações da vida obstruem o caminho para sua assimilação.

Histórias sobre Israel no deserto (Êx 14—17; Nm 11—20) ilustram essa dinâmica em Israel, e a subsequente inclinação da nação a se voltar para Baal, "o Senhor", implica algo semelhante. O povo precisa de colheitas e de filhos; Yahweh pode cuidar dessas coisas, ou os israelitas têm de se voltar a algum outro *expert* nesses assuntos? Não ter safra, nem filhos, pode ser um problema; tê-los também pode ser um problema. Moisés adverte para a facilidade com que Israel poderia esquecer-se de Yahweh após ficar confortável na terra, e Jesus adiciona referências a "coisas", ao engano das riquezas e ao desejo por mais, que também pode obstruir o caminho para a assimilação da mensagem (Mc 4:19).

Quando Jesus envia os Doze para anunciar o reino de Deus e corroborá-lo com sinais, adverte-os de que também eles não deviam presumir que as pessoas receberiam sua mensagem (Mt 10:9-39). Os discípulos são como ovelhas entre lobos. Devem considerar a possibilidade de ser entregues a tribunais e açoitados em sinagogas; presos e levados perante governadores e reis; traídos por familiares; odiados, perseguidos e chamados de Belzebu, como o próprio Jesus fora chamado. Perseguição é "o clima no qual Jesus vivia"[65] e o clima no qual os discípulos viverão. Ele sabe que veio para trazer espada, não paz. Os discípulos devem estar preparados para ser mortos por sua proclamação e pelos sinais que dão.

Posteriormente, Jesus reitera que o mistério da oposição que enfrentou será deparado por seus seguidores (cf. Mt 24; Mc 13; Lc 21), embora sua tribulação venha a servir de meio para que a boa notícia seja proclamada entre todas as nações. Será o caso, então, de que "não serão vocês que estarão falando, mas o Espírito Santo" (Mc 13:11). Pressões como essas significarão famílias e comunidades devastadas por conflito e ódio. O discípulo será odiado por todas as nações (Mt 24:9).

Jesus como uma ameaça

Evidentemente, não é "óbvio ao mundo que somente Jesus é Senhor, Deus e Salvador, da mesma forma como não era óbvio às nações ao redor de Israel que apenas YHWH é Deus dos céus e da terra, Criador do mundo e Regente de todas as nações".[66] Muitos abandonarão a fé, trairão e odiarão uns aos outros, e o amor de muitos esfriará. Mas o discípulo que continuar firme até o fim será liberto — mesmo que, paradoxalmente, perca a vida (Mt 24:9-14). O discípulo é encorajado a nunca perder a esperança.

---

[65]Cf. Sobrino, *Jesus the Liberator* [Jesus, o libertador], p. 196.
[66]Wright, *Mission of God* [Missão de Deus], p. 130.

Muitas pessoas não se preocuparão com a mensagem; algumas, porém, produzirão fruto extraordinário.

A história de Jesus remete a alguns fatores na resistência misteriosa das pessoas. Jesus põe em perigo as pessoas que estão no poder. "A 'cruz' de Jesus Cristo foi uma punição política" relacionada "à ameaça que o Servo Sofredor representa aos poderes do mundo"; tomar a cruz não denota aceitação de doença ou de perda, nem "uma experiência interior do eu" ou um "quebrantamento subjetivo, ou seja, a renúncia do orgulho e da vontade própria".[67] Significa aceitar a perseguição e o martírio. "A cada dia, morro" (1Co 15:31), afirma Paulo, no sentido de que ele enfrenta a morte todos os dias no decurso de seu testemunho (cf. NTLH). Na realidade, "sempre que Cristo nos chama, seu chamado nos conduz à morte".[68] Contudo, seus discípulos podem tomar a cruz, perder a vida e salvá-la no sentido de que o Homem os reconhecerá, em vez de envergonhar-se deles, em sua vinda (Mc 8:34-38).

Jesus também põe em perigo as autoridades religiosas. Como a igreja cristã, o judaísmo não tem um ponto de vista unificado nas questões de teologia e espiritualidade. Não havia, por exemplo, consenso entre os judeus se deveriam esperar que Deus findaria rapidamente (ou gradativamente) com o governo romano ou se deveriam aguardar pela atuação do Ungido. Porém, as pessoas investidas de *status quo* — geralmente aquelas que detêm o poder em determinada época — não têm capacidade de se entusiasmar com mudanças. A questão da controvérsia de Jesus ou de Paulo com outros judeus diz respeito à "*esperança de Israel*: o anúncio de Jesus de que a esperança estava sendo cumprida, e a crença de Paulo de que, na cruz e na ressurreição de Jesus, ela havia sido, de fato, concretizada".[69]

Destarte, Jesus entra em apuros por proclamar a chegada do reino de Deus, e especificamente por reivindicar que o reino está chegando em sua pessoa, bem como pela declaração correlata de que alguns aspectos da Torá (ou da interpretação judaica) são agora menos importantes do que as pessoas imaginam; de que, agora, o templo é menos importante

---

[67] John Howard Yoder, *The Politics of Jesus* [A política de Jesus], 2ª ed. (Grand Rapids: Eerdmans; Carlisle: Paternoster, 1993), p. 125, 127.
[68] Bonhoeffer, *Discipleship* [Discipulado], p. 87.
[69] Wright, *Jesus and the Victory of God* [Jesus e a vitória de Deus], p. 380.

do que as pessoas pensam; e de que seu tempo não é caracterizado pelo jejum, cuja prática será retomada pelos discípulos após a sua partida (Mt 9:14-15). Depois de defender os discípulos por colherem grãos no sábado e curar um homem desvalido em dia de sábado, os líderes religiosos decidem destruí-lo. É porque ele quebra o sábado, ou afirma ser maior do que o sábado, ou fala da chegada de algo (ou alguém) maior do que o templo, ou constitui uma ameaça aos seus pontos de vista ou à sua autoridade (Mt 12:1-14)? Nenhuma das possibilidades constitui uma explicação racional. A dificuldade em fornecer uma resposta dá a entender mais uma vez que sua rejeição é um tanto misteriosa. Com o tempo, Jesus alerta sobre como será traído por um dos Doze e abandonado pelos demais (Mt 26:20-25). Por que Judas o trai? Por dinheiro? Também essa explicação é insuficiente.

De uma forma ou de outra, a implementação do reino de Deus e o fim de outros reinos encontram oposição. Assim, é tanto surpreendente quanto previsível ler a declaração de Jesus de juízo terrível em grandes cidades da Galileia, onde ele havia feito milagres. Seus habitantes não se arrependeram, conforme instara à luz da vinda do reino de Deus (Mt 11:20-24). Em consequência, as multidões que o seguiam não eram representativas de suas cidades; vemos o padrão, desde o início, de que apenas a minoria responde à sua mensagem. Sua geração contrasta com os ninivitas, que se arrependeram com a pregação de Jonas (Mt 12:41). A terra natal de Jesus está na pior posição de todas (Mt 13:53-58).

Confrontado e dizimado

Embora multidões sigam Jesus, isso não significa que o povo como um todo faça o mesmo. E não é dado exatamente às multidões o entendimento do que o reino de Deus significa (Mt 13:11). Nas cidades em que ele faz a maior parte de seus milagres não se vê arrependimento, nem mesmo dos líderes religiosos; de fato, toda uma geração deixa de crer (Mt 11:20; 12:38-41). Quando um gentio manifesta confiança extraordinária em seu poder, Jesus comenta que muitos gentios se juntarão à festa "no reino dos céus", enquanto os membros de Israel, pertencentes ao reino, serão lançados fora (Mt 8:5-13).

No Evangelho de João, "os judeus" são apresentados em conexão semelhante. O contexto de algumas das referências do apóstolo à hostilidade judaica implica a liderança do povo (e.g., Jo 1:19; 5:10,15,16, a NTLH traz "líderes dos judeus"); em outras passagens, o Novo Testamento dá a entender que a maior parte da liderança de Jerusalém realmente se opunha a Jesus. Outras expressões de hostilidade judaica também podem se aplicar aos líderes judaicos ou aos membros da comunidade judaica (e.g., Jo 2:18,20; 6:41,52; 7:11,13). Algumas referências aos judeus são neutras (e.g., Jo 2:6; 13; 5:1) e outras, no entanto, denotam os judeus que creem em Jesus (Jo 8:31; 12:9,11). A "salvação vem dos judeus" (Jo 4:22). Enquanto os Evangelhos Sinóticos raramente se referem aos "judeus", Atos frequentemente o faz, e essa ligação serve de apoio à ideia de que, em suas referências aos judeus, João está fazendo uma conexão com a experiência da igreja. Também em Atos, os judeus que creem em Jesus e os judeus que não creem podem assumir uma postura conflituosa uns para com os outros, usando um linguajar que hoje ofenderia o ocidental (e.g., At 13:6-11,44-51; 28:17-28).[70] Para complicar o problema ainda mais, as cartas de Paulo não estão "em diálogo e disputa com judeus não cristãos, mas com judeus cristãos"; e é nesse contexto que o tratamento principal de Paulo a respeito da Torá é formulado.[71]

A situação na época de Jesus e de Paulo remonta à mesma retratada no ministério dos profetas e o resultado é o mesmo que aconteceu em 722 a.C. e 587 a.C. Os profetas alertaram que Yahweh expulsaria Israel da terra e foi exatamente o que ele fez, expulsando o povo como um todo, embora tenha permitido a permanência de remanescentes. A diminuição do povo algumas vezes envolvia as pessoas externas sendo reduzidas a meros remanescentes, tal como aconteceu do tempo de Elias ao de Ezequiel. Em outras ocasiões, as pessoas externas permanecem numerosas e a redução ocorre na proporção em que veem e ouvem a mensagem, como acontecera nos dias de Elias e nos de Paulo. De qualquer maneira, paradoxalmente, esse processo representa a forma de Deus alcançar o mundo, da mesma forma que fazer o povo florescer era um meio de alcançá-lo.

Mais uma vez, o padrão no Primeiro Testamento se repete quando o povo em geral não reconhece Jesus, mas Deus assegura que continua

---

[70]Cf. ainda o aspecto diversificado da Escritura no subtítulo "Diversificada", seção 2.6.
[71]James D. G. Dunn, "In Search of Common Ground" [À procura de um denominador comum], em Dunn, ed., *Paul and the Mosaic Law* [Paulo e a lei mosaica] (Tubinga: Mohr, 1996), p. 309-34 (em p. 310).

existindo "um remanescente segundo a eleição da graça. E, se é por graça, já não é mais por obras; do contrário, graça não seria mais graça" (Rm 11:5-6). Israel deveria existir como povo de Deus, em primeiro lugar, com base na graça. Como não havia nada distintivo em Israel para que Deus o favorecesse (cf. Dt 7:7-8; 9:5-6), a preservação de um remanescente em sua história aconteceu, de modo semelhante, com base na graça. O povo que escapou da diminuição gradual da nação no decorrer dos séculos, de Salomão ao exílio, escapou com base nisso. A questão não é que fiéis sobrevivem e incrédulos são eliminados. O remanescente sempre existe com base na graça.

Assim, a forma de Deus operar continua a mesma do passado, quando, então, ele se sentiu livre para expulsar toda uma geração ou todo um segmento de Israel, até mesmo dizimá-lo, sem, em última análise, abandonar o povo como um todo. A maioria teve a mesma experiência que o faraó e os cananeus. Eles estavam inclinados a resistir a Deus, e o próprio Deus também se inclinou a encorajar sua resistência como ato de punição. Por isso, Deus lhes tornou ainda menos aptos para ver e ouvir a mensagem. Deus vê se cumprir neles a oração terrível de Salmos 69 (Rm 11:7-10). No entanto, se Israel passa a confiar, é enxertado outra vez (Rm 11:24). Tudo depende da confiança.

A necessidade

O tipo de gente que responde a Jesus são crianças, e não sábios e entendidos, e até mesmo elas respondem apenas porque Deus lhes abre os olhos (Mt 11:25-27). Contudo, no mesmo contexto, Jesus convida qualquer um que esteja cansado a vir. Talvez o que lhes cansa sejam as obrigações que os sábios e entendidos colocam sobre as "crianças", as pessoas comuns, que têm mais dificuldade de cumpri-las do que os sábios (cf. Mt 23:4). Essas obrigações estabelecem um contraste com o jugo suave que Jesus coloca sobre as pessoas (Mt 11:28-30). Em certo sentido, Jesus é completamente exigente, mas, em outro, suas exigências são mais fáceis; elas aliviam de outras preocupações (Mt 6:25-34).[72] Em vez de ficarem ansiosas ao extremo em obedecerem à Torá, elas podem seguir seu próprio

---

[72]Cf. Margaret Davies, *Matthew* [Mateus] (Sheffield: Sheffield Academic Press, 1993), p. 91-92.

encorajamento e ficar despreocupadas a respeito da interpretação rigorosa de outras pessoas sobre suas implicações (Mt 12:1-14).[73] Elas podem retornar à sua relativa simplicidade.

Contudo, mesmo assim, o discípulo deve carregar sua cruz no sentido de estar preparado para se juntar a Jesus na aceitação do martírio se isso lhe for exigido, como aconteceu com alguns em ambos os Testamentos. O sofrimento inocente por si só não faz de ninguém um mártir; é a aceitação do sofrimento como custo de dar testemunho, bem como a autodedicação, que torna o sofrimento um elemento criativo e faz da morte um gesto sacrificial (2Tm 4:6), transformando uma pessoa em alguém que dá testemunho.[74]

Em Atos, as advertências de Jesus são cumpridas na vida de seus representantes. Enquanto algumas vezes alguns deles são libertos da prisão milagrosamente (At 5:17-20; 12:1-11), noutras são martirizados. O primeiro fato reflete a premissa de que Deus tem poder para ocasionar tais acontecimentos; o segundo, que tal intervenção não corresponde ao seu modo geral de agir. A Escritura não oferece uma maneira de determinar o porquê de a libertação acontecer em casos particulares, mas não em outros. Segundo o ensino bíblico, não devemos inferir que as razões estão no mérito das pessoas envolvidas. Talvez seja algo aleatório.

O prospecto de sua própria rejeição e martírio paira sobre a história de Jesus desde o início. Em seu batismo (Mt 3:17), Deus declara que Jesus é seu filho, apropriando-se das palavras de Salmos 2. O salmo descreve o filho régio de Deus como seu Ungido, mas também como alguém a quem os governantes do mundo atacam. Nessas palavras no batismo, Deus prossegue para falar de Jesus como filho amado, remetendo à história de Abraão quando ofereceu Isaque, em Gênesis 22 — uma história familiar e influente no pensamento judaico. Deus também fala de Jesus como aquele em quem se deleita, apropriando-se de palavras que descrevem o servo de Yahweh em Isaías 42:1-4, texto no qual o servo deve suportar oposição a fim de cumprir sua tarefa de anunciar o governo de Yahweh entre as nações. Nenhuma das frases por trás das palavras no batismo de Jesus é desprovida de algum aspecto solene.

---

[73]Cf. R. T. France, *The Gospel of Matthew* [O Evangelho de Mateus] (Grand Rapids e Cambridge: Eerdmans, 2007), p. 451.
[74]Ware, *Inner Kingdom* [Reino interior], p. 113, 115.

É de acordo com essas declarações que Jesus fala de um batismo, de uma submersão pela qual deve passar; ele deve beber da ira de Deus (Mc 10:38). Ele prossegue para dizer do Homem tendo de dar sua vida como resgate e preço de redenção por muitos (Mc 10:45). Não seria de surpreender se a linguagem levasse as pessoas a pensar na redenção de Israel do Egito e/ou na figura do servo sofredor de Yahweh sofrendo "por muitos" (Is 53:10-11). Quando Pedro fez sua declaração de que Jesus é o Ungido, Jesus começou a advertir os discípulos de que o Homem deve sofrer, ser rejeitado e morto, mas depois ressuscitar (Mt 16:21).

Seu sofrimento repete um padrão que percorre a história bíblica. Profetas muitas vezes se tornam mártires, mas essa necessidade se baseia em algo, além de ser inevitável. De alguma maneira, existe uma conexão entre o reino de Deus e a probabilidade do martírio de Jesus. Entre alguns judeus, paira no ar o senso de que sua restauração nunca acontecerá até terem pago por sua infidelidade e más obras. Ambos os aspectos da restauração de Israel se inter-relacionam. De fato, talvez seja necessário haver uma grande tribulação antes de poder existir restauração, ou seja, antes de o reino de Deus poder chegar. Jesus sabe que está destinado a pagar o preço em nome de seu povo, tomando parte, na prática, dessa tribulação.[75]

Uma vinha com seu fruto

Como líder judaico, Nicodemos é o tipo de pessoa que se poderia esperar que entenderia Jesus; mas ele não percebe o abismo que o separa de entendê-lo (Jo 3), embora seu papel posterior nos Evangelhos indique que ele não deve ser anulado. Há um contraste entre as interações de Jesus com Nicodemos e a mulher samaritana (Jo 4). Sua nacionalidade e seu gênero fazem dela alguém cujo entendimento, segundo o judeu, estaria fechado; ela, porém, compreende o que Jesus lhe ensina. Esse contraste entre judeu e samaritano corresponde à forma como o evangelho acabou por se propagar.

"Vocês [samaritanos] adoram o que não conhecem; nós [judeus] adoramos o que conhecemos, pois a salvação vem dos judeus. Mas vem o

---
[75]Cf. Pitre, *Jesus, Tribulation, and the End of the Exile* [Jesus, tribulação e o fim do exílio]; cf. ainda cap. 5.

tempo (e já chegou) em que os verdadeiros adoradores adorarão o Pai em/por espírito e verdade" (Jo 4:22-23). O fato de que judeus adoram o que conhecem implica que, em certo sentido, eles já adoram a Deus em/por espírito e verdade. Entretanto, Jesus traz um novo derramamento do espírito de Deus para eles e uma nova manifestação da verdade divina. Para pessoas como os samaritanos (tratados comumente como *outsiders*), Jesus possibilita a verdadeira adoração, adoração que corresponde a quem Deus é e reflete sua dinâmica. "O Pai busca por tais adoradores" (Jo 4:23). A implicação não é que o Pai esteja procurando pessoas que se comprometerão com esse tipo de adoração, como se a responsabilidade estivesse sobre elas. A questão é que Deus é o pastor que procura suas ovelhas, ou o pai na expectativa do retorno do filho pródigo, em busca de pessoas como a mulher samaritana, que podem transformar-se em verdadeiros adoradores por meio da vinda de Jesus. "Deus é espírito, e aquele que o adora deve fazê-lo em/por espírito e verdade" (Jo 4:24).

Nicodemos precisava perceber que Jesus é a videira verdadeira e seu Pai é o agricultor (Jo 15:1). Israel havia sido a vinha plantada por Deus na terra de Canaã, a vinha que a transformou na terra de Israel (Sl 80:8-16 [TM 9-17]; Is 5:1-7; Jr 2:21; 12:10; Ez 15; 19:10-14; Os 10:1). A imagem da vinha sugere fertilidade, a qual, por sua vez, implica *mišpāṭ* e *ṣĕdāqâ* (Is 5:1-7), e fertilidade é a ideia que Jesus traz à tona, implicando o mesmo tipo de fruto: em termos do Novo Testamento, *agapē*. Ao reivindicar ser a verdadeira vinha, Jesus também traz a implicação de ser o verdadeiro Israel. Os profetas protestaram que Israel falhara em produzir fruto, e Jesus reafirma seu protesto e declaração de juízo (Mc 12:1-9). A atividade de seu Pai como agricultor corresponde à imagem de Isaías 5:1-7, embora seja menos radical em João do que em Marcos. Em Isaías, Deus destrói a vinha e, em Marcos, o dono da vinha mata os lavradores contratados para cultivá-la. Na verdade, "já está posto o machado à raiz das árvores; toda árvore, pois, que não produz bom fruto é cortada e lançada no fogo" (Mt 3:10, ARA). Em João 15, Deus simplesmente poda os ramos infrutíferos.

Assim, uma congregação que deixa de crescer morre. E uma congregação que cresce é podada (por exemplo, pela perseguição ou confrontada por uma mensagem). Importa frutificar, pois o fruto glorifica a Deus (Jo 15:8). O mais importante é permanecer na vinha. As congregações têm de permanecer associadas a Jesus e continuar vivendo por suas palavras. Jesus permanece com as pessoas quando suas palavras permanecem nelas (Jo 15:6-7). Permanecemos na vinha quando amamos.

A vinha corporativa precisa produzir o fruto do Espírito (Gl 5:22-23), cujo desenvolvimento ocorre quando servimos uns aos outros em amor, em vez de devorarmos uns aos outros. "O contraste entre carne e Espírito dessa passagem, portanto, diz respeito [...] a 'amor, alegria, paz, longanimidade, bondade, fidelidade e gentileza' no contexto da comunidade dos fiéis." A passagem expõe "primariamente a ética não do indivíduo, mas da comunidade de fé".[76] O fruto do Espírito é "definido pela resignação voluntária e autossacrificial de alguém em benefício de outras criaturas, seja em termos de dar, seja de receber de forma libertadora". A livre autorresignação dá espaço para o livre autodesenvolvimento.[77]

Dentre outras, é nessa conexão que a Torá prioriza o amor. O fruto do Espírito é o tipo de coisa que o Primeiro Testamento espera ver na vida de Israel, afirmado também pela tradição judaica e por boa parte do pensamento pagão. O Primeiro Testamento antecipa esse fruto no sentido de instar por sua manifestação, embora não no sentido de antecipá-la. De modo semelhante, os fiéis em Jesus não produzem o fruto do Espírito sem mesclas com a natureza inferior. Às vezes, porém, não vemos esse fruto. No Primeiro Testamento, Jônatas é uma personificação de amor; o livro de Salmos, de celebração; José, de pacificação; Jó, de longanimidade. Eles indicam que o Espírito tem produzido fruto, a despeito de a terminologia estar presente.

Escolhido e não descartado

Não é prudente confiar no parentesco de Abraão. Deus pode usar pedras para "fazer surgir filhos a Abraão" (Mt 3:9, NVI). Contudo, à luz da posição dada por Deus a Israel, mais uma vez questionamos como a nação falhou em reconhecer o Ungido. A resposta não é que houve falha na promessa de Deus (Rm 9:6-13). Para começar, as promessas de Deus nunca se aplicaram a todos na comunidade em que foram dadas. A promessa abraâmica aplicava-se apenas à linhagem de Isaque, não de Ismael; e, a partir de Isaque, apenas à linhagem de Jacó, não de Esaú. "Amei Jacó, mas odiei Esaú": Paulo se refere à escolha e à rejeição em conexão com

---

[76]Fee, *God's Empowering Presence* [Presença empoderadora de Deus], p. 883.
[77]Welker, *God the Spirit* [Deus, o Espírito], p. 248-49.

um propósito particular,[78] e a base para essa escolha e rejeição não se resume a algum mérito pessoal, mas às exigências desse propósito.

O propósito de Deus opera na base de ele convocar um povo, não de um povo que se voluntaria, e com base na escolha de Deus de um povo, não de um povo que escolhe servir a Deus. Desta maneira, Agostinho observa que, "por terem sido escolhidos [os discípulos], é que eles escolheram [Jesus], e não o contrário".[79]

Todavia, Paulo não está falando sobre predestinação ou eleição no sentido como suas ideias são comumente discutidas em teologia. O apóstolo fala a respeito de um povo, não de indivíduos, e sobre um papel no propósito de Deus, não a respeito de ir para o céu. Tampouco ele está interessado na questão da soberania divina em relação ao livre-arbítrio humano. (Paulo daria risadas com nossa preocupação de salvaguardar o livre-arbítrio humano, em parte porque ele está preocupado em afirmar o livre-arbítrio divino em comparação com o nosso, que não passa de uma trivialidade.) Em ambas as conexões, sua experiência de ter sido nocauteado por Jesus na estrada de Damasco reestrutura o fundamento de nossa preocupação. Paulo "foi para Damasco sem qualquer preparação" e "como alguém que, de forma um tanto especial, posicionava-se contra o evangelho";[80] sua experiência a caminho da cidade aconteceu de forma totalmente inesperada e serve de grande ilustração de como "a exaltação do homem, conquistada na morte e declarada na ressurreição de Jesus Cristo, constitui, como tal, a criação de sua nova forma de existência como parceiro fiel na aliança com Deus".[81]

Então, Deus é infiel por rejeitar boa parte do povo judeu? Paulo afirma que não, pois devemos enxergar a ação de Deus quanto aos judeus como parte de um escopo maior, de um propósito mais amplo (Rm 9:14-21). Deus se preocupa em ser misericordioso e compassivo nos termos mais amplos possíveis, e tanto sua escolha como sua rejeição são um meio

---

[78]Cf. ainda comentários em Romanos 9:13 em "A família mais ampla de Israel", seção 4.1.
[79]Agostinho, *On Grace and Free Will* [Sobre graça e livre-arbítrio] 38 [xviii] (NPNF 1, 5:460).
[80]Johannes Munck, *Paul and the Salvation of Mankind* [Paulo e a salvação da humanidade] (Londres: SCM Press; Richmond: John Knox, 1959), p. 15; cf. Anthony C. Thiselton, *The Hermeneutics of Doctrine* [Hermenêutica da doutrina] (Grand Rapids: Eerdmans, 2007), p. 475.
[81]Barth, *CD* IV, 2:499.

paradoxal para esse fim. Foi por essa razão que o faraó também recebeu o que parecia ser um "mau negócio": o objetivo era torná-lo um meio de proclamar o nome de Deus por toda a terra, o que certamente aconteceu. Encorajá-lo à teimosia — quando o faraó já estava inclinado para tal — foi um meio para esse fim. O argumento de Paulo "testifica quanto à *liberdade* da misericórdia de Deus, mas a liberdade da qual ele testifica é é a liberdade de sua *misericórdia*."[82]

Se Paulo compartilhasse nossa preocupação moderna de salvaguardar a liberdade humana, poderia destacar que o faraó não é *forçado* a ceder à sua propensão, da mesma forma que ninguém é *forçado* a crer em Jesus. O apóstolo poderia ter destacado que o livro de Êxodo fala de como não apenas Deus, mas também o próprio o faraó enrijeceu sua resolução.[83] Mas Paulo não tem essa preocupação. E se o apóstolo estivesse em posição de levar em conta a possibilidade de que alguns leitores entenderiam o tema da escolha divina nos moldes do destino eterno de indivíduos, poderia destacar que a dinâmica do tratamento de Deus com o faraó não diz nada sobre se você encontrará o soberano egípcio na Nova Jerusalém.

O que era verdade de Ismael, Esaú e faraó é verdade sobre a maioria dos judeus nos dias de Paulo que se recusaram a crer em Jesus. A incredulidade deles contribui para o plano de Deus, cujo propósito é de misericórdia para o mundo todo (Rm 9:22-29). É por meio da incredulidade deles que Deus será "fiel às promessas feitas a Abraão que declaravam tanto que ele lhe daria uma família mundial como que sua própria descendência compartilharia da bênção".[84]

Incrédulo, mas por um breve tempo

Existe um *mystērion* acerca de Israel (Rm 11:25). Um *mystērion* não é um mistério, algo que não podemos entender. É algo que não teríamos adivinhado que foi revelado. O *mystērion* sobre Israel é a decisão de Deus de fazer da incredulidade dos judeus uma forma de abrir o evangelho aos gentios, e então de fazer da fé gentílica uma forma de conquistar Israel de

---

[82]C. E. B. Cranfield, *A Critical and Exegetical Commentary on the Epistle to the Romans* [Comentário crítico e exegético sobre a carta aos Romanos] (Edimburgo: T&T Clark, 1975), p. 472.
[83]Cf. James D. G. Dunn, *Romans* [Romanos] (Dallas: Word, 1988), 2:564.
[84]*The Climax of the Covenant* [O auge da aliança], p. 236.

volta à fé. O alcance do evangelho em todo o mundo é uma forma de ocasionar o florescimento da restauração de Israel, tornando-o enciumado a partir do que vê seu próprio Deus fazer no mundo. Deus, assim, astutamente inverte a intenção original de atrair o mundo ao abençoar Israel.

Se a rejeição de Israel representa tamanha bênção para o mundo, imagine o que sua restauração será para o próprio Israel! Será uma demonstração de que Israel como um todo pode ser resgatado da ira de Deus e participar da ressurreição vindoura dos mortos, juntamente com os remanescentes que creram em Jesus ao longo do caminho (Rm 11:11-26). Infelizmente, no curto prazo, o plano astuto de Deus foi tão frustrado quanto seus planos anteriores. O tratamento da igreja em relação ao povo judeu incitou-o a se afastar daquele a quem a igreja reivindica ser o Ungido.

Assim, no século XX, Deus talvez tenha formulado ainda outro plano astuto para promover por outros meios, nas últimas décadas, o crescimento exponencial de judeus que reconhecem a Jesus. A secularização em geral e a secularização do povo judeu em particular são o pano de fundo desse desenvolvimento — ou seja, muitos judeus que passaram a crer em Jesus eram pessoas às quais sua fé judaica não podia ser mais sustentada. Assim, talvez Deus tenha empregado o mal da secularização como meio de o povo judaico vir a enxergar a necessidade de romper com seus parâmetros a fim de descobrir a verdade.

Calvino concluiu que em Romanos 11:26 "Israel" significa um Israel expandido, um povo renovado de Deus abrangendo judeus e gentios,[85] e esse entendimento se encaixa com o desenvolvimento do argumento de Paulo em Romanos 11.[86] Entretanto, por todo o capítulo, "Israel" significa "povo judeu", e não há exemplo claro, em nenhum lugar do Novo Testamento, de que seu significado seja outro. Reconhecidamente, é difícil ler uma referência a Israel em Gálatas 6:16 como se a passagem aludisse ao povo judeu; sua introdução seria uma novidade no epílogo da carta.[87] No entanto, também é difícil lê-la como referência à igreja, o que também seria um novo ponto a ser introduzido no epílogo. Essa falta de

---

[85] João Calvino, *Commentaries on the Epistle of Paul the Apostle to the Romans* [Comentários da carta de Paulo aos Romanos] (reimp., Grand Rapids: Eerdmans, 1947), p. 437.
[86] Cf. Wright, *Climax of the Covenant* [O auge da aliança], p. 249-51.
[87] Cf. Gerd Ludemann, *Paulus und das Judentum* [Paulo e o judaísmo] (Munique: Kaiser, 1983), p. 27-30; E. P. Sanders, *Paul, the Law, and the Jewish People* [Paulo, a lei e o povo judeu] (Londres: SCM Press; Filadélfia: Fortress, 1983), p. 174.

clareza talvez simbolize a ideia de que Paulo não chegou a uma visão inequívoca sobre o relacionamento entre o povo judaico, as comunidades que confiam em Jesus e o Israel das Escrituras.[88]

Embora seja mais provável que Romanos 11:26 se refira ao povo judeu, pouca coisa se sustenta, pois Paulo afirma que toda a igreja gentílico-judaica será salva e que todo o povo judeu será salvo. Os dons e a vocação de Deus são irrevogáveis (Rm 11:29).

Paulo quer dizer que cada judeu individualmente será salvo? Mais uma vez, a pergunta envolve pensarmos em termos de cristãos individuais, contrariamente ao argumento do apóstolo. Paulo está falando de um voltar numeroso de judeus, que será o inverso da multidão numerosa se afastando de Jesus que ele testemunhou. Escrevendo no início da década de 60 da era cristã, Paulo sabe que uma geração inteira se passou desde a morte e a ressurreição de Jesus, e que uma geração inteira de israelitas abriu mão de seu lugar em Israel e não poderá mais recuperá-lo, de modo que a história entre Sinai e Canaã mais uma vez se repete. Contudo, esse primeiro acontecimento não descarrilhou o propósito divino de levar Israel como um todo ao seu destino, nem sua repetição o impedirá. O Fim virá, o libertador chegará, a nova aliança será implementada: quando Jesus vier, afastará a impiedade de Jacó e tirará seu pecado (Rm 11:26-27). Assim, Israel como um todo será salvo da ira de Deus, juntamente com os gentios. A ira de Deus sobreveio a Israel, conforme Romanos 1—3 defende, e o fez de modo a continuar sua operação até o fim (1Ts 2:16). Ao final, porém, a misericórdia de Deus será revelada a Israel de maneira nova (Rm 11:31-32).[89]

Jesus fala como profeta ao declarar que o fim sobreveio a Israel. Também fala como profeta ao reconhecer que esse fim seria um tipo de ínterim, não um final completo.[90] A multidão perante Pilatos, assustadoramente, declarou "que o seu sangue recaia sobre nós e os nossos filhos" (Mt 27:25), mas o Deus de Israel não pode garantir essa oração. A história de Israel no Sinai já estabelece a segurança e a vulnerabilidade da nação, e Romanos 9—11 expõe isso de modo mais profundo. O trecho expõe um

---

[88]Cf. Sanders, *Paul, the Law, and the Jewish People* [Paulo, a lei e o povo judeu], p. 171-79.
[89]Karl P. Donfried, "The Theology of 1 Thessalonians" [A teologia de 1Tessalonicenses], em Donfried e I. Howard Marshall, *The Theology of the Shorter Pauline Letters* [A teologia das cartas concisas de Paulo] (Cambridge e Nova York: Cambridge University Press, 1993), p. 1-79 (em p. 69-70).
[90]Contra a posição de Bryan, *Jesus and Israel's Traditions of Judgement and Restoration* [Jesus e as tradições de juízo e restauração de Israel], p. 87, que contrasta Jesus e os profetas.

"tipo particular de universalismo",[91] um universalismo que exclui e um particularismo que inclui.

4.4 O PLANO SECRETO DE DEUS: ISRAEL EXPANDIDO

Deus, então, aceitou a rejeição breve dos judeus, já que facilitaria o compartilhamento da mensagem com o mundo. Embora Jesus se tenha concentrado no próprio povo judeu, Deus sempre tencionou fazer da existência e da restauração de Israel o meio para alcançar as nações. Para esse fim, a Torá foi revogada. Por isso, como devemos pensar no relacionamento entre a comunidade de Israel e a comunidade dos que reconhecem Jesus? Não é que Israel seja descartado, nem que os gentios sejam subordinados a Israel, mas surge uma nova entidade que abraça os judeus e gentios que creem em Jesus e compartilha tanto a segurança de Israel no longo prazo como sua vulnerabilidade no curto prazo.

Coisas maiores do que eu

Embora Jesus tenha vindo para anunciar o reino e restaurar o povo judeu, foi revelado que Deus tinha outro plano secreto e que a intenção de Jesus era criar uma nova humanidade de judeus e gentios, reconciliando ambos com Deus por intermédio da cruz (Ef 2:15-16). O modo como as Escrituras falam a esse respeito lembra o modo como José diz que não foi enviado ao Egito pelos irmãos, mas por Deus (Gn 45:8), ou o modo como João diz que Caifás não falou de si mesmo ao comentar que era vantajoso um homem morrer por toda a nação (Jo 11:51). Às vezes, as consequências de tirar o fôlego devem ser mais do que acidentais.

A empolgação de Maria e Zacarias (Lc 1) relaciona-se ao fato de o nascimento de Jesus significar a restauração de Israel e, durante a sua vida, Jesus não se preocupou muito com o mundo gentílico. De forma implícita, ele trabalhou nos moldes de Isaías 60—62: o cumprimento das promessas de Deus a Israel atrairia o mundo a reconhecer o Deus de Israel, de modo que o templo cumpriria, então, seu destino como casa de oração para todas as nações. Quando uma mulher cananeia buscou a ajuda de Jesus, ele resistiu a ela, embora, ao final, tenha concedido

---

[91]Daniel Boyarin, *A Radical Jew* [Um judeu radical] (Berkeley e Londres: University of California Press, 1994), p. 201.

ao pedido que lhe fora feito (Mt 15:21-28). Ela era semelhante a Jetro e Raabe no Primeiro Testamento, indivíduos que aproveitam a chance para reconhecer o que o Deus de Israel está fazendo e se veem como precursores de algo muito maior. Também os apóstolos, no início, concentraram seu testemunho na comunidade judaica, destinada a experimentar a restauração de Deus, e não no mundo gentílico. Gentios seriam atraídos ao verem o que Deus estava fazendo por Israel. Se Deus ocasiona a restauração de Israel, o reconhecimento das nações é consequência natural.

Entretanto, esse cenário não se concretizou. Deus visitou seu povo a fim de redimi-lo, mas o judeu não reconheceu o tempo de sua visitação (Lc 1:68; 19:44). Jesus, então, fala em se voltar diretamente às nações (Mt 21:33-44; 24:14). Nos anos seguintes, a oposição advinda de seu próprio povo continua a ser mais evidente do que bem-vinda, e o Homem tarda a voltar. O movimento em direção ao testemunho deliberado aos gentios tem inicio com a aparição de Jesus a Ananias, em Damasco, e então com a aparição divina a Pedro, em Jope (At 9—10). Podemos, porém, ver o desenvolvimento como natural, dado que o mundo gentílico estava destinado a reconhecer o Deus de Israel (cf. Mt 28:16-20). E, em retrospecto, não é de surpreender que o povo judeu continuasse, na melhor das hipóteses, reticente em sua resposta aos apóstolos, embora não tenhamos motivos para esperar que o mundo gentílico fosse mais responsivo.

Jesus realmente disse que os discípulos fariam coisas maiores do que ele (Jo 14:12). Em termos de maravilhas, embora curem, expulsem demônios e ressuscitem mortos, os Doze não chegam perto de fazer algo parecido com, por exemplo, alimentar cinco mil pessoas com quase nada nas mãos. Mas, quando Jesus deu a promessa, acabara de falar sobre como o mundo viria a reconhecê-los como discípulos se amassem uns aos outros (Jo 13:35). O mais provável é que sua promessa tenha sido cumprida com a divulgação do reino de Deus ao redor do Mediterrâneo oriental até Roma, não apenas na Judeia e na Samaria e entre os judeus. O retorno de Jesus ao Pai possibilitou a missão dos discípulos (Jo 14:12).

A comissão de Paulo inclui, assim, tornar a oferta dos gentios aceita a Deus (Rm 15:16), em cumprimento dessas expectativas expressas nos Profetas (e.g., Is 60). A relevância de sua "experiência de conversão" é que ela corresponde com "uma comissão para proclamar o evangelho, ou seja, servir Cristo entre os gentios".[92] Por todo o Mediterrâneo oriental, "em uma

---

[92] J. Christiaan Beker, *Paul the Apostle* [Paulo, o apóstolo] (Filadélfia: Fortress, 1980), p. 3-6.

circunferência de Jerusalém até o Ilírico, preenchi o evangelho do Ungido" (Rm 15:19): embora ele mesmo não tenha pregado em Jerusalém ou Judeia, Paulo ainda vê o evangelho partindo de Jerusalém para o mundo.[93]

"O apóstolo, a quem o mundo parecia um tanto pequeno e que, em sua esperança empolgante de chegar aos confins da terra, apressava-se de um país para o outro com vistas à oportunidade de tornar Cristo conhecido" — e que pensa em termos de nações ou povos em vez de indivíduos — "não era um homem feito para elaborar detalhes pequenos. Alguém cuja proposta é realizar feitos gigantescos em um período tão curto demonstra, de fato, convicção".[94]

A Torá alcança seu objetivo

O evangelho é para todos. "'Todos' é uma das palavras-chave em Romanos."[95] Isso não vai de encontro ao fato de Deus ter entrado em relacionamento especial com Israel, e Paulo está preso a um "etnocentrismo devoto" nos primeiros capítulos de Romanos. "A Escritura estabelece essa conexão, visto narrar a história da eleição divina de Israel. Se o evangelho de Paulo anula essa eleição, significa que o tratamento passado de Deus com seu povo era um tratamento falso e que, agora, ele estava renegando as promessas feitas a Israel. Em causa está 'a integridade moral de Deus'".[96] De fato, "a questão motriz em Romanos não é 'Como posso encontrar um Deus gracioso?', mas 'Como posso confiar em um Deus supostamente gracioso quando ele abandona sua promessa a Israel?'". Daí, a reivindicação de Paulo é que:

> Seu evangelho não aniquila a lei mosaica, porém a estabelece. [...] A proclamação de Paulo apresenta a justiça de Deus, não como algum tipo de novidade soteriológica desconhecida, mas como manifestação de uma verdade atestada pela Escritura, desde o princípio. Quando diz que sua

---

[93] Gunther Bornkamm, *Paul* [Paulo] (Nova York: Harper; Londres: Hodder, 1971), p. 53.
[94] Citado sem referência por Munck, a partir do trabalho de Adolf Julicher, *Paul and the Salvation of Mankind* [Paulo e a salvação da humanidade], p. 53 (embora, para Munck, a citação represente uma "avaliação injusta").
[95] Dunn, *The Theology of Paul the Apostle* [A teologia do apóstolo Paulo], p. 372.
[96] Richard B. Hays, *Echoes of Scripture in the Letters of Paul* [Ecos da Escritura nas cartas de Paulo] (New Haven e Londres: Yale University Press, 1989), p. 47. A citação interna vem da entrada de capítulo de Leander E. Keck, *Paul and His Letters* [Paulo e suas cartas] (Filadélfia: Fortress, 1979), p. 117-30 (ed. rev., 1988, p. 110-22).

mensagem confirma a Lei, o apóstolo não se refere a mandamentos específicos do Pentateuco, mas ao testemunho da Escritura, lido como *narrativa* relacionada à eleição, pela graça de Deus, de um povo.[97]

(De modo semelhante, enquanto Hebreus vê alguns aspectos da Torá como deficientes, "não há um traço antijudaico sequer" na carta "ou qualquer senso de que Deus rejeitou Israel em favor de cristãos gentílicos em Jesus. [...] Se Hebreus é supersessionista, o livro de Jeremias também o é".)[98]

Regras da Torá sobre adoração e pureza refletem tanto a escolha divina de Israel como a intenção de Deus de alcançar o mundo por meio dos judeus. Por si sós, as regras mosaicas raramente explicam o porquê de suas injunções, exceto quanto à obediência a Yahweh como santo e a necessidade de incorporar, por conseguinte, atitudes que denotam separação.[99] Assim, uma razão pela qual Deus deu a Torá a Israel foi criar demarcações para manter seu povo distinto. Ironicamente, porém, o motivo pelo qual Israel devia ser singular era possibilitar a bênção de Deus ao restante do mundo, e o Primeiro Testamento não trata a demarcação como impermeável. Histórias de Raabe e Acã confundem a demarcação entre israelita e canaanita,[100] assim como as narrativas de Rute e sua recepção pelo povo de Belém, e as histórias de Davi e Urias, o hitita. O comprometimento que Rute, a moabita, demonstra a Noemi antecipa a forma como um samaritano modela o cuidado por alguém pertencente a outro grupo (Lc 10:25-37).

Se o judeu vivesse em uma comunidade mista, a preocupação com o próximo poderia comprometer essa linha limítrofe. A história do samaritano e do judeu confunde, assim, a demarcação entre judeu e samaritano. No Primeiro Testamento:

---

[97]Hays, *Echoes of Scripture in the Letters of Paul* [Ecos da Escritura nas cartas de Paulo], p. 53.

[98]Richard B. Hays, "Here We Have No Lasting City" [Não temos cidade permanente], em Richard Bauckham *et al.*, eds., *The Epistle to the Hebrews and Christian Theology* [A carta aos Hebreus e a teologia cristã] (Grand Rapids e Cambridge: Eerdmans, 2009), p. 151-73 (em p. 165).

[99]Childs, *Old Testament Theology in a Canonical Context* [Teologia do Antigo Testamento em um contexto canônico], p. 87.

[100]Cf. Dan Hawk, *Every Promise Fulfilled: Contesting Plots in Joshua* [Toda promessa cumprida: enredos conflitantes em Josué] (Louisville: Westminster John Knox, 1991).

É comum o surgimento de personagens que, fora do lugar de origem e da nação de Israel, parecem, todavia, tornar-se recipientes genuínos da revelação de Deus. Ao que tudo indica, porém, essa possibilidade parece, gradativamente, assumir implicações corretivas. Aqueles que se gabam por serem membros de Israel ao invés de se gloriarem em Deus devem ser envergonhados. Aqueles, dentro dessa filiação, que não se tornam recipientes de revelação devem receber um sinal de juízo. A liberdade da graça, tão facilmente esquecida e tão pouco valorizada, deve ser manifestada.[101]

Por outro lado, a visão de Paulo acerca do judaísmo não é etnocêntrica, pois seu argumento em Romanos 4 é que, desde o princípio, o relacionamento de Deus com Israel não se baseou em etnia. A bênção e a promessa de Deus a Israel sempre abrangeram gentios.[102] Desse modo, Yahweh finda o papel delimitador da Torá (cf. At 10—11) não por ter tido uma postura etnicamente exclusivista no passado, mas por sua preocupação de que "todos" sejam alcançados, agora de forma diferente.[103] À luz da mudança na estratégia missionária de Deus, marcadores externos de identidade que exigem separação tornam-se "incômodos",[104] embora a confiança em Jesus não signifique o fim de demarcadores ritualísticos de identidade; o batismo, por exemplo, é um rito exterior que constitui um marcador distintivo de identidade para o povo reconstituído de Deus.[105]

Qual povo escolhido?

Em um concílio de apóstolos e presbíteros em Jerusalém, Tiago fala de como Deus agiu "para extrair *dentre as nações* um povo para o seu nome" (At 15:14). Esse corpo judaico-gentílico é "geração eleita, sacerdócio real,

---

[101] Barth, *CD* I, 2:210.
[102] Hays, *Echoes of Scripture in the Letters of Paul* [Ecos da Escritura nas cartas de Paulo], p. 55-57.
[103] N. T. Wright defende que esse é o significado por trás da oposição de Paulo à circuncisão: e.g., *Jesus and the Victory of God* [Jesus e a vitória de Deus], p. 381. Contudo, não é esse o argumento de Paulo porque teria sido possível estender a circuncisão aos gentios (e podemos imaginar o argumento bíblico em suporte a essa ideia, que envolveria o apelo para que tanto Ismael como Isaque fossem circuncidados).
[104] Dunn, *Romans* [Romanos], 1:436-37.
[105] Para uma crítica a Dunn, cf. especialmente Douglas A. Campbell, *The Deliverance of God* [A libertação de Deus] (Grand Rapids: Eerdmans, 2009), p. 444-55.

nação santa, povo exclusivo de Deus" (1Pe 2:9, NVI), chamado por Deus de "meu povo" (e.g., 2Co 6:16) e de "povo especial" (Tt 2:14). Passagens semelhantes chamam esse corpo judaico-gentílico em termos empregados originalmente a Israel (Is 19:25, porém, emprega-os a outras nações). Existe, então, um povo de Deus ou dois? Esse corpo judaico-gentílico substituiu Israel, a quem os termos se aplicavam? Qual é agora a importância de Israel como povo de Deus? Se os dois pilares da teologia judaica são "monoteísmo e eleição, Deus e Israel",[106] como devemos pensar a respeito de Israel à luz da existência da igreja, composta, em sua maioria, por gentios? E como devemos pensar na igreja à luz da existência de Israel?

Paulo convida cristãos coríntios a ver israelitas dos períodos do êxodo e do deserto como "nossos ancestrais", ainda que boa parte da igreja fosse composta por gentios (1Co 10:1; 12:2). Em Corinto, a *ekklēsia* de Deus é composta por "santificados no Ungido, Jesus, e chamados para ser santos" (1Co 1:2). Por si só, *ekklēsia* não implica que a igreja seja como Israel, mas a adição de "santificados" e "santos" leva tal implicação nessa direção (cf. Êx 19:5-6). A igreja de Corinto foi enxertada na oliveira de Israel.[107] A igreja é uma versão reelaborada e alargada de Israel. "Israel são os judeus que resistem à sua eleição; a igreja é o ajuntamento de judeus e gentios, chamados com base na eleição de Israel."[108] A igreja é "o povo messiânico e peregrino de Deus, moldado em termos tipológicos pela história de Israel". A implicação é que a igreja consiste em uma entidade separada de Israel e que usa a história judaica como forma de entender a si própria, ou seja, "a Igreja é simplesmente Israel no tempo entre os tempos".[109] Em Jesus, o cristão gentílico torna-se "judeu honorário".[110]

---

[106]Wright, *The Climax of the Covenant* [O auge da aliança], 1.
[107]Cf. Hays, *Echoes of Scripture in the Letters of Paul* [Ecos da Escritura nas cartas de Paulo], 95-96.
[108]Barth, *CD* II, 2:199.
[109]George Lindbeck, *The Church in a Postliberal Age* [A igreja em uma era pós-liberal], ed. James J. Buckley (Grand Rapids: Eerdmans, 2004), 146, 150; cf. Joseph L. Mangina, "God, Israel, and Ecclesia in the Apocalypse" [Deus, Israel e a Igreja no Apocalipse], em Richard B. Hays e Stefan Alkier, eds., *Revelation and the Politics of Apocalyptic Interpretation* [Apocalipse e a política da interpretação apocalíptica] (Waco, TX: Baylor University Press, 2012), p. 85-103 (em p. 86).
[110]Krister Stendahl, *Paul Among Jews and Gentiles and Other Essays* [Paulo entre judeus e gentios e outros ensaios] (Filadélfia: Fortress, 1976), 37; cf. Lindbeck, *Church in a Postliberal Age* [A igreja em uma era pós-liberal], 151.

Poderíamos também dizer que a igreja é um subgrupo do povo de Deus. "O nome com o qual a igreja se autoatribui" é "igreja de Jesus Cristo",[111] uma definição que chama atenção ao fato de que ela "não é criada, formada e introduzida por homens em sua própria iniciativa, autoridade e sabedoria. Nem resulta do empreendimento livre ou de um acordo entre a autorrevelação de Deus e as pessoas que se reúnem para confessá-lo". A igreja se origina da Palavra que se fez carne, e sua vida lhe é dada por amor de Jesus.[112]

Contudo, frases como "igreja de Cristo" nunca ocorrem no Novo Testamento. A expressão do Novo Testamento é "igreja de Deus" (e.g., At 20:28; 1Co 1:2; Gl 1:13). O título é também mais frequente do que a frase "corpo do Ungido" (apenas em 1Co 12:27; Ef 4:12). Enquanto a autodenominação "igreja de Cristo" resulta na implicação prática de que ela "deve fazer de Cristo o ponto de partida de seu autoentendimento",[113] chamar a si mesma de "igreja de Deus" resulta na implicação ainda mais prática de que Deus é seu ponto de partida.[114] Ainda que Cristo sirva de "fundamento, poder e esperança para a igreja", e ainda que para a igreja de Cristo "cristologia seja o tema dominante da eclesiologia", a igreja pertence à "história trinitária de Deus em sua relação com o mundo".[115]

Um rebanho, uma árvore

À medida que realiza sua missão de pregar, curar e batizar e vê o mundo gentílico corresponder, Paulo procura compreender o que está acontecendo à luz da Escritura, que, na percepção do apóstolo, escondia um astuto plano divino. O Israel renovado fora sempre destinado a ser o Israel receptivo às nações. Ao concentrar seu ministério nos gentios, um elemento das promessas proféticas encontra cumprimento, cuja essência corresponde à Torá. Prioridades da lei mosaica envolvem fidelidade,

---

[111]Jürgen Moltmann, *The Church in the Power of the Spirit* [A igreja no poder do Espírito] (Londres: SCM Press; Nova York: Harper, 1977), 66.
[112]Barth, *CD* I, 2:213-17 (citação de 213).
[113]Moltmann, *The Church in the Power of the Spirit* [A igreja no poder do Espírito], 68.
[114]Edmund Schlink sugere que — em consonância com a ordem do credo — a igreja deve ser considerada em conexão com o Espírito Santo (*The Coming Christ and the Coming Church* [O Cristo vindouro e a igreja vindoura] [Edimburgo: Oliver and Boyd, 1967; Filadélfia: Fortress, 1968], p. 96).
[115]Moltmann, *The Church in the Power of the Spirit* [A igreja no poder do Espírito], p. 5-6.

misericórdia e adoração, conceitos que reaparecem na visão do indivíduo que recebe o espírito de Deus (Is 11; 42), mas essa visão estende-se para além de Israel e alcança as nações.[116] "Salvação vem dos judeus", porém pertence, de igual modo, aos samaritanos (Jo 4). Há uma safra a ser colhida entre os gentios.

A "igreja não é definida por sua diferenciação *a partir de* Israel, mas, antes, por sua inclusão *em* Israel e identificação com a bênção de Israel".[117] Jesus morreu não apenas pela nação judaica, mas pelos filhos dispersos de Deus, a fim de reuni-los em um só povo (Jo 11:51-52). Em seu contexto original do Primeiro Testamento, as expressões "filhos de Deus" e "dispersos" dão a entender judeus da diáspora; aqui, porém, passam a se referir aos gentios que se tornam filhos de Deus. Israel sempre foi rebanho de Deus. Deus sempre foi pastor de Israel. No entanto, assim como há ovelhas no rebanho atual que não pertencem ao grupo e não respondem à voz de Jesus, o Ungido tem ovelhas em outros apriscos que responderão e, desse modo, demonstrarão que são ovelhas legítimas. Jesus precisa buscá-las e misturá-las com o presente rebanho, para que haja "um só rebanho e um só pastor" (Jo 10:16, NVI).

"A missão da igreja [...] se baseia, factual e temporalmente, em seu relacionamento com Israel. [...] Israel corresponde ao original do cristianismo, o parceiro fiel de sua história."[118] A questão não é que a igreja substituiu Israel, ou que Israel foi anulado e se tornou obsoleto. A igreja é "redirecionada ao drama de Israel".[119] As Escrituras não justificam a declaração posterior de que Israel retém sua própria "vocação para a salvação", lado a lado com a igreja.[120] A intenção de Deus foi sempre a existência de um único rebanho, uma única árvore, mas a igreja é "limitada, não universal e não católica enquanto Israel existir paralelo a ela".[121]

Ao desenvolver a imagem de uma única oliveira, Paulo infere que a infrutuosidade de alguns dos ramos possibilita o enxerto de novos galhos (Rm 11:17-24). João 12 sugere uma versão ainda maior da ideia

---

[116] Welker, *God the Spirit* [Deus, o Espírito], p. 109-24.
[117] Dunn, *The Theology of Paul the Apostle* [A teologia do apóstolo Paulo], p. 507.
[118] Moltmann, *Church in the Power of the Spirit* [A igreja no poder do Espírito], p. 68.
[119] J. R. Daniel Kirk, *Jesus Have I Loved, but Paul?* [Jesus eu amei, mas Paulo?] (Grand Rapids: Baker, 2011), p. 61.
[120] Moltmann, *Church in the Power of the Spirit* [A igreja no poder do Espírito], p. 137.
[121] Ibid., p. 350.

de Paulo ao justapor o pedido de alguns gregos para ver Jesus com a recusa da multidão judaica de crer nele: essa descrença resultou do fato de Deus ter-lhes fechado os olhos para que não vissem e não fossem curados. "Eles *não podiam* crer" (Jo 12:39). Todavia, remetendo a esse entendimento inflexível da própria intransigência de Deus, Jesus menciona passagens nas Escrituras que a qualificam. Enquanto Isaías 6:10 ameaça a cegueira, esta não é a última exposição desse tema em Isaías; Deus também se compromete com a abertura desse olhar. E, enquanto Isaías 53 começa ponderando a incredulidade passada de Israel, a seção prossegue para testificar a forma como ele passa a crer.

Eis o motivo pelo qual, na nova Jerusalém, muralhas são inscritas com o nome dos doze clãs de Israel. "Eles são, em um sentido especial, *portões* da cidade e, na verdade, estão continuamente abertos, *um convite às pessoas de Israel para que entrem na salvação*". Trata-se de uma reflexão do fato de que Jesus é, primordialmente, o cumprimento de toda promessa feita a Israel.[122] Deus sela 144 mil dentre os doze clãs israelitas (Ap 7:1-8), correspondentes à salvação de "todo Israel" (Rm 11). Selados trazem, na fronte, o nome do cordeiro e do seu pai (Ap 14:1). "São estes os que não se macularam com mulheres, porque são castos. São eles os seguidores do Cordeiro por onde quer que vá. São os que foram redimidos dentre os homens, primícias para Deus e para o Cordeiro" [cf. Ap 14:4, ARA]. Entretanto, juntamente com eles, há uma grande multidão dentre todas as nações reconhecendo a Deus e o Cordeiro, e ela será protegida e consolada (Ap 7:9-17). A multidão vem da grande tribulação. Passou fome e sede, calor e lágrimas, mas chegou do outro lado. A eles, o evangelho eterno fora proclamado (Ap 14:6).

Uma humanidade, um edifício

Para usar ainda outras imagens, há somente uma humanidade, uma nova pessoa e um novo templo. Assim como não há sugestão de que um único rebanho ou árvore é *substituído* por outro, o mesmo se dá com a nova humanidade. Distante de Israel, o gentio estava longe de Jesus e de Deus, porém foi aproximado pelo sangue de Jesus (Ef 2:11-23). Antes de Jesus,

---

[122]Mathias Rissi, *The Future of the World* [O futuro do mundo] (Londres: SCM Press; Naperville: Allenson, 1972), p. 74.

prosélitos dos tempos romanos, outrora distanciados, aproximaram-se, como nos casos de Jetro e Rute, porém as nações gentílicas como um todo estavam separadas de Israel. O gentio pode não ter tido falta de conhecimento ou relacionamento genéricos com Deus, mas estava distante do tipo de conhecimento e relacionamento que Israel tinha por ser detentor das alianças e proclamador de uma esperança peculiar. O gentio desconhecia informações a respeito do Ungido, e muito menos desfrutava qualquer experiência antecipatória dos benefícios da vinda de Jesus, como Israel desfrutava.

Agora há a possibilidade de conversão em massa de nações gentílicas. O gentio não é mais estrangeiro ou forasteiro, mas concidadão e membro da família, tijolo em um edifício cuja realidade é o templo de Deus, a habitação divina. Além disso, antes de Jesus, o relacionamento entre judeu e gentio estava sujeito a tensão. O judeu podia ver a Torá como que obrigando-o a manter certa distância do gentio para não criar maus costumes, enquanto o gentio podia suspeitar do exclusivismo judaico.

Ao morrer, Jesus ab-rogou a Torá e, assim, removeu a barreira entre judeu e gentio. Ele instaurou a paz entre ambos e possibilitou a criação de um "novo homem" [cf. Ef 2:15]. Judeu e gentio podem andar em harmonia porque tanto os que estavam longe como os que estavam perto têm acesso a Deus da mesma forma. Os gentios são agora concidadãos dos santos, o povo de Deus como um todo; são membros da família de Deus. Enquanto antes apenas o judeu tinha acesso ao Pai, agora esse acesso é concedido a ambos da mesma forma, e até mesmo a posição do judeu mudou, visto que Jesus aboliu essas regulamentações da Torá.

Jesus sempre foi o "objetivo secreto da Torá" (Rm 10:4), "o auge da aliança".[123] Quando a Torá alcança o seu objetivo e perde seu significado como delimitador da exclusividade de Israel, ela chega, em certo sentido, ao fim. "Por que a confissão de Jesus como Messias romperia necessariamente com o tecido do judaísmo e da Torá?" A razão está relacionada ao fato de que "a ruptura entre a Torá e Cristo estabelece a igualdade de judeu e gentio, visto que, em Jesus, o 'muro de separação' da lei mosaica (Ef 2:14) é quebrado"; ambos são aceitos por Deus com base na fé.[124]

---

[123]Wright, *The Climax of the Covenant* [O auge da aliança], p. 241.
[124]Beker, *Paul the Apostle* [Paulo, o apóstolo], p. 184, 250.

Em outras palavras, a situação dos ancestrais de Israel (antes de Deus ter dado a Torá) elucidou o fundamento real para um relacionamento com Deus (Rm 4). A dádiva divina da lei mosaica corria o risco de obscurecê-lo. Agora que Jesus anulou a Torá, até mesmo o judeu usufrui paz com Deus por um novo fundamento, a respeito do qual antes tinha pouco conhecimento. Jesus pregou "paz aos que estavam longe e paz aos que estavam perto" (Ef 2:17-18). O judeu é reconciliado com Deus por meio de Jesus, assim como o gentio. Por meio de Jesus, somos um porque ele anulou a Torá; e somos um por meio do Espírito, pelo qual Deus vive entre nós. Somos um único edifício, construído sobre um único fundamento e com uma única pedra angular, a fim de que, maravilhados, "com um só coração e uma só voz, [glorifiquemos] ao Deus e Pai do nosso Senhor Jesus, o Ungido" (Rm 15:6).[125] Deus nos destinou para a adoção de filhos, por meio de Jesus (Ef 1:5). Existe apenas uma adoção de filhos (cf. Rm 8:15, 23; Gl 4:5): a posição ocupada por Israel como povo, estendida, agora, ao gentio.

A divulgação surpreendente

Deus deu um *insight* a Paulo sobre o *mystērion* do Ungido (Ef 3:4). Como em Romanos 11, *mystērion* não equivale a "mistério". É algo de importância vital, extremamente inteligente e humanamente inimaginável, outrora desconhecido e agora revelado. Essa divulgação surpresa diz respeito ao fato de que, "mediante o evangelho, gentios são coerdeiros, membros do mesmo corpo e participantes da promessa em Jesus, o Ungido" (Ef 3:6).

Onde está a novidade? Certamente, não no fato de gentios partilharem o relacionamento de Deus com os judeus. Um aspecto-chave da novidade pode ser indicado sutilmente pelo prefixo recorrente "co" (em grego, prefixo *syn*), na frase. O Primeiro Testamento antevê nações gentílicas afluindo para Jerusalém (Is 2:2-4) e figura gentios agarrando a vestimenta de judeus, pedindo-lhes para acompanhá-los por reconhecerem a presença de Deus entre eles (Zc 8:23). Esses gentios podem ser adotados na família em sentido pleno, esquecendo-se de sua origem canaanita,

---

[125]Fee, *God's Empowering Presence* [Presença empoderadora de Deus], p. 873, 811.

moabita ou edomita — embora a história de pessoas como Raabe, Rute e Doegue deem a entender ao menos a percepção de que traços de sua origem cultural persistiram.[126] O mesmo acontece quando um britânico se torna cidadão americano; a percepção não implica em *status* inferior. Ademais, a Torá enfatiza a obrigação de cuidar do estrangeiro residente, cujo *status* persiste como alguém que nunca nasceu de pais israelitas. Na lei mosaica, o estrangeiro residente é como uma criança que todos sabem ter sido adotada. Entretanto, tal criança é um membro pleno da família, e estrangeiros e famílias estrangeiras podem se tornar membros plenos da comunidade da aliança e participar da Páscoa, caso firmem seu compromisso (Êx 12:43-49).

A nova revelação é que Deus sempre intencionou formar um povo no qual judeu e gentio compartilham da mesma condição social. Não há nada da subserviência da qual o Primeiro Testamento às vezes fala ao descrever a grande inversão, segundo a qual a própria subserviência de Israel é abolida (e.g., Is 45:14).[127] A ideia não é apenas que o gentio é admitido em Israel como povo de Deus, mas que a própria noção de "povo de Deus" sofre revisão. O povo de Deus passa a abranger pessoas que confiam em Jesus como o Ungido, sejam judeus, sejam gentios. Gentio e judeu pertencem ao povo de Deus a partir do mesmo fundamento e sob termos iguais. A distinção não é abolida, mas não implica superioridade ou inferioridade.

Além desse ponto, "o desvendar do propósito [de Deus]" está relacionado a "trazer unidade a todas as coisas por meio do Ungido, celestiais ou terrenas" (Ef 1:9-10). "Durante épocas passadas", o propósito secreto daquele "que criou todas as coisas" era que, "mediante a igreja, a multiforme sabedoria de Deus se tornasse conhecida dos governantes poderosos nas regiões celestiais" (Ef 3:9-10). Esse propósito agora se tornou conhecido, e o acesso compartilhado de judeus e gentios a Deus o evidencia. A partilha do acesso à presença de Deus coloca os poderes em seu lugar, e a vida da igreja é a evidência desse fato.

Destarte, a unificação de judeu e gentio tinha implicações mais abrangentes do que se poderia imaginar porque a importância de Jesus era muito maior do que se poderia antecipar nas Escrituras. A divulgação

---

[126]Cf. "A promessa de Deus e seu cumprimento em Israel", seção 4.1.
[127]Cf. Sanders, *Paul, the Law, and the Jewish People* [Paulo, a lei e o povo judeu], p. 172-73.

surpreendente é *to mystērion tou Christou*, a divulgação inesperada acerca do Ungido (Ef 3:4). Tal é "o *mystērion* que esteve oculto durante épocas e gerações, mas que agora foi manifestado aos santos, aos quais Deus quis dar a conhecer as riquezas gloriosas deste *mystērion* entre as nações, que é o Ungido entre vocês, a esperança gloriosa" (Cl 1:26-27). Pessoas devem conhecer "o *mystērion* de Deus, o Ungido, em que todos os tesouros da sabedoria e do conhecimento estão escondidos" (Cl 2:2-3). Um dos tesouros escondidos consiste na revelação de como Deus alcançaria as nações.

Uma Jerusalém renovada

O judaísmo tinha diversas formas de vislumbrar a nova Jerusalém: como cidade terrena transformada; como cidade celestial existente; como cidade celestial que descerá à terra no Fim; como cidade celestial preexistente, vista por Adão.[128] Em Apocalipse, a nova Jerusalém, a cidade santa, é o novo mundo em sua forma concreta. Diferentemente da Jerusalém original, sua origem é celestial (Ap 21:1-10).[129] Enquanto a cidade santa foi pisoteada e tornou-se cena da execução do Senhor (Ap 11:1-8), agora uma versão transformada e renovada da cidade passa a existir.

Não é o caso de "existir um rompimento brusco na história de Israel, lançando sua continuidade em dúvida".[130] Apocalipse fala de uma nova Jerusalém e usa a frase "cidade santa" como referência à velha e à nova cidade. O livro sugere continuidade e descontinuidade, como em Isaías. Jerusalém é pisoteada apenas por um período limitado de tempo, e "a nova Jerusalém remete [...] a uma esperança particular: o cumprimento final das promessas do Antigo Testamento a Israel".[131]

Apocalipse adota o imaginário de uma nova Jerusalém a partir dos Profetas (Is 65; Ez 40—48). O contexto é a destruição da antiga Jerusalém, e o livro também pressupõe a destruição da cidade, em 70 d.C. Igualmente, porém, Apocalipse se preocupa em encorajar congregações a se desassociarem das próprias cidades, vinculadas à "Babilônia, cidade grande

---

[128]Rissi, *The Future of the World* [O futuro do mundo], p. 46-51.
[129]Ibid., p. 55.
[130]Ibid., p. 56.
[131]Segundo o próprio Rissi, ibid., p. 65.

e poderosa" (Ap 18:10). Por serem as congregações parte do Império Romano, outras cidades onde estavam localizadas tinham de trabalhar com valores, pressupostos e métodos dessa "Babilônia", e as congregações precisam distanciar-se delas.

Como ficam então as congregações? João deseja que elas se vejam como posto militar ou colônia da "cidade santa, a nova Jerusalém", que ele pôde ver "descendo do céu, da parte de Deus" (Ap 21:2). Em contraste com outras cidades, congregações fiéis não se tornam desabrigadas, sem cidade. Antes, partilham desse outro lar, dessa outra cidade. Sua posição forma um paralelo com a dos judeus na Diáspora, cuja lealdade para com a Jerusalém terrena tinha, em última análise, prioridade sobre sua lealdade para com as cidades onde viviam.

Como os novos céus e a nova terra, Jerusalém é nova no sentido de ser uma Jerusalém renovada. É, portanto, uma nova Jerusalém, da mesma forma que a igreja é um novo Israel: a Jerusalém judaica se transforma em Jerusalém internacional, cumprindo Isaías 2:2-4. Deus prometeu sua presença com Israel após o exílio (Lv 26:11-12) e seu reconhecimento pelas nações (Ez 37:26-28). O monte Sião sediaria um banquete a todos os povos, onde Deus traria a morte e o pranto a um fim e enxugaria dos olhos toda lágrima (Is 25:6-8). Apocalipse 21:1-4 combina essas promessas, de modo que o relacionamento pactual de Deus, no qual Deus é o Deus de Israel e Israel é o povo de Deus, aplica-se a um corpo extraído de todas as nações.[132]

A cidade é monumental em tamanho (Ap 21:10-21). As nações andarão na sua luz e lhe trarão esplendor e glória, dados, anteriormente, a Roma (você deve servir alguém!). Na cidade, não há maldição, mas cura para as nações. Não há templo, sol e luz, porque Deus e o cordeiro são seu templo e sua luz (Ap 21:22-25). Embora a ausência de sol e de luz se encaixe com Isaías 60, o fato de não existir templo separa o Apocalipse de todas as demais expectativas judaicas.[133] Judeu e samaritano não precisarão mais disputar quanto ao templo verdadeiro porque a adoração não envolverá certa montanha. Porque Deus é espírito, a adoração será "em espírito e em verdade" (Jo 4:19-24).

---

[132]Cf. J. Ramsey Michaels, *Revelation* [Apocalipse] (Downers Grove: InterVarsity Press; Leicester: InterVarsity Press, 1997), p. 236.
[133]Rissi, *The Future of the World* [O futuro do mundo], p. 61.

Seguro e vulnerável

Deus está comprometido com o Israel restaurado, renovado e expandido, a comunidade judaico-gentílica dos que têm fé em Jesus, da mesma forma como se comprometera com o Israel original. Entretanto, membros gentílicos não podem sentir-se superiores apenas porque os ramos foram cortados para que eles pudessem ser enxertados. O gentio tem de lembrar que é a raiz que o sustenta; não são eles que apoiam a raiz. Deve também lembrar que poderia seguir o mesmo caminho. Como no caso do Israel original, quem não permanecer na bondade de Deus "também será cortado" (Rm 11:16-23). "A igreja vive [...] perigos particulares e corre riscos em seu relacionamento com Cristo por tentações oferecidas pelo mundo religioso, que, de dentro da igreja, tenta minar sua vida e ensino" (Ap 2—3). Externamente, a igreja sofre "opressão e perseguição homicida" (Ap 6:9-11).[134]

A experiência de Israel a caminho de Canaã adverte sobriamente a igreja. A jornada que Israel teve que empreender foi teoricamente fácil; algumas poucas semanas de caminhada. O trajeto era árduo, e o povo necessitaria da provisão de Yahweh, mas Yahweh já havia provado sua capacidade de assegurar o destino que pretendia para a nação. No entanto, Israel demonstrou dificuldade em confiar em Yahweh, e nessa jornada não foi diferente. No caminho, crises e protestos são recorrentes, dirigidos a Moisés e não a Yahweh. Moisés e os demais líderes ficam tão sobrecarregados pelas pressões da jornada que nem ele, nem Miriã, nem Arão entram na terra. Yahweh provê à comunidade e a conduz pelas crises, porém se irrita. Na verdade, há uma "profunda originalidade" acerca de:

> [Um] pacto divino-humano em que ambas as partes reclamam sem parar a respeito um do outro. [...] Israel reclama de Moisés, Moisés de Israel; Deus reclama de Israel, Israel de Deus; Deus reclama de Moisés, Moisés de Deus. Que tal narrativa tenha sido preservada e elevada ao *status* de escritura sagrada e clássico nacional constitui um ato de profundidade literária e originalidade moral.[135]

---

[134]Ibid., p. 15.
[135]Jack Miles, *God: A Biography* [Deus: uma biografia] (Nova York e Londres: Simon and Schuster, 1995), p. 133; cf. *OTT* 1:454 (o capítulo expande comentários feitos aqui).

A jornada do deserto representa um tempo de teste, rebelião e disciplina, mas também um tempo de misericórdia. Um aspecto assustador é que a experiência leva os israelitas a desejarem nunca ter saído do Egito. Colocando óculos cor de rosa, Israel enxerga a vida no passado como preferível a ter de enfrentar a jornada. A asserção dessa convicção chega ao ponto máximo quando, às vésperas de entrar na terra, são convencidos de que não entrarão. Sua geração ficará presa no deserto até a morte, e apenas a geração seguinte entrará em Canaã (Nm 13—14). Contudo, Deus, ainda assim, está comprometido a cumprir sua promessa de bênção (Nm 22—24).

A geração do deserto, então, foi teimosa, rebelde e sofreu a ira de Deus, resultando em um juramento de que ela não entraria em Canaã (Sl 95:7-11). O salmo se apropria do tema com a implicação de que o mesmo pode acontecer outra vez. A reação de Israel com os acontecimentos estabelece um padrão para a sua vida na terra; é por esse motivo que as histórias estão presentes na Torá.

A ameaça dessa dinâmica continua a valer para o Israel expandido. Somos a família para a qual Jesus será fiel, mas apenas se continuarmos firmes na confiança e na esperança em que nos gloriamos (Hb 3:6—4:11, apropriando-se de Sl 95:7-11). Histórias de como toda a comunidade que atravessou o mar Vermelho e usufruiu da provisão de Deus morreu no deserto em decorrência de idolatria, imoralidade sexual e dissidência estão nas Escrituras como advertência à igreja (1Co 10:1-13). E o relato do Novo Testamento sobre congregações em Corinto e em outros lugares quer dizer que "não podemos (com base no Novo Testamento) contrastar a vergonha de Israel com o esplendor da igreja, visto que a igreja partilha das imperfeições de Israel".[136]

O axioma de que "os dons e o chamado de Deus são irrevogáveis" (Rm 11:29, NVI) "contém uma consolação partilhada por ambos, Igreja e Sinagoga. Portanto, o que aconteceu com um também pode acontecer com o outro".[137]

---

[136]Mangina, "God, Israel, and Ecclesia in the Apocalypse" [Deus, Israel e a Igreja no Apocalipse], p. 87.
[137]Barth, *CD* II, 2:303.

CINCO ▶ O UNGIDO DE DEUS

O REINO DE DEUS FOI DECLARADO, e o Israel expandido passou a existir após Deus ter enviado seu Ungido, Jesus. Neste capítulo, olharemos para a vida e a pessoa de Jesus (seção 5.1), para aquilo que ele conquistou com sua morte (seções 5.2-5) e para a importância de sua ressurreição (seções 5.6).

5.1 A VIDA DE JESUS

Há "um só Deus, o Pai (de quem todas as coisas existem e para quem existimos) e um único Senhor, Jesus, o Ungido (através de quem todas as coisas existem e para quem existimos)" (1Co 8:6). "No princípio era o *logos*", a mente-mensagem;[1] "e o *logos* estava com Deus, e o *logos* era divino" (Jo 1:1). Ele se tornou "mediador entre Deus e o ser humano, Jesus, o Ungido, um ser humano" (1Tm 2:5). Seu nascimento foi extraordinário, pelo poder do Espírito; sua vida foi a de um profeta, um tipo inesperado de rei Ungido. Por ser "o Homem", Jesus suscitou controvérsias, porém trouxe consigo a presença de Deus.

---

[1] Cf. seções 1.2 e 1.4.

Jesus como ser humano

Jesus "nasceu da semente de Davi segundo a carne" (Rm 1:3). Em Mateus, ele aparece como "o Ungido, descendente de Davi, descendente de Abraão" (Mt 1:1); em Marcos, chega abrupta e imprevisivelmente de seu vilarejo, no norte (Mc 1:9); em Lucas, é colocado no contexto político de Augusto César e Herodes, o Grande (Lc 1:5; 2:1). Cada Evangelho retrata-o como ser humano de bom senso extraordinário, razão sã e imaginação criativa. O Ungido diz coisas surpreendentes às pessoas, mas não apenas para produzir efeito; fala a verdade a despeito do custo. Jesus retrata o mundo como ele é: nem melhor, nem pior. Como homem, manifesta cada traço humano: ira e alegria, bondade e aspereza, amizade, tristeza e tentação.[2]

O Evangelho de João também incorpora essas características, mas o contexto em que o apóstolo escreve tem como foco o retorno ao Princípio, bem como o fato de que a mente-mensagem se fez carne (Jo 1:14). Começar pelo *status* de Jesus corrobora a declaração de sua encarnação.

João sugere esse ponto ao falar não em termos de Jesus tornando-se humano, mas "carne", ou seja, em "fraqueza e mortalidade".[3] A palavra *sarx* conota o *bāśār* do hebraico, e não o *sarx* de Paulo — embora Paulo declare que Deus enviou seu Filho em imagem de *sarx* pecaminosa (Rm 8:3). Jesus é um conosco em nossa humanidade pecaminosa, embora, em seu caso específico, ser carne não implique pecaminosidade. "Carne" implica fragilidade e limitação, e serve de contraste com "Espírito" (Jo 3:6; 6:63; cf. Is 31:1-3; 40:6-8). Jesus se cansa, tem sede (Jo 4:6-7) e não sabe de tudo (Jo 5:6).

João, assim, combina afirmações fortes da origem de Jesus como agente sobrenatural, divino e glorioso de Deus com afirmações fortes de sua humanidade. Negar que Jesus realmente veio em carne é o mesmo que não reconhecê-lo (1Jo 4:2; 2Jo 7). Ele não apenas *parecia* ser humano; ele *era* ser humano! Jesus foi tentado, de todas as maneiras, como nós

---

[2]Leonardo Boff, *Jesus Christ Liberator* [Jesus Cristo, o libertador] (Maryknoll, Nova Iorque: Orbis, 1978), p. 80-99.
[3]Martinho Lutero, *Sermons on the Gospel of St. John Chapters 1–4* [Sermões no Evangelho de João, caps. 1–4] (St. Louis: Concordia, 1957), p. 111; cf. Tord Larsson, *God in the Fourth Gospel* [Deus Pai no quarto Evangelho] (Estocolmo: Almqvist, 2001), p. 36.

somos (!) (Hb 4:15). Ele orou, e o fez com forte clamor e lágrimas, submetendo-se a Deus e aprendendo a obediência, e alcançou maturidade através dessa experiência (Hb 5:7-9; cf. Hb 2:9). Oração, adversidade, aprendizado, experiência e amadurecimento são características essencialmente humanas. Da mesma forma que Jesus é um conosco em nossa humanidade pecaminosa, também o é em nossa humanidade sofredora.

Mais especificamente, Jesus nasceu como homem sob a Torá (Gl 4:4): "a Palavra não se tornou qualquer 'carne', qualquer ser humano, humilhado e sofrido. Tornou-se carne judaica".[4]

Olhando para Jesus em sua humanidade, com sua capacidade de ficar triste, necessitado e temeroso, as pessoas podem ser tentadas a inferir que sua reivindicação como Deus não passa de erro. Deus é o fogo consumidor, o Todo-poderoso. A ideia de que "Deus se revela em um ser humano específico — ainda mais, no sofrimento desse ser humano — deve parecer estranha, mesmo absurda, vista nessa perspectiva. [...] Que tipo de Deus se demonstra fraco, cansado, abandonado, entristecido, temeroso, perseguido e morrendo?" A ideia de que Deus assumiu o mesmo corpo e a mesma alma que qualquer um de nós parece contrária à razão, e até mesmo absurda.[5]

Enquanto a dificuldade da erudição ocidental é saber como falar de Jesus como divino porque sabemos que ele era humano, para outros tipos de pessoas a dificuldade correlata é saber como levar a sério a ideia de que Jesus era realmente humano, pois sabemos que ele era divino. A dificuldade muitas vezes é encorajada por uma dúvida sobre se a própria criação é realmente boa e se é, portanto, realmente compatível com a deidade. Se alguém vê deidade e corpo como antitéticos, é difícil pensar em termos de Deus se tornar humano e da personificação da deidade em contraste com habitação temporária ou inspiração. Em épocas pós-Novo Testamento, o problema é ainda maior, visto que o pensamento cristão veio a conceber Deus como alguém que não pode sentir, sofrer ou mudar.[6]

---

[4]Barth, *CD* IV, 1:166.
[5]Larsson, *God in the Fourth Gospel*, p. 36-38 (citação de p. 38), resumindo comentários feitos por Lutero: cf. (e.g.) *Sermons on the Gospel of St. John Chapters 6–8* [Sermões no Evangelho de João, caps. 6–8] (St. Louis: Concordia, 1959), p. 80; *Sermons on the Gospel of St. John Chapters 1–4* [Sermões no Evangelho de João, caps. 1–4], p. 102-14; cf. comentários de Rudolf Bultmann em João 1:14 (*The Gospel of John* [Oxford: Blackwell; Filadélfia: Westminster, 1971], p. 62-63, e em outros lugares).
[6]Cf. James D. G. Dunn, *The Christ and the Spirit* [Cristo e o Espírito] (Edimburgo: T&T Clark; Grand Rapids: Eerdmans, 1998), 1:32.

Morte e nascimento

Ao contrário de suposições comuns, a ideia de Deus tornando-se humano não é, para os judeus, inerentemente impossível. A humanidade foi feita à imagem de Deus (Gn 1:26-27), e ele com frequência aparecia em forma humana (e.g., Gn 18). Yahweh interage com Israel tanto em forma humana como de servo. A ideia de que Deus deve se fazer humano encaixa-se no fato de que "o Deus da Bíblia hebraica tem um corpo", de modo que a questão controversa não se resumiria ao conceito de que *alguém* pode tornar-se a personificação de Deus, mas se *Jesus* pode ser essa personificação, culminando em um Deus que morre e ressuscita.[7]

Entretanto, nas Escrituras "a glória de Jesus também é a glória de Deus", do mesmo modo que glória divina também é "glória de sofrimento e morte. [...] O momento da morte de Jesus também é o momento da glória do Pai". A combinação da ênfase joanina em relação à unidade de Jesus com o Pai com sua representação da humilhação do Filho acarreta implicações escandalosas para um entendimento de Deus.[8] "A cruz parece um *locus* impossível para Deus", mas "a chave para a revelação é encontrada no Cristo pendurado em uma cruz". A forma como Deus se autorrevelou "é de um ser humano fraco, humilde, perseguido e moribundo".[9]

Desse modo, a execução de Jesus e sua ressurreição dos mortos representam uma "mudança estrutural" no padrão de fé dos seguidores. Agora, não há como desassociar a compreensão de Deus dessa imagem de execução e ressurreição.[10] "Quem crê em mim, não crê em mim somente, mas naquele que me enviou. Quem me vê, vê aquele que me enviou" (Jo 12:44-45).

---

[7] Primeira frase do livro de Benjamin D. Sommer, *The Bodies of God and the World of Ancient Israel* [Os corpos de Deus e o mundo do antigo Israel] (Cambridge e Nova Iorque: Cambridge University Press, 2009), p. 1, seguida por um comentário de p. 135-36, que cita Harold Bloom, *Jesus and Yahweh* [Jesus e Yahweh] (Nova Iorque: Riverhead, 2005). Cf. comentários quanto ao judeu poder pensar em termos de Trindade em "Fluidez", seção 1.2.
[8] Larsson, *God in the Fourth Gospel* [Deus no quarto Evangelho], p. 287,188, resumindo Bultmann, *Gospel of John* [O Evangelho de João] (e.g., p. 429-30).
[9] Larsson, *God in the Fourth Gospel* [Deus no quarto Evangelho], p. 36, comentando a exposição de Lutero de João 8:28 (cf. *Sermons on the Gospel of St. John Chapters 1–4* [Sermões no Evangelho de João, caps. 6–8], p. 382-83).
[10] Wayne A. Meeks, *The First Urban Christians* [Primeiros cristãos urbanos], 2ª ed. (New Haven e Londres: Yale University Press, 2003), p. 180.

Todavia, quando retornamos à história do envolvimento de Deus com o mundo e com Israel no decorrer dos séculos, esse entendimento de Deus não parece novidade. Deus tem-se sacrificado, negado a si mesmo e pago o preço pelos pecados do mundo e de Israel ao longo dos séculos. Contudo, não significa uma mudança de paradigma ver as coisas dessa forma e perceber que Jesus personifica Deus tanto em sua morte como em seu poder.

O modo como Jesus foi concebido significa que ele foi vinculado à humanidade por meio de sua mãe e particularmente a Davi, por intermédio de seu pai adotivo; ao mesmo tempo, representou um recomeço, o surgimento de um novo Adão, pelo envolvimento especial do Espírito Santo. O trabalho de Deus ao prosseguir com esse propósito para o mundo envolveu diversas concepções miraculosas, tais como as de Isaque e Samuel, mas a concepção de Jesus sobrepujou todas elas em virtude de não envolver paternidade humana. Jesus nasceu de Maria por intermédio do Espírito Santo (Mt 1:18-25).

Nascer sem o envolvimento de um homem não pôs em risco a humanidade de Jesus, da mesma forma como a humanidade autêntica de Adão e Eva não foi comprometida pelo fato de ambos terem sido criados por Deus. Contudo, tal nascimento também não implica fato necessário e suficiente para o estabelecimento de sua deidade. A encarnação é "o grande mistério",[11] independentemente da forma como Jesus nasceu. "O mistério não reside no milagre; o milagre reside no mistério. O milagre testifica o mistério, e o mistério é atestado pelo milagre."[12]

A ênfase do evangelho repousa no fato de Jesus ter nascido por intermédio do Espírito Santo, mais do que no mero fato de ter nascido de uma virgem. Seu nascimento virginal não é muito ressaltado pelo Novo Testamento e não justifica sua elaboração em um credo,[13] embora remeta à ideia de que, por si só, a natureza humana comum "seja incapaz de se autotransformar na natureza humana de Jesus, lugar da revelação divina".[14]

---

[11] G. C. Berkouwer, *The Work of Christ* [A obra de Cristo] (Grand Rapids: Eerdmans, 1965), p. 88.
[12] Barth, *CD* I, 2:202.
[13] Cf. Andrew T. Lincoln, *Born of a Virgin?* [Nascido de uma virgem?] (Londres: SPCK; Grand Rapids: Eerdmans, 2013), para mais reflexões sobre o assunto.
[14] Barth, *CD* I, 2:188.

Profeta e dotado do Espírito

No início de seu ministério, João Batista declara: "Eu vi o Espírito descer dos céus como pomba e permanecer sobre ele" (Jo 1:32, NIV). Uma comparação com os demais Evangelhos chama a atenção para a segunda sentença: "e permanecer sobre ele". Não havia nada de novidade quanto ao Espírito de Deus descer sobre alguém; ele podia ir e vir, conforme aconteceu nas histórias de Juízes e de Saul (Cf. ainda Sl 51:11 [TM 13]).[15] Em Jesus, o Espírito permanece. João interliga duas outras declarações com essa observação. A permanência do Espírito designa Jesus como aquele que batiza com o Espírito Santo, não apenas com água, como João Batista (Jo 1:33). As pessoas serão imersas e inundadas pelo Espírito de Deus. A experiência se assemelha àquela que encontramos em personagens de Juízes e na vida do rei Saul, uma experiência prevista por Joel (Jl 2:28-29 [TM 3:1-2]). A descida e a permanência do Espírito de Deus em Jesus é que o designam como Filho de Deus (Jo 1:34).

A história do ministério de Jesus raramente explicita o trabalhar do Espírito, percebido, em retrospectiva, à luz da ressurreição. "O Espírito ainda não tinha sido dado, pois Jesus ainda não fora glorificado" (Jo 7:39, NVI). A ênfase subsequente sobre o Espírito é um aspecto da forma como "Espírito" se torna *a* maneira de se referir à atividade de Deus o mundo.[16] Mas o Espírito retratado como "permanecendo" implica o fato de que, em toda a história de Jesus, o Espírito de Deus estava realmente operando por intermédio dele e que ele estava operando por intermédio do Espírito. Ao receber o Espírito sobre si, Jesus, cheio do Espírito, deixa o Jordão e é conduzido ao deserto para ser tentado pelo Diabo. Em seguida, ele retorna no poder do Espírito para a Galileia, onde declara que o espírito do Senhor está sobre ele como aquele que foi ungido para pregar a boa notícia à nação de Israel em seu estado de opressão (Lc 3:22; 4:1,14,18).

Como alguém ungido desse modo, Jesus fala como um profeta. Com frequência, o Primeiro Testamento fala sobre a unção literal ou

---

[15]Cf. comentários sobre "pousar", em "Pessoa e Força", seção 1.3.
[16]Segundo Michael Welker (*God the Spirit* [Deus, o Espírito] (Mineápolis: Fortress, 1994), p. 191. E. Jüngel vê a ressurreição como que possibilitando a percepção desse fato (Welker não dá referências).

metafórica de profetas (1Rs 19:16; Is 61:1). Pregação, ensino (com autoridade: Mt 7:28-29), cura, purificação e restauração de pessoas à vida constituíam atos de um profeta, como Elias. Jesus tem o conhecimento sobrenatural de um profeta (Jo 2:24-25; 4:18-19; 6:64,70; 11:4,11,14; 13:1; 16:30,32; 18:4), de qualquer modo a extensão desse conhecimento sobrenatural faz dele um superprofeta. É como superprofeta que Jesus é "enviado"[17] com a mensagem de Deus (Jo 8:16,28,42). Sua origem não é deste mundo, como se não passasse de um grande líder humano. Sua vinda à terra é como a de alguém de outro planeta, e seu retorno, como o retorno a esse outro planeta. "Vim do Pai e entrei no mundo; deixo o mundo e retorno para o Pai" (Jo 16:28). Jesus tem uma tarefa a cumprir para o Pai, e ele a cumpre (Jo 4:34; 17:4). O Ungido vem para executar a vontade de seu Pai no mundo (Mc 12:1-11).

Linguagem de "envio" também dá a entender a ideia de "representante", "auxiliador" ou "agente"[18] de Deus; e, quando lidamos com o agente de alguém (de um rei, presidente, papa, chefe da máfia), lidamos com a pessoa por trás do agente. No Primeiro Testamento, esse fenômeno é representado pela figura do ajudante de Yahweh. Nos tempos do Novo Testamento, não há indicação de que as pessoas tenham encontrado um jeito de declarar a divindade de Jesus ao elevá-lo a um personagem como Gabriel.[19] Contudo, Jesus representa Deus e ainda permanece distinto de Deus como agente divino.[20]

Ao entrar em Jerusalém, vindo de Betfagé, a multidão o chama de profeta de Nazaré. Seu ataque a pessoas comprando e vendendo no templo corresponde à ação de um profeta. Sua maldição da figueira é obra de um profeta. Os líderes religiosos temem agir contra ele porque o povo o vê como profeta (Mt 21). Em Jerusalém, ele continua a ensinar como profeta, embora suas histórias sugiram que o conteúdo é muito mais importante e profundo.

---

[17]Cf. John Ashton, *Understanding the Fourth Gospel* [Entendendo o quarto Evangelho] (Oxford e Nova Iorque: Oxford University Press, 1991), 308-9 (2ª ed., 2007, 211-12).
[18]Cf. Peder Borgen, "God's Agent in the Fourth Gospel" [Agente de Deus no quarto Evangelho], em John Ashton, ed., *The Interpretation of John* [A interpretação de João], 2ª ed. (Edimburgo: T&T Clark, 1997), 83-95.
[19]Mais uma vez, cf. "Fluidez", seção 1.2.
[20]Cf. Ashton, *Understanding the Fourth Gospel* [Entendendo o quarto Evangelho], 2ª ed., p. 284-91.

O Filho de Deus que haveria de vir

Ele próprio prossegue com a enigmática pergunta se o Ungido é (meramente) o descendente de Davi (Mt 22:41-45). Jesus remete a Salmos 110:1: "O Senhor disse ao meu senhor: 'Senta-te à minha direita até que eu ponha os teus inimigos debaixo dos teus pés'", que é o "texto do Antigo Testamento mais frequente em citações diretas e em referências indiretas no Novo Testamento" (e.g., At 2:34-35; 1Co 15:25; Hb 1:13).[21] Conforme Jesus observa, o salmo diz respeito a Deus e um rei humano, e Jesus agora "aguarda até que os seus inimigos sejam postos por estrado dos seus pés" (Hb 10:12-13).

João Batista, que também falara a respeito da "vinda" de Jesus, pergunta se ele é "aquele que haveria de vir", expressão usada por Malaquias como aquele que "viria" e estaria agindo para trazer juízo purificador sobre Israel (cf. Mt 11:2-6 e Mt 3:11). As pessoas não teriam esperado o Ungido com foco iminente em cura, expulsão de demônios, ensino e proclamação do reino de Deus, ações realizadas pelo próprio João. E se Jesus fosse outro arauto do Ungido, como o próprio João? E se o povo tivesse de esperar por outro Ungido? Essa não é uma hipótese absurda.

Jesus evita a pergunta de João e remete ao fato de que suas ações dão a entender um novo pensar a seu respeito. Suas ações correspondem verdadeiramente à maneira retratada pelo livro de Isaías, especificamente nos capítulos em torno da declaração de que Deus começou seu reinado (cf. Is 35:5-6; 61:1). Por isso, a resposta de Jesus não faz qualquer concessão. Ele aceita a premissa de João, mas nega as conclusões. É como se dissesse: "Olhe mais uma vez para o fato de que os cegos voltam a enxergar, os paralíticos andam, as pessoas com doença de pele são purificadas, os surdos ouvem, os mortos voltam à vida e os pobres escutam a boa notícia". Pode não ser o que Israel esperava do Ungido, mas é bem impressionante, não é? João deve reformular seu modo de pensar sobre que o Ungido faria.

Quando Jesus cura um homem endemoninhado, cego e mudo, Mateus registra o questionamento do povo: "Não será este o Filho de Davi?" (Mt 12:22-23, NVI). Também seu relato sobre a chegada de Jesus

---

[21]Martin Hengel, *Studies in Early Christology* [Estudos em cristologia primitiva] (Edimburgo: T&T Clark, 1995), p. 133.

em Jerusalém (Mt 21:1-11) traz o Ungido montado em um jumento, da mesma forma que Zacarias 9:9 descreve o rei de Israel. Enquanto o povo falava a seu respeito como profeta, também podia ver sua chegada como messiânica — e foi precisamente o que fez ao empregar as palavras de Salmos 118:25-26. Todavia, Mateus também repara na observação do profeta Zacarias quanto ao jumento ser uma criatura comum, simples e modesta. Jesus não está em um cavalo. Sua chegada carrega a ambiguidade afixada em sua resposta à confissão de Pedro (Mt 16:13-21).

Em retrospectiva, um tipo diferente de ambiguidade se atrela, em seu batismo, à declaração celestial de que ele é o Filho de Deus, partindo de Salmos 2 (Mc 1:11). A frase descreve o relacionamento adotivo de Deus com o rei davídico (Cf. ainda 2Sm 7), e ser filho de Deus não dá a entender, portanto, ser divino. No entanto, significa que Deus está comprometido de forma única com Jesus como aquele através do qual seu propósito será realizado no mundo e que Jesus está comprometido em servir a seu Pai para esse fim, ou seja, destinado a compartilhar a autoridade do seu Pai e o reconhecimento do mundo. "Ninguém reconhece o Filho exceto o Pai, e ninguém reconhece o Pai senão o Filho e qualquer um a quem o Filho deseja revelá-lo" (Mt 11:27). Jesus não fala de intimidade ou identidade de natureza, mas de reconhecimento e comprometimento mútuo.

No próprio salmo, descrições como "ungido" e "filho de Deus" descrevem assim o rei da época. O próprio Primeiro Testamento não fala da vinda de um ungido futuro. Embora afirme que Deus permanecerá fiel às promessas feitas à casa de Davi, a palavra *māšiaḥ* nunca se aplica a alguém que Deus enviará no futuro, apenas a um rei ou sacerdote já existente. Uma parábola de sua despreocupação com o assunto é que não há termo regular para essa pessoa, paralela ao seu termo "o Dia de Yahweh".

Outra parábola de sua despreocupação com a vinda de um Ungido é que quase todas as passagens que o Novo Testamento aplica a Jesus nesse contexto não dizem respeito diretamente a essa figura. Não são promessas implementadas em Jesus em um sentido direto. Suas palavras recebem um novo significado, e podem não estar relacionadas ao seu sentido original. A sequência de referências em Mateus 1:18—2:23 ilustra como as profecias são mais "preenchidas" do que "cumpridas".[22] Mateus alude

---

[22] Cf. comentários sobre esse verbo em "Visionárias", seção 2.2.

a uma passagem que podemos ver como inerentemente "messiânica" no seguinte sentido: Deus promete que alguém de Belém governaria Israel (Mq 5:2; Mt 2:6) porque Belém é a cidade de Davi. Contudo, mesmo essa passagem não usa a palavra *māšiaḥ*, e mesmo aqui surgem ainda outras questões: Jesus não governou Israel e ainda não o faz. Muitas promessas do Primeiro Testamento falam mais ao leitor sobre o que Jesus ainda precisa fazer do que a respeito do que Jesus já realizou.

Que tipo de Ungido?

"A messianologia judaica eclodiu na história de ideias no início do século I a.C., e não antes, por causa da degeneração da dinastia asmoneia e da reivindicação final de governo asmoneu, especialmente de Alexandre Janeu, como 'rei'. Também eclodiu nessa época por causa da perda da Terra Prometida como herança de Israel à nação gentílica e idólatra de Roma." Entretanto, "não podemos reivindicar que a maioria dos judeus esperava pela vinda do Messias".[23]

Mateus descreve teólogos judaicos esperando alguém que seria governante para pastorear Israel, e Herodes percebeu que a chegada de tal pessoa sugeria uma ameaça à sua posição (Mt 2:1-17). Maria sabia que Jesus estava destinado a reinar em Israel sobre o trono de Davi (Lc 1:32-33). Zacarias sabia que seu nascimento apregoava o resgate do povo de Deus das mãos de inimigos (Lc 1:74). Assim, para muitas pessoas:

> O Messias deveria obter uma vitória decisiva sobre os pagãos, reconstruir ou purificar o Templo e, de uma maneira ou de outra, trazer justiça e paz verdadeiras dadas por Deus a todo o mundo. O que ninguém esperava do Messias era que fosse morrer nas mãos de pagãos em vez de derrotá-los; ou que armasse um ataque simbólico ao Templo, advertindo-o de juízo iminente, em vez de reconstruí-lo e purificá-lo; e que sofresse violência injusta nas mãos de pagãos em vez de trazer-lhes justiça e paz.[24]

---

[23] James H. Charlesworth, "From Messianology to Christology" [De messianologia a cristologia], em Charlesworth, ed., *The Messiah* [O Messias] (Mineápolis: Fortress, 1992), p. 3-35 (em 35).
[24] N. T. Wright, *The Resurrection of the Son of God* [A ressurreição do Filho de Deus] (Londres: SPCK; Mineápolis: Fortress, 2003), p. 557.

Não é de surpreender que, em vista do tipo de esperança que as pessoas tinham em relação ao Ungido, Jesus não se entusiasmasse muito ao ser chamado por esse termo.

Em Marcos, conforme observamos, Jesus aparece, anunciado por João Batista, como um cometa que se choca contra a terra, mas sem pai, sem mãe, sem genealogia, não tendo princípio de dias nem fim de vida, e então ele olha consistentemente para as coisas de maneira diferente da dos discípulos e de outras pessoas. Jesus tem o próprio plano a cumprir, em um tempo determinado; ou, antes, tem o plano de Deus a cumprir, no tempo intencionado por Deus. "O que isso tem a ver comigo e com você?", pergunta ele a Maria quando, nas bodas em Caná, acaba o vinho. "Minha hora ainda não chegou" (Jo 2:4). Essa hora é o momento em que ele será glorificado por sua morte e retorno para o Pai (Jo 12:23; 17:1; cf. Jo 7:30; 8:20; 12:30; 13:1).

Jesus, ao perguntar aos discípulos o que pensam ao seu respeito (Mc 8:27-38), recebe a seguinte resposta de Pedro: "Tu és o Ungido". Sua reação inesperada e sem brilho é: "Não contem a ninguém", correspondendo à sua tentativa inútil de levar as pessoas a não comentar sobre seus feitos extraordinários (e.g., Mt 8:4; 9:30-31). Ele prossegue para dizer aos discípulos que será atacado, rejeitado, morto e, por fim, ressurreto. À luz de sua confissão ousada de Jesus como o Ungido, Pedro não pode entender o que Jesus disse. A sequência de eventos é mais enigmática e inteligível na versão de Mateus, segundo a qual Jesus responde inicialmente à confissão de Pedro com o comentário: "Carne e sangue não te revelaram, mas o meu Pai nos céus", e acrescenta que esse reconhecimento por parte de Pedro será o início da história da igreja (Mt 16:17-18).

A questão não é que Jesus evitasse falar de si mesmo como o Ungido e a igreja tenha projetado tal conceito em sua história, atribuindo-lhe o desejo de guardar em segredo sua vocação.[25] Paradoxalmente, reconhecer Jesus como "o Ungido" representava um grande *insight*, mas, ao mesmo tempo, dava ensejo para mal-entendidos. Embora Jesus fosse o cumprimento do comprometimento de Deus a Davi, ter um rei como Davi não fora ideia de Deus, mas um tolerar divino frente às ideias de Israel, e de qualquer maneira Jesus não seria imediatamente o tipo de

---

[25]Segundo William Wrede, *The Messianic Secret* [O segredo messiânico] (publicado pela primeira vez em 1901; Trad. inglesa, Londres: Clarke; Greenwood: Attic, 1971).

rei prometido por Deus em conexão com esse cumprimento. Quando Pilatos pergunta "Você é o rei dos judeus?", Jesus permanece ambíguo: "Tu o dizes" (Mt 27:11, NVI). Dizer "sim" ou "não" daria margem para mal-entendidos. Jesus foi executado como alguém cuja reivindicação foi a de alegar ser rei dos judeus (Mt 27:37), uma reivindicação que ele não contestou, ainda que não a tenha inventado, nem a respeito da qual se tenha entusiasmado.[26] Ainda que chamá-lo de Ungido abrisse portas para equívocos, negar isso seria um equívoco ainda maior.[27]

No decorrer do Evangelho de João, o fato de as pessoas reconhecerem Jesus como o Ungido é uma questão-chave; e quando ele é levado a julgamento, a questão-chave é se afirma ser um rei. O objetivo desse Evangelho é levar as pessoas ao reconhecimento de que ele é o Ungido, o Filho de Deus. Grande parte do Novo Testamento usa "Jesus Cristo" como um nome próprio e, mesmo quando João descreve seu objetivo nesses termos (Jo 20:21), ainda é "o Ungido" que ele intenta nomear. Todavia, os termos "Ungido" e "Filho de Deus" adquiriram, no Evangelho de João, implicações mais transcendentes do que aquelas encontradas em outros Evangelhos; ambos os termos "conotam a crença de que Jesus é [...] divino e de origem divina".[28] "Eu sou o Messias" (Jo 4:26, NVI).

Entretanto, em João 18—19, Jesus desiste de impor-se ou defender-se como rei. Sua realeza não é deste mundo, não no sentido de que ele é inoperante neste mundo, mas no sentido de não ser derivado deste mundo. Trata-se de um reinado eterno, embora não no sentido de ser meramente futuro. É eficaz em termos presentes. Jesus não compartilha seu reinado com potências terrenas; seu reinado é exclusivo.[29] Mas "é apenas como Cristo crucificado que a reivindicação messiânica pode ser incorporada à cristologia".[30] Corresponde ao fato de que, em Paulo,

---

[26]Sobre a plausibilidade histórica dessa explicação de sua execução, cf. e.g., A. Dahl, *The Crucified Messiah and Other Essays* [O messias crucificado e outros ensaios] (Mineápolis: Augsburg, 1974), p. 10-36; cf. discussão de Larry W. Hurtado, em *Lord Jesus Christ: Devotion to Jesus in Earliest Christianity* [Devoção a Jesus nos primórdios do cristianismo] (Grand Rapids e Cambridge: Eerdmans, 2003), p. 56-60.
[27]Cf. W. Bousset, *Jesus* (Nova Iorque: Putnam; Londres: Williams and Norgate, 1906), p. 178-79.
[28]Hurtado, *Lord Jesus Christ* [Devoção a Jesus], p. 362.
[29]Cf. Hengel, *Studies in Early Christology* [Estudos em cristologia primitiva], p. 333-57.
[30]Dunn, *Christ and the Spirit* [Cristo e o Espírito] 1:28.

christos é particularmente usado em referência à morte e à ressurreição de Jesus. "O Ungido morreu pelos ímpios" (Rm 5:6). "O Ungido morreu pelos nossos pecados" (1Co 15:3).[31]

O "Homem"

Podíamos pensar que a execução de alguém poria um fim em sua reivindicação de rei. Para João, a questão é reformulá-la. A elevação envolvida na crucificação é símbolo de uma elevação ao reinado e à honra real.

João, o evangelista, e o outro João que fala por ele — João Batista —, ambos começam estabelecendo quem Jesus "realmente" é. Jesus é aquele cujo ser remonta ao Princípio, aquele que toma sobre si os pecados do mundo. O primeiro discípulo de João Batista e de Jesus parte, então, de onde um judeu comum partiria. Jesus é um Rabi, a quem os discípulos seguem com o objetivo de aprender do seu ensinamento (Jo 1:38-40). Mas ele também é "o Ungido", aquele a respeito de quem Moisés e os profetas falaram, "o Filho de Deus" e "o Rei de Israel" (Jo 1:41,45,49). Todas as três expressões têm origem em Salmos 2.

Em resposta a Natanael, Jesus deseja voltar à perspectiva de ambos, João e o Batista (Jo 1:51). Jesus deseja ser visto como o Homem, aquele que une céus e terra, serve de meio para que os auxiliares de Deus atuem na terra e retorna aos céus para reportar acerca de sua atividade e receber novas ordens (Jo 3:13-14). É uma imagem que corresponde à forma pela qual o Primeiro Testamento fala dos ajudantes de Yahweh.

"Homem" é mais literalmente "filho do homem", expressão estranha em português e no grego, porém menos estranha em hebraico e aramaico. Ela forma um paralelo com expressões como "filho da justiça", cujo significado é "homem justo"; assim, "filho do homem" é um termo para "ser humano". Deus emprega comumente a expressão ao se dirigir a Ezequiel. A expressão também denota uma figura humana em Daniel 7, texto em que uma pessoa é contrastada com outra, mais sênior, em um trono. A explicação da visão indica que essa figura sênior representa Deus, enquanto a mais comum representa os santos de Deus — talvez o

---

[31]Cf. Werner Kramer, *Christ, Lord, Son of God* [Cristo, Senhor, Filho de Deus] (Londres: SCM Press; Naperville: Allenson, 1966), p. 26-28; cf. Hurtado, *Lord Jesus Christ* [Senhor Jesus Cristo], p. 100.

próprio Israel, talvez um indivíduo sobrenatural, como Miguel ou Gabriel, tipificando, então, o corpo divino de ajudadores sobrenaturais. Em obras judaicas posteriores do mesmo período do Novo Testamento, "o Homem" vem a denotar uma figura de origem celestial que implementará juízo sobre a iniquidade do mundo: conferir, por exemplo, 1Enoque 46–48; 62.

Quando a multidão questiona o levantar do Ungido, indaga: "Como você pode dizer que o Homem deve ser levantado? Quem é esse Homem?" (Jo 12:34). A multidão prefere falar em termos do Ungido e não entende essa conversa do "Homem". Contudo, "Ungido" era um título passível de desentendimento por evocar o encabeçamento de uma insurreição contra Roma, enquanto "Homem" seria menos provável de levantar esse problema. O título não era tão comum quanto "Ungido" ou "Profeta" como forma de descrever alguém através de quem Deus cumpriria seu propósito.[32] O título não tinha significância estabelecida; Jesus podia preenchê-lo segundo lhe fosse apropriado.

Para Pedro, Jesus não diz que "o Ungido", mas que "o Homem" será entregue para ser crucificado; e, quando o sumo sacerdote pergunta se ele é o Ungido, Jesus responde em termos de Homem (Mt 26:2,64). A expressão o designa como mais do que um ser humano comum, existente antes de aparecer sobre a terra, embora por si só não o designe como divino. Também sugere uma reivindicação de juiz final. Enquanto a figura de Jesus aparecendo sobre as nuvens no Fim interliga-o a Daniel 7, sua primeira vinda dos céus não estabelece tal ligação. Como "o Homem", porém, Jesus realmente conecta terra e céus.

Em 4Esdras 13, "o Homem" é descrito como Filho de Deus e, em 4Esdras 7:28-29, a mesma descrição é aplicada ao Ungido, levando à inferência de que "o Homem" e "o Ungido" se referem à mesma pessoa, como no Novo Testamento. Além disso, 4Esdras fala da morte do Ungido. Referências do livro de Salmos aos ataques aos quais o rei de Israel está sujeito, a descrição da aflição, unção e exaltação do servo de Yahweh, em Isaías 52:13—53:12, e a alusão, em 4Esdras, à morte do Ungido abririam a possibilidade da fala de Jesus em termos do sofrimento e morte do Homem como inteligíveis a algumas pessoas, mesmo que alguns, como Pedro, não aceitassem a ideia

---

[32]Cf., e.g., Ragnar Leivestad, "Exit the Apocalyptic Son of Man" [Sai o filho do homem apocalíptico] *NTS* 18 (1971–1972): 243-67.

com facilidade. Durante a vida de Jesus, o povo foi incapaz de ver o levantar do Homem na crucificação como sua exaltação (Jo 12:23).

Aquele que causa conflito

Cruz e ressurreição significam a passagem de Jesus deste mundo para o mundo acima. Por que a passagem assume essa forma? "Para João, a sentença passada contra Jesus é, acima de tudo, o ato final na longa e triste história da rejeição de Jesus pelo seu próprio povo."[33] Jesus causa conflito e oposição. Ao defender os discípulos por colherem espigas em dia de sábado, curar um paralítico no sábado e falar da chegada de algo (ou alguém) maior do que o templo, os líderes religiosos começam a conspirar entre si para matá-lo (Mt 12:1-14).

Marta, Maria e Lázaro dão um banquete em sua honra (Jo 12): Marta serve (nessa história, ela não parece se importar); Lázaro se assenta e observa descontraído (!); Maria derrama perfume nos pés de Jesus; Judas protesta contra o desperdício. Uma multidão de judeus se achega para ver o Lázaro ressurreto, e muitos passam a crer em Jesus. Os principais sacerdotes planejam, então, matar tanto Lázaro como Jesus. Reunida para a Páscoa, a multidão celebra Jesus, dando a entender que o reconhece como Ungido, embora os discípulos não percebam o significado do que está acontecendo. Perplexos, os fariseus não sabem como reagir: "Eis aí vai o mundo após ele" [Jo 12:19, ARA]. Para destacar esse ponto, alguns gregos (ou seja, gentios) desejam vê-lo, o que, para Jesus, sinaliza o momento iminente de sua glorificação (pela morte).

As narrativas dos Evangelhos mencionam três grupos de pessoas opostas a Jesus: fariseus, saduceus e teólogos ("escribas").

Os fariseus se preocupavam com a aplicação da Torá na vida diária, de modo que eles e outras pessoas poderiam viver de acordo com o ensino de Moisés. Contudo, ressentiam-se da autoridade romana e ansiavam por um dia quando Deus traria um fim à subordinação do seu povo, restaurando Israel.

Os saduceus tinham pontos de vista teológicos distintos em relação aos fariseus, particularmente uma rejeição da ideia de ressurreição; mas

---

[33] Cf. Ashton, *Understanding the Fourth Gospel* [Entendendo o quarto Evangelho], 547 (2ª ed., p. 523).

também se distinguiam como o grupo que exercia autoridade sobre a comunidade que estava sob os romanos. Eles cooperaram com as autoridades romanas. Esse arranjo político significava que eles poderiam estar razoavelmente bem de vida. Em antecipação ao dia em que Deus libertaria e restauraria Israel, outro grupo, os essênios — não mencionados nos Evangelhos —, afastou-se de Jerusalém por entender que a cidade havia sido pervertida pela liderança dos saduceus.

Os teólogos podiam pertencer a qualquer um desses três grupos; quanto ao povo, a maior parte das pessoas comuns provavelmente teria como foco a manutenção da vida em tempos difíceis. Roma, porém, vitimava gente comum, sujeita a uma "espiral de violência", atraída por protesto, resistência e, finalmente, revolta.[34] Os Evangelhos não se referem aos zelotes como pessoas que advogavam rebelião violenta contra Roma; até onde sabemos, os zelotes não existiam até a revolta que levou à queda de Jerusalém, em 70 d.C.[35]

Os líderes do povo concordavam, em linhas gerais, que Jesus era falso profeta e agente de Satanás, razão pela qual devia ser morto. Ao se afastar, conforme às vezes fazia (e.g., Mt 15:21), Jesus evitava ser provocativo, mas não podia, dessa maneira, cumprir sua vocação. Finalmente, ele teve de ir para Jerusalém, o que incitou as autoridades a tomar uma ação contra ele. Ao dizer, porém, "que lhe era necessário" sofrer (e.g., Mt 16:21), a Escritura se refere mais do que à inevitabilidade política. Linchar profetas era parte do padrão de relacionamento de Israel para com Deus. Era uma inevitabilidade religiosa, encaixando-se também em padrões mais amplos de violência e sacrifício humanos.[36]

Filho e Criador

Ao nos encontrar com Jesus, encontramos Deus em pessoa. "Apenas um Deus poderia ser tão humano."[37] Ainda que Deus em pessoa vá ao

---

[34]Cf. análise em Richard A. Horsley, *Jesus and the Spiral of Violence* [Jesus e a espiral de violência] (reimp., Filadélfia: Fortress, 1993).
[35]Cf. e.g., John P. Meier, *A Marginal Jew* [Um judeu marginal] (Nova Iorque: Doubleday, 2001), 3:565-67.
[36]Cf. Rene Girard, *Violence and the Sacred* [Violência e o sagrado] (Baltimore e Londres: Johns Hopkins University Press, 1977).
[37]Boff, *Jesus Christ Liberator* [Jesus Cristo, o libertador], p. 178.

encontro do ser humano em seu Filho, não significa que Jesus traga consigo alguma aura. Você sabe que está se deparando com um homem comum. Todavia, o que ele faz — seu poder e sua graça — e o que diz — seu *insight* e autoridade — indicam que ele não é um homem qualquer. Deus lhe concedeu ter vida em si mesmo, como no caso do Pai (Jo 5:26). Ele faz o tipo de coisa que Deus faz. Deus continua a agir, mesmo sendo sábado; assim também Jesus. Jesus faz o que vê o Pai fazer. O Pai ressuscita mortos e lhes dá vida; Jesus dá vida às pessoas. O Pai confiou o julgamento a Jesus.

Jesus é o "resplendor da glória de Deus" (Hb 1:3); paradoxalmente, ao contemplar Jesus, deparamos com o brilho do sol, mas sem ficarmos cegos. Foi por meio de Jesus que Deus fez o universo e, como alguém que compartilha a natureza divina, ele ainda "sustenta todas as coisas por sua palavra poderosa" (Hb 1:3; cf. Jo 1:1-3). Desse modo, a revelação da glória de Deus em Jesus, ou seja, a revelação da glória de Jesus, envolve o exercício do poder do criador. "O primeiro sinal miraculoso de Jesus" envolveu um ato de poder criativo: a transformação da água em vinho — e com certa extravagância, diga-se — pela qual "manifestou sua glória" (Jo 2:11). Jesus manifesta seu esplendor ao ocasionar o festejo de alegria associado ao cumprimento do propósito de Deus.[38]

Assim, Jesus revela o poder e o amor de Deus em sua morte e ressurreição. Nos Evangelhos Sinóticos, ele começa expulsando um espírito impuro e curando pessoas (Mc 1:21—2:12). A sequência de histórias envolve o exercício de autoridade. Sem dúvida, as situações narradas pelos evangelistas também envolvem compaixão (e.g., Mt 14:14; 15:32; 20:34). Contudo, pessoas com espírito impuro ou enfermas teriam sido alvo da compaixão de familiares ou da comunidade a que pertenciam. O que elas precisavam não era de compaixão, mas de poder — e é esse poder que exerce proeminência nas histórias. Jesus cura pessoas com aflições terríveis e com enfermidades triviais (Mt 8:5-14). Da mesma forma como seu ato de expulsar demônios manifesta poder sobrenatural, isso se dá nos casos de ressurreição. Maravilhas dão evidência de que sua mensagem é verdadeira. Jesus é como Moisés e Elias, e ainda mais: ele atravessa as águas, como Eliseu, mas também acalma a tempestade,

---

[38]Cf. Hengel, *Studies in Early Christology* [Estudos em cristologia primitiva], p. 293-331.

como Yahweh, que abate os poderes do caos, personificados nas águas tumultuosas do mar. Sua ação leva os discípulos a perguntar: "Quem é esse a quem até o vento e o mar obedecem?" (Mc 4:41). Enquanto suas obras deixam os discípulos estupefatos, posteriormente eles percebem que tais obras exigem que as pessoas se curvem, homenageiem e declarem: "Tu és o Filho de Deus" (Mc 6:45-52; Mt 14:22-23).

Nenhuma das ações de Jesus pode, por si só, fazer dele mais do que um profeta, como Elias; entretanto, os judeus já entenderam que a forma pela qual Jesus invoca Deus como "meu Pai" significa que ele faz de si mesmo igual a Deus (Jo 5:18). Jesus o chama de *Patera idion*, seu próprio Pai, em um sentido que não se aplica a mais ninguém — ainda que, como ocorre com qualquer filho, não se equipare a Deus em autoridade. Jesus não faz nada de si mesmo, mas apenas o que vê o Pai fazer. Com alegria, aceita sua subordinação ao seu Pai; seu desejo é apenas agradá-lo. E, como no caso de qualquer pai, Deus "ama o Filho e lhe mostra tudo o que faz" (Jo 5:20). De fato, o Pai não apenas delegou ao Filho capacidade profética e autoridade para julgar e dar vida, como também concedeu ao Filho "ter vida em si mesmo" (Jo 5:26).

Ademais, como qualquer filho, Jesus é igual ao seu Pai no sentido de partilhar a mesma substância, além de partilhar a autoridade humana precisamente por ter sido dado como dádiva ao ser humano, sujeitando-se à vontade de Deus. Ao falar em termos de subordinação e obediência ao Pai, fazendo e falando apenas o que o Pai lhe ensina, é simultaneamente uma negação de autoridade e uma asserção de autoridade.[39] Por fim, como qualquer outro filho, ele merece ser honrado da mesma forma que seu Pai.

Imagem e presença

O Filho de Deus é a imagem de Deus (Cl 1:15). Deus fez a humanidade à sua imagem para que ela pudesse representá-lo e exercer sua autoridade no mundo, como um primogênito. Posteriormente, Deus adota Israel como seu primogênito e, então, adota o rei israelita como filho, o

---

[39] Rudolf Bultmann, *Theology of the New Testament* [Teologia do Novo Testamento] (reimp., Waco: Baylor University Press, 2007), 2:51.

qual o representaria e exerceria sua autoridade no mundo. Agora, Jesus age como Filho de Deus, com a autoridade que o atrela à primogenitura.

Mais uma vez, a linguagem desse tipo não estabeleceria que Jesus é um em natureza com seu Pai. E mais ainda (Cl 1:16-19), por meio desse Filho, tudo nos céus e na terra foi criado; especificamente, tudo o que exerce qualquer autoridade. Todas as coisas passaram a existir por meio dele e para ele. Ele existia antes de tudo ser feito, e tudo se mantém através dele, da mesma forma que a autoridade do presidente mantém firme uma nação. Assim como sua autoridade sobre a criação se atrela ao envolvimento com sua origem, ele é, em particular, cabeça da igreja. Além de ser "o princípio e o primogênito dentre os mortos" [cf. Cl 1:18, NVI], Jesus tem a primazia em tudo. Sua autoridade é possível devido à plenitude da divindade nele residente — ou seja, a plenitude da própria pessoa de Deus habita nele corporalmente (cf. Cl 2:9).[40] A palavra *corporalmente* enfatiza "a realidade verificável da habitação divina em Cristo".[41]

"Se conhecesse o dom de Deus e quem é o que pede 'Dá-me de beber', você lhe pediria, e ele te daria água viva" (Jo 4:10). Para uma pessoa do Oriente Médio, "sede" e "água" são imagens reveladoras. Talvez a mulher samaritana estivesse sujeita a fazer jornadas diárias laboriosas a fim de trazer água para casa. No deserto e durante uma jornada, as pessoas teriam de administrar água cuidadosamente; qualquer erro de cálculo poderia tornar-se uma questão de vida e morte.

Portanto, ir à presença de Deus é como encontrar água (para pessoas em outros climas, é como acordar e encontrar o sol brilhando). A incapacidade de entrar nessa presença é como morrer de sede (ou sofrer de privação solar). Alguém que não pode ir ao templo, lugar onde a presença de Deus é garantida, tem esse tipo de experiência de sequidão: "Todo o meu ser tem sede de Deus, do Deus vivo: quando irei e me colocarei perante a face de Deus [Targum]/aparecerei perante Deus [TM]?" (Sl 42:2 [TM 3]).

Os israelitas sabiam que Deus não estava confinado ao templo; do contrário, a maioria dos judeus teria vivido quase a vida toda na presença

---

[40]Cf. T. K. Abbott, *A Critical and Exegetical Commentary on the Epistles to the Ephesians and to the Colossians* [Comentário crítico e exegético de Efésios e Colossenses] (Edimburgo: T&T Clark; Nova Iorque: Scribner, 1897), p. 219-20.
[41]James D. G. Dunn, *The Theology of Paul the Apostle* [A teologia do apóstolo Paulo] (Grand Rapids e Cambridge: Eerdmans, 1998), p. 205.

de Deus. Salmos 42 pressupõe que o suplicante pode falar com Deus e ser ouvido, mesmo quando se vê incapaz de ir ao espaço sagrado. Mas há algo de especial atrelado à visita ao santuário. Davi pedira a Yahweh para que fizesse morada em um lugar assim, e Yahweh, com relutância, concordou. Isso significava que o adorador tinha certo senso especial de segurança em relação a encontrar Deus no templo, do que logicamente se deduz que outros lugares ocupariam uma posição menos privilegiada, dando àqueles que estavam longe de Israel ainda menos certeza quanto a se encontrar com Deus.

A presença de Jesus significa a presença de Deus, uma presença análoga à do templo. Estar em contato com ele é como ter uma fonte interior de águas vivas jorrando para a vida eterna (Jo 4:14). Ninguém mais precisa ter sede quando se está impedido de chegar a um templo, já que possui uma fonte interior de água. Podemos estar cientes da presença de Deus com a mesma certeza que teríamos em conexão com o templo. Desse modo, talvez a mulher samaritana não estivesse mudando de assunto ao perguntar a respeito do monte correto no qual adorar a Deus.[42] De modo semelhante, a resposta de Jesus exprime outra vez seu pensamento a respeito da água. Adorar a Deus é uma questão de espírito e verdade, não de lugar (Jo 4:23).

Conforme demonstrado em Atos, os judeus que creem em Jesus continuam a adorar a Deus no templo. No entanto, a destruição desse templo pelos romanos não levantará questões complicadas sobre teologia ou espiritualidade. Um rio de águas vivas flui do trono de Deus e do Cordeiro (Ap 22:1-2), e aquele que tem sede pode ir até Jesus e beber. Fontes de água viva fluirão daquele que crê. João destaca essa promessa ao nos relatar a profecia de Jesus a respeito da entrega do Espírito (Jo 7:37-39).

5.2 A MORTE DE JESUS: INCORPORANDO E MODELANDO

Com que fim Jesus se entregou à morte, e com que finalidade Deus a permitiu? Por que Jesus teve de beber do cálice venenoso que seu Pai lhe deu (Jo 18:11)? Por que foi "entregue pelo determinado plano

---

[42]Cf. "Espírito e verdade", seção 1.3.

e pré-conhecimento de Deus" a pessoas ímpias para ser crucificado (At 2:23)? A pregação em Atos não procura responder a essa pergunta. Limita-se a declarar que a execução e a ressurreição aconteceram e que, como consequência, pessoas devem arrepender-se de seu envolvimento na morte de Jesus; a pregação também menciona que a possibilidade de encontrar perdão e restauração ainda está em aberto. A passagem não faz uma ligação entre execução e viabilidade de perdão.[43]

Para alguns leitores, os capítulos que descrevem a crucificação "talvez não passem de um registro revoltante de um erro judicial levado a cabo com violência". Mas, "para os discípulos, são o registro de acontecimentos aos quais eles devem a vida".[44] Como? O Novo Testamento intercala uma série de imagens para entendermos o que Jesus conquistou ao aceitar sua execução. Elas não fazem parte de um esquema, e parece útil defender uma prioridade entre elas.[45] O melhor é perguntar como elas iluminam individualmente o que Jesus conquistou e deixar cada metáfora falar por si. Elas são "fragmentos" da cruz.[46]

Essa consideração amplia a forma pela qual o Novo Testamento fala da morte de Jesus em termos de sacrifício. "Sacrifício" tem muitos significados, e o Novo Testamento apela a diversos deles, não apenas à expiação. Além do mais, embora "use ideias sacrificiais, Paulo não as desenvolve, deixando-as em sua forma rudimentar".[47]

---

[43]Cf. Frances M. Young, *Sacrifice and the Death of Christ* [Sacrifício e morte de Cristo] (Londres: SPCK, 1975), p. 64.
[44]R. H. Lightfoot, *St. John's Gospel* [O Evangelho de João] (Oxford e Nova Iorque: Oxford University Press, 1956), p. 259.
[45]Cf., e.g., Stephen R. Holmes, "Death in the Afternoon" [Morte ao cair da tarde], em Richard Bauckham *et al.*, eds., *The Epistle to the Hebrews and Christian Theology* [A carta aos hebreus e a teologia cristã] (Grand Rapids e Cambridge: Eerdmans, 2009), p. 229-52; Charles B. Cousar, *A Theology of the Cross* [Uma teologia da cruz] (Mineápolis: Fortress, 1990), p. 86-87.
[46]Cf. Kevin J. Vanhoozer, "The Atonement in Postmodernity" [Expiação na pós-modernidade], em Charles E. Hill e Frank A. James III, eds., *The Glory of the Atonement* [A glória da expiação], Roger Nicole Festschrift (Downers Grove: InterVarsity Press, 2004), p. 367-404 (em p. 371,401); cf. David Tracy, Fragments: The Spiritual Situation of Our Times" [Fragmentos: a situação espiritual do nosso tempo], em John D. Caputo e Michael J. Scanlon, eds., *God, the Gift, and Postmodernism* [Deus, o dom e o pós-modernismo] (Bloomington: Indiana University Press, 1999), p. 170-80.
[47]W. D. Davies, *Paul and Rabbinic Judaism* [Paulo e o judaísmo rabínico], 2ª ed. (reimp., Nova Iorque: Harper; Londres: SPCK, 1962), p. 242.

A analogia com o sacrifício remete a um *insight* ainda mais profundo: o mesmo sacrifício tem múltiplas funções. O sacrifício de comunhão expressa alegria por parte do ofertante, incorpora gratidão e aumenta a comunhão entre familiares e amigos. Por exemplo: quando minha esposa promove um jantar, seu gesto representa várias coisas: ação e demonstração de amor por mim; um ato de criatividade, que lhe dá prazer; um meio de assegurar que estaremos alimentados; e um ato de comunhão para com os demais convidados. Não se trata de interpretações alternativas de um jantar; antes, o jantar cumpre tudo isso.

Ao se deixar executar, Jesus alcança inúmeras coisas: personifica o significado de ser Deus e o significado de ser humanidade (seção 5.2); carrega a transgressão da humanidade e possibilita a reconciliação com o ser humano (seção 5.3); purifica a humanidade e faz restituição por sua transgressão (seção 5.4); liberta a humanidade para um novo serviço (seção 5.5). "O insignificante traz consigo um significado secreto"[48] — ou melhor, uma série de significados.

"Por que me abandonaste?"

Ao fim de sua vida, Jesus é traído e abandonado, e Deus não lhe responde (Mt 26:36-46). Mas ele permanece firme. Há um sentido em que ele está no controle dos acontecimentos. O Evangelho de João descreve suas últimas horas de modo a enfatizar esse ponto. "Normalmente, falamos da paixão de Cristo, mas [...] sua paixão também foi sua ação."[49] Era "seu último sinal profético",[50] mas que havia sido sinalizado com frequência suficiente.[51] Deus havia sinalizado em suas palavras no batismo de Jesus com sua alusão a Gênesis 22 e Isaías 42. O próprio Jesus sinalizou e deu a entender sua importância, mesmo que os discípulos não o tenham compreendido.

Jesus clama: "Deus meu, Deus meu, por que me abandonaste?" (Mt 27:46). É uma pergunta razoável, embora retórica. No contexto de

---

[48]Boff, *Jesus Christ Liberator* [Jesus Cristo, o libertador], p. 117.
[49]Tom Smail, *Once and for All* [De uma vez por todas] (Londres: DLT, 1998; Eugene: Wipf and Stock, 2006), p. 58. Cf. Jürgen Moltmann, *The Trinity and the Kingdom of God* [A Trindade e o reino de Deus] (Londres: SCM Press; Nova Iorque: Harper, 1981), p. 75.
[50]Edward Schillebeeckx, *Jesus* (Nova Iorque: Crossroad; Londres: Collins, 1979), p. 318.
[51]Cf. Scot McKnight, *Jesus and His Death* [Jesus e sua morte] (Waco: Baylor University Press, 2005).

Salmos 22, passagem usada por Jesus, a questão não diz respeito à teodiceia, mas a uma forma de dizer "Deus, o Senhor me abandonou sem motivo; por isso, volte para me socorrer!". No devido tempo, Deus o faz, mas, naquele momento, Deus se assenta nos céus, resolutamente, observando seu Filho sofrer e recusando-se a fazê-lo parar de sofrer quando, na verdade, tinha o poder de fazê-lo. A "ironia terrível" do nome "Yahweh", que implica "estarei presente quando e como estiver presente", é que "o oposto também é implícito: 'estarei ausente quando e como estiver ausente', inclusive na destruição do templo, nos campos de concentração nazistas e no Gólgota".[52]

Aceitar perseguição e até mesmo martírio é um aspecto da forma como os profetas cumprem seu ministério, conforme aparece na história de Jeremias e no relato do Servo de Deus, em Isaías 40—55. No batismo de Jesus, Deus começa em Salmos 2, move-se para Gênesis 22 e termina com Isaías 42; posteriormente, Mateus vê Jesus personificando o servo de Deus nessa última passagem (Mt 3:17; 12:15-21). Jesus o personifica em seu ministério de cura. Também o faz ao se retirar de uma situação de conflito e ao rogar às pessoas que não falem a seu respeito, porque os líderes religiosos que procuram matá-lo são caniço rachado e pavio fumegante. Por isso, retirar-se do contexto em que é provocativo reduz o risco de incitá-los a uma ação precipitada ou serve para adiar o momento em que terão de fazer sua escolha final.

Quando ele fala da necessidade de ser levantado e morrer, a multidão comenta: "Ouvimos da Torá que o Ungido permanece para sempre" (Jo 12:32-34). Como Jesus pode falar de tal necessidade? Ele não responde à pergunta imediatamente, mas João, depois, cita Isaías 53:1: "Senhor, quem creu na nossa mensagem, e a quem o braço do Senhor foi revelado?" (Jo 12:38). A necessidade de sua morte se interliga com o retrato do servo de Deus, em Isaías 52:13—53:12. "Servo de Yahweh" é um título empregado comumente ao rei, de modo que a imagem retrata esse servo como alguém exaltado e ungido como um rei,[53] depois de sujeito a ataque e humilhação. Pode formar um tipo de resposta às perguntas levantadas

---

[52]Bloom, *Jesus and Yahweh* [Jesus e Yahweh], p. 27-28.
[53]Tomo *mišḥat* como forma derivada do verbo *māšaḥ*, "ungir", não de *šāḥat*, "despojo": cf., e.g., John Goldingay, *The Message of Isaiah 40—55* [A mensagem de Isaías 40—55] (Londres e Nova Iorque: T&T Clark, 2005), p. 491-92.

por passagens como Salmos 51 (já que o salmo promete exaltação, o outro lado da humilhação) e, ainda mais, Salmos 89 (já que pressupõe humilhação indevida).

O braço de Yahweh

Além de combinar temas de tais salmos, Isaías 52:13—53:12 adiciona uma possibilidade extra. Como o rei em Salmos 51, mas diferentemente do rei em Salmos 89, a humilhação desse servo lhe é peculiar, incapaz de ser compartilhada pelas pessoas; o problema é dele. Como o rei em Salmos 89, mas diferentemente do rei em Salmos 51, a humilhação desse servo não é merecida. Juntas, essas características chegam perto de dar a entender a afirmação peculiar de Isaías 52:13—53:12: o servo sofre imerecidamente nas mãos de seu povo e para seu povo. Sua disposição de fazê-lo alegra a Deus ao levá-lo da humilhação à exaltação.

Em Isaías 52:13—53:12, rejeição e morte não são o fim da história; abuso é acompanhado de restauração. Jesus sabe que rejeição e execução não podem ser o fim da história. A visão envolvendo o Homem, em Daniel 7, também será um encorajamento para lidar com o martírio sabendo que não será o fim. Jesus deve suportá-la, porém ressuscitará dentre os mortos — não em um Fim indeterminado, cuja ocorrência se dará apenas depois de muitos séculos, mas apenas depois de dois ou três dias. Como o Homem, Jesus "retornará no esplendor do seu Pai, com seus ajudantes" para ser agente do juízo de Deus e inaugurar seu reino como rei; alguns dentre os ouvintes o testemunharão (Mt 16:27-28).

Depois da crucificação, as coisas não aconteceram exatamente dessa forma, conforme é normalmente verdade acerca do relacionamento entre o que os profetas falam do futuro e a forma como as coisas acontecem. Declarações da intenção de Deus sempre contêm causas condicionais implícitas ou explícitas (cf. Jr 18; Ez 33). "As coisas acontecerão dessa maneira, a menos que eu mude de ideia", porque tudo depende da reação do ser humano ou de uma reconsideração de minha parte. Normalmente, é porque Deus prefere evitar agir em juízo.[54] Então, enquanto alguns aspectos da palavra profética se cumprem, a declaração não é tão final quanto esperamos.

---

[54] Cf. "Juízo indesejado", seção 1.1.

Ademais, enquanto Isaías 52:13—53:12 fala explicitamente de humilhação seguida por exaltação, a passagem também remete ao *insight* de que a própria humilhação representa em si, uma forma estranha de exaltação. Na visão do profeta, a humilhação é passada, e a exaltação é futura. Todavia, "nós", que pertencemos ao povo do "Servo", já cremos no que foi dito a respeito de Jesus e percebemos que o braço de Deus foi revelado nele. Em seu pensamento, atitude e vida, Jesus já foi exaltado, mesmo que sua exaltação visível e seu reconhecimento por nações e reis não tenham acontecido. É nessa dinâmica que Jesus se move. Sua elevação (na cruz) será uma exaltação que atrairá todas as pessoas a ele. Como em Isaías 52:13—53:12, enquanto há uma sequência linear de cruz e ressurreição, humilhação e exaltação, há também uma simultaneidade mais súbita de humilhação que também é uma exaltação.

Outro aspecto relevante de Isaías 53:1 reside em sua declaração de que, na humilhação do servo, o braço do Senhor é revelado. O profeta já falou de uma revelação do braço de Yahweh à luz de todas as nações, trazendo libertação; o braço de Yahweh será erguido contra a Babilônia, trazendo libertação (Is 52:10). Yahweh cumpriu essa promessa quando Ciro pôs um fim ao governo babilônico no Oriente Médio. Embora Ciro tenha substituído o governo da Babilônia pelo seu, essa transição, no entanto, trouxe certa liberdade a algumas comunidades, como a judaica, que estiveram sob o domínio da Babilônia.

Isaías 52:13—53:12 fala de uma revelação radicalmente diferente do braço de Yahweh. É também revelação que já aconteceu; a passagem não se refere a uma exaltação vindoura do servo, algo fácil de identificar. A revelação que já aconteceu foi aquela que pessoas não identificariam com facilidade; e, por um tempo, as pessoas de fato a perceberam. Agora, porém, muitos a entenderam, descrevendo-a ao desenvolverem seu testemunho. Alguns passaram a ver que sua primeira ideia do servo como pecador fora errada, e que, antes, o servo fora afligido como ser humano e por causa do homem, aceitando, imerecidamente, a aflição da humanidade como oferta a Yahweh.

O fato de o braço de Yahweh ter sido revelado implica que ele estava envolvido no processo da aflição de seu Servo, aflição que ele transformaria em oferta. Yahweh determinara "esmagá-lo e fazê-lo sofrer", fazendo "cair sobre ele a iniquidade de todos nós" (Is 53:6,10, NVI). De modo paradoxal, o braço de Yahweh foi revelado na aflição do servo.

Essa aflição foi um ato através do qual Deus alcançou algo tão significativo quanto o que alcançara ao abater a Babilônia. Yahweh manifestou-se na aflição como o Deus sofredor.

Revelação e personificação

A autoentrega de Jesus constituiu, assim, uma encarnação ou representação do significado do amor de Deus e, portanto, do que o amor significa.

"A Torá foi dada por intermédio de Moisés" (Jo 1:17). Ele foi o porta-voz da revelação da vontade de Deus; ele recebeu a revelação da natureza de Deus como graça e verdade (Êx 34:6-7). Entretanto, ele não foi uma personificação de graça e verdade, não no mesmo sentido de Jesus. Embora Jesus não tenha trazido uma revelação nova concernente à natureza de Deus como graça e verdade, ele personificou, de modo vívido e concreto, essa natureza. "Deus falou aos nossos ancestrais de muitas e diversas maneiras pelos profetas, mas, nestes últimos dias, falou-nos por intermédio de um filho" (Hb 1:1-2). Nesse homem, o Filho, todas as verdades individuais de Deus (algumas das quais não perceberíamos com facilidade) foram incorporadas. Jesus não constituiu "a peripécia de um drama da salvação" — ou seja, uma mudança repentina de acontecimentos ou uma inversão inesperada. "Antes, o Único, a saber, o próprio Deus, envolve-se com a humanidade, como sempre fizera."[55] Em Jesus, o invisível se torna visível. Ele foi o "Deus que vagueia pela terra".[56] "Quem me viu, viu o Pai" (Jo 14:9).

Ainda que alguém não percebesse novidades na fala de Jesus, sua presença como encarnação vívida e concreta da pessoa de Deus fazia toda a diferença. Nesse sentido é que, "em Jesus, Deus substituiu toda revelação anterior dada a seu respeito a gerações passadas, atestada nas Escrituras do Antigo Testamento".[57] Até então, Deus não tinha sido visto por ninguém (Jo 1:18); nesse sentido, não existira nenhuma revelação. Moisés queria ver a glória de Deus e não lhe foi permitido; o esplendor da face de Deus seria devastador demais, como olhar para o sol (Êx 33:18-23).

---

[55]Otto Weber, *Foundations of Dogmatics* [Fundamentos da dogmática] (Grand Rapids: Eerdmans, 1981), 2:7.
[56]Ernst Käsemann, *The Testament of Jesus* [O testamento de Jesus] (Londres: SCM Press; Filadélfia: Fortress, 1968), p. 9.
[57]Hurtado, *Lord Jesus Christ* [Senhor Jesus Cristo], p. 499.

Alguns, em certo sentido — incluindo Moisés —, viram a Deus e viram sua face; João conhecia essas histórias. No entanto, o apóstolo também sabia que a personificação de Deus em Jesus proveria um tipo diferente de visão.

Apesar de Jesus vir de Deus e, por isso, trazer consigo uma revelação especial — do tipo que só o próprio Deus é capaz de reproduzir — essa revelação, estranhamente, não traz nada do que seria possível esperar. Ela nos fala pouco sobre "coisas do alto e da terra, futuras e passadas" da forma como encontramos em alguns livros, como o de Enoque. "Não há mistérios celestiais revelados a Jesus por Deus senão aqueles divulgados em sua própria vida e morte."[58] A revelação diz respeito apenas a si e ao significado de sua vida para as pessoas.

A revelação está centralizada nos dizeres "Eu sou": eu sou o pão da vida; a luz do mundo; o bom pastor. Há menos declarações a seu respeito do que declarações sobre o predicado. Você quer saber sobre o pão da vida? Sou eu. Quer saber sobre como o mundo pode enxergar a luz? Em mim. Quer saber quem será o bom pastor do rebanho? Eu. Dito de maneira simples, em tudo isso, "Eu sou". Nesse sentido, ele não revela nada exceto que ele mesmo é o revelador, aquele a quem o mundo esteve à procura.[59] Ele não precisava revelar nada sobre Deus porque seu povo, a partir das Escrituras, sabiam quem Deus era; aquilo com que João e outros escritores do Novo Testamento tinham de lidar era a explicação do relacionamento entre o Deus de Israel e Jesus.[60]

Assim, "ninguém jamais viu a Deus, mas o Deus Unigênito, que está junto do Pai, narrou a seu respeito" (Jo 1:18). A segunda ocorrência da palavra *Deus* na declaração pode ser uma adição posterior ao texto; se sim, tudo que faz é explicitar uma ideia implícita. Sendo aquele que personifica graça e verdade, o único filho de Deus e capaz de lhe prestar contas, Jesus é, ele próprio, divino. Em vez de "narrou a seu respeito", as traduções em português trazem "o tornou conhecido", mas isso dilui a declaração. O significado comum de *exēgeomai* é "relatar" ou "narrar",

---

[58] Ashton, *Understanding the Fourth Gospel* [Entendendo o quarto evangelho], p. 551 (2ª ed., p. 527).
[59] Bultmann, *Theology of the New Testament* [Teologia do Novo Testamento], 2:65-66.
[60] Marianne Meye Thompson, *The God of the Gospel of John* [O Deus do Evangelho de João] (Grand Rapids e Cambridge: Eerdmans, 2001), p. 141.

contar uma história ou descrever minuciosamente (e.g., At 21:19). *Exēgēsis* corresponde a essa descrição minuciosa. Jesus, assim, relata Deus ou narra Deus. Ao lermos a história de Jesus, lemos a história de Deus.

Essa "graça e essa verdade" é que constituíram a glória de Deus, vista pelas pessoas (Jo 1:14). "Ao tocá-lo, vê-lo e crucificá-lo [...] estou tocando em Deus, vendo Deus com o meu olhar físico e, com as mãos, crucificando o Filho de Deus, pois, nele, é certo que você encontrará Deus." Afinal, "crucificaram o Senhor da glória" (1Co 2:8).[61]

Por um lado, o Filho se despoja da glória divina ao se tornar ser humano, e ainda mais ao se entregar para ser morto (Fp 2:1-11). Por outro lado, é como se, ao fazê-lo, Jesus revelasse sua glória. "Para João, a encarnação não é um autoesvaziamento, mas uma manifestação da glória divina, e a própria cruz, um instrumento de exaltação."[62] E a cruz "não é mais o pelourinho, a árvore da vergonha". A morte de Jesus "é, antes, uma manifestação de amor divino e sacrificial, e seu retorno vitorioso do reino inferior para o Pai, que o enviara".[63] Jesus não clama simplesmente na cruz em sinal de abandono; suas últimas palavras na cruz são um grito de triunfo.[64] Ademais, Jesus como encarnação da glória divina é mencionado por Paulo nos tempos passado e presente (Cl 2:9). Em outras palavras, ele continua a ser a personificação de Deus.

A encarnação é um aspecto do que nos salva, no sentido de ir ao encontro de nossa necessidade de ver Deus, bem como de possibilitar a Deus que nos perdoe pelo mal que fizemos.[65]

Personificação de sofrimento

Thomas Cranmer deu à Igreja Anglicana para sua adoração regular uma confissão que declara: "Reconhecemos e lamentamos nossos muitos

---

[61]Lutero, *Sermons on the Gospel of St. John Chapters 6–8* [Sermões no Evangelho de João, caps. 6—8], p. 104, 105.
[62]Ashton, *Understanding the Fourth Gospel* [Entendendo o quarto Evangelho], p. 486 (2ª ed., p. 461).
[63]Käsemann, *The Testament of Jesus* [O testamento de Jesus], p. 10.
[64]Ashton, *Understanding the Fourth Gospel* [Entendendo o quarto Evangelho], p. 486 (2ª ed., p. 464).
[65]Cf. Anastasia Scrutton, "'The Truth Will Set You Free'" [A verdade o libertará], em Richard Bauckham e Carl Mosser, eds., *The Gospel of John and Christian Theology* [O Evangelho de João e a teologia cristã] (Grand Rapids e Cambridge: Eerdmans, 2008), p. 359-68.

pecados e as maldades que cometemos, quer por pensamento, quer por palavra e feito. Cometemo-los contra vossa Majestade divina, provocando com justiça a vossa ira e a vossa indignação contra nós".[66] Meio milênio depois, a ideia de que o pecado constitui nosso problema básico não é tão proeminente no pensamento cristão ocidental. Como expressão de uma teologia semelhante à de Cranmer, a catedral dedicada a S. Lázaro em Autun, em Borgonha, tinha um tímpano romanesco (painel ornamental acima de uma janela ou porta) com um retrato extraordinário do juízo final. Em 1770, o clero iluminista da catedral o cobriu, visto que o ornamento não se enquadrava mais àquela época. Esse procedimento, no auge do Iluminismo francês, refletia uma mudança de paradigma na modernidade, que "inverteu o relacionamento forense entre Deus e o ser humano. Não é mais necessário que o ser humano, pecador, preste contas perante o trono do seu Deus. Pelo contrário: Deus é que deve justificar-se — em vista do sofrimento do mundo, por exemplo — perante a corte da razão humana".[67]

No século XXI, também estamos mais inclinados a ver a nós mesmos como vítimas, e não como vilões. Para nós, a importância da cruz está no fato de ela identificar Deus como aquele que compartilha nosso sofrimento. Para nós, teodiceia é mais importante do que expiação — a justificação de Deus em vez da nossa justificação.[68] E, embora o desenvolvimento do pensamento teológico nos séculos imediatamente após o Novo Testamento tenha solidificado a ideia de que Jesus pertencia "à identidade exclusiva do único Deus de Israel", o pensamento teológico foi menos bem-sucedido em se apropriar do corolário da "revelação da identidade divina na vida humana de Jesus e em sua paixão".[69]

Ao passo que muitas pessoas não entendem como a expiação funciona, isso não as impede de reconhecer a morte de Jesus como, de alguma forma, uma personificação do amor.

---

[66] Extraído da confissão para a Ceia do Senhor no *Livro de Oração Comum* de 1549 e repetido em livros de oração subsequentes.
[67] Reinhard Feldmeier e Hermann Spieckermann, *God of the Living* [Deus dos vivos] (Waco: Baylor University Press, 2011), p. 469 (os autores mencionam que o tímpano foi restaurado); cf. "Revelação e personificação", seção 5.2.
[68] Cf., e.g., Smail, *Once and for All* [De uma vez por todas], p. 40-57.
[69] Richard Bauckham, *God Crucified* [Deus crucificado] (Grand Rapids: Eerdmans, 1998), vii, ix (2ª ed., *Jesus and the God of Israel* [Jesus e o Deus de Israel] [Carlisle: Paternoster, 2008; Grand Rapids: Eerdmans, 2009], x, p. 59).

> Nisto somos justificados no sangue do Ungido e reconciliados com Deus, pois foi através desta graça inigualável mostrada a nós que seu Filho recebeu a nossa natureza e, nessa natureza, nos ensinando tanto por palavra como por exemplo, perseverou para a morte e nos ligou a ele próprio ainda mais através do amor, de modo que, quando fomos estimulados por tão grande benefício da graça divina, de maneira alguma a verdadeira caridade pode ter medo de não suportar provações por ele. [...] Cada um de nós também é feito mais justo depois da Paixão de Cristo do que antes. Ou seja, ele ama a Deus ainda mais, visto que o benefício consumado acende ainda mais o amor do que um benefício apenas esperado.[70]
>
> Por sua morte, como nos diz o Apóstolo, o amor de Deus por nós é evidenciado. [...] Visto que o sinal de tão grande amor nos foi demonstrado, somos movidos e estimulados pelo amor de Deus, que tanto fez por nós. Desse modo, somos justificados — ou seja, libertados do pecado e feitos justos. De fato, a morte de Jesus nos justifica, assim como, por ela, o amor é engendrado em nosso coração.[71]

"O homem pode revoltar-se contra um Deus alheio a qualquer sofrimento, entronizado em bem-aventurança intocada ou transcendência apática. Mas é possível revoltar-se contra o Deus que revelou sua 'com-paixão' na Paixão de Jesus?"[72] Na verdade, sim; mas esta revelação deve sobrepujar a rebelião.

Modelo de amor

O problema original da humanidade está em querer ser como Deus e amedrontar-se diante do fato de que apenas Deus é Deus.

> Jesus é o prelúdio encarnado de Deus ao ser humano alienado, agarrando-se à divindade como única segurança contra a contingência de seu

---

[70]Peter Abelard, *Commentary on the Epistle to the Romans* [Comentário da carta aos Romanos] (Washington: Catholic University of America Press, 2011), p. 167-68.
[71]Peter Lombard, *The Sentences Book 3* [Livro de frases 3], distinção xix.1 (Toronto: Pontifical Institute of Mediaeval Studies, 2008), p. 78 (cf. Hastings Rashdall, *The Idea of Atonement* [A ideia da expiação] [Londres: Macmillan, 1919], p. 370-71).
[72]Hans Küng, *On Being a Christian* [Sobre ser um cristão] (Garden City: Doubleday, 1976; Londres: Collins, 1977), p. 435.

estado de criatura. Em Jesus, Deus demonstra que essa divindade, igualdade com Deus, não é algo a ser cobiçado, porque divindade não é algo que Deus explora à nossa custa. Em Jesus, Deus assume a mesma forma humana que nós, instigados pelo tentador, consideramos escravidão — a saber, o estado de criatura —, para mostrar que a condição de criatura não consiste em condição de perigo existencial, enraizado em deficiência ontológica. Mesmo reduzido ao extremo devido à maldade humana, ou seja, morrendo violentamente na cruz, o aspecto da criatura permanece como local de glorificação, exaltação e união inextinguível com Deus. Ser completamente humano, incluindo a experiência de "aparência" de aniquilação e morte, não constitui uma privação de divindade, mas uma forma privilegiada de ter parte na divindade. Deus conquista a morte não ao evitá-la, conforme Adão e Eva esperavam ao tentarem agarrar a divindade, mas ao aceitá-la. Nos braços abertos do amor de Deus na cruz, a morte é finalmente derrotada.[73]

Adão — e então Noé, Abraão e Israel — estava indisposto e, por isso, incapaz de viver pelos padrões de graça e compromisso; a vida dos patriarcas indicou que Deus tinha de fazer algo mais do que havia feito na criação. Em sua corporeidade (ou seja, em seu estado de criatura), a humanidade demonstrou ser moralmente fraca desde o Princípio, e a ação de Adão e Eva mudou a dinâmica do relacionamento com Deus. Doravante, a humanidade não era apenas corpo, mas "carne". O que Deus realizou finalmente em Jesus foi assumir a natureza humana, embora vivendo a vida de comprometimento e obediência que, até então, a humanidade falhara em viver. As pessoas se opuseram àquele que personificava Deus e ao seu propósito divino definitivo, matando-o. Elas estavam levando à sua conclusão lógica a rebelião contra Deus, que remontava ao Princípio.

Deus queria que Jesus incorporasse tudo o que diz respeito à humanidade, e Jesus continuou a oferecer esse comprometimento e essa obediência, personificando o que significa ser Deus e, ao mesmo tempo, verdadeiro homem. A própria oposição a Deus, expressa na morte de Jesus, tornou-se o meio pelo qual Deus inverteu a ordem das coisas com

---

[73]Sandra M. Schneiders, "The Lamb of God and the Forgiveness of Sin(s) in the Fourth Gospel" [O Cordeiro de Deus e o perdão do(s) Pecado(s) no quarto Evangelho], *Catholic Biblical Quarterly* 73 (2011): 1-29 (em 7-8).

as quais a humanidade trabalhava. Há agora uma possibilidade mais concreta de resistir à tentação de comer daquela árvore, porque a visão de Jesus pendurado em outra árvore permanece diante de nós. O poder atrelado à história da execução de Jesus reside em sua capacidade de ganhar o comprometimento do adorador. Paulo sabe, a partir de sua experiência, que Deus é capaz de usar o tipo de poder que sobrepuja as pessoas contra a sua vontade, embora a história de sua conversão demonstre que esse sobrepujar não passa de um estágio para ganhar, e não apenas exigir, a submissão humana. Até mesmo a história do apóstolo, então, dá provas à regra.

Há uma glória particular de Jesus revelada em sua transformação de água em vinho (Jo 2:1-11), e há uma glória revelada em sua submissão ao martírio. A revelação em Caná antecipa a revelação do martírio, embora a revelação do martírio seja incompleta sem a ressurreição e a ascensão. A morte de Jesus serve de meio para sua glorificação ou corresponde à glorificação em si?[74] Jesus é glorificado a despeito da cruz ou por meio da cruz? A morte de Jesus é uma revelação do que Deus é. Jesus personifica essa revelação em sua encarnação (Fp 2:5-11), então lavando os pés dos discípulos e, por fim, mostrando-se disposto a morrer por eles. Por revelar quem Deus é, sua humilhação equivale à sua glorificação. Jesus é glorificado por meio da cruz.

A sabedoria da cruz

Ao passo que, antes da cruz, as nações não tinham entendimento do Deus de Israel — vivendo, na melhor das hipóteses, com um entendimento parcial e geralmente distorcido — após a vinda de Jesus, o evangelho lhes deve ser anunciado para que não mais vivam alheias e em falsidade. Todavia, o entendimento bíblico dos caminhos de Deus em relação ao mundo soa realmente sem sentido:

> A crucificação de Jesus, na qual o antigo *aeon* proferiu sua última palavra, não foi, em hipótese alguma, um ato especialmente vergonhoso quando

---

[74]Cf. Tord Larsson, "Glory or Persecution" [Glória ou perseguição], em Richard Bauckham and Carl Mosser, eds., *The Gospel of John and Christian Theology* [O Evangelho de João e a teologia cristã] (Grand Rapids e Cambridge, Reino Unido: Eerdmans, 2008), p. 82-88.

visto nesse contexto, mas uma ação bastante rudimentar de autopreservação e autodefesa. Longe de ser um ato cuja consequência pode ser creditada em particular ao povo de Israel, a crucificação foi uma ação pela qual Israel se comportou como representante e demonstrou ser agente reconhecido de todas as nações, como nunca antes ou depois.[75]

A forma como a Escritura o interpreta é tanto coerente como incoerente para o povo de Deus (1Co 1:18—2:15; cf. Is 29:14; 40:13; 64:4; 65:17). Faz sentido pelo fato de o povo de Deus ser constituído de pessoas comuns, não de intelectuais. Deus escolhe tais pessoas para colocar o mundo em seu devido lugar e para levá-lo a se entusiasmar por ele, não por nós mesmos e nossa sabedoria, poder, prestígio ou posição, coisas que faltam ao ser humano comum (cf. Jr 9:24). Por isso, mesmo um intelectual como Paulo se entusiasma e prega sobre algo simples e, consequentemente, sente-se temeroso e fraco ao fazê-lo.

A resposta extraordinária das pessoas a essa mensagem simples demonstra o poder dessa história. Também é uma demonstração do poder do Espírito e uma indicação de que ele deve abrir os olhos das pessoas para a verdade da interpretação implausível da execução de Jesus. Deus realmente impressiona e compele, porém o faz por meio da natureza crível e persuasiva da mensagem. À primeira vista, a mensagem não faz sentido; ela é contraintuitiva. À luz de reflexão, ela está claramente correta. Esse processo de reconhecimento é a forma como a mudança real acontece nas pessoas, e é por isso que a história da execução, que parece algo estúpido, é, na verdade, o epítome do *insight*.[76]

A forma particular de sua natureza contraintuitiva pode tornar a mensagem imediatamente mais crível a homens e mulheres comuns do que àqueles que ocupam posição de poder. Recusar o reconhecimento da fraqueza é tentador. Todavia, reconhecer a fraqueza resulta em um efeito poderoso, especialmente no caso de alguém que antes tínhamos como forte. Por outro lado, o reconhecimento da fraqueza pode abrir portas a pessoas comuns à tentação de que encontraram acesso instantâneo ao

---

[75] Barth, *CD* I, 2:62.
[76] Cf. ainda Richard B. Hays, "Wisdom According to Paul" [Sabedoria segundo Paulo], em Stephen C. Barton, ed., *Where Shall Wisdom Be Found?* [Onde encontrar sabedoria?] (Edimburgo: T&T Clark, 1999), p. 111-23.

prestígio intelectual. Elas têm de continuar lembrando que a essência da revelação da sabedoria de Deus é um homem sendo executado, algo simples e que, desse modo, soa tolo.

Precisamos nos lembrar disso constantemente. Talvez a própria natureza contraintuitiva da ideia seja subjacente a esse fato. A história da execução é o poder de Deus em relação a pessoas que estão "sendo resgatadas" (1Co 1:18), o que as capacita a continuar com a mesma postura que as resgata da ira de Deus. Em contraste, a mensagem soa estúpida àqueles que perecem.

A ilogicidade na forma como Deus resgata o mundo em Jesus corresponde à ilogicidade de seu relacionamento com Israel. Deus escolhe um povo destituído de poder e sabedoria, destituído de mais integridade do que os outros povos, e persiste com esse povo, a despeito de sua resistência em dar lealdade a Deus e depender dele. Deus demonstrou uma visão que formulara desde antes dos séculos, embora não óbvia, fazendo com que os poderosos dessa era (as nações poderosas, como Babilônia e Roma) errassem ao crucificar o Senhor glorioso (1Co 2:6-8). Realmente, trata-se do padrão encontrado na própria história de Israel: "O que o olho não viu, o ouvido não ouviu, nem jamais chegou ao coração humano — tais coisas Deus tem preparado para aqueles que o amam" (Paulo cita Isaías 64:4).

Ao morrer, Jesus incorporou tanto o significado real de ser Deus como o significado real de ser homem. O mistério da morte do Imortal está relacionado não apenas à resolução de problemas de nosso passado, mas também à nossa remodelação para o futuro.

5.3 A MORTE DE JESUS: CARREGANDO A TRANSGRESSÃO

A morte de Jesus exprime o amor de Deus por nós e, assim, desperta nosso amor por ele. Entretanto, a ideia de que esse despertamento de amor resolve, por si só, as coisas entre nós e Deus é simplória demais. Precisamos de mais do que uma manifestação de amor, e "uma teologia da expiação procura unificar a profundidade da malignidade moral que o homem percebe em si mesmo e a obra de Jesus".[77] É em razão de a

---

[77] D. M. MacKinnon, "Subjective and Objective Conceptions of Atonement" [Concepções subjetivas e objetivas de expiação], em F. G. Healey, ed., *Prospect for Theology* [Prospectos para a teologia], H. H. Farmer Festschrift (Welwyn: Nisbet, 1966), p. 169-82 (em p. 181).

execução de Jesus envolver uma morte por nós que fez dela uma revelação da natureza de Deus; sua morte em nosso favor foi um meio de reconciliar, purificar, fazer restituição, libertar e vencer o mal. A morte de Jesus não foi algo tão sem sentido como um suicídio, mas também foi mais do que um martírio heroico.

Ao preestabelecer a morte de Jesus, Deus estava fazendo algo que afetava seu relacionamento conosco; isso fez de sua morte um ato de amor. Primeiro, porém, Jesus carregou nossa transgressão e, desse modo, efetivou nossa reconciliação.

Oferecendo reconciliação

O objetivo da ação de Deus em Jesus foi oferecer-nos reconciliação. Reconciliação, um tema central no Novo Testamento,[78] não diz respeito em primeiro lugar à nossa atitude para com Deus, mas à atitude de Deus em relação a nós e aos nossos erros.[79] Nas Escrituras, conversa de reconciliação pressupõe que a humanidade (judeus e gentios) saiu de um relacionamento harmonioso com Deus. Agimos como o marido que traiu a esposa, ou o filho que traiu o pai, ou o homem que roubou a namorada de seu melhor amigo. É normal que pai/esposa/amigo fiquem irados. O contexto por trás da conversa da Escritura com respeito à reconciliação se baseia no fato de Deus estar irado conosco, embora também nos ame.

O Novo Testamento enfatiza o fato de Deus estar irado com o mundo, de ter expressado sua ira no passado, de fazer isso no presente e de que a expressará no futuro. "A ira de Deus se revela dos céus contra toda impiedade e incredulidade das pessoas, que suprimem a verdade pela incredulidade" (Rm 1:18). "Acumulas ira para ti no dia da ira e da revelação do justo juízo de Deus" (Rm 2:5). "A ira de Deus recai sobre pessoas desobedientes" (Ef 5:6). Podemos imaginar as pessoas rogando às montanhas: "Caiam sobre nós e escondam-nos do rosto daquele que se assenta no trono e da ira do cordeiro" (Ap 6:16).

---

[78]Cf. Ralph P. Martin, *Reconciliation* [Reconciliação] (Londres: Marshall; Atlanta: John Knox, 1981; ed. rev., Eugene: Wipf and Stock, 1989).
[79]George Eldon Ladd, *A Theology of the New Testament* [Teologia do Novo Testamento], ed. rev, ed. Donald A. Hagner (Grand Rapids: Eerdmans, 1993), p. 495 (cf. p. 453 na primeira edição).

Ao mesmo tempo, as Escrituras também reconhecem que Deus não tem o hábito de pôr sua ira em ação.[80] O fato de ele nos dar Jesus para morrer por nós expressa seu comprometimento em se reconciliar conosco. "Enquanto éramos inimigos, fomos reconciliados com Deus por meio da morte do seu Filho" e "tendo sido reconciliados, seremos resgatados por sua vida", de modo que "exultamos em Deus por intermédio do nosso Senhor Jesus, o Ungido, por meio de quem recebemos agora a reconciliação" (Rm 5:8-11). Significa que podemos, de fato, ter paz com Deus e que não seremos vítimas de sua ira no futuro (Rm 5:1,9). No entanto, o ato pelo qual Deus efetivou a reconciliação conosco é passado. Antes de nascermos, já foi cumprido:

> A obra da reconciliação, no sentido do Novo Testamento, é uma obra *consumada*; devemos concebê-la como tal, *antes que o evangelho seja pregado*. A boa notícia propagada pelos evangelistas é que Deus realizou em Cristo uma obra de reconciliação, beneficiando e abençoando o mundo inteiro. A convocação do evangelista é: "*Receba* a reconciliação; consinta com ela para que, no seu caso, torne-se efetiva". A obra da reconciliação não é forjada involuntariamente na alma do ser humano, embora seja uma obra cuja realização é do seu interesse, afetando-o tão diretamente que podemos dizer que Deus reconciliou o mundo consigo mesmo. A obra — conforme Cromwell disse a respeito da aliança — acontece *fora de nós*: em Cristo, Deus lida com o pecado de tal maneira que ele não mais serve de barreira entre Deus e o homem. [...]
>
> A reconciliação não é algo que fazemos, mas algo feito por nós. Sem dúvida, existe uma obra de Cristo ainda não concluída, mas ela tem como base sua obra consumada. É em virtude de algo já consumado em sua cruz que Cristo é capaz de apelar a nós, obtendo de nós a resposta de que *recebemos* a reconciliação.[81]

---

[80]Cf. ainda "Juízo indesejado", seção 1.1.
[81]James Denney, *The Death of Christ* [A morte de Cristo] (Londres: Hodder and Stoughton, 1902), p. 144-46. Denney se refere a uma carta de Oliver Cromwell ao seu genro, Charles Fleetwood, governador da Irlanda, datada de 22 de junho de 1655, na qual declara: "A aliança ocorre sem a nossa participação; é uma transação entre Deus e Cristo" (Thomas Carlyle, ed., *Oliver Cromwell's Letters and Speeches* [Cartas e discursos de Oliver Cromwell] [Nova Iorque: Scribner, 1871], 4:125).

"Expiação é história. [...] Tentar entendê-la como supra-histórica ou verdade não histórica é o mesmo que não compreendê-la."[82] Quando Jesus morreu, a cortina do templo rasgou-se em duas (Mt 27:51). Foi um sinal de juízo, uma indicação de que o templo estava terminado e uma antecipação de sua destruição, mas também um sinal de graça, por dar a entender a abertura da presença de Deus às pessoas (cf. Hb 9—10).

A paciência de Deus

Há ainda outro significado no apelo de João a Isaías 53:1.[83] A visão em Isaías 52:13—53:12 tem seu cenário no exílio e relaciona-se à impetuosidade de Israel, que provocou o exílio. Esse desvio não começou nas décadas precedentes à queda de Jerusalém. Como as pessoas lamentaram, os pais comeram uvas azedas, mas os filhos é que ficaram com o gosto ruim na boca (Jr 31:29; Ez 18:1-2). Ou seja, a geração que viu a queda de Jerusalém experimentou algo que seus pais e ancestrais mereciam, mas não experimentaram. Essa geração posterior merecia tanto quanto a anterior e, nesse sentido, não podia reclamar, embora estivesse certa quanto à infelicidade de ser a geração que estava viva quando a paciência de Yahweh finalmente se esgotou.

Sua reflexão levanta outra questão: como Yahweh manteve a paciência no decorrer dos séculos? Afinal, essa paciência acabou sendo inútil, no sentido de não ter encontrado resposta.

Uma maneira de formular uma resposta é observar a implicação de que a paciência de Yahweh não depende da resposta da humanidade. Ela flui de seu próprio ser.[84] Outra implicação é que Yahweh tem continuamente pago o preço pelo desvio das pessoas. Durante séculos, elas se comportaram de modo a sugerir desprezo por Yahweh, o qual, por sua vez, suportou. De tempos em tempos, ele agiu em disciplina, mas nunca da maneira como a aliança advertiu. O castigo nunca correspondeu ao crime. Yahweh carregou as consequências do desvio dos judeus em vez de fazê-los carregá-las. Deus é como um pai que teria razões para colocar um filho ou uma filha para fora de casa, mas nunca o faz.

---

[82]Barth, *CD* IV, 1:157.
[83]Cf. seção 5.2.
[84]Cf. Barth, *CD* II, 1:414-22.

Em outras palavras, existiu uma revelação de Yahweh personificada na história de Israel desde o início, implícita na forma como Yahweh lidou com o desdém de Israel. De fato, Yahweh tem deixado Israel crucificá-lo.

Notamos a objeção à fé cristã de que "Yahweh, à margem de todas as questões de poder, diverge de outros deuses de Canaã — particularmente por transcender tanto a sexualidade como a morte. Dito de forma mais franca, Yahweh não pode ser considerado como que morrendo. [...] Não acho nada no cristianismo teológico mais difícil de apreender do que a concepção de Jesus Cristo como um Deus que morre e revive". Nesse entendimento, o *Tanakh* é despedaçado.[85] Na verdade, Yahweh sempre foi um Deus que morreu e ressuscitou, ainda que não à semelhança de um deus canaanita. A verdade é expressa na história de Israel e personificada na ação de Yahweh no ministério de seu servo (Is 53:1). Também é personificada em Jesus ao assumir o papel de servo e personificar sua visão.

Nos céus, há muito Deus tem absorvido sua ira, mas sua longanimidade pode ser percebida na forma como ele age com o mundo e na vida de Israel. Deixar Jesus ser executado foi a expressão definitiva de seu desejo de absorver, em si mesmo, seu ressentimento e sua ira justificados, em vez de expressá-los nas pessoas que mereciam, porque ele queria reconciliar-se com elas.

Carregando a transgressão humana

O termo clássico para descrever o que Jesus conquistou através de sua morte é a palavra *expiação* (do latim *expiatĭo*). A etimologia da palavra[86] nos serve de guia para o seu significado. Sem a morte de Jesus, não teria havido união entre nós e Deus. Através de sua morte, podemos ser um. Deus deixa a humanidade matar seu Filho, permitindo-nos, assim, fazer a pior coisa possível, recusando-se, contudo, a se retirar de nós, absorvendo, antes, nossa hostilidade sobre si. Na verdade, "a pureza de Jesus consiste em sua habilidade de sofrer a maldade humana, particularmente a tendência humana em relação a juízo destrutivo, absorvendo-o sem

---

[85] Bloom, *Jesus and Yahweh* [Jesus e Yahweh], p. 6. Cf. "Morte e nascimento".
[86] Para o termo "expiação", o autor utilizou o termo *atonement* e apontou sua etimologia na língua inglesa, que é *at-on-ment*. [N.T.]

retransmiti-lo".[87] A noção de absorver a ira corresponde à ideia mais técnica de que Deus se deixa propiciar — é como se ele propiciasse a si mesmo.[88] Embora as Escrituras não falem de Deus absorvendo a maldade humana, falam frequentemente de Deus como aquele que a carrega, estabelecendo uma ideia semelhante.

O Novo Testamento tem duas palavras principais para "perdoar": *aphiēmi* dá a entender deixar para trás o erro que as pessoas cometeram contra nós, enquanto *charizomai* sugere ser gracioso para com aqueles que nos prejudicaram. O Primeiro Testamento também tem duas palavras. A menos frequente, *şālaḥ*, dá a entender o ato de perdoar; denota o perdão que alguém em autoridade concede ao subordinado. A palavra mais comum, *nāśā'*, corresponde ao termo comum para "carregar", de modo que a palavra sugere carregar a maldade de alguém. Denota o perdão que qualquer um daria a alguém que lhe cometeu injustiça.

Em tese, as pessoas que cometem o erro têm de "carregar seu desvio" — ou seja, aceitar a responsabilidade e se subjugar à punição ou fazer restituição (*'āšām*; Êx 28:43; Lv 5:17-18). Contudo, há várias maneiras pelas quais uma pessoa pode "carregar" a transgressão de outra. No deserto, as pessoas "carregavam" a infidelidade e o desvio dos pais (Nm 14:33-34) — ou seja, suportavam involuntariamente as consequências quando não mereciam. O servo de Yahweh "carregou" voluntariamente as ofensas das pessoas (Is 53:12) — ou seja, carregou as consequências dessas ofensas quando não merecia e não tinha a obrigação de fazê-lo.

Essa formulação é empregada na declaração de que Jesus "carregou" nossa ofensa quando, na verdade, não merecia (1Pe 2:24). Foi o que ele fez ao morrer: "Sua morte, carregando o nosso pecado, não são duas coisas, mas uma".[89] Ao se permitir morrer, Jesus se comportava como aquele cuja iniciativa foi aceitar a responsabilidade por nós e, assim, aceitar a consequência de nossa ação.

---

[87]L. Gregory Jones, *Embodying Forgiveness* [Incorporando o perdão] (Grand Rapids: Eerdmans, 1995), p. 122.

[88]É estranho, assim, que escritores que desejam enfatizar a propiciação descrevam "absorver" como uma "noção curiosa" (Steve Jeffery e Andrew Sach, *Pierced for Our Transgressions* [Traspassado pela nossa transgressão] [Nottingham: InterVarsity Press; Wheaton: Crossway, 2007], p. 215).

[89]James Denney, *The Death of Christ* [A morte de Cristo] (Londres: Hodder and Stoughton, 1902), p. 98.

Nada fora de Deus poderia ter esse efeito. O mundo continua desviado, voltando as costas para Deus. Se Deus aguardasse até que o mundo caísse em si, teria de aguardar para sempre. Antes, Deus carrega a transgressão do mundo, aceita a responsabilidade por ela — não no sentido de ser sua culpa, mas no sentido de não agir com base no fato de o mundo haver cometido um erro e estar recebendo o que merece.

Deus o faz depois de, praticamente destruir o mundo — e mais uma vez ao restaurar os israelitas após o exílio —, porém o faz espetacularmente ao enviar Jesus para o mundo, deixar o mundo executá-lo, trazê-lo dentre os mortos e partir em busca das pessoas que o mataram. "Deus demonstra o seu amor por nós pelo fato de o Ungido ter morrido em nosso favor quando ainda éramos pecadores" (Rm 5:8).

Havia inimizade entre nós e Deus. O fato de ele ter dado Jesus por nós expressou seu desejo de terminar essa inimizade, e nossa confiança em Jesus expressa nossa resposta. Assim, Deus nos é propício e passamos a ter com ele um bom relacionamento, do tipo que Adão e Eva foram criados para ter.

Fazendo a coisa certa

O que Deus fez em Israel e o que fez em Jesus são assim expressão da *dikaiosynē* de Deus. A tradução tradicional inglesa é *righteousness* (justiça), e essa tradução se encaixa no contexto no grego secular, que denota integridade. Mas *dikaiosynē* e as expressões correlatas são também equivalentes na Septuaginta a palavras como ṣədāqâ, denotando fazer a coisa certa e fiel por pessoas com as quais alguém está comprometido em um relacionamento. São "termos básicos do Antigo Testamento, conectados à aliança de Deus com seu povo eleito. Predicados de Deus, eles designam sua fidelidade à aliança e o fato de que sua bondade e sua graça constantemente a reafirmam"; predicados de Israel, eles denotam seu viver no contexto da aliança, em obediência.[90]

"'Justiça' e 'fidelidade' de Deus são quase atributos idênticos e ações correlatas" (cf. Rm 3:3,5). Ambos são "formados fundamentalmente pela aliança de Deus com Israel. O ato salvador de Deus em Cristo deve, portanto, ser entendido principalmente como ato de fidelidade pactual e

---

[90]Günther Bornkamm, *Paul* [Paulo] (Nova Iorque: Harper; Londres: Hodder, 1971), p. 139.

restauração".[91] O fato de Deus permitir a execução de Jesus foi a expressão definitiva de seu comprometimento em fazer a coisa certa por nós, sendo-nos fiel. A cruz é o "paradigma da fidelidade".[92]

A palavra *principalmente* é importante; em ambos os Testamentos, a ação certa e íntegra de Deus inclui seu agir em juízo.[93] Contudo, Deus não fez a coisa certa por nós no sentido de agir em consonância com nosso mérito (não tínhamos nenhum), mas no sentido de agir em consonância com sua própria integridade e com seu comprometimento. Deus "ofereceu" Jesus como aquele que morreu por nós "para mostrar que agiu em justiça ao deixar impunes os pecados do passado, em sua tolerância. No presente, porém, demonstrou sua justiça, a fim de ser justo e justificador daquele que tem fé em Jesus, o Ungido" (Rm 3:25-26).

Essa formulação deve indicar que havia um "problema" em relação a Deus ter deixado impunes os pecados do passado. Teria existido certa tensão entre a forma como Deus agiu em relação a Israel e o restante do mundo e a forma como Deus agiu em Jesus. Mais profundamente, porém, a formulação remete à continuidade entre a tolerância passada de Deus e sua ação em Jesus. A ação de Deus em Jesus permite-nos ver a importância na forma como Deus sempre se relacionou com Israel e o mundo. No decorrer de toda a história israelita e mundial, Deus tem agido com integridade, atuado da forma correta, no sentido de que suas ações expressam seu comprometimento de bondade para com Israel e o mundo, impedindo o pecado humano de frustrar essa intenção. A execução de Jesus traz essa insistência à sua expressão máxima. Não há tensão entre o ato de deixar impunes os pecados passados e o de tratar pessoas no presente como se estivessem agora em posição de confiar em Jesus. Ambos manifestam o mesmo instinto de fazer o certo às pessoas, o mesmo comprometimento com a fidelidade em relação a Israel e à humanidade.

---

[91]Douglas A. Campbell, *The Deliverance of God* (Grand Rapids: Eerdmans, 2009), p. 441, resumindo pontos de vista de James D. G. Dunn (cf. e.g., *Romans* [Romanos] [Dallas: Word, 1988]) e N. T. Wright (cf., e.g., "The Letter to the Romans" [Carta aos Romanos], em Leander E. Keck *et al.*, eds., *The New Interpreter's Bible* [A Bíblia do novo intérprete] [Nashville: Abingdon, 2002], 10:393-770).
[92]Richard B. Hays, *The Moral Vision of the New Testament* [A visão moral do Novo Testamento] (São Francisco: Harper, 1996), p. 27.
[93]Cf. Charles Lee Irons, *The Righteousness of God* [A justiça de Deus] (Tubinga: Mohr, 2015).

Podemos dizer que "justiça" é "a palavra código de Paulo para o atributo da misericórdia".[94] É por essa razão que posso ser *simul justus et peccator*, "justo e pecador ao mesmo tempo, santo e profano, inimigo de Deus e filho de Deus".[95] No decorrer da vida, falho em meu comprometimento para com Deus (sou pecador), mas Deus não desiste de seu comprometimento comigo (sou *justus*, um santo, no sentido de Deus ver-me e tratar-me como parte do grupo com o qual ele está comprometido a ser fiel).[96]

Ademais, esse comprometimento significa que, em outro sentido, Deus não me aceita simplesmente como sou, mas desenvolve uma forma de se comprometer comigo, levando-me à santidade madura. Somos *peccatores in re, justi autem in spe* — pecadores, mas destinados a ser santos.[97] Melhor ainda, talvez: *somos* santos, mas destinados a nos tornar o que somos.[98]

Retificando-nos

Ao lado do uso do substantivo *dikaiosynē*, as Escrituras também usam o verbo *dikaioō* e o substantivo *dikaiōsis* em conexão com a ideia de que Jesus carregou a transgressão humana. Para essas palavras, as traduções em português geralmente usam termos como *justificar* e *justificação* para denotar a ação de Deus de retificar as coisas entre ele e nós; essas palavras em português, contudo, dão margem para má interpretação.[99] Sugerem a ideia de Deus como juiz, o que, de fato, remete a um entendimento aceitável em ambos os Testamentos. Nesse contexto, porém,

---

[94] Jerome H. Neyrey, *Render to God* [Dai a Deus] (Mineápolis: Fortress, 2004), p. 73.
[95] Martin Luther, *Lectures on Galatians 1535 Chapters 1–4* [Estudos em Gálatas 1535, caps. 1—4], LW 26 (St. Louis: Concordia, 1963), p. 232.
[96] Boa parte desses parágrafos seguem Dunn, *The Theology of Paul the Apostle* [Teologia do apóstolo Paulo], p. 334-89.
[97] Dos comentários de Martinho Lutero, em Romanos 4, *Lectures on Romans* [Aulas em Romanos] (St. Louis: Concordia, 1972), p. 258. Mais literalmente, somos "justos na esperança". Lutero, porém, refere-se não a uma atitude promissora, mas à intenção de Deus e, assim, ao meu destino.
[98] Cf. N. T. Wright, *Paul and the Faithfulness of God* [Paulo e a fidelidade de Deus] (Mineápolis: Fortress; Londres: SPCK, 2013), p. 1027.
[99] Sobre o debate moderno a respeito de justificação, cf. James K. Beilby e Paul Rhodes Eddy, eds., *Justification: Five Views* [Justificação: cinco perspectivas] (Downers Grove: InterVarsity Press, 2011).

sugerem também a ideia de Deus absolvendo as pessoas culpadas, declarando inocentes as pessoas ímpias (cf. Rm 4:5). Ambos os Testamentos questionariam essa ideia. O trabalho de um juiz é declarar o ímpio como culpado. Podemos dizer que a metáfora do juiz se quebra nesse ponto, como geralmente acontece com as metáforas. Não há nada mais central à ideia de julgar do que o seguinte: o inocente é justificado, e o culpado, condenado.

Por trás dessa dificuldade está a consideração que já somos capazes de pressupor: que palavras gregas para a família *dikaio-* não têm seu contexto na lei, seja no grego secular, seja no Novo Testamento, e certamente não no da lei ocidental. *Dikaiōsis* corresponde mais ao sentido de tratar alguém corretamente à luz de um bom relacionamento do que ao ato de declarar sua inocência. No contexto da transgressão, envolve dizer: "Sim, você fez a coisa errada, mas eu não vou deixar que isso rompa nosso relacionamento. Ainda estou comprometido com você".

Dikaiōsis não envolve uma ficção legal. Não significa tratar alguém como justo quando, na verdade, esse alguém não é. Significa tratá-lo como alguém pertencente ao povo da aliança.[100] "O Juiz que age no Calvário não é a autoridade que julga segundo a *lex*, ou seja, a lei romana, balanceando crime com punição, e injúria com recompensa". Antes, é "o Juiz da lei do Antigo Testamento, a *Torá*, cuja preocupação é preservar e restaurar seu relacionamento pactual com o seu povo".[101] A morte de Jesus é "o ato pactual quintessencial".[102]

De nossa parte, a fim de o relacionamento continuar, precisamos simplesmente confiar que Deus não permitirá que nossa transgressão romperá com o relacionamento. A morte de Jesus evidencia esse fato. "Como aqueles que são julgados por Deus e direcionados para a sua graça, somos, factual e objetivamente, chamados à fé."[103] É por essa razão que, quando, desse modo, somos "retificados pela fé, temos[104] paz com

---

[100]Segundo N. T. Wright, e.g., *Justification* [Justificação] (Londres: SPCK; Downers Grove: InterVarsity Press, 2009), p. 55-108.
[101]Smail, *Once and for All* [De uma vez por todas], p. 101.
[102]Michael J. Gorman, *Inhabiting the Cruciform God* [Ocupando o Deus cruciforme] (Grand Rapids e Cambridge: Eerdmans, 2009), p. 57.
[103]Barth, *CD* II, 2:766.
[104]Ou, "tenhamos"; alguns manuscritos trazem *echomen*, outros *echōmen*, mas a diferença não afeta o ponto sob consideração.

Deus por intermédio de nosso Senhor Jesus, o Ungido, por meio de quem também obtivemos acesso pela fé[105] a essa graça, na qual estamos firmes" (Rm 5:1-2). A realidade de um relacionamento pacífico decorre da mesma postura tomada por Deus ao continuar seu relacionamento conosco, bem como de nossa confiança de que ele continuará a fazê-lo.

Tal postura e tal confiança também significam que podemos sempre nos aproximar de Deus da forma como um súdito se aproxima de um rei, ou como um adorador oferece um sacrifício. Além do mais, podemos nos gloriar na esperança da glória de Deus (Rm 5:2) — ou seja, podemos antecipar, confiantemente, que, no Fim, veremos a glória de Deus. Nosso pecado significava que perderíamos qualquer esperança desse prospecto (Rm 3:23), mas Deus determinou que nosso pecado não teria o efeito de nos cortar da árvore da vida. Nossa *dikaiōsis* significa resgate da ira (Rm 5:9-11).

Graça

Deus é como a pessoa ofendida que, a despeito do que lhe fizeram, determina que o ato de traição não terminará o relacionamento, retificando o transgressor por pura bondade, em vez de tomar medidas contra ele. Tudo que o ofensor deve fazer é crer nisso e confiar em Deus (Rm 3:21-24). Ao deixar seu Filho ser executado por nós e não insistir em medidas contra nós por esse ato, nosso relacionamento é restaurado. Deus abre mão de sua ira por nossa transgressão, criando um relacionamento pacífico, de modo que permanecemos em um relacionamento de graça com Deus (Rm 5:1-2). Em certo sentido, originalmente (na criação), não havia necessidade de um relacionamento de graça entre nós. Relacionamento paternal, conjugal e entre amigos não é, nesse sentido, um relacionamento de graça. Determinar, porém, a permanência em um relacionamento a despeito de traição gera algo novo no sentido de graça, de dom puro.

Dado que Yahweh é um Deus que se caracteriza pela graça, quando a humanidade se perdeu, dificilmente ele deixaria a morte ter a última palavra. Como Moisés diria, a atitude de Deus seria tachada de louca.

---

[105] Mais uma vez, há uma variação no manuscrito quanto a Paulo incluir a frase "pela fé". Certamente, porém, o apóstolo a subentende.

Assim, "Deus tanto amou o mundo que deu o seu Filho Unigênito, para que todo o que nele crer não pereça, mas tenha a vida eterna. Pois Deus enviou o seu Filho ao mundo, não para condenar o mundo, mas para que este fosse salvo por meio dele" (Jo 3:16-17, NVI).

A passagem em questão combina cuidadosamente a preocupação de Deus com o mundo e seu envolvimento com o indivíduo. É porque Deus ama o mundo, o *kosmos*, que Jesus veio. Sua intenção é reinar no mundo. Mas a forma como os indivíduos chegam a participar da esfera na qual Jesus reina é confiando nele. Eles escapam da condenação e da morte que estão vindo ao mundo; são resgatados do mundo e usufruem a vida eterna que Deus intencionou para a humanidade desde o Princípio. Aquele que crê começa a experimentar essa vida agora, como se fosse restaurado ao jardim e comesse da árvore da vida. Assim, aquele que confia no Filho tem vida eterna. Por outro lado, "quem rejeita o Filho não verá a vida, mas a ira de Deus permanece sobre ele" (Jo 3:36). Vida e condenação são contrastadas entre si (cf. Jo 5:19-27).

O próprio ato original da criação de Deus foi, na verdade, um ato de graça, no sentido de surgir do instinto generoso de Deus; preservar a criação também é um ato de graça. Então, "graça sobre (*anti*) graça", fluindo da plenitude divina de graça e verdade personificadas em Jesus, todos recebemos (Jo 1:16): "A vida cristã se baseia em todos os pontos na graça; conforme procede, uma graça é trocada por outra".[106] Assim, é possível fundamentar todo um volume gigantesco intitulado "Cristo" no tema da graça.[107]

"A graça de Deus não era desconhecida" até a vinda de Jesus, mas é "agora, sua culminação". Não se trata de um novo "modo de lidar", mas de *"um único feito"*: Deus entrega Jesus à morte. Aceitar a graça de Deus em vão (2Co 6:1) é rejeitar esse dom de Deus. Graça é a entrega de um dom, de modo que pode ser retratada como *dōrea* ou *dōrēma*, *charisma* ou *charis* (Rm 5:15-17). O mesmo é verdadeiro sobre o amor: *agapē* é um feito. A separação do amor de Jesus seria a separação do que Deus fez por nós em Jesus (Rm 8:34-35). Mas, então, porque seu feito corresponde ao

---

[106] C. K. Barrett, *The Gospel According to St John* [O evangelho segundo João] (Londres: SPCK, 1962), p. 140.
[107] Refiro-me a Edward Schillebeeckx, *Christ* [Cristo] (Nova Iorque: Crossroad; Londres: SCM Press, 1980).

acontecimento decisivo em que o tempo da salvação chegou, a "graça pode ser falada como poder personificado", reinando agora no lugar do pecado (Rm 5:20-21). A graça é a situação ou o território em que agora permanecemos (Rm 5:2), e devemos nos certificar de não decair dela (Gl 5:4).[108]

Reconciliação de via dupla

O desejo de Deus de renunciar à ira e de se autossacrificar indica que a reconciliação era possível da parte de Deus. Significa também que, de nossa parte, é possível tomar a iniciativa. A etimologia da palavra *expiação* (do latim *expiatĭo*) indica que a reconciliação funciona como uma via de mão dupla: "O propósito do perdão é a restauração da comunhão".[109] Perdão e reconciliação partem do pressuposto de que a transgressão se interpôs entre duas partes, de modo que a restauração do relacionamento envolve ambas as partes.

Deus precisava reconciliar-se com o mundo, o qual se voltara contra Deus, sujeitando-se à sua ira. Deus tinha de se reconciliar com a transgressão do mundo. Quando falamos de pessoas que se reconciliam com algo, normalmente queremos dizer que elas aceitam sua realidade, mas não necessariamente que deixam de ficar iradas a esse respeito. Ao reconciliar o mundo consigo, Deus desiste de se irar a respeito dele. Significa abandonar o ressentimento justificado e não contar a transgressão das pessoas contra elas. "Reconciliação inclui [...] uma mudança tanto da parte de Deus como do homem".[110]

A necessidade do ato que expressou a reconciliação de Deus com o mundo mostrou como o mundo também precisava ser reconciliado com Deus: "No Ungido, Deus reconciliou o mundo consigo mesmo, não impondo aos homens a sua transgressão. [...] Apelamos a vocês, em lugar do Ungido: reconciliem-se com Deus" (2Co 5:18-20). Os atos que visavam incorporar objetivamente a reconciliação de Deus com o mundo também apelavam para a subjetividade do mundo. Buscavam levar o mundo a reconhecer a forma extraordinária como Deus abriu mão de seu justo ressentimento e ira, e se reconciliou com o mundo.

---

[108]Bultmann, *Theology of the New Testament* [Teologia do Novo Testamento], 1:289-91.
[109]Jones, *Embodying Forgiveness* [Incorporando o perdão], p. 5.
[110]Leon Morris, *The Apostolic Preaching of the Cross* [A pregação apostólica da cruz] (Londres: Tyndale; Grand Rapids: Eerdmans, 1955; 3ª ed., 1965), p. 249.

O primeiro grande exemplo bíblico dessa dinâmica alcança a conclusão da história do dilúvio (Gn 8:15—9:17). Deus ordena a Noé e à sua família que saiam da arca, reafirmando sua comissão criativa original à humanidade; Noé, por sua vez, oferece holocaustos. Deus promete nunca mais amaldiçoar o solo, já que a humanidade é incorrigivelmente perversa; Deus se reconciliou com esse fato. Ademais, porém, Deus estabelece a primeira aliança da Escritura e chama a atenção de Noé para o sinal: o arco-íris.[111] Ele é reconciliado com a humanidade nesse outro sentido. Hoje há um raiar do sol depois do dia chuvoso de ontem; todo dia assim surge, pois Deus se autorreconciliou com o mundo e busca reconciliá-lo consigo. O retorno dos judeus do exílio ocorreu porque Deus se reconciliou com eles, apelando a eles pela mesma resposta. A vinda, a execução, a ressurreição e a proclamação de Jesus aconteceram porque Deus se reconciliou com o mundo, apelando, então, para que o mundo e a igreja se reconciliem com Deus.

A declaração de que os coríntios precisam reconciliar-se com Deus é surpreendente, porque uma reconciliação "de uma vez por todas" entre Deus e a humanidade foi o objetivo da vinda de Jesus. A exortação "reconciliem-se com Deus" é "a linguagem do evangelismo".[112] Transparece que, em certo sentido, o ato reconciliatório de Deus não precisa ser "de uma vez por todas". O relacionamento entre Deus e Israel sujeitou-se a rompimentos periódicos. Israel ofendia Deus, Deus se irava com Israel e, no devido tempo, abandonava sua ira e estendia a mão para Israel, que, por fim, retornava. O perigo não estava no fato de o relacionamento estar terminalmente ameaçado. Deus nunca cederia à tentação de abandonar Israel definitivamente. Mas o relacionamento podia passar por períodos turbulentos. Essa dinâmica continua no relacionamento de Deus com as igrejas, como no caso da igreja de Corinto.

O comprometimento de Deus com o mundo após a Queda significa que o mundo pode sempre retornar a Deus e ter a certeza de encontrar o relacionamento restaurado, embora não o tenha feito. No Sinai, a graça

---

[111]Cf. "Que se ira e não inocenta", seção 1.1.
[112]I. Howard Marshall, "The Meaning of 'Reconciliation'" [O significado de 'reconciliação'], em Robert A. Guelich, ed., *Unity and Diversity in New Testament Theology* [Unidade e diversidade na teologia do Novo Testamento], G. E. Ladd Festschrift (Grand Rapids: Eerdmans, 1978), p. 117-32 (em p. 129); cf. Ralph P. Martin, *2 Corinthians* [2Coríntios] (Waco: Word, 1996), p. 138.

de Deus para com Israel significava que a nação podia sempre retornar a Deus com a certeza de que encontraria o relacionamento restaurado, conforme ocorreu periodicamente. A graça de Deus a Judá, em sua restauração após o exílio, significava que Judá podia sempre retornar a Deus e encontrar o relacionamento restaurado, como de fato o fez. A graça de Deus em Jesus significa que as igrejas podem sempre retornar a Deus e encontrar o relacionamento restaurado.

Quando uma nação é poderosa, sua inclinação é impor autoridade à força sobre outros povos; contudo, ela ganharia mais se resistisse a essa tentação, porque o reconhecimento voluntário da autoridade é melhor do que um reconhecimento forçado. Deus reconheceu esse fato na forma como agiu em Jesus (Cl 1:20). Ter a plenitude da pessoa de Deus residindo em Jesus significava que Deus, através do próprio Jesus, podia reconciliar o mundo consigo ao trazer a paz por intermédio do derramamento de sangue associado à sua execução. A reconciliação se assemelhava àquela de um poder rebelde subordinado a um poder superior, conquistada, porém, pelo poder superior do autossacrifício.

Não sem resultados vazios

A igreja de Corinto é instada a se reconciliar com Deus e, de modo a não receber a graça de Deus com resultados vazios (2Co 6:1). Receber a graça de Deus com resultados vazios não significa que os coríntios perderão seu lugar dentre o povo de Deus. Antes, significa que, mesmo tendo recebido a graça de Deus, essa graça não produzirá os resultados previstos. Os fiéis em Corinto se assemelharão ao povo judeu nos dias de Paulo. E a natureza presente de sua vida em comunhão poderia realmente sugerir que eles receberam a graça de Deus sem qualquer efeito. Muitos na igreja ainda estão presos ao antigo estilo de vida. Por isso, a igreja deve responder à exortação de Paulo para que essa situação não se solidifique. De modo um tanto cuidadoso, Paulo, nesse contexto, apela a uma dessas primeiras ocasiões em que Deus demonstrou graça. Ao fim do exílio, Deus declarou sua intenção de restaurar Judá: "Em tempo favorável eu lhe respondi, e no dia da salvação o ajudei" (Is 49:8). Paulo complementa: "Agora é 'um tempo favorável', agora é 'um dia de salvação'" (2Co 6:2).

Quando ambos os lados são hostis um ao outro, a reconciliação deve envolver um terceiro, a fim de reconciliar as partes, como no caso dos

Estados Unidos ao mediar entre Israel e Palestina. A questão de quem iniciou a hostilidade pode não ser importante; a questão é se ambas as partes estão dispostas a dar-lhe fim. Há outras situações em que uma das partes é hostil, e a hostilidade não é recíproca, como no caso do filho pródigo e de seu pai: o pai não respondeu à saída do seu filho voltando-se contra ele, e o que se requer do filho é engolir o orgulho e voltar para casa. A reconciliação foi efetivada entre ambas as partes porque o pai engoliu seu orgulho antes de o orgulho assumir o controle. Há casos ainda em que uma parte é hostil e a outra retribui, mas o grupo originalmente ofendido pode engolir seu orgulho justificado e tomar a iniciativa de ganhar outra vez a parte ofendida.

Em conexão com a reconciliação entre Deus e o mundo, a primeira circunstância pode ser um modelo enganoso se der a entender que Deus e o mundo estão em discordância e Jesus traz ambos de volta. Exegética e teologicamente, esse entendimento é ilusório; "precisamos da Trindade para entender a expiação".[113] A parábola de Jesus sobre o filho pródigo mostra quão adequado é o segundo modelo, embora deixe o pai como um personagem puramente reativo em relação ao retorno do filho. Argumentos de Colossenses e Romanos remetem ao terceiro modelo. Deus respondeu à rebelião humana pelo exercício de autoridade punitiva, mas a reconciliação ocorreu porque ele também estava disposto a engolir seu orgulho justificado e renunciar ao direito de impor submissão. Deixar Jesus ser executado expressa essa boa vontade. Agora, o mesmo ato procura ganhar a resposta humana de oferecer imediata submissão à autoridade divina. Ambas as partes podem ser reconciliadas, não tanto como amigos, mas como senhor e servo.

O ser humano é como o filho que ignorou as regras da casa e levou sua mãe a expulsá-lo. Entretanto, as mães não conseguem deixar de ser mães; por isso, o desenvolvimento dessa inimizade não leva a mãe a fechar a porta, mas, sim, ir ao encontro do filho antes do jantar. A morte de Jesus por nós foi, e continua a ser, uma expressão e uma demonstração do amor de *Deus* (Rm 5:8). Enquanto éramos pecadores e inimigos, Jesus morreu por nós (Rm 5:6-11). Sua morte expressa o modo pelo qual a inimizade de Deus não precisa ter a última palavra e demonstra tal

---

[113] Thomas A. Smail, *The Forgotten Father* [O pai esquecido] (Londres: Hodder, 1980; Grand Rapids: Eerdmans, 1981), p. 113.

insistência nesse sentido, a fim de impedir que nossa inimizade humana tenha a palavra final.

Pela morte de Jesus na cruz, Deus, antes indisposto a se encontrar com o pecador, deseja agora associar-se a ele, levando as pessoas que andavam distantes a ver sua ofensa e a desejar o retorno. Realizou uma expiação objetiva e subjetiva: Deus foi reconciliado, por sua própria iniciativa, e também nós. Dar seu Filho para morrer por nós foi uma expressão extraordinária da justiça e da fidelidade pactual de Deus, designada a nos levar de vez à reconciliação, para que nos tornássemos uma personificação ou uma evidência da fidelidade à justiça ou à aliança — não que devamos tentar, mas a ação de Deus nos permite [cf. 2Co 5:21].

5.4 A MORTE DE JESUS: PURIFICANDO E FAZENDO RESTITUIÇÃO

Com a maior boa vontade do mundo, até mesmo o Deus que está disposto a absorver a ira e se demonstra ávido por reconciliação, pode ser inibido a se relacionar com a humanidade por causa da impureza ou tabu[114] inerentes ao ser humano em seu estado de desobediência. O próprio ser humano pode estar ciente dessa mancha ou impureza. Lady Macbeth tentou várias vezes lavar das mãos o sague do rei Duncan, porém em vão. Um homem que comete adultério e então aceita que cometeu um erro pode perceber que permanece consequentemente impuro; e certamente pode ser impuro à sua esposa. Semelhantemente, pessoas podem estar cientes de que suas práticas podem deixar manchas de modo que lhes é inapropriado entrar na presença de Deus.

Rituais de purificação levam pessoas a saber que a mancha foi limpa, que o tabu foi removido. Uma pessoa que está ciente de ser impura e necessitada de purificação pode banhar-se no oceano para esse fim, para obter uma sensação de que foi lavada da impureza. O batismo pode ter esse efeito, especialmente se administrado em um rio ou oceano.

Um dos aspectos mais importantes dos sacrifícios no Primeiro Testamento é que eram meios divinos de purificação. O Novo Testamento

---

[114] No original, o autor usa o termo *taboo* para se referir a algum tipo de impedimento, a algo que impede o homem a ter comunhão plena com Deus, mas não necessariamente se refere a algum tipo de impureza. [N.T.]

se apropria dessa realidade. Ao morrer, Jesus age no lugar de Deus, provendo um meio de purificação em forma de sacrifício metafórico, pelo qual podemos ser purificados e, assim, capacitados a entrar na presença de Deus.

O sistema sacrificial do Primeiro Testamento também dá a entender outra abordagem com relação à importância da morte de Jesus. A transgressão nos coloca em dívida para com aquele a quem ofendemos. Ao motorista descuidado, quem dera existisse uma forma de restituir aos pais o filho que ele matou! O marido infiel pode cair em si e desejar que haja uma forma de se reconciliar com sua esposa. Como pecadores, podemos chegar ao reconhecimento de como não demos a Deus a lealdade que ele merece. Jesus também agiu no lugar de Deus por nós, provendo-nos um dom de obediência que podemos oferecer a Deus para compensar nossa deslealdade quando nos identificamos com seu autossacrifício.

A mancha do pecado

No Primeiro Testamento, algumas coisas impossibilitavam que as pessoas entrassem no templo, pois comprometeriam a sacralidade do local; por exemplo, não era permitido entrar no santuário quem tivesse acabado de ter relações sexuais ou de entrar em contato com um cadáver. Normalmente, as traduções empregam a palavra *impureza* nesse contexto, mas geram mal-entendidos com a tradução da palavra hebraica *ṭāmēʾ*, pois essa palavra não indica "falta" de alguma qualidade, como dá a entender "*im-pureza*". Antes, sugere a presença de uma qualidade, a presença de algo um tanto estranho, preocupante ou misterioso como resultado de impureza naquele que a carrega. Diversos tabus parecem estar relacionados às diferenças entre Deus e o ser humano — não a diferenças morais, mas a diferenças de natureza. Eles querem dizer que você não pode entrar na presença de Deus no santuário quando carrega um tabu. Precisa ser tratado primeiro. Esses dois exemplos clássicos de tabus, relacionados ao sexo e à morte, dizem respeito a aspectos da experiência humana que distinguem nitidamente Deus e o ser humano. Não que sexo (com a pessoa apropriada) e o enterro de um familiar sejam errados. A questão é que sexo e morte são aspectos alheios ao ser de Yahweh, ao contrário do ser de outros deuses (que podiam fazer sexo e eram sujeitos à morte).[115]

---

[115]Cf. citação de Harold Bloom em "O braço de Yahweh", na seção 5.2.

Indecência moral e infidelidade a Yahweh tinham o mesmo efeito de manchar uma pessoa, impossibilitando-a de entrar na presença de Deus. Também esses atos são alheios ao ser de Yahweh. Pessoas maculadas por eles profanariam o lugar da habitação de Yahweh, tornando impossível sua presença sem comprometer seu ser.

No caso de formas leves de tabus, o indivíduo era obrigado a esperar alguns dias para que a profanação passasse. Se manchado por um dos tabus mais sérios, deveria participar de algum tipo de ritual de purificação, como uma purificação cerimonial ou a oferta de um sacrifício. Indecência moral também exigia arrependimento e algum ato de restituição.

Levítico 4—5 estabelece duas formas de oferta que lidam com a falha humana. Nenhuma delas lida com o que poderíamos chamar de "pecado" propriamente dito. Se você tivesse adorado outro deus, feito uma imagem de Deus, trabalhado no sábado ou cometido adultério, a oferta de um sacrifício não trataria da transgressão. Na passagem em questão, as duas formas de oferta dizem respeito a, de uma perspectiva humana, questões menores.

O termo para a primeira dessas duas formas de oferta é *ḥaṭṭāʾt*, que, em outros contextos, traduz-se comumente por "pecado". Esse sacrifício é, assim, referido tradicionalmente como "oferta pelo pecado", mas a tradução é enganosa. A oferta não lida com consequências morais e relacionais de transgressão deliberada. Ela lida com a contaminação resultante de tais delitos, ou com outros fatores, como contato com a morte ou prática de sexo, que não são errados, mas que tornam a pessoa um tabu, ou passível de fazer algo errado por acidente. Mesmo que não houvesse nada moralmente errado com a sua ação, ela contrasta com algum aspecto da natureza de Deus e torna o indivíduo um tabu e incapaz de entrar na presença de Deus. Primeiro se faz uma oferta que lida com a contaminação ou com o tabu, e então se pode entrar na presença de Deus. Trata-se de uma "oferta de purificação".

Maria oferece tal oferta depois do nascimento de Jesus; o parto torna uma mulher impura pelo perigo de morte envolvido e pelo envolvimento da mulher com sangue, razão pela qual está associado à morte. De modo semelhante, a menstruação marca a mulher com impureza devido ao seu envolvimento com sangue. O Dia da Expiação (Lv 16) lida com a purificação do povo como um todo e com a purificação correlata do santuário (comprometido pela impureza do povo). O ritual assegurava às pessoas a purificação de impurezas acumuladas, possibilitando a associação de Deus com o povo, o qual, por sua vez, poderia comparecer ao santuário.

As Escrituras não deixam claro o motivo pelo qual as ofertas de purificação "funcionam"; devemos apenas aceitar esse fato. Deus diz isso. Elas são a provisão de Deus para resolver o problema que o tabu levanta. Em certo sentido, Deus levanta o problema (ao dizer "não entre na minha presença quando estiver marcado por morte ou pecado"), mas também fornece a solução. Esse fato gracioso é ainda mais impressionante pela forma como o Primeiro Testamento pode falar do próprio Deus "fazendo expiação" pela transgressão humana (e.g., Ez 16:63; Sl 79:9).

O Novo Testamento toma, então, a oferta de purificação como sugestão de uma metáfora, pela qual entendemos a morte de Jesus. É como se sua morte fosse um sacrifício através do qual Jesus, ao se oferecer, efetua a purificação pelo pecado em geral e de uma vez por todas.

A morte de Jesus como oferta de purificação

Assim, Deus deu o seu Filho *peri hamartias* (Rm 8:3). Enquanto *hamartia* corresponde à palavra grega comum para "pecado", *peri hamartias* também serve de grego padrão para a frase equivalente a "oferta de purificação" (e.g., Lv 5:6-7); a palavra grega tem, portanto, um sentido paralelo duplo em relação ao hebraico *ḥaṭṭā't*. A mesma importância da oferta de purificação se atrela à palavra *hamartia* quando Paulo diz: "aquele que não conheceu *hamartia*, Deus o fez *hamartia* por nós, para que, nele, fôssemos feitos justiça de Deus" (2Co 5:21). Deus deu seu Filho como oferta de purificação; Deus fez de Jesus uma oferta de purificação.

Em Romanos 7, e assim pouco antes de falar de Deus como aquele que dá seu Filho *peri hamartias*, Paulo fala do pecado como algo que cometemos, mesmo quando não intencionamos.[116] Deus faz da morte de Jesus uma oferta que lida com nossa contaminação, da mesma forma que forneceu uma oferta de purificação para lidar com a contaminação dos israelitas. Embora Jesus tivesse tido contato com cadáveres, portadores

---

[116]Dunn nota a ligação entre Romanos 7 e Romanos 8:3 em *The Christ and the Spirit* [Cristo e o Espírito], 1:198-99.

de tabus e pecadores, evidentemente nada de ordem moral que pudesse torná-lo um tabu, que o impossibilitasse de comparecer perante Deus, prendeu-se à sua pessoa. Desse modo, Jesus podia ser a personificação do tipo de oferta que poderia lidar com tabus.

Assim, Jesus fez "a purificação dos pecados" (Hb 1:3) e "o sangue de Jesus, seu Filho, nos purifica de todo pecado. [...] Se alguém pecar, temos advogado junto ao Pai: Jesus, o Ungido, o justo. Ele é a expiação [*hilasmos*] pelo nosso pecado" (1Jo 1:7; 2:1-2). Ele é "o cordeiro de Deus, que tira o pecado do mundo" (Jo 1:29). Até os gentios foram aproximados de Deus "pelo sangue do Ungido" (Ef 2:13). Referências a "sangue" dão a entender que a passagem trabalha com o entendimento da morte de Jesus como sacrifício purificador. Semelhante à ideia encontrada no Primeiro Testamento de Deus como aquele que faz expiação pelo povo, trata-se de um testemunho extraordinário do amor de Deus e de seu desejo para que habitemos em sua presença.

Em conexão com a morte de Jesus, o Novo Testamento ressalta a mancha resultante do desvio moral. A igreja de Corinto incluía indivíduos sexualmente imorais, idólatras, avarentos e trapaceiros, os quais, todavia, "foram lavados, foram santificados, foram justificados no nome do Senhor Jesus Cristo e no Espírito de nosso Deus" (1Co 6:9-11). Deus havia estabelecido Jesus como "expiação [*hilastērion*] pela fé em seu sangue", e essa ação possibilitou a redenção e a reconciliação (Rm 3:25). Proveu purificação a essas pessoas. Enquanto a natureza de Deus o fez longânimo, e sua longanimidade expressava sua justiça e fidelidade, tal natureza continuava em tensão com aquilo que causa mácula, de modo que apresentar Jesus como meio de expiação lidava com a questão.

Em passagens como aquelas que notamos, várias versões usam a palavra *propiciação* em vez de *expiação*. A diferença fundamental é que as pessoas são propiciadas, enquanto as ofensas são expiadas. A ideia de propiciação baseia-se no fato de que Deus está irado com o ser humano e que eles apaziguam a ira de Deus por meio do sacrifício. Já notamos como de fato, a transgressão suscita ira em Deus; contudo, não é o sacrifício que lida com sua ira. Os sacrifícios não têm relação com a ira, razão pela qual Levítico nunca se refere à ira de Deus. Deus lida com ira em si mesmo; o sacrifício, por sua vez, relaciona-se à impureza.

Nem é o caso de um animal sacrificial carregar a punição devida ao ofertante; essa ideia "confunde Templo com corte judicial, Altar com patíbulos".[117] O próprio Deus carrega a transgressão. Sacrifício se relaciona a purificação; remove a impureza que macula a boa criação.[118] Mas a remoção da impureza possibilita um relacionamento com Deus que, do contrário, seria impossível; e, nesse sentido, não há muita diferença no efeito entre falar em termos de expiação ou de propiciação.[119]

O sacrifício não tem o propósito de ocasionar o perdão dos pecados. Seria óbvio os israelitas pensarem (e os adeptos de outras religiões) que tal ideia não faria sentido. Como um sacrifício ocasionaria o perdão? Pelo contrário, pela declaração de Deus, um sacrifício podia ocasionar a purificação de tabus. E a realidade de encontrar libertação de restrições quanto a entrar na presença de Deus removendo o tabu serve de outro entendimento à morte de Jesus.

O véu do santuário, que se rasgou com a morte de Jesus, também simboliza essa libertação. A morte de Jesus é o sacrifício que gera nossa purificação e o meio pelo qual podemos entrar na presença de Deus, sem comprometê-la. Na interpretação revisionista que o Novo Testamento faz do livro de Levítico, os erros com os quais um sacrifício podia lidar tornaram-se desvio obstinado em relação a Deus e a outras pessoas; a remissão torna-se libertação das consequências do pecado; e essa libertação ocorre porque a execução de Jesus é remodelada como um tipo de sacrifício capaz de eliminar a impureza.

Jesus, nosso sacerdote

Hebreus expõe sistematicamente essa forma de ver a importância da morte de Jesus, balanceando-a com a imagem de Jesus como o sacerdote que oferece o sacrifício e como o próprio sacrifício. Ele não podia ser um sacerdote comum, já que o identificador genealógico que o qualificava como rei descartava sua participação no sacerdócio. Jesus é sacerdote segundo a linhagem de Melquisedeque, não a de Arão (Hb 7). Embora o

---

[117]J. S. Whale, *Victor and Victim* [Vencedor e vítima] (Cambridge e Nova Iorque: Cambridge University Press, 1960), p. 53. Cf. Thomas A. Bennett, The Cross as the Labor of God" [A cruz como trabalho de Deus] (PhD diss., Fuller Theological Seminary, 2015), p. 123-24.
[118]Colin E. Gunton, *The Actuality of Atonement* [A contemporaneidade da expiação] (Edimburgo: T&T Clark; Grand Rapids: Eerdmans, 1989), p. 119.
[119]Conforme Morris repara ao defender amplamente a ideia de propiciação (*Apostolic Preaching of the Cross* [Pregação apostólica da cruz], 211).

Primeiro Testamento não fale de um sacerdote vindouro e futuro, havia certa expectativa a esse respeito nos dias de Jesus, especialmente por pessoas como as da comunidade de Qumran, que viam o sacerdócio de Jerusalém como apóstata. Seria então possível manter uma expectativa dual de Jesus em termos da figura de Moisés e Arão, Zorobabel e Josué (cf. Zc 4).

Não há indícios de que Jesus tenha sido compreendido nesses termos durante seu ministério, embora assegurar ao homem paralítico "Filho, os seus pecados estão perdoados" (Mc 2:5, NVI) tenha sido um ato sacerdotal. Nessa ocasião, alguns dos ouvintes pensaram que ele estava "blasfemando". Na verdade, Jesus disse: "O Homem tem autoridade na terra para perdoar pecados"; essa evidência é sua capacidade de curar, de dizer a um homem paralítico: "Levante-se e vá para casa" — ou seja, "passe a andar e não seja mais carregado". Outro indicador paradoxal no que diz respeito à sua autoridade sacerdotal é quando ele declara quem não pode ser perdoado (Mt 6:14; 12:31-32).

Semelhante a um sacerdote, Jesus é capaz de nos regatar completa e eternamente, porque ele vive sempre para interceder por nós (Hb 7:25). Hebreus expõe a importância de Jesus como sacerdote e oferta em conexão com o tratamento pastoral de pessoas incertas de terem sido perdoadas (Hb 9:9,14; 10:2,22). A ideia, então, é que os sacrifícios do templo não podiam resolver o problema (como alguns talvez pensassem), enquanto a morte de Jesus, sim.

A questão da incerteza quanto ao perdão não é um problema ao qual o Primeiro Testamento se refere; por isso, o Primeiro Testamento não traz qualquer provisão para lidar com isso. Ou, se há um problema, a resolução reside em se deixar agarrar pelos fatos sobre a misericórdia e a graça de Yahweh, demonstrada pela história de seu relacionamento com Israel e confirmada pela história de Jesus. Contudo, o Primeiro Testamento realmente indica que as pessoas não podiam ir ao lugar santíssimo, onde o sumo sacerdote comparecia uma vez por ano, porque o caminho ainda não havia sido manifestado (Hb 9:7-8). O sangue de touros e bodes não podia remover o pecado, diferentemente do sacrifício de Jesus; por uma única oferta, ele levou à completude, de uma vez por todas, as pessoas que estão sendo santificadas (Hb 9:14; 10:3,14). Agora então podemos ter confiança e plena certeza de fé quanto a entrar no lugar santíssimo, porque o nosso coração é aspergido de toda má consciência (Hb 10:19-22).

Hebreus, assim, aborda a necessidade de pessoas cujo problema diz respeito à consciência de pecado. "A igreja precisa *sentir* que foi perdoada." As pessoas sabem que Jesus morreu por elas e que sua confiança em Jesus lhes trouxe purificação de pecados passados. Mas e quanto aos pecados que continuam a cometer? Talvez pensassem que podiam combinar sua confiança em Jesus com ritos de purificação e a oferta de sacrifícios, ou pelo menos associando-se à comunidade judaica, que viveu no contexto da oferta desses sacrifícios, especialmente no Dia da Expiação (eficaz para toda a comunidade, a despeito de onde o judeu vivia). Hebreus ensina que, na verdade, o sistema sacrificial não pode resolver essa questão. "Leitores da carta devem ser persuadidos de que, embora o sacrifício de Jesus seja irrepetível, continua a ser efetivo em termos de lidar com sua presente consciência de pecado e de que há uma forma prática de manter o senso de relacionamento ininterrupto com Deus."[120] Para aquele que está ciente de ter caído em tentação, a boa notícia é que Jesus conhece a respeito de tentação. O fato de ele não ter caído não o impede de ser compassivo para com pessoas que caem, e sua morte foi como um sacrifício capaz de purificar a consciência dessas pessoas. Desse modo, podemos nos aproximar do trono gracioso de Deus, à direita do qual Jesus está, a fim de encontrarmos misericórdia e graça (Hb 4:14-16; cf. Hb 1:3,13; 8:1; 10:12; 12:2).

Fazendo restituição

Enquanto um adúltero ou um motorista embriagado que mata alguém podem ambos estar cientes de sua impureza como resultado de sua ação, bem como da purificação oferecida pela morte de Jesus, a ação pecaminosa também os coloca sob a obrigação de fazer alguma restituição em conexão com sua transgressão. O motorista que matou o provedor da família estaria sob a obrigação de ajudá-la na subsistência. Programas antidrogas exigem que o ex-dependente se encontre com pessoas injustiçadas para lhes perguntar o que devem fazer para reparar o erro. Um adúltero deve buscar meios de restaurar o autorrespeito e a honra de sua esposa. Em 1963, o político britânico John Profumo teve de pedir

---

[120]Barnabas Lindars, *The Theology of the Letter to the Hebrews* [Teologia da carta aos Hebreus] (Cambridge e Nova Iorque: Cambridge University Press, 1991), p. 14, 59-60.

demissão do governo depois de um caso extraconjugal haver colocado em risco a segurança nacional. Profumo gastou a segunda metade de sua vida como voluntário em uma instituição de caridade em Londres, inicialmente com o trabalho de limpar banheiro. Já no fim da vida, o político havia sido restaurado à honra pública. Ele havia feito restituição.

As ofensas que cometemos não nos colocam em dívida apenas em relação àqueles com quem cometemos injustiça; colocam-nos também em dívida com Deus. Errar contra outro ser humano é errar contra Deus, em cuja imagem a pessoa é criada. Tratar coisas como trabalho, compras, sexo ou carreira como deuses atinge Deus de forma mais direta. A morte de Jesus oferece restituição a Deus em nosso lugar, de modo a compensar pela infidelidade humana.

Tanto quanto *ḥaṭṭā'ṯ*, expressão relacionada à necessidade de purificação do indivíduo para entrar na presença de Deus, Levítico 4—5 descreve um segundo tipo de sacrifício: *'āšām*. Normalmente, o termo é traduzido em inglês como "oferta pela culpa", mas sua importância distintiva é fazer restituição por algo cometido por alguém. Como a oferta de purificação, sua preocupação não é tanto com delitos morais deliberados quanto com uma ofensa — como acidentalmente falhar em dizimar ou deixar de prestar depoimento em um tribunal quando você tem algo relevante a dizer. Ao perceber que cometeu um erro nesse sentido, seu dever é corrigir o problema, trazendo uma oferta como forma de compensação.

A ideia de uma restituição metafórica aparece na visão do servo de Yahweh, em Isaías 52:13—53:12. O texto fala do servo fazendo de sua vida uma *'āšām* (Is 53:10). A morte de Jesus também pode ser vista como tal oferta, em substituição ao que o ser humano não pode oferecer. Muitas traduções modernas trazem o servo carregando a "punição" por nosso pecado (Is 53:7), dando a entender que a morte de Jesus envolveu a "substituição penal" de seu sofrimento pelo nosso,[121] mas essa tradução introduz uma série de ideias estranhas ao capítulo. A ARA, por exemplo, traz "castigo" em vez de "punição". O ponto do capítulo não é que Deus pune o seu servo em vez de punir as pessoas. Antes, a questão é que o servo foi fiel a Yahweh e não mereceu aflição, como outras pessoas, porém

---

[121]Cf. Martin, *2 Corinthians* [2Coríntios], p. 131; Jeffery *et al.*, *Pierced for Our Transgressions* [Traspassado pelas transgressões], p. 52-67.

compartilhou a aflição delas. De fato, o povo tratou Jesus como distintamente infiel. Como preço de seu ministério em favor das pessoas, o servo foi atacado e perseguido, tanto pela mão de poderes imperiais como de Israel. Por amor das pessoas, o servo sofreu como ninguém.

Estranhamente, porém, para esse servo, a natureza imerecida de sua aflição abre portas a uma nova forma de servir Yahweh, provendo-lhe algo a oferecer a Deus. Os poderes imperiais e o povo que representam, os líderes de Israel e o povo que representam, precisam de algo para oferecer a Deus como compensação por sua infidelidade. Sua própria infidelidade, porém, significa que ambos não têm nada a oferecer; e, mesmo que tivessem, não enxergariam a necessidade de compensação por se considerarem inocentes. Ao cumprir seu ministério penoso, o servo de Yahweh pode oferecer a Deus sua fidelidade e compensar pela infidelidade do mundo. Ao contrário do povo, o servo é irrepreensível, sendo assim capaz de fazer de sua aflição imerecida algo aceitável a Deus, uma oferta de obediência, neutralizando os efeitos da rebelião em seu relacionamento com Deus fazendo compensação. O servo de Yahweh pode fazer de sua vida uma oferta em favor do povo e contrabalancear sua transgressão, se Deus assim o desejar.

Jesus sabe, então, que tal oferta é necessária em conexão com a restauração de Israel e o estabelecimento do reino de Deus; só assim, Israel será livre para servir a Deus. Por isso, seu sofrimento não deve necessariamente pôr em risco a chegada do reino de Deus. Pelo contrário: seu sofrimento o possibilitará. O servo pode oferecer a Deus toda a sua vida de fidelidade diante da perseguição, culminando em sua morte fiel e imerecida. Sua oferta, por sua vez, oferece compensação pela vida incrédula de todos que se identificam com ele.[122]

Jesus se ofereceu como alguém que não conheceu pecado (2Co 5:21), ou seja, como alguém que não o cometeu. Sua oferta também acontece na condição de Filho de Deus; seu autossacrifício teria um valor qualitativo, capaz de contrabalancear toda transgressão humana. Mas o Novo Testamento não estabelece esse ponto, e talvez não devamos tentar racionalizar como as ofertas funcionam. Em Levítico, não há qualquer

---

[122] Cf. Brant Pitre, *Jesus, Tribulation, and the End of the Exile* [Jesus, tribulação e o fim do exílio] (Tubinga: Mohr; Grand Rapids: Baker, 2005).

sugestão de que, quanto maior for a ofensa, maior será a oferta. A observância do Dia da Expiação estabelece esse ponto claramente, pois a oferta de um bode lida com as falhas do povo por um ano inteiro. De modo semelhante, o fundamento de Isaías 53 é que a disponibilidade de uma pessoa fiel de pagar o preço de seu ministério pode compensar a incredulidade de todo o seu povo.

Transgressão

Em sua descrição de 'āšām, Levítico também emprega a palavra para pecado e para oferta de purificação (ḥaṭṭā't), que se liga à forma como as diferentes ideias sobre o sacrifício e sobre o significado da morte de Jesus se fundem uma na outra. Da mesma forma, a Septuaginta emprega a expressão *peri hamartias* ("como oferta de purificação") para se referir à oferta de restituição em Isaías 53:10. Dada a importância de Isaías 53 como auxílio à igreja primitiva para entender o significado da morte de Jesus, não causaria surpresa se a referência a *hamartia*, em 2Coríntios 5:21, designasse especificamente a execução de Jesus como oferta de restituição, bem como uma oferta de purificação.

A ARA chama 'āšām de "oferta pela culpa", sugerindo um *insight* mais profundo. Essa oferta, 'āšām, relaciona-se à transgressão particular de invadir os direitos e a honra de Deus. O autossacrifício de Jesus em nosso favor restaura a honra de Deus.[123] A transgressão humana envolve a falha em levar a sério os direitos de Deus, e a humanidade precisa restituir essa falha. Nesse contexto, Deus expressa ainda mais sua graciosidade ao autorizar ofertas levíticas para permitir que a humanidade ofereça compensação por invadir os direitos de Deus.

Destarte, a vida e a morte de Jesus constituem uma oferta que faz compensação, de uma vez por todas e em escala mundial, por essa invasão; e a provisão de Deus em relação a essa oferta testifica, mais uma vez, seu desejo de que toda a humanidade seja unificada com ele. De modo algum Jesus falha em tratar Deus como Deus. Contudo, Deus permitiu

---

[123]Cf. Joel B. Green e Mark D. Baker, *Recovering the Scandal of the Cross* [Recuperando o escândalo da cruz] (Downers Grove: InterVarsity Press, 2000), p. 20-22; Anthony C. Thiselton, *The Hermeneutics of Doctrine* [Hermenêutica da doutrina] (Grand Rapids: Eerdmans, 2007), p. 362.

que seu Filho fosse tratado como personificação de uma característica oposta, ou seja, de ofensa, fazendo dele a encarnação de um tipo de oferta que lidaria com o problema (2Co 5:21).

Nosso desvio desonra Yahweh, e sua honra precisa ser vindicada, satisfeita. Anselmo questiona se é cabível a Deus remir o pecado apenas por sua misericórdia.[124] "Para ele, o mundo está literalmente 'de cabeça para baixo' por causa do pecado", de modo que um simples perdão não resolve o problema.[125] O conceito subjacente de justiça retributiva é restaurar a ordem no universo, "restaurar o *equilíbrio*".[126] E, mesmo que Deus se contentasse em redimir o pecado apenas por sua misericórdia, "enquanto o homem não restituir a Deus o que lhe deve, não poderá ser feliz".[127] Se Deus simplesmente perdoa, não nos restam meios de restituição.[128]

O que Deus faz em Jesus foi reafirmar sua honra, aceitando a penalidade pela desonra. Nesse aspecto, "a grande contribuição de Anselmo foi entender o pecado como, em última análise, um elemento pessoal".[129]

Falar de Jesus como quem faz restituição a Deus não é posicionar um e outro em lados opostos:

> Juntos, Deus e Jesus se sujeitam à violência humana. Ambos sofrem as consequências, ambos vencem. Deus não exige a morte do Filho tanto quanto Jesus não requer o falecimento do Pai. O sofrimento de Jesus não é solicitado como oferta pela qual Deus é satisfeito, assim como o membro de um time empreendendo uma missão perigosa de resgate não "exige" de outro membro amado do time posicionar-se em perigo ou dor. De modo constante e consistente, ambos estão do mesmo lado.[130]

---

[124] Anselmo, *Por que Deus se fez homem*, 1.12.
[125] Weber, *Foundations of Dogmatics* [Fundamentos de dogmática], 2:212.
[126] Cf. Agostinho *On free will* [Sobre o livre-arbítrio] 3.9 (3.26); a frase citada vem de Vernon White, *Atonement and Incarnation* [Expiação e encarnação] (Cambridge e Nova Iorque: Cambridge University Press, 1991), p. 94.
[127] Anselmo, *Por que Deus se fez homem*, 1.24.
[128] S. Mark Heim, *Saved from Sacrifice* [Salvo do sacrifício] (Grand Rapids e Cambridge, Reino Unido: Eerdmans, 2006), p. 315.
[129] Weber, *Foundations of Dogmatics* [Fundamentos de dogmática], 2:211.
[130] Heim, *Saved from Sacrifice* [Salvo do sacrifício], p. 309.

"Destruir o pecado custou a Deus a vida de seu Filho."[131] Mais uma vez: "precisamos da Trindade para entender a expiação".[132]

Ver a sujeição de Jesus à morte de um mártir como oferta de restituição ajuda-nos a entender melhor como a "justificação" funciona. Deus "ofereceu" Jesus como aquele que morreu por nós, "a fim de ser justo e justificador daquele que tem fé em Jesus, o Ungido" (Rm 3:25-26). Embora a explicação de "expiação" corresponda à etimologia da palavra, não podemos dizer o mesmo sobre a explicação de que ser justificado transforma a situação para "como se nunca tivéssemos pecado". Entretanto, essa explicação realmente transmite o papel imprescindível da justificação. A entrega de Jesus a Deus como oferta de restituição em nosso lugar transforma a situação em que éramos culpados, na qual estávamos sob uma obrigação que jamais poderíamos cumprir. Sua entrega faz compensação adequada pela ofensa; é como se nunca tivéssemos pecado. Na condição de nosso representante e substituto, Jesus oferece sua obediência perfeita como oferta que compensa nossa provocação e neutraliza seus efeitos.[133] Assim, "como pela desobediência de um só homem muitos foram feitos pecadores, também pela obediência de um só, muitos serão feitos *dikaioi*" (Rm 5:19). Você não pode ser punido no lugar de outro; isso não funciona. Mas outra pessoa pode fazer-lhe compensação, caso você se identifique com a oferta apresentada.

5.5 A MORTE DE JESUS: LIBERTANDO AS PESSOAS PARA UM NOVO TRABALHO

A execução de Jesus cobre ainda mais uma faceta da crise humana. Juntamente com (1) a questão de termos qualquer entendimento do que significa viver em amor; (2) de Deus, em sua ira justificada, poder se relacionar conosco outra vez; e (3) de haver uma solução para nossa mancha ou dívida — além de tudo isso, há ainda a questão de podermos ser livres para servir a Deus. "Pecado é escravidão, e escravidão não é

---

[131]P. T. Forsyth, *The Justification of God* [A justificação de Deus] (Londres: Duckworth, 1916; Nova Iorque: Scribner's, 1917), p. 183.
[132]Smail, *The Forgotten Father* [O pai esquecido], p. 113.
[133]Sobre o ato de obediência ter sido apenas submissão ao martírio ou obediência por toda a vida, cf., e.g., J. R. Daniel Kirk, "The Sufficiency of the Cross" [A suficiência da cruz], *Scottish Bulletin of Evangelical Theology* 24 (2006): p. 36-64, 133-54.

abolida pelo apelo de seguirmos um bom exemplo. O que se exige de nós é uma libertação, um ato de recriação ou redenção." O problema da humanidade é "um relacionamento interrompido com o criador" e, consequentemente, "uma escravidão, poluição e desordem *objetivas* na vida pessoal e social".[134] Deus, porém, "invade a criação na morte de Jesus Cristo, liberta o ser humano das garras do Pecado e transforma os cristãos em filhos de Deus, aguardando sua redenção final definitiva como escravos de justiça".[135] Agindo no lugar de Deus, Jesus se submete aos poderes escravizadores, paga a penalidade exigida e, desse modo, põe fim à sua autoridade sobre nós. Agora somos livres para viver para Deus em vez de viver para o pecado, para a Torá, para nós mesmos ou para a morte. Nosso desafio é viver à luz dos fatos concernentes ao que Deus fez por intermédio de Jesus.

Servidão

A humanidade estava em servidão. Escravizado pelo pecado, o ser humano era incapaz de cumprir as expectativas em relação a Deus e ao próximo, mesmo estando ciente delas. O povo judeu estava escravizado à Torá, na medida em que presumia que cumprir ordenanças da Lei constituía o fundamento de vida. Os gentios podiam chegar a uma conclusão paralela ao verem o desempenhar de atitudes corretas como o fundamento de sua vida e, por isso, encontravam-se em uma servidão equivalente. Judeus e gentios estavam escravizados a si mesmos; faziam o que sua natureza inferior sugeria, em vez de cumprir tais expectativas. Ademais, estavam escravizados pela morte, visto que essa é a consequência natural de quem deixou de viver pelas expectativas de Deus. "O salário do pecado é a morte" (Rm 6:23). Deus criou a árvore da vida para que a humanidade gozasse de vida eterna, mas os primeiros seres humanos perderam essa possibilidade ao optarem por um fruto diferente, e sua ação teve implicações irreversíveis.

É particularmente pelo mandamento "não cobiçarás" que a Torá leva as pessoas à escravidão (Rm 7:7).[136] Pedir a Adão para que não comesse

---

[134]Gunton, *The Actuality of Atonement* [A contemporaneidade da expiação], p. 160.
[135]Beverly Roberts Gaventa, "The Cosmic Power of Sin in Paul's Letter to the Romans" [O poder cósmico do pecado na carta de Paulo aos Romanos], *Interpretation* 58 (2004): p. 229-40 (na p. 239).
[136]Cf. "Natureza inferior", seção 3.6.

do fruto tinha como objetivo o bem da humanidade, sua proteção e amadurecimento, mas permitiu à serpente chamar a atenção para a atração de seu fruto. Se Deus não o tivesse proibido, a serpente não teria encorajado cobiça e apropriação ilícita. O pecado estaria morto, incapaz de fazer qualquer coisa (Rm 7:8). O mandamento de Deus o trouxe à vida.

A execução de Jesus libertou o ser humano de quatro tipos de escravidão: do pecado, da Torá, de si próprio e da morte. Em sua vida, ele foi o único que se submeteu totalmente às expectativas de Deus. O comprometimento dos religiosos à Torá os colocou em oposição a Jesus ao perceberem que ele ameaçava a posição defendida por eles da lei mosaica. Jesus destruiria a operação de todo edifício de fé fundamentado na Torá, mas os religiosos gostavam desse edifício.

Nesse sentido, a Torá aguçou a paixão dos religiosos para que matassem Jesus. Ele era o único ser humano que poderia ter participado da árvore da vida, mas, em vez disso submeteu-se a uma árvore de morte. Ele se submeteu ao pecado ao aceitar sua penalidade, ainda que não fosse responsável por seu pagamento. De uma vez por todas, sua submissão imerecida significou o término dessas autoridades sobre ele. E aquele que se identifica com Jesus partilha da mesma libertação. Foi-se o tempo em que expectativas estabelecidas por Deus podiam nos dizer: "Por sua própria submissão, você pertence a mim"; ou que o pecado podia nos dizer: "Você pertence a mim e não consegue me resistir"; ou que a nossa natureza inferior podia nos dizer: "Você pertence a mim; eu controlo você"; ou que a morte podia nos dizer: "Você pertence a mim; sua vida está comprometida". Já não é mais assim. Deus estava disposto a deixar que a submissão de Jesus valesse para outras pessoas.

Os fiéis estão livres da Torá porque "morreram para a Torá por meio da pessoa do Ungido" (Rm 7:3-4). Foi-se o tempo em que a lei mosaica aguçava em nós paixões pecaminosas. "Desafiado pela lei", que nos reivindica para Deus e para nosso próximo, nosso egoísmo "reconhece que está sendo questionado e atacado, buscando, de modo ainda mais intenso, defender-se".[137] Paulo consegue ver essa dinâmica na forma

---

[137] C. E. B. Cranfield, *A Critical and Exegetical Commentary on the Epistle to the Romans* [Comentário crítico e exegético sobre a carta aos Romanos] (Edimburgo: T&T Clark, 1975), p. 338.

como costumava relacionar-se com a Torá e na forma como seus compatriotas judeus continuavam a fazê-lo — tanto os judeus que criam em Jesus como os incrédulos.[138] Na prática, a Torá desvia as pessoas.

Quando não estamos mais sob qualquer obrigação a ela, a Torá não pode mais nos afetar. E porque pagamos sua penalidade (ou seja, Jesus a pagou por nós), não temos qualquer dívida em relação à Torá. Naturalmente, boa parte da Torá expressa obrigações que se aplicavam a judeus e gentios, e que continuam a aplicar-se a ambos, mas tal aplicação se deve ao seu conteúdo, e não porque fazem parte da Torá em sua função de ser parte integrante do relacionamento entre Deus e Israel.

Usando o modelo de A. J. Greimas para o entendimento de como as narrativas funcionam, Deus (remetente) se preocupou em dar vida (objeto) ao seu povo (destinatário), comissionando a Torá (sujeito) como meio de conceder esse dom, mas a natureza inferior da humanidade e o próprio pecado (opositor) tornaram a Torá incapaz de dar vida. Deus, então, enviou seu Filho como um meio alternativo de alcançar esse objetivo através da derrota de ambos, o que, por sua vez, possibilitou o funcionamento da Torá. Em outras palavras, Deus possibilitou o cumprimento das justas exigências da Torá para o povo de Deus (definido agora como aqueles que pertencem a Jesus), tendo a Torá e o Espírito como meios pelos quais o realiza (Rm 8:1-4).[139]

Pagando uma penalidade

Assim, embora antes estivéssemos destituídos da glória de Deus, fomos "retificados [*dikaioō*] gratuitamente, por sua graça, pela redenção [*apolytrōsis*] que vem por Jesus, o Ungido" (Rm 3:24). Redimir e retificar (*apolytrōsis* e *dikaiōsis*) são noções "fundamentalmente libertadoras".[140] Quando Deus nos "justifica", significa que ele conserta as coisas para nós e nos livra da escravidão aos poderes que nos retinham.[141]

---

[138]Cf. Dunn's comments, *Romans* [Romanos], 1:364-65.
[139]N. T. Wright, *The Climax of the Covenant* [O auge da aliança] (Edimburgo: T&T Clark, 1991; Mineápolis: Fortress, 1992), p. 204-8. Para a própria exposição de Greimas a respeito de seu modelo, cf. sua *Structural Semantics* [Semântica estrutural] (Lincoln: University of Nebraska Press, 1983).
[140]Campbell, *The Deliverance of God* [A libertação de Deus], p. 657, 668.
[141]Sobre "Justificação", cf. seção 5.2.

É por terem sido retificadas dessa maneira, por terem sido feitas *dikaioi*, que não mais são barradas da árvore da vida. Elas podem compartilhar a ressurreição de Jesus. "Quando vocês estavam mortos em pecados e na incircuncisão da sua carne, Deus os vivificou com o Ungido. Ele apagou o registro de todas as transgressões, cancelando a escrita de dívida que consistia em ordenanças e que nos era contrária. Deus a removeu, pregando-a na cruz" (Cl 2:13-14). A morte de Jesus foi o meio pelo qual a penalidade por nossa ofensa foi paga. É como se uma lista das nossas ofensas tivesse sido fixada na cruz.

Enquanto a ideia de Jesus sendo punido em nosso lugar nos dá a impressão errada, o fato é que ele pagou a penalidade por nossa liberdade. "Julgando o pecado, ele, o Inocente, carrega em seu próprio corpo e alma as consequências penais dos maus atos e da culpa do homem. Juízo e penalidade são o mesmo fato no Cristo crucificado."[142] Estávamos mortos por nossas transgressões, de modo que a chave de nossa ressurreição era o perdão. Deus apagou o registro de nossas ofensas por meio do processo pelo qual Jesus se submeteu à morte, despojando os poderes sobrenaturais de sua autoridade, através dos quais, segundo a tradição, a Torá foi dada (Gl 3:19). Ao pagar a pena de nossa transgressão, Jesus se tornou maldição por nós (Gl 3:13). A expressão envolve uma metonímia,[143] como quando as Escrituras dizem que Abraão seria uma bênção ou que o servo de Deus seria uma aliança (Gn 12:2; Is 42:6). Jesus se tornou maldição no sentido de experimentar a maldição que acompanha os que quebram a aliança.

Assim, quando Jesus morreu, morreu para o pecado (Rm 6:10), em prol de pessoas que se identificariam com ele. Pessoalmente, Jesus não tinha qualquer tipo de comprometimento com o pecado, mas, ao escolher se identificar conosco, estava em posição de pagar a penalidade que o pecado exigia, por direito, da humanidade. A penalidade era a morte, a inabilidade de comer da árvore da vida e, assim, entrar em uma vida transformada, que duraria para sempre. Jesus participou da morte e, por isso, morreu para o pecado. Pessoas que se identificam com ele ao serem

---

[142]Whale, *Victor and Victim* [Vitorioso e vítima], p. 67.
[143]Ronald Y. K. Fung, *The Epistle to the Galatians* [Carta aos Gálatas] (Grand Rapids: Eerdmans, 1988), p. 148.

batizadas compartilham os efeitos dessa morte e não morrem mais para o pecado, porque já o fizeram por sua associação com Jesus. A morte do Ungido conta em favor de todas elas (Rm 6:2). "Um morreu por todos; portanto, todos morreram" (2Co 5:14). Jesus foi nosso procurador,[144] atuando em nosso lugar; a preposição "por" (*hyper*) dá a entender tanto representação como substituição. A ideia é ressaltada pela lembrança de que a execução de Jesus foi retratada perante nossos próprios olhos, como se fôssemos testemunhas do acontecimento em si (Gl 3:1). Esse retrato nos fez perceber que Jesus realmente morreu por nós, de modo que, na prática, também morremos.

À vista disso, ao sermos batizados, somos batizados na morte de Jesus — um tipo de afogamento, de morte, de sepultamento. A prática sugere rompimento radical.[145] No batismo, afirmamos que a morte de Jesus serviu em nosso lugar, como se tivéssemos morrido para o pecado. Significa também que sua ressurreição (não apenas sua ressuscitação) para um novo tipo de vida conta em nosso favor, pois, ao sair das águas do batismo, saímos para uma nova vida, uma nova liberdade, uma nova cidadania. O "velho homem", o tipo de ser humano que éramos antes, morreu (Rm 6:6). O "antigo eu" é a pessoa integral que éramos, não apenas uma parte de nós, e o "corpo do pecado", de modo semelhante, denota a pessoa pecaminosa individual em sua corporalidade. Começamos, então, uma nova caminhada. Embora "venhamos a morrer" no devido tempo, nossa morte é mais como aquela que Adão e Eva teriam experimentado se não tivessem desobedecido — ou seja, sua "morte" seria apenas uma transição para uma nova vida. A vida de ressurreição que começamos será consumada na ressurreição futura, porém começa agora.

A penalidade para a rebelião era a morte; seria logicamente impossível para Deus e a humanidade viverem juntos enquanto a humanidade ainda vivesse em rebelião. Em Jesus, Deus assim pagou pessoalmente essa penalidade. Aquele cujos comprometimento e obediência foram supremos deixou-se tratar como um rebelde extremo, experimentando, como consequência, a morte. Mas o fato de não haver qualquer base para

---

[144]Termo usado por Marin, *2 Corinthians* [2Coríntios], p. 131.
[145]Cf. Dietrich Bonhoeffer, *Discipleship* [Discipulado] (reimp., Mineápolis: Fortress, 2003), p. 207.

tratá-lo dessa maneira significa que não existia qualquer base para que a morte o retivesse, o que não se aplicaria a qualquer outra pessoa. Assim, o indivíduo que se associa a Jesus compartilha, então, o valor excedente de seu comprometimento e morte.

Vivendo à luz dos fatos

No ano em que nasci, durante a Segunda Guerra Mundial, meu tio morreu em combate para que eu vivesse livre da opressão nazista. Sua morte ocorreu em meu favor e em meu lugar, embora levasse anos até que eu me conscientizasse do que ele fez por mim e, assim, passasse a afirmar que meu parente agiu, de fato, como meu procurador. Sua morte significou que, na prática, eu morri; é como se eu mesmo tivesse participado daquela campanha, pagando o preço pela minha liberdade. A morte de Jesus teve importância análoga a todos que, no devido tempo, viessem a se conscientizar de que ele agiu como representante e no lugar deles.

Os fiéis, todavia, podem falhar em sua identificação com o que Jesus fez, pensando e agindo como se não fossem livres, mas assim não estão vivendo de acordo com os fatos. Sua tarefa é olhar para si mesmos à luz dos fatos e viver segundo esses fatos, desfrutando liberdade.

Em 19 de junho, minha congregação, composta em sua maioria de afro-americanos, celebra a emancipação dos escravos. Enquanto há aqueles na congregação cujos bisavôs receberam pessoalmente a liberdade pela proclamação lida em 19 de junho de 1865, o mundo inteiro celebra o acontecimento. A liberdade de todo americano afrodescendente resulta da proclamação de Lincoln, que chegou a Galveston nessa data (dois anos e meio após o édito). Em vista desse acontecimento, ninguém pode agora tratar o negro americano como escravo, mesmo que o édito de Lincoln não tenha sido aplicado diretamente ao suposto proprietário de escravos atual ou ao escravo em potencial. A comunidade afro-americana continua a celebrar o acontecimento a fim de desenvolver a conscientização de que aqueles dias chegaram ao fim, demonstrando que o negro não pode ser tratado como um grupo subordinado ou inferior. Um acontecimento ocorrido no século XIX teve importância decisiva na vida das pessoas que se identificam com ele.

De maneira análoga, em 4 de julho, meus vizinhos celebram o momento em que "eles" obtiveram "sua" independência do faraó, ou seja, da Grã-Bretanha. Como britânico, posso me juntar ao churrasco, mas não às palavras que implicitamente o acompanham. Mas, mesmo para os meus vizinhos, há algo de paradoxal no dizer que "nós" obtivemos "nossa" independência. Eles falam como se estivessem envolvidos em algo que aconteceu no século XVIII; igualmente, muitos deles traçam sua ancestralidade a grupos étnicos que sequer estavam representados naquela vitória triunfal. Contudo, eles ainda dizem "nós", como se estivessem envolvidos. Seu linguajar é legítimo por se terem identificado com o acontecimento e assim gozarem dos frutos. Eles são como os estrangeiros que se juntaram a Israel e, desde então, passaram a celebrar a Páscoa (Êx 12:43-49). Considerando que eu posso ser deportado dos Estados Unidos, se alguém que trabalha para o serviço de imigração tentar deportar alguém que é cidadão, eles podem mostrar seus documentos de cidadania, estabelecer seu *status* e evitar a deportação.

Em alguns aspectos, a cultura americana ainda pensa e age como se não tivesse escapado da faraônica Grã-Bretanha; seu relacionamento com a Europa ainda reflete o comportamento do jovem que não se sente à vontade em se relacionar com os pais em termos iguais, de um adulto para outro. Enquanto, porém, os Estados Unidos continuam com a autopercepção de uma cultura pós-colonial, a nação é, na verdade, independente. Algo cuja ocorrência se deu há mais de duzentos anos continua a exercer efeito decisivo na vida de pessoas que se identificam com ele. Da mesma forma que, em 1863, o afro-americano morreu para a escravidão, o cidadão americano morreu para o Império Britânico em 1776. Da mesma forma que o afro-americano se identifica com a proclamação de 1863 e participa dessa liberdade, o cidadão americano se identifica com a vitória de 1775 e partilha de sua liberdade.

É possível deixar de se identificar com Jesus de modo a agir, pensar e viver como se não fôssemos livres; o problema, porém, nesse caso é que deixaremos de viver à luz dos fatos. Pessoas que pertencem a Jesus, o Ungido, executaram a natureza inferior com suas paixões e desejos; por intermédio da execução de Jesus, o mundo foi executado para os fiéis, e os fiéis, para o mundo (Gl 6:14). "O mundo" significa o conjunto de atitudes que buscam impressionar outras pessoas pela prática religiosa, evitar perseguição em decorrência da mensagem sobre a execução de Jesus e exultar em uma forma de religião que é suscetível a tal perseguição. A execução e a ressurreição de Jesus expõem essas atitudes como estúpidas, destituindo-as, assim, de seu poder. Já se estabeleceu que a única realidade digna de afirmação é a realidade da nova criação. Essa é a regra que vale a pena, e aqueles que caminham segundo essa regra são o verdadeiro Israel (Gl 6:12-16). Por isso, em alguns versículos, o Novo Testamento pode afirmar que os fiéis "se despiram do velho homem com suas ações e se revestiram do novo" e, ao mesmo tempo, insistir para que "se revistam" de certas atitudes, como compaixão (Cl 3:10-12), podendo ainda declarar que os fiéis já morreram com o Ungido, mas que também devem levar sua cruz.

Vencendo os poderes escravizadores

Jesus propiciou nossa libertação do pecado, da Torá, da morte e de nossa natureza inferior através da tática paradoxal de se sujeitar a esses poderes e então derrotá-los. Jesus obteve vitória sobre esses poderes, mas não parou por aí! Quando Deus libertou o ímpio da servidão aos poderes que o escravizavam, destruiu-os, despojando-os de sua autoridade. Ao encravar na cruz o registro de nossas transgressões, ele "desarmou poderes e autoridades. Com ousadia, humilhou publicamente esses poderes, triunfando sobre eles na cruz" (Cl 2:15). Jesus veio para vencer o pecado, a Torá, a morte, Satanás e os príncipes e as autoridades que operam nos céus. Sua conquista ocorreu como agente de Deus em sua vida, morte e ressurreição. O mal "é uma corrupção aterrorizante e irracional da boa criação. [...] A função da cruz de Jesus não é explicar esse mal, mas agir: quebrar seu poder passando por sua oposição concêntrica".[146]

Talvez a passagem "do Novo Testamento citada mais frequentemente pelos Pais do que qualquer outro texto"[147] é que Jesus se tornou ser humano "para que, por sua morte, derrotasse aquele que tem o poder da morte, isto é, o Diabo, e libertasse aqueles que durante toda a vida estiveram escravizados pelo medo da morte" (Hb 2:14-15, NVI). O que é esse medo da morte, e como Jesus obteve essa vitória?

No Primeiro Testamento, há pouco medo da morte; apenas um ressentimento quando ela chega antes do tempo devido, mas, na época do

---

[146]Gunton, *The Actuality of Atonement* [A contemporaneidade da expiação], p. 84.
[147]Gustaf Aulen, *Christus Victor* (Londres: SPCK, 1931), p. 90.

Novo Testamento (como no Ocidente moderno), "pelo medo da morte, muitos consentirão a fazer coisas que, do contrário, jamais seriam compelidos a fazer".[148] Para o leitor de Hebreus, "o medo de morte podia naturalmente ser acompanhado pelo medo de éditos imperais".[149] Transformar a morte em algo que as pessoas não precisam mais temer privaria o Diabo desse aspecto do seu poder. Os mártires "o venceram pelo sangue do cordeiro e pela mensagem do seu testemunho [*martyria*]; até a morte, eles não amaram a própria vida" (Ap 12:11).

Na crucificação, ao ser levantado da terra e por isso glorificado, Jesus expulsou o príncipe deste mundo (Jo 12:31-32). Consequentemente, atingiu o propósito de sua manifestação: destruir as obras do Diabo (1Jo 3:8). Jesus venceu o Diabo em uma ampla batalha judicial. De agora em diante, o Diabo está fadado a perder todos os casos.

A imagem remete à visão de Zacarias de um caso judicial, no qual o Adversário acusa Josué, o sumo sacerdote, de estar manchado demais para cumprir seu ofício (Zc 3). Sua acusação é válida. Há diversas bases nas quais o Adversário pode apelar por um veredito de culpa; Yahweh não as contesta, mas apenas declara sua intenção de perdoar e purificar.

Especificamente, a submissão de Jesus à execução explica a lógica por trás dessa declaração. Ele aceita o veredito de culpa em lugar da humanidade e se submete às consequências, livrando delas, assim, o ser humano. Não há mais como o Adversário ganhar um caso contra os fiéis. Embora culpados, seu registro de culpa foi encravado na cruz. Miguel derrotou o dragão, o qual foi lançado do céu para a terra (Ap 12:7-12). Sua derrota em batalha significa que o acusador não pode mais apresentar queixas contra os fiéis. Agora, os que creem podem testificar o fato de que Jesus morreu por eles e satisfez quaisquer reivindicações apresentadas pelo Diabo. Isso não quer dizer que os fiéis salvam sua vida terrena; o poder do dragão na terra pode levá-los a perdê-la. Sem dúvida, porém, não precisam atribular-se por essa possibilidade, uma vez que sabem que a morte não é o fim.

A vitória de Jesus traz consigo a declaração de que Deus reina; as ideias do reino de Deus e de obter vitória sobre a maldade e a resistência

---

[148]F. F. Bruce, *The Epistle to the Hebrews* [Carta aos Hebreus] (Grand Rapids: Eerdmans, 1964; Londres: Marshall, 1965), p. 51.
[149]Robert P. Gordon, *Hebrews* [Hebreus] (Sheffield: Sheffield Academic Press, 2000), p. 19.

maligna estão intimamente relacionadas.¹⁵⁰ Foi quando os discípulos saíram para proclamar a chegada do reino e expulsar demônios que Jesus declarou ter visto Satanás cair do céu como um raio (Lc 10:18). Sua conquista assim tem relação de continuidade com a ação de Deus no Primeiro Testamento, pois criação e êxodo envolvem uma vitória divina contra a resistência das trevas. Também se harmoniza com as promessas do Primeiro Testamento, segundo as quais a ação futura de Deus envolverá tal vitória (Is 27:1; Daniel).¹⁵¹ Assim, Jesus iniciou a prisão de mil anos de Satanás (Ap 20:1-3).¹⁵²

A vitória sobre o mundo e seu instinto de culpabilização

Jesus se recusou a reconhecer os poderes sobrenaturais que exercem autoridade significativa sobre a vida humana; por isso, eles o mataram. Ao permiti-lo, porém, Jesus os expôs como fraude, triunfando sobre eles e desarmando-os. O trabalho da igreja é proclamar essa vitória e evitar a sedução do mal.¹⁵³

> O fato irredutível sobre Jesus é que ele foi executado. Todavia, ele não representou uma ameaça armada para a ordem existente, nem quebrou leis civis ou criminais. Ele violou leis religiosas e costumes relacionados ao sábado, à purificação das mãos e à santidade, mas todas essas questões dependiam de interpretação e, sem dúvida, alguns rabinos o teriam apoiado, ou pelo menos não o teriam condenado à morte. Ele sobretudo ensinava, curava e expulsava demônios. Por que, então, Jesus constituía tamanha ameaça a ponto de ser morto? [...] Autoridades tinham de matá-lo, pois Jesus representava a ameaça mais intolerável diante da espiritualidade, dos valores e da organização do Sistema de Dominação.¹⁵⁴

---

[150] Cf. Gunton, *The Actuality of Atonement* [A contemporaneidade da expiação], p. 59.
[151] Cf. ibid., p. 60-61.
[152] Cf. ainda seção 8.3.
[153] Cf. John Howard Yoder, *The Politics of Jesus* [A política de Jesus], 2ª ed. (Grand Rapids: Eerdmans; Carlisle: Paternoster, 1993), p. 144-47,150, seguindo H. Berkhof, *Christ and the Powers* [Cristo e os poderes] (Scottdale: Herald, 1962).
[154] Walter Wink, *Engaging the Powers* [Enfrentando os poderes] (Filadélfia: Fortress, 1986), p. 109,110.

"Sistema de dominação" é a estrutura hierárquica da vida comunal, pela qual algumas autoridades exercem influência e usam de violência para fazê-lo. A expressão é uma forma de falar sobre o "mundo", com suas forças e poderes elementares (Cl 2:20).[155] "A cidade deste mundo [...] retém nações em escravidão, porém é, em si, dominada por sua cobiça por dominação."[156] A morte de Jesus possibilitou que as pessoas controlassem as forças do mundo, em vez de serem dominadas por forças semelhantes a tecnologia, moda, esporte, racismo e sexismo.[157] Jesus declara a chegada do reino de Deus. Com a vinda de Jesus, as características do reino de Deus são, agora, uma realidade presente. Por isso, o fiel não deve viver como que sujeito às regras do mundo, visto que não mais "vive no mundo" (Cl 2:20).

O Diabo pensou que, desviando Jesus (e.g., Mt 4:1-11) ou levando-o à morte, Deus podia ser derrotado; ele fez uso de um dos discípulos para esse fim (Lc 22:3; Jo 13:2, 27). Entretanto, Deus transformou a ação de Satanás em sua própria derrota. O Diabo usou o instinto de bode expiatório das pessoas; Jesus foi culpado por seu próprio povo.[158] Mas "Deus transformou a culpabilidade da crucificação de Jesus (ação humana) em ocasião para vencê-la (ação divina)".

O efeito do evento forma um paralelo ao que envolveu José, que foi feito de bode expiatório de seus irmãos, mas pôde ver que Deus estava usando o instinto de bode expiatório dos irmãos de José como meio de preservar os israelitas (Gn 50:20). Assemelha-se também à situação envolvendo o servo de Yahweh (Is 52:13—53:12), tratado como bode expiatório por seus irmãos exilados, mas disposto a transformar sua condição de bode expiatório em oferta aceitável a Deus. "O sacrifício de Jesus foi obra do pecado, mas o escapar dessa morte expiatória foi obra de Deus."[159]

---

[155] Ibid., 157. Cf. ainda "O Mundo", seção 3.6.
[156] Agostinho, *The City of God* [Cidade de Deus] 1, prefácio.
[157] Cf. Karl Barth, *The Christian Life: Church Dogmatics IV, 4: Lecture Fragments* [A vida cristã: dogmática eclesiástica IV, 4: fragmentos de aulas] (Grand Rapids: Eerdmans, 1981), p. 227-30; cf. Gunton, *Actuality of Atonement* [A realidade da expiação], p. 182-83.
[158] Schneiders, "Lamb of God and the Forgiveness of Sin(s) in the Fourth Gospel" [Cordeiro de Deus e perdão de pecados no quarto Evangelho], p. 2. Sobre o modelo teórico, cf. Rene Girard, *Violence and the Sacred* [Violência e o sagrado] (Baltimore e Londres: Johns Hopkins University Press, 1977).
[159] Heim, *Saved from Sacrifice*, xii [Salvo do sacrifício], p. 123, 310.

Logo, "a ressurreição de Jesus o justifica das acusações de culpa contra ele. Mas a ressurreição também justifica aqueles que o culparam" — não apenas porque falharam em condená-lo, mas também porque ele se recusa a prestar queixa. "Como Deus pode ser justificado sem se posicionar ao lado da vítima, sem restaurar aquele que foi culpado sem motivo?" Mas então: "se Deus justifica o sacrificado [...] como pode ser justificado em salvar o culpado, i.e., o agressor? [...] Se Deus faz justiça às vítimas, como pode deixar de fazer justiça contra seus perseguidores?".[160] "Ele foi entregue por causa das nossas transgressões, e ressuscitou para sermos tratados como justos" (Rm 4:24).

Trazendo-os de volta para servir a outro senhor

Porque Jesus morreu para o pecado, a morte e a Torá — levando, portanto, esses elementos à morte —, o fiel está livre e pode recusar-se a deixar que o pecado, o ego e a Torá exerçam autoridade sobre ele. Está positivamente livre para buscar os resultados de um viver correto: louvar, amar e servir. O fiel deve buscar fazer isso verdadeiramente. O pecado não pode reinar em seu corpo mortal; o fiel deve deixar Deus reinar nele (Rm 6:12-13). Aquele que crê não está sob a autoridade da Torá no sentido de sujeição às suas exigências e condenações; antes, está debaixo da graça. O fiel está em um relacionamento amoroso e gracioso com Deus porque Jesus morreu por ele. O pecado não terá o poder de governá-lo; ele está "livre para lutar contra o poder usurpador do pecado e demonstrar a quem pertence sua verdadeira lealdade".[161]

Em sua liberdade, o fiel pode fazer o que antes lhe era impossível: sujeitar sua vida a Deus. Está em posição de responder ao ato sacrificial de Jesus ao determinar viver da mesma forma generosa (2Co 5:15). Por ter pago sua penalidade (ou seja, porque Jesus a pagou), o fiel não tem qualquer obrigação para com a Torá e está em posição de se comprometer com outro senhor. Após expor a natureza da salvação pela graça e pela fé, o Catecismo de Heidelberg pergunta: "Mas essa doutrina não torna o homem descuidado?" Resposta: "Não, porque é impossível àquele que

---

[160]Ibid., p. 146, 311.
[161]Cranfield, *Romans* [Romanos], p. 319.

está implantado em Cristo por fé verdadeira deixar de produzir frutos de ação de graça".[162]

Paulo não se refere com muita frequência ao perdão; seu interesse não se concentra na libertação da culpa adquirida por pecados passados. "O importante para Paulo é a libertação da *prática do pecado*, a libertação do poder do pecado."[163] Agora, o pecado é "a possibilidade impossível".[164] "Não há *lugar legítimo* no Novo Testamento para a continuidade do nosso pecado."[165] Nesse sentido, uma pessoa não é *simul justus et peccator*.[166] A fórmula deve ser: *tunc peccator — nunc justus*: antes pecador, agora justo. O fiel não permanece pecador, mesmo que o pecado continue.[167] Agostinho se aproxima mais do pensamento de Paulo. "Que todo cristão continua pecador está claro (embora, para Agostinho, essa sempre seja uma afirmação secundária)", porém os pecados dos quais Agostinho fala são "imperfeições, trivialidades, algo bem diferente da concepção de Lutero acerca do egoísmo indelével de todo ser humano, incluindo o cristão".[168]

A execução de Jesus acarreta, assim, liberdade às pessoas, mas não as liberta como gostariam. Ele as redime; isso significa que são transferidas de um serviço para o outro. Jesus pagou um preço por elas, o que significa que os fiéis passam a pertencer àquele pelo qual o preço foi pago. Jesus se torna Senhor daqueles que foram redimidos, e estes, por sua vez,

---

[162]Cf. Barth, *CD* IV, 1:642.
[163]Bultmann, *Theology of the New Testament* [Teologia do Novo Testamento], 1:287.
[164]J. Christiaan Beker, *Paul the Apostle* [Paulo, o apóstolo] (Filadélfia: Fortress, 1980), p. 215.
[165]Cf. G. C. Berkouwer, *Sin* [Pecado] (Grand Rapids: Eerdmans, 1971), p. 591.
[166]Cf. comentários em "Carregando a transgressão humana", seção 5.2; cf. ainda a discussão em James F. McCue, "*Simul iustus et peccator* in Augustine, Aquinas, and Luther" [*Simul iustus et peccator* em Agostinho, Aquino e Lutero], *Journal of the American Academy of Religion* 48 (1980): p. 81-96.
[167]Cf. discussão entre Hans Windisch e Rudolf Bultmann, em Windisch, *Taufe und Sünde im ältesten Christentum* [Batismo e pecado no cristianismo primitivo] (Tubinga: Mohr, 1908); Bultmann, "Das Problem der Ethik bei Paulus" [O problema da ética segundo Paulo], *Zeitschrift für die neutestamentliche Wissenschaft und die Kunde der älteren Kirche* 23 (1924): p. 123-40; Windisch, "Das Problem des paulinischen Imperativs" [O problema do imperativo paulino], *Zeitschrift für die neutestamentliche Wissenschaft und die Kunde der älteren Kirche* 23 (1924): p. 265-81; cf. Beker, *Paul the Apostle* [Paulo, o apóstolo], p. 216; e cf. Bonhoeffer, *Discipleship* [Discipulado], p. 263.
[168]McCue, "*Simul iustus et peccator* in Augustine, Aquinas, and Luther" [*Simul iustus et peccator* em Agostinho, Aquino e Lutero], p. 83-84. O autor menciona Agostinho, em *On Nature and Grace* [Sobre natureza e graça] 45 [xxxviii] (*NPNF* 1, 5:136).

passam a servir a ele em vez de servir aos demais senhores.[169] Eles experimentam o que se pode chamar de liberdade negativa; não estão mais sob essas autoridades opressoras. Não experimentam liberdade positiva, liberdade para fazer o que querem, assumir o controle da vida com vistas à autorrealização pessoal,[170] ainda que, paradoxalmente, seu novo serviço seja, em si, um tipo de liberação.[171] Jesus é como um cordeiro que, por sua morte, pagou o preço em favor das pessoas e, assim, possibilitou-lhes ser "reino e sacerdotes na terra para o nosso Deus", como Israel (Ap 5:6,9-10).

Redenção e resgate

Jesus veio para dar sua vida como resgate ou preço de redenção por muitos (Mc 10:45). Originalmente, Deus redimiu Israel da servidão no Egito; com efeito, Israel precisava mais uma vez de redenção. Os cânticos de Maria e Zacarias pressupõem que as coisas não andam bem para Israel em seus dias e que a nação precisa ser redimida, liberta e resgatada para servir a Deus sem temor (Lc 1:68-74). A linguagem de Jesus remete às descrições do servo de Deus como aquele que "dá sua vida", de modo a beneficiar "muitos" (Is 53:10,11), mas ele fala em termos de resgate ou preço de redenção (*lytron*; em hebraico, um *kōper* ou *pədut*) em vez de oferta de purificação ou oferta de restituição.[172] A forma de falar de Jesus provê outro exemplo da maneira como a linguagem do Novo Testamento se apropria de metáforas de modo informal, intuitivo e simples em vez de figuras disciplinadas, estritas e exigentes. Não podemos inferir muito de uma frase isolada. O Novo Testamento está mais do que feliz em mesclar metáforas.[173]

---

[169]Cf. E. P. Sanders, *Paul and Palestinian Judaism* [Paulo e o judaísmo palestino] (Londres: SCM Press; Filadélfia: Fortress, 1977), e.g., p. 497-99.
[170]Para a distinção entre liberdade negativa e positiva, cf. Isaiah Berlin, "Two Concepts of Liberty" [Dois conceitos de liberdade], reimp. em seu *The Proper Study of Mankind* [O estudo adequado da humanidade] (Nova Iorque: Farrar, Straus, Giroux; Londres: Chatto, 1997), p. 191-242; cf. Campbell, *Deliverance of God* [Libertação de Deus], p. 65.
[171]Cf. "Cumprindo a Torá", seção 7.1.
[172]Cf. comentários na seção 5.4.
[173]James W. McClendon, *Systematic Theology: Doctrine* [Teologia sistemática: doutrina] (Nashville: Abingdon, 1994), p. 226.

Do mesmo modo, Paulo declara que fomos "retificados [*dikaioō*] por Deus gratuitamente, por sua graça, pela redenção [*apolytrōsis*] que há no Ungido, Jesus, a quem Deus ofereceu como meio de expiação [*hilastērion*] mediante a fé, pelo seu sangue" (Rm 3:24-25). O livro de 4Macabeus 17:21-22 vê a morte do povo que deu sua vida na rebelião de Judá contra Antíoco IV como um ato de martírio e, como tal, como vida substitutiva (*antipsychon*; compare *antilytron*, em 1Tm 2:6) e meio de expiação (2Macabeus 6:12-16; cf. 2Macabeus 7:37-38, sem a terminologia sacrifical).[174] Paulo fala em termos iguais ao descrever a morte de Jesus.[175]

As Escrituras usam a noção de redenção com conotações mais precisas do que o termo veio a ter na fala ou na teologia ocidentais.[176] Na cultura ocidental, redenção significa recuperar-se da perda ou das consequências de más escolhas, colocar a vida nos trilhos outra vez, e geralmente denota alguém encontrando a própria redenção. Nas Escrituras, a redenção deve ser ocasionada por outra pessoa. Denota a soltura de alguém — ou de alguma coisa — que o prendia ou controlava; e um resgate ou preço de redenção é o pagamento que uma pessoa deve fazer para comprar a liberdade ou resgatar o indivíduo cuja vida foi comprometida por alguma razão (e.g., Êx 21:30; 30:12; 35:31-32; Sl 49:8-9 [TM 9-10]; Pv 6:35; 13:8). O resgate também pode denotar uma ação que reconhece o direito divino de tomar posse do primogênito em uma família; implica dar algo para Deus em seu lugar.

O Primeiro Testamento não identifica aquele a quem Yahweh pagou o preço ao redimir ou resgatar Israel, e o Novo Testamento não identifica aquele a quem Jesus pagou o resgate ou o preço da redenção pelas pessoas. Ocasionalmente, os pais da Igreja supunham ter sido o Diabo,[177]

---

[174]Mas David Seeley (*The Noble Death* [A morte nobre] [Sheffield, Reino Unido: JSOT, 1989]) defende que os elementos vicários e expiatórios de Macabeus são subordinados à ideia de que sua atitude serve de exemplo aos judeus de gerações posteriores.
[175]Campbell sugere uma ressonância comum com Gênesis 22 (*Deliverance of God* [Libertação de Deus], p. 647-56).
[176]A respeito desse último elemento, cf. Morris, *Apostolic Preaching of the Cross* [Pregação apostólica da cruz], p. 11.
[177]Cf. e.g., comentário de Orígenes em Êxodo 15:16 (*Homilies on Genesis and Exodus* [Homílias em Gênesis e Êxodo] [Washington: Catholic University of America Press, 1982], p. 295-96); mas essa ideia corresponde mais a um comentário incidental ou homilético (subordinada à ideia de que Cristo derrotou o Diabo) do que a uma teoria sistemática (cf. Rashdall, *Idea of Atonement* [A ideia da expiação], p. 259-61).

uma ideia menos repugnante do que aparenta ser à primeira vista. As pessoas estão escravizadas ao Diabo até que Jesus as liberte. Contudo, o Novo Testamento é reticente quanto a essas declarações, e a ideia central da metáfora reside no comprometimento expresso em ocasionar a libertação das pessoas e o sucesso em fazê-lo.

Yahweh dera o Egito como preço de resgate para a obtenção dos israelitas (Is 43:3) — ou seja, abrira mão de quaisquer reivindicações sobre o Egito nessa conexão. Deus redimiu os israelitas do Egito (*pāda*, Dt 9:26) e ainda os redimiria de outras experiências de servidão (Sl 44:26 [TM 27]) — ou seja, redimiu-os no sentido de tê-los restaurado (*gā'al*; e.g., Êx 15:13; Is 43:1). O verbo tem ainda outra conotação: sugere alguém tomando uma atitude em favor de um membro distante da família. Tal redentor ou restaurador pode pagar uma dívida e, assim, libertar uma pessoa que estava em servidão como resultado de dificuldades econômicas. O verbo chama atenção ao relacionamento expresso no pagamento de uma dívida, bem como na ação. Jesus, assim, age como guardião ou parente mais próximo (ou irmão: Hb 2:11-17), tratando-nos como membros de sua família e possibilitando nossa liberdade mais uma vez.

Redenção e aliança

A situação difícil da qual pessoas são redimidas não resulta necessariamente de alguma atitude errada que tenham tomado. Não se origina inevitavelmente de seu pecado, mas pode resultar da opressão de outras pessoas. Entretanto, a redenção pode envolver a libertação das pessoas do pecado (Sl 130:8), como quando Deus redimiu israelitas da Babilônia (Is 50:2). Nesse contexto, significou perdoá-las e tirá-las da desordem que criaram como consequência de suas transgressões. Assim também ocorre no ato redentor de Jesus: "Por intermédio do Ungido, temos a redenção por meio do seu sangue, a remissão dos erros" (Ef 1:7). Deus nos qualificou para partilhar do que pertence aos santos no reino da luz, resgatando-nos do reino onde as trevas reinam e transferindo-nos para o reino onde Jesus reina. Por meio dele, temos a redenção; e a redenção pode ser equacionada ao perdão de pecados (Cl 1:13-14). O perdão que recebemos é o meio de nossa redenção.

Assim, redenção, resgate e perdão estão ambos interligados ao conceito de aliança. Yahweh redimiu Israel do Egito por causa de um comprometimento pactual com seu povo, e seu ato de resgate resultou em uma nova aliança no Sinai. Jesus veio para restaurar Israel, o que envolvia garantir o perdão dos pecados e liberdade, e seu ato de resgate resultou em uma nova aliança. A ação de Yahweh em redimir Israel do Egito atraiu o reconhecimento de pessoas de fora da comunidade israelita, e a restauração de Israel incluiria, naturalmente, o reconhecimento de Yahweh pelo restante do mundo. Gênesis, Salmos e Isaías enfatizam essa ideia. Israel não queria essa restauração nos termos de Jesus, e o mundo não se deixou atrair; por isso, eles o mataram. Jesus vem ao mundo apenas em prol da humanidade; justamente por essa razão, porém, ele colide fatalmente com a humanidade.[178] Mas Deus o ressuscitou por não tolerar sua morte.

A aliança é selada por um sacrifício. Dois sacrifícios são especialmente significativos em conexão com o cumprimento da redenção, embora o Novo Testamento, mais uma vez, permita que o significado se misture com a ideia entrelaçada de expiação. Em Êxodo, o sacrifício da Páscoa é o primeiro. Mais uma vez, é difícil ao pensamento ocidental articular o significado do sacrifício, porque pressupõe ideias que residem no interior de culturas tradicionais que as Escrituras podem dar como certas e não articular.

O sacrifício da Páscoa chama atenção para o fato de que sangue está prestes a ser derramado, e salvaguarda contra o ofertante ser vítima de derramamento de sangue (Êx 12). Yahweh pretende agir em juízo contra as pessoas que resistiram ao seu propósito e se apegaram aos seus filhos, fazendo exatamente o mesmo com seus filhos. Onde, porém, uma família matar o cordeiro e manchar a porta com seu sangue, esse sangue será um sinal de que a morte já ocorreu, protegendo-os de qualquer derramamento de sangue. A morte de Jesus tem o mesmo efeito da oferta da Páscoa. O partir de seu corpo e o espirrar de seu sangue, alcançam algo análogo ao sacrifício original da Páscoa, porém ainda mais espetacular (Mc 14:12-26). Jesus é nosso sacrifício pascal; portanto, devemos viver como aqueles que foram redimidos (1Co 5:7-8).

A morte de Jesus também é como o sacrifício subsequente no Sinai, que selou a aliança do Sinai (Hb 8—9). Como um dos aspectos do processo,

---

[178]Weber, *Foundations of Dogmatics* [Fundamentos da dogmática], 2:192.

matar o animal envolve trazer uma maldição sobre si. Trata-se de uma oração praticada em que se pode experimentar o que o animal experimenta se não for possível manter o compromisso da aliança; eis o porquê da aspersão do altar e do povo com sangue (Êx 24). Tanto Yahweh como o povo estão implicados nessa oração. Ao oferecer touros como sacrifício, Moisés serve de mediador da aliança do Sinai.

Ao se oferecer como sacrifício, Jesus se torna o mediador de uma aliança muito mais espetacular, estabelecida com base em "promessas superiores", ou seja, a promessa da ressurreição [cf. Hb 8:6]. Jesus foi capaz de entrar no lugar santíssimo (no céu) pelo sacrifício de si mesmo, obtendo, assim, "eterna redenção [*lytrōsis*]". Sua morte ocasionou a "redenção [*apolytrōsis*] de transgressões cometidas sob a primeira aliança" para que "aqueles que foram chamados recebessem a promessa da herança eterna" (Hb 9:12,15). A Ceia do Senhor comemora, assim, não só o sacrifício da Páscoa, mas também a morte de Jesus como meio pelo qual a nova aliança é selada (1Co 11:23-25). "O sangue derramado é sinal de que Deus provou sua fidelidade pactual precisamente ao se submeter às sanções, legais e relacionais, pela desobediência à aliança."[179]

"Deus transforma o homicídio de seu emissário em um ato de sua *fidelidade* a Israel (em termos bíblicos, de aliança); ele transforma a morte de seu emissário, planejada e levada a cabo por homens, no estabelecimento de uma *fidelidade definitiva e irrevogável* a Israel (em termos bíblicos, na nova aliança), preservando, assim, sua reivindicação sobre o seu povo eleito."[180] O povo de Deus é liberto para servi-lo.

5.6 A RESSURREIÇÃO DE JESUS

Jesus é aquele que "nasceu da semente de Davi em termos de carne" e foi "declarado filho de Deus com poder quanto ao espírito de santidade pela ressurreição dos mortos" (Rm 1:3-4). A declaração sobre o seu nascimento se refere a uma qualificação necessária, mas não suficiente, para que alguém seja designado Ungido de Deus: Jesus nasceu da linhagem certa. Esse fato diz respeito à origem carnal, uma realidade física

---

[179]Vanhoozer, "Atonement in Postmodernity" [Expiação na pós-modernidade], p. 398.
[180]Gerhard Lohfink, *Jesus and Community* [Jesus e a comunidade] (Filadélfia: Fortress, 1984), p. 25.

indispensável, mas apenas a uma realidade física. Ironicamente, Jesus parece não ter nascido da linhagem de Davi; seu relacionamento com o pai adotivo o torna descendente do antigo monarca. Mas o parentesco adotivo é tão válido quanto o físico. Jesus realmente pertenceu à família de José e partilhou de sua carne e sangue.

A ressurreição de Jesus é um sinal de que sua submissão aos poderes que nos escravizam foi bem-sucedida. Significa sua vindicação, sua exaltação, sua vitória, seu posicionamento de autoridade nos céus. Ao ascender, o Ungido leva consigo pessoas que se identificam com ele. Em espírito, elas já vivem na presença de Deus, cidadãos deste mundo e do mundo vindouro, desta era e da era vindoura.

Ressurreição

"Nas tradições bíblicas, toda experiência de salvação começa com um clamor das profundezas", como o dos israelitas no Egito (Êx 3:7). "Analogamente, o ressurgir dos mortos para a vida eterna começa com o clamor do Cristo torturado e aterrorizado na cruz."[181] Ao morrer, Jesus presumidamente desceu ao *Sheol*, como qualquer outra pessoa, segundo o Credo Apostólico (At 2:31 o sugere). Mas havia uma razão extra para que ele o fizesse, atrelada à sua missão. Isaías 13:12-21 imagina o rei babilônico chegando ao *Sheol* e sendo zombado por acabar no mesmo estado que todo mundo — ou em um estado pior, visto não ter sido enterrado devidamente. Em contraste, Jesus, ao descer ao *Sheol*, está em posição "de anunciar aos santos do Antigo Testamento os benefícios de sua obra redentora vicária", anunciando-lhes que "são parte do grupo redimido por Jesus" (cf. 1Pe 4:6).[182] Há, portanto, boas razões para que Jesus desça ao Sheol.

Jesus, contudo, não permanece lá. A grama não cresceu em seu sepulcro.[183] Jesus foi morto pelas mãos de iníquos, o que pareceu uma derrota final: "Mas Deus o ressuscitou, rompendo os laços da morte, visto

---

[181]Jürgen Moltmann, *The Way of Jesus Christ* [O caminho de Jesus Cristo] (São Francisco: HarperCollins; Londres: SCM Press, 1990), p. 211.
[182]Hurtado, *Lord Jesus Christ* [Senhor Jesus Cristo], p. 632-33; cf. Matthew Levering, *Jesus and the Demise of Death* [Jesus e a morte da morte] (Waco: Baylor University Press, 2012), p. 23.
[183]Boff, *Jesus Christ Liberator* [Jesus Cristo, o libertador], p. 122.

que era impossível que a morte o retivesse" (At 2:23-24). Sua ressurreição foi definitivamente um acontecimento físico. Seu corpo se fora do túmulo; Tomé estava livre para sentir os ferimentos nas mãos e no lado de Jesus (Jo 20:27).

Jesus não foi apenas ressuscitado, como no caso de mortos que Elias, Eliseu e o próprio Jesus trouxeram de volta à vida.[184] Quando Elias ou Jesus ressuscitavam pessoas, elas, posteriormente, morriam. Quando Deus ressuscita Jesus — e também a nós — o assunto é outro. Jesus ressuscitou para um estilo de vida novo e sobrenatural. Em sua ressurreição, Deus estabeleceu "uma nova realidade de vida", uma nova vida que flui "para fora de si mesmo". Foi um acontecimento análogo apenas à criação original.[185] A ressurreição de Jesus remete mais a algo previsto em Daniel 12:3. Enquanto a ressurreição comum exigia poder, a ressurreição do Filho de Deus exigiu muito mais. Ocorreu o envolvimento do espírito santo: o seu espírito santo e o Santo Espírito de Deus.[186] Em Daniel, a ideia de que Deus ocasionaria a ressurreição das pessoas tinha uma base teológica implícita: que, certamente, Deus não pode apenas abandonar os mártires à morte. E Jesus adicionou um argumento teológico de importância ainda mais ampla: uma vez que Deus forma um povo, como pode contentar-se em deixá-lo morto? (Mc 12:27). Agora, a ressurreição também tem uma base histórica: a ressurreição de Jesus é o início da ressurreição de outros que já morreram.

"Na ressurreição de Jesus Cristo, ocorreu a declaração solene de Deus quanto à sua fidelidade ao mundo e ao homem."[187] Embora tenha sido necessário que os primeiros crentes soubessem que Jesus não permaneceu morto, pode não ter sido necessário que pensassem em termos

---

[184]Cf. Wolfhart Pannenberg, *Jesus—God and Man* [Jesus: Deus e homem] (Filadélfia: Westminster; Londres: SCM Press, 1968), p. 77. Pannenberg prossegue para assinalar que o entendimento do Novo Testamento sobre a ressurreição tem como contexto as expectativas judaicas da época. Cf. ainda N. T. Wright, *The Resurrection of the Son of God* [A ressurreição do Filho de Deus] (Londres: SPCK; Mineápolis: Fortress, 2003).
[185]Walter Kunneth, *The Theology of the Resurrection* [Teologia da ressurreição] (Londres: SCM Press; St. Louis: Concordia, 1965), p. 73-74.
[186]Paulo usa a expressão hebraica "espírito de santidade", como em Salmos 51:11 [TM 13], com a mesma alusão sobre se esse texto se refere ao espírito de Deus ou ao espírito do salmista.
[187]Barth, *CD* IV, 3:299.

de ressurgir da morte em sentido físico ou visível, ou de terem sido ressuscitados da morte dessa maneira. A ideia não era exigida no contexto do judaísmo e, no contexto do paganismo, tal pensamento era loucura. Existem outras maneiras de entender a experiência da continuidade da vida após a morte.[188]

Conforme, porém, João reconta a história, não é sem motivo que os discípulos sentem-se confusos e perturbados quando Jesus lhes diz que os deixará, porque ele é como um pai para eles e que sua morte os deixará órfãos. Jesus promete aos discípulos que não os deixará naquela situação, mas voltará, e eles o verão, embora declare que não continuará a interagir com o mundo. Porque ele vive, eles também viverão e, por fim, reconhecerão que "estou em meu Pai, vocês em mim, e eu em vocês" (Jo 14:18-20, NVI). Ao tratar de sua "vinda", não se refere ao espírito da verdade, a quem alude nessa passagem, porque Jesus faz distinção entre sua própria pessoa e o espírito. Também não se refere à sua "segunda vinda", visto que os discípulos não terão de aguardar as consequências às quais se refere. Sua ressurreição as concretizará.

Vindicação e exaltação

A ressurreição de Jesus implica sua vindicação. Alguém executado dificilmente poderia ser tido como o Ungido. Apenas sua ressurreição possibilitou a fé em quem ele era. O fato inesperado, mas decisivo, de Jesus não haver permanecido morto foi o que o distinguiu dos muitos outros descendentes de Davi.

Ao passo que sua morte levanta a questão de ele ser o Ungido, sua ressurreição possibilita a confirmação, levando, de acordo com Salmos 2:6, à sua designação como filho de Deus: "Referências de Paulo sobre a filiação divina de Jesus envolvem, em primeiro lugar, conotações do envolvimento direto de Deus com Jesus, seu *status* especial com Deus e, por conseguinte, sua honra e autoridade".[189] Jesus foi executado com base em acusações falsas. Todavia, a ressurreição não foi um acontecimento visto pelo mundo, mas a execução, sim. Apenas pessoas de certo modo

---
[188] Cf. Wright, *Resurrection of the Son of God* [A ressurreição do Filho de Deus], p. 209-10.
[189] Hurtado, *Lord Jesus Christ* [Senhor Jesus Cristo], p. 22; cf. ainda p. 101-8.

comprometidas com o Jesus executado viram o Jesus ressurreto — ou melhor, viram suas implicações. Por que isso lhes serviu? Como forma de vindicar seu comprometimento.

> A ressurreição foi um ato de Deus no tempo, revertendo o juízo da história segundo representado por autoridades, opositores e mesmo pelos amigos de Jesus. Todos leem que o veredito da história é: morte para este. A ressurreição se opõe a esse julgamento ao considerar o julgamento do próprio Deus: vida, Vida para esse mesmo. Deus inverteu todo o julgamento humano, identificando a vida de Jesus de Nazaré novamente com a própria vida de Deus, de modo que, a partir daquele momento, e de acordo com o propósito eterno de Deus, a história deste homem, Jesus de Nazaré, deveria ser contada como história inerente a Deus. Assim, através do conhecimento de Jesus Cristo, Deus pode ser verdadeiramente conhecido.[190]

A ressurreição é seu triunfo, mas apenas por ser o triunfo de Deus. Talvez a impossibilidade de sua retenção pela morte sugira a existência de uma energia em Jesus que fez de seu retorno à vida algo inevitável. Talvez ele pudesse ressuscitar a si próprio dentre os mortos (cf. Jo 10:17-18). Mas o Novo Testamento fala mais comumente em termos de Deus ressuscitar a Jesus do que o contrário, ou seja, diferentemente de alguém que acorda de manhã por iniciativa própria (cf., e.g., 1Co 15). "O senhorio de Jesus é um *status* garantido por Deus, um compartilhamento em sua autoridade. Não que Deus se tenha posto de lado e transferido sua autoridade a Jesus. Antes, Deus compartilha seu senhorio com Cristo, sem perder sua exclusividade."[191]

A ressurreição de Jesus deve ser distinguida de sua exaltação,[192] mas é um aspecto de sua jornada da morte para a presença de Deus. "Temos de considerar a ressurreição e a ascensão de Jesus Cristo como acontecimentos interligados e coerentes."[193] Durante essa jornada, Maria não

---

[190] McClendon, *Systematic Theology: Doctrine* [Teologia sistemática: doutrina], p. 247 (citação toda em itálico).
[191] Dunn, *Theology of Paul the Apostle* [Teologia do apóstolo Paulo], p. 254.
[192] Cf. Wright, *Resurrection of the Son of God* [A ressurreição do Filho de Deus], p. 227.
[193] Barth, *CD* IV, 2:142.

deve tentar retê-lo, pois, uma vez realizada, o Ungido está liberado para retornar e aparecer aos discípulos como Senhor ressurreto, ascendido e glorificado, manifestamente o mesmo Senhor encarnado e crucificado. A ressurreição de Jesus representa sua exaltação à direita de Deus Pai, o único capaz de concedê-la, e é evidenciada pelo derramamento do Espírito Santo (At 2:33).

A ressurreição evidencia que Jesus é o Ungido, não apenas por voltar dentre os mortos, mas por isso significar sua exaltação. Significa que Jesus se assentou à direita da majestade nas alturas, alcançando, nesse aspecto, uma posição muito mais exaltada do que a de qualquer anjo (Hb 1:3-14). Embora o leão-cordeiro não ocupe um trono na visão celestial de João, anjos, figuras humanas e personagens sobrenaturais exóticos declaram, em uníssono: "Àquele que está assentado no trono e ao Cordeiro sejam o louvor, a honra, a glória e o poder para todo o sempre!" (Ap 5:13, NVI).

Ressuscitar Jesus dentre os mortos envolveu, então, o exercício de poder soberano, porque também foi um estágio de sua exaltação colocá-lo naquela posição de honra à direita de Deus, acima de toda e qualquer entidade poderosa e, portanto, como autoridade sobre a igreja (Ef 1:19-22). Anteriormente fora razoável à humanidade servir a essas entidades poderosas; de fato, Deus autorizara essa submissão (Dt 32:8). Agora a situação mudou e os povos devem reconhecer a autoridade de Jesus.

Vitória

Enquanto, "para nós, os céus passaram a significar um estado futuro de exultação perfeita", para Paulo é outra esfera presente em que se espelham os mesmos conflitos da terra.[194] As Escrituras trabalham com uma dualidade entre os mundos terreno e celestial, embora não com um dualismo; não há distinção absoluta entre ambos, nem antítese entre os dois mundos. A esfera celestial está acima da terrena. Naturalmente, há limites para a metáfora espacial. Nikita Khrushchev comentou certa vez que o primeiro cosmonauta não viu Deus algum quando voou para o espaço; contudo, os escritores bíblicos não nos deixam qualquer evidência de que

---

[194]J. Armitage Robinson, *St. Paul's Epistle to the Ephesians* [Carta de S. Paulo aos Efésios], 2ª ed. (Londres: James Clarke, [?1904]), p. 12.

se deve esperar que alguém o veja. "Céus" são uma metáfora para "Céu", reino distinto da esfera física.

Nessa esfera, como na nossa, trava-se um conflito envolvendo entidades espirituais da maldade (*pneumatika*; Ef 6:12). Não é de surpreender que nosso envolvimento com a esfera celestial se tenha tornado problemático (Gn 6:1-4). A esfera do espírito é afetada pelo desvio moral, nos céus como na terra. Desse modo, os cristãos mencionam com frequência expressões como "guerra espiritual". Tanto o mundo abaixo como a esfera acima são afetados pela rebelião contra Deus, mas a morte e a ressurreição de Jesus ocasionaram uma vitória importantíssima contra os poderes rebeldes da esfera superior. Paradoxalmente, sua vitória introduz ou amplia a tensão na relação entre fiéis e realidades sobrenaturais rebeldes. Neste mundo, os fiéis têm uma experiência parcial do mundo celestial, estando cientes de que vivem na presença de Deus e de que são capazes de perceber seu envolvimento com o mundo. Deus fala com os fiéis, e eles respondem; eles falam com Deus, e Deus responde. Deus resgata e cura, e os fiéis respondem com gratidão; eles apelam a Deus, e Deus resgata ou cura. O povo de Deus é visitado por auxiliares divinos e lhes providenciam hospitalidade, talvez sem perceber sua origem celestial (Hb 13:2). Fé significa certeza do que não podemos ver (Hb 11:1).

"O Deus dos nossos ancestrais ressuscitou Jesus. [...] Deus exaltou esse homem à sua mão direita como líder e salvador, para dar a Israel arrependimento e remissão de pecados" (At 5:30-31). "Para Lucas, o meio de salvação é a exaltação de Jesus."[195] Salvação significa perdão, o perdão de Israel e sua salvação ou restauração como povo de Deus. A exaltação de Jesus significa que ele é o meio divino de produzir salvação, perdão e restauração. Seus discípulos atacarão as portas do Hades com essa mensagem e abrirão as portas do reino de Deus para que as pessoas fujam de um lado para o outro; assim, "ligar" e "desligar" terão consequências no céu, e não apenas na terra (Mt 16:18-19).

A execução de Jesus não foi uma experiência imposta contra sua vontade, mas um acontecimento sobre o qual reinou como Senhor. Ademais, a natureza física da crucificação remeteu à ideia de que, na verdade, a

---

[195] Green e Baker, *Recovering the Scandal of the Cross* [Recuperando o escândalo da cruz], p. 73.

crucificação foi sua exaltação, uma manifestação de sua majestade e da majestade de seu Pai. Há outro sentido, então, no qual Jesus não precisaria ressuscitar, pelo menos não como um acontecimento testemunhado publicamente.

Além da impossibilidade de sua permanência na morte, o fato de a ressurreição de Jesus chegar ao conhecimento dos discípulos foi extremamente útil, já que ofereceu uma demonstração convencional de sua majestade. Enquanto a submissão do Ungido à morte representou um tipo paradoxal de triunfo glorioso, foi a sua ressurreição que o demonstrou: "Cruz e ressurreição permanecem em relação de enigma e interpretação"; ao mesmo tempo, porém, há certa "harmonia interior" entre ambos, no sentido de "a pregação da cruz ser independente da mensagem da ressurreição", e vice-versa.[196] Considerações de "Jesus Cristo, o Senhor como Servo" levam à reflexão de "Jesus Cristo, o Servo como Senhor".[197]

Autoridade

Destarte, Paulo prega Jesus como Senhor (2Co 4:5). Ainda que Jesus tenha exercido senhorio na história dos Evangelhos, o Novo Testamento o categoriza como Senhor em um novo sentido após a ressurreição. Seu próprio anúncio de que o reino de Deus havia chegado deu lugar à pregação dos apóstolos, segundo a qual o Ungido ressuscitou dos mortos e passou a reinar como Senhor. Enquanto sua ressurreição foi uma asserção da soberania e do poder de Deus, evidenciando o fato de que Deus reinava de fato, também significou que Jesus não é apenas "o primogênito dentre os mortos", mas "o soberano dos reis da terra" (Ap 1:5). Ele não somente é capaz de afirmar: "Estive morto, mas, agora, estou vivo para sempre", como também, por conseguinte: "retenho as chaves da morte e do Hades" (Ap 1:18). "A ele glória e poder" (Ap 1:6 — a frase não tem verbo).

A encarnação e a morte de Jesus significavam que ele não se importava com o poder, do mesmo modo que um governante ou imperador

---

[196]Kunneth, *Theology of the Resurrection* [Teologia da ressurreição], p. 151 (primeira parte da citação em itálico).
[197]Barth, *CD* IV, 1:135.

humano. Sua elevação significa que ele, e não César, é o verdadeiro Senhor. A descrição tríplice de Jesus como salvador, senhor e ungido (Fp 3:20) é "anti-imperial". Os últimos dois substantivos podem parecer óbvios, mas "salvador", palavra de uso incomum nas cartas de Paulo, equivale, de modo semelhante, à autodescrição do imperador.[198] A descrição reformula a mensagem de Jesus, "não com linguajar cristão peculiar e recém-inventado, mas *no*, e portanto *contra*, o discurso público da teologia imperial romana", apropriando-se de títulos familiares de César (outros exemplos são "Filho de Deus" e "Redentor") e reaplicando-os escandalosamente.[199] A ideia de Jesus como Senhor se interliga a pressupostos imperiais,[200] uma vez que a descrição de Yahweh como Senhor normalmente pertence ao contexto da subordinação de Israel a um poder imperial (aparece pouco nas narrativas bíblicas, mas floresce nos Salmos e nos Profetas).

Os escritores do Novo Testamento não se mostravam obcecados por tomar uma posição contra o império, e havia razões bíblicas para o uso de tais títulos.[201] No entanto, "cada passo que Paulo dava, dava-o em terras governadas por César. Cada carta que escreveu foi enviada para pessoas que viviam nos domínios de César"; e "o contexto narrativo no qual Paulo cria que ele e suas comunidades estavam inseridos gerava um conflito com Roma e seu império". É por sua afirmação de que Jesus é o verdadeiro Senhor que Paulo concentra seu próprio ministério no Império Romano como um todo, voltando-se para a própria cidade de

---

[198] Cf. Wright, *Resurrection of the Son of God* [A ressurreição do Filho de Deus], p. 228, 232, seguindo Peter Oakes, *Philippians* [Filipenses] (Cambridge e Nova Iorque: Cambridge University Press, 2001); cf. esp. p. 138-40.
[199] John Dominic Crossan, *God and Empire* [Deus e império] (São Francisco: Harper, 2007), p. 141; cf. Crossan, "Roman Imperial Theology" [Teologia imperial romana], em Richard A. Horsley, ed., *In the Shadow of Empire* [À sombra do império] (Louisville: Westminster John Knox, 2008), p. 59-73 (em p. 73); Joerg Rieger, *Christ and Empire* [Cristo e império] (Mineápolis: Fortress, 2007), p. 23-67.
[200] Cf. Elizabeth Schussler Fiorenza, *The Power of the Word* [O poder da palavra] (Mineápolis: Fortress, 2007) e sua crítica da "reinscrição" da linguagem imperial para Deus e Jesus, em *The Book of Revelation* [O livro de Apocalipse], 2ª ed. (Filadélfia: Fortress, 1998), p. 219. Neil Elliott aplica a mesma crítica a Romanos. Cf. *The Arrogance of Nations* [A arrogância das nações] (Mineápolis: Fortress, 2008), p. 15.
[201] Cf. Seyoon Kim, *Christ and Caesar* [Cristo e César] (Grand Rapids: Eerdmans, 2009); Scot McKnight e Joseph B. Modica, eds., *Jesus Is Lord, Caesar Is Not* [Jesus é Senhor, César impostor] (Downers Grove: InterVarsity Press, 2013).

Roma e mesmo para suas fronteiras ocidentais, cultivando comunidades de Jesus que adotavam seu senhorio por todo o império que tinha César como senhor.[202] Possivelmente, "a convicção principal de Paulo não era que Jesus viera *como Messias*, mas que Deus nomeou Jesus Cristo *como Senhor*".[203] Ao começar a proclamar que Jesus era o Filho de Deus, imediatamente após Jesus lhe aparecer (At 9:20), talvez o apóstolo quisesse apenas demonstrar que Jesus é o Ungido. Mas não seria surpreendente se Atos tomasse essas palavras como declaração de que Jesus é Senhor e Filho de Deus (cf. Rm 1:4) — e não o imperador.[204]

Há outra e importante diferença em relação ao uso de títulos como "Senhor". Na proclamação em Atos 2, Pedro declara que, no futuro, no dia do derramamento de sangue e de trevas, "todo que invocar o nome do Senhor será resgatado" (At 2:21; cf. Rm 10:9-13). Nesse texto, "o Senhor" é o Jesus exaltado, mas, na profecia que Pedro está citando (Jl 2:28-32 [TM 3:1-5]), o Senhor é Yahweh. Paulo fala de todo joelho que se dobra a Jesus como Senhor (Fp 2:5-11) e recicla, mais uma vez, uma declaração sobre Yahweh (cf. Is 45:22-25).

Tais exemplos da facilidade com que o Novo Testamento aplica a Jesus passagens que se referem a Yahweh como Senhor "conotam e pressupõem a convicção de que, de alguma forma profunda, ele está, direta e exclusivamente, associado a Deus".[205] O fato de Jesus ressuscitar dentre os mortos não significa, em si, que ele era o Deus encarnado ou Senhor de toda a criação.[206] Contudo, sua aparição a Paulo como Senhor exaltado, que leva imediatamente ao reconhecimento do apóstolo de que Jesus é o Filho de Deus em termos de Ungido, leva, quase imediatamente, à sua admissão de que Jesus é Senhor e Filho de Deus, no sentido de ser, ele próprio, divino.[207] Tomé expressa isso ao reconhecer o Jesus ressurreto como "Senhor meu e Deus meu" (Jo 20:28).[208]

---

[202]Wright, *Paul and the Faithfulness of God* [Paulo e a fidelidade de Deus], p. 1271,1281,1484-1504.
[203]Sanders, *Paul and Palestinian Judaism* [Paulo e o judaísmo palestino], p. 514.
[204]Cf. Wright, *Resurrection of the Son of God* [A ressurreição do Filho de Deus], p. 728-31.
[205]Hurtado, *Lord Jesus Christ* [Senhor Jesus Cristo], p. 114.
[206]Cf. Wright, *Resurrection of the Son of God* [A ressurreição do Filho de Deus], p. 23-25.
[207]Ibid., p. 397-98.
[208]Cf. ainda seção 1.4.

Na esfera celestial

Tendo assentado Jesus na esfera celestial depois de ressuscitá-lo dos mortos, Deus também assentou os fiéis nesse lugar de autoridade a fim de demonstrar a realidade da graça divina (Ef 1:20; 2:6-7). Eles vivem e usufruem a bênção de Deus "nas regiões celestiais" (*en tois epouraniois*; Ef 1:3; a frase recorre em Ef 3:10; 6:12). Embora essa bênção seja *pneumatikos* (Ef 1:3), o melhor é não chamá-la de bênção "espiritual" ou como que referente a uma esfera "espiritual"; em português, a palavra conota algo de natureza interior. A esfera celestial não é interior nem menor do que a esfera física, porém maior. Bênçãos nas regiões celestiais dizem respeito ao Espírito, mas não em correspondência a interno em oposição a externo. O Novo Testamento estabelece o Espírito contra a natureza inferior da humanidade, não contra a sua natureza exterior, e sua natureza interna é parte da natureza inferior, enquanto o Primeiro Testamento coloca o espírito de Deus em oposição à natureza fraca da humanidade.

O assentar de Jesus denota posição de autoridade sobre outras autoridades; de modo semelhante, nosso assentar sugere que não somos mais obrigados a aceitar a autoridade de outros poderes. Podemos resistir a eles (Ef 6:12). Ao nos assentar em posição de autoridade com Jesus nos céus, Deus demonstra sua sabedoria a outras autoridades nas regiões celestiais (Ef 3:10) — sabedoria que elaborou uma forma de trazer à existência uma nova humanidade, composta de judeus e gentios, possibilitando a todas as pessoas a aproximação de Deus na esfera celestial, com liberdade e confiança (Ef 3:2-12).

Assim, a ressurreição de Jesus significa que os fiéis continuam a usufruir de vida física, mas também se relacionam com esse outro reino. Eles também não foram apenas ressuscitados — ou mesmo ressuscitados somente a uma nova forma de vida terrena —, mas ressuscitados a uma vida celestial. Seu espírito está nos céus, embora seu corpo esteja na terra. Por isso, os discípulos devem buscar as coisas do alto, focar a mente nas coisas de cima (Cl 3:1-2). Seu tesouro, afinal, jaz nos céus (Mt 6:20-21).[209] Tendo ressuscitado na esfera celestial e vivendo agora

---

[209]Cf. Abbott, *Critical and Exegetical Commentary on the Epistles to the Ephesians and to the Colossians* [Comentário crítico e exegético da carta a Efésios e Colossenses], p. 278.

espiritualmente na presença de Deus, os fiéis devem focar essa realidade. Atualmente, ela é invisível a outras pessoas, mas, um dia, será manifesta.

Foco celestial não quer dizer que a vida atual e terrena das pessoas não importe. O corpo na terra e o espírito nas regiões celestiais englobam uma única pessoa. O próprio Jesus promete coisas aos discípulos na esfera do material e do exterior, como herança territorial, comida e vestimenta, embora lhes diga para não se preocuparem com isso (Mt 5:5; 6:25-34). Ressaltar o céu revoluciona a vida das pessoas na terra em vez de privá-las de significado.

É à luz do fato de ter ressuscitado com Jesus que os fiéis devem matar (*nekroō*) práticas terrenas como imoralidade sexual, ganância (que é idolatria), ira, malícia, engano e instinto de divisão (judeu e gentio, nós e eles, escravo e livre), fazendo distinções cuja importância foi abolida para aqueles que se despiram do velho homem e se revestiram do novo (Cl 3:5-11). No lugar disso, devem cultivar práticas que refletem realidades celestiais, como compaixão, humildade, gentileza, paciência, perdão e paz — tudo que, como princípio global, expressa cuidado por outras pessoas. Fiéis devem revestir-se de características de sua natureza celestial (Cl 3:12-15).

Vida e presença

Estávamos "mortos", porém Deus "nos vivificou com o Ungido — pela graça vocês foram resgatados — e, juntamente com ele, nos ressuscitou e nos fez assentar nos lugares celestiais por intermédio de Jesus, o Ungido" (Ef 2:5-6). "Vida" significa viver na esfera celestial, usufruindo acesso fácil à presença de Deus, existindo para o seu louvor glorioso, aguardando e, assim, vivendo com esperança e sabedoria sobre a natureza do projeto divino no mundo. A morte deve estar em posição oposta, sem fácil acesso a nós: morremos para a existência egoísta, para a existência sem esperança, para a existência sem entendimento.

Com Jesus, passamos da morte para a vida. Tal entendimento de vida e morte corresponde aos conceitos que aparecem nos Evangelhos. Mais paradoxalmente, também aparece nos Salmos: evidentemente, tudo isso não teve de esperar a vinda de Jesus para que se tornasse real para o povo de Deus. Nos Salmos, por exemplo, "morte" pode ser uma realidade que se apossa das pessoas "nesta vida". Na prática, a opressão leva as pessoas ao *Sheol*, enquanto o resgate de Deus as livra. O livramento divino possibilita "a bênção da vida" para o povo de Deus (Sl 133:3), ou seja, proporciona "vida até o fim da vida".

Desse modo, a vida "normal" para a qual os Salmos convidam as pessoas é aquela em que posso "viver na casa de Yahweh todos os dias da minha vida" (Sl 27:4). Jesus ressuscita os fiéis para uma nova vida, levando-os a usufruir o acesso à presença celestial de Deus. Eles podem tomar parte em reuniões celestiais, nas quais agentes divinos resolvem o que acontecerá na terra (Jr 23:18). Entram na presença de Deus, descobrem o que Yahweh está fazendo e, como resultado, podem servi-lo de modo mais eficaz neste mundo.

Em outras palavras, os fiéis morreram com Jesus "para os elementos do mundo", os quais instituem regras no que diz respeito ao que as pessoas podem manusear, provar ou tocar. Restrições assim podem impor certo tipo de disciplina, mas não alcançar algo muito eficaz no trato com a natureza inferior (Cl 2:20-23). Tais regras se assemelham ao limite de velocidade nas rodovias — restritivas em termos de excesso, mas incapazes de transformar as pessoas em bons motoristas. Os fiéis, porém, foram "ressuscitados com o Ungido", embora sua nova vida esteja "escondida com o Ungido em [ou na presença de] Deus" (Cl 3:1-4).

O fato de Jesus estar vivo e de que ele vive na presença de Deus é imperceptível para a maioria das pessoas, e o mesmo ocorre com os fiéis, que estão vivos e vivem na presença de Deus. Embora vivam na esfera do céu e tenham acesso à corte celestial, ninguém pode ver essa realidade, mesmo que os resultados sejam perceptíveis em sua vida. Os fiéis estão sujeitos à morte, como todo mundo. Entretanto, a manifestação final de Jesus mudará essa realidade para nós e para ele, visto que o Ungido será manifestado "em esplendor". Por enquanto, os fiéis são como membros da realeza, caminhando pelas ruas com roupagem comum; na manifestação de Jesus, eles serão vestidos de trajes reais, refletindo sua vida verdadeira. Filhos e filhas de Deus serão revelados (Rm 8:19).

Destarte, nossa identificação com a morte de Jesus não apenas significa que, na prática, sofremos a pena de morte.[210] A ressurreição de Jesus significou que ele então iniciou um novo tipo de vida, e nossa

---

[210]Cf. seção 5.5.

identificação com o ato dele e de torná-lo nosso também significa que começamos um novo tipo de vida caracterizado "pela fé no Filho de Deus", ou seja, pela fé naquele que morreu e ressuscitou por nós de modo representativo e substitutivo (Gl 2:19-20). De fato, "se Jesus ressuscitou, então o fim do mundo começou. [...] O próprio Deus confirmou a atividade pré-Páscoa de Jesus". Fica claro que "o Filho do Homem não é outro senão o homem Jesus, o qual retornará outra vez". A ressurreição do Filho de Deus "constituiu apenas o início da ressureição dos mortos e do fim do mundo". Como se passaram dois milênios, é difícil manter a relação essencial entre a ressurreição de Jesus e o fim do mundo. Mas nós precisamos fazer isso se quisermos ver o significado da ressurreição de Jesus.[211]

A ressurreição de Jesus "marca o início da realidade da vida eterna. [...] A realidade da ressurreição é o ataque da vida à realidade espaçotemporal da morte".[212] No momento, nem a justificação nem a exaltação de Jesus são amplamente reconhecidas. A realidade atual de sua ressurreição (em vez de um acontecimento futuro) possibilita aos seguidores em certa medida compartilhar de sua ressurreição, vindicação e exaltação. Suas aparições na ressurreição tornam possível que eles saibam sobre sua vindicação e sua exaltação e, portanto, sobre a consumação que virá de sua ressurreição e exaltação, e sobre a deles.[213]

---

[211]Pannenberg, *Jesus—God and Man* [Jesus: Deus e homem], p. 67-68, 106, 107.
[212]Kunneth, *Theology of the Resurrection* [Teologia da ressurreição], p. 75-76 (parte da citação está em itálico).
[213]Cf. cap. 8.

SEIS ▶ OS FILHOS DE DEUS

MORTE E RESSURREIÇÃO LEVARAM AO PENTECOSTE. No Pentecoste, o Espírito Santo foi derramado a toda a comunidade dos que criam em Jesus. Esse derramamento resultou em algo espetacular, que exigia explicação e, por conta disso, abriu a possibilidade da proclamação sobre Jesus (At 2). Outra versão da sequência ocorreu quando os cristãos foram todos cheios do Espírito Santo e propagaram a mensagem de Jesus com ousadia (At 4:31). Em ocasiões subsequentes, a ligação forte entre enchimento e proclamação não ocorreu; enchimento ou vinda do Espírito serviam apenas como indicação de que o derramamento se estendeu a pessoas em Samaria, a prosélitos e a outros grupos, ausentes no dia de Pentecoste (At 8:15-17; 9:17; 10:44-46; 19:1-7). A manifestação do Espírito é um aspecto crucial da história daqueles que reconhecem Jesus e de sua experiência como indivíduos.

6.1 A CONGREGAÇÃO

A comunidade que crê em Jesus constitui uma nova manifestação do povo de Deus que Deus iniciou com Abraão. Entretanto, é uma nova manifestação, cuja natureza como comunidade judaico-gentílica, personificada nas congregações a leste do Mediterrâneo, contribui para um novo retrato no Novo Testamento. Assim, há tanto continuidade como diversidade na forma como os dois Testamentos contemplam a vida do povo de Deus. A comunidade de fiéis em Jesus é uma família — em que o partilhar do pão representa uma atividade-chave — um templo, um reino, uma escola, um sacerdócio. É tanto mundial como local, uma e ao mesmo tempo diversa, seletiva e abrangente, inclusiva e santa.

Comunidade e indivíduo

Visto que ser humanidade é tanto uma questão comunitária como individual, não é de surpreender que o relacionamento com Deus seja tanto comunitário como individual. A congregação se relaciona com Deus, cujo propósito consiste na formação de um novo povo, uma nova humanidade; o indivíduo também se relaciona com Yahweh. Enquanto o cristianismo ocidental pode fazer do envolvimento de Deus com o indivíduo um pretexto para não levar a comunidade a sério, houve ocasiões em que os israelitas fizeram dessa natureza comunitária uma desculpa para se evadir da responsabilidade individual. Entretanto, ambos os Testamentos mantêm equilíbrio. Ambos falam da comunidade de Deus na comunidade e através dele; ambos reconhecem que o indivíduo desfruta a provisão de Deus e deve responder às suas expectativas.

Ao fim da história mundial, quando a obra da restauração de todas as coisas estiver completa e Deus finalmente disser "tudo está feito", haverá um corpo de pessoas que "serão o seu povo, e o próprio Deus viverá com elas". Mas, além disso, Deus dará água viva ao indivíduo sedento e ao vencedor a promessa é "Eu lhe serei Deus, e ele me será filho", enquanto "aos covardes, aos incrédulos, aos abomináveis, aos assassinos, aos impuros, aos feiticeiros, aos idólatras e a todos os mentirosos, a parte que lhes cabe será no lago que arde com fogo e enxofre, a saber, a segunda morte" (Ap 21:6-8, ARA). Jesus descreve o estilo de vida de um grupo de discípulos ou congregação e usa, na maior parte das ocorrências, o plural (Mt 5—7), mas sua descrição exige um comprometimento individual de reconciliação, castidade, honestidade, tolerância, autocrítica, discernimento e obediência. Jesus explicita essa expectativa com o emprego de diversos verbos no singular: "todo aquele que se irar contra seu irmão [...] quando orardes [...] todo aquele que ouve estas minhas palavras...".

Na Torá, o entrelaçamento de singular e plural é uma forma de as instruções assinalarem a realidade da comunidade, sua experiência e responsabilidade, juntamente com a realidade do indivíduo, sua experiência e responsabilidade. Enquanto alguns verbos no singular resultam do aspecto comunitário de Israel, muitas das regras da Torá dizem respeito ao indivíduo, especificamente. O livro de Salmos manifesta dinâmica paralela: embora muitos suponham que louvar representa uma atividade inerentemente comunitária, tanto protesto como testemunho pertencem a ambos, ao indivíduo e à comunidade, de modo que é difícil notar quando um salmo se destina a um ou ao outro. Boa parte de Provérbios descreve a vida comum do indivíduo, porém sua preocupação está na formação da comunidade.

Deus enviou Jesus com o objetivo de restaurar seu povo, mas seu povo não o recebeu, o que pôs pressão sobre o indivíduo. Indivíduos não podiam se esconder em meio ao povo e abdicar da responsabilidade de receber Jesus: "Aos que o receberam, aos que creram em seu nome, deu-lhes a liberdade de se tornarem filhos de Deus, os quais não nasceram por sangue, nem por vontade humana ou esforço humano, mas de Deus" (Jo 1:12-13).

Em especial, João enfatiza o indivíduo e se concentra no relacionamento entre Jesus e o discípulo fiel.[1] A vinha, uma imagem clássica como descrição do povo de Deus, torna-se uma imagem de Jesus; e o relacionamento do indivíduo com a vinha passa a ser um relacionamento com ele, não diretamente com a comunidade. O fato de o indivíduo crer em Jesus é extremamente relevante. No entanto, João também usa o plural ao mencionar as pessoas que aceitam Jesus, testificando de uma família que o aceitou (Jo 4:53). Atos também descreve os processos de conversão de algumas famílias (At 10; 16:15, 31; cf. 1Co 1:16). Talvez cada membro da família tenha respondido de forma individual; contudo, a atividade foi parte de um todo.

A nova criação

Desse modo, Israel como entidade é filho ou filha de Yahweh, e Yahweh, seu pai ou mãe, embora não se comporte da maneira apropriada a um

---

[1] Cf. C. F. D. Moule, "The Individualism of the Fourth Gospel" [O individualismo do quarto Evangelho], *Novum Testamentum* 5 (1962): p. 171-90; cf. George Eldon Ladd, *A Theology of the New Testament* [Teologia do Novo Testamento] (Grand Rapids: Eerdmans, 1974), p. 281 (ed. rev., p. 317).

filho ou filha. Israel é como o filho indiferente, a quem Yahweh é tentado a deserdar, ainda que, ao final, não consiga levar a cabo seu intento (Os 11). Individualmente, os israelitas são filhos de Deus, e Yahweh, seu pai ou mãe, embora também individualmente não se comportem da maneira apropriada a esse relacionamento. São os filhos rebeldes a quem Yahweh castiga, mas ele permanece comprometido com seus filhos e filhas (Is 1:2; 43:6-7).

Pertencer a Deus é tanto uma questão comunitária como individual que se reflete na forma como a humanidade foi criada. Mas, "se alguém está no Ungido — uma nova criação! As coisas antigas já passaram; eis que tudo se fez novo" (2Co 5:17; cf. Gl 6:15). Também a ideia de nova criação é comunitária e individual. Por um lado, Deus prometeu novos céus e nova terra, personificados em uma nova cidade (Is 65:17-25). Por outro, a criação do "novo ser" pode ser objeto da oração: "Cria em mim um coração puro [um ser interior, uma mente, um espírito limpo], ó Deus, e renova em mim um espírito firme" (Sl 51:10 [TM 12]).

O título do salmo se conecta com a confrontação de Natã a Davi, após este ter cometido adultério e assassinato; 2Samuel, porém, deixa claro que Deus não ocasionou essa nova criação para Davi, embora algumas pessoas no Primeiro Testamento tenham claramente experimentado tal criação (como Rute ou Ana). De maneira semelhante, Jerusalém se tornou uma cidade renovada após o exílio, porém sua renovação foi insuficiente.

A conversa de Paulo sobre "nova criação", então, pode referir-se à criação de um novo indivíduo, o que sugere a resposta à oração do salmo. Pode sugerir a criação de uma nova Jerusalém, uma comunidade na forma de congregação dos que creem em Jesus. De qualquer maneira, iria pressupor que um novo tempo já chegou por intermédio da vinda de Jesus.[2] Comunitariamente, porém, e em muitos casos individualmente, a congregação dos coríntios se assemelhava mais à cidade de Jerusalém antes do exílio, e mais com Davi do que com Rute; a nova criação não aconteceu para os coríntios. Paulo descreve como a nova criação deveria funcionar; sua declaração de que "se alguém está no Ungido — uma nova criação!" se assemelha a "todo o que permanece nele não peca" (1Jo 3:6).

---

[2]Cf. discussão em Mark Owens, *As It Was in the Beginning: An Intertextual Analysis of New Creation in Galatians, 2 Corinthians, and Ephesians* [Análise intertextual da nova criação em Gálatas, 2Coríntios e Efésios] (Eugene: Wipf and Stock, 2016).

As palavras de Paulo sobre a nova criação resultam de algumas declarações precedentes: que o amor de Jesus nos controla; que não mais vivemos para nós mesmos, mas para Jesus; e que não mais consideramos as pessoas de uma perspectiva mundana (2Co 5:14-16). A chegada do novo tempo e da nova criação como resultado da vinda de Jesus fornece uma nova base para essa transformação. Dá-nos uma nova motivação e um novo fundamento para a oração "Cria em mim um coração puro, ó Deus, e renova em mim um espírito firme", bem como para a fé de que essa oração terá resposta. Deus trouxe à existência a nova Jerusalém; assim, peço para ser transformado de modo a ser um cidadão digno dela. Também fornece um novo desafio para buscar tal renovação. A paráfrase de Calvino não se distancia muito como um resumo das implicações paulinas: "Se algum homem deseja obter um lugar em Cristo... que seja uma nova criatura".[3]

Dito de maneira um pouco diferente, a vinda de Jesus possibilita e torna necessário o novo nascimento, o nascimento do alto (Jo 3:3-7). É necessário, já que não podemos ver as realidades espirituais sem esse renascimento; é possível, visto que Jesus nos capacita a ver corretamente e começar de novo. Mais uma vez, dito de maneira diferente, a vinda do Ungido viabiliza a adoção em uma nova família, à qual nos juntamos ao nos tornarmos irmãos de Jesus. Receber alguém na família é um ato criativo, trazendo nova criação e novo nascimento ao indivíduo.[4]

Uma família

A congregação dos fiéis forma, assim, um tipo de família. Tornar-se filho de Deus significa ser parte de uma família. É "uma imagem-chave" para a comunidade de pessoas que creem em Jesus.[5] Em 1934, um sínodo da Igreja Evangélica Alemã, uma federação de igrejas confessionais,

---

[3] João Calvino, *The Second Epistle of Paul the Apostle to the Corinthians and the Epistles to Timothy, Titus and Philemon* [Segunda carta do apóstolo Paulo aos Coríntios e cartas a Timóteo, Tito e Filemom] (Edimburgo: Oliver and Boyd, 1964), p. 75.
[4] Thomas A. Bennett desenvolve a ideia de que a morte de Jesus representa o trabalho de parto para a concepção das pessoas ("The Cross as the Labor of God" [A cruz como parto de Deus] [Tese de Dout., Fuller Theological Seminary, 2015]).
[5] Robert Banks, *Paul's Idea of Community* [Ideia paulina de comunidade] (Grand Rapids: Eerdmans, 1980), p. 54 (ed. rev. [Peabody: Hendrickson, 1994], p. 49).

reuniu-se em Barmen e, contra a posição de "cristãos alemães", acordou uma "declaração teológica", segundo a qual definia "igreja" como "congregação dos irmãos".[6] A definição se encaixa no fato de que os fiéis são membros da família de Deus (Ef 2:19; 1Tm 3:15) e, assim, são irmãos e irmãs uns dos outros (e.g., Rm 14:10-21; 1Ts 4:10). Jesus pode falar em termos da família de discípulos substituindo a família natural (Mt 12:46-50), e a família é "o contexto básico no qual a maioria, se não todos, dentre os grupos paulinos se estabeleceu".

Esses grupos diferem de uma associação voluntária a uma sinagoga ou escola.[7] Irmãos e irmãs não podem escolher uns aos outros, e seu relacionamento não está sujeito a terminar.[8] O modo como eu me comporto deve levar em consideração a saúde espiritual de outros fiéis como irmãos ou irmãs, em prol dos quais Jesus morreu (1Co 8:11-13). Essa motivação corresponde àquela que a Torá estabeleceu perante Israel: os membros de Israel devem ver uns aos outros como irmãos e irmãs e agir em conformidade com essa verdade (e.g. Dt 1:16; 3:20; 15:1-11). Atos figura a comunidade pós-Pentecoste como "o cumprimento de dois ideais antigos: o ideal grego de amizade verdadeira e o ideal deuteronômico de comunidade pactual".[9]

Desse modo, a família é um modelo importante para essa comunhão, essa *koinōnia*, da qual os fiéis individuais em Jesus são membros. Alguns grupos cristãos preferem a palavra *comunhão* ao termo *igreja*, com suas associações institucionais e hierárquicas.[10] Conforme as Escrituras retratam, "religião é uma vida a ser vivida em comunhão".[11] Uma das

---

[6]Cf. Arthur C. Cochrane, *The Church's Confession Under Hitler* [A confissão da igreja sob Hitler] (reimp., Pittsburgh: Pickwick, 1976), p. 237-42.
[7]Wayne A. Meeks, *The First Urban Christians* [Primeiros cristãos urbanos], 2ª ed. (New Haven e Londres: Yale University Press, 2003), p. 84.
[8]Cf. Jürgen Moltmann, *The Church in the Power of the Spirit* [A igreja no poder do Espírito] (Londres: SCM Press; Nova Iorque: Harper, 1977), p. 316 (embora o autor prefira a imagem de amigos à imagem de irmãos e irmãs).
[9]Richard B. Hays, *The Moral Vision of the New Testament* [Visão moral do Novo Testamento] (São Francisco: Harper, 1996), p. 123.
[10]Cf. Veli-Matti Karkkainen, *Toward a Pneumatological Theology* [Em busca de uma teologia pneumatológica] (Lanham: University Press of America, 2002), p. 116. Cf. ainda comentários em "Mundial e Local" nesta seção.
[11]D. N. Buntain, *The Holy Ghost and Fire* [Espírito Santo e fogo] (Springfield: Gospel Publishing House, 1956), p. 62; cf. Frederick Dale Bruner, *A Theology of the Holy Spirit* [Teologia do Espírito Santo] (Grand Rapids: Eerdmans, 1970), p. 149.

expressões favoritas de Paulo é "uns aos outros". Somos membros uns dos outros (Rm 12:5; Ef 4:25) e, por isso, devemos edificar uns aos outros (1Ts 5:11; Rm 14:19) e cuidar uns dos outros (1Co 12:25); amar uns aos outros (1Ts 3:12; 4:9; 2Ts 1:3; Rm 13:8); buscar o bem uns dos outros (1Ts 5:15); suportar uns aos outros (Ef 4:2); carregar o fardo uns dos outros (Gl 6:2); ser compassivos e perdoar uns aos outros (Ef 4:32; Cl 3:13); submeter-nos uns aos outros (Ef 5:21); considerar uns aos outros em honra (Fp 2:3); devotar-nos uns aos outros (Rm 12:10); viver em paz uns com os outros (Rm 12:16).[12]

De fato, das exortações em Romanos 12:9-21, "nenhuma sequer está relacionada à vida particular de cristãos individuais. Formalmente, a série toda está conectada com a passagem sobre os dons de graça. [...] Materialmente, contém direções a respeito da vida de cristãos em relação uns com os outros: primeiro [...] seu relacionamento entre si, e então [...] seu contato com o mundo circunvizinho não cristão".[13]

"O que Deus está fazendo no mundo, no intervalo entre ressurreição e *parousia*? De acordo com Paulo, Deus está trabalhando por intermédio do Espírito para criar comunidades que prefiguram e personificam a reconciliação e a cura do mundo" (cf., e.g., Rm 15:7-13). "A igreja é uma comunidade contracultural de discipulado" que "personifica o poder da ressurreição em meio a um mundo ainda não redimido".[14]

Partilhando uma refeição

Como família, uma congregação partilha, naturalmente, as refeições (1Co 11:17-34). Comer junto é uma característica da vida familiar, e comer com pessoas era uma característica da vida de Jesus. Sua prática se assemelhava à de grupos como o dos fariseus e o da comunidade de Qumran. A última refeição que ele teve com os discípulos foi, em certo nível, apenas o último dentre muitos dos eventos que partilhou com seus seguidores.

---

[12]Gordon D. Fee, *God's Empowering Presence* [Presença empoderadora de Deus] (Peabody: Hendrickson, 1994), p. 871-72.
[13]Barth, *CD* II, 2:719.
[14]Hays, *Moral Vision of the New Testament* [Visão moral do Novo Testamento], p. 32, 196, 198; as segunda e terceira citações estão em itálico no original.

"Exceto de forma superficial", lamenta um teólogo, os pregadores "geralmente se mantiveram em silêncio a respeito de um assunto cuja importância exige toda eloquência: Jesus Cristo, crucificado pelos ímpios"; felizmente, porém, a celebração da Ceia do Senhor impossibilita o escapar do tópico, porque traz à luz, de modo natural, essa realidade.[15] A vida dos fiéis é vivida entre o que Jesus fez e o que fará, e a Ceia do Senhor elucida tanto o como quanto o futuro. Exibimos a memória da morte de Jesus, até que ele venha.

O tema desse ato memorável interliga a Ceia do Senhor com a celebração da Páscoa, contexto da refeição continuada pela Ceia do Senhor. "A narrativa da Páscoa (Êx 12:1-51) assume a forma de ação dramática, na qual aqueles que partilham tornam-se participantes na narrativa de, e na prática 'revivem', o drama divino da libertação do Egito. [...] 'Em cada geração', declara o *Mishná*, 'um homem deve se julgar de tal forma como se ele próprio tivesse escapado do Egito'."[16] Em continuação com essa dinâmica, a celebração da Ceia do Senhor pela congregação envolve pessoas revivendo a morte de Jesus, como se estivessem presentes. Seu efeito é fazer emergir a realidade desse acontecimento e envolver o adorador, reforçando em sua vida, de modo constante, os resultados da cruz. O que o batismo faz em termos de acontecimento único no início da vida do cristão, a Ceia do Senhor o faz continuamente.

A Ceia do Senhor é uma ocasião-chave em que os membros "se reúnem", de modo a expressar sua composição como "um corpo" (1Co 10:17; 11:18). É tanto um acontecimento social como religioso, uma "expressão não apenas da morte de Cristo pelo nosso pecado, mas também do compartilhar do pão entre aqueles que têm e os que não têm",[17] uma "prática" que dá "forma social à vida cristã".[18] Refeição e sacramento separam-se: a refeição não é mais sacramental e a Ceia do Senhor perdeu o aspecto de refeição. No Novo Testamento, porém, sacramento não existe sem

---

[15] Miroslav Volf, *Against the Tide* [Contra a maré] (Grand Rapids: Eerdmans, 2010), p. 89.
[16] Anthony C. Thiselton, *The Hermeneutics of Doctrine* [Hermenêutica da doutrina] (Grand Rapids: Eerdmans, 2007), p. 527, citando a partir do *Mishná Pesahim* 10:5 (diversas palavras em itálico).
[17] John Howard Yoder, *The Priestly Kingdom* [Reino sacerdotal] (Notre Dame: University of Notre Dame Press, 1984), p. 93.
[18] James W. McClendon, *Systematic Theology: Ethics* [Teologia sistemática: ética] (Nashville: Abingdon, 1986), p. 218.

refeição, em continuidade com a forma judaica. A prática do Primeiro Testamento de compartilhar uma refeição com Deus, como o israelita fazia sob seu convite em "ofertas pacíficas" ou "ofertas de comunhão" (*zebaḥ šəlāmim*), elucida a realidade da presença de Deus com seu povo. Isso acontecia em uma refeição.

Dar graças e compartilhar o mesmo pedaço de pão e o mesmo cálice de vinho é sinal de unidade entre as pessoas que pertencem a Deus e partilham um relacionamento com ele. Ironicamente, porém, a prática dessas refeições gerou controvérsias, porque a conduta adequada nelas e a limitação adequada da participação de pessoas consideradas féis, e não pecadoras, eram de grande importância. No entanto, por um lado, o Novo Testamento menciona o batismo com menos frequência do que esperávamos (como algo "indispensável, mas secundário");[19] enquanto, por outro, referências à Ceia, em Corinto, ocorrem apenas em conexão com a necessidade de lidar com ações egoístas e conflitos de uma congregação dividida por riquezas e crenças ("Eu sou de Paulo...").[20]

Em contrapartida, Jesus entrou em confusão por comer com "pecadores". Essênios e fariseus estavam inclinados a dividir judeus em "fiéis" e "infiéis". Por interpretarem fidelidade de maneira peculiar, os religiosos estavam comprometidos com sua própria visão, desassociando-se de pessoas cuja conduta se desviava de sua forma de fidelidade. Na igreja cristã, esse instinto encontra expressão na postura que diferentes tradições doutrinárias mantêm (ortodoxa, católica, evangélica, liberal, pentecostal, batista) e na importância atrelada a certos compromissos, tais como a aceitação ou a oposição a divórcio e novo casamento, relacionamento homossexual, aborto ou pacifismo. Normalmente, os fiéis se inclinam a uma única posição política e teológica.

A celebração e a participação adequada da Ceia do Senhor virou tópico particular de controvérsia na igreja, e a prática passou a ser "ocasião para a miséria do cisma e do conflito denominacional" ao longo da história.[21] O desenvolvimento estabelece um paralelo com a prática eclesiástica que nos distanciou da noção de "um só batismo" (Ef 4:5).

---

[19] Barth, *CD* IV, 4:48.
[20] Meeks, *First Urban Christians* [Primeiros cristãos urbanos], p. 159.
[21] Moltmann, *Church in the Power of the Spirit* [A igreja no poder do Espírito], p. 244.

Um templo, um reino

Tanto quanto uma família, a congregação é um edifício, tendo Jesus como seu fundamento. Especificamente, a igreja é um templo (1Co 3:9-17). Da mesma forma como a promessa da bênção para o mundo feita a Abraão se cumpriu na vinda do espírito de Deus sobre o seu povo, a promessa da habitação de Yahweh no templo (especificamente quando pensamos que ele não habita no Segundo Templo como habitou no Primeiro) é preenchida pela vinda do espírito de Deus em meio ao povo.[22] "Somos templo do Deus vivo", lugar no qual Yahweh se faz presente e anda com seu povo (2Co 6:16). O templo é "edificado sobre o fundamento dos apóstolos e dos profetas, tendo Jesus Cristo como pedra angular, no qual todo o edifício é ajustado e cresce para tornar-se um santuário santo no Senhor. Nele vocês também estão sendo edificados juntos, para se tornar morada de Deus por seu Espírito" (Ef 2:19-22, NVI).

A natureza da congregação como templo é uma das razões por que a igreja não deve associar-se a ídolos, pois são fontes de impureza (2Co 6:14—7:1). Trata-se de outro indicador de continuidade com Israel, em cuja história o tema é comum. A nova Jerusalém não tem templo, mas retrata, ainda assim, uma "cidade santa" (Ap 21:2,10; 22:19).

Ademais, se alguém na congregação toma o tipo de atitude que destrói o templo de Deus, ele mesmo destruirá essa pessoa. Antes, a estrutura precisa ser edificada (1Co 14:12,26), e o fiel deve contribuir com sua edificação. Trata-se de um critério para o exercício de dons, e uma das razões pelas quais a profecia é superior às línguas, a menos que sejam interpretadas (1Co 14:4-5). Até mesmo louvor e oração devem ser compartilhados, para a edificação do corpo, como implicado no livro de Salmos. Louvor é um método de testemunho e ensino; há uma ligação próxima entre louvor e profecia, conforme as histórias de Miriã e Ana o demonstram (cf. Êx 15:1-18; 1Sm 2:1-10). Se a minha manifestação de gratidão não é entendida por outros, ninguém mais pode dizer-lhe "amém" (1Co 14:16-17) — ou seja, ninguém pode afirmá-la, indicando comprometimento com sua perspectiva. Pessoas não podem ser edificadas.

Jesus também fez da congregação um reino (Ap 1:6). Por isso, seu povo é livre de outros senhores e livre de senhores em seu próprio meio.

---

[22] Cf. N. T. Wright, *Paul and the Faithfulness of God* [Paulo e a fidelidade de Deus] (Mineápolis: Fortress; Londres: SPCK, 2013), p. 1074-78.

A autoridade eclesiástica repousa com a congregação como um todo, não com "líderes" em meio à congregação. São todos ensinados por Deus e participantes no Espírito.[23] Contudo, não são livres para tomar as próprias decisões. São povo de Deus; assim, Deus o governa. Na nova Jerusalém, as pessoas servem a Deus em vez de serem governadas por outros (Ap 22:3-5).

Jesus foi exaltado a uma posição de autoridade sobre todas as demais autoridades. A congregação é um corpo que reconhece esse fato e vive de acordo com essa realidade; sendo assim, é uma extensão ou completude (*plērōma*) dele, no sentido de ser preenchida por ele,[24] até o tempo em que esse preenchimento acontecer com todas as coisas (Ef 1:22-23). Em oposição à ideia judaico-helenista do cosmos como corpo permeado pela Palavra divina, Efésios usa aqui a palavra *ekklēsia* e a imagem de um corpo para se referir a todo o corpo de pessoas que creem em Jesus, possibilitando a declaração de que a igreja é um corpo permeado pelo governo de Jesus.[25] O povo de Deus é um reino que reconhece um rei diferente. O fato de Jesus ser Senhor também deve subverter, em vez de reforçar, a ideia de hierarquia em meio à congregação.

Aprendiz, sacerdote, servo

A congregação constitui uma escola; sua tarefa é fazer discípulos (Mt 28:16-20). Dada a confiança dos efésios em Jesus e sua preocupação com o povo santo — sinal de que os efésios são parte do povo através do qual Deus intenciona ser reconhecido e exaltado no mundo —, Paulo deseja que Deus lhes dê um espírito sábio e de revelação (resultado da atividade do Espírito sábio e revelador) em conexão com seu conhecimento a respeito de Deus (Ef 1:17). A posse desse espírito de sabedoria e de revelação não se limita ao ramo individual do tronco de Jessé (como na promessa de Isaías 11:2) ou aos apóstolos e profetas (como em Efésios 3:5), porém é oferecido à congregação inteira (cf. Is 55:3-5).[26]

---

[23]Cf. James D. G. Dunn, *The Theology of Paul the Apostle* [Teologia do apóstolo Paulo] (Grand Rapids e Cambridge: Eerdmans, 1998), p. 593-94.
[24]Isoladamente, a linguagem de *plērōma* poderia sugerir que a congregação preenche Cristo; contudo, a linguagem é alusiva, e a ideia não está claramente presente em outros lugares: cf. Markus Barth, *Ephesians* [Efésios] (Garden City: Doubleday, 1974), 1:200-210.
[25]Cf. Andrew T. Lincoln, *Ephesians* (Dallas: Word, 1990), p. 71-72. Cf. ainda seção 5.5.
[26]Cf. Barth, *Ephesians* [Efésios], 1:162-64.

Em português, "conhecer a Deus" dá a entender conhecimento relacional e experimental, e as Escrituras creem em tal relacionamento pessoal ou experimental com Deus. "Conhecimento de Deus" também significa conhecimento acerca de Deus. Paulo, assim, pode descrever suas implicações, não em termos relacionais, falando a respeito de amor ou intimidade, mas em termos do conteúdo do conhecimento. O apóstolo deseja que as pessoas saibam a respeito da esperança para a qual Deus as chamou; a rica, esplêndida possessão que elas representam para Deus; e o poder e a autoridade dinâmicos que Deus demonstra em relação aos que confiam nele, o poder e a autoridade que se manifestam na ressurreição de Jesus (Ef 1:18-19; cf. Cl 2:2).

Conhecimento também se sobrepõe confirmação ou reconhecimento, algo que envolve a vontade e está relacionado à obediência (e.g., Jo 17:3; 1Co 15:34; 2Co 10:5; Cl 1:9-11; 2Ts 1:8; 1Jo 3:1). "Quando o reconhecimento ocorre, há uma entrega daquele que reconhece perante a coisa ou pessoa reconhecida. Ele se submete à autoridade do outro."[27] É dessa submissão que o Primeiro Testamento fala quando se refere à admiração por Deus, expressão normalmente traduzida como "temor de Deus", bem como às referências frequentes a "conhecer Yahweh" no sentido de "reconhecer Yahweh".

A congregação é um sacerdócio em relação ao Deus e Pai de Jesus (Ap 1:6). Ela tem um privilégio especial em relação ao restante do mundo em seu serviço e adoração a Deus. Além do mais, como reino e sacerdócio, a congregação partilha a honra de servir. Seu serviço implica o comprometimento e a proteção do senhor (Is 41:1-10). Ser sacerdócio e reino também remete a uma expectativa da parte de Deus, e a mesma ideia se aplica ao ser servo, e implica num compromisso para cumprir a tarefa que o mestre deseja que seja realizada. Embora seja verdade que a igreja existe para outros, sua posição primordial descreve seu relacionamento com Deus. "A noção moderna de Igreja-servo [...] parece carecer de qualquer fundamento direto na Bíblia."[28] A Bíblia não fala do povo de Deus como designado a ser servo do mundo, mas como destinado a servir a Yahweh.[29]

---

[27]Barth, *CD* I, 1:207.
[28]Avery Dulles, *Models of the Church* [Modelos da igreja], 2ª ed. (Dublin: Gill and Macmillan, 1988), p. 100.
[29]Cf. "Serviço", seção 7.2.

O serviço cuja realização Deus deseja envolve um papel em relação ao mundo. O povo de Deus deve servir a ele ao mostrar para o mundo que o propósito fiel de Yahweh está sendo cumprido, tornando-se, assim, luz para as nações (Is 42:1-12). Como servo, o povo de Deus é testemunha (Is 43:8-13) e está em posição de testificar o que Deus fez, atraindo, assim, o mundo ao reconhecimento de Yahweh. A igreja o faz por sua existência, por personificar uma aliança (Is 42:6), e por suas palavras. O mundo é caracterizado por medo e ansiedade, porém o povo de Deus serve às nações ao mostrar um estilo alternativo de vida, marcado por confiança ao invés de temor. A igreja é uma contracultura, vivendo entre os tempos; sua santidade e seu amor comunitários oferecem um testemunho radical para o mundo.

Mundial e local

Normalmente, o Novo Testamento descreve a comunidade de fiéis em Jesus como *ekklēsia*.[30] Derivado da Septuaginta, o termo equivale à expressão hebraica *qāhāl*, usada no Primeiro Testamento. No grego popular, *ekklēsia* não denotava expressão religiosa, mas uma assembleia de cidadãos.[31] O Primeiro Testamento usa tanto ʻ*ēda* como *qāhāl* para se referir ao Israel congregado; o primeiro termo se aproxima mais de "assembleia" (a Septuaginta traduz ʻ*ēda* por *synagōgē*), e o segundo, de "congregação reunida para adorar".

Uma congregação como a de Corinto descreve, portanto, uma *ekklēsia* de Deus composta por "pessoas que foram santificadas por intermédio de Jesus, o Ungido", que são "chamadas de povo santo" e estão

---

[30] Elizabeth Schussler Fiorenza nota que, enquanto "igreja" se origina de *kyrios* em algumas línguas, dando a entender uma entidade inerentemente hierárquica, *ekklēsia* é um termo mais brando e dá a entender "democracia radical" (*The Power of the Word* [O poder da palavra] [Mineápolis: Fortress, 2007], p. 78). Há controvérsias quanto à origem da palavra igreja estar relacionada etimologicamente a "círculo" (cf. Barth, CD IV, 1:651), o que se encaixaria perfeitamente com a teologia da autora. Martinho Lutero não se sentia confortável com a palavra em alemão, por se assemelhar à "cúria" (cf. sua exposição do terceiro artigo do credo em seu Catecismo Maior [*Luther's Large Catechism* [Catecismo Maior de Lutero] (reimp., St. Louis: Concordia, 1988), p. 74]; cf. Hans Kung, *On Being a Christian* [Sobre ser um cristão] [Garden City: Doubleday, 1976; Londres: Collins, 1977], p. 478).
[31] Cf. Larry Hurtado, *At the Origins of Christian Worship* [Nas origens da adoração cristã] (Carlisle: Paternoster, 1999), p. 54-55.

estabelecidas no contexto de "todos aqueles que, em toda parte, invocam o nome de Jesus, o Ungido, Senhor deles e nosso" (1Co 1:2). Enquanto o Novo Testamento usa a palavra para se referir a uma congregação local, uma assembleia reunida em determinado lugar, o termo também pode referir-se a pessoas de todo o mundo comprometidas com Jesus (e.g., Ef 1:22; Cl 1:18; cf. Mt 16:18).

Em última análise, a congregação é "católica", *kath' holon*, espalhada por toda a terra, pois Deus é Deus do mundo inteiro.[32] De modo semelhante, o povo de Deus é um só, porque Deus é um. "A unidade da Igreja não espelha a unidade de membros, mas a unidade do Cristo que age sobre todos, em todos os lugares e épocas."[33] "A *ekklēsia* e especialmente sua unidade ocupam lugar central no universo recém-modelado de Paulo."[34] É o uso peculiar da palavra *ekklēsia* "que deve ter sido confuso a qualquer grego comum".[35] Nesse contexto, porém, "o plural para 'igreja' representa uma contradição".[36]

Embora a abertura de 1Coríntios não use a palavra *ekklēsia* como referência à comunidade mundial, o texto não deixa de observar que a congregação dos coríntios faz parte de um corpo tanto mundial como local de fiéis. Qualquer congregação individual deve pensar e viver com um senso de pertencer a essa comunhão universal. Obrigações mútuas de apoio, caridade e hospitalidade que se obtêm no contexto da congregação local aplicam-se à família mundial estendida. Uma congregação não pode comportar-se como se o restante da igreja em seu país ou no mundo não existisse (cf. 1Co 7:17; 11:16).

Escrevendo a cristãos de determinado lugar, Paulo geralmente menciona outras congregações e indivíduos (e.g., saudações em Colossenses 4:7-17). De fato, "uma comunidade que não vê o sofrimento e o testemunho de outras comunidades como seu próprio sofrimento e

---

[32]Edmund Schlink, *The Coming Christ and the Coming Church* [O Cristo vindouro e a igreja vindoura] (Edimburgo: Oliver and Boyd, 1967; Filadélfia: Fortress, 1968), p. 108; cf. Moltmann, *Church in the Power of the Spirit* [A igreja no poder do Espírito], p. 338.

[33]Schlink, *The Coming Christ and the Coming Church* [O Cristo vindouro e a igreja vindoura], p. 105; cf. Moltmann, *Church in the Power of the Spirit* [A igreja no poder do Espírito], p. 338.

[34]Wright, *Paul and the Faithfulness of God* [Paulo e a fidelidade de Deus], p. 387.

[35]Meeks, *First Urban Christians* [Primeiros cristãos urbanos], p. 108.

[36]G. C. Berkouwer, *The Church* [A igreja] (Grand Rapids: Eerdmans, 1976), p. 77.

testemunho acaba por dividir o Cristo que sofre e atua em todos os lugares e épocas" (cf. 1Co 12:26).[37] O movimento cristão combinava comunidades locais coesas com uma rede de relacionamentos supralocais, e pode ter sido essa combinação, "e não determinado evangelista, que demonstrou ser o missionário mais efetivo".[38]

Em algumas situações, uma congregação servirá a outra, e vice-versa (2Co 8:13-15). O princípio é o da igualdade (*isotēs*). Evidentemente, esse não é o único princípio com o qual Paulo trabalha; do contrário, o apóstolo faria dos pobres macedônios recipientes em vez de doadores.[39] Paulo tem razões pessoais para se preocupar com a congregação de Jerusalém, incluindo em seu pedido de oferta uma citação que se refere à suficiência, e não de à igualdade (Êx 16:18).

Unicidade com diferenciação

Tanto quanto enxergar a si mesma como parte de uma entidade mundial, a congregação precisa preservar sua própria unidade na forma como seus membros pensam e vivem. Somos todos um em Jesus, o Ungido (Gl 3:28). Nossa unidade é uma unidade do Espírito: há um só corpo, um só Espírito, uma só esperança, um só Senhor, uma só fé, um só batismo, um só Deus e Pai de todos (Ef 4:3-4). Por isso, é estranho levar um ao outro ao tribunal; tal ação não exprime unicidade (1Co 6:1-7). Mais uma vez, o argumento remete a lembranças recorrentes em Deuteronômio, no qual a comunidade forma um só corpo de irmãos e irmãs. É algo terrível despedaçar e dividir a igreja, porque nem Deus nem o Ungido estão divididos (1Co 1:10-17).

Destarte, a congregação não pode dividir-se em grupos atrelados a determinados líderes ou de acordo com a aparente sabedoria de determinado indivíduo proeminente. Essa inclinação sugere infantilidade e carnalidade ao invés de maturidade e espiritualidade, qualidades que abrem

---

[37]Moltmann, *Church in the Power of the Spirit* [A igreja no poder do Espírito], p. 343.
[38]Adolf von Harnack, *The Mission and Expansion of Christianity in the First Three Centuries* [Missão e expansão do cristianismo nos primeiros três séculos] (Londres: Williams and Norgate; Nova Iorque: Putnam, 1908), 1:434; cf. Meeks, *First Urban Christians* [Primeiros cristãos urbanos], p. 108.
[39]Cf. Margaret E. Thrall, *A Critical and Exegetical Commentary on the Second Epistle to the Corinthians* [Comentário crítico e exegético da segunda carta aos Coríntios] (Edimburgo: T&T Clark, 1994), 2:540.

portas para a sabedoria (1Co 3:1-9). Paulo, Apolo e Cefas pertencem aos coríntios (1Co 3:22), de modo que a igreja age com tolice ao se limitar a um único mestre. A verdade de Deus é abrangente e multifacetada; ao sobre-enfatizar um aspecto, inevitavelmente minimizamos outros. Precisamos, assim, ouvir pessoas que enfatizam aspectos distintos.

Em que sentido todos devem dizer a mesma coisa e ter a mesma forma de pensar? No foco em Jesus. Paulo fala de dons (1Co 12) e vocações diferentes (Gl 2:1-10), mas não sobre *insights* diferentes. Não há nada de pós-moderno no apóstolo. O reconhecimento bíblico de que nem todos dizemos a mesma coisa e pensamos da mesma maneira é demonstrado ao estabelecermos Paulo no contexto de outras partes das Escrituras. Paulo não pensa da mesma forma que Tiago. Contudo, esse fato (talvez) não o impedia de reconhecer a necessidade de, em outro sentido, dizer a mesma coisa e ter a mesma forma de pensar, evitando a divisão da igreja por diferentes pontos de vista entre aqueles que reconhecem o mesmo Deus e o mesmo Jesus. Atos 15 evidencia essa ideia.

A natureza mista da congregação se estende à sua posição na sociedade. A congregação dos coríntios é "diversa, estratificada e dividida"; seus membros se originam de "diferentes mundos sociais e econômicos" e incluem escravo e livre, judeu e gentio (1Co 12:13; cf. Ef 6:5-9; Cl 3:22—4:1; 1Tm 6:1-2; Tt 2:9-10; Filemom). A igreja é composta por homem e mulher, solteiro, casado e viúvo (1Co 7).

O objetivo de Paulo, então, não é reformar a ordem social existente. Com respeito à escravidão, "Paulo não tem palavra de crítica para a instituição como tal. Nesse sentido, ele não estava preocupado com 'ética social'".[40] Uma das razões é que o retorno de Jesus mudará todas as coisas, desencorajando, assim, o desenvolvimento de qualquer ímpeto por mudança social. Antes do Fim, Paulo pensa ser melhor que se permaneça como está, embora tenha a liberdade de aceitar, por exemplo, um estilo de vida de solteiro ou, se preferir, de casado. Cada qual tem o seu dom (1Co 7:7). "Meu dom pode abranger tudo", incluindo "as esferas natural, sexual, particular e social".[41] Dons "especiais" não são menos

---

[40] Ladd, *Theology of the New Testament* [Teologia do Novo Testamento], p. 529 (ed. rev., p. 574).
[41] Ernst Kasemann, *Essays on New Testament Themes* [Ensaios em temas do Novo Testamento] (Londres: SCM Press, 1964), p. 63-94 (em p. 75).

naturais ou mais sobrenaturais, mas aspectos relacionados especialmente à edificação da congregação.[42]

Posteriormente, após ficar claro que a igreja deverá aguardar o retorno de Jesus por mais tempo do que esperava, concluímos que Paulo nos oferece uma visão de "escravidão transcendente", o "prospecto de transpor diversidade social e econômica a um novo plano" por meio de "uma ética de amor vinculada ao patriarcalismo".[43] A ideia básica é "a aceitação voluntária de determinadas desigualdades", "tornando-as frutíferas em termos de valor ético e relacionamento pessoal" com a possibilidade de que alguém "altere determinadas condições de dentro para fora, sem tocar em aspectos exteriores".[44] Nesse caso, a abordagem da Torá terá importância renovada.

Selecionada, mas de braços abertos

Israel é o povo escolhido de Deus.[45] A comunidade de pessoas que pertencem a Jesus passa a compartilhar dessa eleição, compondo os escolhidos de Deus (e.g., Mt 24:22,24,31; Rm 8:33; 1Pe 1:1). Nesse contexto, a palavra *escolhido* é geralmente plural. Pode ser usada no singular como uma referência à escolha que Deus faz de alguém para determinada tarefa (e.g., At 1:24) e especificamente a Jesus como escolhido de Deus (1Pe 2:4), talvez com a mesma conotação. A aplicação da palavra aos fiéis dá a entender, de modo semelhante, que Deus os capacita para determinada tarefa. São escolhidos para servir a Deus, o que é mais evidente após a aplicação do termo aos discípulos (Lc 6:13; Jo 6:70). Se os escolhidos pertencem individualmente a Jesus para sempre, essa promessa não diz respeito à realização de tarefas. O que está explícito com relação à escolha é o fato de ser retrospectivamente eterna. "Deus nos selecionou por meio do Ungido, antes da fundação do mundo" (Ef 1:4). Em certo

---

[42]Jürgen Moltmann, *The Spirit of Life* [Espírito da vida] (Londres: SCM Press; Mineápolis: Fortress, 1992), p. 183.
[43]John H. Schutz, em sua introdução a Gerd Theissen, *The Social Setting of Pauline Christianity* [Contexto social do cristianismo paulino] (Filadélfia: Fortress, 1982), p. 14.
[44]Ernst Troeltsch, *The Social Teaching of the Christian Churches* [Ensino social das igrejas cristãs] (Londres: George Allen; Nova Iorque: Macmillan, 1931), 1:78; cf. Schutz, "Introduction" [Introdução], p. 15.
[45]Cf. "Privilegiado e honrado", seção 4.1.

sentido, a seleção divina da igreja judaico-gentílica — e por trás dela da família de Abraão e de Israel — ocorreu na história. Em outro sentido, ocorreu muito antes. Deus havia antecipado a necessidade dessa ação e, de algum modo, agiu de antemão.

Deus nos escolheu para sermos santos e irrepreensíveis perante ele (Ef 1:4). Enquanto essa declaração denota um desafio, sua ideia central diz respeito à intenção de Deus, que determinou fazer dos fiéis um povo santo e irrepreensível. Considerando que há um sentido em que Deus nos torna santos simplesmente pelo fato de tomar posse de nossas vidas, mudando nosso *status* e declarando que somos pessoas que pertencem a ele, o ato de nos tornar sem culpa implica que Deus realiza algo em nossas vidas, o que provavelmente significa que nos tornar santos tem essa mesma implicação. Somos feitos sacrifício puro e sem defeito (em contraste com manco e defeituoso), adequados, assim, como oferta a Deus. Nesse contexto, o termo *amōmos* (irrepreensível), encontrado na Septuaginta, equivale a "inteiro" (*tāmîm*; Lv 1:3), porém *inteiro* também é usado como expressão para "integridade relacional" (e.g., Sl 18:23,30 [TM 24, 31]). Deus se comprometeu com a formação de um povo íntegro. Paulo elabora esse ponto ao mencionar que Deus nos selecionou para sermos "santos e irrepreensíveis em amor", embora não esteja claro se "em amor" qualifica "santo e irrepreensível" ou a frase seguinte, "nos predestinou".

O povo de Deus foi projetado para ser um banco de investimentos em que Deus arrisca seu ouro para ver o rendimento crescer (Mt 25:14-30). A igreja foi projetada para ser luz: sete candelabros representam as sete congregações para as quais João escreve (Ap 1:12), formando um paralelo com os castiçais do templo, brilhando, porém, no mundo. "Vocês não me escolheram, mas eu os escolhi para irem e darem fruto permanente, a fim de que o Pai lhes conceda o que pedirem em meu nome" (Jo 15:16, NVI). Deus plantou a vinha para dar fruto, o que não constitui a causa da escolha, mas seu objetivo. E, quando os discípulos dão fruto, suas orações podem ter resposta. Também essa experiência não representa o objetivo desse processo, mas seu resultado. Quando Isaías usa a imagem da videira, dar fruto é fazer o certo, o que se encaixa na ideia do Novo Testamento do fruto do Espírito, embora um resultado natural de produzir esse fruto também seja que os discípulos deem frutos em seu testemunho. "Como o Pai me enviou, também eu os envio" (Jo 20:21). Tal atividade envolve o sopro do Espírito Santo sobre os discípulos, enviados, então, para perdoar pessoas.

Desde o início, o propósito de Deus é que seu povo seja um ímã, atraindo pessoas de fora. O princípio é ilustrado nas histórias de Jetro, Raabe, Rute e dos filósofos do Oriente, em Mateus 2. O povo de Deus foi projetado para exercer atração no mundo, mas fazer isso por ser diferente do mundo. Seu chamado é "apresentar a si mesmo tanto no fórum de Deus como no fórum do mundo. Ele representa Deus para o mundo, e o mundo para Deus", personificando a liberdade e clamando por liberdade. Além disso, personificando a esperança e vivendo em esperança, o povo de Deus entende e se apresenta "no fórum do futuro de Deus e do mundo".[46] Essa congregação constitui, assim, uma entidade profética: em sua proclamação e em seu desafio, a vocação dos profetas foi representar Deus ao povo e, por pertencerem ao conselho de Yahweh, representar seu povo a Deus em oração [cf. Jr 23:18,22].

Inclusiva, mas santa

A imagem da família marca a relação de proximidade dos fiéis uns com os outros e as responsabilidades que esse relacionamento acarreta, ligando-os aos rituais, ao linguajar e à história dessa família, tudo isso quando foram por Deus adotados. Esses elementos vão distingui-los em relação aos de fora.

Em 1Pedro, a congregação estabelece uma distância entre si e o mundo por dois fatores: por sua esperança viva e por sua distinção como povo santificado, separado. Na carta, a congregação é um corpo de viajantes e estrangeiros, cujos membros "andam" por um caminho diferente. A família da fé não procura impor sua caminhada sobre o mundo ou criticá-lo diretamente, porém escandaliza o mundo por sua diferenciação, principalmente em relação à sua submissão ao sofrimento — ainda que esteja disposta a se acomodar ao mundo de outras maneiras (cf. "Uma família").[47] A congregação está no mundo, mas não pertence ao mundo. "Não se amoldem ao padrão deste mundo, mas transformem-se pela renovação

---

[46]Moltmann, *Church in the Power of the Spirit* [A igreja no poder do Espírito], p. 1-2.
[47]Cf. Miroslav Volf, *Captive to the Word of God* [Cativo à palavra de Deus] (Grand Rapids e Cambridge: Eerdmans, 2010), p. 65-90.

de sua mente, para que sejam capazes de experimentar e comprovar a boa, agradável e perfeita vontade de Deus" (Rm 12.2, NVI) De fato, devemos oferecer nossos corpos como um tipo de sacrifício (Cf. Rm 12.1). Isso vai contra nossa inclinação humana: significa que temos de assumir uma postura diferente em relação às pessoas ao nosso redor, que vivem como se a era presente fosse a única e como se Deus não intencionasse transformar-nos, na era vindoura, no tipo de ser humano que tinha em mente desde o Princípio. Assim, ofereceremos o nosso *corpo* como sacrifício apenas se a nossa *mente* for renovada. Mente e corpo foram afetados pelo pecado, de modo que ambos precisam de renovação.

A comunidade de fiéis não é caracterizada por regras como circuncisão, *kosher* ou o sábado, marcas que distinguem a comunidade judaica, mas possui outras marcas distintivas. Além da prática do Batismo e da Ceia do Senhor, a congregação dos fiéis deve evitar idolatria e relacionamentos sexuais ilícitos (e.g., 1Co 6:12-20). Comida sacrificada a ídolos e imoralidade sexual constituíam duas grandes tentações (Ap 2:14). O argumento contra ambas é cristológico. Você não pode se unir sexualmente com alguém por ser um com Jesus; você não pode ter associação com ídolos por participar do corpo de Jesus. Desse modo, as regras antigas de pureza se vão e dão lugar a regras novas. Ao se batizar, o cristão se rende à santidade (Rm 6:19-22); a linguagem ecoa Esdras 9.[48] A linguagem de pureza evoca a ideia de separação sacerdotal (cf. Êx 19:6). Sua força teria sido diminuída pelo fato de o Novo Testamento tratar, na maioria das vezes, de impureza e santidade fora do contexto de observância sacramental, usando-os como metáforas de força moral, independentemente de conotações ritualísticas.[49]

A santidade diz respeito à manutenção de limites: significa pureza que irá "salvaguardar condições sob as quais o povo de Deus poderia experimentar a santa (e perigosa) presença divina".[50] Assim, "tornar-se membro da *ekklēsia* cristã significava uma forte mudança social". Significava juntar-se a uma nova família, substituindo outros relacionamentos e fontes

---

[48]Cf. James D. G. Dunn, *Romans* [Romanos] (Dallas: Word, 1988), 1:348.
[49]Cf. ibid., 1:346.
[50]Kent E. Brower and Andy Johnson, "Introduction," in Brower and Johnson, eds., *Holiness and Ecclesiology in the New Testament* [Santidade e eclesiologia no Novo Testamento] (Grand Rapids e Cambridge: Eerdmans, 2007), xvi-xxiv (em xviii).

de identidade; atrair a hostilidade dos de fora; evitar o envolvimento em outras formas de adoração.[51] Enquanto há espaço para tolerância e aceitação mútua, há também um lugar para que a congregação se desassocie daqueles que causam divisões, capazes de levar a igreja a tropeçar (Rm 16:17-18). Desassociação não implica necessariamente a recusa de falar com facciosos; antes, seu propósito é o repúdio de seu posicionamento. A congregação precisa de discernimento para saber como lidar com uma divisão em seu meio, quer pela paciência, quer pela desassociação. Ou, antes, precisa tomar uma atitude diferente para com as pessoas que trazem tribulação de fora da congregação em comparação com os que trazem tensão de dentro da congregação.

Os gentios são caracterizados pelo endurecimento de suas artérias mentais, resultado de sua alienação de Deus e de uma vida caracterizada por sensualidade e impureza. Ao aprenderem sobre Jesus, as pessoas podem enxergar as coisas de uma maneira nova, despojando-se do velho homem e revestindo-se do novo (Ef 4:17-24). Essa declaração descreve tanto um estado de conversão como aquilo em prol do que devem lutar. Significa cessar de viver pelo desejo e passar a viver como Deus, de forma justa e santa. Implica andar em amor e, assim, imitar a Deus, como filhos imitam os pais (Efésios 5:1, em linha com Mateus 5:48): uma "declaração ousada".[52]

Os coríntios *eram* sexualmente imorais, idólatras, gananciosos, bêbados, difamadores e vigaristas: e ainda se comportam dessa maneira! Em Corinto, "questões éticas surgiam precisamente porque cristãos compartilhavam muitos dos valores morais da sociedade ao redor", especialmente em conexão com sexo.[53] Contudo, eles foram lavados, santificados e retificados pelo fato de Jesus ser, para nós, *insight*, justiça, santificação e redenção (1Co 1:30; 6:7-11). Ele nos faz parte das pessoas com quem Deus se comprometeu a fazer a coisa certa, separando-nos das demais e livrando-nos de nossa antiga escravidão para seu serviço, nossa segurança e obrigação.

No Novo Testamento, a santificação corresponde a uma expressão do que acontece com as pessoas que creem em Jesus. Os cristãos de Corinto

---

[51]Cf. Meeks, *First Urban Christians* [Primeiros cristãos urbanos], p. 97-107, 183-84.
[52]Barth, *CD* II, 2:576.
[53]Dunn, *Theology of Paul the Apostle* [Teologia do apóstolo Paulo], p. 690.

foram "santificados em Jesus, o Ungido, chamados povo santo" (1Co 1:2; cf. 1Co 6:11; 2Ts 2:13). A tradução "chamados para ser seu povo santo"(cf. NVI) pode dar a impressão de que santidade é o objetivo estabelecido perante o leitor, mas a forma como o adjetivo ou substantivo *hagios* acompanha o verbo *hagiazō* sugere que a congregação é santa, e não apenas *conclamada* à santidade. Mas Paulo também pode dizer que a vontade de Deus é a nossa santificação, a qual deve transformar-se em uma realidade na vida das pessoas (1Ts 4:3-7).[54]

O povo de Deus é sua noiva, totalmente amável (e.g., Is 62:5). É a noiva de Jesus (Ap 21:9), belamente trajada para o seu casamento vindouro. Uma congregação perseguida não seria bela, e uma congregação pecaminosa (cf. Ap 2—3) não se sentiria como tal. Portanto, tais descrições podem conotar tanto segurança como desafio.

6.2 RELACIONAMENTO COM DEUS

As Escrituras têm algo a dizer sobre como as pessoas passam a se relacionar com Deus, bem como a respeito da dinâmica contínua desse relacionamento. Seu resultado em nós é transformador e resulta de uma iniciativa divina, embora exija nossa resposta em aceitar, crer, reconhecer e agir. Essa resposta se expressa nos sinais sacramentais da circuncisão e do batismo. Significa que, agora, estamos "em Cristo" e "no Espírito".

Acontecimento transformador

Como líder espiritual, Nicodemos tem sabedoria suficiente para reconhecer que Jesus foi enviado por Deus; Jesus, porém, não se impressiona, surpreendendo o mestre judaico com a seguinte declaração: "A não ser que alguém nasça do alto, não pode ver o reino de Deus" (Jo 3:3,5). Grandes líderes espirituais, como Nicodemos, ou seja, pessoas comprometidas com o ensino e a obediência à palavra de Deus, podem não ter ideia da natureza radical das intenções de Deus e da lacuna entre como as coisas são e como Deus pretende que sejam. Mestres como eles pensam que veem, mas não veem. O reino de Deus é completamente

---

[54] Cf. Fee, *God's Empowering Presence* [Presença empoderadora de Deus], p. 880-81.

diferente do que presumem. Há uma grande regeneração a caminho, parte da transformação que resultará nos discípulos assentando-se em tronos de autoridade sobre os doze clãs israelitas (Mt 19:28). Mas esse reino de Deus começa com a vinda de Jesus, cuja encarnação também inicia essa grande regeneração, o novo nascimento do alto. A vida da era vindoura, a vida eterna, começa agora. "No judaísmo, a vida eterna, como em Daniel 12:2, refere-se primordialmente à vida da Era Vindoura, a vida da ressurreição": por meio de Jesus, "a vida da Era Vindoura já foi dada ao cristão".[55] Essa vida está aberta a Nicodemos, porém o mestre judaico deve reconhecê-la e entrar nela.

Experimentar vida eterna é, assim, outra forma de expressar a ideia de entrar no reino de Deus. Ambas são realidades futuras por natureza, como podemos ver a partir de passagens visionárias nos dois Testamentos (e.g., Is 24; Ap 21). Jesus já possibilitou a entrada no reino de Deus, o começo da era vindoura e o usufruir a vida eterna pela atividade do Espírito Santo. Ela envolve uma intervenção da parte de Deus, que nutre milagrosamente o fiel e desfaz lágrimas. A intervenção divina reforça a segurança de que este mundo futuro constitui o mundo real.

Assim, adoramos em espírito e verdade (Jo 4:23): ou seja, adoramos como resultado de uma intervenção sobrenatural e dinâmica da parte de Deus, personificada em Jesus como verdadeira manifestação divina. A própria presença do Ungido evidencia a vinda do reino de Deus por suas curas e por sua proclamação aos pobres. O reino se torna uma realidade experimental para o indivíduo cuja confiança está em Jesus, possibilitando a entrada na esfera em que Deus reina como obtenção de uma experiência antecipatória da era vindoura, da vida eterna. Desse modo, "regeneração significa emergir da vida mortal e transiente para a vida imortal e eterna". Nascer de novo significa mais do que um recomeço à mesma vida, já que ressurreição é mais do que ressuscitação.[56]

O Novo Testamento traz muitas imagens para descrever esse acontecimento transformador:[57]

---

[55]Ladd, *Theology of the New Testament* [Teologia do Novo Testamento], p. 256, 257 (ed. rev., p. 292, 293).
[56]Moltmann, *Spirit of Life* [Espírito da vida], p. 147.
[57]Para a sequência, cf. Dunn, *Theology of Paul the Apostle* [Teologia do apóstolo Paulo], p. 328-31.

- É como ressuscitar dentre os mortos.
- É como trocar uma lealdade por outra.
- É como ser admitido à cidadania de outro país.
- É como ser limpo de impurezas.
- É como ser resgatado de um buraco ou de um naufrágio.
- É como um renascimento para a vida da era vindoura.
- É como ser recriado e começar uma nova vida.
- É como ser adotado a uma nova família, por um novo pai.
- É como ser absolvido, mesmo após o reconhecimento de culpa pelo juiz.
- É como ser perdoado e ter a ficha limpa.
- É como ser comprado da escravidão para servir um senhor novo e brando.
- É como ser reconciliado com alguém depois de tê-lo ofendido.
- É como ser aceito por alguém como você é, com todas as suas falhas.
- É como ser santificado e dedicado ao serviço no templo.
- É como ser curado.
- É como ser liberto de correntes.
- É como ser ordenado.
- É como ser banhado.
- É como ficar noivo.
- É como se casar.
- É como ser totalmente renovado.

Iniciativa divina

A multiplicidade e a natureza dessas imagens mostram como a mudança de vida é o evento pelo qual Deus se apega às pessoas e elas respondem a ele. Isso pode acontecer repentinamente, como no caso de Paulo. Ou pode envolver um processo gradual de iluminação, como ocorreu com a mulher samaritana, com o paralítico e com o cego de nascença (Jo 4; 5; 9). Ou o processo pode ser ainda mais longo, como no caso de Nicodemos (Jo 3:1-15; 7:50-52; 19:38-42) e dos discípulos convocados no início de seu ministério, como os dois pares de irmãos instados por Jesus a segui-lo (Mt 4:18-22).

Enquanto podemos presumir que esses homens o escutavam durante sua proclamação do reino de Deus (Mt 4:17), a ideia explícita dos

Evangelhos é que o fato de que seguir a Jesus começa com sua convocação. "Ser discípulo de Jesus resulta do seu chamado. [...] Posteriormente, os discípulos confessam haver experimentado a força irresistível desse chamado."[58] Trata-se de "uma ordem imperiosa para segui-lo".[59] "A desobediência à ordem de Jesus: 'Siga-me' [...] é um fenômeno absolutamente aterrorizante em sua impossibilidade".[60] Jesus chama Paulo ainda mais abruptamente. Embora a forma espetacular pela qual ele toma a iniciativa com os primeiros discípulos e com Paulo não seja o paradigma para a forma como as pessoas passam a reconhecê-lo, a narrativa de seu chamado é reveladora.

Embora os primeiros discípulos tenham decidido seguir a Jesus, esse seguimento é uma resposta à iniciativa deste. Ao enfatizar a convocação graciosa de Deus, os relatos de Jesus e dos discípulos, bem como de Jesus e Paulo, correspondem à história de Abraão e, antes dele, às histórias de Abel, Enoque e Noé.[61] Paulo e os discípulos se assemelham um pouco a estrangeiros residentes, órfãos ou viúvas em um vilarejo israelita, que encontram abrigo em uma família judaica e descobrem que o cabeça do lar decidiu convidar alguns membros novos. É como se ele os observasse ao redor do vilarejo ou nos campos e concluísse que poderiam ser membros úteis da força de trabalho familiar. Juntar-se à família não resulta apenas da decisão dos convidados. Pessoas cuja fé é depositada em Jesus respondem a um convite, mesmo sem perceber.

"No Novo Testamento [...] a possibilidade da fé não coincide automaticamente com o fato de Jesus estar presente como revelação do Pai, como Aquele que é Filho de Deus ou Palavra de Deus. [...] 'Não foi carne e sangue que to revelou', é sua resposta à confissão de Pedro" (Mt 16:17, ARC). "Em face da Palavra encarnada no coração da revelação, parece existir um tipo de atraso, de questionamento, de limitador da revelação. Alcançará a revelação, esta revelação, a verdadeira revelação, seu objetivo final?" Apenas para alguns é dado reconhecer o reino de Deus (Mc 4:11-12). "Sua manifestação deve ser algo específico, uma ação

---

[58]Edward Schillebeeckx, *Jesus* [Jesus] (Nova Iorque: Crossroad; Londres: Collins, 1979), p. 220.
[59]John P. Meier, *A Marginal Jew* [Judeu marginal] (Nova Iorque: Doubleday, 2001), 3:51.
[60]Barth, *CD* IV, 2:535.
[61]Cf. Barth, *CD* II, 2:341.

específica do Pai, do Filho ou de ambos, adicionada à garantia de revelação do Pai no Filho." O Pai deve atrair o indivíduo, revelar-lhe o Filho, entregá-lo ao Filho (Jo 6:44, 65; 10:29). É o Espírito Santo que faz isso acontecer (cf. 1Co 12:3).[62] Estamos dormindo; temos de ser acordados.[63] Ninguém pode optar pelo próprio nascimento. A vinda de Jesus e sua conversa com Nicodemos iniciam seu novo nascimento.

Nosso instinto humano pode ser o de tentar inverter a base de nosso relacionamento com Deus (e com outras pessoas), como se fosse nossa iniciativa ou ação. Talvez Paulo sugira que esse fora seu instinto, vindo a reconhecer, porém, que, segundo a Torá, o relacionamento de Deus com seu povo começara, na verdade, com a iniciativa de Deus, ou seja, com a promessa de Deus a Abraão (Rm 4). Apenas depois de cumprir essa promessa foi que Deus começou a estipular expectativas concretas.

Por um tempo, Paulo teve base para "confiar na carne" como membro de Israel e por sua vida comprometida com Deus, alcançando o melhor que alguém podia ter pela Torá (Fp 3:4-6). Será que foi apenas depois de ter sido conquistado por Jesus que o apóstolo caiu em si quanto à existência de outro tipo de relacionamento com Deus, do tipo experimentado por Abraão e no qual a posição de Israel se baseava? Talvez ele não o tivesse visto claramente, lendo a Torá à luz do instinto humano de fundamentar o relacionamento nas coisas que fazemos, quando possível, a fim de controlá-lo.

Certamente, Paulo tem de lidar com fiéis que procuram tratar as coisas da mesma maneira. Mas o relacionamento acontece pela fé em Jesus, e não pela confiança em si próprio. De fato, o relacionamento funciona apenas pela falta de fé do indivíduo em si próprio. A fé abre mão de um orgulho humano básico; "é humildade completa e total". Fé "é um reconhecimento, um assentimento e uma confissão".[64]

Responsabilidade humana

Contudo, Nicodemos toma a iniciativa de ir até Jesus; e, embora seja Jesus quem inicia o processo ao convocar os discípulos em potencial,

---

[62]Barth, *CD* I, 1:449.
[63]Barth, *CD* IV, 3:511-14.
[64]Barth, *CD* IV, 1:97, 618, 758.

eles devem responder ao chamado. Jesus abre a porta às pessoas, mas elas devem atravessá-la. Na verdade, a porta é estreita e são poucos os que entram; a maioria anda pelo caminho amplo que conduz à destruição (Mt 7:13-14). Na verdade, Jesus aparentemente tenta torná-la ainda mais difícil, ou certamente elucidar o custo que terão de pagar (Mt 8:18-22).

Também na história de Abraão, Deus toma primeiro a iniciativa, mas Abraão tem de responder. Deus ordenou: "vá"; Abraão "foi" (Gn 12:1,4). Quando os israelitas chegaram a Jericó, Raabe teve de decidir, reagindo de forma diferente do restante do povo. Nicodemos teve de fazer algo semelhante em relação aos demais líderes judaicos. Raabe e Acã obscurecem a distinção entre Canaã e Israel (Raabe crê como um israelita, enquanto Acã, como um cananeu, invertendo, na prática, o lugar um do outro).[65] Nicodemos e a mulher samaritana tiram o foco da distinção entre judeu e samaritano (ele responde a Jesus como um samaritano; ela, como uma judia). Enquanto Nicodemos é mais um "buscador", tanto Raabe como Nicodemos agem veladamente; alguém pode entrar em apuros por assumir uma postura diferente daquela adotada por sua comunidade.

Na prática, toda a família de Raabe recebeu os israelitas e, no Evangelho de João, um dos primeiros a decidir por Jesus trouxe consigo seu irmão (Jo 1:41-42). Raabe e sua família passaram a pertencer à comunidade israelita, e os seguidores de Jesus tornaram-se uma comunidade em torno dele, o núcleo do Israel reconstituído. A adoção à família, ao menos como adulto, envolve uma decisão de ambas as partes. As pessoas que seguem Jesus tornam-se como irmãos de quem os leva para casa e os apresenta à família. Jesus tem todas as qualificações para tal: dignidade, *status* de filho mais velho e poder para apresentá-los à família. Nesse contexto, os filhos adotivos começam uma vida totalmente nova, como se nascessem de novo, nascessem do alto.

Em Atos, relatos de como Jesus confronta Paulo enfatizam a iniciativa divina e, de fato, sugerem que o apóstolo não teve muita opção quanto a tornar-se servo de Jesus; e sua própria fala de ter sido conquistado por Jesus (Fp 3:12) tem a mesma implicação. Contudo, Atos também dá a impressão de Paulo se haver rendido voluntariamente à soberania de Jesus. Na forma

---

[65]Cf. Dan Hawk, *Every Promise Fulfilled: Contesting Plots in Joshua* [Cada promessa cumprida: temas conflitantes em Josué] (Louisville: Westminster John Knox, 1991).

como fala de seu relacionamento verdadeiro com Deus, Paulo indica que sua rendição foi contínua e que está feliz por ter perdido todas as coisas com vistas à dignidade sublime de conhecer o Filho de Deus (Fp 3:7-9).

Desse modo, pertencer a Deus resulta de uma aceitação mútua. Envolve ambas a vontade divina e a decisão humana, embora não haja uma fórmula para determinar a relação entre uma e outra. A natureza indefinível do relacionamento entre a ação divina e a responsabilidade humana ressurge outra vez quando Jesus afirma ser o pão da vida. As pessoas que se achegam a ele são aquelas que o Pai atraiu, aquelas que lhe foram entregues pelo Pai, o que parece limitar seu número. Mas Jesus enfatiza que "todo aquele que o Pai me der virá a mim; e de modo nenhum lançarei fora aqueles que vierem a mim. [...] Jamais perderei qualquer coisa que o Pai me deu" (Jo 6:37,39).

"A fé em Jesus é impossível sem a iniciativa de Deus no mundo; contudo, o ser humano retém a responsabilidade pela decisão que toma em resposta à iniciativa de Deus."[66] As pessoas que se achegam a Jesus são atraídas pelo Pai. São ensinadas por Deus, escutando e aprendendo com o Pai. Ninguém pode ir a Jesus sem a permissão de Deus (cf. ainda João 6:35-65). Por outro lado, Jesus cura um paralítico e ordena-o a não pecar mais (Jo 5:14). Embora, evidentemente, não houvesse no paralítico alguma justiça superior que levasse Jesus a escolher curá-lo, a graça de Deus não pode ser simplesmente presumida. Ela exige uma resposta.

Achegar-se a Jesus, crer nele e encontrar vida eterna, tudo isso envolve um relacionamento como o de aluno e professor. Imagine um aluno de seminário que não se interessa por nada do Antigo Testamento e crê que não há nada a ser aprendido dos três mil anos da história de Israel. A não ser que o professor o atraia, esse aluno não aprenderá nada. A função, a tarefa e o dom do professor consistem em abrir os olhos do aluno para o que ele pode aprender. Entretanto, o aluno acabará por não aprender nada se não estiver disposto a olhar na direção apontada pelo professor. Se gastar seu tempo na internet e escrever ensaios "recortando e colando" a partir de diversas fontes, impedindo o material de penetrar sua mente e espírito, o aluno não aprenderá nada. O professor deve

---

[66]Gail R. O'Day, "The Gospel of John" [O Evangelho de João], em Leander E. Keck et al., eds., The New Interpreter's Bible [A Bíblia do intérprete] (Nashville: Abingdon, 1995), 9:491-871, a respeito da passagem.

atrair, e o aluno, seguir. A determinada altura, o momento do aprendizado acontece, quando o aluno, então, abre os olhos. Necessariamente, porém, a experiência não será repetida aos demais alunos.

Aceitando, crendo, conhecendo

Durante seu tempo de vida, a resposta apropriada a Jesus era aceitá-lo (Jo 1:12; 5:43-44); achegar-se a ele (Jo 6:35-39; 7:37-39); olhar para ele (Jo 6:40; 12:44-45); escutá-lo (Jo 5:24; 8:45-47); segui-lo (Jo 1:37-38). Como a palavra *aceitar* sugere, achegar-se, seguir, escutar e olhar não representam meras ações exteriores, nem implicam audição ou contemplação interior. Os aspectos interior e exterior se inter-relacionam.

Todas essas respostas implicavam a "fé" em Jesus. Pessoas que ouviram e viram com os sentidos físicos não o ouviram e viram, necessariamente. Crer constitui uma ação inequívoca, marcando a diferença entre exterior e interior. Tornar-se filho de Deus envolve crer que Jesus é o Ungido, o Filho de Deus (Jo 20:31); tal fé é sinal do novo nascimento divino (1Jo 5:1). Envolve crer nas palavras de Jesus (Jo 5:47) ou em seu nome. Para aqueles que não conseguem crer nele, a fé envolve crer no que ele fez (Jo 10:38). A ideia pode ser expressa de diversas maneiras: com o caso dativo (e.g., Jo 4:21), com [as preposições em grego] *en* (e.g., Jo 3:15) ou *eis* (Jo 3:16). Felizmente, a possibilidade dessa resposta-chave de acreditar está aberta àqueles que não o ouviram, nem o viram fisicamente; eles podem acreditar com base no depoimento de pessoas que o viram e ouviram. Metaforicamente, eles também podem escutá-lo e contemplá-lo; achegar-se a ele; aceitá-lo e segui-lo.

"Viemos a crer e sabemos que és o Santo de Deus" (Jo 6:69). Pessoas "creem" e "sabem". Seriam dois estágios? Dois aspectos da mesma atividade ou experiência? Jesus não crê; apenas sabe. No entanto, a fé não é contrastada com o conhecimento; antes, baseia-se no conhecimento e se origina dele. "Mesmo que não creiam em mim, creiam nas obras, para que possam saber e entender que o Pai está em mim, e eu no Pai" (Jo 10:38, NVI). "Agora podemos perceber que sabes todas as coisas e nem precisas que te façam perguntas. Por isso cremos que vieste de Deus" (Jo 16:30, NVI). O mundo pensa que sabe (Jo 7:27-29), mas seu suposto "conhecimento" não é verdadeiro. Seu conhecimento é baseado no que vê, mas o verdadeiro conhecimento resulta da fé.

Humanamente falando, qual fator determina se alguém crê e sabe? "Se alguém decidir fazer sua vontade, descobrirá se o meu ensino vem de Deus ou se falo por mim mesmo" (Jo 7:17). Há um preço a ser pago por reconhecer Jesus. Envolve submissão e autonegação. João Batista pagou o preço ao estar disposto a tirar o foco de si e colocá-lo em Jesus. Nicodemos teria de pagar esse preço, bem como outros líderes judaicos. A mulher samaritana, casada muitas vezes, teria de fazê-lo devido ao seu passado.

Paulo abriu mão de sua forma antiga de avaliar tudo que possuía com vistas à sublimidade do conhecimento de Jesus, seu Senhor (Fp 3:8). Como no caso da fé, tal "conhecimento" pode ter, mais uma vez, conteúdo cognitivo, conativo e afetivo. O conteúdo cognitivo é sugerido pela ênfase repetida de Paulo em sua "consideração". O apóstolo passara a pensar de maneira diferente a respeito de Jesus. O conativo (exercício da vontade) é sugerido por sua referência a Jesus como seu Senhor. Notamos o pressuposto do Primeiro Testamento de que "conhecer a Deus" implica "reconhecer a Deus".[67] Significa fazer de Yahweh o Senhor em um exercício da vontade que, de outra forma, teria sido impossível. Já o afetivo pode ser sugerido por seu contexto cultural contemporâneo, segundo o qual o conhecimento de Deus implicaria uma percepção mística, uma comunhão pessoal com Deus; também é sugerido por sua declaração subsequente do conhecimento de Jesus como o conhecimento do poder de sua ressurreição e da participação em seu sofrimento. Paulo pode ter falado negativamente sobre o conhecimento, mas, nesse contexto, fala positivamente.

Crendo e agindo

As pessoas se relacionam corretamente com Deus *dia pisteōs christou* (Rm 3:21-22). Em termos teológicos, faria sentido entender a expressão como "pela fidelidade do Ungido",[68] a personificação da fidelidade de Yahweh para conosco, estando disposto a pagar o preço pelo modo como arruinamos o relacionamento ao traí-lo. No entanto, *pistis christou* refere-se à nossa confiança em Jesus, e não à sua fidelidade (e.g., Rm 3:26), e o mais provável é que a frase estabeleça a ideia exposta no Evangelho

---

[67] Cf. "Aprendiz, sacerdote, servo", seção 6.1.
[68] Cf., e.g., Wright, *Paul and the Faithfulness of God* [Paulo e a fidelidade de Deus], p. 836-45.

de João: somos retificados por Deus "pela nossa confiança no Ungido". O que Deus fez para restaurar seu relacionamento conosco torna-se efetivo pela nossa confiança em Jesus como personificação de seu comprometimento em restaurar esse relacionamento. Nosso ato de confiança responde à ação de Deus, que enviou Jesus para ajustar as coisas entre nós.

Em certo sentido, a fé serve de contraste com nossa ação. Ações como circuncisão, batismo, busca por paz ou por justiça não podem colocar alguém em um relacionamento harmonioso com Deus. No início, alguns chegaram a pensar que a igreja gentílica deveria aceitar certas observâncias, como a circuncisão, mas esse ponto de vista compromete o princípio de que estar em um relacionamento correto com Deus resulta da graça divina e de uma resposta de confiança em Jesus (Rm 3:21-31). A história arquetípica de Abraão estabelece essa ideia (Rm 4:1-25). Abraão foi retificado com Deus por sua confiança nas promessas. Subsequentemente, a circuncisão não contribuiu com a posição do patriarca, apenas selou-a. De fato, a fé de Abraão foi expressa em obediência e fidelidade; o patriarca se moveu de Babilônia para Canaã, disposto a transformar Isaque em uma oferta quando Deus pediu isso (conforme Tg 2:14-26 destaca). Mas tais atos de obediência e fidelidade expressaram fé ou confiança por parte de alguém que já estava em um relacionamento correto com Deus, não meios de se consertar com ele.

Há um sentido em que fé e ação são uma única coisa. Jesus fala às pessoas sobre agir para adquirir o alimento que perdura para a vida eterna, e seus ouvidos se arrepiam; todos querem saber o que fazer em tal contexto. Qual ação se faz necessária? Como já podíamos esperar, a resposta de Jesus é imprevisível e inaceitável. "A obra de Deus é esta: crer naquele que ele enviou" (Jo 6:29). "Fazer a vontade de Deus" dá a entender crer em Jesus. A natureza absurda da resposta de Jesus se reflete no caráter absurdo da resposta da multidão, que é pedir a ele que faça o que acabara de fazer para alimentá-los milagrosamente. De modo semelhante, quando o carcereiro de Filipos pergunta o que deve *fazer* para ser salvo, Paulo e Silas respondem: "*Creia* no Senhor Jesus, e você e sua família serão salvos" (At 16:30-31).[69] Atos usa o tempo aoristo,

---

[69] Cf. Raymond F. Brown, *The Gospel According to John* [O Evangelho segundo João] (Garden City: Doubleday, 1966; Londres: Chapman, 1971), p. 265.

enquanto o Evangelho de João usa o presente: há tanto um ato inicial de fé e confiança quanto uma vida constante de fé e confiança.

Fé se associa a submissão e se expressa em obediência (Rm 1:5). Reconhecer Jesus é o primeiro ato de obediência (2Co 9:13). Dito nos termos encontrados no Primeiro Testamento, há uma relação próxima entre fé e fidelidade.[70] Fé e obediência são direcionadas a Jesus e também a Deus. A fé resulta do ouvir a mensagem do Senhor e culmina no abandono de ídolos para a adoração ao Deus vivo (1Ts 1:8-9; Rm 10:17); manifesta-se em amor (1Ts 1:3; Gl 5:6). A fé não é uma obra, uma conquista humana, porque envolve "a renúncia radical da conquista, a submissão obediente ao caminho determinado por Deus para a salvação".[71] Mas a fé como resposta à graça de Deus não se manifesta em mera confiança passiva.

A fé se associa de perto a esperança e ação (1Ts 3:6; 5:8; 1Co 13:13). Relaciona-se integralmente com a forma pela qual o fiel se relaciona com outras pessoas e com o futuro. Na cultura ocidental, "a fé parece uma forma integral de vida como uma aura energizante e consolidadora, adicionada às questões de uma vida moldada por fatores além da fé". Desse modo, falamos mais de "espiritualidade", com sua ênfase na "capacitação e na cura de indivíduos autônomos".[72] Ademais, a cultura ocidental se inclina a enfatizar a fé *individual*, enquanto o Novo Testamento enfatiza a fé *coletiva*, ou seja, minha identificação com a fé da igreja, em sua natureza subjetiva e objetiva — na crença da igreja e na crença que a igreja retém.

Sinais sacramentais

Ao fazer uma aliança com Abraão, Deus lhe atrelou um sinal; homens da família do patriarca deviam ser circuncidados (Gn 17). O sinal não

---

[70]Karl P. Donfried, "The Theology of 1 Thessalonians" [Teologia de 1Tessalonicenses], em Donfried e I. Howard Marshall, *The Theology of the Shorter Pauline Letters* [Teologia das cartas concisas de Paulo] (Cambridge e New York: Cambridge University Press, 1993), p. 1-79, em p. 54.
[71]Bultmann, *Theology of the New Testament* [Teologia do Novo Testamento], 1:316.
[72]Volf, *Against the Tide* [Contra a maré], p. 82. Em uma formulação prévia desse comentário (num prefácio a Christian Scharen, *Faith as a Way of Life* [Fé como estilo de vida] [Grand Rapids e Cambridge: Eerdmans, 2008], ix), Volf começa a frase "a fé não parece ser...", o que também é sugestivo.

implicava que a promessa da aliança se aplicaria apenas a homens, mas a todos os descendentes de Abraão. O sinal pode ser estranho, embora chame a atenção para a forma como a aliança envolvia Deus trabalhando por meio da procriação. O sinal é aplicado ao órgão pelo qual a procriação acontece e através do qual o homem geralmente erra; sugere a disciplina desse órgão.

Depois a Jesus: "Nele também vocês foram circuncidados, não com uma circuncisão feita por mãos humanas, mas com a circuncisão feita pelo Ungido, que é o despojar da natureza inferior. Vocês foram sepultados com ele no batismo, no qual também foram ressuscitados mediante a fé no poder do Deus que o ressuscitou dentre os mortos" (Cl 2:11-12). A disposição de Jesus em morrer foi acompanhada por uma confiança no poder de Deus em ressuscitá-lo dentre os mortos. Nosso batismo é uma expressão de identificação com essa morte, pressupondo, assim, uma confiança no mesmo poder empregado por Deus para a ressurreição do Ungido.

Ademais, enquanto, em certo sentido, nossa ressurreição ainda é futura, em outro sentido ela já aconteceu; sua imagem se sobrepõe à do novo nascimento ou à da entrada na esfera em que Deus reina. Identificar-se com Jesus significa que, com sua morte e ressurreição, também nós morremos e ressuscitamos; e tanto um como o outro se interligam à nossa confiança na capacidade divina de nos livrar da morte. Quando uma pessoa é batizada, ela afirma a importância da morte de Jesus como evento-chave, identificando-se e tomando parte nesse acontecimento, como, em 1865, escravos fizeram no Texas (ou afro-americanos fazem hoje em dia), afirmando a importância da proclamação da emancipação.[73]

Se o batismo envolve a identificação com Jesus, inclui aceitar uma comissão de tomar a cruz. Escritores do Novo Testamento "usavam o batismo exatamente para convocar convertidos a uma novidade de vida socialmente responsável" (e.g., Cl 3:1—4:6).[74] "Ser batizado é passar por juízo ao aceitar a obra de Cristo em nosso lugar [...], aceitar a sentença de morte [...] com Cristo." É dessa forma o meio pelo qual nos tornamos parte da nova comunidade, que vive à luz desse fato.[75] Em Atos,

---

[73]Cf. "Contraintuitiva, mas poderosa", seção 2.3.
[74]McClendon, *Systematic Theology: Ethics* [Teologia sistemática: ética], p. 258.
[75]Colin E. Gunton, *The Actuality of Atonement* [A contemporaneidade da expiação] (Edimburgo: T&T Clark; Grand Rapids: Eerdmans, 1989), p. 184,188.

as pessoas são então comumente batizadas em público e em grupos. Tornar-se fiel não acontece a indivíduos na particularidade do seu lar; tampouco o batismo é um ritual que acontece em um santuário. Em cumprimento da profecia de João Batista, pessoas são inundadas do Espírito depois de ouvirem à mensagem sobre Jesus em algum espaço público, e seu batismo segue como sinal público de identificação com a morte de Jesus e a comunidade que o segue.[76]

Logo, indivíduos e famílias eram batizados por virem ao arrependimento e à fé. Com base no Novo Testamento, é possível montar um argumento para o batismo de crianças nascidas em uma família da fé; para o batismo exclusivo de adultos; ou para o tratamento de crianças como parte do povo de Deus, sem a exigência do batismo. Cada prática faria uma declaração parcial acerca da importância do batismo; nenhuma delas faz a declaração plena envolvida nessa prática neotestamentária.[77]

Além disso, não sabemos se as pessoas eram imersas em água ou se água era derramada sobre elas;[78] da mesma maneira, ambas as práticas estabeleceriam uma ideia teológica. Por um lado, imersão dá a entender "afogamento", "afundamento", o "morrer" com Jesus. "Cristãos dramatizam a morte de Jesus ao participar do ritual do batismo";[79] tal dramatização não é meramente imaginária.[80] Por outro lado, derramar água sobre alguém se encaixaria com a ideia de batismo como ritual de purificação.[81] A ideia é apenas implícita no Novo Testamento (notadamente, em Efésios 5:26), mas a purificação era uma forma de pensar no que Jesus fez em prol da humanidade. A ideia de que o ser humano

---

[76]Cf. Dunn, *Theology of Paul the Apostle* [Teologia do apóstolo Paulo], p. 450-54; também James D. G. Dunn, *Baptism in the Holy Spirit* [Batismo no Espírito Santo] (Londres: SCM Press; Naperville: Allenson, 1970).
[77]Cf. Discussão de Thiselton em *Hermeneutics of Doctrine* [Hermenêutica da doutrina], p. 512-14, 536-40 e discussão de Moltmann, em *Church in the Power of the Spirit* [Igreja no poder do Espírito], p. 226-42.
[78]Cf., e.g., Meeks, *First Urban Christians* [Primeiros cristãos urbanos], p. 150-57.
[79]David Seeley, *The Noble Death* [A morte nobre] (Sheffield: JSOT, 1989), p. 102.
[80]Cf. Michael J. Gorman, *Cruciformity* [Cruciformidade] (Grand Rapids e Cambridge: Eerdmans, 2001), p. 127, embora eu não esteja certo se o autor retrata a natureza objetiva do acontecimento de modo claro o suficiente.
[81]Rudolf Schnackenburg começa seu estudo do batismo como rito purificador (*Baptism in the Thought of St. Paul* [Batismo no pensamento de S. Paulo] [Oxford: Blackwell; Nova Iorque: Herder, 1964], p. 3-9).

precisa de purificação e renovação remonta a Ezequiel, e o pensamento judaico estendeu essa ideia aos convertidos. A fim de trazê-los ao povo da aliança, os convertidos eram banhados para remover sua profanação pagã, além de serem circuncidados, no caso dos homens, de modo a se tornarem filhos renascidos em uma nova família.[82]

De modo semelhante, em vista do fato de a circuncisão ser o sinal e o selo de que Abraão estava justificado pela fé perante Deus, não seria surpreendente se o batismo fosse visto como sinal e selo da justiça daqueles que creem em Jesus;[83] todavia, o Novo Testamento também não explicita esse ponto. No Novo Testamento, o dom do Espírito Santo é o selo (Ef 1:13; 4:30).

Em Cristo

Congregações e cristãos individuais estão *en Christō*, expressão geralmente traduzida por "em Cristo"; frases como "no Senhor" trazem sentido semelhante. Paulo menciona a expressão em conexão com a redenção que há em Cristo Jesus; com o estarmos vivos para Deus em Cristo Jesus; com a nossa vida eterna em Cristo Jesus; com o amor de Deus que nos é oferecido e com o pertencimento dos fiéis a um só corpo em Cristo (Rm 3:23; 6:11, 23; 8:39; 12:5).[84] O apóstolo cita companheiros ministeriais "em Cristo Jesus", pessoas que estavam "em Cristo" antes dele e fala de ter algo do que se gloriar "em Cristo Jesus" (Rm 15:17; 16:3,7,9).

A frase *en Christō* é concisa e lacônica. Na língua portuguesa, "em" sugere localização; assim, "em Cristo" soa de modo paralelo a "em Roma" ou "em sua mente" ou "no mundo" (Rm 1:7; 2:15; 5:13). Em outros contextos, porém, a preposição *en* pode ser traduzida "por/por meio de/com/de", parcialmente por *en* derivar seu significado da partícula hebraica *b*. Às vezes, *en Christō* sugere "pertencendo a Cristo"; nesse caso, "em Cristo" e "de Cristo" têm o mesmo sentido (essas expressões alternam, em Gálatas 3:26-29). Outras vezes, sugere "através de Cristo" (segundo algumas traduções em, e.g., Gálatas 3:14; 5:10). Algumas vezes, dá a

---

[82]Cf. ibid., p. 15.
[83]Cf. João Calvino, *Institutas da Religião Cristã* IV.14.1.
[84]Ernest Best (*One Body in Christ* [Um só corpo em Cristo] [Londres: SPCK, 1955]) toma conotações corporativas como chave para entendermos a frase "em Cristo".

entender "em conexão com Cristo" de modo um tanto geral: "em relação a Jesus, o Ungido, nem circuncisão nem incircuncisão têm qualquer valor" (Gl 5:6). Então, *en Christō* não precisa sempre assumir o significado de "em Cristo".

O instrumental "em Cristo" corresponde a uma expressão adverbial; como conectivo, "em Cristo" exerce função adjetiva. Como expressão adverbial, "em Cristo" forma um paralelo com "em Abraão" e "em Adão". Deus prometeu que o mundo encontraria bênçãos em/com/por meio de Abraão, e essa intenção se concretiza em/com/por meio de Cristo (Gl 3:8-9,14). "Abraão e Cristo são vistos como personagens representativos, por meio dos quais Deus age para com toda a raça humana: "nesses" personagens, Deus atua em favor da humanidade, que, "com" eles, beneficia-se da iniciativa divina de graça".[85] De modo semelhante, morremos em/com/por meio de Adão e seremos vivificados em/com/por meio de Cristo (1Co 15:22). Adão e Cristo nos representaram; o que ambos fizeram nos afeta. Suas decisões têm efeito decisivo sobre nós, como se estivéssemos no lugar deles, fazendo o que fizeram.

Dito de modo mais enfático, morremos porque há uma ligação ontológica entre nós e Adão, semelhante à ligação entre pai e filho. Essa ligação não depende do nascimento da criança: aplica-se tanto à criança adotada como à biológica: depois de adotada, a criança se torna de fato filha de seus novos pais e passa a compartilhar o destino deles, incluindo tribulações e bênçãos.

Podemos também dizer que a ligação se assemelha a uma cidadania. Ao receberem a cidadania de determinado país, as pessoas se tornam ontologicamente australianas, canadenses etc., como se fossem nativas. A ligação não precisa implicar uma consciência de conexão (os cristãos têm um senso de conexão pessoal com Cristo, mas essa percepção não é uma implicação da ideia de estar "em Cristo"). Se um dia eu me tornasse cidadão americano, não me *sentiria* necessariamente um americano; sou "britânico demais" para isso. Mas o fato de eu não me *sentir* cidadão não altera aquilo que agora eu *sou*.

---

[85]Cf. A. J. M. Wedderburn, "Some Observations on Paul's Use of the Phrases 'in Christ' and 'with Christ'" [Algumas observações sobre o uso paulino das frases 'em Cristo' e 'com Cristo'], *JSNT* 25 (1985): 83-97 (em 91).

Escritores místicos usam a expressão "em Cristo" como forma de indicar a intimidade e a comunhão que podemos ter com Jesus. As Escrituras pressupõem que temos intimidade e relacionamento pessoal íntimo, mas não empregam a locução "em Cristo" para se referir a isso. A frase tem uma "referência objetiva"; remete aos "fundamentos objetivos" que possibilitam nosso relacionamento com Cristo.[86] *En Christō* não indica que estamos "localizados em Cristo" em algum sentido espiritual. Ao descrever nosso relacionamento pessoal com Deus, a Bíblia fala dessa intimidade em termos de relacionamento humano próximo, como o de filhos em relação a um pai, não em termos de localização.

De fato, o significado de *en Christō* não é tão diferente da frase "com Cristo". Sua ocorrência é rara, mas o Novo Testamento faz uso notório de verbos acompanhados por "com", como "morrer com", "crucificado com", "sepultado com", "viver com", "sofrer com", "se glorificado com" e "reinar com" (e.g., Rm 6:4-8; 8:16-29; Ef 2:5-6; Cl 2:12-13; 2Tm 2:11-12).[87]

A vinda do Espírito de Deus

A "lei/Torá do espírito/Espírito de vida em Cristo Jesus" nos livrou da lei/Torá do pecado e da morte (Rm 8:1-2). O desdobrar do argumento, em Romanos 8, dá a entender que a frase se refere ao Espírito divino, e não apenas ao espírito humano. É semelhante à declaração de que ninguém entra no reino de Deus a menos que nasça "da água e do Espírito" (Jo 3:5). Explicações em termos de "Espírito" são outra forma de indicar que algo extraordinário acontece quando as pessoas passam a crer em Jesus. O espírito transcendente divino faz contato com o espírito humano; os cristãos recebem "o espírito procedente de Deus" (1Co 2:12). O Espírito desceu sobre Jesus no batismo e então conduziu-o para ser tentado pelo Diabo (!). Jesus começou seu trabalho na Galileia pelo poder do Espírito, declarou que o Espírito estava sobre ele e expeliu demônios pelo Espírito (Mt 4:1; 12:28; Lc 4:14,18). Prometeu que o Espírito viria sobre os discípulos, o que aconteceu após a ressurreição (Jo 20:22; At 2; Ef 4:7-10). A plenitude do Espírito resultou na proclamação do evangelho

---

[86]J. K. S. Reid, *Our Life in Christ* [Nossa vida em Cristo] (Londres: SCM Press, 1963), p. 24-25.
[87]Cf. Dunn, *Theology of Paul the Apostle* [Teologia do apóstolo Paulo], p. 401-4.

em outras línguas — uma forma de cumprimento relacionado a profecias (Jl 2:28-32), em que o adorador aparentemente perde o autocontrole e parece bêbado — e na interpretação inspirada da Escritura.[88]

Assim, a espiritualidade também não emerge de nós. "Foi por ações prescritas pela Torá que vocês receberam o Espírito, ou pela confiança naquilo que ouviram?" (Gl 3:2). Em Atos, as histórias mostram como as experiências das pessoas com o Espírito começaram. Enquanto oravam ou escutavam alguém contar-lhes a história de Jesus, Deus as surpreendeu. Nenhuma observância — como batismo, jejum, retiro silencioso ou prática particular de oração — ocasionou essa experiência do Espírito. As pessoas apenas ouviram e confiaram no que ouviram. Se a experiência do Espírito começa dessa forma (Paulo argumenta), então certamente continua da mesma forma.

A vinda do espírito de Deus pode ser tida como certa sobre aquele que creu em Jesus, já que ele passa a compartilhar a bênção de Abraão (Gl 3:2-5,14). O fiel recebe o evangelho "com a alegria do Espírito Santo" (1Ts 1:6); Deus "dá o seu Espírito Santo" em cumprimento à visão de Ezequiel 37:14, cuja linguagem Paulo reflete (1Ts 4:8); os fiéis recebem a interpretação da execução de Jesus por revelação do Espírito (1Co 2:6-10) e lhe chamam de "Senhor" pelo mesmo Espírito (1Co 12:3). Fiéis são: ungidos pelo Espírito, cuja habitação no coração dos que creem serve de penhor, garantia e depósito do que ainda virá (2Co 1:21-22); selados pelo Espírito (Ef 1:13; 4:30); renovados e imersos no Espírito (Tt 3:5-6); santificados pelo Espírito (2Ts 2:13). Por meio do Espírito, o amor de Deus inunda o coração dos fiéis (Rm 5:5). Eles são batizados pelo Espírito (1Co 12:13), e sua adoração reflete esse fato (cf. 1Co 12—14). O discípulo é lavado, santificado e retificado "em nome do Senhor Jesus, o Ungido, e no Espírito do nosso Deus" (1Co 6:11).

No século XX, muitas congregações pentecostais experimentaram realidades como falar em línguas e cura, mas muitas outras congregações cristãs que declararam em seus credos que acreditavam no Espírito Santo teriam dificuldade em identificar fenômenos de vida que sugerissem a atividade do Espírito. Os cristãos ocidentais não assumem que o

---

[88]Cf. ainda John R. Levison, *Filled with the Spirit* [Cheio do Espírito] (Grand Rapids e Cambridge: Eerdmans, 2009), p. 317-65.

ato de se tornar um fiel está intimamente associado a uma experiência sentida ou observável da vinda do Espírito e de seu agir em seu interior. "O novo membro da igreja recebe, na prática, a seguinte garantia: 'Você creu em todas as coisas certas, recebeu o sacramento do batismo e da imposição de mãos; portanto, recebeu o Espírito, quer saiba, quer não."[89] No judaísmo e nos tempos romanos, a situação era semelhante.[90]

No Novo Testamento, a lógica é inversa. A realidade discernível era a chegada do Espírito, que gerava evidências como profecia, milagres, percepção do amor de Deus e de seu relacionamento paternal, iluminação intelectual e transformação moral.[91] O derramamento do Espírito de Deus sobre os judeus foi um sinal de que um novo tempo havia chegado, e o derramamento do Espírito sobre os gentios confirmava esse fato.

No Espírito

A vinda do Espírito, então, é fundamental para receber Jesus e continuar na fé. O Espírito é enviado ao homem interior para que os fiéis passem a se relacionar pessoalmente com Deus, tratando-o como Pai (Gl 4:4-6). Agora, eles são pessoas (quando tudo ocorre de forma natural) que esperam pelo Espírito, andam no Espírito, são moralmente guiadas pelo Espírito, vivem pelo Espírito, semeiam para o Espírito, colhem vida eterna do Espírito (Gl 5:5,16,18,22,25; 6:8; cf. Rm 8:11-16). O trabalhar de Deus nelas significa que estão sendo fortalecidas com poder pelo Espírito de Deus no homem interior (Ef 3:16-17). Dado que a presença do Espírito representa um senso de filiação, renovação moral, compulsão para o testemunho e potencial para revelação do que Deus diz, corresponde a passagens relacionadas ao espírito de Deus, em Isaías 11; 42; 61; Ezequiel 36; e Joel 2.

Considerando que é questionável se "em Cristo" implica algo místico, "no Espírito" pode ser visto mais plausivelmente como sugerindo um relacionamento e experiências mais subjetivas com Deus,[92] embora

---

[89]Dunn, *Theology of Paul the Apostle* [Teologia do apóstolo Paulo], p. 430.
[90]Cf. Levison, *Filled with the Spirit* [Cheio do Espírito].
[91]Dunn, *Theology of Paul the Apostle* [Teologia do apóstolo Paulo], p. 430-39.
[92]Razão pela qual Jürgen Moltmann trata da subjetividade da experiência no livro *The Spirit of Life* [Espírito da vida], p. 198-213.

falar sobre isso como experiência "interior" dê margem a mal-entendidos, porque as Escrituras normalmente veem a experiência "no Espírito" como que acontecendo "fora do corpo", ou seja, como se alguém fosse "arrebatado de si mesmo" (e.g., Ap 1:10; 4:2; 17:3; 21:10). O Espírito entra em Ezequiel, levanta-o e leva-o para outro lugar (Ez 2:2; 3:12,14,24; 8:3; 11:1,24). Como relata o profeta: "A mão de Yahweh estava sobre mim, e por seu Espírito ele me levou a um vale cheio de ossos" (Ez 37:1).

"No Espírito", por sua vez, pode denotar a mesma coisa que a expressão frequente "segundo o Espírito". Em Romanos 8, Paulo reformula sua exposição da natureza do discipulado (cf. Rm 6) no contexto de referências ao Espírito Santo como aquele que ocasiona uma antecipação do que ocorrerá no Fim, no dia da ressurreição (Rm 8:11; cf. Rm 2:5-10). Pela atividade do Espírito Santo, tudo que pertence ao Fim pode tornar-se realidade agora. Com base no que Jesus fez, andamos de acordo com o Espírito, e não de acordo com a natureza inferior (Rm 8:4). Pensamos de maneira diferente, seguindo inclinações motivadas pelo Espírito; formulamos atitudes diferentes daquelas envolvidas com os aspectos da natureza inferior e suas motivações (Rm 8:5). Essa mudança se traduz em vida, paz, postura positiva frente a Deus e, assim, atitude positiva da parte de Deus para conosco (Rm 8:6-8).

Nosso caminhar pode ser descrito como "em/pelo Espírito" em oposição à "em/pela natureza inferior", se o Espírito de Deus vive em nós e "se alguém não tem o Espírito de Cristo, não pertence a Cristo" (Rm 8:9). "Se vocês viverem de acordo com a natureza inferior, morrerão; mas, se pelo Espírito[93] fizerem morrer os atos do corpo, viverão, porque todos os que são guiados pelo Espírito de Deus são filhos de Deus" (Rm 8:13-14). "Vida no Espírito nada mais é do que uma condição de *maturidade* moral."[94]

À vista disso, os fiéis:

(1) não estão na natureza inferior, mas no Espírito;
(2) o Espírito de Deus habita neles;
(3) têm o Espírito de Cristo;
e (4) são guiados pelo Espírito de Deus (Rm 8:9,14).

---

[93] Paulo usa um dativo simples, sem preposição.
[94] Oliver O'Donovan, *Finding and Seeking* [Encontrando e procurando] (Grand Rapids e Cambridge: Eerdmans, 2014), p. 8.

Sobre (1) falar em termos de estar "no Espírito", como falar de estar "em Cristo", implica uma conexão mais intrínseca entre os fiéis e Jesus do que falar em termos como "seguir a Jesus"; indica que uma conexão ontológica passou a existir entre eles e Jesus, como aquela entre um filho e seus pais adotivos ou entre duas pessoas que se casam. Dá a entender uma conexão indissolúvel com Jesus. A conexão ontológica natural entre o ser humano como parte da "família" de Adão e a natureza inferior foi substituída por uma conexão ontológica entre o cristão e o Espírito.

Pelo menos essa é a teoria. Nem sempre funciona dessa maneira (do contrário, Paulo não teria de formular um argumento tão detalhado). Muitas vezes, um homem que rompeu laços com os pais para se unir à esposa não cortou, de fato, o cordão umbilical e, assim, não vive à luz de sua nova posição real, fazendo de sua vida, então, uma bagunça. Da mesma forma, os fiéis podem continuar a viver como se sua conexão ontológica com Adão ainda exercesse papel determinante em sua vida, quando, na verdade, a conexão com o Espírito substituiu a ligação com a natureza inferior. O fiel deve viver à luz desse fato.

Espírito de Jesus

À luz do ponto (2), o Espírito de Deus habita nos fiéis. Nas palavras de Jeremias, Deus escreveu a Torá no coração dos que creem. Deus brilhou na mente do cristão, de modo que essa luz continua a iluminar sua forma de pensar e, por conseguinte, sua forma de viver. A luz divina faz com que ele veja tudo de maneira diferente. Em vez de encorajar a mente dos fiéis a ser mais inflexível por sua propensão a contemplar as coisas relativas à natureza inferior, Deus encoraja a mente do discípulo a se entusiasmar com a forma divina de enxergar as coisas.

O Espírito de Deus é a forma pela qual Deus alcança esse fim, porque o espírito do ser humano é seu aspecto livre, desprendido. Jesus é uma pessoa de carne e osso, ocupando um local físico, capaz de atravessar portas, mas não de estar presente em Jerusalém e na Galileia ao mesmo tempo. O Espírito de Jesus não é limitado dessa forma e, por isso, pode motivar os discípulos e lembrá-los do que Jesus lhes fez e espera deles, encorajando-os a viver de acordo com ele próprio, ou seja, de acordo com Jesus.

De acordo com o ponto (3), os fiéis têm o Espírito de Jesus. "A expressão 'no Espírito' se atrela à cristologia"; algo só pode ser um "mover do

Espírito" apenas se estiver de acordo com a natureza do Filho.[95] É natural falar do Espírito de Jesus como "Cristo em nós" ou como "o Espírito em nós" (Rm 8:9-10; cf. 2Co 13:5) e declarar "Cristo em vocês" como "esperança da glória" (Cl 1:27) ou que "Cristo entre vocês" é a esperança da glória.[96] Em Efésios 3:17, Paulo ora para que "Cristo viva na mente de vocês pela fé" e o meio para esse fim é "que vocês possam ser fortalecidos pelo espírito [do Pai] no homem interior" (Ef 3:16).

Diz-se da declaração "Cristo vive em mim" (Gl 2:20) que o "caráter místico" do texto não é negado por ninguém, no sentido de expressar "a forma de espiritualidade que luta para (ou experimenta) um contato imediato (ou união) da alma com Deus".[97] Mas Paulo não fala nada sobre "lutar", e o contexto indica que o apóstolo se refere não a uma experiência mística, mas à mesma realidade que enfatiza em outros textos. Objetiva e historicamente, Jesus ressuscitou dentre os mortos, de modo que minha associação a ele significa que eu também comecei uma nova vida. O objetivo se torna também subjetivo.

Entretanto, não é só devido à nossa ação que ele se torna subjetivo. Torna-se subjetivo porque o próprio Jesus não é uma figura do passado, mas "o Jesus Cristo vivo", que "venceu por si mesmo a barreira do seu próprio tempo e, portanto, a distância histórica. Porque, e como, ele é presente e futuro em seu ato. Porque, e como, ele está entre nós hoje, e estará entre nós amanhã, em seu ato."[98] "Porque somos filhos, Deus enviou o espírito do seu Filho ao nosso coração, clamando 'Aba, Pai'" (Gl 4:7).

Existem duas formas complementares de entendermos essa ação ou influência do espírito de Jesus. Os fiéis descobrem a capacidade de falar e agir de um modo que não fariam naturalmente, como se um poder exterior os invadisse. "De onde veio esse poder?" ou "não sei o que me levou a dizer isso", essas são indagações e reflexões comuns daquele

---

[95]Devo o argumento a Thomas A. Bennett.
[96]Segundo Christopher J. H. Wright, *The Mission of God* [A missão de Deus] (Downers Grove: InterVarsity Press; Nottingham: InterVarsity Press, 2006), p. 340.
[97]Alfred Wikenhauser, *Pauline Mysticism* [Misticismo paulino] (Nova Iorque: Herder, 1959), p. 46,14. Daniel Marguerat inclui uma bibliografia extensa em seu estudo detalhado de "Paul the Mystic" [Paulo, o místico], em Jan Krans *et al.*, eds., *Paul, John, and Apocalyptic Eschatology* [Paulo, João e a escatologia apocalíptica], Martinus C. de Boer Festschrift (Leiden e Boston: Brill, 2013), p. 76-93.
[98]Barth, *CD* IV, 2:112.

que experimenta o poder do Espírito. Sua liberdade em se referir a Deus como Pai é um bom exemplo, bem como sua liberdade e seu entusiasmo em oração (Ef 5:18-20; 6:18-20).

Em termos mais comuns, eles descobrem que falam e agem de forma diferente em comparação ao que faziam antes. Eles entendem coisas que antes não compreendiam (Cl 1:9). Essa mudança pode ser interpretada como reflexo da influência de alguém — no caso, do Espírito. Casais geralmente refletem a personalidade, a sabedoria ou as habilidades do cônjuge.

A vida de Jesus

Essa experiência pode nos ajudar a entender como pensar sobre uma pessoa vivendo em outra. Meus pais e minha esposa "vivem" em mim no sentido de que seu caráter me afeta. Em certos aspectos, quando alguém depara comigo, depara com meus pais ou com minha esposa, embora nem sequer se dê conta disso. Além do mais, por pensar em meus pais e na minha esposa, ambos estão vivos na minha mente.

Evidentemente, as conversas sobre alguém que vive em outra pessoa são perigosas. Minha esposa não vive apenas em mim. Ela é uma pessoa que existe objetivamente, independente de mim. Por isso, referir-me a ela como que "vivendo em mim" não deve resultar em algum tipo de domesticação ou pensamento de que entendo tudo a seu respeito. Minha esposa é complexa demais para que eu a contenha ou apreenda.

Afirmar que Jesus "vive em nós" é útil por denotar a proximidade e a realidade de sua influência em nós, apesar do risco de dar a entender o contrário. Jesus está na sala comigo e é muito maior que eu, não que ele esteja dentro do meu espírito e, assim, esteja limitado a essas dimensões e às minhas percepções. Jesus vive em nós no sentido de sermos capazes de personificar certas coisas sobre ele e na medida em que podemos suportar.

Porque Jesus, o único dotado pelo Espírito e levantado pelo Espírito, pode então conceder o Espírito, o Espírito pode ser a ligação entre Jesus e o cumprimento final do propósito de Deus, iniciado pela sua morte e ressurreição.[99] A igreja aguarda o retorno do Filho de Deus;

---

[99] "Pneumatologia unifica cristologia e escatologia" (Moltmann, *Spirit of Life* [Espírito da vida], p. 69).

nesse ínterim, a atividade do Espírito de Deus se faz real em meio aos fiéis, manifestando-se em fenômenos como profecia, línguas e cura, bem como em graças como amor, fé e esperança. Desse modo, a atividade do Espírito encoraja a esperança (Rm 15:13; Gl 5:5).

Em termos do ponto (4), os fiéis seguem o impulso do Espírito de Deus, e não da natureza inferior, fazendo morrer os feitos do corpo. Naturalmente, esse novo impulso exige atos extravagantes de amor e fé. Abraão, por exemplo, foi impelido a deixar sua parentela e partir para um país estrangeiro; perseguir um exército vitorioso para resgatar seu sobrinho; abrir mão da chance de obter qualquer ganho financeiro de seu sucesso; viver na convicção de que Deus lhe daria uma nova nação e um filho; e que, em posse de seu filho, deveria sacrificá-lo. Seus atos demonstram que o Espírito de Deus trabalhava em sua vida.

Confrontado por tais exigências, existem pelo menos dois sentidos em que podemos clamar: "Aba" — ou seja, "Pai" (Rm 8:15). O clamor pode ser uma expressão de comprometimento. O mais provável, porém, é que corresponda a um pedido de ajuda para seguir o impulsionamento do Espírito. Paulo sabe do senso de miserabilidade aguçado pela tensão entre as inclinações naturais e o comprometimento com as expectativas de Deus (Rm 7:24). Com respeito às expectativas particulares de Deus em relação a ele como indivíduo (equivalentes aos desafios enfrentados por Abraão), Paulo pergunta em outro lugar: "Quem é suficiente para essas coisas?" (2Co 2:16). No entanto, o derramar do Espírito de Deus significa que podemos clamar "Pai, ajuda-nos!" e saber que receberemos auxílio divino no tempo oportuno (Hb 4:16). Os fiéis podem viver como filhos obedientes.

6.3 AMBIGUIDADES

Podíamos imaginar que a ação de Deus em libertar Israel do Egito introduziria o povo de Deus em uma vida de paz e santidade; contudo, não foi esse o caso. Da mesma forma, pensávamos que o que Deus fez em Jesus e continua a fazer no Espírito simplesmente introduziria o povo de Deus a uma vida de paz e santidade, mas isso não aconteceu. A vida do Israel original e do Israel expandido combina cumprimento com sofrimento, e obediência com rebelião. "O livro de Apocalipse me intriga [...] Entretanto, há algo mais que me intriga: a igreja", cujas falhas são "manifestas claramente" e, ainda assim, "a igreja é em si uma parte do evangelho".[100] Em parte, o último livro da Bíblia nos intriga porque Deus nos intriga. Deus tem suas ambiguidades, mudanças de ideia, abrandamentos, ambivalências e capacidade para sofrer.[101] Não é de surpreender que o ser humano também manifeste todos esses elementos. Estamos envolvidos em uma batalha, e temos de tomar a cruz e seguir Jesus. As experiências testam quem somos. O comprometimento com Deus torna nossa vida mais complicada e conflituosa. Nossa vida deve ser de arrependimento constante. Transformamo-nos progressivamente no que já somos. Estamos a caminho.

Vivendo com perigo

"Eu lhes disse essas coisas para que em mim vocês tenham paz. Neste mundo vocês terão aflições; contudo, tenham bom ânimo! Eu venci o mundo" (Jo 16:33, NVI). Jesus alerta que o mundo odiará os discípulos, da mesma forma como o odiou (Jo 15:18-21); afinal, como ele, eles não pertencem ao mundo. O mundo virou as costas e assim, acidentalmente, expôs sua pecaminosidade. Como Jesus e o Consolador, os discípulos testemunharão uma alternativa, mas o mundo continuará a virar as costas para essa alternativa. A religião organizada faz parte do mundo, e Jesus espera que ela, em particular, tenha a mesma atitude para com os discípulos (Jo 16:1-3). Os discípulos precisam estar preparados para essa experiência, para que tal experiência cause menos impacto negativo provocado pelo mundo. O problema virá porque nem o Estado nem o povo de Deus conhecem (reconhecem) Jesus ou o Pai. Enquanto esse padrão é característico da crise que pertence ao Fim (Mt 10:17-39), o Fim não se confina à "grande tribulação" (Mc 13:9-13), embora esse período difícil tenha sido encurtado por amor dos eleitos (Mt 24:22; Mc 13:20). É uma das razões pelas quais a igreja forma "a comunidade que aguarda".[102]

---

[100]Joseph L. Mangina, "God, Israel, and Ecclesia in the Apocalypse" [Deus, Israel e *ecclesia* no Apocalipse], em Richard B. Hays e Stefan Alkier, eds., *Revelation and the Politics of Apocalyptic Interpretation* [Apocalipse e a política da interpretação do gênero apocalíptico] (Waco: Baylor University Press, 2012), p. 85-103 (na p. 85).
[101]Cf. cap. 1.
[102]Otto Weber, *Foundations of Dogmatics* [Fundamentos da dogmática] (Grand Rapids: Eerdmans, 1983), 2:518.

Consequentemente, a experiência do povo de Deus é de tribulação (Rm 8). "A nova ordem originada em Cristo difere substancialmente da era messiânica antecipada por Paulo. A congregação messiânica de santos e eleitos definitivamente não usufruía uma posição proeminente no mundo." Além de experimentar problemas comuns da humanidade, o fiel é perseguido como o próprio Jesus, ainda que, como ele, venha experimentar a glória futura.[103] Uma congregação como a de Roma "vive em um mundo hostil [...] cercada e ameaçada pela noite e pelas 'obras das trevas'", de modo que, em seu relacionamento com o mundo, "uma consideração primária deve ser sua sobrevivência bem-sucedida" (cf. Rm 12:9—13:14). Devemos esperar perseguição e atos de maldade.[104] Nesse contexto, a ênfase no amor é digna de menção, e o amor deve expressar-se aos de fora, e não apenas à comunidade cristã.

Vale destacar a ênfase na submissão às autoridades civis, baseada na convicção de que estão debaixo da autoridade de Deus, quer reconheçam, quer não. As autoridades estão consignadas à soberania de Deus, conforme demonstra o livro de Daniel com respeito aos poderes babilônico e persa. Nesses contextos do Primeiro Testamento, as pessoas eram atacadas por terem sido infiéis a Yahweh; por outro lado, foram libertadas por sua fidelidade a Yahweh. Em contextos do Novo Testamento, essa dinâmica dupla continua. Enquanto as pessoas comuns estão mais vulneráveis ao tratamento duro por parte das autoridades, o descumprimento de leis aumenta a possibilidade de tal tratamento, de modo que é mais sábio submeter-se. Como nas visões de Daniel, a maioria dos fiéis em Jesus não tem a opção de se envolver em assuntos de natureza política, mas tampouco são encorajados a optar por abandonar a vida urbana.[105]

Às vezes, as pessoas pagam por sua fidelidade com a vida (cf. Dn 11:33). A besta recebe poder de atacar os santos e os vencer, fato que nos conclama à perseverança e à fidelidade (Ap 13:7,10). "A Igreja em si (na qual, em algum lugar, a crucificação de Jesus se repete sempre) é hoje fiel e amanhã infiel, hoje forte e amanhã fraca."[106] Os fiéis devem viver pelo fato de que, de agora em diante, são "felizes os mortos que morrem no

---

[103]Nils A. Dahl, *Studies in Paul* [Estudos em Paulo] (Mineápolis: Augsburgo, 1977), p. 11.
[104]Dunn, *Theology of Paul the Apostle* [Teologia do apóstolo Paulo], p. 674.
[105]Cf. ibid., p. 679-80.
[106]Barth, *CD* I, 2:680-81.

Senhor"; afinal, "descansarão das suas fadigas, pois as suas obras os seguirão" (Ap 14:13, NVI). Partilham o sofrimento de Jesus, mas também seu consolo (2Co 1:5). Compartilhar a perseguição e o martírio revela que o poder pertence a Deus, e não a eles, e leva à glória por Deus (2Co 4:7-15). Vida e morte operam nos fiéis e contam a seu favor por toda a eternidade. Não apenas isso: a morte opera neles, mas a vida, em outras pessoas.

Envolvidos em uma batalha

Jesus ora pelos discípulos de modo diferente do que faz em relação ao mundo (Jo 17:9). Isso não significa que ele não ore pelo mundo (na verdade, é o que faz em João 17:20-23). Em certo sentido, porém, "orar pelo *kosmos* beira o absurdo, visto que a única esperança para o *kosmos* é precisamente deixar de ser *kosmos*".[107] Contudo, em contraste com o mundo, Jesus precisa orar pelos discípulos, já que eles devem ser protegidos a fim de serem um. Essa proteção se relaciona à facilidade com que podem cair; por se distinguirem do mundo, os discípulos precisam manter sua identidade (Jo 17:11-12). Logicamente, o mundo os odiará porque eles não lhe pertencem. Por isso, os fiéis precisam ser santificados e mantidos na santidade, distintos e separados do mundo. O meio de santificação é a verdade, a palavra de Deus (Jo 17:14,17). Nesse contexto, é significativo o fato de que Jesus dirija sua oração ao seu Pai santo (Jo 17:11).

Os fiéis estão envolvidos em uma guerra — aliás, em diversas guerras. Uma delas é a batalha contra príncipes, autoridades, poderes do mundo, entidades espirituais do mal na esfera celestial (Ef 6:11-12).[108] Os cristãos ocidentais vivem em um contexto no qual o mundo procura levá-los a operar de modo a negar o comprometimento para com Deus e o próximo. Por exemplo: anúncios publicitários instam para que os fiéis se satisfaçam com coisas novas, levando-os a lutar contra essa pressão. A ideia central de Paulo é que o discípulo de Jesus enfrenta opositores de outra dimensão.

Os Evangelhos expõem duas formas como esse ataque funciona: Satanás ataca Jesus de maneira frontal e direta e de modo indireto, por

---

[107] C. K. Barrett, *The Gospel According to St John* [Evangelho segundo João] (Londres: SPCK, 1962), p. 427.
[108] Cf. "O Diabo", seção 3.1.

meio de outra pessoa (e.g., Mt 4:1-11; 16:23). Efésios indica que os fiéis *não* devem subestimar essa segunda dimensão no que diz respeito à pressão que lhes sobrevém. O Diabo está ativo "agora" (Ef 2:2), no tempo em que a salvação se manifestou; "sempre que o advérbio 'agora' é usado na carta aos Efésios, sua função é proclamar o tempo presente como dia da salvação".[109] Na luta contra Satanás e outros poderes sobrenaturais, nossa armadura (Ef 6:10-17) consiste em verdade que implica integridade, perseverança, confiabilidade e consistência; justiça que implica comprometimento em fazer a coisa certa; paz, no sentido de unidade e harmonia, levando os fiéis a se posicionar juntos para a luta; fé, no sentido de saberem que não lutam sozinhos; libertação, no sentido de percepção de que estamos destinados à vitória; e palavra de Deus, no sentido de mensagem do evangelho.

Os que foram descritos no Novo Testamento como "do Diabo" não parecem ser infiéis em geral, mas, sim, os que creram em Jesus e o abandonaram, desejando, antes, matá-lo (Jo 8:31-47; cf. 1Jo 3:8-10).[110] "Por que a minha linguagem não é clara para vocês? Porque são incapazes de ouvir o que eu digo. Vocês pertencem ao pai de vocês, o Diabo, e querem realizar o desejo dele [...] Aquele que pertence a Deus ouve o que Deus diz. Vocês não o ouvem porque não pertencem a Deus" (Jo 8:43-44,47, NVI). "Não escolhi vocês, os Doze? Mas um de vocês é um diabo" (Jo 6:70; cf. Jo 13:2,27). "Se vocês sabem estas coisas, são bem-aventurados se as praticarem. Não falo a respeito de todos vós. Eu conheço aqueles que escolhi" (Jo 13:17-18). Há um mistério sobre a relação entre as escolhas de Deus ou as escolhas do Ungido, entre a atividade do Diabo e a ação do ser humano. Em certo sentido, o fato de os judeus referidos por Jesus pertencerem ao Diabo explica o posicionamento que tomam, porém não muda o fato de serem *eles* os que tomam a decisão; também não torna impossível sua mudança a um posicionamento diferente. E Judas pode ser tanto escolhido como não escolhido.

---

[109]Barth, *Ephesians* [Efésios], 1:229.
[110]Segundo Terry Griffith, "'The Jews Who Had Believed in Him' (Jn 8:31) and the Motif of Apostasy in the Gospel of John" ['Judeus que haviam crido nele' (Jo 8:31) e o tema da apostasia no Evangelho de João], em Richard Bauckham e Carl Mosser, eds., *The Gospel of John and Christian Theology* [O Evangelho de João e a teologia cristã] (Grand Rapids e Cambridge: Eerdmans, 2008), p. 183-92.

Assim, os fiéis sofrem retrocesso. Os discípulos fogem, Pedro nega Jesus, Tomé se recusa a crer na ressurreição. Todavia, são pessoas que Deus deu a Jesus e que responderam à mensagem divina.[111] Exemplos de Judas e de outros que abandonaram Jesus durante o seu ministério indicam ser possível, em última análise, desistir dele. Mas essa desistência é diferente de pessoas que às vezes são derrotadas, mas continuam a lutar contra o inimigo.

Tomando uma cruz

A vida do cristão é caracterizada pela vulnerabilidade. O padrão começa com Abel, ingênuo o suficiente para que Deus aceitasse seu sacrifício, e não o de seu irmão, e com José, ingênuo o suficiente para compartilhar seu sonho a respeito de como seus irmãos se prostrariam diante dele. A vulnerabilidade continua com a experiência dos israelitas, ingênuos o suficiente para florescer de modo tão espetacular a ponto de representar uma ameaça aos egípcios; também foram atacados pelos amalequitas sem sequer tê-los provocado; e pelas guerras constantes contra os filisteus, rivais do mesmo território.

Com o passar do tempo, Israel tem menos base para reclamar sobre seu tratamento opressor pelas potências imperiais, visto que esse tratamento é uma compensação por sua própria infidelidade a Deus. Algo semelhante à perseguição passa a ser a experiência dos israelitas nas mãos dos persas, descendentes espirituais de Amaleque (veja Ester), dos selêucidas (veja Daniel) e de Roma (veja o Novo Testamento). Enquanto as Escrituras reconhecem que o desvio contínuo de Israel é um dos fatores nesse padrão, o desvio não explica toda experiência pela qual passou, particularmente por parte de grupos fiéis e indivíduos em Israel, cujo sofrimento é igual ou maior do que as pessoas em geral.

O padrão chega ao topo com Jesus, que sabe que está a caminho de uma execução pelo Império Romano, engendrada pelos líderes de seu próprio povo. Ele não será o único afetado. Aqueles que desejam segui-lo devem aceitar a crucificação como seu próprio destino (Mc 8:34-38).

---

[111]Cf. R. H. Lightfoot, *St. John's Gospel* [Evangelho de João] (Oxford e Nova Iorque: Oxford University Press, 1956), p. 261.

Alguns cristãos acabarão como mártires, mas muitos outros sofrerão abuso e chegarão à beira da morte. Paulo relata algo dessa experiência (notavelmente, em 2Coríntios 6:4-10) e oferece *insight* teológico a esse respeito ao falar sobre preencher as aflições de Jesus em favor do seu corpo (Cl 1:24). De fato, Paulo toma sua cruz em conexão com o cumprimento da missão de levar a mensagem do evangelho às nações, incluindo os habitantes de Colossos.

A perseguição é o preço pago pelos fiéis por pregarem o evangelho, embora também estimule a propagação da mensagem (cf. At 8). Inicialmente, Paulo se localizava do lado perseguidor dessa dinâmica; uma vez conquistado por Jesus, porém, passou para o outro extremo, para o lado dos perseguidos. Em outra passagem, afirma: "Estou crucificado com o Ungido" (Gl 2:20). "Paulo não pensava na crucificação com Cristo como acontecimento passado único. [...] *Ainda estou pendurado com Cristo naquela cruz*."[112]

A missão de Paulo significa para ele sentir-se atribulado, estar perplexo, ser perseguido e abatido, porém sem angustiar-se, desesperar-se, sentir-se abandonado ou destruído. Personificando a morte de Jesus, o apóstolo também incorpora a vida de Jesus e assim é o meio de vida que vem para as pessoas a quem ele ministra (2Co 4:7-10). A experiência de tribulação, aflição, perseguição, fome, nudez, perigo e espada é como enfrentar a morte o dia todo por amor a Deus, algo semelhante a ovelhas levadas ao matadouro (Rm 8:35-36). Nesse contexto, Paulo se apropria das palavras de Salmos 44, da mesma forma que Jesus se apropriou de Salmos 22 durante a crucificação (Mt 27:46).

Alusões semelhantes chamam atenção para um aspecto-chave do significado de muitos salmos de protesto do saltério que resultam de experiências — desde ser abandonado por Deus até sofrer ataques imerecidos por parte dos membros da própria comunidade e por outras pessoas. Muitos desses salmos de protesto manifestam a percepção de que Deus ouviu a oração e responder a ela é um compromisso seu; Salmos 22 é um exemplo disso, embora Salmos 44, não. Paulo mostra a confiança de Salmos 22, de que Deus não abandona por completo seu povo ao sofrimento, confiança que, agora, tem embasamento ainda maior à luz da

---

[112]Dunn, *Theology of Paul the Apostle* [Teologia do apóstolo Paulo], p. 485.

morte e da ressurreição de Jesus (Rm 8:31-39). Ao segui-lo, pode ser que você depare com uma tempestade, porém Jesus a acalmará (Mt 8:23-26).

"Paz seja convosco" é a ordem dupla de Jesus, primeiro no dia da ressurreição e, mais uma vez, uma semana depois (Jo 20:19,21,26). Trata-se de uma saudação comum, embora a "paz" a que Jesus se refere neutraliza o medo (Jo 20:19,26). No contexto das Escrituras, a paz de Jesus também neutraliza a apreensão de estar diante de alguém que medeia a presença e a ação de Deus (cf. Lc 5:8-11). Nesse último contexto, suas palavras também sugerem a experiência de *šālôm*, ou seja, que tudo ocorra bem na vida dos discípulos. O pronunciamento adquire um significado ainda maior no contexto em que Jesus envia os discípulos ao mundo, como o Pai lhe enviara. Ele também continua a comissioná-los a perdoar as pessoas (Jo 20:21-23), o que dá a entender uma ligação com a ideia de paz com Deus.

Passando por um teste

Ser discípulo de Jesus pode, então, resultar em prisão, agressão, apedrejamento e outras formas de pressão, perigo e humilhação (2Co 6; 11). Todavia, os fiéis não apenas toleram as tribulações que lhes sobrevêm. Antes, assim como exultam em sua expectativa da glória de Deus, exultam também nas próprias tribulações (Rm 5:2-3). Como isso pode ser? As tribulações não somente contribuem para a propagação do evangelho: tribulações, sofrimentos ou aflições (*thlipsis*) geram perseverança, e perseverança produz um caráter provado (Rm 5:3-4).

Ao tratar de tribulações, Romanos 5 não se refere nem a doenças, nem a guerras; ambos exemplificam tópicos acerca dos quais a Escritura, diferentemente dos cristãos ocidentais, não agoniza ou teologiza. Sofrimento e guerra são fatos da vida. Lidar com doenças e outros tipos de sofrimento humano "natural" pode, entretanto, envolver algo da mesma dinâmica no que diz respeito a suportar perseguição. Em outras palavras, essas experiências também podem contribuir para nossa glória.

A tribulação está incorporada ao modo como o mundo segue em direção ao Fim, ao cumprimento definitivo do propósito de Deus (cf. Mc 13:24, que também menciona *thlipsis*). À medida que o fiel vai se movendo nessa direção, a perseverança é uma peça-chave. Aquele que perseverar até o fim será resgatado (Marcos 13:13, em que "perseverar" se compara a ter "perseverança", em Romanos 5:3). Ao falar de salvação — ou seja, de não ser carregado pela ira de Deus com a chegada do fim —, a linguagem de Jesus se equipara à de Paulo ao falar de perseverança que gera caráter provado, o que o apóstolo conecta com a ideia de ser resgatado da ira. Deus poderá nos olhar com aprovação, e não seremos carregados pela ira divina.[113]

Perseguição e outros tipos de sofrimento testam, provam as pessoas. A dinâmica a que o Novo Testamento se refere remonta ao início da criação; mesmo no jardim do Éden, a humanidade experimentou tentação e teste.[114] Posteriormente, Israel os experimentou. Os fiéis podem alegrar-se por enfrentarem provações, porque a prova da fé desenvolve perseverança (mesma palavra, mais uma vez); o discípulo sabe que a prova é o caminho para a maturidade (Tg 1:2-4).

Não há nada controverso em relação a essa ideia, embora Paulo e Tiago tenham assinalado que tribulação nem sempre produz perseverança. Contudo, ela *pode* produzi-la, e é esse o efeito que Deus deseja. Ao falar da perseverança que produz caráter provado (*dokimē*), é possível que Paulo tenha empregado uma palavra que ele mesmo inventou, difícil de traduzir para o português. A ideia é que a perseverança faz dos fiéis pessoas provadas — provadas para os outros, sem dúvida, mas, no contexto em questão, também provadas para si, perplexas com o que enfrentaram e perplexas com o fato de chegarem ao outro lado e continuarem de pé.

Desse modo, o caráter provado produz esperança ou confiança para aquele Dia, uma esperança que não será envergonhada (Rm 5:4-5). Naquele dia, muitos descobrirão que sua autopercepção estava errada, e ficarão envergonhados. Muitos se envergonharão, mas não apenas do fato de se descobrirem errados; sua vergonha corresponderá a algo mais assustador. Embora pensassem que manteriam a cabeça erguida por pertencerem ao povo certo, crerem nas coisas certas e manterem as observâncias certas, seu rosto sofrerá vexame. Ao invés de receber honra, serão rejeitados e lançados fora. É isso que a vergonha significará para eles.

Haverá um contraste com pessoas cujo coração foi inundado com o amor de Deus pelo Espírito Santo que lhes foi dado (Rm 5:5). A expressão é estranha; envolve uma metalepse. No Pentecoste, o Espírito foi

---

[113]Sobre o tópico de "provação", cf. Barth, *CD* II, 2:636-41.
[114]Cf. parágrafo final em "Capacidade relacional", seção 3.4.

derramado sobre as pessoas, como se fosse líquido ou fogo. Mas o Espírito não era apenas uma unção exterior. As pessoas precisavam ser afetadas pelo ensinamento de Deus internamente, e não apenas tratadas externamente pelo ensinamento de Deus (cf. Jr 31:31-34); deviam ser conquistadas pelo amor de Deus no homem interior. Tal efeito é alcançado por um processo análogo ao derramamento no Pentecoste, um tipo de fluir dos mananciais do indivíduo. "Batismo no Espírito Santo" é "também batismo no amor de Deus (Rm 5:5)".[115]

Há diversos aspectos como "o amor de Deus" pode inundar as pessoas através da vinda do Espírito Santo. Elas podem encher-se de amor por Deus ou de amor divino por outras pessoas. Ambos contribuem decisivamente para o processo pelo qual tribulação gera perseverança e caráter aprovado, resultando na confiança apropriada de que, no Fim, não ficarão envergonhadas. Mas o argumento de Paulo continua para um "porquê", conduzindo à ideia da morte de Jesus por nós (Rm 5:6-11). Percebemos o amor de Deus por nós precisamente porque o Espírito Santo nos foi derramado, o que condiz com o papel que Jesus lhe atribui no Evangelho de João.

A tribulação, então, exerce um papel importante na geração do cumprimento do propósito de Deus para os fiéis, mesmo que não vivam nas vésperas do Fim. (Aliás, o Fim propriamente dito não chegou na época de Paulo, nem no tempo dos cristãos que viveram nos últimos dois mil anos). A dinâmica segue aquela experimentada pelo povo de Deus antes dos dias apostólicos, tal como ocorrera com a comunidade de Jerusalém na época das perseguições de Antíoco, na qual judeus passaram pelas aflições descritas em Daniel 12:1. Passar por tanta pressão contribui ainda para o cumprimento dos propósitos de Deus de levá-los à glória no sentido de participar da implementação dos propósitos de Deus no mundo e a se mover em direção a usufruírem a vida da ressurreição.

Conflitante

Para as Escrituras, o problema do sofrimento não é tão perturbador quanto o problema da obediência. Embora a luta dos cristãos não seja

---

[115] Amos Yong, *Renewing Christian Theology* [Renovando a teologia cristã] (Waco: Baylor University Press, 2014), p. 101.

apenas contra carne e sangue, há uma luta contra carne e sangue, sim — uma vez que seu conflito não é apenas contra as pessoas que os tentam, mas também contra sua própria natureza inferior.[116] O povo de Deus convive com perigos externos; suas convicções constituem uma repreensão para os ideais do mundo, e o mundo o ataca diretamente ou exerce pressão para diluir sua mensagem. Ele também vive com perigos internos, já que é tentado a assimilar formas de pensamento que não resultam nem do evangelho, nem da Escritura, e já que é tentado a ter uma opinião elevada de si.[117]

Os fiéis são chamados a viver pelo Espírito Santo, e não pela natureza inferior. O Espírito Santo e a natureza inferior têm desejos conflituosos (Gl 5:17). A tensão ocorre entre o Espírito Santo e a natureza inferior, e não entre o espírito humano e a natureza inferior. A questão não é que alma e corpo estejam em tensão. Em Adão, o estado natural do ser humano é espírito, alma, mente, emoções e corpo dominados pela natureza inferior. Mesmo que o ensino de Deus esteja escrito na mente do fiel, não é a única coisa escrita em sua mente.

No estado natural do ser humano, todas as suas aspirações, emoções e ações são afetadas pelo pecado; isso, contudo, não significa que Deus o tenha abandonado. Na verdade, Deus ainda está envolvido com a humanidade, e o homem natural consegue viver de forma correta em diversos aspectos. Ao enviar o Espírito Santo, porém, Jesus introduz um conflito maior na vida do discípulo, um conflito antes desconhecido. O fiel deve se tornar disciplinado, preparado para impor sobre si exigências mais rígidas (1Co 9:24-27). Deve certificar-se de não ter um coração incrédulo e pecaminoso (Hb 3:12). Felizmente, o Espírito Santo se une à pressão para não ceder à transgressão.

Paulo, portanto, talvez tivesse vivido de forma mais simples antes de ser dominado por Jesus. Ser removido do reino das trevas, onde ele não reconheceu Jesus, para o reino da luz, onde ele o reconheceu, introduziu um conflito na vida dele, ou ao menos lhe permitiu reconhecer um conflito já existente como nunca antes. Em Romanos 7:14-25, o apóstolo descreve tal luta.

---

[116]Cf. "Natureza inferior", seção 3.6.
[117]Cf. Barth, *CD* IV, 2:660-70.

A partir dos demais escritos de Paulo, não se tem a impressão de que ele vivia, experimental e continuamente, com a tensão tortuosa que a passagem descreve; nem o restante das Escrituras descreve a experiência humana dessa maneira. O mais provável é que Paulo descreva uma realidade objetiva, seja sentida ou não pelas pessoas, uma realidade geral que pode ser sentida mais intensamente pelos fiéis.

Pelo menos o cristão deseja amar a Deus e o próximo e às vezes o faz. Entretanto, há outros instintos dentro de si, expressando o comprometimento de servirem a si mesmos e satisfazerem seu desejo de não dar honras a Deus nem abençoar os outros. Em seu melhor, os fiéis desejam servir a Deus e ao próximo, mas seu instinto inferior luta contra essa inclinação e às vezes ganha. Nesse sentido, ainda vivem pela natureza inferior, como alguém vendido como escravo ao pecado. O próprio fato de os cristãos serem desafiados a se oferecer a Deus (Rm 6:11-13) pressupõe sua incapacidade de fazê-lo, ou pelo menos não de maneira consistente. Na verdade, uma "nota intensificada de angústia e frustração existencial" domina as palavras de Paulo ao final de Romanos 7.[118]

O argumento de Romanos implica o reconhecimento de que, quando somos ordenados a fazer o que é certo, nossa tendência a errar aumenta. Deus começa, então, o relacionamento conosco a partir de outra vertente, com a afirmação de que somos aceitos e de que não precisamos fazer a coisa certa para alcançar essa aceitação. Em seguida, somos instruídos à prática do que é certo com base nisso, em resposta ao fato de já sermos aceitos e amados e com base na presença e na atividade do espírito de Deus em nossa vida. Ele estabelece, assim, a possibilidade de um recomeço, como se enfrentássemos pela primeira vez o desafio de comer de qualquer árvore, exceto da que está no meio do jardim. A morte e a ressurreição de Jesus elucidaram um princípio cuja base é pressuposta no Primeiro Testamento: que o ponto de partida do relacionamento entre Deus e o ser humano é a graça de Deus, e não o comprometimento humano.

Inundado pela personificação da graça de Deus em Jesus, a resposta "natural" dos fiéis será dar a Deus seu comprometimento e sua obediência, servindo a Deus e servindo ao jardim, segundo o propósito pelo qual

---

[118]Dunn, *Romans* [Romanos], 1:405.

foram criados. Amar resulta "naturalmente" de ser amado. Eles ainda estão envolvidos em conflito, talvez em um conflito ainda mais intenso do que antes, e sua eventual derrota na batalha é agora ainda mais dolorosa, por viver do outro lado da ação divina, cujo desígnio é afirmar e reforçar o padrão. Desse modo, em Romanos 7, o relato da experiência dos discípulos de Jesus é sóbrio, mas não deprimente. Conforta-nos por deixar claro que não há nada estranho na experiência de conflito dos fiéis. Além do mais, no conflito entre o Espírito e a natureza inferior, a morte e a ressurreição de Jesus significam que o Espírito está destinado a vencer.[119]

Voltando-se

A humanidade pode ser dividida em pessoas boas e más, e as Escrituras podem implicar um dualismo moral e religioso. Ou você é a favor de Jesus, ou é contra ele (e.g., Lc 11:23). Com a chegada do Fim, ovelhas e bodes terão destinos diferentes (Mt 25:31-46). No entanto, a Bíblia também pode indicar que, em outro sentido, o ser humano "bom" pertence a uma categoria muito pequena (de fato, não há um justo sequer), assim como o "mau". A maioria das pessoas se encontra entre um extremo e outro.

Ambas as perspectivas aparecem nos Salmos. O Saltério começa declarando uma bênção sobre o fiel e afirmando que tribulações sobrevêm ao incrédulo, instando, dessa forma, o adorador a se certificar de que pertence à primeira categoria. No decorrer do livro, os salmistas rogam muitas vezes a Deus para que ele faça algo em relação aos infiéis (e.g., pessoas que usam de violência injustamente) e leve em conta a forma como aqueles que lhe dirigem a oração mantêm sua fidelidade a Deus e ao próximo.

De vez em quando, porém, os salmos deixam evidente o reconhecimento de que os fiéis em geral não reivindicam inocência. Reconhecem que Israel como um todo, bem como o israelita individualmente, ambos têm lapsos em sua fidelidade e estão, na melhor das hipóteses, buscando o compromisso verdadeiro. Eles são justos, mas não por completo. O dualismo das Escrituras é assim qualificado. Justiça e impiedade não são consubstanciais com meu grupo e os demais, com minha comunidade e

---

[119]Cf. Dunn, *Romans* [Romanos], 1:435.

os demais, com a igreja e o mundo. Tanto o ímpio ao extremo como o fiel mediano precisam arrepender-se, "voltar-se".

Em Israel, sacerdotes e profetas representam a solução para dois tipos de problema. Ofensas acidentais, como aquelas que trazem à tona algum tabu, podem ser tratadas por meio de ofertas. Quando o israelita praticava algo considerado tabu, precisava de um sacerdote para fazer expiação, a fim de que sua ofensa fosse perdoada (e.g., Lv 4:20,26,31,35).[120] As ofertas, porém, não podem valer quando o assunto é transgressão deliberada; isso põe em risco a posição da pessoa no povo de Deus (cf. Nm 15:22-31; Hb 10:26-31). Um transgressor deliberado "não tem refúgio para onde correr, exceto para o próprio Deus",[121] e por isso os profetas instam o povo para que se arrependa e confie na misericórdia de Deus. A palavra traduzida mais comumente como "arrepender" é *šûb*, verbo comum para "voltar-se". Arrependimento não é o ponto a partir do qual as pessoas entram em um relacionamento com Deus, mas é, em certo sentido, a forma como permanecem em um relacionamento com Deus.[122]

Sacerdote e profeta não são rivais em Israel, e um profeta-sacerdote, como Ezequiel, ou textos de adoração profética, como os do Saltério, podem combinar ambas as perspectivas: "No Antigo Testamento, nunca houve tensão na formulação da vontade de Deus entre os supostos aspectos ritualísticos e éticos do imperativo divino".[123] Por um lado, o desvio deliberado também é tido como tabu, ao passo que a impureza ignorada conta como desvio deliberado. Mas é maravilhoso o fato de que "o sangue de Jesus [...] nos purifica de toda ofensa", de modo que, "se alguém pecar, temos um advogado junto ao Pai: Jesus, o Ungido, o justo. Ele é a expiação [*hilasmos*] pelas nossas ofensas" (1Jo 1:7; 2:1-2).

Ambos os Testamentos reconhecem, assim, a existência de diversas conexões segundo as quais precisamos refletir na ambiguidade moral e religiosa do povo de Deus. A comunidade como um todo e seus membros individuais sempre vivem com a tensão entre o tempo presente e a

---

[120]Cf. seção 5.4.
[121]A. B. Davidson, *The Theology of the Old Testament* [Teologia do Antigo Testamento] (Edimburgo: T&T Clark; Nova Iorque: Scribner's, 1904), p. 318.
[122]Cf. E. P. Sanders, *Paul and Palestinian Judaism* [Paulo e o judaísmo palestino] (Londres: SCM Press; Filadélfia: Fortress, 1977), e.g., p. 513.
[123]Brevard S. Childs, *Old Testament Theology in a Canonical Context* [Antigo Testamento em um contexto canônico] (Londres: SCM Press, 1985; Filadélfia: Fortress, 1986), p. 171, 86.

era vindoura, entre sua unicidade com Adão e sua unicidade com Jesus. Ademais, há períodos de rebelião e falha evidentes na vida de comunidades e indivíduos, tempos em que o povo de Deus deve lançar-se de modo especial à misericórdia de Deus — tempos em que "voltar" se torna uma imagem urgente.

A Escritura fala mais nesses termos do que em termos de desenvolvimento gradativo moral e espiritual.[124] Pessoas devem voltar-se *agora* (Ez 18); entretanto, João Batista e Jesus falam de arrependimento por causa da presença do reino de Deus. Há ocasiões em que a comunidade precisa reconhecer um momento especial, e isso exige um novo retorno. A chegada do reino de Deus será uma boa notícia apenas se uma resposta for encontrada. Essa dinâmica se aplica quando deparamos com salvação ou morte. Tomar essa decisão crítica pode não ser algo que fazemos de uma vez por todas, mas também não é algo que fazemos todos os dias.

Reconhecimento

Purificação e arrependimento são, portanto, características contínuas da vida dos fiéis. "Arrependimento não é apenas um estágio preliminar, mas algo por toda a vida."[125] Uma das razões é que o arrependimento não compõe um mero sentimento de horror e lamento em relação a determinada falha, mas uma *metanoia*.[126] Etimologicamente, a palavra sugere mudança de pensamento, "transformação fundamental da nossa perspectiva", conversão. Embora a conversão não represente uma imagem frequente para o evento em que as pessoas passam a pertencer a Deus, é uma imagem frequente para o evento em que as pessoas retornam a Deus. Tal conversão, "a transformação do 'eu' em todas as suas esferas e vertentes", deve permanecer "*diretamente no centro* do Caminho Cristão".[127] De fato, através da nossa vida, a mudança de mente deve

---

[124]Stanley Hauerwas, *A Community of Character* [Comunidade de caráter] (Notre Dame e Londres: University of Notre Dame Press, 1981), p. 130.
[125]Kallistos Ware, *The Inner Kingdom* [O reino interior] (Crestwood: St Vladimir's Seminary Press, 2001), p. 43.
[126]Cf. "Israel renovado, reconstituído e penitente", seção 4.2.
[127]McClendon, *Systematic Theology: Ethics* [Teologia sistemática: ética], p. 254.

ser algo ainda mais radical.[128] Mas um tempo de arrependimento é, portanto, algo ainda mais positivo, e não negativo; um tempo de alegria, e não de desânimo; "uma tristeza produtora de alegria". É o meio de nos abrirmos ao perdão e à cura de Deus; e, mesmo nessa abertura pessoal, a ação de Deus é decisiva, não a nossa.[129]

"Há um momento reflexivo em nosso arrependimento do pecado que vai muito além da simples admissão: 'Erramos!' Procuramos sondar o mal que cometemos".[130] A transformação que as Escrituras procuram é, portanto, uma reorientação da forma de pensar, ou uma expressão dessa reorientação. Nesse contexto, pressupõe certa tensão entre responsabilidade humana pelo viver santo e nossa necessidade de transformação da parte de Deus. Embora nem sempre saibamos o que é certo e precisemos que Deus nos guie, na maioria das vezes sabemos o que é certo, mas não estamos inclinados a fazê-lo. Quando pedimos que Yahweh nos guie em seus caminhos (Sl 119:35-37), não queremos dizer que não sabemos quais são. Queremos dizer que nossa inclinação precisa ser direcionada para que andemos neles.

Todavia, Salmos 119 deixa claro, nesse contexto, que precisamos direcionar nossas inclinações. O fato de Deus se voltar para nós deve ser correspondido com nosso retorno a Deus. Sua promessa de nos dar uma nova atitude deve ser correspondida com uma resposta nossa (Ez 11:19; 18:31). Há um mover de Deus em nos fazer voltar, mas também um mover nosso; por isso, não podemos reduzir o relacionamento entre ambos a uma fórmula. É o mesmo mistério que afeta qualquer tentativa de entender a dinâmica de como as pessoas se achegam pela primeira vez à fé em Jesus. Devemos voltar-nos para Deus porque Deus se voltou para nós (Zc 1:3,16); ou devemos voltar-nos para Deus para que ele se volte para nós (e.g., Jl 2:13-14; Ml 3:7). "Tu me disciplinaste e, como um bezerro indomado, deixei-me disciplinar; traze-me de volta, e voltarei", diz Efraim (Jr 31:18). Não há razão para levar mais a sério esse apelo do que outras alegadas conversões (e.g., Os 6:4-6), mas às vezes Deus assume o risco de fazê-lo (Jr 31:20).

---

[128] Ware, *Inner Kingdom* [Reino interior], p. 45-46.
[129] Ibid., p. 48-51; a citação é de S. João Clímaco, *The Ladder of Divine Ascent* [Escada da ascensão divina], passo 7.
[130] Oliver O'Donovan, *Finding and Seeking* [Encontrando e procurando] (Grand Rapids e Cambridge: Eerdmans, 2014), p. 140.

Isaías 53 descreve o processo de chegar à iluminação com peculiar vivacidade. Reporta o testemunho imaginário de pessoas que testemunharam o abuso do servo de Deus.[131] O profeta havia sido desacreditado e repudiado pelo povo como alguém digno da tribulação que lhe sobreviera. O povo enxergava Deus por trás de seu mau tratamento. Contudo, os israelitas vieram a entender que o profeta não merecia os maus-tratos que enfrentou; antes, entenderam que o profeta estava disposto a se identificar com eles em sua experiência dolorosa e a suportar abusos ainda maiores como o preço para exercer seu ministério entre os israelitas. Verdadeiramente, Deus estava por trás dos maus-tratos, mas em um sentido diferente do que o povo supunha.

Parece que o fenômeno que lhes forçou a mudar de opinião quanto ao abuso do profeta foi a forma como ele respondeu. Israel não podia ignorar o fato de que o homem de Deus simplesmente a aceitou, sem reclamar. "Ele não abriu a sua boca", comenta o povo duas vezes, incrédulo. Como um hino diz: "Ele nunca resmungou". A resposta do profeta ao abuso compeliu o povo a reconhecê-lo como servo de Deus.

Penitência

Deus pode conduzir seu povo à disciplina humilhante, mas a humilhação pode ser frutífera (e.g., Ez 36:31-32). A vergonha pode ser "um dom de Deus".[132] Quando contrastada entre nós em Jesus, a vergonha pode ser crucial ao relacionamento com Deus.[133] Vergonha e confiança podem ser aliadas, na medida em que ambas resultam de nos confrontarmos com a realidade — realidade sobre si e sobre Deus. Sim, Deus castiga e destrói, mas pelo menos o desastre que enfrentamos tem algum significado em vez de ser aleatório; além disso, passamos a reconhecer, com o tempo, que o próprio Deus se entristece à luz do que passamos (e.g., Ez 5:13; 6:9; 14:23). Ademais, a disciplina de Deus

---

[131] Creio que o servo seja o próprio profeta (cf. John Goldingay, *The Message of Isaiah 40–55* [A mensagem de Isaías 40—55] [Londres e Nova Iorque: T&T Clark, 2005], nessa passagem), mas sua identidade não afeta o ponto em questão.
[132] Jacqueline E. Lapsley, "Shame and Self-Knowledge" [Vergonha e autoconhecimento], em *The Book of Ezekiel* [O livro de Ezequiel], ed. Margaret S. Odell e John T. Strong (Atlanta: Scholars Press, 2000), p. 143-73 (cf. p. 159).
[133] Cf. Barth, *CD* IV, 2:384-403.

é modelada na disciplina dos pais, cujo propósito é o amadurecimento dos filhos. Deus quer que seus filhos experimentem plenitude de vida (e.g., Ez 36—37).

Arrependimento, então, envolve não apenas sentimento, mas ação e pensamento. Enquanto a palavra grega para "arrependimento" no Novo Testamento dá a entender mudança de mente, e um dos verbos hebraicos para arrependimento é a palavra comum para "voltar" (e.g., Jr 8:5), o outro verbo hebraico para arrependimento, *nḥm* (niphal), denota lamento, sentimento e pesar (e.g., Jr 8:6). "A tristeza que se encaixa com a mentalidade de Deus produz uma mudança de atitude que leva à salvação e não deixa rastros de lamento; mas a tristeza que o mundo demonstra produz morte" (2Co 7:10).

Quando Davi manifestou tristeza sobre sua ação em conexão com Bate-Seba e Urias, seu pesar não resultou em mudança de atitude; a partir de então, sua vida se desmantelou. Salmos 51 lhe oferece a possibilidade de expressar tristeza que conduz à vida, mas o Davi cuja história 2Samuel conta não aceita a oferta. Todavia, Salmos 51 serve de expressão clássica de penitência por demonstrar o que ela significa: lançar-se a Deus, envergonhado e nu.

Como o restante do Primeiro Testamento, a passagem reconhece que oferecer sacrifícios não tem efeito algum para compensar a transgressão. O sacrifício pertence ao contexto de um relacionamento saudável com Deus; dar continuidade ao sacrifício será possível apenas se Deus restaurar o suplicante. Depois, porém, de envolver-se em rebelião contra Deus, o sacrifício é inútil. Tudo que se pode fazer é oferecer-se em estado quebrantado, envergonhado e humilhado a Deus; apelar para sua graça, compaixão e fidelidade a fim de receber purificação, perdão e renovação; para o cancelamento de um registro ou de uma cobertura da mancha que ela traz; para que Deus feche os olhos para a transgressão e a tire da mente; para que Deus carregue o pecado em vez de exigir que o carreguemos, responsabilizando-nos pela maldade que cometemos.

Boa parte das demais expressões bíblicas de penitência ocorre fora do livro de Salmos. Isaías 6 "fornece um modelo para conversa cristã de pecado" ao incorporar o reconhecimento de nossa perda perante Deus e de nossa solidariedade no pecado com outras pessoas, um reconhecimento que vem de estar "na presença de Deus, que, de modo imediato e por iniciativa própria", declara nosso perdão.[134] Outras expressões de penitência relacionam-se explicitamente com o desvio e o sofrimento decorrentes da comunidade, e não do indivíduo, especialmente na dominação imperial de Jerusalém e Judá, que caracteriza boa parte de sua história.

A articulação clássica dessa penitência surge em Lamentações. Como Salmos 51, essas orações reconhecem que o estado devastado da comunidade resulta de sua rebelião contra Deus. Como outros salmos, eles focalizam uma articulação simples do sofrimento na convicção de que essa articulação mova Deus a agir com compaixão, a despeito da natureza merecedora do sofrimento. Como em Salmos 51, incluem uma expressão estonteante de esperança de que Deus agirá desse modo, uma esperança baseada simplesmente na natureza divina. Assim, em Lamentações, as orações combinam protesto e esperança. A articulação da esperança com base na afirmação da natureza de Deus aparece no centro das cinco orações do livro e, por isso, em seu ponto alto (Lm 3:22-33); contudo, não sugere que o "problema" é, então, resolvido. Na verdade, as orações fecham em tom de incerteza (Lm 5:20-22), o que é apropriado ao fato de Deus não haver respondido ainda às petições da comunidade.

Orações penitenciais posteriores (Ed 9; Ne 9; Dn 9) assumem esse mesmo ar de lamento. Mesmo após o retorno dos judeus e a reconstrução do templo e dos muros de Jerusalém, o senhorio imperial continua e, com o tempo, torna-se mais opressor, e não menos. A única coisa a fazer é continuar o reconhecimento da incredulidade que levou à situação e apelar para a compaixão e o comprometimento de Deus.

Essas orações penitenciais são articuladas por pessoas como Daniel, Esdras e Neemias, os quais constituem, eles mesmos, sinônimo de fidelidade; todavia, os três reconhecem o desafio de se identificar com seu povo em sua rebelião. Os três expressam penitência pelo que "nós" fizemos, nos quais não pelo que "eles" fizeram. Na verdade, eles vivem em contextos nos quais a comunidade em si está em melhor forma religiosa do que em séculos anteriores, assim como as orações aceitam um desafio, em prol da comunidade, de se identificar com gerações anteriores, em

---

[134]Ian A. McFarland, *In Adam's Fall* [Na queda de Adão] (Chichester e Malden: Wiley-Blackwell, 2010), p. 158.

vez de reivindicar um nível superior de santidade. Mais uma vez, a esperança reside em Deus, e não no poder de reivindicação da comunidade.

Em Jesus, Deus se apropria do exemplo se identificar com um povo rebelde e impenitente. E, "mesmo que a igreja seja santa, ainda assim deve orar (Mt 6:12): 'Perdoa as nossas dívidas'". Não só os indivíduos devem fazer essa oração; na verdade, "não há pecador maior do que a igreja cristã".[135]

Tornando-se quem você já é

Algo novo aconteceu com os fiéis, e eles precisam viver à luz disso. "As coisas antigas já passaram; eis que se fizeram novas" (2Co 5:17; 6:2, ARA). A plenitude do tempo chegou (Gl 4:4). Na vida diária, pode ser difícil acreditar que algo aconteceu, acreditar que Deus *realmente quebrou* o poder da Torá, do pecado, da natureza inferior e do Diabo. Por isso, as pessoas geralmente vivem segundo o mesmo fundamento antigo; normalmente, assimilam sua cultura. Na realidade, porém, os fiéis morreram e ressuscitaram com Jesus; portanto, eles devem pensar nas coisas do alto e matar o que pertence à natureza inferior (Cl 2:20—3:5). Os cristãos devem operar sua salvação com base na obra de Deus neles e em sua comunidade (Fp 2:12-13).

O uso cristão da palavra *salvação* em conexão com o destino eterno do indivíduo facilita a má interpretação dessa exortação. Não se trata de indivíduos que trabalham sua salvação individual, nem *sōtēria* significa, digamos, saúde. A referência subsequente a "orgulhar-se" no dia do Ungido (Fp 2:16) confirma que o texto fala do livramento da ira de Deus no último dia. Esse livramento depende da ação de pessoas agora, na entrega e sujeição uns aos outros, descritas no contexto mais amplo da passagem (Fp 2:1-11,14-16).

Essa expectativa seria deprimente, caso o trabalhar do fiel para essa libertação (*katergazomai*) não fosse reforçado pelo trabalhar de Deus

---

[135]Martin Luther, *Lectures on Galatians 1535 Chapters 1–4* [Estudos em Gálatas 1535, caps. 1—4], LW 26 (St. Louis: Concordia, 1963), p. 66 (em Gal 1:11-12); Luther, Predigt am Ostersonntag" [Lutero, pregação no domingo de Páscoa], em Mateus 28:1, em *Werke, Weimarer Ausgabe* 34/1 (Weimar: Hermann Bohlaus Nachfolger, 1908), p. 271-77 (em p. 276). Cf. Barth, *CD* IV, 1:658.

nele (*energeō*), produzindo no discípulo a manifestação desse tipo de vida, que envolve sinergismo. Um relacionamento do homem com sua mulher permite-lhe fazer coisas que anteriormente não podia. Ele se liberta da necessidade de obter o amor de alguém e, agora, age em amor, em conexão com o conhecimento de ser amado. O marido olha para a vida de uma maneira nova, por enxergar as coisas pelo olhar da esposa. O homem deve trabalhar nesse relacionamento e em novas maneiras de se relacionar com a vida, porém o faz com base no fato de que sua esposa trabalha em sua vida.

O que acontece com o corpo afeta a mente; o que acontece com a mente afeta o corpo. Deixamos nossa mente ser renovada para olharmos para as coisas de um modo transformado, possibilitando a transformação de nossa vida (Rm 12:1-2). Somos, então, capazes de reconhecer a boa, agradável e perfeita vontade de Deus. Os adjetivos se aplicam a um sacrifício; a exortação se refere à vontade de Deus: é para Deus que sua vontade parece boa, agradável e perfeita. Em circunstâncias naturais, as expectativas do que é bom, agradável e perfeito a Deus nos parecem inaceitáveis ou ameaçadoras. Devemos analisar nossas atitudes de dentro para fora, para que possamos reconhecer essas características, tanto em termos de ver o que são como em termos de aceitá-las.

Vivemos um "agora" cujo ponto se encontra entre o "não mais" e o "ainda não", apresentando aspectos de ambos. Pertencemos a um novo tempo; desse modo, é natural vivermos a nova vida; aquele que é nascido de Deus não vive na prática do pecado (1Jo 3:9). Contudo, ainda vivemos nesta "presente era perversa" [cf. Gl 1:4, NVI], de modo que fidelidade é sujeito de um imperativo. "Liberdade" significa "liberdade para viver em obediência"; obediência, por sua vez, é um dom da graça — não uma conquista ou uma condição para a salvação. "Uma dialética de salvação/juízo, já/ainda não, graça/obras está presente nas Escrituras judaicas."[136] Foi difícil ao povo judeu manter esse posicionamento sutil, da mesma forma como tem sido para os discípulos de Jesus. É fácil supor que Jesus morreu para que fôssemos perdoados e purificados, abandonando-nos, em seguida, à condição de ter de confiar na própria força para que nos

---

[136] Kent L. Yinger, *Paul, Judaism and Judgment According to Deeds* [Paulo, judaísmo e juízo segundo as obras] (Cambridge e Nova Iorque: Cambridge University Press, 1999), p. 63.

tornássemos dignos da salvação pela obediência. Essa suposição abandona a ideia de que a graça e o amor de Deus nos tornaram radicalmente novos e continuam nos renovando.[137]

A caminho

Às vezes, temos a impressão de que Paulo acredita ter alcançado o destino. Na verdade, o apóstolo deu a impressão de ter pensado assim, mais de uma vez. Ele pensou ter chegado ao destino como judeu e, mais uma vez, parece ter acreditado nisso quando Jesus o alcançou (Fp 3:1-9). No entanto, Paulo deixa claro que pensa o contrário: "Não que já tenha obtido ou tenha sido completo, mas prossigo para tomar posse daquilo para o qual o Ungido tomou posse de mim. [...] Esquecendo-me do que ficou para trás e avançando para o que está adiante, prossigo para o objetivo do prêmio do chamado celestial de Deus em Jesus, o Ungido" (Fp 3:12-14). Ao falar sobre conhecer Jesus e o poder de sua ressurreição, sobre compartilhar seu sofrimento e na semelhança da sua morte, está claro quanto dessa experiência ainda é futura — como no caso da ressurreição dos mortos (Fp 3:10-11).

Antes de Jesus encontrá-lo, Paulo, como fariseu, teria combinado a certeza de haver chegado ao seu destino com uma orientação futura, antecipando o dia da ressurreição. O apóstolo remodelou esse entendimento à luz da conexão entre a esperança judaica da ressurreição e a ressurreição factual de Jesus, bem como à luz da ligação entre ressurreição e sofrimento. Paulo, agora, percebe que "já chegou" no sentido de que algo da realidade ligada ao dia da ressurreição já é uma realidade porque Jesus já sofreu e ressuscitou, e se tornou uma realidade para ele. Mesmo assim, Paulo ainda deve passar pelo sofrimento e pela ressurreição a caminho do dia final, quando, então, será achado em Jesus e receberá o prêmio por completar a corrida (Fp 3:9,14). É uma maratona, não uma corrida, uma ascensão gradual ou uma competição; a única coisa que o apóstolo deve fazer é prosseguir até o fim, quando, então, todos terão vencido e receberão prêmios. "O processo da santificação não consiste em uma morte inicial com Cristo seguida, no decorrer do processo, por uma experiência do poder da

---

[137]Cf. Bultmann, *Theology of the New Testament* [Teologia do Novo Testamento], 2:203-4.

ressurreição de Cristo. [...] O poder da ressurreição de Cristo se manifesta [...] também como um compartilhar dos sofrimentos de Cristo."[138]

Os fiéis devem viver com duas antíteses correlatas que subjazem à ambiguidade de sua experiência. Por um lado, há a antítese temporal entre "já" e "ainda não", presente e futuro, presente século e era vindoura; por outro lado, há uma antítese espacial entre "aqui" e "lá", terra e céu, esfera terrena e esfera celestial. Ambas as antíteses se inter-relacionam na proporção em que a vida da era vindoura já é uma realidade nas regiões celestiais. Ambas também formam um paralelo em termos mais negativos: no tempo presente, há resistência à vontade de Deus nas esferas celestial e terrena, de modo que a esfera celestial também aguarda pela era vindoura. Nesse ínterim, porém, existe uma relação positiva entre a vida neste mundo, na medida em que a nova era é uma realidade no presente, bem como a vida da esfera celestial também, na medida em que a nova era é uma realidade no presente.

Existe a possibilidade de os fiéis pensarem apenas nas coisas terrenas e ignorarem o fato de que sua cidadania está nos céus (Fp 3:19). As palavras de Paulo poderiam cobrir uma preocupação com observâncias religiosas exteriores, formas de disciplina ou indulgência física, em termos de comida e sexo. De qualquer maneira, podemos tratar este mundo como mais importante do que ele é; tratar essa era como mais importante do que ela é; esquecer-nos de nutrir expectativas quanto à chegada de um Salvador celestial, o qual transformará nosso corpo humilhado à semelhança do seu corpo glorioso, razão pela qual Paulo se esquece do que ficou para trás e avança rumo ao alvo (Fp 3:12-13).

É logicamente possível desistir da corrida e não terminá-la, "cair da graça" e ser cortado de Jesus. Esse é o risco do cristão que se circuncida e assume a obrigação de viver pela Torá com base no comprometimento que lhe é exigido — esforço fadado ao fracasso (Gl 5:1-4; cf. Rm 11:22). Assim, é possível crer "em vão" (1Co 15:2). Se as pessoas retrocederem, é impossível restaurá-las; se voltarem as costas para o evangelho e para o que experimentaram do Espírito Santo, não há nada que possa atraí-las outra vez (Hb 6:4-12; 10:26-31). No entanto, nós temos a promessa de Deus. Precisamos perseverar para receber o que nos foi prometido (Hb 6:13-20; 10:32-39).

---

[138]Dunn, *Theology of Paul the Apostle* [Teologia do apóstolo Paulo], p. 487.

6.4 SERVOS DA CONGREGAÇÃO

Se colocarmos a ideia em termos ocidentais, "liderança" é um termo importante nas Escrituras, embora seja mais comum o emprego da palavra *servos* para descrever os líderes do povo de Deus tais como Moisés, Davi e Paulo. Além do mais, normalmente eles são chamados de "servos de Deus", não das pessoas.[139] A Escritura não fala em termos de "liderança de servo" como forma de evitar o aspecto tóxico da prática da liderança, embora esteja bem ciente dos aspectos nocivos atrelados à liderança.

Podemos distinguir quatro formas de servilismo nas Escrituras, embora as distinções não sejam rigorosas e uma forma escorregue na outra. Eu as chamarei de: carisma ou dom; prática ou função; ofício ou posição; comissão ou vocação. O termo "servos" pode denotar homem e mulher. Eles são falíveis.

Carisma ou dom

O Novo Testamento estabelece a ideia de carisma ou dom no contexto de ver a congregação como um corpo. Escritores greco-romanos tomavam o corpo como analogia para a sociedade humana, a fim de ilustrar como ele pode manifestar diversidade e unidade, assim como a necessidade de ordem e hierarquia. O historiador romano Lívio relata a exortação feita por um senador romano, Agripa Menênio, instando alguns trabalhadores em greve (membros do corpo) a retornarem ao trabalho e não "matar de fome" a classe governante (o estômago), como se essa última classe não fizesse nada; sem o estômago, os membros morrem.[140] O corpo é um todo que funciona com a cooperação dos membros, que servem uns aos outros e, portanto, servem ao todo.

O Novo Testamento se apropria dessa imagem e declara que somos todos batizados por/em um só Espírito, de modo a formar um só corpo; e todos fomos autorizados a beber de um só Espírito (1Co 12:13); mas a Bíblia se refere ao "corpo do Ungido" e a "membros do Ungido", não ao

---

[139]Cf. ainda *OTT* 3:708-831.
[140]Cf. Lívio, *Ab urbe condita libri* 2.32 (citado por Dunn, *Theology of Paul the Apostle* [Teologia do apóstolo Paulo], p. 550-51).

"corpo do Espírito Santo" ou aos "membros do Espírito Santo".[141] Devemos nos ver como um só corpo (1Co 12) e viver como um corpo (Ef 4:1—5:2). O Novo Testamento, então, qualifica essa imagem de diversas maneiras.

Em primeiro lugar, "apenas no contexto de efeitos e dons da graça o apóstolo utiliza a figura do mundo antigo de um único corpo, mas com uma variedade de membros".[142] A assembleia de cristãos é como uma assembleia secular, mas é identificada como corpo do Ungido em vez de, por exemplo, corpo da cidade de Corinto. Talvez a implicação seja que ser membro dessa sociedade é mais fundamental à identidade de cristãos, assim como ser membro dessa assembleia (*ekklēsia*) é mais fundamental do que pertencer à assembleia da cidade.[143]

Em segundo lugar, Paulo inverte o argumento de Menênio. Por pertencerem ao "corpo" do Ungido, os fortes, bem como as pessoas com dons impressionantes, devem valorizar os fracos e as pessoas com dons menos impressionantes.[144] Tais dons são *charismata*: existem por causa da graça de Deus (*charis*), não da habilidade humana. Se não fosse pela dádiva graciosa de Deus, eles não existiriam.

Esses dons também são *pneumatika*, "coisas espirituais" (1Co 12:1); a palavra pode ter-se originado com os coríntios, mas Paulo se contenta em usá-la. Por si só, *charisma* "corresponde a pouco ou nada em relação ao Espírito; apropria-se de nuances relacionadas ao Espírito apenas pelo contexto ou por qualificadores explícitos".[145] Embora possa dar a entender formas concretas com as quais o Espírito age, essa palavra é em si um termo muito mais amplo. Carismas trazem "a manifestação do Espírito para o bem comum", e Paulo encoraja a igreja de Corinto a se entusiasmar com *ta pneumatika* (1Co 12:7; 14:1). Mais uma vez, o termo ressalta o fato de que não são expressões da habilidade humana, mas manifestações poder divino.

Há carismas como mensagem sábia, mensagem informada, fé, cura, maravilhas poderosas, profecia, distinção entre espíritos, línguas e

---

[141]Cf. Veli-Matti Karkkainen, *Toward a Pneumatological Theology* [Em busca de uma teologia pneumatológica] (Lanham: University Press of America, 2002), p. 83.
[142]Gunther Bornkamm, *Paul* [Paulo] (Nova Iorque: Harper; Londres: Hodder, 1971), p. 195.
[143]Cf. Gorman, *Cruciformity* [Cruciformidade], p. 356-60.
[144]Cf. Dale B. Martin, *The Corinthian Body* [O corpo dos coríntios] (New Haven: Yale University Press, 1995), p. 92-95.
[145]Fee, *God's Empowering Presence* [Presença empoderadora de Deus], p. 33.

interpretação de línguas (1Co 12:7-10). Não sabemos o que muitas dessas expressões denotam, mas isso não tem grande importância, visto que o Espírito Santo distribui dons e os determina (1Co 12:11). A primeira coisa que Paulo agradece é pela graça dada aos coríntios, incorporada em manifestações de fala e conhecimento, que os enriquece (1Co 1:4-7). O problema é que a igreja ficou ilogicamente orgulhosa dessas graças, como se as tivessem alcançado em vez de tê-las recebido como dons (1Co 4:7-8).

Depois de salvaguardar a unidade da congregação de Éfeso pela sujeição mútua, Paulo pode regozijar-se em sua diversidade de carismas (Ef 4:7-13). "A graça foi concedida a cada um de nós, conforme a repartição do dom do Ungido." Tais graças são detalhadas como "apóstolos, profetas, evangelistas, pastores e mestres" (ou pastores-mestres), de modo que "cada um de nós" não denota cada membro do corpo, mas cada membro que exerce uma dessas funções. Graças são exercidas por pessoas diferentes. Não há sacerdote ou pastor sênior (exceto Deus). Cada membro do corpo está envolvido na atividade do corpo; a função dos carismas é equipar cristãos como um grupo para realizarem a obra ministerial e edificar assim o corpo do Ungido. O povo como um todo está envolvido na ministração uns aos outros e nessa edificação. O objetivo da edificação é, mais uma vez, a unicidade da fé e do conhecimento do Filho de Deus, o alcance da maturidade e a aquisição da plenitude do Ungido.

A congregação como um todo personifica graça. A ideia é mais explícita em um comentário sobre as igrejas da Macedônia. A despeito de sua pobreza, elas demonstraram grande generosidade para com fiéis em Jerusalém, e essa generosidade reflete a graça divina que receberam (2Co 8:1-7). Quando uma congregação faz algo extraordinariamente piedoso, a graça de Deus está trabalhando. O envolvimento divino não elimina o envolvimento da vontade humana. Nesse e em outros contextos, é possível receber a graça de Deus sem que ela tenha qualquer efeito (2Co 6:1). Paulo insta os coríntios para que se sobressaiam na graça de contribuir.

Prática ou função

Quando alguém profetiza pela primeira vez, talvez não seja possível distinguir se esse alguém é profeta; se, contudo, essa pessoa desenvolve um exercício constante, como um carisma, então o exercício torna-se algo mais como uma função. Talvez um profeta possa receber uma revelação durante a semana e entregá-la no culto ou recebê-la no contexto da adoração. Da mesma forma que os profetas do Antigo Testamento normalmente refletem as palavras de seus predecessores, assim João, o autor de Apocalipse, expressa sua mensagem com palavras de profecias do Primeiro Testamento e de outras passagens das Escrituras.

As mensagens dos profetas tinham uma característica comum da vida da igreja; por isso, havia a necessidade de distinguir entre profecia verdadeira e falsa. Cuidado com profetas que consomem pessoas, diz Jesus; é pelo seu fruto que você os reconhece (Mt 7:15-20). Três testes para o exercício de carismas são: encaixa-se com o evangelho (afirma Jesus como Senhor)? Expressa amor? Beneficia e edifica a comunidade? (cf. 1Co 12—14)[146] Os testes se sobrepõem com aqueles que figuram na crítica de Jeremias em relação aos profetas que geram sua própria mensagem (Jr 23:9-40). A esperança desses profetas entra em conflito com o que precisa ser dito à luz da inclinação das pessoas de servir a outras deidades e viver o tipo de vida que desagrada a Yahweh.

É uma característica da vida da igreja o fato de existirem "apóstolos" diferentes, que não reconhecem uns aos outros (e.g., 2Co 10—12), assim como é característico da vida de Israel o fato de que diferentes profetas não se reconheçam entre si (e.g., Jeremias e Hananias). Ambos os Testamentos resultam de contextos nos quais a comunidade decidiu entre o verdadeiro e o falso. Diz-se que a história é escrita pelos vencedores, e que o mesmo é verdade quanto à decisão de quem deve estar nas Escrituras. Jeremias e Paulo são vencedores, mas foram outras pessoas que decidiram isso; na época, não era particularmente óbvio que Jeremias pertencia ao lado vencedor.

As palavras dos profetas, assim como as histórias escritas a respeito deles, dão a entender que havia algum critério para seu reconhecimento. Pessoalmente, tratava-se de pessoas tímidas, embora se mostrassem muito impressionantes em seus escritos. Eram *outsiders*, indivíduos que não pertenciam realmente à comunidade. Não recebiam pagamento, nem apoio financeiro. Seu *curriculum vitae* caracterizava-se principalmente por uma lista de experiências de perseguição, pressão e risco de vida.

---

[146]Cf. Dunn, *Theology of Paul the Apostle* [Teologia do apóstolo Paulo], p. 594-98.

Nesses contextos, eles também experimentaram o poder de Deus, visto que suportaram perseguição e pressão, sendo inegável que foram usados por Deus através dessas experiências.

A posição de "sábios", *experts* ou conselheiros reflete uma dinâmica paralela. Ninguém pode simplesmente ser nomeado ao círculo dos sábios, assim como não pode ser nomeado ao círculo dos profetas. Sem dúvida, os sábios podem ser treinados (cf. Dn 1), e uma das funções da "literatura de sabedoria" é servir de manual ao treinamento de pessoas para o envolvimento na administração. O treinamento, porém, deverá basear-se em aptidão básica. Sabedoria é tanto um dom como uma conquista. Suposições semelhantes destacarão a posição de presbíteros na comunidade local e, então, sua posição na congregação. Os presbíteros ou anciãos eram figuras experientes na comunidade. Pressupunha-se que eles haviam aprendido algumas coisas em virtude de sua idade avançada, embora a capacidade de estupidez também de indivíduos experientes devesse ser refutada ou neutralizada dentro da sabedoria corporativa, ou seja, no corpo de presbíteros como um todo.

Ofício ou posição

Normalmente, um grupo descobrirá que precisa desenvolver "alguns padrões de liderança, certa diferenciação de funções entre os membros, meios de administrar conflitos, maneiras de articular valores e normas compartilhados e sanções para assegurar níveis aceitáveis de conformidade a essas normas".[147] É isso que Israel faz ao desenvolver sacerdócio e monarquia. Yahweh declarara que Israel devia ser "reino de sacerdotes" (Êx 19:6). Ter reis humanos está em tensão com essa ideia e compromete o reconhecimento da nação de Yahweh como Rei.[148] Contudo, histórias no livro de Juízes ilustram a observação sobre a necessidade de administrar conflitos e encorajar conformidade a algumas normas.

A última frase de Juízes resume sua narrativa como a história de pessoas fazendo o que melhor lhes parecia por não existir rei em Israel. Ter apenas Yahweh como Rei não funcionava. A questão é ressaltada pelo fato de que "juízes" (o termo "líderes" daria menos ensejo a interpretações

---

[147] Meeks, *First Urban Christians* [Primeiros cristãos urbanos], p. 111.
[148] Cf. "Reinado divino e reinado humano", seção 4.1.

erradas da palavra *šōpəṭim*) não eram o tipo de pessoa que você esperaria encontrar em posições de liderança. Em sua maioria, tratava-se de pessoas de posição social não elevada, pouca coragem e pouca sabedoria espiritual ou moral. Como no caso de carismas do Novo Testamento, o fato de Deus capacitar tais pessoas mostra que a ação vem dele, mas também ressalta ainda mais o problema de Israel. De modo semelhante, os doze discípulos frequentemente mostravam pouco *insight* ou fé e, dentre eles, um que negaria Jesus e outro que o trairia.

Em Israel, a posição dos sacerdotes também colide com a declaração de Deus de que Israel devia ser um corpo de sacerdotes. Embora Gênesis e Êxodo mencionem um sacerdote de Salém, sacerdotes no Egito e um sacerdote de Midiã, os livros não mencionam sacerdotes entre os ancestrais de Israel. Caim, Abel, Noé, Abraão e Jacó oferecem sacrifícios; aparentemente, os últimos três o fazem como cabeças de suas famílias. A primeira referência a sacerdotes em conexão com Israel surge na descrição do povo como um todo. Somos assim surpreendidos ao encontrar, logo em seguida, referências ao sacerdócio em Israel (Êx 19:22,24) e posteriormente ao ler a respeito do comissionamento de Deus à ordenação e à consagração de Arão e de seus filhos no Sinai (Lv 8—9).

Historicamente, presume-se que o desenvolvimento do sacerdócio de Arão tenha surgido em época posterior, embora a história seja envolta de mistérios. Em termos da forma como a Torá conta a história, o significado teológico do sacerdócio se assemelha ao dos sacrifícios, da construção do templo e do reinado. Todos os quatro parecem entrar na história como iniciativas humanas que Yahweh, no devido tempo, afirma. Reinado e templo são instituições a respeito das quais Yahweh manifesta apreensão explícita e, então, determina levar adiante:[149] ou seja, uma vez que Yahweh decide abarcar essas instituições questionáveis, ele o faz de modo comprometido, e não indiferente.

Não precisamos ligar muitos pontos para ver a instituição do sacerdócio (e do sacrifício) sob um mesmo prisma. O sacerdócio pode salvaguardar pureza, ensinar pessoas sobre as expectativas de Yahweh e levar

---

[149] Adapto a frase de uma carta de Martinho Lutero a Filipe Melâncton (*Letters I* [Cartas I] [Filadélfia: Fortress, 1963], p. 282); no contexto, entendo a ideia de Lutero da seguinte forma: não devemos ser paralisados por nossas ações pelo fato de Jesus ter morrido por nós.

à adoração de modo apropriado à pessoa de Yahweh. Como no caso da monarquia, trata-se de uma instituição igualmente capaz de trabalhar contra o propósito de Yahweh, conforme a polêmica profética quanto à adoração de Israel indica.

Cristãos podem presumir que o papel principal do sacerdote era oferecer sacrifício; entretanto, quando Moisés descreve o papel do clã de Levi (Dt 33:8-11), é o ensino que vem primeiro. A tarefa de Levi era ajudar as pessoas a conhecer as expectativas de Yahweh, principalmente a fim de evitarem ou lidarem com a impureza que as impossibilitaria de comparecer em sua presença. Na verdade, essa primeira menção a sacerdotes israelitas (Êx 19:21-24) tem uma preocupação correlata. Mais amplamente, os levitas agem como jardineiros, porteiros, sacristãos, zeladores, diáconos e líderes musicais, cuidando de objetos sagrados, suprimentos, depositórios, imposto do templo, tesouraria e dízimos (e.g., 1Cr 23; 26). Assim, sua função se assemelha à de muitos hoje, nomeados e pagos pela igreja.

Sendo realista

Seria distintivo de Israel servir como povo-sacerdote, sendo "não uma nação com sacerdotes, mas uma nação de sacerdotes"; de modo semelhante, o que se exige na igreja não é a abolição do sacerdócio, mas a "abolição radical dos leigos".[150] Jesus disse aos discípulos para que não chamassem ninguém de mestre, senhor ou pai, nem que deixassem qualquer um tratá-los dessa maneira (Mt 23:8-12). Mas não tardou para que os fiéis de Jerusalém descobrissem a necessidade de nomear algumas pessoas para resolver o problema da distribuição de comida na congregação (At 6:3), e o Novo Testamento fala da nomeação de grupos de presbíteros nas congregações (e.g., At 11:30; 14:23; 20:17; 1Tm 4:14; Tg 5:14; 1Pe 5:5). Talvez fosse natural às "famílias" ter "anciãos" ou "presbíteros". O Novo Testamento também menciona "bispos" (At 20:28; Fp 1:1) e diáconos (e.g. Fp 1:1; 1Tm 3:8). Quando as palavras ocorrem no singular (e.g., 1Tm 3:2; 5:1; Tt 1:7), a implicação não é que há apenas um deles

---

[150]James W. McClendon, *Systematic Theology: Doctrine* [Teologia sistemática: doutrina] (Nashville: Abingdon, 1994), p. 368-69.

na congregação. Não seria de surpreender se pessoas nomeadas a essa posição manifestassem carismas e desenvolvessem uma função, mas não há indicação de que esse era o caso. As qualificações relacionavam-se a caráter e maturidade (1Tm 3:1-12; Tt 1:5-9).

A resposta de Paulo à desordem em Corinto não incluiu dizer ao sacerdote ou ao pastor da congregação que assumissem o controle da situação, nem dizer aos fiéis de Corinto que fizessem conforme o que lhes fora ordenado pelo sacerdote ou pastor. Na medida em que a congregação tinha líderes, não eram pessoas que residiam em Corinto, mas indivíduos como o próprio Paulo; e sua existência resultava em mais divisão, não menos (1Co 1—3). O apóstolo insta aos coríntios que se submetam a pessoas como Estéfanas, mas nem mesmo eles residiam permanentemente na cidade (1Co 16:15-18). Ministério e responsabilidade pertencem à congregação como um todo (Ef 4:12). Cada congregação tem uma "estrela", um "ajudador" ou um "espírito" estabelecido por Deus e que personifica a espiritualidade da igreja; trata-se, porém, de uma figura sobrenatural, não terrena (Ap 1—3). Apenas no século II d.C., algumas congregações passam a ter o que poderíamos chamar de "pastor sênior".

O desenvolvimento do ministério na igreja seguiu, assim, uma trajetória semelhante à encontrada em Israel. O crescimento do ministério não envolveu uma simples mudança "de carisma para instituição, mas uma mudança do carisma de muitos para o carisma especializado de alguns".[151] Apenas ter Jesus como Senhor não funcionou. Israel e a igreja começam como igualitários, mas em desordem. O problema é que ter muitos reis também não funcionou, nem a introdução do "episcopado monárquico", a prática de ter um único homem como autoridade sobre a igreja. Ambos os arranjos tinham o potencial de encorajar a santidade e restringir o erro, o que às vezes funcionava. Contudo, ambos também tinham o potencial de encorajar o erro e o abuso de poder, conforme às vezes sucedia. A Igreja Anglicana tem debatido se bispos são da mesma essência da igreja (sem bispos, sem igreja em si) ou simplesmente um grande benefício para a igreja. Bispos são de sua *esse* ou de sua *bene esse*? Alguém que, por natureza, é um provocador pode ter

---

[151]Edward Schillebeeckx, *The Church with a Human Face* [Igreja com um rosto humano] (Nova Iorque: Crossroad; Londres: SCM Press, 1985), p. 121.

notado que muitas vezes os bispos levaram a igreja ao erro, de modo que, se tivéssemos de escolher entre os dois pontos de vista, a resposta é que eles não constituem um *bene esse* para a igreja, portanto devem ser um *esse* para ela.

Em Israel, Moisés, juízes e reis foram "agentes do governo de Deus",[152] e a adição dos Doze representa outra incursão nas estruturas de Israel. Eles devem ser pessoas que exercem autoridade sobre os doze clãs israelitas, praticando a função segundo a ordem de Jesus. Moisés, porém, é único na atividade que exerce, bem como os juízes. Além disso, há pouca ambiguidade atrelada a Moisés, mais ambiguidade com respeito aos juízes e uma ambiguidade intrínseca ligada aos reis, fato que, em sua época, concretiza-se nas particularidades de cada reinado. Em Juízes, "o sujeito real, ativo e determinativo é sempre o *ruach* de Yahweh".[153]

As coisas mudam com a monarquia, quando a atividade do espírito de Yahweh sobre os reis torna-se uma dádiva duradoura. O pedido do povo para um monarca compromete não apenas o reconhecimento de Yahweh como rei. Segundo ressaltado por Samuel, a instituição da monarquia também tem efeitos devastadores sobre a própria vida do povo (1Sm 8:10-18). Nesse contexto de afastamento do povo em seu relacionamento com Yahweh, ocorrerá a "paganização de Israel".[154]

Enquanto o livro de Josué registra a alocação de terra a clãs e famílias diferentes com base igualitária, a instituição da monarquia inicia um processo pelo qual pessoas poderosas, astutas e bem-sucedidas podem aumentar o tamanho de suas fazendas à custa de pessoas menos incisivas, menos afortunadas e menos trabalhadoras, tornando-se ainda mais ricas e transformando esse último grupo em camponeses sem terra ou mendigos nas cidades.

Comissão ou vocação

A monarquia e a paganização de Israel são elementos importantes no contexto do surgimento da profecia na nação, embora os profetas sejam

---

[152]Childs, *Old Testament Theology in a Canonical Context* [Teologia do Antigo Testamento em um contexto canônico], p. 108.
[153]Moltmann, *Spirit of Life* [O Espírito da vida], p. 43.
[154]G. E. Mendenhall, "The Monarchy" [A monarquia], *Interpretation* 29 (1975):155-70 (cf. 155).

difíceis de definir. As características dos profetas podem incluir o fato de compartilharem os pesadelos e sonhos de Deus; falam como poetas e se comportam como atores; não temem ser ofensivos; confrontam o confiante com repreensão e o abatido com esperança; atuam de modo independente das pressões institucionais de igreja ou Estado; por vezes, agem de modo assustador, como mediadores de um Deus assustador; intercedem com ousadia e louvam com liberdade.[155] Os profetas personificam a reafirmação do princípio de que o espírito de Yahweh rompe barreiras institucionais e toma iniciativas.

Normalmente, profetas são encrenqueiros; por isso, líderes são inclinados a matá-los (Mt 14:3-12). Os profetas são pessoas com um poder misterioso e, como enviados de Deus, tomam iniciativas ousadas, personificando, assim, a própria pessoa de Deus. Eles veem coisas que outros não conseguem enxergar, de modo que podem anunciar o que está por vir quando não há qualquer razão terrena para esperá-lo. Contudo, também podem ser agentes de forças que operam contra a verdade de Yahweh, da mesma forma como reis e sacerdotes podem ser agentes de forças da verdade. Profetas verdadeiros estão sujeitos a proferir uma mensagem falsa, e falsos profetas, uma mensagem verdadeira. Como sacerdotes, profetas conclamam o povo para que se lembre da fé que lhes foi entregue.

No Novo Testamento, "o fundamento do ministério apostólico deriva do *status* apostólico distinto de '*fundadores*' de comunidades e *supervisores translocais*".[156] Essencial ao *status* de fundadores é o fato de estarem em posição de dar testemunho da morte e da ressurreição de Jesus. Sem o testemunho apostólico "fundamental e primário",[157] inevitavelmente, "em pouco tempo, o Cristo lembrado se tornaria um Cristo imaginário".[158]

Na condição de apóstolo ou emissário de Jesus, Paulo exerce autoridade particular nas igrejas que fundou (cf. especialmente 1Co 9), embora

---

[155]Cf. ainda John Goldingay, "Is There Prophecy Today?" [Existe profecia hoje?], em *Key Questions About Biblical Interpretation* [Questões-chave sobre interpretação bíblica] (Grand Rapids: Baker, 2011), p. 311-27.
[156]Thiselton, *Hermeneutics of Doctrine* [Hermenêutica da doutrina], p. 501.
[157]Ibid., p. 502.
[158]James D. Smart, *The Strange Silence of the Bible in the Church* [O estranho silêncio da Bíblia na Igreja] (Filadélfia: Westminster; Londres: SCM Press, 1970), p. 25; cf. Thiselton, *Hermeneutics of Doctrine* [Hermenêutica da doutrina], p. 502.

sua autoridade fosse mais como a de uma mãe ou um pastor do que de um empregador ou professor universitário. O apóstolo espera que a igreja faça o que ele diz, com a implicação de que, de outra forma, as pessoas colocarão em risco seu *status* como membros da congregação; no entanto, Paulo age dessa forma com base em uma coerência entre o que ele diz e o próprio evangelho (e.g., Gl 2:14). "A autoridade apostólica era condicional ao evangelho e sujeita à norma do evangelho."[159] Evidentemente, os líderes opressores reivindicam servir algo além de si mesmos; mas o argumento de Paulo expõe-no a pessoas averiguarem o que ele diz a respeito do evangelho. O apóstolo usa de retórica e apela à lógica; ele não a estabelece, simplesmente.

Um aspecto de ser um apóstolo e teólogo é ter um papel crucial a cumprir no período entre a morte e ressurreição de Jesus e seu retorno em glória. O fato de Paulo ter sido o primeiro e maior teólogo da igreja traz essa significação. Como apóstolo, sua teologia é uma "teologia missionária cristocêntrica"; Romanos é uma exposição de sua "teologia missionária".[160] Nos séculos subsequentes, a igreja normalmente passou a tratar teologia e missão de modo separado. Apenas recentemente a missiologia tornou-se o foco da teologia, e a prática de missões tem sido conduzida com mais entusiasmo do que a reflexão teológica. No início, não era assim. Paulo foi tanto o grande teólogo como o grande missionário; ambos os aspectos se interligavam. O apóstolo não ficou de fora da implementação do propósito de Deus no mundo; antes, de dentro desse propósito, derivou sua reflexão.

Escravo e emissário

Paulo é "escravo de Jesus, o Ungido, convocado como emissário, separado para a boa notícia de Deus" (Rm 1:1). Essas designações têm sentidos sobrepostos, e todas combinam subordinação e autoridade.

---

[159]Dunn, *Theology of Paul the Apostle* [Teologia do apóstolo Paulo], p. 572; o autor menciona John Howard Schutz, *Paul and the Anatomy of Apostolic Authority* [Paulo e a anatomia da autoridade apostólica] (Londres e Nova Iorque: Cambridge University Press, 1975).
[160]Dahl, *Studies in Paul* [Estudos em Paulo], p. 71, em um artigo intitulado "The Missionary Theology in the Epistle to the Romans" [Teologia missionária da carta aos Romanos].

O apóstolo dos gentios "via a si mesmo como escravo de Jesus Cristo, e não como fundador do cristianismo".[161] Paulo fora alguém de certa influência, capaz de tomar iniciativas e agir; confrontado por Jesus, porém, tornou-se alguém que simplesmente recebia ordens. Ele foi convocado como um escravo a fim de ser enviado a fazer aquilo que seu senhor lhe ordenava; separado de outros escravos e tarefas para se concentrar na entrega de uma mensagem particular em prol do seu senhor. Seu dever é fazer a vontade do seu senhor. Alguns enfatizavam em especial a importância de Paulo em relação a, digamos, Pedro; se, porém, sua preocupação fosse em relação à própria posição, certamente ele a teria afirmado. Contudo, em vez de afirmar, Paulo critica aqueles que compararam sua importância à de outros (1Co 1:10-17). Jesus foi crucificado, não Paulo. O apóstolo se comporta como João Batista, tirando o foco de si e apontando para Jesus.

Dito de outra forma, Paulo é prisioneiro de Jesus (Ef 3:1) e está em uma prisão romana "por causa do Ungido" (Ef 4:1). Entretanto, ele também está aprisionado *pelo* Ungido, levado cativo por ele e preso, vivendo uma vida com restrições. Isso acontece "por amor de vocês, gentios". Tudo é por amor deles e por amor do nome do seu senhor. É parte de viver como Jesus viveu. "Embora livre em relação a todos, fiz-me escravo de todos" (1Co 9:19).[162]

As designações *escravo* e *emissário* sugerem que Paulo não é, em termos pessoais, importante; a transliteração comum de "apóstolo" não transmite a dica contida na palavra *apostolos*, cuja conotação é de alguém enviado para entregar as mensagens do seu senhor. É o seu mestre e a mensagem dele que contam. Naturalmente, ser escravo não é necessariamente algo desagradável; tudo depende do senhor.[163] Ser escravo de uma pessoa importante traz consigo sua própria carga de autoridade, capaz de ser usada como suporte para a posição de alguém.[164] O mesmo se aplica a

---

[161] David Wenham, *Paul: Follower of Jesus or Founder of Christianity?* [Paulo: seguidor de Jesus ou fundador do cristianismo?] (Grand Rapids e Cambridge: Eerdmans, 1995), p. 410; cf. Murray J. Harris, *Slave of Christ* [Escravo de Cristo] (Downers Grove: InterVarsity Press; Leicester: InterVarsity Press, 2001), p. 19; também Richard A. Burridge, *Imitating Jesus* [Imitando Jesus] (Grand Rapids e Cambridge: Eerdmans, 2007), p. 81-154.
[162] Cf. discussão em Gorman, *Cruciformity* [Cruciformidade], p. 181-88.
[163] Cf. Thiselton, *Hermeneutics of Doctrine* [Hermenêutica da doutrina], p. 322-23.
[164] Cf. Dale B. Martin, *Slavery as Salvation* [Escravidão como salvação] (New Haven e Londres: Yale University Press, 1990).

um emissário. Paulo obtém importância de sua associação com o senhor e a mensagem dele. Não podemos tratar o escravo de qualquer maneira, porque o escravo representa o senhor; não despedimos o emissário de alguém importante, porque ele representa tal pessoa. Ser emissário é um dom que resulta do favor de Deus (Rm 1:5). Não ignoramos a informação de alguém separado para trazer boas notícias de uma autoridade elevada.

Paulo, que perseguira ardentemente a igreja de Deus, é emissário pela vontade de Deus (1Co 1:1). A história de Deus capturando-o e tornando-o um escravo (At 9) ilustra como ocorreu esse processo. "Mas Deus me separou desde o ventre materno e me chamou por sua graça. Quando lhe agradou revelar seu Filho em mim para que eu o anunciasse entre os gentios, não consultei pessoa alguma" (Gl 1:15-16, NVI). Enquanto Paulo não descreve sua experiência como uma conversão, a palavra *chamou* também dá margem a mal-entendidos: ela subestima a natureza peremptória de tal convocação. O apóstolo a descreve em termos da convocação do profeta Jeremias, e a vida do profeta ilustra a dinâmica entre o inter--relacionamento de autoridade e fraqueza. A "decisão por Cristo" não foi "feita estritamente por Paulo, mas feita em seu lugar"; nem seu caminho foi preparado por uma percepção gradual. Sua fé não foi construída sobre um fundamento instável.[165]

Pastores falíveis

Posições de autoridade são tentadoras. Paradoxalmente, porém, a fim de alcançar essa posição, você precisa concentrar-se em uma ambição oposta: ser servo ou escravo (Mt 20:20-28). Todo o corpo de Israel e todo o corpo daqueles que creem em Jesus são servos ou escravos de Deus. Em Israel como um todo, certos indivíduos são destacados como servos de Deus, como Moisés ou Davi. No corpo de cristãos, há, como Paulo, aqueles que são escravos de Deus, de Jesus e dos não crentes (*doulos*; e.g., Rm 1:1; 1Co 9:19; Cl 4:12); subordinados a Jesus e ao evangelho (*hypēretēs*; Lc 1:2; 1Co 4:1); servos do evangelho e da igreja (*diakonos*; e.g., 2Co 6:4; Cl 1:7,23,25); ou obreiros/trabalhadores de Deus (*synergos*; 1Co 3:5-9).

---

[165]Bornkamm, *Paul* [Paulo], p. 16, 23.

E quanto àquele que reivindica ser escravo ou emissário de alguém, mas está mentindo? Talvez esteja servindo apenas a si próprio, e sua reivindicação à posição é uma forma de impor sua própria autoridade. O mesmo pode acontecer com aqueles que reivindicam os dons e o favor de Deus. Em suas cartas, Paulo faz duas considerações a serem aplicadas para que possamos discernir se alguém é verdadeiro servo de Deus ou apenas um manipulador. A primeira é a aceitação da perseguição e de outras formas de tribulação, associadas ao trabalho do servo (cf. e.g., 2Co 4:7-12; 6:3-10). A segunda, atrelada ao primeiro critério, é a forma como a mensagem deve ressaltar a centralidade da morte de Jesus. Parece implausível que alguém cujo interesse gire em torno do poder tenha pensado de forma tão sistemática sobre as implicações de aceitar o exercício de poder de outras pessoas e tenha vivido de acordo com esse entendimento. Mas a teologia bíblica pode sobreviver sem estar segura do que se passava no coração do apóstolo dos gentios.

"Jesus antecipava confusão e ambiguidade em seus seguidores, assim como sabia que a nação como um todo não se arrependeria. Ambas essas expectativas se relacionavam com sua percepção de que o que devia ser feito em prol de Israel devia, ao final, ser conquistado apenas por ele."[166] Uma expressão desse realismo é a forma como ele fala sobre pastoreio. O povo de Deus é como um rebanho e, por isso, tem pastores. A força e o perigo dessa imagem estão na forma como ela combina poder com comprometimento.[167] O pastor direciona o rebanho e, ao fazê-lo, assegura-se de suprir as necessidades das ovelhas.

O problema é que os pastores do povo de Deus facilmente se concentram em usufruir o poder e passam a se interessar mais em se alimentar das ovelhas do que em alimentá-las. Essa realidade leva à determinação de Deus de intervir e assumir o papel do pastor, prometendo também um pastor humano, cujo pastorado será realizado da maneira correta (Ez 34). Jesus aponta que o padrão pelo qual os pastores se comportam como ladrões parece repetir-se em sua época e declara ser ele mesmo o bom pastor, o tipo previsto por Ezequiel (Jo 10:1-18).

---

[166] N. T. Wright, *Jesus and the Victory of God* [Jesus e a vitória de Deus] (Mineápolis: Fortress; Londres: SPCK, 1996), p. 318.
[167] Cf. Timothy S. Laniak, *Shepherds After My Own Heart* [Pastores segundo o meu coração] (Downers Grove: InterVarsity Press; Leicester, Reino Unido: InterVarsity Press, 2006), p. 247-48.

De modo um tanto surpreendente, Jesus escolhe um servo monumentalmente falível como Pedro para pastorear seu rebanho (Jo 21:16) e designa pastores nas congregações como parte de equipá-las para o trabalho (Ef 4:11). A palavra traduzida como "pastor" aparece uma única vez no Novo Testamento, mas essa imagem recorre à exortação dos presbíteros ou bispos da congregação, encarregados de guardar o rebanho, e estar atentos aos lobos que atacarão as ovelhas — mestres que dispersarão os discípulos (At 20:28-31). Em sua prática pastoral, esses líderes não devem ter como objetivo o aumento de *status* ou riqueza (1Pe 5:1-4). Paulo evita essa última tentação ao recusar apoio financeiro das congregações, ainda que, em tese, cresse que competia a elas fazê-lo (1Co 9).

Conceitos como "serviço" ou "escravidão" parecem não se relacionar com riqueza, mas, sim, com poder ou liderança. Os líderes tornam-se mais ricos do que as pessoas que lideram; ricos tornam-se mais poderosos do que pessoas comuns. Não é coincidência que um líder que pergunta a Jesus sobre a vida eterna também seja identificado como rico (Lc 18:18-25) ou que Nicodemos fosse um membro do Sinédrio e também uma pessoa rica (Jo 3:1; 19:39). A história da igreja mostra que o juízo explícito e implícito dos dois Testamentos a respeito dos pastores (Ez 34; Jo 10) ainda se aplica.

A presença de mestres, por fim, também pode ser prejudicial, porque a prática do ensino envolve o uso da língua, parte muito perigosa do corpo (Tg 3:1-10).

Homem e mulher

Homem e mulher estão envolvidos no serviço a Deus e na liderança de seu povo. Enquanto apenas homens podem ser sacerdotes em Israel, mulheres podem ser profetizas e cumprir funções de liderança. Enquanto os Doze são todos homens, mulheres podem cumprir papéis de liderança em missões e na vida da congregação. Em 1Coríntios 11, Paulo dá a entender que as mulheres exercem autoridade para liderar na adoração, na oração e na profecia. O apóstolo também enfatiza que elas não devem deixar seus cabelos de qualquer jeito, visto que, assim, dariam a impressão de promiscuidade sexual; provocariam o desejo do tipo de anjo que aparece em Gênesis 6[168] ou se assemelhariam a sacerdotisas em transe,

---

[168] Cf. Martin, *Corinthian Body* [O corpo dos coríntios], p. 242-49.

presentes em religiões pagãs. Posteriormente na carta, Paulo declara que as mulheres cristãs devem manter-se em silêncio na igreja (1Co 14:34-35), o que parece conflitar com o que dissera anteriormente. Talvez o que o apóstolo queira dizer é que as mulheres não devem discutir com os maridos na igreja, já que isso poria em risco a ordem da família.

O mesmo princípio subjaz a declaração de que a "mulher [possivelmente a esposa] deve aprender em silêncio, em submissão completa. Não permito que a mulher [ou esposa] ensine ou tenha autoridade sobre um homem [ou marido]" (1Tm 2:11-12). Parte do contexto implícito a tal exigência está na preocupação de que ela se encaixe na cultura da sociedade, em vez de destacar-se dela, em uma asserção de liberdade obtida pelo evangelho. Diversas instruções do Novo Testamento correspondem àquelas que conhecemos a partir de exortações não cristãs no contexto histórico. As culturas esperam que as pessoas se vistam e se comportem de modo reservado, gracioso e discreto. Para estabelecer uma analogia moderna: em diversas regiões do sul da Europa, mulheres de todas as idades ficam de *topless* na praia. É uma expressão de sua liberdade humana. Nos Estados Unidos, não. Imagine mulheres cristãs, considerando-se livres para fazer a mesma coisa nos Estados Unidos, a despeito de sua atitude causar escândalo, isso sem contar a possibilidade de serem presas; imagine também alguns mestres cristãos dizendo para não agirem dessa forma, usando, nesse contexto, argumentos relacionados à modéstia.

Outro aspecto contextual da exortação de permanecer em silêncio e não se envolver em debates está na atividade de homens cujo ensino é uma versão pervertida da fé (cf. 1Tm 1:3-11; cf. 2Tm 2:14-26; Tt 1:10-16). Um dos resultados de sua atividade são conflitos e brigas na congregação, e Paulo quer que a adoração da igreja não se caracterize por ira e discussão.[169]

No contexto das cartas, falsos mestres desviam mulheres com seu ensino, que inclui a rejeição do casamento (1Tm 4:3; 2Tm 3:6). Um aspecto central do propósito original de Deus para a mulher diz respeito à geração de filhos, um dos motivos para Eva ter sido criada. Esses

---

[169] Em linha com a forma expressa nas cartas de 1 e 2Timóteo, tomo Paulo como seu autor. Questões relativas à autoria não afetam o fato de as cartas serem parte do material pelo qual podemos articular uma "teologia bíblica".

mestres sugerem que tal propósito acabou; mas Paulo sabe que não. Ele deseja que as mulheres deem ouvidos ao ensino adequado, a fim de serem reconquistadas para a verdade.[170]

Seu comentário sobre mulheres sendo salvas ao darem à luz filhos (1Tm 2:15) parece contradizer seu ensino em outros lugares, nesse mesmo conjunto de cartas (e.g., Tt 3:4-7). Conforme geralmente é o caso, "salvação" se refere a escapar da ira de Deus e, no fim, entrar na vida. Embora salvação seja pela graça e pela fé, as Escrituras afirmam que ser conquistado pela graça resulta em certo estilo de vida. Para o próprio Timóteo, cumprir adequadamente seu ministério é a forma de resgatar a si e aos seus ouvintes (1Tm 4:16). Para qualquer um, "salvar-se" significa continuar em "fé, amor e santidade, com bom senso" (1Tm 2:15). Uma vida dessa natureza conduz à salvação. Significa cumprir nossa vocação, a razão pela qual Deus nos criou.

Para as mulheres, ter filhos é parte da vida — o que não quer dizer que toda mulher deve ter filhos, sob pena de condenação, caso não os tenha. No mundo das Escrituras, muitas mulheres não podiam ter filhos. A carta está falando sobre aspectos femininos em geral, instando à comunidade de mulheres que não rejeite sua vocação de gerar filhos.

Paulo emprega algumas ideias de Gênesis para ressaltar seu ponto. Embora sua alusão pouco corresponda ao próprio sentido do texto, como é geralmente o caso no uso que o Novo Testamento faz do Primeiro Testamento, podemos dizer, com base em Gênesis 2, que o homem será resgatado por trabalhar o solo, e a mulher, por gerar filhos.

"Não há judeu nem grego, escravo nem livre, homem nem mulher; pois todos são um em Jesus, o Ungido" (Gl 3:28). Nesse texto, "Paulo elucida, de modo explícito e apaixonado, seu entendimento do que significa 'estar em Cristo', a saber, o apagamento de diferenças humanas, a começar pela diferença entre judeu e gentio, mas também entre homem e mulher, livre e escravo".[171] Mas a sugestão não é que o judeu cessa de ser judeu, que o escravo deixa de ser escravo, que a esposa para de ser esposa. Embora diferenças raciais, sociais e de gênero não remetam a

---

[170] Cf. Jouette M. Bassler, *1 Timothy, 2 Timothy, Titus* [1Timóteo, 2Timóteo, Tito] (Nashville: Abingdon, 1996), p. 59-63.
[171] Daniel Boyarin, *A Radical Jew* [Um judeu radical] (Berkeley e Londres: University of California Press, 1994), p. 22.

qualquer dignidade relativa ou *status* privilegiado perante Deus, "realidades sociais condicionavam a prática do princípio".[172] De qualquer modo, a declaração ocorre no contexto de uma discussão sobre justificação. "Paulo não reivindica a inexistência de diferenças sexuais, nacionais e sociais entre indivíduos. [...] Seria um erro atribuir ao apóstolo um ideal humanístico moderno de igualdade." O que Paulo faz é indicar que a base da congregação em seu relacionamento com Deus transformará a forma como as pessoas se relacionam umas com as outras, homem e mulher, judeu e gentio, senhor e escravo.[173]

---

[172]Dunn, *Theology of Paul the Apostle* [Teologia do apóstolo Paulo], p. 593.
[173]Dahl, *Studies in Paul* [Estudos em Paulo], p. 109.

SETE ▶ AS EXPECTATIVAS DE DEUS

EM NOSSA LEITURA DA TORÁ, não tardou para que descobríssemos que Deus espera que seu povo seja "santo, como eu sou santo" (Lv 19:2). Isso nos leva a olhar para trás e questionar como Deus é, a fim de nos examinarmos à luz desse critério. Descobrimos que ter semelhança com Yahweh significa criar, vivificar e organizar (Gn 1—2); ser realista e não desistir, mesmo com o coração ferido (Gn 3—11); dar esperança às pessoas, cedendo-lhes espaço e oportunidade (Gn 12—50); sensibilizar-se com a dor e abrir o coração; lutar contra a opressão e trazer libertação (Êx 1—18); ser categórico, concreto e prático; presente, flexível e misericordioso, mais do que crítico (Êx 19—40); estar disponível, sem que essa disponibilidade banalize sua presença (Lv 1—18).

Características desse tipo representam uma revelação fragmentada de Deus nas Escrituras do Primeiro Testamento, personificada, então, por Jesus (Hb 1:1-2). Assim, doravante, ser como Deus envolve ser como Jesus. A essência de ser como Deus ou Jesus envolve "cruciformidade",[1] embora ambos os Testamentos indiquem mais do que isso. Ademais, se nosso objetivo é amar como Deus, esse amor deve ser eletivo (no sentido de "deliberado" e "livre"), purificador e criativo.[2] Dito de outra

---

[1] Michael J. Gorman, *Inhabiting the Cruciform God* [Habitando o Deus cruciforme] (Grand Rapids e Cambridge: Eerdmans, 2009), p. 105.
[2] Barth, *CD* IV, 2:766-83.

maneira, a ética teológica está preocupada com fé, amor e esperança — nosso senso de identidade, preocupação com os outros e percepção do tempo.[3] Não se trata apenas de "amor" ou "fé e amor", mas de "fé, amor e esperança".

7.1 ANDAR

"Somos feitura dele, criados por meio de Jesus, o Ungido, para as boas ações, as quais Deus preparou de antemão para que andássemos nelas." A história da humanidade começou com Deus enviando seres humanos ao mundo com tarefas a cumprir, mas nos desviamos para cumprir os próprios desejos, tornando-nos vítimas da ira divina. Felizmente, a graça de Deus nos resgatou dessa ira. Podemos nos apropriar dessa graça pela confiança em Jesus — não pelo que fazemos, assegurando-nos de que não temos qualquer razão para nos orgulhar de nós mesmos. Mas a ideia é que passamos assim a fazer as coisas que Deus intencionou e planejou originalmente para nós (Ef 2:8-10). A Torá expõe alguns aspectos dessa intenção; o Novo Testamento, outros.

O fim da Torá (1)

A Torá nos serve de grande recurso para um conhecimento das expectativas de Deus, conhecimento do que significa andar de maneira correta. Jesus, porém, é "o fim da Torá como forma de justiça, para todo aquele que crê" (Rm 10:4). Paulo já ressaltou que a Torá nunca foi concebida para levar as pessoas a serem justificadas. Aqueles cuja vida com Deus não havia sido retificada não poderiam adquirir tal *status* pela obediência à Torá. Além disso (conforme Paulo ressaltou e o faria brevemente outra vez), o Israel do Primeiro Testamento tentava estabelecer, por zelo, seu próprio *status* perante Deus — como se isso fosse possível!

Consequentemente, podemos ver esse argumento como *ad hominem*. Alguns cristãos argumentavam como se a Torá fosse parte integral e essencial de um relacionamento com Deus, e a lei mosaica pudesse ser lida da seguinte maneira: "O homem que fizer [o que a Torá diz] viverá

---

[3]Cf. Oliver O'Donovan, *Self, World, and Time* [O 'eu', o mundo e o tempo] (Grand Rapids e Cambridge: Eerdmans, 2013), p. 97-133.

por meio dela" (Rm 10:5, citando Lv 18:5). Entretanto, essa mesma declaração na Torá falava de um povo cujo relacionamento vivo com Deus já estava, pela graça divina, acontecendo (cf. Rm 4). Talvez parte do problema seja que fiéis, como outros seres humanos, estão inclinados ao desejo de fundamentar seu relacionamento com Deus pelo que fazem.[4] Jesus nos resgatou desse projeto, colocando nele um ponto-final.

Desse modo, "com liberdade, o Ungido nos libertou" (Gl 5:1).[5] Em Gálatas, liberdade é "o conceito teológico central, que resume a situação do cristão perante Deus e o mundo", assim como "a base e o conteúdo da 'ética' cristã".[6] Paulo não fala de uma liberdade para fazer o que quisermos desde que não prejudiquemos mais ninguém, nem de uma liberdade para tomarmos as próprias decisões sem restrição externa. Antes, fala de uma liberdade da obrigação de fazer o que a Torá diz simplesmente por sua natureza como algo que nos prende, como se esse compromisso fosse a chave para um relacionamento correto com Deus. Tal aceitação do "jugo" da Torá é uma submissão a uma forma de escravidão, cujo significado é que desistimos do que Jesus conquistou por nós. Significa decair da graça (Gl 5:1-4).

O jugo a que Gálatas se refere pode ser especialmente uma obrigação para com a Torá como meio de adoração e formação de identidade. Esse entendimento se encaixa com as referências à observância da Torá no livro de Atos (e.g., At 13:39; 15:5; 18:13; 21:17-28) e com as próprias palavras de Paulo sobre ter morrido com respeito às regras sobre alimentos e festas sagradas, cuja função era salvaguardar apenas dos piores excessos da natureza inferior (Cl 2:16-23). O fato de o Espírito habitar o fiel significa "liberdade da compulsão do pecado e do poder da morte".[7]

Paradoxalmente, "o Senhor é o Espírito; mas, onde o Espírito do Senhor está, ali há liberdade" (2Co 3:17). Podíamos pensar que ter um senhor significasse servidão, mas as Escrituras ensinam que Deus é

---

[4]Cf. "Iniciativa divina", seção 6.2.
[5]O dativo simples *eleutheria* merece uma tradução diferente de *ep' eleutheria*, "para liberdade" (Gl 5:13), embora não sugira diferenças significativas de sentido; cf. Ronald Y. K. Fung, *The Epistle to the Galatians* [A carta aos Gálatas] (Grand Rapids: Eerdmans, 1988), p. 216.
[6]Hans Dieter Betz, *Galatians* [Gálatas] (Filadélfia: Fortress, 1979), p. 255, 257.
[7]Jürgen Moltmann, *The Spirit of Life* [Espírito da vida] (Londres: SCM Press; Mineápolis: Fortress, 1992), p. 270.

aquele "cujo serviço é perfeita liberdade".[8] A liberdade descrita por Paulo tem um traço distinto e paradoxal que emerge quando ele também insta os gálatas, como pessoas livres, a servirem uns aos outros como escravos (*douleuete*; Gl 5:13).

Ademais, Gálatas prossegue para falar do "cumprimento" da Torá (Gl 5:14). A submissão obediente a Deus implica tal cumprimento.[9] Significa *guardar* a Torá? Paulo não fala de fiéis "guardando" ou "obedecendo" ou "fazendo" a Lei (termo que escolhe em Gálatas 3:10,12; Romanos 10:5, citando Levítico 18:5; cf. ainda Gálatas 5:3). Paulo não dá a impressão de que "andar segundo a Torá" corresponde ao seu entendimento sobre a dinâmica da vida congregacional.[10]

Vivendo de acordo com a Torá

Como povo de Deus, a vida de Israel devia ser caracterizada pela guarda da Torá, embora a lei mosaica não tenha sido o modo pelo qual os israelitas começaram seu relacionamento com Deus. Esse entendimento pode ser uma instância cristã vital, mas se assemelha mais à posição dos opositores de Paulo, em Gálatas. É compreensível o fato de alguns cristãos presumirem que, uma vez que reconheceram Jesus, deviam começar, ou continuar, a viver de acordo com a Torá. Homens seriam circuncidados, mulheres observariam regras de purificação, todos celebrariam as festas, pessoas ofereceriam sacrifício de comunhão como expressão de gratidão a Deus em resposta à oração, manteriam o *kosher* etc.

Por si mesmas, tais coisas não eram motivo de objeção; práticas da lei não estavam erradas, mas o problema assume um novo contorno quando alguém insiste que os gentios e judeus deveriam observá-las, obrigatoriamente. Essa insistência é incompatível com o reconhecimento de Jesus e a confiança nele. Além disso, se alguém visse a guarda da Torá como a chave para viver para Deus, descobriria que isso não funciona. Pelo contrário:

---

[8]Extraído da Coletânea para a Paz na Igreja Anglicana, *Book of Common Prayer* (cf. Murray J. Harris, *Slave of Christ* [Escravo de Cristo] [Downers Grove: InterVarsity Press; Leicester: InterVarsity Press, 2001], p. 153). A ideia remonta a Agostinho (cf., e.g., *The Size of the Soul* [O tamanho da alma], p. 34: "servir aquele que mais serve a todos, deleitar-se naquele cujo serviço é única e perfeita liberdade").
[9]Cf. Betz, *Galatians* [Gálatas], p. 275.
[10]Cf. Brian S. Rosner, *Paul and the Law* [Paulo e a lei] (Nottingham: InterVarsity Press; Downers Grove: InterVarsity Press, 2013).

seria uma prática contraproducente, visto que o pecado ainda pode usar a Torá como meio de enredar o ser humano ao invés de livrá-lo.

Os fiéis receberam o Espírito por aceitarem a mensagem do evangelho, não por observarem uma regra de vida (Gl 3:2). Começar a insistir em regras é tentar completar pela atividade humana algo que foi iniciado pela ação divina. E o problema de basear nosso relacionamento com Deus em regras é que você nunca faz o suficiente. Ninguém consegue fazer tudo (Gl 3:10). Afinal, a Torá não se baseia em confiança (Gl 3:12).

Em seu devido contexto, a Torá realmente se baseia em confiança; a entrega da Torá se apoia na resposta de confiança feita por Abraão e seus descendentes. A Torá foi dada aos que criam. Vista, porém, em isolamento, a lei mosaica, de Êxodo a Deuteronômio, fala quase exclusivamente em termos de obediência a regras, e normalmente não dá razões para essas regras. Se o seguidor de Jesus faz das regras de vida uma condição para o discipulado, acaba fundamentando seu relacionamento com Deus na manutenção de regras. A circuncisão tem valor na aliança do Sinai, mas não na aliança de Jesus, embora tanto a aliança do Sinai como a de Jesus estejam relacionadas à confiança que opera através do amor.

Paulo vê a submissão deliberada a um aspecto da Torá (como a circuncisão) como que implicando a submissão à Torá em sua totalidade (Gl 5:3). Evidentemente, ele está feliz em observar exigências particulares em determinadas circunstâncias, incluindo a circuncisão, e espera que outras pessoas observem determinadas exigências da Torá, como não amordaçar a boca do boi enquanto pisa o trigo (1Co 9:9). Sua preocupação diz respeito à Torá como sistema e como algo intrínseco ao nosso relacionamento com Deus. Se as pessoas insistem em que determinada exigência é obrigatória apenas por pertencer à Torá, como a circuncisão ou o sábado, tal argumento sugere que a Lei como um todo tem autoridade vinculativa e constitui uma exigência para o relacionamento com Deus. Como abordagem padrão para a vida dos fiéis, essa forma de pensar compromete o entendimento adequado do nosso relacionamento com Deus.

O fim da Torá (2)

A declaração de que Jesus levou a Torá ao seu fim poderia dar a entender uma ideia diferente, embora correlata. A palavra grega para "fim" (*telos*) dá a entender mais frequentemente meta ou objetivo do que término, e tal entendimento se encaixa no argumento de Romanos 10.[11] O fim de algo pode ser seu objetivo ou propósito.

O propósito da Torá era falar às pessoas que confiavam em Yahweh aquilo que correspondia a uma vida de fidelidade em resposta ao que Deus lhes prometera e fizera. Mas não funcionou. As pessoas não estavam muito interessadas em ser fiéis a Yahweh. Jesus veio conquistá-las para despertar nelas esse desejo. Por isso, o Ungido ocasiona o propósito da Torá.

As duas interpretações, então, de como Jesus é o fim da Torá complementam uma à outra. Jesus pôs um fim na Torá, tornando-a não mais vinculativa, já que ele foi o meio de alcançar o objetivo da lei mosaica. Devemos obedecer à Torá de Jesus e, assim, cumprimos *a* Torá (Gl 6:2; Rm 13:8-10).[12]

Em contrapartida, algumas das pessoas que, em tese, estão comprometidas em guardar a Torá acabam por frustrá-la. Jesus foi questionado quanto ao porquê de os discípulos transgredirem a tradição dos anciãos ao não observarem as cerimônias de purificação das mãos antes de comer. Tais cerimônias tinham o objetivo de levar alguém a se certificar de que não teve contato com nada que gerasse tabu e, desse modo, guardou a Torá. A réplica de Jesus ridiculariza a suposição dos interlocutores, como se ingerir uma quantidade microscópica de algo que gerasse tabu pudesse contaminar alguém! Se o indivíduo se preocupa com a contaminação, deve pensar a respeito das coisas sérias que se originam do seu interior, não em resultados triviais de não lavar as mãos. De outra forma, acaba por frustrar os objetivos da Torá ao invés de ajudar no cumprimento de seu propósito.

Jesus, então, declara "puros" todos os alimentos, Marcos complementa (Mc 7:19). Em outras palavras, visto em retrospectiva, o Ungido estabeleceu fundamentos para a abolição posterior de regras alimentares. Mas sua ideia principal imediata dizia respeito à tradição que algumas pessoas estavam inclinadas a priorizar sobre as Escrituras (se Jesus questionasse as regras bíblicas de purificação, seu argumento ruiria). Eles transgrediam o mandamento de Deus acerca de honrar pai e mãe

---

[11]Cf. Robert Badenas, *Christ the End of the Law* [Cristo, o fim da lei] (Sheffield: JSOT, 1985).
[12]Cf. Morna D. Hooker, "Paul and Covenantal Nomism" [Paulo e o nomismo pactual], em M. D. Hooker e S. G. Wilson, eds., *Paul and Paulinism* [Paulo e paulinismo], C. K. Barrett Festschrift (Londres: SPCK, 1982), p. 47-56 (em p. 48).

em nome de sua tradição humana a fim de manobrar seu caminho ao redor do mandamento. Assim, honravam a Deus com palavras, mas sua atitude verdadeira estava longe dele. A crítica de Jesus se sobrepõe à ideia de guardar o espírito da Torá, e não a letra. Avaliada segundo o entendimento popular, a ideia não é bíblica. Guardar o "espírito da Torá" implica uma observância exterior mais robusta e verdadeira, não uma observância interior (cf. Rm 2:25-29). Os críticos de Jesus não cumprem nem o espírito nem a letra da Torá; antes, frustram-nos.

Em outra ocasião, Jesus assegura alguém que cometeu adultério: "Tampouco eu a condeno. Vá e, de agora em diante, abandone o pecado" (Jo 8:11). Jesus não forma um juízo baseado na Lei, do tipo que os teólogos buscavam; além disso, ilustra sua postura comum de alguém que não veio para condenar, deixando às pessoas a opção de condenar a si mesmas (cf. Jo 8:15). Ao mesmo tempo, porém, Jesus ordena à mulher que não cometa adultério outra vez, estabelecendo, assim, expectativas mais gerais sobre ela, como alguém cuja vida foi restaurada (cf. Jo 5:14).

Dois perigos ameaçam a liberdade cristã: a aceitação da Torá e a corrupção da vida pela natureza inferior.[13] Ambos os perigos envolvem esquecer-se de que Jesus morreu por nós, de modo que a lembrança do que ele fez salvaguarda o discípulo contra a infidelidade e serve de meio para a libertação de ambos. Um dos objetivos da ação de Deus em Jesus era que "as justas exigências da Torá fossem plenamente cumpridas em nós, que não andamos de acordo com a natureza inferior, mas de acordo com o Espírito" (Rm 8:4). Assim, ao amar seu próximo, você cumpre toda a Torá (Gl 5:14). "'A lei do Espírito' é simplesmente uma forma resumida de falar da exigência da Lei, cumprida por aqueles que andam pelo Espírito'." É "a Lei entendida como diretrizes para uma conduta direcionada pelo Espírito".[14]

Cumprindo a Torá

Jesus explica que veio para cumprir a Torá e os Profetas, não para subvertê-los (Mt 5:17-20). Sua declaração leva a uma exortação aos discípulos

---

[13]Cf. Betz, *Galatians* [Gálatas], p. 258.
[14]James D. G. Dunn, *The Theology of Paul the Apostle* [Teologia do apóstolo Paulo] (Grand Rapids e Cambridge: Eerdmans, 1998), p. 646-47.

para que vivam de acordo com um padrão moral elevado e manifestem esse perfil em seu modo de vida. Eles devem manifestar uma justiça mais elevada do que a de seus líderes espirituais: devem renunciar a ira, lascívia, prevaricação, resistência aos que os atacam e ao ressentimento; devem ser discretos no exercício das disciplinas espirituais; devem abrir mão de juntar dinheiro, de preocupações e julgamento; devem buscar em Deus a satisfação das suas necessidades (Mt 5—7).

O Sermão do Monte não é um sistema de regras, mas algo que se assemelha a uma visão de caráter.[15] Levá-lo, porém, a sério significa que as pessoas vão "cumprir" (*plēroō*) a Torá e os Profetas — ou seja, irão implementá-los, de modo a alcançar suas implicações, não apenas suas expectativas na superfície. Jesus deseja que a Torá seja praticada e ensinada, e não deixada de lado. Cumprir no sentido de "preencher" é o que Jesus faz ao especificar a justiça mais ampla da qual fala,[16] embora *cumprir* também possa denotar "um processo de interpretação legal em que as leis individuais são interpretadas de tal maneira que se encaixam em determinadas situações ou casos e para facilitar a justiça".[17]

Para Paulo:

> As comunidades estabelecidas por ele representavam o cumprimento de promessas proféticas, segundo as quais Deus restabeleceria seu templo e poria sua presença entre o seu povo, no período da restauração de Israel. Com o linguajar reminiscente de Levítico, Paulo diz que o povo de Deus deve ser puro a fim de constituir um lugar apropriado para a habitação da presença de Deus. [...] Paulo presume que a forma da fé dos coríntios deve, em geral, duplicar a forma da religião israelita, conforme descrita na lei mosaica.[18]

---

[15]Richard B. Hays, *The Moral Vision of the New Testament* [Visão moral do Novo Testamento] (São Francisco: Harper, 1996), p. 97-98.
[16]Cf. comentários sobre "cumprir" e "preencher" em "Visionárias", seção 2.2.
[17]Hans Dieter Betz, *The Sermon on the Mount* [O sermão do monte] (Mineápolis: Fortress, 1995), p. 179.
[18]Frank Thielman, *Paul and the Law* [Paulo e a lei] (Downers Grove: InterVarsity Press, 1994), p. 98, 99 (as observações condizem especificamente com a igreja de Corinto, mas Thielman as vê como que aplicáveis em um contexto mais amplo). Cf. ainda Thielman, *From Plight to Solution* [Do problema à solução] (Leiden e Nova Iorque: Brill, 1989).

Nas instruções às congregações, Paulo cobre aspectos da vida que não são cobertos pela Torá (e.g., 1Coríntios 7; sua atitude frente à prostituição; ou algum aspecto do fruto do Espírito), mas, precisamente por irem além de suas formulações explícitas, os cristãos podem estar cumprindo a Torá.

Quando aplicado à Torá, tanto quanto à profecia, "cumprir" dá a entender mais do que uma simples correspondência. Envolve "preencher" algo de modo a corresponder à sua dinâmica interior, embora não direta ou necessariamente se refira à obediência em suas especificidades; as pessoas não devem circuncidar-se ou guardar o sábado. Se você é guiado pelo Espírito Santo, não está debaixo da Torá. Todavia, você faz mais para cumprir os objetivos da Lei, não menos (Gl 5:18). Nesse sentido, "a 'mente do Espírito' se submete à Torá"[19] e não existe "lei" contra o estilo de vida característico daqueles que vivem pelo Espírito Santo (Gl 5:23). (Em alguns contextos, enquanto a palavra grega para "lei" tem um sentido mais restrito do que a palavra *tôrâ*, em outros o termo pode ter uma aplicação mais ampla, denotando lei, instrução ou obrigação em um sentido mais geral.)

À luz das Escrituras como um todo, em que implica o "cumprir" do Decálogo? Talvez implique:

1. Reconhecer como Deus apenas o Pai do nosso Senhor Jesus Cristo.
2. Adorar, servir, entender e falar de Deus de acordo com as Escrituras.
3. Atrelar o nome de Deus apenas àquilo a que o nome de Deus pertence.
4. Balancear trabalho e descanso em sua vida.
5. Honrar pais e filhos.
6. Buscar a paz com o próximo, e mesmo com inimigos.
7. Entregar-se sexualmente apenas ao seu cônjuge.
8. Ser generoso com suas posses.
9. Usar palavras para edificar as outras pessoas.
10. Contentar-se com o que você tem.[20]

---

[19] N. T. Wright, *Paul and the Faithfulness of God* [Paulo e a fidelidade de Deus] (Mineápolis: Fortress; Londres: SPCK, 2013), p. 1109 (palavras estão em itálico).
[20] Cf. ainda o Decálogo Ocidental contemporâneo, em *OTT* 3:839.

A Torá no coração e na mente

Deus prometera renovar a aliança do Sinai ao escrever a Torá na mente das pessoas (Jr 31:31-34). Ele não falou sobre dar uma nova Torá; não havia nada de errado com a lei mosaica em si. Jeremias, por exemplo, preocupava-se com a frouxidão das pessoas em questões básicas, como adoração exclusiva a Yahweh, a não confecção de ídolos e a observância do sábado. A promessa era que o povo se autodisciplinaria nessas questões, promessa que foi cumprida no período do Segundo Templo.

O cumprimento com o qual o Novo Testamento está preocupado relaciona-se à tentação de se concentrar em questões menos importantes, ou menos exigentes, ou em expectativas tradicionais estranhas à Torá. A vinda de Jesus e o derramamento do Espírito significam que essa outra forma de "cumprimento" da Torá se torna possível e esperada: o enfrentamento dos objetivos mais sérios da Torá.

Uma questão oposta levantada por Jeremias 31 é a implicação de que as pessoas não precisarão mais ser ensinadas sobre andar no caminho de Deus, já que o conhecerão e o trilharão naturalmente. O Novo Testamento não presume que Deus cumpriu tal promessa. Paulo ensina pessoas, espera a existência de um ministério de ensino nas congregações e sabe que tanto igrejas como indivíduos não andam no caminho de Deus. A história subsequente dá suporte a esse pensamento. Não é óbvio que as congregações cristãs andam no caminho de Deus com mais fidelidade do que Israel. Não é o caso de que, "em épocas do AT, os israelitas conheciam a lei de Deus como um código externo, mas, na dispensação do NT, a lei de Deus foi escrita no entendimento das pessoas e em seu coração".[21]

A despeito da declaração de que alguém nascido de Deus não vive na prática do pecado (1Jo 3:9) e a de que o nosso 'eu' antigo foi crucificado com Jesus, cristãos ainda devem, de certo modo, esforçar-se por viver em obediência a Deus, o que nem sempre acontece. O fiel foi batizado em um relacionamento com Jesus e, portanto, em sua morte (Rm 6:1-11); destarte, ele deixou o reino em que o pecado ou a Torá exercem autoridade e entrou no reino da autoridade de Jesus. O discípulo não tem nem a obrigação nem o direito de fazer o que o pecado sugere. Ele é como alguém

---

[21] Segundo Fung, *Galatians* [Gálatas], p. 248.

que buscou asilo nos Estados Unidos e não pode mais se comportar como cidadão de um país inimigo (cf. argumento de Colossenses 2:9-23).

Na prática, qual é a relevância atual da Torá? Paulo não elucida a resposta a essa pergunta, mas podemos ligar os pontos da seguinte maneira:[22] amplamente falando, a Torá, embora formulada para Israel, corresponde a uma declaração verdadeira das expectativas de Deus para com a humanidade como um todo. A qualificação "amplamente" não implica a existência de declarações falsas; antes, implica que existem elementos nela relacionados às particularidades do relacionamento de Israel com Yahweh, o que também, incidental mas crucialmente, constitui um obstáculo em conexão com o alcance dos gentios.

Esses elementos não correspondem diretamente às expectativas da humanidade em geral; a esse respeito, diferem da exigência de amar o próximo, administrar justiça e evitar a cobiça. Ambos não correspondem um ao outro tão diretamente, embora até mesmo as regras particulares a Israel sirvam de expressão a princípios cujas implicações envolvem a humanidade como um todo. Enquanto essa distinção entre o universal e o particular se sobrepõe à ideia de distinguir entre o ético e o cerimonial, um e outro não são idênticos. Por um lado, o sábado não é uma observância puramente cerimonial, mas Paulo não força os gentios a guardá-lo (Cl 2:16). Por outro lado, Paulo abjura o uso de imagens na adoração, o que corresponde a uma observância cerimonial.

Amplamente falando, Paulo parte do princípio de que andar no caminho de Deus é óbvio; contudo, para ele, isso não quer dizer que as pessoas não devam ser ensinadas a esse respeito. O que Jesus faz não é tanto revelar esse caminho, mas possibilitar nossa caminhada nele. Ao exortar as pessoas a andar no caminho de Deus, Paulo pode apelar à Torá, mas não precisa disso.

Servos e ministros

É um erro falar simplesmente de Deus ocasionando a liberdade de Israel do Egito e ponto-final. Quando Moisés "libertou" ou "resgatou" algumas

---

[22] Cf. E. P. Sanders, *Paul, the Law, and the Jewish People* [Paulo, a lei e o povo judeu] (Londres: SCM Press; Filadélfia: Fortress, 1983), e.g., p. 100. Alguns pontos nos parágrafos a seguir seguem a discussão de Sanders.

moças de alguns pastores (Êx 2:17-19), as moças ficaram simplesmente livres (se bem que uma delas acabou se casando com Moisés). Quando Deus "resgata" ou "redime" Israel da servidão, ele "traz Israel para fora" do Egito, "restaura" Israel e o "livra" no mar Vermelho, mas Israel não se torna simplesmente livre. Yahweh age a fim de levar Israel a funcionar como seu filho ou servo. Faraó deve "libertar o meu filho para que possa me servir" (Êx 4:23). A palavra hebraica para "servir" (ʽābad) cobre tanto trabalho como adoração, e Êxodo a emprega em ambos os sentidos. Ambos são aspectos de sujeição. Êxodo destaca a ideia a partir do seu uso pelo verbo "conhecer" ou "reconhecer" (yādaʽ): Israel se move de um reconhecimento forçado do faraó a um reconhecimento voluntário de Yahweh, na vida e na adoração.

De modo semelhante, a "liberdade cristã" não implica "permissão para fazer qualquer coisa".[23] Jesus morre para nos libertar de um serviço negativo para um positivo.[24] O Espírito traz liberdade no sentido de "liberdade para que alguém tenha um Senhor, o Senhor Deus, como Senhor".[25] Nossa experiência consiste em "libertação e reescravidão".[26] Ser escravo significa não ter o controle final sobre seu corpo, destino e vida. Nesse sentido, você é totalmente incapaz. Todavia, pode significar uma posição de honra e satisfação. Tudo depende do senhor. O impressionante em ser cristão é ser liberto da escravidão de um senhor corrupto e opressor, de uma escravidão cujo significado é fazer coisas que não se quer fazer e que ninguém em sã consciência faria, para uma escravidão que significa fazer coisas que, em um bom dia, ninguém se importa em fazer, coisas que qualquer pessoa em sã consciência ficaria feliz em realizar.

O Espírito Santo inspira os fiéis a declarar que Jesus é Senhor (1Co 12:3), confissão cristã básica. Trata-se de uma declaração tanto objetiva como subjetiva. Declarar que "César é senhor" significa reconhecer sua autoridade no mundo e sua autoridade sobre mim. Declarar que Jesus é Senhor implica a mesma coisa, razão pela qual precisamos da

---
[23]Daniel Boyarin, *A Radical Jew* [Um judeu radical] (Berkeley e Londres: University of California Press, 1994), p. 133.
[24]Cf. seção 5.5.
[25]Barth, *CD* I, 1:457.
[26]Michael J. Gorman, *Cruciformity* [Cruciformidade] (Grand Rapids e Cambridge: Eerdmans, 2001), p. 126.

atuação do Espírito Santo para fazer essa declaração. Fazê-la pressupõe que Jesus é um senhor benevolente, mas, ao mesmo tempo, exerce autoridade, e que eu sou um servo obediente, mas confiante, encontrando também libertação da ansiedade quanto a restrições na submissão.[27]

Não somos parceiros de Deus, mas servos. Jesus não é nosso "camarada", mas nosso Senhor. Jesus diz que seus discípulos são amigos e não escravos, porém no sentido de Jesus compartilhar com eles tudo que sabe sobre o seu Pai (Jo 15:15); senhores não compartilham tudo com escravos. Ademais, no mesmo contexto, Jesus diz que os discípulos serão seus amigos se fizerem o que lhes foi ordenado (só que o seu mandamento é que os discípulos amem uns aos outros [Jo 15:12,17]).

Tendo em vista que os fiéis costumavam ser escravos do pecado, Jesus os libertou; e, em vez de receberem um espírito de escravidão, receberam um espírito de filiação (Rm 8:15). Todavia, essa filiação também envolve escravidão: o discípulo é escravo da justiça (Rm 6:18) e, por isso, deve viver como escravo de Deus (1Pe 2:16). "Deus exige do homem em sua totalidade, de modo que o ser humano não é livre para com Deus. A humanidade deve prestar contas a Deus por sua vida como um todo. [...] O ser humano é como escravo cuja obrigação é cumprir uma tarefa, e nada mais" (Lc 17:7-10).[28] Somos como filhos que trabalham no negócio da família, cujo pai lhes paga por fazerem coisas que ninguém mais precisa ver, como, por exemplo, contribuir, orar e jejuar (Mt 6:1-18). "A aliança é uma santificação, uma reivindicação, uma ordem; Deus prende o homem a si, e não o contrário."[29]

Tal como as pessoas que declaram Jesus como Senhor, somos como diáconos que trabalham no santuário e que se entregam como oferta. "Rogo-lhes pelas misericórdias de Deus que se ofereçam em sacrifício vivo, santo e agradável a Deus; este é o culto racional de vocês" (Rm 12:1). Enquanto "se ofereçam" implica "se entreguem por completo",[30] o fato

---

[27]Cf. Anthony C. Thiselton, *1Corinthians* [1Coríntios] (Grand Rapids: Eerdmans, 2006), p. 191-96.
[28]Rudolf Bultmann, *Theology of the New Testament* [Teologia do Novo Testamento] (reimp., Waco: Baylor University Press, 2007), 1:14.
[29]Barth, *CD* I, 2:81.
[30]Cf. C. E. B. Cranfield, *A Critical and Exegetical Commentary on the Epistle to the Romans* [Comentário crítico e exegético sobre a carta aos Romanos] (Edimburgo: T&T Clark, 1975), p. 598-99.

de Paulo se referir a sacrifícios remete ao aspecto exterior da oferta: o corpo. Ao passo que os cristãos às vezes dão a entender que Jesus quer nosso coração, o Novo Testamento pressupõe que ele deseja o corpo. Se Jesus não tem o corpo, também não tem o coração. Oferecer nosso corpo é um ato de serviço religioso (*latreia*, que sugere formas exteriores de observância), racional ou espiritual (*logikos*). Romanos 12 prossegue com a observação de que precisamos ser transformados pela renovação de nossa mente.

Além disso, os discípulos de Jesus devem ser pessoas que ministram a ele (*diakoneō*: Jo 12:26). Ministros são pessoas que têm certo *status*, mas que usam sua capacidade, energia ou recursos em benefício de outros, como os anjos que ministram a Jesus, e Jesus ministra ao povo (Mt 4:11; 20:28; Lc 22:26-27). A mulher presente em sua execução lhe ministrou (Mt 27:55). Outras pessoas fazem isso inconscientemente (Mt 25:44).

Comprometimento com Deus

A dinâmica interior da Torá diz respeito ao comprometimento com Deus e com o próximo; tudo mais resulta de ambos (cf. Mt 22:37-40). Ainda que a declaração "Deus é amor" (1Jo 4:8,16) seja irreversível, "amor" é assim de fato uma obrigação primordial, e amor a Deus é a primeira obrigação. Mas o prefácio "Ouça, ó Israel" é vital a esse mandamento, visto que lembra os descendentes de Abraão de que eles são Israel e, por isso, Deus age em favor deles; de que são amados por Deus, e de que ele é o "nosso Deus". Ordenar pessoas a amar pode ser uma exigência difícil e pesada. Todavia, "não é uma exigência estranha, que nos sobrevêm de fora, mas uma exigência para agirmos de modo consistente com a nossa nova natureza". "Impossível e absurdo" seria o não cumprimento dessa expectativa, uma negação do nosso próprio ser.[31]

De que modo um mandamento para ser santo (Lv 19), para circuncidar os filhos ou guardar o sábado (quanto mais matar cananeus!) expressaria amor? Por "amor", Jesus evidentemente quer dizer algo diferente do que seria entendido em um contexto ocidental, como também seria verdadeiro em relação ao que Deuteronômio quer dizer. Em nossa percepção

---

[31]Barth, *CD* I, 2:374,382,386.

dessa palavra, "amor" não condiz com o tema unificador das Escrituras no que diz respeito às expectativas de Deus, assim como não é a única palavra que o define.[32] Diversas vertentes em ambos os Testamentos não fazem qualquer referência ao amor, e no Ocidente o significado da palavra foi esvaziado.[33]

Ao expor a natureza do amor, 1Coríntios 13 usa a palavra *agapē*; e, embora não se deva estabelecer um contraste rigoroso demais entre *agapē* e outras palavras para "amor", no Novo Testamento *agapē* sugere comprometimento autossacrificial que vai além de preferências ou apego emocional. De modo claro, a Septuaginta usa o verbo correlato *agapaō* ao traduzir o verbo hebraico comum *'āhēb* em Deuteronômio; é esse verbo que os Evangelhos colocam nos lábios de Jesus. Os fiéis que leem as palavras de Jesus poderiam, assim, recordar-se de *agapē* conforme o Novo Testamento o descreve. Em Deuteronômio, o verbo *'āhēb* manifesta contornos de lealdade e comprometimento; também tem conotações políticas.

A palavra hebraica mais distintiva para "comprometimento" é *ḥesed*, traduzida comumente por "amor leal" ou expressão semelhante. Em essência, denota o que Moisés e Jesus têm em mente ao falarem de amor.[34] Dentre outras coisas, tal comprometimento se expressará em santidade e no reconhecimento apenas de Yahweh, na circuncisão dos filhos e na observância do sábado; na imitação do caráter de Deus (Êx 34:6-7); no cumprimento da expectativa tríplice expressa em Miqueias:

> implementando justiça;
> dando-se ao comprometimento;
> sendo reservado na forma como anda com Deus (Mq 6:8).

Será expresso em uma vida de integridade ou santidade — ou seja, integridade em se doar para Deus, sem dissimulação ou reservas.

Pessoas que vivem dessa forma cumprirão o objetivo da Torá, farão tudo o que a Torá encoraja e cumprirão "as justas exigências da Torá" (Rm 8:4) — não por tentarem fazê-lo diretamente, mas vivendo à luz do

---

[32]Cf. seção 1.1
[33]Hays, *The Moral Vision of the New Testament* [Visão moral do Novo Testamento], p. 200.
[34]Cf. "Amoroso, compassivo e gracioso", seção 1.1.

fato de Deus tê-las libertado da lei mosaica como chave para um relacionamento com ele. "Pela morte de Jesus, a Lei também é libertada, a saber, do poder do pecado e da morte." A Lei é libertada para prosseguir em sua função como revelação e medida do que Deus espera de nós.[35] Os fiéis vivem pelo amor e pelo Espírito e, por isso, vivem pela Torá (Rm 8:4).[36]

Andando pelo Espírito Santo

Relacionar-se com Deus implica, portanto, obediência e deferência. A vocação do povo de Deus envolve um andar. Significa andar do jeito de Deus — tanto no modo como ele o estabelece como no modo como ele mesmo anda. No Novo Testamento, um reconhecimento inicial de Jesus como Senhor deve prosseguir como um andar, um caminhar "de acordo com o Espírito" (Rm 8:4), o qual também será um caminhar "em [companhia do] Ungido" (Cl 2:6); ou seja, um caminhar "de acordo com o Ungido", em consonância com seu ensino (Cl 2:8).

Na Escritura, "caminhar" começa com andar com Deus e depois como que diante de Deus (*halak hitpael*; Gn 5:22, 24; 6:9; 17:1; 24:40; 48:15). A primeira expressão sugere companheirismo e amizade; a segunda, abertura e integridade, mas também segurança. Posteriormente, a Torá e os Salmos falam de andar nos caminhos de Yahweh (o *qal* ou *piel* mais comum de *halak*; e.g., Dt 28:9; Sl 119:3; 128:1) ou andar pelos ensinos ou preceitos de Yahweh (e.g., Sl 119:1; Jr 32:23; Ez 5:6). Além do mais, "andar" dá a entender comprometimento que corre pela vida como um todo. Há uma consistência por trás da ideia de "andar"; é uma expressão de caráter, modelando o caráter. Nas vidas de Noé e Abraão, "andar" acompanha o conceito de "íntegro" (*tāmîm*; Gn 6:9; 17:1) no sentido de comprometimento total em andar dessa forma; algumas traduções optam por "sem mácula", mas a palavra é positiva, sugerindo integridade ou retidão.

Trata-se de uma resposta à aliança. Envolve amor e deleite (pelos mandamentos de Deus e pelas histórias do que ele fez), bem como dar ouvido à Torá, aos Profetas e aos Escritos. Paulo se comprometera a "andar" pelo "caminho" da Torá e a ser "guiado" por seus caminhos

---

[35]James D. G. Dunn, *Romans* [Romanos] (Dallas: Word, 1988), 1:437.
[36]Cf. Sanders, *Paul, the Law, and the Jewish People* [Paulo, a lei e o povo judeu], p. 103-4.

(e.g., Sl 119:1,35) e estava preparado para continuar "andando" dessa forma, "em linha com a Torá", como um cristão (At 21:21-26). Contudo, o derramamento do Espírito em cumprimento à promessa feita a Abraão significava que essa forma de pensar sobre o viver correto não correspondia mais à forma padrão. Desde então, Paulo pensava em termos de andar pelo Espírito, ser guiado pelo Espírito ou estar em linha com o Espírito (Gl 5:16,18,25), instando sobre outras pessoas essa forma de conceituar o andar do cristão.

Expressões como "guiado pelo Espírito" são gentilmente ambíguas, já que sugerem tanto algo que o Espírito faz como algo que envolve nossa atividade. Viver uma vida com as características descritas por Paulo é o resultado natural de ser cheio do Espírito; é um fruto do Espírito. Todavia, também é algo que desejamos; devemos andar pelo Espírito, permanecer em linha com o Espírito. Paulo tem em mente uma dinâmica semelhante à encontrada em Salmos 119. Precisamos reconhecer a vontade de Deus pela sabedoria que o Espírito nos dá; assim, viveremos de um modo que é digno do Senhor (Cl 1:9-10).

As pessoas muitas vezes falam de ser guiadas pelo Espírito para, digamos, almoçar em um restaurante em vez de outro, o que resulta no encontro com alguém e na participação de algo que Deus está fazendo. Embora as Escrituras apoiem a ideia de Deus agir dessa maneira, não é o que querem dizer por "ser guiado pelo Espírito". As pessoas também falam em termos de ser guiadas pelo Espírito quando seguem um impulso que se origina do seu próprio espírito, e tal impulso também pode resultar na abertura pessoal à vontade de Deus; mas nem isso é o que as Escrituras querem dizer. O guiar do Espírito diz respeito à nossa vida moral e à forma como nos relacionamos com outras pessoas (cf. Gl 5:13-15; também Rm 8:12-14). É liderança que reflete prioridades morais do Espírito de Deus. A frase reflete a ligação essencial entre "o Espírito Santo e a santificação da comunidade: ética".[37]

Viver pelo Espírito Santo resulta em cuidado, celebração, pacificação, tolerância, verdade, integridade, fidelidade, ternura e restrição (Gl 5:22-23). Significa gentileza para reconquistar aquele que erra, modéstia realista sobre a possibilidade pessoal de erro, compartilhar o

---

[37]Reinhard Feldmeier e Hermann Spieckermann, *God of the Living* [Deus dos vivos] (Waco: Baylor University Press, 2011), p. 229.

fardo de outros, não se levar muito a sério, testar as próprias ações em vez de se comparar a outras pessoas e carregar o fardo que lhe compete (Gl 6:1-5). Significa andar na luz ou pela luz (1Jo 1:5-7).

Respeito reverente

Os fiéis são chamados a andar com Deus e segui-lo. Reconhecidamente, Jesus não ordena que todos o sigam, porém ordena a todos que se arrependam; sua ordem é que apenas alguns o sigam, a fim de seu tornar pessoas que partilham de sua atividade (Mt 4:17-22). Esse seguir "não é apenas uma metáfora para absorver e praticar seus ensinos".[38] Seguir significa abrir mão do trabalho, da segurança e de obrigações familiares, e tende a gerar problemas, embora Jesus esteja com o discípulo na tribulação e o conduza para o outro lado. Significa segui-lo até o martírio (Mt 16:24-25). O Ungido "não diz que os discípulos às vezes caem no meio dos lobos; afirma, antes, que eles são *enviados* para lá. Jesus não diz que o sofrimento dos discípulos é uma anomalia rara, mas a regra. O padrão foi estabelecido bem antes de o discípulo existir. Ele é chamado a sofrer por ser chamado a seguir aquele que sofreu" (Mt 10).[39]

Existem então duas vocações diferentes. Todos são servos, ministros, escravos, pessoas que seguem a Deus; em outro sentido, nem todos são seguidores.

Isso não significa que existem dois níveis de expectativa ou devoção. O Sermão do Monte se aplica a todos. A pregação do evangelho tem como objetivo produzir "obediência fiel entre as nações" (Rm 1:5). "Se vocês me amam, obedecerão aos meus mandamentos", adverte o próprio Jesus (Jo 14:15, NVI).

A expectativa é que todos respeitem a Deus. As traduções geralmente falam de "temor" de Deus, mas a palavra *temor* dá margem para erros. Em grego e hebraico, as mesmas palavras se referem negativamente a estar com medo ou assustado, mas também positivamente a ser reverente ou mostrar submissão. Em conexão com as atitudes para com Deus, ocasionalmente implicam o primeiro significado; há razões para estar com

---

[38]John P. Meier, *A Marginal Jew* [Um judeu marginal] (Nova Iorque: Doubleday, 2001), 3:54.
[39]Miroslav Volf, *Against the Tide* [Contra a maré] (Grand Rapids: Eerdmans, 2010), p. 118.

medo de Deus. Mais caracteristicamente, pressupõem a segunda opção, com a implicação associada de obediência. É esse respeito reverente em relação a Deus que serve de fundamento para a sabedoria (e.g., Pv 1:7). Modéstia e discrição nos atos de contribuir, orar e jejuar são apropriadas como parte de uma vida de respeito reverente em relação a Deus (Mt 6:1-18). Sabemos o que é respeitar e admirar o Senhor (2Co 5:11). As palavras de Paulo remetem à expressão do Primeiro Testamento, mas, nesse texto, o "Senhor" é Jesus, cujo julgamento ele acabou de referir.

Respeito reverente resulta em submissão obediente, mas tem implicações afetivas. A congregação dos filipenses deve desenvolver sua salvação com "temor e tremor" (Fp 2:12), a mesma atitude que os escravos demonstram para com os senhores terrenos (Ef 6:4). "'Esperança' e 'temor' pertencem igualmente à estrutura da 'fé' [...] como aspectos correlatos: só porque fé é 'esperança', também é 'temor', e vice-versa".[40] Em sua exposição dos Dez Mandamentos em seu Catecismo Menor, Martinho Lutero parafraseia o primeiro mandamento inferindo que "devemos temer, amar e confiar em Deus acima de todas as coisas"; ao expor, porém, os demais mandamentos, o reformador menciona apenas temor e amor.[41] Barth prefere o inverso e fala em termos de amor e temor.[42]

Assim, o amor se expressa em temor (1Pedro 2:17, a despeito de 1João 4:18), no sentido de "respeito reverente" e "admiração" (e.g., Êx 15). Respeito reverente se expressa no reconhecimento de nossa abertura a Deus (Sl 139); expressa-se no respeito e na honra a Deus. "Conhecimento verdadeiro e correto de Deus" significa que "ele é tão conhecido que a honra devida lhe é prestada". Então, "qual é o método de honrá-lo devidamente?". "Colocar nele toda a nossa confiança; estudá-lo e servi a ele durante toda a vida, obedecendo à sua vontade; invocá-lo em todas as nossas necessidades, buscando salvação e todas as coisas boas que podem ser desejadas nele; por fim, reconhecendo-o com o coração e os lábios, como único Autor de todas as bênçãos."[43] Expressa-se em alegria, tranquilidade e circunspecção, em submissão aos planos e à sabedoria de Yahweh.

---

[40]Bultmann, *Theology of the New Testament* [Teologia do Novo Testamento], 1:322.
[41]*A Short Explanation of Dr. Martin Luther's Small Catechism* [Pequena explicação do catecismo menor de Lutero], ed. rev. (St. Louis: Concordia, 1965), p. 5.
[42]Barth, *CD* II, 1:35-37.
[43]João Calvino, *The Catechism of the Church of Geneva* [Catecismo da igreja de Genebra] (Hartford: Sheldon and Goodwin, 1815), p. 10. Cf. Barth, *CD* III, 2:182-86.

Existe uma diferença entre a posição de pessoas que creem em Jesus e a posição dos israelitas, no Sinai (Hb 12:18-29), porém não a diferença que esperávamos. Os fiéis não são confrontados por fenômenos audiovisuais assustadores, mas pela Jerusalém celestial: essa diferença aumenta os riscos e torna a experiência mais merecedora de temor. Se os israelitas não escaparam ao responderem a Deus no Sinai, "como escaparemos nós se nos desviarmos daquele que dos céus nos adverte?". Por isso, precisamos "servir a Deus de modo agradável, com reverência e temor; porque o nosso Deus é fogo consumidor" (Dt 4:24), como o de Israel. Portanto, devemos nos esforçar para entrar no descanso sabático oferecido por Deus, descansando, assim, das próprias obras, a fim de não perecermos, como muitos israelitas (Hb 4:11).

Confiando

"É mediante o Espírito que aguardamos com fé a justiça, que é a nossa esperança", ou melhor, "é pelo Espírito e pela confiança que aguardamos o que esperamos, resultando em nossa retificação" (Gl 5:5).[44] Ambas as opções resumem a sabedoria de Paulo na forma como a vida funciona para os fiéis. Em primeiro lugar, funciona pelo Espírito, com base na intervenção manifesta e poderosa de Deus na vida daquele que crê, levando-o a fazer coisas que, de outra forma, não faria (como orar a Deus como Pai). Em segundo lugar, correlativamente, a vida dos fiéis funciona por sua confiança. O discípulo não inicia o relacionamento ou cresce no relacionamento com Deus com base naquilo que faz, como por sua circuncisão, batismo, guarda do sábado, horas regulares de oração, leitura das Escrituras ou prática religiosa. A vida cristã funciona pela confiança na promessa do Deus que irrompeu em sua vida. Em terceiro lugar, a essência da vida cristã reside na antecipação. Não se trata do que Deus está fazendo no presente, mas do que fará no Fim. Centraliza-se na esperança: não em se apegar a uma atitude esperançosa sem qualquer razão concreta, mas em uma expectativa fundamentada no que Deus já fez. Em linha com a primeira tradução apresentada, podemos dizer que o centro dessa esperança está

---

[44] O primeiro exemplo corresponde ao entendimento mais comum, representado pela NVI; para o segundo exemplo, cf. Fung, *Galatians* [Gálatas], p. 226-27.

na declaração final de Deus, o qual confirmará que, de fato, pertencemos ao povo com que ele tem trabalhado sua justiça no decorrer de milênios. Em linha com a segunda tradução, podemos dizer que a base da esperança é a declaração do que Deus já fez, segundo a qual pertencemos, de fato, a esse povo.

"Não temas" é um imperativo-chave na Bíblia. "Confie em Deus" corresponde ao equivalente positivo. Confiança substitui medo. Um aspecto da falha original da humanidade foi sua recusa em confiar na palavra e na bondade de Deus.

Confiança é a questão essencial na vida de Abraão, culminando em resultados ora positivos, ora negativos. É um tema primordial na vida de Israel durante o trajeto do Egito para Canaã. Em seguida, após a conquista da terra, é uma questão-chave na vida de Israel, em Canaã. Israel confiará em Yahweh para o suprimento de necessidades materiais ou se voltará a "senhores", a Baal e aos demais, como *experts* em fazer a lavoura crescer? Confiará em Yahweh para seu crescimento populacional futuro, para o florescimento do seu povo como elemento-chave da aliança de Deus com Abraão, ou se voltará a "senhores" nessa conexão, como entidades cujo poder garantiria a fertilidade da população feminina? Confiará em Yahweh para seu futuro político, quando, então, deparar com pressões das superpotências, ou se voltará aos aliados humanos, confiando nos recursos militares de estrangeiros ou na palavra de médiuns e adivinhos? Confiará no Yahweh invisível ou reforçará sua fé com imagens de Deus? Confiará em Yahweh ou em si mesmo, desesperando-se em relação ao seu futuro (autoconfiança e desespero como duas alternativas falsas para confiança)?[45]

Uma das razões fundamentais para o descanso no sábado não é a exaustão. Descanso é uma expressão de confiança em Deus para que ele satisfaça necessidades.[46] "O mandamento do Sábado exige a fé em Deus que ocasiona a renúncia do homem, sua renúncia de si mesmo, de tudo que pensa, deseja, influencia e alcança. Exige essa fé renunciante não apenas como atitude geral, mas também como atividade e inatividade

---

[45]Cf. Jürgen Moltmann, *Theology of Hope* [Teologia da esperança] (Londres: SCM Press; Nova Iorque: Harper, 1967), p. 22-26.
[46]Cf. Scott J. Hafemann, *The God of Promise and the Life of Faith* [O Deus da promessa e a vida de fé] (Wheaton: Crossway, 2001), p. 44-50.

particulares no sábado em distinção aos demais dias."[47] A disposição de observar o sábado exige confiança de que alguém poderá, todavia, cultivar alimento suficiente para a sobrevivência da família. Também se relaciona com o mandamento de não cobiçar, sugerindo satisfação em ter menos do que poderíamos ter se trabalhássemos mais arduamente.

Ambas essas observâncias, por sua vez, interligam-se ao dízimo. Abrir mão de um décimo de seus animais e de sua plantação indica risco, bem como contentamento com nossas posses. A ação reconhece que tudo pertence a Deus, o doador. Salmos 37 expõe essa confiança tão drasticamente que ofende o leitor que tem o que comer de sobra com suas afirmações de que Deus nunca deixou de assegurar que o fiel e sua família tivessem o bastante para comer. De modo ordenado, o salmo figura a confiança como "deixar a vida rolar" nas mãos de Yahweh (Sl 37:5).

A Torá mostra que as promessas de Deus e a confiança das pessoas nessas promessas têm precedência sobre regras divinamente estabelecidas; confiança, então, sobrepõe-se à circuncisão (Gl 3). Embora o argumento depois-do-fato elaborado em Gálatas seja o de que Deus deu a Torá para manter Israel sob controle, a lógica do próprio argumento da Torá é que ela expõe como a vida pela confiança em Deus funciona. "Em relação a Jesus, o Ungido, nem circuncisão nem incircuncisão têm qualquer valor, mas a confiança que opera pelo amor"; e a Torá, em sua totalidade, é resumida pelo mandamento do amor ao próximo (Gl 5:6,14).

O sagrado

Uma das razões para guardar o sábado é por ser uma expressão de confiança em Deus, mas há ainda outros motivos. O sábado é um dia de revigoramento e renovação, e os executivos modernos são sábios em tirar um dia de folga; assim, seguem o exemplo de Deus (Gn 2:1-3). Na verdade, como um executivo abastado, Deus poderia usufruir descontração e divertimento durante a criação (Pv 8:22-31), mas, mesmo assim, parou de trabalhar no sétimo dia (em hebraico, *parar* e *sete* são palavras semelhantes), já que o trabalho da semana estava concluído. Trabalho e regozijo podem andar lado a lado; parar de trabalhar e se regozijar

---

[47]Barth, *CD* III, 4:59. Barth faz do sábado o primeiro mandamento em sua descrição da responsabilidade humana para com Deus.

podem andar lado a lado. Uma vez concluído o trabalho, foi bom ter parado e revisto o que foi feito.

Deus, então, abençoa o sábado, o que implica torná-lo uma bênção, fazendo-o abundante, generoso; a inatividade é proveitosa. Israel demonstrará que o sábado consiste em "uma celebração semanal da criação do mundo, uma entronização incontestável de seu criador e a comissão portentosa da humanidade como administradora obediente da criação".[48] Mais paradoxalmente, trabalhar e cessar o trabalho podem andar lado a lado. Deus continua, em sua soberania, ativo, provendo aos animais no sétimo dia, como um fazendeiro o faz (Sl 104:10-18; cf. Jo 5:17).

Deus sacralizou o sétimo dia. É instinto humano marcar certo tempo, espaço, ação ou pessoa como sagrado. O Primeiro Testamento trabalhava com esse instinto. As festas de Israel partiam da ideia de tempo sagrado, tornando festas sacras em comemoração ao ato libertador de Yahweh. No deserto e em Jerusalém, os santuários israelitas partiam da ideia de espaço sagrado, canalizando-os à fé em Yahweh. Os primeiros fiéis em Jesus continuaram a adorar no templo, observar festas e oferecer sacrifícios. Há pouca controvérsia sobre essas questões no Novo Testamento.

Em termos teológicos, o evangelho pode remeter à abolição da categoria do sagrado, porém não ocasionou tal abolição. Enquanto o Novo Testamento não contempla o espaço sagrado, gerações posteriores estabeleceram santuários, para os quais até mesmo aplicaram a palavra *igreja*.[49] No Novo Testamento, Batismo e Ceia do Senhor não são atos sagrados, como se fossem sacrifícios; no entanto, gerações posteriores os levaram da vida comum a contextos ritualísticos e litúrgicos em santuários, de modo que perderam aspectos de seu significado.

No Novo Testamento, o único sacerdócio é o de Jesus e da congregação como um todo, porém gerações posteriores assimilaram o ministério da congregação ao de Israel. O Novo Testamento não tem festas, como Natal e Páscoa, mas as gerações posteriores elaboraram essas festas por um processo análogo ao de Israel.[50] Talvez devamos aceitar a inferência

---

[48] John D. Levenson, *Creation and the Persistence of Evil* [Criação e a persistência do mal] (Princeton e Chichester: Princeton University Press, 1994), p. 120.
[49] Cf. comentários em "Espírito e verdade", seção 1.3.
[50] Cf. comentários em "Religião rebelde", seção 3.1.

do Primeiro Testamento de que o instinto humano de demarcar o sagrado seja parte da forma como Deus criou a humanidade.

No Novo Testamento, o primeiro dia da semana, dia da ressurreição, tornou-se o dia de descanso, não o sábado; além do mais, o dia representa um dos tópicos de maior controvérsia em conexão com o sagrado. Israel assumiu e cultivou o sábado como tempo sagrado; por isso, guardá-lo veio a resumir a guarda da aliança. Neemias contextualiza boa parte desse desenvolvimento: porque Judá consiste em uma comunidade pequena, cercada e envolvida por comunidades diversas, cuja observância ritualística não inclui o sábado, a guarda desse dia realmente destaca Judá, da mesma forma como evidencia a comunidade judaica de hoje.

Na época de Jesus, guardar o sábado ainda destacava tal comprometimento, embora a lógica contextual dessa ênfase houvesse desaparecido. Nesse contexto, Jesus afirma diversos níveis de liberdade a respeito do sábado. Ele não se sente limitado por interpretações contemporâneas da observância sabática, e não considera a guarda do sábado o único princípio que não pode ser anulado por outro princípio (Mt 12:1-14). Jesus observa que a Torá dá a entender que não há problema em circuncidar no sábado (Jo 7:22-24). Ademais, com sua chegada, "aqui está o que é maior do que o templo" (Mt 12:6, NVI), o que, na prática, traduz-se na ideia da presença de alguém maior do que o sábado. O Homem é Senhor do sábado (Mt 12:8). Deus pode continuar trabalhando no sábado pelo fato de ser Deus; Jesus pode fazer o mesmo (Jo 5:16-17).

Após a vinda de Jesus, não se deve mais julgar qualquer pessoa em conexão com a observância do sábado (Cl 2:16). Nesse aspecto, aqueles que assumem uma postura de julgamento em relação a outros apegam-se a práticas devocionais que combinam elementos de fé tradicional judaica com outras formas de cultura contemporânea. Entre as práticas que aprovam estão incluídas questões relacionadas a comida e bebida, mas sua explicação não menciona a circuncisão; sua postura se sobrepõe às preocupações da Torá, porém não são idênticas. Tais pessoas desejam que os fiéis sigam suas práticas e forma de pensamento, advertindo-lhes que, caso contrário, não alcançarão maturidade ou experiência plena com Deus. Dessa forma, esses mestres comprometem a relevância definitiva de Jesus. Práticas assim constituem tentativas de alcançar Deus e encontrá-lo (At 17:27) e, como tais, podem ser divinamente inspiradas.

Todavia, apegar-se a elas ou forçar outros a segui-las depois da vinda de Jesus é apegar-se à sombra quando, na verdade, a realidade já chegou.

Essa consideração não significa que a fé em Jesus não dá lugar a disciplinas relacionadas a comida e bebida, ritos e observâncias. Jesus pressupõe que as pessoas jejuarão, fala de batizar pessoas e sobre a ceia, ou seja, "fazer isso em memória de mim". Entretanto, palavras sobre batismo e sobre ceia, uma celebração semelhante à Páscoa, mostram como essas observâncias se relacionam com o fato de sua vinda. Da mesma maneira, qualquer observância relacionada à comida e à bebida e a quaisquer festas, meses sagrados e sábados vão, agora, relacionar-se com a vinda do Ungido. Elas não têm importância independente ou suplementar, como se Jesus não fosse o suficiente. Pessoas que tratam observâncias como meio de desenvolvimento espiritual, e não como expressão humana de confiança, abandonaram a conexão entre tais práticas e o cabeça, a partir do qual todo corpo cresce (Cl 2:19).

Purificação

Em Israel, as formas de sacrifício e as regras de purificação também partiram de costumes partilhados com as nações circunvizinhas; essas práticas foram canalizadas para a adoração de Yahweh e para a vocação da nação. Sacerdotes de Israel equivaliam a sacerdotes de outros povos, mas também eles eram mobilizados a supervisionar a adoração devida a Yahweh e manter Israel puro, a fim de cumprir sua vocação.

Pureza significa a não adulteração por qualquer coisa que comprometa a qualidade ou a natureza de algo. Ambos os Testamentos empregam a imagem de pureza como categoria para pensarmos sobre propriedade moral e religiosa (e um dos objetivos de Jesus foi lidar com impureza moral e religiosa). Sugere não estar enredado por qualquer coisa inapropriada quanto a um relacionamento com Deus.

Já observamos que o Primeiro Testamento utiliza o imaginário de pureza em uma conexão mais profunda — possivelmente, aquela que jaz por trás de sua aplicação a questões morais e religiosas.[51] Muitos sacrifícios e outros ritos tinham como foco expiar ou dissolver impurezas cuja natureza não dizia respeito a qualquer transgressão direta. Duas

---

[51]Cf. seção 5.4.

formas clássicas de impureza relacionam-se com a morte e com o sexo. O conflito entre morte ou sexo e a natureza de Deus significava que uma pessoa não podia ir diretamente ao santuário logo após ter tido relações sexuais ou contato com um cadáver.

Se, porventura, alguém acabou de enterrar um membro da família, o toque da morte se atrelou a essa pessoa, de modo que ela não pode ir diretamente ao santuário; do contrário, estará comprometendo a natureza do templo como lugar no qual Deus habita. Primeiro ela deve participar de um ritual de purificação para remover esse toque, não apenas por amor a si mesma, mas também pelo bem da comunidade como um todo — uma vez que a comunidade corre o risco de sofrer o abandono de Deus se o santuário estiver comprometido. Essa percepção da lacuna entre Deus e a morte também encontrou expressão em tabus atrelados à menstruação e ao parto, ambos envolvendo sangue e entrelaçando vida e morte de modo misterioso (e.g., Lc 2:22-40). A menstruação é sinal de vida, mas, por envolver perda de sangue, também sinaliza a morte. O nascimento de uma criança traz vida, mas também ameaça a vida da mãe.

De modo semelhante, após ter tido relações sexuais, você precisaria passar por um ritual de purificação antes de se dirigir ao santuário. Não há nada de errado com o sexo, algo criado por Deus, da mesma forma como não há nada de errado em enterrar um membro da família. O tabu surge do fato de o sexo ser alheio à pessoa do próprio Deus.

Pode não ser coincidência o fato de outras religiões acreditarem em deuses que se engajavam em sexo e eram passíveis de morrer. Observâncias de Israel afirmavam aspectos da verdadeira natureza de Deus. O tabu relacionado à morte se interliga com a hesitação de comer carne. Na criação, Deus deu à humanidade plantas e frutos para comer; comer carne veio depois da presença do pecado no mundo. Doravante, Yahweh não bane o consumo de carne, mas exige a drenagem do sangue animal como sinal de respeito pela vida.

As igrejas ocidentais abandonaram boa parte desses tabus, embora não houvesse qualquer razão teológica para fazê-lo, e o Livro Oração Comum da Igreja Anglicana inclui uma forma para o culto, "chamado comumente de 'prática eclesiástica feminina'" após o parto. A ideia de um tabu atrelado à morte e ao sexo é sugestiva no Ocidente do século XXI. Somos inclinados a tratar o sexo como um deus e evitar pensar sobre a morte. Da mesma forma, qualificações para comer carne são sugestivas em um contexto em que tratamos a carne apenas como mercadoria.

Em português, podemos distinguir, de modo conveniente, entre o santo e o sagrado, quando, na verdade, ambas as palavras correspondem a aspectos de um único termo em hebraico e grego — *qādôš* e *hagios*, respectivamente. Por isso, empreguei *sagrado* no decorrer do livro. Intercalamos o uso das palavras *santo* e *sagrado*, o que corresponde ao fato de o hebraico e o grego terem apenas uma única palavra e remeterem à probabilidade de existir uma ligação substancial entre as duas ideias.

7.2 ADORAR

A essência de cumprir a Torá, andar em liberdade ou andar pelo Espírito Santo reside no comprometimento com Yahweh com todo o ser (Dt 6:5; Mc 12:29-30). Tudo o mais deriva desse comprometimento. É um compromisso que elaboramos ao servirmos a Deus com nossa vida no mundo, mas também um engajamento que trabalhamos ao servirmos a Deus em adoração. Essa adoração envolve palavras, ações e plenitude do Espírito, cuja expressão se manifesta em louvor, protesto, intercessão e agradecimento.

Culto/serviço

O cristão ocidental gosta de enfatizar que Deus é relacional e que sua intenção, desde a criação, era ter um relacionamento com a humanidade; mas Deus não diz nada sobre esses assuntos em Gênesis 1—2. Assim, não está claro se, ou em que sentido, a adoração ocorreu no jardim do Éden, embora certa expressão de reconhecimento e apreciação teria sido apropriada a Deus como senhor e provedor da humanidade. O primeiro filho de Adão e Eva toma uma iniciativa, e o segundo filho do casal recusa-se a ser superado. Por razões não declaradas, Yahweh gosta da oferta de Abel mais do que da de Caim, o qual, ressentido, faz da adoração a ocasião para o primeiro homicídio (Gn 4).

Por outro lado, Yahweh, ao trazer os israelitas do Egito, explicita que o faz a fim de levar seu povo a servir a ele, e não ao faraó (e.g., Êx 3:12; 10:3,7,8,11,24,26). Israel é filho e, portanto, servo de Yahweh (Êx 4:23). O serviço de Israel ao faraó envolvia tarefas como trabalho em construção.

Para Yahweh, o serviço dos israelitas envolvia celebrá-lo em uma festa no deserto. Em conexão com tal serviço a Yahweh, algumas versões modernas traduzem o verbo 'ābad como "adorar", enquanto o verbo comumente significa "servir". A tradução introduz uma divisão entre dois aspectos do serviço e obscurece o significado de adoração. Há um serviço a Deus que lhe oferecemos ao realizar as tarefas da vida diária; há outro, porém, que oferecemos por meio de ações simbólicas e palavras.

Como a adoração serve a Deus? Para algumas pessoas, a ideia de que sacrifício gera "cheiro agradável a Yahweh" (e.g., Lv 1:9,13,17) pode sugerir que o sacrifício é uma forma de alimentar a deidade. Entretanto, a Torá rejeita essa ideia, assim como Paulo, ao usar seu imaginário (Ef 5:2; cf. 2Co 2:14-16). A vivacidade da metáfora se compara ao pressuposto cristão de que Deus gosta do som dos hinos que lhe cantamos. Nesse aspecto, talvez, nosso relacionamento com Yahweh se equipare ao relacionamento que temos com outros seres humanos. Marido e mulher fazem coisas práticas um pelo outro, presenteiam um ao outro e declaram um ao outro seu amor. Assim, "servir" inclui adoração, mas também cobre a totalidade da vida.

Conquanto a tarefa da igreja seja servir a Deus, seus membros devem servir uns aos outros (e.g., Rm 15:25; 2Co 9:1; Hb 6:10).[52] Em Corinto, a adoração era caracterizada por desordem e comodismo, quando, na verdade, os membros deveriam preocupar-se com a edificação da congregação e, assim, "com autoentrega e serviço, com renúncia de direitos individuais. [...] Diretrizes de Paulo para a adoração não passam de aplicações práticas da 'teologia da cruz'".[53]

As igrejas têm "culto"[54] aos domingos, e a linguagem corresponde com uma forma pela qual as Escrituras falam de adoração como serviço oferecido a Deus. "Sirvamos a Deus de modo agradável, com reverência e respeito" (Hb 12:28): o verbo e o substantivo correlato (*latreuō*, *latreia*) são os mesmos usados anteriormente na carta para descrever adoração

---

[52]Quanto ao povo de Deus servir o mundo, cf. "Aprendiz, sacerdote, servo", seção 6.1.
[53]Gunther Bornkamm, *Paul* [Paulo] (Nova Iorque: Harper; Londres: Hodder, 1971), p. 187.
[54]Em inglês, uma das palavras comumente usadas para o "culto" em igrejas é "*service*" [serviço], nesse caso a ligação que o autor faz tornar-se muito mais clara; porém, em português, a raiz da palavra "culto" — em latim "*cultus*" — está conectada ao cultivo do solo, uma forma de servir/cultuar. [N. E.]

no templo (Hb 9:1,6,9,14; 10:2). Paulo vê esse serviço a Deus como um dos privilégios de Israel (Rm 9:4). Evidentemente, os "cultos" acabaram por se transformar em um meio de satisfação para os adoradores, de modo que a noção de "serviço" desaparece; essa é uma forma de interpretar o que estava acontecendo na adoração da igreja de Corinto. Em Israel, as pessoas podiam ser entusiásticas em sua adoração, mas não atrelar esse "serviço" com uma vida fora da adoração que corresponde a quem Deus é. Em um paradoxo ainda maior, ao passo que a adoração cristã nada custa ao adorador, a adoração israelita custava; ainda assim, porém, podia ser inaceitável a Deus por causa dessa disparidade (e.g., Is 1:10-20).

Da mesma forma que se referia à adoração como serviço, Paulo podia dizer: "Sirvo a Deus em meu espírito", mencionando-o em conexão com "o evangelho de seu Filho" (Rm 1:9) — ou seja, pregando o evangelho —, e ele prossegue para instar o leitor a realizar um "serviço" cujo envolvimento é de entrega total (literalmente, "entrega do corpo") a Deus como sacrifício (Rm 12:1-2). Trata-se de um ato exterior e físico de adoração, um culto envolvendo um tipo diferente de sacrifício, ou seja, um sacrifício *logikos*: um que decorre logicamente dos fatos apresentados, uma adoração "digna de seres pensantes".[55] Seu culto será "santo" e "agradável a Deus".

Mantendo unidos os conceitos de adoração e dedicação a Deus, o Novo Testamento segue a Torá, que especifica a injunção "sejam santos, porque eu sou santo" como: respeito pelos pais, observância do sábado, a não confecção de ídolos, reverência em conexão com ofertas, deixar parte da colheita para o necessitado e renúncia de roubo, mentira, dissimulação, juramento falso, fraude e retenção do pagamento do assalariado (Lv 19:1-13). Também em Romanos, "a *dedicação* expressa na sacralidade do culto" estende-se a "relacionamentos cotidianos", de modo que "santidade" se aplica não apenas a atos, pessoas e lugares específicos, mas a atos cotidianos, realizados por pessoas comuns em sua vida diária.[56] Como na Torá, o livro de Romanos retém então aspectos de um relacionamento com Deus que facilmente se desfazem.

---

[55]Tradução da *Jerusalem Bible* [Bíblia de Jerusalém]; cf. T. Wright, "The Letter to the Romans" [A carta aos Romanos], em Leander E. Keck *et al.*, eds., *The New Interpreter's Bible* [Nova Bíblia do intérprete] (Nashville: Abingdon, 2002), 10:393-770, sobre essa passagem.
[56]Dunn, *Theology of Paul the Apostle* [Teologia do apóstolo Paulo], p. 545. Dunn vê Paulo como que introduzindo uma ideia nova; podemos, porém, encontrá-la por toda a Torá.

Palavras e ações

Servir a Deus envolve palavras e ações, tanto no contexto do templo como nas demais esferas da vida. Outra palavra hebraica traduzida comumente como adoração (*hištaḥăwâ*) significa, mais literalmente, "prostrar-se". Em Salmos 95:6, termos para descrever adoração correspondem a partes do corpo: "prostrados", "ajoelhemos"; e o ajoelhar-se não diz respeito a uma versão dignificada, praticada por membros da Igreja Episcopal, como eu, com o auxílio de um genuflexório e com algo no qual apoiar-se, mas o tipo de prostração praticada por mulçumanos.

O que importa, porém, é aquele perante o qual você se prostra. A primeira consideração-chave sobre a adoração é a identidade de seu objeto. Israel deve adorar apenas Yahweh, o único Deus, o Deus cujo ser é, agora, expresso pela vinda de Jesus e pelo derramamento do Espírito Santo. A segunda consideração-chave é que a adoração não pode envolver imagens de Deus, mesmo quando tidas por um recurso visual útil. Isso se dá porque, por sua natureza, a imagem encoraja o adorador a confundir o Deus verdadeiro com deuses imaginários; e, mais especificamente, o fiel está fadado a descaracterizar Yahweh, o Deus que fala e age, diferentemente de outros deuses.

O sacrifício constituía uma parte natural da vida de Israel, e o Novo Testamento indica que os primeiros cristãos participavam da adoração diária do templo de Jerusalém (At 2:46; 3:1). A fé judaica adotava um padrão regular diário de oração, parcialmente associado com os sacrifícios da manhã e da tarde. Embora referências bíblicas e em escritos judaicos deem a entender que o padrão mudou no decorrer dos séculos, o princípio era que pessoas podiam ir ao templo de Jerusalém para orar em horários pré-estabelecidos e que aqueles cuja circunstância os incapacitava de comparecer podiam partilhar as orações a distância (cf. Dn 6).

A compreensão da morte de Jesus como sacrifício eterno sugere que as práticas sacrificiais associadas ao templo são redundantes, visto que seu objetivo principal é expiação e purificação. Contudo, na Torá, a expiação não é seu objetivo principal. De modo mais central, o sacrifício é uma expressão de compromisso, louvor, agradecimento e comunhão.[57]

---

[57]Compare com os comentários de Barth sobre sacrifício como expressão de agradecimento pela revelação de Deus, sendo, assim, um gesto de regozijo e admiração (*CD* II,

Por isso, a maioria dos sacrifícios podia continuar, mesmo depois do sacrifício eterno de Jesus. Até mesmo os sacrifícios expiatórios podiam continuar, mas como memoriais. Ao passo que o pensamento ocidental entende "sacrifício" no sentido de "perda sofrida por amor de alguém", nas sociedades tradicionais conota a entrega de algo a Deus, tendo, assim, "um significado positivo e até mesmo exultante"; os sacrifícios eram ocasiões de festejo e celebração.[58] Sua expressão de alegria manifesta-se em brados, movimento, música e prostração (e.g., Sl 105; 145).

Ambos os Testamentos apontam para ideias complementares sobre o ritmo da adoração, em conexão com padrões anuais, semanais e diários. A Torá enfatiza ocasiões festivas anuais dos Pães sem Fermento/Páscoa, Pentecoste e Cabanas — festas cuja celebração une o ciclo anual da colheita com a comemoração das ações de Deus ao libertar Israel do Egito. Ocasiões familiares de peregrinação e feriado semanal como essas são de primordial importância para a adoração, tornando a dinâmica da adoração de Israel diferente daquela que foi desenvolvida no Ocidente, em que a adoração ocupa cerca de uma hora por semana. O livro de Salmos aponta ainda mais profundamente a relevância espiritual das festas de peregrinação àqueles que só podiam comparecer ao templo uma ou duas vezes por ano ou para pessoas que, por alguma razão, estavam impossibilitadas de ir a Jerusalém (cf., e.g., Sl 42—43; 63; 84; 122).[59]

O Novo Testamento aponta que os primeiros cristãos também continuaram a observar as festas (e.g., At 20:16), sem dúvida recalibradas e orientadas por Jesus. As festas não têm equivalentes no Novo Testamento, mas a igreja, com o passar do tempo, desenvolveu um calendário equivalente, comemorando os eventos relacionados ao Novo Testamento, compostos por: Advento, Natal, Epifania do Senhor, Quarta-feira de cinzas, Quaresma, Páscoa e Pentecoste. Enquanto o sábado semanal tem importância-chave para a fé israelita, não se trata, no Primeiro Testamento, de uma ocasião explícita para adoração, embora tenha assumido esse papel no Novo (e.g., At 16:13). Todavia, não seria de surpreender se fosse a ocasião para o ensino da Torá, com ênfase especial em Deuteronômio.

1:215-21).
[58] Larry Hurtado, *At the Origins of Christian Worship* [Nas origens da adoração cristã] (Carlisle: Paternoster, 1999), p. 24.
[59] Cf. "Esplendor, nome", seção 1.3.

O Novo Testamento mostra que os cristãos se encontravam no primeiro dia da semana, o dia da ressurreição (At 20:7; 1Co 16:2).

Encham-se do Espírito

Apenas uma fração de crentes em Jesus vivia nas proximidades do templo, e as práticas de adoração em que a maioria deles estava envolvida, incluindo a refeição celebrando a morte do Senhor até o seu retorno, concentravam-se no lar. O etos da comunidade, assim, não se diferenciava tanto dos costumes de Israel, visto que a maioria das pessoas vivia longe demais do templo para se encontrar lá regularmente (anteriormente, os israelitas iam aos "altos", mas o Primeiro Testamento é ambíguo em relação a esse tipo de adoração).

Deuteronômio presume que o lar é o lugar adequado para se lembrar do que Deus fez pelo seu povo e para discutir as expectativas dele. Ajuntamentos no lar envolviam mulher e homem, criança e adulto, proprietário de terra e servo, nativo e estrangeiro. As congregações de crentes em Jesus, que adoravam nos lares, também eram mistas. A adoração israelita caracterizava-se pela recordação e pela antecipação, e a adoração dos crentes em Jesus seria semelhante: os cristãos proclamavam a morte do Senhor (recordação) até a sua vinda (antecipação). No entanto, "se uma comunidade sem culto era prática e sustentável [...] é outra questão".[60] Certamente, não. Além de um calendário festivo, a fé cristã de fato reestabeleceu santuários e o sacerdócio, transformou o sábado no Dia do Senhor, e a Ceia do Senhor em algo parecido com um sacrifício.

A ligação entre adoração e o restante da vida está implícita no discurso do Novo Testamento sobre o Espírito Santo. Paralela à ligação natural na Torá entre o tratamento respeitoso de ofertas e a segurança de que os necessitados podiam apropriar-se de algo da colheita é a conexão do Novo Testamento entre adoração e submissão mútua, que são fruto do Espírito: "Encham-se do Espírito, falando uns com os outros com salmos, hinos, cânticos inspirados pelo Espírito, cantando e louvando de coração ao Senhor, dando graças o tempo todo e em favor de todos em nome do nosso Senhor Jesus, o Ungido, a Deus, o Pai, sujeitando-se uns aos outros em reverência ao Ungido" (Ef 5:18-21).

---

[60]Dunn, *Theology of Paul the Apostle* [Teologia do apóstolo Paulo], p. 548.

Essa exortação parte do pressuposto de que a adoração envolve outras pessoas, não apenas Deus (cf. Cl 3:16-17); seu objetivo é a glória de Deus e a edificação de outros. Embora a adoração surja do interior da pessoa, a necessidade de se dirigir às outras pessoas exige que ela seja expressa exteriormente; suas manifestações interior e exterior são necessárias. Não há referências à adoração oferecida por amor de si ou como edificação apenas individual.

Em uma congregação como a de Corinto, a adoração se desdobra a partir da iniciativa de muitas pessoas diferentes. Não há uma ordem estabelecida, e essa flexibilidade abre portas para a desordem; mas esse problema não leva Paulo a orientar que alguém deva ter a responsabilidade de atuar como líder de adoração. A adoração envolve cânticos e palavras direcionadas a Deus, bem como cânticos e palavras direcionadas aos membros da congregação. Homem e mulher podem levar a igreja a orar e profetizar, visto que ambos se relacionam com Deus pelo mesmo fundamento (Gl 3:28).[61]

Quando pessoas "se reúnem como congregação" (*en ekklēsia*; 1Co 11:18), compartilham mensagens em línguas e profecia (1Co 14:22-28). Ao mesmo tempo que cantam salmos do Primeiro Testamento, a congregação compartilha "cânticos inspirados pelo Espírito": a expressão aponta para composições semelhantes aos salmos, análogas às encontradas nos manuscritos de Qumran e àquelas que são incluídas no Novo Testamento, como os cânticos de Maria e Zacarias. As cartas de Paulo eram lidas nessas reuniões (Cl 4:16). Enquanto membros da congregação se envolviam no ensino mútuo por meio de profecias, línguas e cânticos, esse compartilhamento não excluía a existência de líderes, cuja função era "exortar" (1Ts 5:12). Podemos imaginar a congregação se reunindo aos domingos, depois de uma refeição semelhante àquela encontrada na prática judaica do sábado, com orações seguindo padrões judaicos (*bārûk ʾattâ ʾădōnāy ʾĕlōhenû...*, "Bendito sejas tu, Senhor, nosso Deus...") e com a leitura das Escrituras. Não temos, porém, qualquer evidência de que os cultos acontecessem assim.

---

[61]Cf. Gordon D. Fee, *God's Empowering Presence* [Presença empoderadora de Deus] (Peabody: Hendrickson, 1994), p. 885.

Louvor

Em Efésios, as exortações de Paulo correspondem à forma pela qual ele começa a carta, ou seja, com louvor, ação de graças e oração, formando um paralelo com as três formas dominantes de se dirigir a Deus nos Salmos. O apóstolo começa: "Bendito seja o Deus e Pai do nosso Senhor Jesus, o Ungido" (Ef 1:3), e prossegue para explicar a razão para esse louvor em termos de tudo que Deus fez pelo seu povo em Jesus. Esse louvor corresponde ao início de 1Pedro (1Pe 1:3-12). A mensagem do evangelho é uma palavra de graça e, portanto, o estado da humanidade é "um estado de gratidão": a *eucharistia* responde à *charis*.[62]

Os Salmos de louvor demonstram adoração a Deus pela maravilha da criação e por seus atos poderosos na história de Israel (e.g., Sl 33; 104; 147). Os louvores do Novo Testamento formam um paralelo com esse padrão de adoração a Deus pelo que ele fez em Jesus. Tal louvor relaciona-se então, não ao que Deus fez por determinada geração de israelitas ou por determinada congregação em particular, mas pelo que fez pelo mundo como um todo e por seu povo como um todo. Embora possa enfatizar a natureza racional da adoração, esse louvor também pode ser inefável. Em Salmos, duas das palavras mais comuns para adoração são *hālal* (como em "aleluia") e *rānan*, termos aparentemente onomatopaicos para louvor, cuja pronúncia envolve simplesmente o som de *lalala* ou *nanana*. O Saltério fecha com um salmo que apenas insta as pessoas ao *hālal*, sem explicitar as razões (sem dúvida, os 149 salmos anteriores dão essas razões).

Considerando que o termo "sacrifício" passou a indicar perda sofrida por causa de alguém, mas que em uma sociedade tradicional conota dar algo a Deus e tem "um significado positivo e até mesmo exultante", os sacrifícios eram ocasiões de festejo e celebração.[63] Conforme já destacado, o louvor é expresso em alegria (e.g., Sl 100), e a alegria associada à oferta do sacrifício se expressa em brados, movimento, música e prostração (e.g., Sl 105; 145). Em um contexto do Novo Testamento, o louvor em línguas teria um lugar equivalente como forma de louvor que não edifica a congregação, porém comunica-se com Deus (1Co 14:2).

---

[62] Barth, *CD* III, 2:166-67.
[63] Hurtado, *At the Origins of Christian Worship* [Nas origens da adoração cristã], p. 24.

O louvor de uma congregação se concentrará no que Deus fez por ela em Jesus, e esse foco caracterizará seu encontro para a Ceia do Senhor. Adoração é um acontecimento segundo o qual, em recordação e esperança, posicionamo-nos na história do envolvimento de Deus com o mundo e a contextualizamos em nossas dores, alegrias, falhas e esperanças da vida diária; a história mais ampla de Deus encontra expressão em nossa vida cotidiana.[64] O partir do pão da congregação e o beber do cálice ocorrem "em ato memorial" de Jesus (1Co 11:23-25), que "proclama a morte do Senhor", fazendo-o "até que ele venha" (1Co 11:26). O comentário de Paulo no contexto mais amplo desse lembrete estabelece a conexão entre adoração e o restante da vida, a ligação da qual os coríntios parecem não se dar conta (1Co 11:17-22,27-34). Salmos 95 estabelece a mesma conexão: o louvor conduz à atenção para com o que Deus tem a dizer; nossa atenção ao que ele diz, por sua vez, leva-nos a confrontar nosso louvor.

Na visão de João, os 144 mil fazem música e entoam um cântico novo (Ap 14:1-3). A novidade de sua canção pode estar no foco em Jesus, em comparação com os cânticos do Primeiro Testamento; os 144 mil se apropriam dos cânticos do Primeiro Testamento e os ampliam. Eles — e as pessoas de todas as nações, que se juntam em adoração — estão protegidos e, tendo sido comprados dentre os homens e ofertados como primícias a Deus e ao Cordeiro, descansarão de suas fadigas. Sua segurança resulta de sua pureza, pois seguiram o cordeiro por toda parte, sendo verdadeiros, irrepreensíveis, perseverantes, obedientes e fiéis a Jesus. O cântico de Moisés e do cordeiro (Ap 15:1-4), então, é a resposta à ira de Deus, o que significa que seu justo juízo foi revelado. Como ocorre em Salmos, o louvor de Apocalipse normalmente envolve afirmações que parecem contradizer a forma como as coisas se assemelham fora do contexto da adoração. Assim, um dos aspectos mais importantes do louvor é o de "construir o mundo" em termos de desmentir a forma como as coisas se assemelham (Assíria e Roma, por exemplo, não são senhores das nações). Os louvores declaram a realidade segundo a qual o verdadeiro rei do mundo é Yahweh.[65]

---

[64]Cf. Jürgen Moltmann, *The Church in the Power of the Spirit* [A igreja no poder do Espírito] (Londres: SCM Press; Nova Iorque: Harper, 1977), p. 261-62.
[65]Cf. Walter Brueggemann, *Israel's Praise* [Louvor de Israel] (Filadélfia: Fortress, 1988).

A vida cristã, a vida dos filhos de Deus, consiste nestes dois conceitos: amor e louvor. [...] O amor cristão não pode ser entendido, exceto como agradecimento que o cristão deve a Deus em sua obra reveladora e reconciliadora. A totalidade na qual Deus deseja ser amado por nós, segundo o seu mandamento, exclui qualquer tipo de autoglorificação, toda reivindicação que aquele que ama possa fazer ao Amado em razão do seu amor. [...] Portanto, amar a Deus — e é nesse ponto que o amor se une ao louvor — significa que, em nossa própria existência, tornamo-nos um sinal do que Deus, como único Senhor, fez por nós e é por nos.[66]

Oração

Os cristãos normalmente entendem oração como algo meditativo; após um bom tempo de oração, sentimo-nos melhor. Contudo, a importância da oração reside no fato de que Deus a ouve. "Eis uma declaração que, em grande medida, ainda não foi muito afetada pelo cartesianismo: temos mais certeza de que Deus escuta a nossa oração do que da oração que lhe dirigimos."[67]

A oração tem seu contexto em nossa posição como servos em relação ao senhor, cidadãos em relação ao rei ou de filhos em relação ao pai. Esse relacionamento envolve submissão humilde e sincera, mas, por ser um relacionamento mútuo, também sugere o compromisso de Deus para conosco. Servos de Deus e cidadãos do reino podem, assim, dirigir-se a ele como "meu Deus" e "meu Senhor", esperando nele da mesma forma que os servos fazem com seu senhor e senhora (e.g., Sl 16; 123). Os servos de Deus podem ter essa expectativa por também serem filhos: "Aba é vocativo; é oração antes de teologia". Oração é o contexto em que a palavra ocorre no Novo Testamento; de fato, "orar *a* Jesus em vez de *por intermédio* dele e *ao* Espírito, e não *nele*, é manifestar dúvidas sobre o nosso relacionamento com o Pai".[68]

Em termos de relacionamento entre servo e senhor, é natural colocar-se de pé para orar; também seria estranho se um servo orasse preocupado em ser sofisticado e chamar a atenção para si em vez de agir

---

[66]Barth, *CD* I, 2:371,400,401.
[67]Barth, *CD* III, 4:107.
[68]Thomas A. Smail, *The Forgotten Father* [O pai esquecido] (Londres: Hodder, 1980; Grand Rapids: Eerdmans, 1981), p. 160, 169.

de forma discreta e direta (Mt 6:5-15). Ajoelhar-se, o que, novamente, implica prostração, de modo que a cabeça toca o chão e assim "lambe o pó" (e.g., Ef 3:14), é uma marca de forte percepção da necessidade de se rebaixar (e.g., Mt 26:39). No entanto, jamais devemos pensar que nossa oração será considerada irrelevante e inaceitável (Lc 11:5-8).[69]

Jesus encoraja os discípulos a orar "em seu nome", na expectativa de receber respostas (Jo 15:16). Eles podem fazê-lo ao terminar sua oração com a frase "em nome de Jesus", mas há mais do que isso. Implica orar de acordo com quem Jesus é. O conteúdo das orações de Paulo ilustra ainda mais a natureza da oração em nome de Jesus, como a "oração do Pai-Nosso". Antes de tudo, a oração não é "minha"; oramos em termos de "nosso" e "nós", o que implica orar o tipo de oração que Jesus faria; os Evangelhos ilustram esse tipo de oração. Implica estar preparado para se submeter ao Pai e levar um "não" como resposta, como aconteceu com Jesus. Paradoxalmente, Deus concede respostas à oração que diz: "Seja feita a tua vontade, não a minha". Na prática, Abraão pressupõe essa ideia quando concorda em oferecer seu filho amado a Deus.

Jesus afirma que orações como práticas do jejum e esmola acarretam recompensas (outras além da oração atendida) porque consistem em um tipo de serviço que oferecemos ao nosso senhor. O conteúdo da oração do Pai-Nosso remete à razão disto: trata-se de uma oração para que o nome de Deus seja santificado, seu reino se torne uma realidade e sua vontade seja feita. Embora a oração do Pai-Nosso também seja "o início e fim do pensamento moral",[70] nossa tarefa não é ocasionar a santificação, o reinado e a obediência de que ela fala, mas instar a Deus que o faça. É uma oração capaz de estimular o gabinete celestial para que tome uma ação nesse sentido. Oramos em nosso favor para que Deus nos dê pão, perdão, proteção e libertação. O fato de Deus saber que precisamos dessas coisas é o suficiente para que oremos de forma simples, mas não uma razão para deixarmos de orar (Mt 6:7-13).

Nas Escrituras, as ideias concernentes à oração estabelecem um contraste com as suposições ocidentais comuns. Oramos não para mudar a

---

[69]Cf. David Crump, *Knocking on Heaven's Door* [Batendo à porta do céu] (Grand Rapids: Baker, 2006), p. 71-72.
[70]Oliver O'Donovan, *Finding and Seeking* [Encontrando e procurando] (Grand Rapids e Cambridge, Reino Unido: Eerdmans, 2014), p. 147.

nós mesmos, mas a Deus; não oramos para assimilar aquilo que Deus já intenciona. O propósito da oração é persuadir Yahweh a tomar atitude no mundo. O ponto central da oração não é funcionar como recurso terapêutico, nem fazer com que nos sintamos melhor. Tampouco consiste em uma forma velada de comprometimento pessoal ("Senhor, faz-me ansiar mais por justiça"). Oração diz respeito a levar Deus a agir. Em ambos os Testamentos, um dos argumentos mais poderosos nesse contexto surge a partir de uma preocupação com o nome de Yahweh, bem como pela preocupação com o sofrimento pessoal.

Protesto

Nas Escrituras, a oração é uma das formas mais importantes com que lidamos com "o problema do sofrimento". A Bíblia ressalta o sofrimento mais como uma questão de espiritualidade do que como um problema acadêmico; para ela, a forma como lidamos com o sofrimento é mais importante do que entendê-lo. Na Escritura, "a experiência do sofrimento deve ser lançada diante de Deus".[71] Ela sabe que o clamor das pessoas que foram injustiçadas e o clamor do sangue derramado chegam à presença de Deus (Gn 4:10; 18:20-21; Êx 2:23-24; 5:19-23). Até pessoas cujo sofrimento é merecido podem clamar dessa forma e esperar serem ouvidas (Lm 1:4,8,11,21,22).

Tais orações de protesto podem resultar de indivíduos e da comunidade como um todo: há protestos "eu" e protestos "nós", embora seja difícil distinguir entre orações individuais e comunitárias. As orações que constituem o livro de Lamentações são comunitárias, porém uma delas assume a forma "eu"; podemos comparar as orações de reis como Josafá, liderando seu povo (2Cr 20), ou como as de Ezequias, que ora em favor do seu povo, mas sozinho (2Rs 19). A congregação de fiéis é o corpo de pessoas invocando o nome do Senhor (1Co 1:2), e aqueles que invocam seu nome são salvos (Rm 10:13).

O livro de Salmos ilustra a natureza desse tipo de oração, assim como as orações de Jesus (e.g., Mc 14:32-39; 15:34) refletem esse mesmo entendimento. Paulo se apropria do modo de orar estabelecido

---

[71]Feldmeier e Spieckermann, *God of the Living* [Deus dos vivos], p. 361.

nos Salmos (e.g., Rm 8:36), bem como os martirizados por seu testemunho de Jesus (Ap 6:9-11). À luz da morte e da ressurreição de Jesus, os mártires apelam ao Homem para que apresse o tempo em que virá para trazer justiça (Lc 18:1-8). Essas orações são confrontadoras, urgentes, prementes, questionadoras, contestadoras, dissociadas e desafiadoras. Tipicamente, dão mais espaço apenas para descrever a necessidade bruta a partir da qual a oração resulta. Enquanto a oração ocidental dá pouco espaço para descrever a situação e o espaço consideráveis para sugerir a atitude que Deus pode tomar, a oração bíblica inverte essas proporções. Dá espaço considerável ao lamento da situação (razão pela qual empregamos o termo moderno *lamentos* para orações de protesto), na convicção de obter, assim, a atenção de Deus. Essa forma de lamento parte do pressuposto de que Deus sabe precisamente como trabalhar para libertar seu povo e abater os opressores.

Ademais, esse tipo de lamento é atendido — ao menos frequentemente. O livro de Salmos dá a entender que as respostas acontecem normalmente em dois estágios. Ana (1Sm 1) derrama sua dor a Deus e, por fim, quando o sacerdote Eli percebe o que está acontecendo, traz-lhe a resposta divina. Deus ouvira a oração de Ana, e ela volta para casa transformada. Até então, porém, Ana recebe apenas o primeiro estágio de uma resposta; ela sabe que Deus a ouviu e que está comprometido a lidar com sua necessidade, ainda que não tenha agido prontamente. Depois de um tempo é que Deus age, e Ana chega ao segundo estágio da resposta à sua oração. Orações de protesto, como a que ocorre em Salmos 22, referindo-se ao primeiro estágio, terminam com uma declaração de que Deus respondeu à oração. Outras orações de protesto não incorporam qualquer percepção de uma resposta divina, mesmo nesse primeiro estágio (e.g., Sl 88). Ao que parece, você retorna amanhã, depois de amanhã etc., até receber uma resposta, como Jó, ou ter de se submeter, como Jesus.

Não ter a oração respondida não é o único risco que corremos: as respostas à oração também podem ser confrontadoras, como a resposta de Deus a Jó. Ou podem ser negativas, como a resposta de Deus a Jeremias. Nos Salmos, uma possível proteção contra uma dura resposta divina está no reconhecimento de que somos basicamente pessoas comprometidas com os caminhos de Deus, como Jó, Paulo ou Jesus. Também é possível que eu tenha de fazer uma confissão a fim esclarecer as coisas entre mim e Deus.[72]

Intercessão

Normalmente, a intercessão aparece nas frases de abertura das cartas de Paulo, na expressão de um desejo que o leitor receba, caracteristicamente, graça e paz. Efésios segue esse desejo por um ato de louvor e, então, por sua primeira intercessão principal, cujo ponto de partida é ação de graças (Ef 1:2-22). A intercessão aparece mais uma vez (Ef 3:14-19) em um ponto culminante da carta; sem dúvida, esse registro da última intercessão de Paulo está retomando a anterior, de modo que a intercessão domina a primeira metade da carta. Em ambos os contextos, relaciona-se de perto com a exposição teológica; assim, o assunto da intercessão diz respeito ao entendimento teológico dos efésios, e a exposição teológica só se completa com a intercessão. Em seguida, há mais uma manifestação de louvor (Ef 3:20-21); por isso, tanto a exposição como a intercessão são estabelecidos em um contexto de louvor, que, por sua vez, fornece a estrutura exterior para a exposição teológica. As intercessões são incompletas sem teologia; a teologia é incompleta sem intercessão e louvor; o louvor é incompleto sem teologia.

Na abertura semelhante de Colossenses (Cl 1:2-23), também é difícil saber quando o registro da intercessão e da ação de graças de Paulo termina, uma vez que sua oração acaba sendo uma exposição da verdade sobre Jesus. A oração de Paulo é que Deus encha a congregação com um conhecimento de sua vontade por intermédio da sabedoria e *insight* que o Espírito dá; desse modo, os fiéis em Colossos viverão de modo digno do Senhor, crescerão no conhecimento de Deus, perseverarão e darão graças pelo que Deus realizou em Jesus.

Assim, Paulo ora por congregações diferentes e deseja que elas orem por ele à luz das pressões que lhe sobrevêm, para que, então, o apóstolo seja capaz de cumprir seu ministério (Ef 6:18-20; cf. Cl 4:2-4; 2Ts 2:16—3:5). Paulo deseja que, pela oração, os fiéis em Roma compartilhem a luta envolvida em seu ministério, que inclui neutralizar a

---

[72]Cf. "Penitência", seção 6.3.

oposição de comunidades que se opõem à obra de Paulo, embora creiam em Jesus (Rm 15:30-32). A comunidade de Roma se envolverá com essa luta ao tomar parte ativa nas disputas que ocorrem no gabinete celestial. O mesmo se aplica a Epafras, alguém que luta, contende e se posiciona em oração em favor dos colossenses (Cl 4:12). O aprisionamento de Paulo redundará em salvação "pelas orações de vocês e o auxílio do Espírito de Jesus, o Ungido" (Fp 1:19). A oração dos filipenses desempenha papel relevante nessa concretização.

O exemplo da mulher cananeia (Mt 15:21-28) dá a entender que a intercessão pode envolver uma luta *com* Deus e a recusa de levar "não" como resposta. A oração de Abraão por Sodoma (Gn 18) contrasta com sua submissão quando Deus lhe exigiu a oferta de seu filho; orar pelos outros é diferente de orar por nós mesmos. Envolve pedir, buscar, bater (Mt 7:7-11) em prol de outras pessoas. "Se vocês permanecerem em mim, e as minhas palavras permanecerem em vocês, pedirão o que quiserem, e lhes será concedido" (Jo 15:7, NVI). No passado, os discípulos não pediam em nome de Jesus; agora eles o farão. Receberão respostas à oração e ficarão tomados de alegria (Jo 16:24). A novidade aqui não é que eles não tenham pedido algo a Deus antes e tenham recebido, porque os israelitas sempre oraram e obtiveram respostas. O novo é que agora os discípulos pedem em nome de Jesus, ou seja, à luz da revelação personificada de quem Deus é e de seu novo *insight* sobre os propósitos divinos e, portanto, em uma convicção mais firme.

A intercessão de profetas como Amós e Jeremias e de líderes como Esdras e Neemias formam um paralelo com as orações dos Salmos, dando a entender que as orações de protesto do Saltério podiam ser usadas como intercessão; protestamos e suplicamos em favor de outras pessoas, em seu sofrimento. A oração desses líderes e profetas ilustra como podemos usar os Salmos para orar por "eles" em vez de orar por "nós".

É como se "Jesus, por meio de sua cumplicidade silenciosa em sua própria vitimização, exigida por Deus como preço da nossa redenção, parecesse, por seu exemplo, aceitar passivamente a violência sofrida pelo oprimido".[73] O desconforto cristão no que diz respeito a salmos de protesto

---

[73]Sandra M. Schneiders, "The Lamb of God and the Forgiveness of Sin(s) in the Fourth Gospel" [O Cordeiro de Deus e o perdão do(s) Pecado(s) no quarto Evangelho], *Catholic Biblical Quarterly* 73 (2011): 1-29 (em 3).

poderia ter a mesma implicação. O uso de salmos de protesto como intercessão salvaguarda contra o perigo dessa dinâmica. Tudo bem que o oprimido aceite a violência das pessoas, desde que seus irmãos e irmãs não sejam violentos em suas ações ou em suas orações. A ideia central de salmos vindicativos é que estes são orações direcionadas a Deus para que ele abata os opressores daqueles em favor dos quais estou orando.

Mais uma vez, fica evidente que a ideia da oração não é mudar a nós mesmos, mas mudar a posição de Deus. Entretanto, nossa ousadia em buscá-lo pode ser encorajada por uma percepção da possibilidade de que estamos respondendo ao convite de Deus. Quando Abraão buscou ser bênção para Sodoma ao interceder por esse centro de incredulidade e opressão, ele o fez porque Deus lhe apareceu, contando-lhe sua intenção com relação a Sodoma e Gomorra; aparentemente, Deus permaneceu na presença de Abraão, depois de lhe revelar sua intenção, para ver se o patriarca queria dizer-lhe alguma coisa. A despeito da forma correta de entendermos o texto neste ponto,[74] não há dúvidas de que o fechamento do diálogo entre Abraão e Deus, no qual o patriarca incita Deus a mudar de pensamento quanto a Sodoma, acontece quando "Yahweh terminou de falar com Abraão" (Gn 18:33).

A intercessão é a vocação de um profeta, e é explicitamente como profeta que Abraão intercede posteriormente por Abimeleque, depois de tê-lo trazido tribulação em vez de bênção (Gn 20). Os profetas são pessoas que têm permissão para participar de reuniões do gabinete celestial e ouvir parcialmente suas deliberações e decisões, a fim de passá-las adiante, mas também para que possam participar das deliberações ao pleitear em favor de alguém. A comunidade profética partilha essa liberdade.

Ações de graças

Agradecimento e louvor se sobrepõem em nosso uso dessas palavras, assim como acontece nas Escrituras; em essência, porém, há uma diferença digna de preservação. Enquanto "louvor" denota adoração a Deus à luz das grandes verdades sobre si e sobre o que ele fez, "ações de graças"

---

[74]Cf. versões alternativas de Gênesis 18:22 em traduções diferentes.

respondem ao que Deus acabou de realizar. Reuniões de adoração são ocasiões em que as coisas acontecem. Deus fala, cura pessoas, age em juízo (cf. e.g., 1Co 5; 11—14).[75] São ocasiões para agradecimento.

Assim, Efésios 1 move-se de louvor pelo que Deus fez para toda a comunidade dos fiéis para o louvor do que fez pelos efésios, em particular. Outras cartas começam com agradecimento (cf. Fp 1:3-6), cuja relação não se dá diretamente com o que Deus fez pelo escritor, mas com o que fez em prol das pessoas a quem escreve. Referências frequentes às orações em favor das igrejas dão a entender que as ações de Deus foram respostas a essas orações. Agradecimentos podem incluir uma resposta de gratidão a Deus pelo que os fiéis são e fizeram (cf. 2Co 9:11-15), pelo que Deus fez pelos fiéis (em parte, por causa do que isso significa para outras pessoas) ou gratidão a Deus expressa em favor de outros.

Em Colossenses 1:3-8, observamos que é difícil saber quando a ação de graças termina; podemos argumentar que ela continua por toda a passagem de Colossenses 1:3-23.[76] Algo semelhante é verdadeiro em 1 e 2Tessalonicenses. Em 2Coríntios 1:3-11, a ação de graças está atreladas ao que Deus fez por Paulo; talvez seja em parte por essa razão que ela assume a forma de um ato de louvor (*eulogētos*...), e não de ação de graças.[77] Experimentar o consolo de Deus (sustentando-o durante a perseguição e libertando-o dela) possibilita o consolo de outras pessoas ao lhes relatar a libertação, com a qual outros também podem se identificar.

Na Turquia, Paulo e seus companheiros... perderam a esperança da própria vida. [E prossegue:] De fato, já tínhamos recebido sobre nós a sentença de morte, para que não confiássemos em nós mesmos, mas em Deus, que ressuscita os mortos. Desta morte ele nos livrou e nos livrará, nós que temos colocado a nossa esperança nele para que continue a livrar-nos, enquanto vocês nos ajudam com as suas orações. Assim muitos [com seus rostos voltados para Deus em oração],[78] darão graças

---

[75]Hurtado, *At the Origins of Christian Worship* [Nas origens da adoração cristã], p. 56-61.

[76]Cf. R. McL. Wilson, *A Critical and Exegetical Commentary on Colossians and Philemon* [Comentário crítico e exegético de Colossenses e Filemom] (Londres e Nova Iorque: T&T Clark, 2005), p. 78.

[77]Cf. discussão em Peter Thomas O'Brien, *Introductory Thanksgivings in the Letters of Paul* [Agradecimentos introdutórios nas cartas de Paulo] (Leiden: Brill, 1977), p. 233-58.

[78]Cf. C. K. Barrett, *A Commentary on the Second Epistle to the Corinthians* [Comentário da segunda carta aos Coríntios] (Londres: Black; Nova Iorque: Harper, 1973), p. 67-68.

por nossa causa, pela graça a nós concedida em resposta às orações de muitos (2Co 1:8b-11 — [paráfrase]).

> A *eucharistia* responde ao *charisma*. A oração da igreja contribui para o consolo do apóstolo; seu agradecimento e testemunho, resultantes da oração dos coríntios, contribuem para o consolo da congregação.
>
> Mais uma vez, a lógica dos agradecimentos nessas cartas forma uma correspondência com Salmos, visto que os salmos de agradecimento mesclam palavras direcionadas a Deus e a outras pessoas. Ambos correspondem a ações de graças e testemunho. Por sua natureza como salmos de agradecimento, esses cânticos e orações dão glórias a Deus (cf. 2Co 4:15), porém parte do seu efeito reside em sua expressão exterior; outras pessoas podem escutar os agradecimentos e crescer em sua esperança e confiança em Deus. A exortação de Paulo com respeito às línguas (1Co 14:14-17) pressupõe que as ações de graças dirigidas a Deus também servem de testemunho a outras pessoas e, por isso, devem ser inteligíveis.

Ao passo que os salmos de ação de graças se expressam em termos do que Deus fez por "mim" ou por "nós", não seria de surpreender se, como no caso dos salmos de oração, fossem usados não apenas pelos que experimentaram a ação de Deus, mas também por aqueles que agradecem em favor de outros. Seria comum se um salmo de agradecimento acompanhasse uma oferta de gratidão (a palavra *tôdâ* cobre ambos), e que essa oferta gratulatória seria uma ocasião comum quando familiares e amigos do adorador se juntariam à refeição sacrificial festiva e glorificariam a Deus.

Consideramos, até aqui, as formas bíblicas de adoração e oração a partir da seguinte ordem: louvor, oração e ação de graças; a sequência aponta para o padrão da espiritualidade que emerge das Escrituras. Ela compara e contrasta com aquela sugerida pelo acrônimo ACAS: adoração, confissão, ação de graças e súplica. No entanto, a sequência de louvor, oração e ação de graças não é simplesmente linear. O agradecimento leva ainda mais ao louvor de quem Deus é, e a sequência de elementos no padrão forma uma espiral contínua, não apenas uma sucessão linear ou circular.

A ambiguidade da adoração

No Evangelho de Lucas, Jesus aparece no contexto da adoração (Lc 1:5—2:52). O contexto dessa história é Zacarias oferecendo sacrifícios no templo. A resposta de Maria à perspectiva do nascimento do Ungido assume a forma de um salmo do tipo que as pessoas cantavam na época; o mesmo ocorre na resposta de Zacarias ao nascimento de João Batista. No nascimento de Jesus, os anjos adoram a Deus, e os pastores se juntam à adoração. Em conformidade com a Torá, Jesus é circuncidado, e Maria oferece, no templo, o sacrifício adequado à purificação. No templo, um homem e uma mulher oferecem saudações proféticas a José, Maria e Jesus. A única outra história que temos sobre os primeiros trinta anos de Jesus diz respeito a uma visita ao templo durante a festa da Páscoa, quando ele tinha doze anos.

No decorrer de seu ministério, Jesus participa frequentemente da adoração no templo e na sinagoga. A sinagoga normalmente serve de contexto para seu ensino e cura, enquanto um de seus atos mais marcantes é a purificação da casa de seu Pai, cujo propósito deveria ser uma casa de oração (Mc 11:15-17; Jo 2:11-17). Jesus é fervoroso sobre o templo, embora sua resposta a uma pergunta com respeito à autoridade para sua ação no santuário sugira que o edifício em si não seja tão importante, já que se torna uma metáfora para o próprio Jesus: "Destruam este templo, e eu o levantarei em três dias" (Jo 2:19b — NVI).

Após a ressurreição do Ungido, os cristãos mantêm o padrão de participação na adoração, reunindo-se para orar e louvar nos aposentos de alguém que morava em Jerusalém e subindo ao templo, em horários regulares de oração. Uma característica de seu louvor e de sua oração é o conturbado envolvimento do Espírito Santo (At 2:1-4; 4:31). Em seguida, algo estranho aparece no discurso de Estêvão perante o Sinédrio. Nele, o diácono faz um comentário do livro de Amós, segundo o qual os israelitas não oferecem sacrifícios no deserto; em seguida, comenta um trecho de Isaías, no qual a ideia de construir uma casa para Deus não faz muito sentido. Ao concluir, Estêvão dá a entender que a teimosia do povo em matar Jesus não passa de uma continuação da teimosia expressa no Primeiro Testamento (At 7).

Desse modo, Atos parte da ambivalência do Primeiro Testamento em relação ao templo e à sua adoração.[79] Em Gênesis, os primeiros atos de adoração são respostas humanamente elaboradas a Deus, embora

---

[79] Cf. ainda seção 1.3.

respostas que, em tese, Deus aceita (e.g., Gn 4:3-4; 8:20-21; 12:7). A razão pela qual Deus envia Moisés para tirar os israelitas do Egito é para que lhe ofereçam sacrifícios no deserto (Êx 3:18). Conforme Estêvão observa, Deus comissiona a construção de um santuário no deserto, mas o templo de Jerusalém é um lugar sonhado por Davi (cf. 2Sm 7). Todavia, Yahweh concorda em construí-lo e habitar no templo, de modo que ele se torna uma casa de oração (cf. 1Rs 8). Diversos outros profetas além dos citados por Estêvão são mordazes com respeito à adoração porque o culto que o povo oferece a Deus no templo não corresponde ao culto a Deus na vida diária. Posteriormente, embora pensássemos que o templo fosse vital ao judaísmo, a religião judaica sobreviveu bem sem ele.[80]

São diversas as razões para a ambiguidade das Escrituras com respeito à adoração. Ao mesmo tempo que a adoração pode assumir um papel demasiadamente importante no relacionamento dos fiéis com Deus, também pode assumir um papel secundário. Algumas pessoas podem pensar que a adoração é algo mais importante do que, de fato, é; contudo, também podem desvalorizá-la. Aqueles que enfatizam a adoração devem pensar nas ações a serem praticadas no mundo; aqueles que enfatizam as ações no mundo devem pensar na prática da adoração.

7.3 COMPROMETIMENTO MÚTUO

Se lhe fosse permitida apenas uma resposta à pergunta sobre o mandamento definitivo da Torá, então esse mandamento diria respeito ao comprometimento com Yahweh (Dt 6:5). Se, porém, fossem-lhe permitidas duas respostas, então, juntamente com a primeira, você poderia acrescentar o mandamento relacionado ao comprometimento com o seu próximo (Lv 19:18). O Testamento de Issacar (escrito judaico de cem ou duzentos anos antes de Jesus) faz o seguinte apelo: "Ame ao Senhor e ao próximo" (5:2),[81] e Jesus também combina esses dois mandamentos em resposta a alguém que lhe pergunta a respeito do mandamento mais importante da Torá (Mt 22:37-39). Podemos chamá-los de os dois

---

[80]Cf. Daniel R. Schwartz e Zeev Weiss, eds., *Was 70 CE a Watershed in Jewish History?* [O ano 70 d.C. foi um divisor de águas na história judaica?] (Leiden and Boston: Brill, 2012).
[81]Cf. Eduard Lohse, *Theological Ethics of the New Testament* [Ética teológica do Novo Testamento] (Mineápolis: Fortress, 1991), p. 15.

lados de andar em liberdade e andar pelo Espírito Santo. A Torá cobre muitos aspectos do relacionamento interpessoal: casamento, divórcio, sexo, família, filhos, guerra, violência, poder, governo, dinheiro, posses, pobreza etc. Jesus vê todo o ensinamento da lei mosaica como resultado do mandamento básico do amor. O amor cumpre a Torá. No entanto, a Lei nos ajuda a ver o amor destilado, ou seja, o que amar significa na prática. Assim, o exercício do amor, por si só, será uma marca da vida congregacional que não poderá ficar oculta aos de fora, mesmo que a congregação em si esteja apenas a caminho da unidade. O amor sugere como os membros de uma família (idealmente) se relacionam uns com os outros. Além disso, tem implicações nas áreas de fala, bens materiais e hospitalidade. Implica submissão mútua e envolve viver em tensão entre princípios absolutos e formas segundo os quais podemos ser flexíveis uns com os outros. O amor leva a igreja à autodisciplina.

O outro amor

Desse modo, os crentes em Jesus "cumprem a Torá" ao cuidar uns dos outros, pois a Torá é cumprida em uma única frase: "Cuide do seu próximo como você cuida de si mesmo" ou "visto que ele se assemelha a você" (Gl 5:14, citando Levítico 19:18; cf. Rm 13:8-10). Naturalmente, Paulo simplifica demais; dificilmente o apóstolo discordaria da visão judaica afirmada por Jesus, segundo a qual a Torá como um todo é resumida no duplo mandamento do amor (Mt 22:40). Um aspecto sugestivo da formulação em Levítico diz respeito ao fato de a Torá não falar meramente em termos de cuidar de todos. Ela me encoraja a cuidar daquele que está perto de mim.[82] A Torá, os Profetas (e os Escritos) ajudam as pessoas a verem o que significa cuidar uns dos outros na prática.

Em conexão com a vida moral das pessoas, uma das funções da Torá é expor o desvio humano: "O primeiro resultado da confrontação do homem com o mandamento de Deus é que ele demonstra ser, implacável e irrefutavelmente, um transgressor".[83] Uma segunda função é que a Torá pode impedir as pessoas de cometer transgressão; no contexto social, as leis exercem essa função especial. Entretanto:

---

[82]Cf. Linda Woodhead, "Love and Justice" [Amor e justiça], *Studies in Christian Ethics* 5 (1992): 44-61 (em 49-50).
[83]Barth, *CD* II, 2:742.

O terceiro e principal uso da lei, que diz respeito mais intimamente ao próprio fim da lei, tem lugar em relação aos fiéis, em cujo coração já vigora e reina o Espírito de Deus. [...] Eis aqui o melhor instrumento, mediante o qual os fiéis aprendem melhor a cada dia, e com certeza maior, qual é a vontade de Deus, à qual aspiram. [...] Pois ninguém até agora penetrou tanto a sabedoria que não possa, da instrução diária da lei, fazer novos progressos no conhecimento mais puro da vontade divina. [...] O servo de Deus também tirará ainda esta utilidade da lei, para que, mediante sua frequente meditação, seja incitado à obediência, nela seja consolidado e impedido de transgredir no caminho escorregadio. Pois nessa disposição, convém que os santos persistam [...].[84]

"Aquele que ama a Deus, o segundo mandamento nos diz, também amará o seu próximo como a si mesmo. Isso não é menos evangelho do que o primeiro mandamento. [...] É fato real, passível de declaração e entendimento, que os filhos de Deus amarão ao próximo como a si mesmos."[85] Não é o caso de o "amor a Deus não ter esfera de atividade fora do amor ao próximo".[86] Antes, é implausível reivindicar amor ao Deus invisível se alguém não demonstrar amor ao seu próximo, a quem vê (1Jo 4:19—5:3). O fato de o teólogo que questiona Jesus sobre a identidade de seu próximo estar preocupado em se justificar (Lc 10:29) mostra que ele "não sabe que, apenas pela misericórdia, poderá viver e herdar a vida eterna. O escriba não deseja viver pela misericórdia". Ao reconhecer que não entende o segundo mandamento, o escriba também revela não entender o primeiro.[87]

Outra abordagem à pergunta sobre o que significa amar o próximo começa com a convicção de que o núcleo da questão reside "no fato de que eu louvo a Deus, ou seja, testifico ao meu próximo do amor com o qual Deus, em Jesus Cristo, me amou. Amar o próximo, portanto, é servir de testemunha". Amo meu próximo ao demonstrar como Deus me ajudou, servindo de testemunho vivo por meio de palavras e ações.[88]

---

[84] João Calvino, *Institutas da Religião Cristã* II.7,12.
[85] Barth, *CD* I, 2:412.
[86] Albrecht Ritschl, "Instruction in the Christian Religion", em Albert Temple Swing, *The Theology of Albrecht Ritschl* [Teologia de Albrecht Ritschl] (Nova Iorque e Londres: Longmans, Green, 1901), p. 169-286, seção 6 (175); cf. Barth, *CD* I, 2:434.
[87] Barth, *CD* I, 2:417-18.
[88] Barth, *CD* I, 2:440, e o parágrafo seguinte.

A natureza do amor

Paulo ora para que os efésios sejam enraizados e firmados em amor (Ef 3:17). O contexto dá a entender que essa expressão significa estar enraizado e fundamentado em Jesus; é outra forma de dizer que Jesus vive entre eles. Na condição de seres humanos, não somos influenciados e não somos limitados por outras pessoas como o são os objetos inanimados, como uma mesa que se distingue claramente de seu ambiente físico. Um relacionamento forte com alguém significa que essa pessoa se torna parte de nós, e nós, dela. As pessoas afetam a forma como pensamos, não apenas porque levamos em consideração o que elas nos falam, mas porque as assimilamos. Aqueles com quem nos relacionamos tomam parte da fibra de nosso ser. Quem eles são faz parte da nossa vida, e nós fazemos parte da vida deles. Enraizar-se e fundamentar-se no amor de Jesus abre a possibilidade de compreensão das dimensões infinitas desse amor, ainda que a própria declaração envolva uma contradição (Ef 3:17-19). Os fiéis podem ser cheios da plenitude de Deus.

Em outra passagem, Paulo ora para que o amor das pessoas abunde em sabedoria, de modo que elas possam discernir o que é melhor, a fim de serem puras e irrepreensíveis para o dia do Senhor, cheias do fruto da justiça (Fp 1:9-11). "A ideia é que os leitores de Paulo adquiram a habilidade de discernir e, então, praticar em sua vida corporativa as questões mais importantes da vida comunal."[89] Em fé, esperança e amor, e por intermédio dos carismas, "o campo de força do Espírito se concretiza de tal maneira que as memórias e expectativas humanas, os contatos humanos e o entendimento humano, atenção humana e resignação humana, tudo isso se torna possível *no Espírito*", de modo que o ser humano "torna-se membro e portador desse campo de força".[90] De fato, "o critério para a atividade do Espírito é a 'cruciformidade', entendida como amor semelhante ao de Cristo na edificação de outros, e não em si mesmo".[91]

Antes de deixar os discípulos, Jesus manifesta seu desejo de que eles amem uns aos outros (Jo 13:34). Será que ele tem mais motivos para se

---

[89]Ralph P. Martin, *Philippians* [Filipenses] (reimp., Londres: Marshall; Grand Rapids: Eerdmans, 1980), p. 69.
[90]Michael Welker, *God the Spirit* [Deus, o Espírito] (Mineápolis: Fortress, 1994), p. 240.
[91]Michael J. Gorman, *Cruciformity* [Cruciformidade] (Grand Rapids e Cambridge: Eerdmans, 2001), p. 60 (citação em itálico).

sentir ansioso em deixá-los? Ele sabe que é uma expectativa exigente. Pedro se evade dela, perguntando a Jesus para onde está indo. O leitor dos Evangelhos saberá que se trata de uma expectativa exigente a partir de sua experiência de vida congregacional. Seria essa a lógica em Isaías 49:1-6, passagem na qual o profeta põe em dúvida se sua vocação encontrará cumprimento, e a resposta de Deus é adicionar à sua exigência? Se sim, então Jesus está dizendo: "Estou para deixá-los" (o que já é um desafio e tanto), "e, por isso, eis aqui outra expectativa: amem uns aos outros. E, para adicionar à exigência, o reconhecimento das pessoas a meu respeito dependerá de vocês, de modo que, agora, o seu amor uns pelos outros será a chave para esse processo". Talvez tenha funcionado. Por volta de 200 d.C., Tertuliano relata o comentário dos de fora sobre "como os cristãos amam uns aos outros (pois os de fora odeiam uns aos outros) e como estão prontos a morrer uns pelos outros (pois os de fora estão dispostos a matar uns aos outros)".[92]

"O amor é genuíno" (Rm 12:9). Traduções transmitem a frase como "o amor deve ser genuíno", porém Paulo não inclui o verbo "dever"; o mais provável é que a frase seja como a declaração de uma tese,[93] uma definição do amor. É fácil o amor ser enganoso, e pode sê-lo de diversas maneiras, conforme o livro de Salmos enfatiza. O amor incondicional pode falhar em detestar o mal e apegar-se ao bem. Positivamente, devemos demonstrar uns aos outros o tipo de afeição apropriada no contexto familiar. Esse amor, no contexto da nova família do fiel, também se expressa na honra uns dos outros; é tentador valorizar meu carisma como o mais importante, mas, em amor, honro o carisma dos outros (Rm 12:10).

É possível ver as implicações da graça de Deus desenvolvidas para a humanidade de três formas: na justificação, na santificação e na vocação.[94] Ao amar o próximo, eu cumpro minha vocação.

Um novo mandamento?

Jesus chama amar uns aos outros de "novo mandamento", embora soubesse que, há muito, a Torá o articulara. Pelo contexto, a novidade reside

---

[92] *Apologia* xxxix.7.
[93] Cf. Dunn, *Romans* [Romanos], 2:739.
[94] Barth, *CD* IV, 1:145-46 (Barth, porém, expressa a ideia em termos cristológicos).

no fato de esse amor refletir o amor que Jesus demonstrou por estar disposto a morrer pelos discípulos e por estar disposto a servir a eles, mesmo sendo o mestre deles; compare com sua repetição posterior do mesmo mandamento (Jo 15:12-17). Trata-se de um mandamento revigorado, e não de um mandamento novo (*kainē* em vez de *nea*). Ele subverte a distinção entre senhor e servo e torna todos amigos. Também faz de todos mordomos ou servos (1Pe 4:10). É um mandamento que pertence ao novo tempo, que já alvoreceu (1Jo 2:7-11). Ao mesmo tempo, é uma reafirmação do propósito da criação, quando todos foram criados para ser amigos e servos, irmãos e irmãs. Assim, sua novidade reside na reafirmação da visão criacional, subvertendo a hierarquia de senhor e servo, e ainda mais ao exigir que estejamos dispostos a morrer uns pelos outros. Envolve seguir o exemplo de um servo, como Jeremias e aquele que aparece em Isaías 50 e 53, cujo sacrifício o Novo Testamento vê como expressão de serviço mútuo, resultando em uma exortação à igreja (e.g., 1Pe 2:21-25).

A congregação constitui o lugar no qual o *agapē* é personificado. Em 1Coríntios 13, Paulo expressa que "só o amor conta, só o amor triunfa, só o amor persevera".[95] Sua exposição indica que "a chave para a natureza do amor é a preocupação e o respeito pelo 'outro'". Esse amor "*cria* valor ao invés de responder ao valor". *Estabelece* valor sobre as pessoas, enquanto *erōs* deseja a outra pessoa, com foco nos desejos.[96] Desse modo, podemos equacionar o amor em geral como um tipo de autoentrega; envolve o distanciar-se de si mesmo em direção ao outro. "O amor cristão se volta a outra pessoa apenas por amor dela. Ele não a deseja para si. Ama o indivíduo simplesmente por existir, com todo seu valor e falta de valor". O amor verdadeiro está disposto "a entregar-se, a renunciar a si mesmo e a se voltar para o objeto do seu amor. Aquele que ama abre mão do controle pessoal a fim de se colocar sob o controle de outro, o objeto de seu amor".[97]

Existe um tipo de amor que é essencialmente "um apetite, um anseio ardente, aguçado por qualidades atrativas de seu objeto", o qual busca o outro a fim de possuí-lo e usufruí-lo. Um segundo tipo de amor se

---

[95] Barth, *CD* IV, 2:825.
[96] Thiselton, *1 Corinthians* [1Coríntios], p. 217, 219, 223 (ênfase do autor); Thiselton cita Anders Nygren, *Agape and Eros* [Agape e Eros] (Londres: SPCK, 1957).
[97] Barth, *CD* IV, 2:733.

expressa em fazer o que a outra pessoa quer a fim de ganhar ou manter sua aprovação. Um terceiro tipo de amor sugere "uma entrega de todo coração", pela qual tornamo-nos servos voluntários do outro, contentes de estar à sua disposição, um amor que, instintivamente consiste "não em receber, mas em dar" e que "nem é aceso pela atratividade nem apagado pela não atratividade de seu objeto".[98]

Todas essas formas de amor se manifestam em nosso relacionamento com outras pessoas e com Deus, mas a última serve de expressão distintiva ao posicionamento de Deus no que diz respeito à humanidade, bem como da maneira pela qual Deus procura que nos relacionemos com as outras pessoas. Sua implicação não é necessariamente que as pessoas devam ter sentimentos calorosos umas em relação às outras, mas que se sacrifiquem umas pelas outras (cf. 1Jo 3:16).

Jesus deseja que sua alegria esteja nos discípulos e que a alegria dos discípulos seja completa, preenchida, satisfeita (*plēroō*). Para que tal disposição se cumpra, devemos praticar o que Jesus nos ensina, permanecendo, assim, em seu amor por nós. Implicitamente, essa dinâmica já foi incorporada nele; ele se regozija no relacionamento de amor-obediência que tem com seu Pai. E o que ele diz é que se amem como ele os ama, o que é personificado em morrer uns pelos outros (Jo 15:10-13). Isso será uma fonte de alegria.

Os "de dentro" e os "de fora"

"Quando os cristãos falam em amor nos dias atuais [...], a palavra tem implicações quase *universais*"; entretanto, no Novo Testamento, "quase sem exceção, amor interpessoal significa *amor pelo irmão na fé*". João se refere apenas a amar um ao outro, não a amar o inimigo, embora essa omissão não signifique que ele restrinja esse imperativo.[99] Em conexão com o relacionamento com os de fora, o Novo Testamento está mais inclinado a falar de honra, pacificação, bênção, abstenção de vingança

---

[98] Adapto as descrições do "Prefácio do Tradutor", de Philip S. Watson a Nygren, *Agape and Eros* [Agape e Eros], viii-ix. Boa parte do pensamento relacionado a Nygren e suas demais formas de expressar distinções entre os tipos de amor podem ser questionados, mas as distinções em si revelam-se úteis.
[99] Cf. e.g., Verhey, *The Great Reversal* [A grande inversão], p. 144.

e prática do bem. Todos esses elementos expressam amor, embora normalmente o Novo Testamento reserve a palavra *amor* ao relacionamento mútuo entre os fiéis.[100] O fiel deve fazer o bem a todos, especialmente às pessoas da comunidade da fé (Gl 6:10). A instrução corresponde ao fato de a congregação ser um novo tipo de família, uma substituição da família na vida das pessoas que abriram mão de sua lealdade primordial à família biológica. A congregação reúne irmãos e irmãs em um lar. A ideia de "igreja domiciliar" não é apenas que uma casa forneça um ponto conveniente de reunião.

Em certa ocasião, Jesus instrui pessoas a amarem os inimigos, de acordo com a forma como a Torá espera que as pessoas amem o próximo, mesmo em face de uma injustiça. O israelita não está isento da obrigação de resistir a dizer uma mentira, cobiçar ou roubar alguém apenas por se haver comportado como um inimigo. Se Jesus oferece uma interpretação inovadora de Levítico 19:18, trata-se de uma releitura, não de uma substituição.[101] A maior parte dos inimigos será composta por outras pessoas dentro do povo de Deus. Ele não permitirá aos discípulos que diminuam as implicações da Torá, como se tivessem de amar apenas os "bons próximos" (Mt 5:43-48).

As pessoas que pensavam poder confinar seu amor à congregação seriam vulneráveis à história de Jesus sobre os judeus cuja evasão de um compromisso em ajudar companheiros contrastava com a ação de um samaritano, que também não era tratado como membro da família. Amar o próximo ou um inimigo pode ser algo mais drástico do que alguém imagina. Embora a Septuaginta use *agapē* como uma palavra polivalente para "amor", a palavra também equivale, no Novo Testamento, ao termo *ḥesed*, do Primeiro. Lá, a moabita Rute, em sua personificação impressionante de *ḥesed* para com os israelitas, forma um paralelo com a atitude do samaritano (Rt 1:8; 3:10), enquanto José, em seu perdão demonstrado aos irmãos, exemplifica a forma como o amor em família pode ser mais drástico do que esperávamos.

Paulo realmente aconselha os tessalonicenses a amar os de fora (1Ts 3:12); sua posição, porém, não o impede de alimentar a ideia de

---

[100]Gerhard Lohfink, *Jesus and Community* [Jesus e a comunidade] (Filadélfia: Fortress, 1984), p. 106-15 (citação de p. 109-10).
[101]Cf. Hans Dieter Betz, *The Sermon on the Mount* [O Sermão do Monte] (Mineápolis: Fortress, 1995), p. 309.

juízo vindouro sobre opositores (1Ts 2:14-16; 2Ts 1:5-10). De modo semelhante, aparentemente não há inconsistências entre dizer às pessoas que abençoem seus perseguidores ao invés de amaldiçoá-los, e antecipar o castigo de Deus sobre elas (Rm 12:14-21). À primeira vista, diversas exortações de Paulo alternam entre a preocupação com as atitudes de outros membros da congregação (e.g., "contribuam com as necessidades do povo santo") e as atitudes para com os de fora ("abençoem aqueles que perseguem vocês"), mas isso soaria um pouco estranho. O Novo Testamento deixa claro que os fiéis às vezes atacavam uns aos outros, conforme tem sido o caso no decorrer da história da igreja; assim, não é de surpreender que Paulo, mais uma vez, inste os fiéis para que vivam em unidade. Portanto, há certa consistência de foco, e o apóstolo está preocupado com todos os aspectos relacionais da congregação.

Enquanto o movimento de carismas para amor em Romanos 12 forma um paralelo com 1Coríntios 12—13, Paulo não parece estabelecer uma ideia polêmica, como se soubesse que os fiéis se atacavam uns aos outros. Qualquer congregação está sujeita à tentação no que diz respeito a carismas e relacionamentos (principalmente em sua interconexão) e precisa guardar-se em sua atitude para com ambos. Algumas congregações, como a dos coríntios, destacam-se em dons e precisam voltar o foco ao amor; outras congregações, como muitas no Ocidente moderno, distinguem-se no amor e precisam ser encorajadas a manifestar carismas.

A caminho da unidade

Em sua intercessão, Jesus ora para que seus discípulos, em todas as épocas, se tornem um, como ele e o Pai (Jo 17:20-23). Os Evangelhos, Atos e as cartas elucidam que se trata de uma oração e tanto. O falar sobre unicidade pode levar as pessoas a pensarem na unicidade dos crentes judeus e gentios, bem como na unicidade das congregações, que são projetadas para serem uma em propósito e visão. Jesus lhes transmitiu a glória que lhe fora entregue por Deus a fim de que os discípulos se tornassem um. Uma implicação é que essa glória envolve sua execução, a qual constitui a chave para a unidade e para o reconhecimento do mundo.

O conflito e a unidade retratados no Novo Testamento têm relação tanto com a comunidade mundial dos fiéis como com a congregação local. "O que acontecia com os cristãos em Antioquia tinha relevância para os cristãos de Jerusalém, e vice-versa."[102] Encontrar-se para conversar e escrever cartas eram maneiras óbvias de tentar resolver conflitos.

Ter a unidade como meta é importante em conexão com o exercício de carismas, já que seu alvo consiste em levar os santos à completude (*katartizō, katartismos*), a qual, por sua vez, implica unidade completa. Às vezes, "completude" dá a entender que a unidade foi quebrada e está necessitada de restauração (1Co 1:10), mas a palavra pode significar apenas que a congregação está a caminho da completude e da unicidade, como um casal que cresce em unidade. A congregação deve lutar por essa completude (2Co 13:11). Uma das funções apostólicas é conduzir a fé à completude (1Ts 3:10).

Nesse percurso, existe certa inevitabilidade quanto às pessoas serem lançadas de um lado para o outro por diferenças entre os fiéis, ainda que essas diferenças obscureçam a unidade da fé; e o exercício de carismas consiste em levar os santos à "unidade da fé [que é uma só] e do conhecimento do Filho de Deus [que é um só]" (Ef 4:12-16). O exercício de carismas está envolvido na edificação do corpo do Senhor, ou seja, para que se torne maduro e alcance a plenitude. "A lei do crescimento individual" é "viver cada vez mais como parte de um grande todo",[103] e não cada vez mais para si.

A unicidade da congregação abrange amor e verdade. Por um lado, a congregação dos efésios pode ser momentaneamente convulsionada por desacordos quanto ao ensino cristão, como um grupo de crianças derrubado por uma onda. É como se alguns deliberassem enganar outras pessoas sobre a natureza da verdade. A intenção de Deus é que, pelo exercício de carismas, a congregação alcance a unidade que resulta do fato de a fé ser apenas uma, e Jesus ser apenas um. Então, os membros da congregação poderão proclamar essa verdade sobre Jesus, tanto uns aos outros como para o mundo. Por outro lado, no presente, a congregação pode ser afetada por amargura e malícia (cf. Ef 4:26-32). A intenção de Deus é que, pelos dons exercitados, a congregação alcance unidade em bondade, compaixão e perdão.

---

[102]Wayne A. Meeks, *The First Urban Christians* [Primeiros cristãos urbanos], 2ª ed. (New Haven e Londres: Yale University Press, 2003), p. 113.
[103]J. Armitage Robinson, *St. Paul's Epistle to the Ephesians* [Carta de S. Paulo aos Efésios], 2ª ed. (Londres: James Clarke, [?1904]), p. 102.

"A ética cristã é, primeiro de tudo, um chamado a participar de uma comunidade distintiva: a Igreja", e é à medida que a igreja cumpre esse chamado que "testifica de modo responsável à sociedade em redor", que Deus procura.[104] Reconhecer em conjunto a verdade e aprender a viver em conjunto esse tipo de amor servem tanto de meio como de propósito para o crescimento do corpo e seu relacionamento coerente com Jesus, o cabeça. Mais uma vez, essa visão para a igreja reafirma a visão da Torá para Israel, segundo a qual a obra de Deus em seu povo deve comunicar ao mundo.

A oração de Jesus por seus discípulos tem implicações semelhantes. Podemos ver a unidade de Pai e Filho como uma unidade de verdade e amor: Jesus tem entregado a verdadeira mensagem que seu Pai lhe deu, e Pai e Filho vivem em um relacionamento de autoentrega mútua. Para os discípulos, ser um como o Pai e o Filho pode parecer inicialmente referir-se a uma unidade já existente que Jesus quer que eles mantenham, mas ele prossegue dizendo que os discípulos são "levados à unidade completa" (*teteleiōmenoi eis hen*). É essa unidade que levará o mundo a reconhecer Jesus e os discípulos. Então, o propósito de Deus para o mundo terá sido alcançado.

"É impressionante ver a que ponto elevado, em todo o Novo Testamento, a Igreja está relacionada à descoberta do evangelho pelo mundo" (e.g., Mt 5:13-16; Jo 13:35; 1Pe 2:9); de fato, "a essência da Igreja não pode ser pensada fora desse movimento peculiar em direção ao mundo".[105] John H. Yoder lista diversas práticas que incorporam a essência da existência cristã e que poderiam fazer sentido para o mundo, de modo que constituem "práticas de *testemunho*".[106] São elas: formação da comunidade pelo diálogo reconciliatório; compartilhamento de bens; ajuntamento de pessoas de diferentes raças; papéis distribuídos a todos na comunidade; liberdade para que cada um fale em reuniões de comunhão.[107] "Para Paulo, a reconciliação e a aceitação mútua de todos que estão 'no Messias' tinham precedência sobre qualquer outra coisa".[108]

---

[104]Andrew T. Lincoln, *Ephesians* [Efésios] (Dallas: Word, 1990), p. 269.
[105]G. C. Berkouwer, *The Church* [A igreja] (Grand Rapids: Eerdmans, 1976), p. 47, 391.
[106]James W. McClendon, *Systematic Theology: Doctrine* [Teologia sistemática: doutrina] (Nashville: Abingdon, 1994), p. 379.
[107]Cf. John Howard Yoder, *For the Nations* [Para as nações] (Grand Rapids e Cambridge: Eerdmans, 1997), p. 43-46.
[108]Wright, *Paul and the Faithfulness of God* [Paulo e a fidelidade de Deus], p. 12.

Um estilo de vida familiar

Mateus 5—7 estabelece as prioridades de Jesus para os discípulos em sua vida conjunta e em relação a outras pessoas. Para o leitor do evangelho, trata-se de uma descrição da vida de cristãos em seu relacionamento mútuo como congregação e em relação aos de fora. Essas prioridades são reconciliação, castidade, honestidade, paciência, amor, caridade, oração, jejum, modéstia, generosidade, confiança, autocrítica, discernimento e obediência. De modo semelhante, Paulo insta as pessoas que abençoem aqueles que as perseguem ao invés de amaldiçoá-los, deixando a vingança nas mãos de Deus, conforme o Primeiro Testamento estabelece (Rm 12:14-21; Dt 32:35; Pv 25:21-22). Sua referência a vencer o mal com o bem pode indicar que o apóstolo tem em mente levar o ofensor ao arrependimento (que é claramente a ideia em Provérbios 25:21-22). De qualquer maneira, se eu reagir contra alguém que me fez mal ao retribuir-lhe o mal, o ofensor terá vencido. A vocação do discípulo é "incorporar o perdão", uma incorporação que não cessa quando não encontra resposta mútua e, assim, assume a forma de amor ao inimigo.[109]

Negativamente, Jesus nega a importância dos bens e da família. Nesse contexto social, a família tinha um nível extra de importância comparada com sua importância no mundo ocidental, parcialmente porque a nação de Israel era composta por uma grande família, cujo compartilhamento de bens e de terra ocorria com base nos laços familiares.[110] Instruções como aquelas encontradas em Mateus 5—7 estabelecem regras simples para a vida familiar da nova companhia de irmãos e irmãs que constituem a congregação (Mt 5:23-24, 47; 7:3-5; cf. Mt 12:46-50). Espera-se que sejam comunidades que incorporam esse estilo de vida familiar, tanto no relacionamento mútuo como no relacionamento com os de fora da família. É dessa maneira que sua luz brilhará (Mt 5:14-16).

Atos e as epístolas falam mais explicitamente sobre os fiéis como uma família de irmãos e irmãs, e apelam para esse vínculo como base para seus relacionamentos, seguindo o exemplo da Torá. A carta de 1Tessalonicenses fala dezenove vezes de "irmãos" (em geral, pelo

---

[109]Cf. L. Gregory Jones, *Embodying Forgiveness* [Incorporando o perdão] (Grand Rapids: Eerdmans, 1995), esp. p. 241-78.
[110]Cf. N. T. Wright, *Jesus and the Victory of God* [Jesus e a vitória de Deus] (Mineápolis: Fortress; Londres: SPCK, 1996), p. 398-405.

menos, refere-se a irmãos de ambos os sexos na família cristã), estabelecendo-lhes um número de prioridades à luz do retorno de Jesus e da brevidade da vida (1Ts 4:1—5:21):

- pureza sexual;
- não prejudicar ou tirar vantagem de um irmão ou irmã;
- amor uns pelos outros;
- viver uma vida tranquila;
- trabalhar para si, sem depender de outros;
- sobriedade e vigilância como expressões de fé, esperança e amor;
- honrar aqueles que na comunidade trabalham duro na vida das pessoas e as admoestam;
- aceitação e discernimento em conexão com profecias.

Sem se referir à congregação como uma família, Efésios 4:25—5:20 focaliza suas prioridades na diferença desejável entre os gentios descrentes e os fiéis:

- praticar a verdade uns para com os outros; não mentir (por sermos membros de um só corpo);
- trabalhar com as próprias mãos; não roubar (de modo a ter algo com que possa ajudar o necessitado);
- demonstrar bondade, compaixão e perdão; não ficar irritado por mais de um dia, evitando amargura, contendas, difamação e malícia;
- ser cheio do Espírito; não se embriagar;
- falar uns com os outros com hinos, orações e ações de graças; não falar de modo prejudicial (preocupar-se com a edificação das pessoas);
- ser como Deus e como Jesus; não dar lugar ao Diabo e não entristecer o Espírito Santo (com o qual a igreja foi selada para o dia da redenção).

A fala, os bens e o lar

A fala tem ampla importância nesse estilo de vida familiar.[111] As palavras podem ser vivificantes, "doces ao paladar e cura para o corpo"

---

[111]Cf. OTT 3:668-81.

(Pv 16:24). Podem ser performativas; elas realizam coisas. Podem ser expressão de verdade, sabedoria e respeito por Deus, assim como podem trazer amor. Também podem exprimir engano, estupidez e impiedade, trazendo ira, destruindo, assim, outras pessoas, a comunidade e o indivíduo (Pv 10:18-21). Jó pergunta: "Até quando vocês atormentarão o meu espírito, esmagando-me com palavras?" (Jó 19:1). "A boca do fiel é fonte de vida", enquanto "a boca do tolo é ruína iminente" (Pv 10:11,14). Há, então, algo a ser dito em prol do silêncio (e.g., Pv 17:27). Mas o Novo Testamento também mostra que às vezes precisamos de coragem para falar palavras de reprovação, conforme implica o contexto do amor ao próximo (Lv 19:17-18). Mesmo tais palavras podem ser vivificantes. Palavras verdadeiras pertencem ao contexto de relacionamentos genuínos; o Primeiro Testamento fecha os olhos às mentiras faladas por pessoas impotentes diante de opressores poderosos (e.g., Êx 1:15-21).

Em Hebreus 13, as prioridades equivalentes às ressaltadas em 1Tessalonicenses e Efésios são:

- cuidado com os fiéis;
- cuidado com os fiéis aprisionados;
- contentamento em lugar de amor ao dinheiro;
- rejeição a ensinamentos estranhos;
- louvor;
- intercessão;
- hospitalidade;
- pureza sexual;
- imitação e submissão aos líderes;
- aceitação da perseguição como disciplina;
- compartilhamento de bens.

O amor se expressa em "compartilhar as necessidades dos santos" e na "prática da hospitalidade" (Rm 12:13). Há ligações entre esses dois conjuntos de expectativas. Abandonar a ansiedade por confiar em Deus torna alguém mais propício a dar generosamente àqueles que estão necessitados.[112] "Paulo nunca diz: 'não há rico nem pobre'", mesmo aos

---

[112]Verhey, *The Great Reversal* [A grande inversão], p. 17-19; cf. O'Donovan, *Finding and Seeking* [Encontrando e procurando], p. 174-75.

coríntios, dentre os quais existem problemas sobre o relacionamento entre ricos e pobres; e Paulo não sugere um ideal pelo qual a congregação partilha recursos, do modo como descrito no livro de Atos. "Não é que o rico venda tudo o que tem para contribuir com o pobre e com o fundo comum da congregação; antes, ele abre sua casa à congregação e, talvez, os supra com seus próprios recursos." Essa ideia se conecta com referências ao encontro da congregação na casa de determinadas pessoas (Rm 16:1-5; 1Co 16:19; Cl 4:15; Fm 2).[113]

Desse modo, generosidade e hospitalidade se combinam, e demonstrá-las leva a pessoa a não ser advertida sobre quão difícil é para o rico entrar no reino de Deus (Mt 12:16-30). Mais uma vez, a figura do Novo Testamento corresponde à da Torá, que também enfatiza o empréstimo e não apenas a doação — conforme o ensino de Jesus (Lc 6:34-35).

As pessoas comuns deverão ser mais orientadas pela exortação de Jesus a não juntar tesouros na terra, mas no céu, o que indica tanto onde está o seu coração como recomenda a não servir a Deus e ao dinheiro (Mt 6:19-24). Nesse contexto, os fiéis não devem preocupar-se com comida e vestimenta, mas buscar o reino de Deus e a retificação divina de todas as coisas; ao buscá-lo, essas outras coisas acompanharão (Mt 6:25-34). Conforme Paulo diz, quem planta com generosidade colhe com abundância (2Co 9:6). O apóstolo é sabiamente alusivo quanto à natureza da colheita, mas, como Jesus, ele está certo de que o semeador receberá uma recompensa celestial e terá o suficiente nesta vida. No entanto, o pensamento de Paulo não corresponderia a limusines e jatos particulares.

Ao sermos generosos para com outros fiéis, envolvemo-nos em um "ministério direcionado aos santos"; Paulo não teme manipular os coríntios a fazer a coisa certa nessa conexão (2Co 9:1-5; e 2Co 8—9, como um todo).

Submissão mútua

"Uma vida digna do nosso chamado", ou seja, do nosso chamado como povo santo de Deus, apresenta quatro virtudes características (Ef 4:1-2), embora abranjam pares correlatos. A primeira diz respeito à mansidão

---

[113]Nils A. Dahl, *Studies in Paul* [Estudos em Paulo] (Mineápolis: Augsburgo, 1977), p. 28.

e à modéstia. Mesmo quando somos inteligentes e importantes, abandonamos o autorrespeito, adotamos uma opinião moderada de nossa relevância pessoal e de nossas ideias, não nos levamos a sério demais e não descartamos aqueles fiéis cuja visão de si é demasiadamente séria. A segunda característica é que aceitamos nossa impotência sem nos frustrarmos, já que sabemos que Deus é o único capaz de fazer as coisas acontecerem. Sabemos que Deus está envolvido com nossas preocupações (se elas correspondem às preocupações dele), e não nos atribulamos demais com fiéis apegados ao poder.

As outras duas características dizem respeito a sermos pacientes e flexíveis. Somos longânimos e tolerantes em aceitar pessoas diferentes de nós em vez de pressupormos que estamos certos; também mantemos a mente aberta àqueles que se sentem seguros de que estão certos e que nos desvalorizam. Além disso, suportamos uns aos outros e cuidamos uns dos outros, felizes em aceitar outros cristãos, embora sejam um fardo, ou melhor, justamente por serem um fardo, pois o amor precisa de um fardo para carregar. Sabemos que não podemos cumprir nossa vocação sem a ajuda de pessoas que nos são um fardo. O amor assim se expressa no carregar dos fardos de outros, incluindo (cf. Gl 6:2) suas falhas morais.

Dessa forma, amar significa manter a unidade do Espírito pelo vínculo da paz, vivendo à luz da existência de um só corpo (ao qual todos nós pertencemos); um só Espírito (que habita nesse corpo); uma só esperança (que a sabedoria multiforme de Deus será revelada aos poderes e às autoridades celestiais por intermédio da igreja); um só Senhor (a quem todos servimos); uma só fé (a que todos professamos); um só batismo (em um só corpo); um Deus e Pai de todos (que é sobre todos, age por meio de todos e em todos [Ef 4:3-6]). "O Apóstolo lutava para concretizar algo surpreendente no contexto da vida humana."[114] Particularmente, o primeiro par de virtudes se assemelharia mais a fraquezas no mundo europeu antigo (ainda que, no contexto do Primeiro Testamento, se assemelhassem a virtudes), e apenas em tese corresponderiam a virtudes na igreja.

A congregação deve ter um só pensamento, tanto em cuidado como em espírito (Fp 2:1-16). Essa unidade se expressará na recusa em agir por ambição ou preocupação com *status* pessoal; antes, o fiel preferirá a

---

[114] Robinson, *Ephesians* [Efésios], p. 94.

preocupação com a condição dos outros; as pessoas farão qualquer coisa sem reclamar ou contender umas com as outras. Esse posicionamento emergirá naturalmente de um relacionamento com Jesus e o Espírito, bem como da inspiração da própria atitude de Jesus, o qual se dispôs a ignorar as questões relacionadas ao seu próprio *status* a fim de se tornar homem e deixar-se executar como se fosse um criminoso. Mantendo sua unidade dessa forma, a congregação trabalhará sua salvação e será pura, sem mácula, uma luz brilhante entre seus contemporâneos quando persevera e expõe[115] a palavra viva do evangelho.

Quando em outras passagens Paulo insta as pessoas a não ter opinião elevada demais sobre si (Rm 12:3), a exortação começa com um "porquê". Essa atitude será um exemplo de transformação e do não viver segundo os padrões deste mundo. O contexto anterior à expectativa dessa atitude é a tentação de os judeus desprezarem os gentios, e vice-versa (Rm 2—4; 11).[116] A desconfiança de si mesmo e o cuidado por outros são desafios centrais de uma congregação, principalmente porque vão contra nosso instinto natural. Os fiéis devem expressar carismas com energia, mas sem achar que apenas seu dom particular importa. O cristão deve "pensar as mesmas coisas que outros", ou seja, chegar a uma atitude comum (Rm 12:16). Essa forma de pensar envolve mais do que viver em harmonia, no sentido de estar disposto a conviver, preservando, contudo, o próprio ponto de vista. Implica uma vida em uníssono, na qual subordinamos pontos de vista, instintos e convicções à comunidade como um todo.

O amor de Jesus nos "controla" (*synechō*; 2Co 5:14). A palavra pode denotar uma compulsão positiva ou uma restrição negativa. Ambos os significados seriam aplicáveis, ainda que, no contexto, a última opção seja a mais provável.[117] De fato, "a obra transformadora do Espírito relaciona Paulo como 'escravo' de outros; o mesmo vale para todos os demais cristãos. Viver de outra forma é retornar 'à carne'" (Gl 5:13).[118]

---

[115]Na obrigação de escolher uma das implicações de *epechō*, então o contexto sugere a segunda opção (contra a posição de Gerald F. Hawthorne, *Philippians* [Filipenses] [Waco: Word, 1983], p. 103).

[116]Cf. Dunn, *Romans* [Romanos], 2:732.

[117]Cf. Margaret E. Thrall, *A Critical and Exegetical Commentary on the Second Epistle to the Corinthians* [Comentário crítico e exegético da segunda carta aos Coríntios] (Edimburgo: T&T Clark, 1994), 1:408-9.

[118]Gorman, *Cruciformity* [Cruciformidade], p. 55.

O absoluto...

Os comentários de Paulo sobre as atitudes relacionadas a regras alimentares e sábados tomam um rumo diferente, pois envolvem a possibilidade de unidade em meio ao conflito. A congregação de Roma estava dividida em suas convicções a respeito da natureza das regras bíblicas concernentes a comida, sábados e festas sagradas, levantando questões fundamentais sobre a natureza do evangelho. Paulo tem uma posição firme quanto a que lado está teologicamente certo, desejando, porém, que a igreja permaneça unida, comprometida em "viver com desacordos fundamentais" (Rm 14:1—15:6).[119]

Em um contexto ocidental, estamos acostumados a ser diferentes de outras pessoas; na verdade, regozijamo-nos em nos destacar da multidão. Em um contexto do século I d.C., a pressão podia estar na outra direção, e Paulo insta as pessoas a que não exerçam essa mesma pressão, mas que deixem as pessoas ser diferentes. Embora o apóstolo atribua fraqueza de fé àqueles que insistem em regras sobre comida e dias sagrados, Paulo deseja que os fortes na fé estimem essas pessoas e as preservem na congregação. O fraco na fé é servo de Deus, não de outros fiéis, e a postura que toma é entre ele e Deus. Cada qual é responsável perante Deus pelo posicionamento que assume.

Além do mais, é uma questão de amor. Se tentarmos impor nossa liberdade sobre aquele a quem essa liberdade se assemelha à apostasia, corremos o risco de levá-lo a agir de modo a não ser capaz de ver o que é o correto diante de Deus e/ou abandonar seu compromisso com Jesus, em vez de contribuirmos com sua edificação. Desse modo, você põe em risco o relacionamento entre ele e Deus, talvez de modo fatal.

Por isso, guardar-se dessa atitude também é uma questão de fé. Se o "forte" pressiona o "fraco" a agir de um modo que não reflete seu próprio relacionamento com Deus, tudo que faz é pressioná-lo a não viver pela fé. E o que poderia ser pior na obstrução do relacionamento entre Deus e o fiel?

Também é uma questão de testemunho. Se a congregação está dividida por conflitos relacionados a algum assunto particular, traz descrédito à

---

[119] Título usado por Dunn em seu estudo da passagem. Cf. *Theology of Paul the Apostle* [Teologia do apóstolo Paulo], p. 680.

fé que supostamente defende, além de obscurecer o que é mais importante: agir de modo correto para com os outros, viver em paz e regozijar-se, entusiástica e conjuntamente, no Espírito Santo.

O amor inclui ao invés de excluir. Enquanto cada grupo será tentado a rejeitar o outro — quer como liberal demais, quer como tradicional demais —, cada qual deve reconhecer o outro conforme foi aceito por Jesus. O fraco precisa ver a importância exclusiva da fé; o forte deve ver a importância do amor, a ponto de estar disposto a "dar mais valor ao amor do que à reputação".[120] A paz de Jesus deve reinar nos corações da congregação, e os membros devem ser graciosos uns para com os outros.[121] Como membros de um só corpo, somos chamados à paz; o corpo vira uma bagunça quando diferentes partes brigam entre si (Cl 3:15).

Ademais (Rm 15:1-8), é uma questão de o forte servindo ao fraco, o que é o padrão regular do discipulado cristão em seguir Jesus; o argumento em Filipenses 2 também se encaixaria nesse contexto. Seguimos Jesus, não por agradar a nós mesmos ao seguir as próprias convicções, a despeito de outras pessoas nos insultarem ("elas não estão vivendo em obediência às Escrituras"). Em certo sentido, falar sobre "aceitação mútua" dá margem a mal-entendidos. A visão de Paulo não é de dois grupos que passam a aceitar um ao outro, mas de como um grupo (a maioria?) deve aceitar o outro, a despeito de não ser aceito.

Para reverter a duas de suas preocupações anteriores ao discutir a questão, tal aceitação é necessária para que a congregação adore com *uma* só mente e *uma* só voz, de modo a enaltecer Deus perante o mundo gentílico. Afinal, Jesus tornou-se servo dos judeus para que "os gentios glorifiquem a Deus por sua misericórdia". Os "fortes" de Roma devem

---

[120]Krister Stendahl, *Paul Among Jews and Gentiles and Other Essays* [Paulo entre judeus e gentios e outros ensaios] (Filadélfia: Fortress, 1976), p. 52.

[121]Traduções em língua portuguesa traduzem *eucharistoi* como "agradecidos", e as passagens em Colossenses 3:16,17; 4:2 prosseguem para falar sobre gratidão a Deus. Entretanto, o contexto em Colossenses 3:15 sugere relacionamentos humanos, e "gracioso" é o significado da palavra em sua única ocorrência na Bíblia Grega (Pv 11:16), bem como em muitas outras ocasiões em outros textos: cf. T. K. Abbott, *A Critical and Exegetical Commentary on the Epistles to the Ephesians and to the Colossians* [Comentário crítico e exegético de Efésios e Colossenses] (Edimburgo: T&T Clark; Nova Iorque: Scribner, 1897), p. 290. Problemas semelhantes são levantados pelo uso de *charis* em Colossenses 3:16; 4:6.

fazer o mesmo. As pessoas devem aceitar-se mutuamente como Jesus as aceitou, ou seja, com uma aceitação que não exige um pré-entendimento correto. Ambos os grupos comparecerão perante o tribunal de Deus; portanto, é sábio deixar o juízo nas mãos dele (Rm 14:10-11).

... e o flexível

Jesus conseguiu combinar "mandamentos extenuantes", ensinos rigorosos e exigentes com a inclusão de pessoas propensas a aceitar aquilo que é "eticamente duvidoso", e assim Jesus imita um Pai perfeito e misericordioso; e o mesmo é verdadeiro sobre Paulo.[122]

A carta de 1Coríntios 7:1—11:1 lida ainda mais com questões que exigem flexibilidade por parte dos fiéis. O confidente e o cauteloso precisam viver juntos, como também ter direitos não significa que você deva reivindicá-los de forma insistente. A questão não é a minha liberdade, mas o que é benéfico e construtivo para outras pessoas, seu encorajamento de continuar caminhando em vez de tropeçar e, portanto, a glória de Deus.[123] Essa é a posição que Paulo reivindica (1Co 11:1).

Em outras palavras, a liberdade do discípulo é uma liberdade para cuidar de outras pessoas em vez de estar cativo a si mesmo. "Os Evangelhos retratam Jesus como uma pessoa livre" em relação ao que come, com quem se associa e ao modo como fala. Não é uma liberdade para exercitar direitos, mas uma "liberdade para o bem de outros", que alcança seu "apogeu [...] na entrega voluntária da própria vida". Essa "liberdade a serviço do bem" tem sua base na bondade de Deus; "a bondade de Deus nos liberta para a bondade".[124] De fato, "na Bíblia, divindade significa liberdade. [...] Assim, o senhorio de Deus na Bíblia ocorre como alguém que é livre, como o único que é livre".[125]

---

[122]Cf. Richard A. Burridge, *Imitating Jesus* [Imitando Jesus] (Grand Rapids e Cambridge: Eerdmans, 2007), p. 78-79,154. A expressão "mandamentos extenuantes" vem de Anthony E. Harvey, *Strenuous Commands* [Mandamentos extenuantes] (Londres: SCM Press; Filadélfia: Trinity Press International, 1990).
[123]Cf. C. K. Barrett, "Things Sacrificed to Idols" [Coisas sacrificadas a ídolos], *NTS* 11 (1964–1965): 138-53.
[124]Jon Sobrino, *Jesus the Liberator* [Jesus, o libertador] (Maryknoll: Orbis, 1993; Tunbridge Wells: Burns and Oates, 1994), p. 145.
[125]Barth, *CD* I, 1:307.

Com frequência, as preocupações pastorais fazem da flexibilidade algo possível, ou até mesmo necessário. Existem "áreas cinzentas".[126] Ao trabalhar, em vez de confiar no suporte de pessoas para as quais leva o evangelho, Paulo não segue as instruções de Jesus.[127] Mas, quando então os discípulos agem de modo a violar o sábado, a resposta de Jesus não é: "Não se trata de uma violação". Antes, Jesus remete a situações nas Escrituras em que as pessoas ignoram a Torá. Há situações em que podemos fazê-lo. Necessidade humana e serviço divino sobrepõem-se ao sábado (Mt 12:1-14).

Essa postura se encaixa com a flexibilidade da própria Torá. No Sinai, alguns israelitas não podiam celebrar a Páscoa por terem tido contato com cadáveres. "Não há problema", assegura Yahweh: "celebrem a festa no mês seguinte" (Nm 9). O povo como um todo decide que está tudo bem agir de modo semelhante em um contexto posterior (2Cr 30). As filhas de Zelofeade apelam contra a ideia de que, na ausência de irmãos, não deveriam herdar a propriedade familiar. Mais uma vez, Yahweh diz: "Tudo bem" (Nm 27) e, posteriormente, a regra é modificada mais uma vez (cf. Nm 36). Tais mudanças não passam da ponta de um enorme *iceberg*. Ao compararmos conjuntos de regras na Torá (e.g., de Êx 20—24 com Deuteronômio), notamos a flexibilidade com que Deus guiou Israel no decorrer dos séculos em termos de reformular regras para a vida da nação em diferentes contextos.

Entretanto, enquanto preocupações pastorais possibilitam a flexibilidade ou a tornam necessária, certas preocupações teológicas e éticas fazem da firmeza uma exigência. Quando, em Gálatas, Paulo lida com questões relativas à regulamentação alimentar e à observância de dias sagrados — questões semelhantes às encontradas em Romanos —, acaba assumindo uma postura mais rígida: "Enfrentei Pedro face a face quando veio a Antioquia" (Gl 2:11). Talvez os problemas tenham emergido de modo a, mais radicalmente, pôr em perigo o evangelho.

---

[126]Cf. Thiselton, *1 Corinthians* [1Coríntios], p. 82, 99-100; cf. ainda Kathy Ehrensberger, "To Eat or Not to Eat—Is This the Question?" [Comer ou não comer? Eis a questão], em Ehrensberger *et al.*, eds., *Decisive Meals* [Refeições decisivas] (Londres e Nova Iorque: T&T Clark, 2012), p. 114-33.

[127]Cf. Gerd Theissen, *The Social Setting of Pauline Christianity* [Contexto social do cristianismo paulino] (Filadélfia: Fortress, 1982), p. 42-49.

Disciplinado

De modo semelhante, o material de ambos os lados de 1Coríntios 7:1—11:1 lida com questões que exigem um posicionamento firme. A congregação não tem a incumbência de julgar os de fora, mas é responsável por julgar os próprios membros. No caso de indivíduos que persistem no erro, uma congregação deve expulsá-los a fim de levá-los ao bom senso e destruir sua posição carnal; desse modo, poderão ganhá-los de volta e resgatá-los para o dia do Senhor (1Co 5). A linguagem remete à forma como a Torá fala sobre "eliminar de Israel" (e.g., Gn 17:14; Êx 31:14; Lv 23:29), ainda que, pelo que sabemos, os israelitas entendessem a expressão como que denotando algo realizado por Deus, e não pelas autoridades do povo.

Os fiéis devem manter-se distantes de irmãos e irmãs ociosos, não para tratá-los como inimigos, mas para admoestá-los (2Ts 3:6,14,15). A segunda exortação mostra que a primeira não significa a recusa de dar-lhes qualquer coisa; talvez sugira desassociar-se de seu comportamento. O momento em que alguém foi levado à tristeza sinaliza, então, o momento do perdão (2Co 2:5-11). A Escritura é realista quanto ao comprometimento das congregações, pois elas são santas e pecadoras. Como o indivíduo, a igreja é *simul justus et peccator*.[128] As congregações são responsáveis por si e perante Deus no que diz respeito à disciplina e à restauração. Mas "disciplina deve ser exercida a serviço de misericórdia".[129]

O cenário de 1Coríntios 13 entre os capítulos 12 e 14, bem como o contexto da carta como um todo, dá a entender uma ligação entre amor e ordem congregacional, disciplina congregacional e autodisciplina.[130] Amar significa que eu me autodisciplino no que diz respeito ao exercício dos meus dons, visto que a minha preocupação gira em torno da edificação da congregação, e não da minha autoexpressão. Significa que a congregação como um todo se autodisciplina nessa conexão: os fiéis em geral não podem simplesmente deixar essa disciplina nas mãos da

---

[128]Moltmann, *The Church in the Power of the Spirit* [A igreja no poder do Espírito], p. 22; sobre essa frase, cf. ainda "Doing the Right Thing" ["Fazendo a coisa certa"] e "It Bought Them Back So They Can Serve Another Master" ["Trazendo-os de volta para servir a outro senhor"], seções 5.2 e 5.5, respectivamente.
[129]Cf. Dietrich Bonhoeffer, *Discipleship* [Discipulado] (reimp., Mineápolis: Fortress, 2003), p. 271.
[130]Thiselton, *1 Corinthians* [1Coríntios], p. 235.

liderança. As pessoas que falam em línguas e profetizam devem fazê-lo de modo ordeiro (1Co 14:27-32). Mais uma vez, não há indicação de que a tarefa da liderança é reforçar a disciplina (talvez os líderes sejam o problema!). Na verdade, a função dos líderes é "facilitar em vez de controlar as manifestações do Espírito".[131]

Paulo prossegue exortando: "Estejam vigilantes, mantenham-se firmes na fé, sejam homens de coragem, sejam fortes. Façam tudo com amor" (1Co 16:13-16, NVI). O primeiro desses imperativos forma um paralelo com diversas exortações do Novo Testamento para que o fiel desperte — exortações direcionadas aos discípulos, capazes de voltar a cair no sono, como o restante do mundo.[132]

A abertura dos quatro imperativos também corresponde aos registrados em Josué e relacionam-se com a entrada no cumprimento das promessas de Deus, embora o acréscimo de "na fé" remeta à facilidade com que Israel se corrompeu com a fé canaanita. Paulo adiciona que "aquele que não ama o Senhor seja *anathema*". *Anathema* é a tradução da Septuaginta para *ḥērem* no livro de Josué, palavra para "devotar" algo a Deus pela destruição. Essa declaração, assim, leva à oração aramaica: "*Marana tha*", "Vem, nosso Senhor!" (1Co 16:22), apelo implícito para que Deus venha e faça a destruição final. A passagem assim "resume bênçãos e maldições da aliança".[133] Paulo também pede que o *anathema* de Deus sobrevenha a todo aquele que prega um evangelho diferente daquele que foi recebido pelos gálatas (Gl 1:9).

Josué e os israelitas tinham de combinar firmeza em relação aos cananeus (Js 6) e a si mesmos (Js 7; 24), agindo com graça e misericórdia quando a firmeza era inapropriada (Js 2). O acréscimo de Paulo aos primeiros quatro imperativos quanto a fazer tudo com amor corresponde à sua preocupação nesta carta e às necessidades particulares dos coríntios. Há um enorme potencial para que, em um contexto congregacional, a fé não se desenvolva de modo adequado devido à assimilação cultural. Os fiéis devem permanecer firmes em relação à sua cultura e uns para com os outros, exercendo disciplina quando necessário. Todavia, mesmo essa firmeza deve ser exercida em amor.

---

[131]Amos Yong, *Renewing Christian Theology* [Renovando a teologia cristã] (Waco: Baylor University Press, 2014), p. 76.
[132]Cf. Barth, *CD* IV, 2:555.
[133]Thiselton, *1Corinthians* [1Coríntios], p. 302.

Paulo se compromete a ser tanto gentil como franco (cf. 2Co 1:12—2:4). Amor e firmeza formam um par importante. A Escritura enaltece amor, compaixão, paciência, longanimidade, perdão, preocupação com o inimigo e fidelidade. Também enaltece zelo e desgosto pelo mal. Até a ira tem seu lugar (Ef 4:26): "a questão, então, não é se a ira é legítima ou importante", mas "contra o que nos iramos e [...] com que finalidade direcionamos nossa ira".[134]

---

[134]Jones, *Embodying Forgiveness* [Incorporando o perdão], p. 247.

OITO ▶ O TRIUNFO DE DEUS

O PRESENTE ESTUDO DE TEOLOGIA BÍBLICA intercalou as formas narrativa e discursiva, conforme encontramos nas Escrituras. Desse modo, considerou coisas que são sempre verdadeiras a respeito de Deus, do mundo, da humanidade e do povo de Deus; também considerou eventos como a criação, o envolvimento de Deus com Israel e a vinda de Jesus. Para finalizar, consideraremos o que Deus intenciona fazer no futuro com base no que já fez.

8.1 O CUMPRIMENTO DA INTENÇÃO DE DEUS

Ambos os Testamentos situam os eventos cruciais no passado e os veem afetando o presente, mas também olham adiante. A Bíblia "propõe-se a falar da vida humana no contexto de uma visão de história universal, cósmica [...] da criação do mundo até sua consumação [e] das nações que compõem a família humana. [...] A Bíblia é uma história universal".[1] A fé bíblica envolve passado, presente e futuro; o Princípio, o Agora e o Fim. Relaciona a ação empreendida por Deus com a ação que ele está empreendendo e espera da humanidade, e também a ação que ele intenciona para a consumação de seu propósito. Geralmente, a ação

---

[1] Lesslie Newbigin, *The Gospel in a Pluralist Society* [O evangelho em uma sociedade pluralista] (Grand Rapids: Eerdmans; Londres: SPCK, 1989), p. 89.

intencionada por Deus aparece no texto em forma de verbos nos tempos presente, passado e futuro.[2] Deus é "aquele que é, que era e que há de vir" (Ap 1:4; cf. Ap 1:8; 4:8). Ele não fala do futuro apenas em termos de ser ou tornar-se, mas em termos de retorno;[3] também fala de "retorno" tomando a si como referência, não apenas o Ungido (contraste com a pergunta de João Batista em Mt 11:3).

Deus reinará

Deus é soberano e usa seu poder para tomar iniciativas no mundo e estabelecer limites à transgressão da humanidade. Ele reina no sentido de não permitir que o exercício do poder humano, de forças naturais ou de poderes sobrenaturais saiam do controle. À besta, por exemplo, "*foi-lhe permitido* guerrear contra os santos e vencê-los. *Foi-lhe permitida* autoridade sobre toda tribo, povo, língua e nação" (Ap 13:7). Em um sentido pleno, porém, o reino de Deus e de Jesus pertence ao futuro. Deus ocasionará a era vindoura e, no Fim, reinará.

O fato de que Deus intenciona reinar é uma boa notícia. Escapar da escravidão ou fugir de um país governado pela opressão para uma nação caracterizada pelo Estado de direito significa mover-se de algo semelhante à morte para algo mais parecido com a vida. Boa governança e vida plena estão interligadas, e a vida eterna está atrelada ao reinado de Deus. Vida eterna é a vida da era vindoura, a qual, por sua vez, caracteriza-se pelo reinado de Deus.

As Escrituras podem, assim, relacionar de perto o discurso de reino ou domínio de Deus e o de vida verdadeira. Jesus posiciona um conceito ao lado do outro nas declarações de que "É melhor entrar na vida mutilado do que, tendo as duas mãos, ser lançado no *geena*" e "É melhor entrar no Reino de Deus com um só olho do que, tendo os dois olhos, ser lançado no *geena*" (Mc 9:43,47). Questionado por um homem rico sobre a vida eterna, Jesus observa quão difícil é para um rico "entrar no reino de Deus"; os discípulos comentam que é difícil ser salvo, e Jesus promete que aqueles que abrem mão das coisas por amor a ele e ao evangelho

---

[2]J. Christiaan Beker, Paul the Apostle [Paulo, o apóstolo] (Filadélfia: Fortress, 1980), p. 277-78.
[3]Jürgen Moltmann, The Coming of God [A vinda de Deus] (Londres: SCM Press; Mineápolis: Fortress, 1996), p. 23.

receberão a vida eterna na era vindoura (Mc 10:17-31). Sem nascer do alto, ninguém pode entrar no reino de Deus, mas todo aquele que crê em Deus tem a vida eterna, e não a ira de Deus (Jo 3:5,36). Juntamente com a declaração de que o reino de Deus está presente agora, Jesus também declara que a vida eterna começa agora a ser usufruída. A vida eterna é a vida da era vindoura, a vida no reino no qual Deus reina.

Pode parecer exagero dizer que "o triunfo de Deus" corresponde ao "tema coerente do evangelho anunciado por Paulo" ou simplesmente que "o pensamento de Paulo é motivado pela consumação futura do objetivo divino, tanto para a história como para a criação";[4] mas esses temas realmente são a chave para o pensamento do apóstolo e de outros autores bíblicos. De fato, as Escrituras falam mais acerca do cumprimento do propósito de Deus do que sobre nosso perdão; falam mais em termos teológicos do que antropológicos ou psicológicos. A aceitação ou a rejeição dessa ideia depende do fato de "estarmos mais interessados em nós mesmos do que em Deus ou no destino da criação".[5] Um princípio correlato é que nem graça nem teologia podem estar centradas no pecado. A graça de Deus não é uma simples resposta à depravação humana; ela antedata a depravação humana. Na verdade, "o pecado em si pode surgir e tomar forma como tal apenas em oposição à graça de Deus; manifesta-se apenas com o conhecimento da graça. Além disso, 'somente a graça de Deus permanece para sempre".[6]

Esperança objetiva

O fato de que Deus intenciona cumprir seu propósito tem implicações para seu povo. Nosso pecado significa que perdemos a glória divina (Rm 3:23). Não poderíamos cumprir nossa vocação humana de exercer soberania no mundo, nem esperar que nossa humanidade fosse transformada para

---

[4]Beker, *Paul the Apostle* [Paulo, o apóstolo], ix, p. 176.
[5]Krister Stendahl, Paul Among Jews and Gentiles and Other Essays [Paulo entre judeus e gentios e outros ensaios] (Filadélfia: Fortress, 1976), p. 24; cf. Anthony C. Thiselton, Thiselton on Hermeneutics [Thiselton sobre hermenêutica] (Grand Rapids e Cambridge: Eerdmans, 2006), p. 93.
[6]Barth, CD III, 2:37; cf. Otto Weber, Foundations of Dogmatics [Fundamentos da dogmática] (Grand Rapids: Eerdmans, 1981), 1:556. Não sei por que a última frase aparece entre aspas.

que pudéssemos viver para sempre. O fato de Deus ter enviado Jesus não apenas remediou, pela fé, nosso relacionamento com Deus, mas também abriu-nos a "expectativa da glória de Deus" (Rm 5:2). Mesmo quando perseguidos, somos renovados interiormente, o que significa que nossa perseguição produz para nós honra eterna e, portanto, a perseguição não nos desencoraja (2Co 4:16-18; cf. Rm 5:1-11). A certeza do triunfo de Deus nos serve de encorajamento na aflição, de estímulo para o viver fiel e como foco para o que realmente importa com relação à era vindoura (e.g., Rm 8:18-25; 1Co 6:9-10; 7:25-35; Gl 5:21).[7] Significa que Deus é "o Deus da esperança" (Rm 15:13).

Ao especificar as implicações de sua oração para o povo que conhece (a respeito de) Deus, Paulo começa rogando para que a congregação tenha revelação da esperança para a qual Deus a chamou e, em seguida, explica essa oração em termos de os fiéis conhecerem "a glória do que Deus fez ao garantir a herança do seu povo"[8] (Ef 1:18). Sua oração subsequente para que conheçam a extensão do poder de Deus (Ef 1:19-20) corresponde a essa percepção. Deus tem poder para levar os fiéis ao seu destino. Deus ressuscitou e exaltou a Jesus, o que significa que o povo pode ter certeza de que outros poderes não podem impedi-lo, porque essa ação de Deus em relação a Jesus mostra o poder de Deus.

Estávamos mortos em relação ao nosso pecado; não tínhamos esperança. Éramos "filhos da ira". A frase forma um paralelo com expressões como "filhos da morte", usadas para denotar pessoas que merecem morrer, indivíduos a caminho da morte (e.g., 1Sm 26:16; 2Sm 12:5).[9] "Estávamos destinados a sofrer o castigo de Deus" (NTLH). Contudo, Deus "nos vivificou juntamente com o Ungido" e "nos ressuscitou por intermédio de Jesus, o Ungido" (Ef 2:1-6). Estávamos mortos no sentido de desesperançados (Ef 2:12), ao passo que, agora, temos esperança e vivemos.

"Esperança", então, não se contrapõe, no contexto de Efésios 2, a um sentimento de desesperança, mas ao fato de que Deus enviará o Ungido

---

[7] Cf. John G. Gager, "Functional Diversity in Paul's Use of End-Time Language" [Diversidade funcional no uso que Paulo faz da linguagem do fim dos tempos] JBL 89 (1970): 325-37.
[8] Andrew T. Lincoln, Ephesians [Efésios] (Dallas: Word, 1990), p. 60.
[9] Cf. T. K. Abbott, *A Critical and Exegetical Commentary on the Epistles to the Ephesians and to the Colossians* [Comentário crítico e exegético de Efésios e Colossenses] (Edimburgo: T&T Clark; Nova Iorque: Scribner, 1897), p. 45.

novamente e implementará seu propósito. Denota esperança objetiva. No entanto, esperança objetiva resulta em esperança subjetiva, em "liberdade futura e confiança em relação ao que virá, visto que, em obediência a Deus, o homem de fé entregou sua ansiedade com respeito a si e ao seu futuro".[10] Ansiedade, afinal, é "pecado relacionado ao tempo, uma falha em permitir que a promessa do bom futuro de Deus ilumine o tempo que nos é dado agora para agir".[11]

Isaías 12 fecha o grande retrato do livro sobre o perigo e a esperança de Judá com uma canção para ser entoada no dia do cumprimento da profecia. Dar-lhes um cântico é outra forma de convidá-los a viver em esperança. Ao se apegar à canção, o povo se envolve de antemão no louvor a Deus por cumprir suas promessas. Isaías pressupõe a forma como o Primeiro Testamento vê respostas à oração advindas, comumente, em dois estágios: no primeiro, Deus diz que ouviu e propõe-se a agir; no segundo, ele age. De modo semelhante, o louvor vem em dois estágios: primeiro, louvamos a Deus por nos ter escutado e, após a ação divina, nós o louvamos por ter atuado em nosso favor. Em Isaías 12, o ato ainda não aconteceu, mas o louvor pode começar. Onde quer que as pessoas estejam, elas são convidadas a ver que "chegaram até aqui pela fé" (com diz o cântico) e podem prosseguir em esperança, não porque sua fé ou esperança sejam grandes, mas porque o Deus em quem confiam e esperam é grande. Cabe dizer que a seção de Isaías 1—12 é uma declaração sobre o "Santo de Israel".

Enquanto a esperança bíblica pressupõe "uma lacuna perceptível entre o que Deus prometeu e o que cumpriu até agora",[12] as lacunas entre promessa e cumprimento não constituem o fundamento definitivo da esperança. Por trás das promessas nas quais esperamos, persiste o fato de que Deus formulou um propósito desde o Princípio. Talvez a promessa de Deus a si mesmo seja o fundamento definitivo de toda esperança humana. Ou podemos combinar referências ao propósito

---

[10] Rudolf Bultmann, *Theology of the New Testament* [Teologia do Novo Testamento] (reimp., Waco: Baylor University Press, 2007), 1:320.
[11] Oliver O'Donovan, *Finding and Seeking* [Encontrando e procurando] (Grand Rapids e Cambridge: Eerdmans, 2014), p. 173.
[12] Anthony C. Thiselton, *The Hermeneutics of Doctrine* [Hermenêutica da doutrina] (Grand Rapids: Eerdmans, 2007), p. 541.

de Deus com sua promessa, como Moisés fez em mais de uma ocasião ao destacar que Deus não pode desistir de seu projeto para com Israel (e.g., Êx 32:11-13). Deus não pode deixar que o pecado, a opressão e a morte tenham a última palavra, embora possam existir diversas facetas à sua resposta a essas realidades.

Esperança subjetiva

"Em 1Pedro, a fé cristã é repetidamente caracterizada como 'esperança'".[13] De fato, "a vida caracterizada pela habitação do Espírito de Deus, segundo a qual a lei de Deus é estabelecida, é uma vida marcada por esperança".[14] Viver em esperança é algo inerente à fé bíblica, mas "esperança que se vê não é esperança" (Rm 8:24, NVI); isso significa que viver em esperança envolve necessariamente tensão e descontentamento. Em conexão com essa realidade, "o Espírito nos ajuda em nossa fraqueza". Quando não sabemos como orar, na medida em que lutamos e nos esforçamos para viver de acordo com o Espírito, e não com nossa natureza inferior, o Espírito intercede por nós com gemidos mais profundos, mais intensos e mais agonizantes do que os nossos. "Fraca em confiança, fraca em entendimento, fraca em perseverança, nossa ação enfraquecida é restaurada, nosso empreendimento mal concebido surte efeitos positivos."[15] E aquele a quem o Espírito se dirige (a quem pertence esse Espírito) entende esses gemidos e, assim, responde a eles (Rm 8:26-27).

O fato de que tal clamor emerge dos lábios das pessoas, então, não é sinal de que algo esteja errado, mas de que algo está certo. Essa tensão que sentimos quando queremos fazer o que é certo e, ao mesmo tempo, somos inclinados às predisposições da natureza inferior indica que não corremos o risco de retornar à escravidão. Paradoxalmente, a tensão que nos leva a clamar "Pai!" sinaliza que o Espírito de Jesus tem trabalhado conosco e indica que somos irmãos e irmãs de Jesus, a caminho de partilhar sua herança. Significa que compartilhamos o anseio de toda a

---

[13]Eduard Lohse, Theological Ethics of the New Testament [Ética teológica do Novo Testamento] (Mineápolis: Fortress, 1991), p. 179.
[14]C. E. B. Cranfield, A Critical and Exegetical Commentary on the Epistle to the Romans [Comentário crítico e exegético sobre a carta aos Romanos] (Edimburgo: T&T Clark, 1975), p. 404.
[15]O'Donovan, Finding and Seeking [Encontrando e procurando], p. 1.

criação, que aspira por se libertar da escravidão para participar da liberdade dos filhos de Deus.

Essa dinâmica significa que Deus pode assumir a luta aparentemente implacável, infrutífera e fútil na qual estamos envolvidos e transformá-la em algo significativo e útil. Está definido no contexto que Deus determinou a nos tornarmos como seu irmão (Rm 8:28-30). Os fiéis são atacados por pressões (*pathēmata*) internas e externas (Rm 7:5; 8:18), mas sua luta terá recompensa, e a ideia de que o fim redundará em qualquer outra coisa além da vitória do Espírito sobre a natureza inferior está fora de cogitação. "Se Deus é por nós, quem será contra nós?" (Rm 8:31, ARA). Seja quem for, não importa: Deus está comprometido em nos levar ao nosso destino. Inimigos poderosos (a carne, a Torá, o pecado, a morte) não podem nos acusar de nada, pois Jesus, em nosso favor, pagou a eles o que devíamos. Nenhum deles pode nos separar do amor de Jesus.

O mesmo é verdadeiro acerca de outros inimigos que nos atacam. A esperança também nos permite viver com outras pessoas no presente. Sabemos que Deus trouxe nossa salvação de uma maneira que envolveu a perversidade e a estupidez humana, transformando-as nos meios para alcançar essa salvação. Nós tomamos essa conquista como uma forma típica pela qual Deus trabalha, e sabemos que podemos, portanto, esperar que Deus faça isso de novo até mesmo para torná-la parte da realização de seu propósito final.

Escritores gregos e romanos listam os obstáculos que minam o caminho da virtude.[16] Epíteto,[17] contemporâneo mais jovem de Paulo, declara que "nem morte nem exílio, nem dor ou qualquer coisa do tipo, são a causa de nossa ação ou falta de ação, mas, sim, nossas opiniões e princípios. [...] Quem é o homem inconquistável?". Para o filósofo, a resposta é: aquele que não se deixa abalar por nada. "E se o tal for provado por fama, calúnia, elogio ou morte? Mesmo assim, será capaz de vencer tudo."[18] Paulo não partilha a convicção de que as pessoas sábias podem

---

[16]Cf. Rudolf Bultmann, *Der Stil der paulinischen Predigt und die kynisch-stoische Diatribe* [O estilo da pregação paulina e a diatribe cínico-estoica] (Gottingen: Vandenhoeck, 1910); cf. Cranfield, Romans [Romanos], p. 434-35.
[17]Epíteto (50-125 d.C.) pertence ao terceiro período do estoicismo — o estoicismo imperial romano, representado por Sêneca, o próprio Epíteto e Marco Aurélio. [N. E.]
[18]The Moral Discourses of Epictetus [Discursos morais de Epíteto] (Londres: Dent; Nova Iorque: Dutton, 1910), p. 1.11, 18 (pp. 28, 41).

triunfar sobre esses obstáculos por agirem com tranquilidade e prudência; para o apóstolo, precisamos de outra forma de sabedoria para conquistar esses poderes (Rm 8:31-39). Paulo pode concluir que a teoria de Epíteto não funciona por saber que Jesus enfrentou esses obstáculos e os derrotou, mapeando-nos o caminho para a conquista. Os obstáculos são como opositores que barram nosso caminho, porém Jesus os desarmou. Podemos ver que eles foram desarmados e, portanto, temos respostas para dar a eles quando nos desafiam.

A desesperança assume duas formas: antecipação precipitada ou desistência. Ambas as atitudes "cancelam o caráter progressivo da esperança. Ambas se rebelam contra a paciência, ou seja, rebelam-se contra a confiança na promessa de Deus".[19] Deus é o Deus da esperança para Israel e o Deus da esperança para a igreja.

Escatologia

Nas discussões sobre o triunfo de Deus e a esperança de seu povo, as palavras *escatológico* e *apocalíptico* são empregadas com frequência. Ainda que minhas citações de eruditos contenham esses termos, evitarei usá-los em minhas próprias formulações dos pontos.

J. Christiaan Beker observa o "nível de polivalência e caos que, na teologia recente, adere ao termo 'escatologia' — conceito que denota desde finalidade existencial e realidade transcendental até 'vida após a morte'".[20] Escatologia:

1. Pode referir-se ao destino do indivíduo, do povo de Deus, do mundo como um todo e do cosmos;
2. Pode denotar um Fim, após o qual não haverá nada; em termos de experiência histórica, a participação de uma era de tempo indefinido; ou, em termos de nosso próprio tempo, marcado por uma história maculada e experiências falhas, a introdução de uma história pura e de experiências perfeitas.

---

[19]Cf. Jürgen Moltmann, *Theology of Hope* [Teologia da esperança] (Londres: SCM Press; Nova Iorque: Harper, 1967), p. 23; cf. Thiselton, *Hermeneutics of Doctrine* [Hermenêutica da doutrina], p. 541.
[20]Beker, *Paul the Apostle* [Paulo, o apóstolo], xiv; cf. Beker, *Paul's Apocalyptic Gospel* [O evangelho apostólico de Paulo] (Filadélfia: Fortress, 1982), p. 14.

3. Pode envolver a crença de que, neste exato momento, Deus está cumprindo seu propósito final por meio dos acontecimentos mundiais, ou a crença de que Deus o fará em algum tempo no futuro, empregando meios que, no momento, não podemos ver;
4. Geralmente, sugere uma distinção radical entre esta era e a era vindoura, enxergando a consumação do tempo como algo gradual ou envolvendo transformação, inversão ou descontinuação dramáticas.
5. Pode sugerir um futuro iminente ou um futuro distante.[21]

Admira-me o comentário de Bruce Chilton de que a palavra *escatológico* é "facilmente definida", ainda que, na página seguinte, observe que há controvérsias sobre o significado do termo.[22] A natureza problemática da palavra é perceptível no uso que alguns escritores fazem da expressão "escatologia final",[23] que não passa de uma bela redundância!

Escatologia soa como um termo técnico que, como tal, teria um significado definível, mas essa percepção é enganosa.[24] De fato, por trás da ideia teológica há uma ideia substancial. Paulo, por exemplo, "parece, na maioria das vezes, estar disposto a não relacionar diferentes aspectos de sua expectativa escatológica". Em contraste com sua ponderação sistemática da forma como Deus ocasionou nossa restauração, conforme descreve em Romanos, Paulo figura o futuro de maneira "um tanto 'picada' e fragmentada".[25] Ele não deixa muito clara a inter-relação entre julgamento, segunda vinda, vitória final e ressurreição. Quão mais desordenada, então, é a impressão que obtemos do Novo Testamento como um todo e, por conseguinte, da Escritura como um todo! Trata-se de uma das formas segundo as quais a Bíblia demonstra

---

[21]Adaptei esta análise de John Goldingay, *Isaiah 56–66* [Isaías 56—66] (Londres e Nova Iorque: Bloomsbury, 2013), p. 527.
[22]Bruce Chilton, *Pure Kingdom* [Reino puro] (Londres: SPCK; Grand Rapids: Eerdmans, 1995), x, p. 1.
[23]E.g., N. T. Wright, *Paul and the Faithfulness of God* [Paulo e a fidelidade de Deus] (Mineápolis: Fortress; Londres: SPCK, 2013), p. 936.
[24]Jörg Frey estuda a história do problema terminológico em "New Testament Eschatology", em Jan G. van der Watt, ed., *Eschatology of the New Testament and Some Related Documents* [Escatologia do Novo Testamento e documentos correlatos] (Tubinga: Mohr, 2011), p. 3-32.
[25]James D. G. Dunn, *The Theology of Paul the Apostle* [Teologia do apóstolo Paulo] (Grand Rapids e Cambridge: Eerdmans, 1998), p. 308, 309.

"uma indiferença sublime daquilo que, hoje, parecem ser questões de importância fenomenal".[26]

Apocalíptico

A conjuntura problemática da palavra *escatologia* leva Beker a falar em termos de apocalíptico, mas o autor parece não notar certa ironia ao comentar que a expressão também "tem tido um significado 'nebuloso' na erudição bíblica".[27] Beker define "apocalíptico" como que envolvendo essencialmente:

- dualismo histórico;
- abrangência cósmico-universal;
- expectativa iminente do fim do mundo.[28]

Tal definição desencoraja ainda mais o uso do termo, visto que apenas em um sentido cuidadosamente definido, se não severamente qualificado, podemos dizer que qualquer dos Testamentos afirma o dualismo histórico, a abrangência cósmico-universal e a expectativa iminente do fim do mundo.

Em outras obras, diz-se que o gênero apocalíptico envolve:

1. um entendimento da história, estruturada segundo um padrão divinamente determinado de crise, juízo e justificação; e
2. revelação de mistérios divinos em relação a céus, terra, passado e futuro.[29]

A essa definição, sugiro que acrescentemos:

3. o uso de imaginário exótico para retratar esses mistérios.

---

[26]Ralph P. Martin, *Philippians* [Filipenses] (reimp., Londres: Marshall; Grand Rapids: Eerdmans, 1980), p. 76.
[27]Beker, *Paul the Apostle* [Paulo, o apóstolo], xv.
[28]Ibid., xv, p. 136.
[29]Para essas duas definições, cf. discussão em Andrew Chester, *Future Hope and Present Reality* [Esperança futura e realidade presente] (Tubinga: Mohr, 2012), 1:81-90. Christopher Rowland, em *The Open Heaven* [Os céus abertos] (Londres: SPCK; Nova Iorque: Crossroad, 1982), coloca a ênfase na segunda característica, o aspecto revelador sugerido pela etimologia da palavra e não pelo conteúdo da revelação.

No linguajar comum, entretanto, *apocalíptico* normalmente sugere destruição terrível, desastre e soturnidade. Em um contraste extraordinário, J. H. Yoder simplesmente afirma: "O ponto estabelecido pelo apocalíptico [...] é que as pessoas que carregam a cruz trabalham em harmonia com o universo".[30]

Certo erudito que enfatiza o gênero apocalíptico fala do "entendimento de Paulo quanto ao significado de 'apocalíptico'".[31] Contudo, *apocalíptico* é um termo português e não contém qualquer equivalente grego que Paulo pudesse ter usado. Ao usar o verbo *apokalyptō* e o substantivo *apokalypsis*, Paulo não se refere a "apocalíptico" em qualquer dos usos comuns da palavra na língua portuguesa. As Escrituras não mencionam "apocalíptico", da mesma forma como não citam "escatologia"; e boa parte do uso erudito de ambos os termos dá margem a problemas, já que é contraditado pelo uso de outros eruditos.

Mais uma vez, por trás da ideia terminológica, existe um conceito substancial, relacionado à ideia de escatologia. Quanto mais escritores bíblicos se distanciam do presente, mais figurativos se tornam. Deus não lhes deu muita informação sólida sobre o futuro, assim como não lhes deu muita informação sólida do passado, além daquela que podiam descobrir por si mesmos. A partir de diversas descrições bíblicas da criação, não podemos elaborar uma imagem mental do que veríamos se estivéssemos presentes; da mesma forma, não podemos elaborar o que veremos no Dia do Senhor, mesmo estudando diversas descrições bíblicas sobre o assunto. Com respeito ao Princípio e ao Fim, Deus nos dá relatos em figuras e imagens, cuja utilidade é de caráter instrutivo, edificante e inteligível — ou seja, desde que não as tratemos como fontes de informação que, na verdade, não fornecem.

8.2 A ERA VINDOURA E O NOVO MUNDO

Enquanto a antítese acentuada implicada em alguns usos das palavras *escatologia* e *apocalíptico* dão margem a mal-entendidos, as Escrituras

---

[30]J. H. Yoder, "Armaments and Eschatology" [Armamentos e escatologia], *Studies in Christian Ethics 1* (1988): 43-61 (em 58); cf. Stanley Hauerwas, *With the Grain of the Universe* [Em harmonia com o universo] (Grand Rapids: Baker, 2001), p. 4.
[31]Michael J. Gorman, *Reading Paul* [Lendo Paulo] (Eugene: Cascade, 2008), p. 64.

trabalham com antíteses entre esta era e a era vindoura, bem como entre este mundo e o mundo vindouro. Elas também pressupõem antíteses correlatas, entre esta era e a era perdida, e entre este mundo e o mundo perdido. Em cada caso, há uma interseção entre eras e mundos. Deus ocasionou a era vindoura, que traz consigo a implementação de sua intenção original para o mundo, promete sua implementação final e possibilita que os fiéis vivam nessa expectativa, porque já experimentam algo desta era vindoura.

Novo mundo

A teologia bíblica termina com Deus criando novos céus e uma nova terra (Ap 21—22). Por que Deus faria isso? Enquanto havia claramente algo de errado com os habitantes dos céus e da terra originais, havia algo de errado com os céus e a terra em si? Se sim, qual era o erro? E em que se distinguem os novos céus e a nova terra? Responder à última pergunta ajuda-nos a responder às outras. A primeira dica está na ausência do mar no novo cosmos (Ap 21:2). Nas Escrituras, o mar geralmente serve de personificação ou símbolo do poder tumultuoso que se impõe contra Deus. Os quatro animais grotescos do livro de Daniel, representativos de quatro superpotências e opressores do povo de Deus, emergiram do mar (Dn 7:3). Ademais, no novo mundo, não existirão mais homicidas, feiticeiros, pervertidos etc. (Ap 21:8).

Novos céus e terra são necessários porque o presente céu e a presente terra foram afetados pela resistência a Deus e pela opressão de pessoas. A presente terra está profanada pelas atividades de seus habitantes (Is 24:5). Novos céus e nova terra são aqueles em que habita a justiça (2Pe 3:13) em dois aspectos. A justiça humana permeia essa nova realidade, entretanto, mais fundamentalmente, também a justiça de Deus, que denota "o restabelecimento da soberania de Deus sobre o mundo".[32] Essa noção traz a ideia de que a soberania de Deus representa sua fidelidade,

---

[32]Martinus C. de Boer, "Paul's Mythologizing Program in Romans 5–8" [Programa mitologizador de Paulo, em Romanos 5—8], em Beverly Roberts Gaventa, ed., *Apocalyptic Paul* [Paulo apocalíptico] (Waco: Baylor University Press, 2013), p. 1-20 (em p. 6), resumindo Ernst Kasemann, *New Testament Questions of Today* [Questões contemporâneas do Novo Testamento] (Londres: SCM Press; Filadélfia: Westminster, 1969), p. 168-82.

seu *mišpāṭ ûṣĕdāqâ*, ou exercício fiel da autoridade. Temas-chave do "apocalíptico" são "ancorados no tema ainda mais central da fidelidade de Deus".[33]

No novo mundo, Deus enxugará dos olhos toda lágrima e abolirá a morte; não haverá mais choro, clamor ou dor (Ap 21:4). O presente mundo é caracterizado por conflito e guerra, perseguição e martírio, porém isso tudo será abolido no novo mundo. Apocalipse também pode presumir a abolição do sofrimento decorrente de enfermidade e morte por velhice, mas o sofrimento que ressalta é aquele causado pela humanidade, cujo foco domina também os textos bíblicos que inspiraram o último livro da Escritura (cf. Is 25:6-10; Dn 11:33—12:3).

No novo mundo, também não existirá templo (Ap 21:22). Deus nunca pretendeu que existissem templos. Ele gosta de se locomover, falar, agir e estar presente por toda parte (2Sm 7); além disso, o espírito de Deus esteve presente e ativo em Israel como um todo, não apenas em determinado lugar. Mas Davi quis construir um templo, e Deus cedeu a essa ideia. Posteriormente, Deus procurou desfazer esse desenvolvimento ao tornar seu Espírito presente na congregação dos fiéis, mas, conforme notamos, as congregações acabaram, com o tempo, sentindo a necessidade de ter santuários, construindo, então, igrejas e catedrais. No novo mundo, o templo é "o Senhor Deus Todo-Poderoso e o Cordeiro".

Nesse novo mundo, haverá uma nova cidade, uma cidade santa, uma nova Jerusalém. Assim como a presente terra está profanada por seus habitantes, a presente Jerusalém tem sido pisoteada pelas nações. Não haveria nada de errado com a presença dos gentios na cidade; na verdade, os gentios jamais deveriam ter sido banidos de Jerusalém. O problema é que se trata de gentios incrédulos e opressores. A cidade é marcada pelo martírio de fiéis, chamada espiritualmente de Sodoma e Egito; nela, Jesus foi crucificado (Ap 11:8). A visão de Apocalipse menciona igualmente outra cidade poderosa, semelhante a uma prostituta (Ap 18:10). Também essa cidade imperial será destruída e substituída.

A associação próxima entre nova Jerusalém e novos céus e nova terra segue o posicionamento dessas imagens, em Isaías 65:17-25. A referência

---

[33]Beker, *Paul the Apostle* [Paulo, o apóstolo], xv. Cf. Kasemann, *New Testament Questions of Today* [Questões contemporâneas do Novo Testamento], p. 180.

de abertura da profecia quanto à criação de novos céus e nova terra levaria alguém a pensar em termos de um novo cosmos físico. Entretanto, a profecia imediatamente prossegue, citando a criação de Jerusalém como fonte de alegria. Em outras palavras, a nova criação é a nova Jerusalém. A descrição subsequente da profecia em relação a essa nova Jerusalém encaixa-se nessa inferência. Retrata a vida na nova cidade em termos que serão mais bem elaborados no livro de Apocalipse. Lá, não haverá choro nem pranto; bebês não morrem na infância (promessa revolucionária para uma sociedade pré-moderna) e idosos não deixam de completar seus dias (sem ficar comprometido por enfermidades como, por exemplo, a doença de Alzheimer). As pessoas construirão casas e habitarão nelas, plantarão pomares e comerão do seu fruto (em vez de vê-los destruídos por invasores ou por não viverem o suficiente para desfrutar do seu trabalho). Até os animais viverão em harmonia.

Nova terra

O Apocalipse "não perdeu a fé na história como esfera da redenção divina".[34] O livro "leva a história de Deus, do seu povo e do mundo ao seu *grand finale*. [...] Antecipa um grande final, um mundo em que as folhas das árvores são para a cura das nações, onde Deus enxuga dos olhos toda lágrima, onde seres humanos vivem em harmonia uns com os outros e com o seu Deus, adorando-o exclusivamente".[35] Será "o maior de todos os sábados, um sábado sem tarde. [...] Lá nos daremos ao luxo de nos aquietar e saber que o Senhor é Deus".[36]

A impressão que temos de Apocalipse 21—22 e Isaías 65 é de que o triunfo de Deus ocorrerá em novos céus e nova terra materiais. É a figura que se esperaria com base em Gênesis. A consumação não acontece em um mundo não físico. Essa inferência se encaixa com o fato de que as pessoas que ainda vivem na nova Jerusalém são gente com o corpo

---

[34]Cf. Rowland, *The Open Heaven* [Os céus abertos], p. 435.
[35]Marianne Meye Thompson, "Reading What Is Written in the Book of Life" [Lendo o que está escrito no livro da vida], em Richard B. Hays e Stefan Alkier, eds., *Revelation and the Politics of Apocalyptic Interpretation* [Apocalipse e a política da interpretação apocalíptica] (Waco: Baylor University Press, 2012), p. 155-71 (na p. 171).
[36]Augustine, *City of God* [Cidade de Deus] 22.30.

ressurreto, não espíritos. Seus corpos serão espirituais no sentido de dominados pelo Espírito, mas, como corpos, terão de ser, de algum modo, materiais. "O céu é importante, mas não constitui o fim do mundo."[37]

O Novo Testamento vê os fiéis recebendo grandes bênçãos em Jesus nos céus, porém eles já as possuem (e.g., Ef 1:3). Os discípulos têm uma herança reservada nos céus (1Pe 1:3-5). Nos novos céus, eles têm uma casa que pertence à era vindoura, um edifício que lhes será dado depois da devolução do tabernáculo no qual agora habita (2Co 5:1-5). Sua cidadania está nos céus, de onde Jesus virá para transformar seus corpos frágeis à semelhança de seu corpo glorioso (Fp 3:20-21). Eles anseiam por um *país* celestial, onde Deus lhes preparou uma *cidade* (Hb 11:13-16). Ao final de Apocalipse, a cidade santa desce do céu à terra (Ap 21:1-2). Existe uma ligação intrínseca entre o que Deus está fazendo e preparando para os fiéis nos céus agora e o que lhes fará no novo mundo, porém seu destino é um céu na terra.

> Diz-se que, a partir do século IV, os cristãos passaram a entender sua igreja local como posto militar, como embaixada da Nova Jerusalém na terra. Sua glória e beleza física foram oferecidas a Deus e às comunidades cristãs para dar uma visão da Pátria, da Nova Jerusalém, cuja manifestação ocorrerá no fim dos tempos. Aos domingos, os cristãos adoravam em território nacional. Lá, sentiam-se renovados e restaurados; aprendiam princípios da Nova Jerusalém; aprendiam sobre os paradigmas de Deus para uma cultura saudável, um mundo saudável. Durante a semana, procuravam pôr os princípios em prática. Construíam abrigos para os necessitados, hospitais para o doente, escolas para o ignorante e belas igrejas, cheias de arte e música, como forma de testemunho à glória e beleza de Deus e nosso lar final.[38]

"A ideia básica, cuja influência abrangia até os mínimos detalhes quanto à forma da catedral, era da cópia terrena de uma cidade celestial

---

[37]N. T. Wright, "Revelation and Christian Hope" [Apocalipse e a esperança cristã], em Hays e Alkier, *Revelation and the Politics of Apocalyptic Interpretation* [Apocalipse e a política da interpretação apocalíptica], p. 105-24 (em p. 106).
[38]Roberta Green Ahmanson, "Dreams Become Reality" [Sonhos se tornam realidade], *Books and Culture* 21, no. 1 (2015): 18-20 (em 18).

gloriosa." O *design* de tais construções servia "para criar uma imagem visível da natureza da igreja" como "lar celestial do ser humano, onde, mesmo no presente, poderia entrar".[39] A estrutura física da catedral "restabelece o que existia no paraíso e o que existirá no Reino de Deus".[40]

Nova vida

João afirma sobre a mente-mensagem divina: "A Palavra era a fonte da vida" (Jo 1:3-4, NTLH). A maior parte das coisas, porém, que vieram a existir por intermédio da mente-mensagem tinha, no Princípio, apenas vida temporária. A intenção de Deus sempre foi que a humanidade usufruísse a vida eterna ao comer da árvore da vida, mas essa intenção não foi realizada.

Pelo restante do Primeiro Testamento, as pessoas viviam esquecidas de que Deus um dia teve essa intenção. Um resultado positivo é que o Primeiro Testamento leva essa vida realmente a sério. Nele, as pessoas não correm o risco de cair na cilada de pensar: "este mundo não é o meu lar; estou apenas de passagem". Contudo, por meio de Jesus, a intenção original de Deus pode ser realizada. Pessoas começam a usufruir da vida eterna, a vida da era vindoura, nesta vida. Mesmo agora, o fiel é "participante da glória prestes a ser revelada" (1Pe 5:1).[41]

Alguns dizem que Jesus exerce uma "opção preferencial pelo pobre". Se partirmos do significado comum da palavra *pobre*, há pouca evidência que dê suporte a essa declaração. Entretanto, há certa verdade na ideia se definirmos o pobre como o espezinhado e oprimido, indivíduos que não contam, "os zés-ninguém".[42] A solidariedade com o pobre contrasta

---

[39]Mathias Rissi, *The Future of the World* [O futuro do mundo] (Londres: SCM Press; Naperville: Allenson, 1972), p. 41.
[40]Leonid Ouspensky (*Theology of the Icon* [Teologia do ícone] [Crestwood, Nova Iorque: St. Vladimir's Seminary Press, 1992], p. 26) atribui essa declaração ao teólogo do século XVII, Máximo, o Confessor, em "*Mystagogy* [Mistagogia], caps. 8-21, PG 91:672", mas essa referência parece incorreta. Não consegui encontrar a frase que o autor cita.
[41]Algumas traduções dizem "participará", mas, no contexto da passagem, não existem verbos no tempo futuro.
[42]Segundo Gustavo Gutierrez, *Essential Writings* [Escritos essenciais] (Maryknoll: Orbis, 1996), p. 144-45; Gutierrez, *A Theology of Liberation* [Teologia da libertação] (Maryknoll: Orbis, 1973; Londres: SCM Press, 1974), p. 301; cf. Gutierrez, "Option for the Poor" [Opção para o pobre], em Jon Sobrino e Igancio Ellacuria, eds., *Mysterium Liberationis* (Maryknoll:

a solidariedade com o Estado e seus órgãos. É uma solidariedade com o oprimido e o silenciado, e não com o poderoso.[43]

Para Jesus, o povo judeu como um todo é pobre e oprimido, e ele realmente se identifica com os judeus. De fato, o Ungido também exerce uma opção preferencial por enfermos e endemoninhados. Em história após história, os evangelistas narram curas e expulsão de demônios; Jesus não consegue ignorá-los. Sua ação, então, antecipa o dia da ressurreição. O Fim não será "o triunfo da destruição e do caos, mas a *cura do mundo*".[44] Sua opção preferencial operará ao máximo.

Hoje, a vida do fiel é caracterizada por conflito e luta. "Miserável homem que sou!" Precisamos ser resgatados de nossa existência corpórea atual, afligida pelo pecado e a caminho da morte. Todavia, seremos resgatados (Rm 7:24-25). Mesmo agora, como outro aspecto estranho do nosso conflito, enquanto estamos perturbados com a forma como as coisas são, podemos, ao mesmo tempo, ter paz e gratidão porque sabemos que a situação é temporária. A promessa não é que Deus nos resgatará de nossa existência corpórea; antes, nossa existência corpórea será transformada. O dia da ressurreição virá. Nosso corpo será redimido (Rm 8:23). Ainda temos de experimentar a morte, mas o Espírito de Deus, que ressuscitou Jesus dentre os mortos, está envolvido conosco, o que significa que Deus "dará vida [ao nosso corpo mortal], por meio do seu Espírito" (Rm 8:10-11).

Quando as Escrituras falam da chegada do fim (e.g., Mc 13:7), não se referem a um "fim" após o qual não existirá mais nada, mas do início de algo novo, como provas "finais" levam a um "começo", o início da vida para a qual a igreja tem-se preparado. Quando os Doze se assentarem em tronos para julgar os doze clãs de Israel (Mt 19:28), não será um juízo

---

Orbis, 1993), p. 235-50; *Systematic Theology* [Teologia sistemática] (Maryknoll: Orbis, 1996), p. 22-37.

[43]Segundo Tinyiko Maluleke, "Black Theology as Public Discourse" [Teologia do negro como discurso público], www.religion.uct.ac.za/sites/default/files/image_tool/images/113/Institutes/Religion_in_Public_Life_ME_1999/Concep_Papers/Tinyiko_Maluleke.pdf. Citado em Gerald O. West, "Liberation Hermeneutics After Liberation" [Hermenêutica da libertação], em Alejandro F. Botta e Pablo R. Andinach, eds., *The Bible and the Hermeneutics of Liberation* [A Bíblia e a hermenêutica da libertação] (Atlanta: SBL, 2009), p. 13-38 (em p. 23).

[44]Rissi, *Future of the World* [O futuro do mundo], p. 17.

final e único, mas um papel contínuo de exercício de autoridade e auxílio à comunidade na tomada de decisões em assuntos complicados. Tudo é renovado, Jesus está entronizado e os Doze governam: trata-se de uma era futura contínua.

Dois arcos

Isaías 65 e Apocalipse 21—22 constituem o fim dos arcos narrativos que começam em Gênesis 1. Ambos fazem uma retrospectiva na forma como Deus criou originalmente "os céus e a terra". Ambos sugerem uma percepção de que o propósito divino na criação não encontrou cumprimento. A humanidade não subjugou as criaturas da terra, conforme fora comissionada por Deus, mas cedeu à ideia de uma dessas criaturas. Em capítulos posteriores de Gênesis, seguem-se conflito, dor e guerra. Isaías e Apocalipse prometem o triunfo de Deus e o triunfo do plano divino original.

Todavia, as Escrituras também indicam que a trajetória pela qual o propósito de Deus encontra cumprimento é mais complexa do que o implicado pelos arcos. A jornada entre ponto de partida e ponto de chegada faz diversas paradas, como o caminho trilhado por um canguru, cheio de saltos. A natureza da história envolve mudanças e irregularidades, e a essência da atividade divina é intermitente e pontilhada. Guerras e desastres, assim como tempos de bênção e avanço, são recorrentes, e não contínuos (Eclesiastes 3:1-15 observa o aspecto intrigante desse fato). A história de como Deus cumpre seu propósito envolve uma jornada na qual as paradas ao longo do caminho são importantes, ainda que sejam paradas cujo trajeto leva a direções incertas. Estágios na história que interligam Gênesis, Isaías e Apocalipse são consistentes com o início e o fim desses arcos.

Seguindo a história atribulada das origens da terra, Gênesis 12—50 contam como Deus declara sua intenção de iniciar outra forma pela qual cumprirá seu propósito original. Deus promete terra, uma família numerosa e bênçãos a Abraão, realidades das quais a história da criação falava. As promessas se aplicam imediatamente a Abraão e aos seus descendentes, mas explicitam o fato de que todas as nações encontrarão a mesma bênção após seu cumprimento para Israel.

Para alguns dos descendentes de Abraão, a promessa começa a se tornar realidade na história seguinte. No Egito, a família de Jacó se transforma em um povo numeroso. Então, ao libertar Israel do Egito e conduzi-lo a Canaã, Yahweh ocasiona outro estágio na implementação de sua promessa. Israel se move da era da promessa para a era do cumprimento, e o livro de Josué afirma que todas as boas promessas divinas foram cumpridas. No entanto, o livro também deixa claro que a era antiga continua. Deus ainda não proporcionou a Israel a posse de todo o território; além disso, os israelitas cometem erros. Na época de Juízes, a história dá passos retrógrados significativos.

Saul, Davi e Salomão marcam outra transição da era antiga, um tempo em que cada um fazia o que lhe parecia certo, e no qual Israel era constantemente atribulado pelos filisteus e outros inimigos, para uma nova era na qual reis podem fazer algo a respeito do problema. Mais uma vez, porém, a era antiga continua na era nova, e mais uma vez a história retrocede com a divisão de Israel em duas nações, experimentando reviravoltas e erosão moral e religiosa.

A esperança de um cumprimento real continua viva e passa a ser idealizada como "o Dia de Yahweh". Por volta do tempo de Amós, o Dia de Yahweh é uma esperança estabelecida em Israel, uma expectativa de um tempo em que o propósito de Deus se cumprirá, e Israel experimentará a plenitude da bênção. Amós vira essa ideia de ponta-cabeça ao transformar o Dia de Yahweh em uma ocasião de trevas e juízo para Israel, não apenas para outros povos (Am 5:18-20). Por causa da incredulidade de Efraim, o Dia de Yahweh será de trevas, não de luz; de tribulação, não de bênção. O povo será decimado e a terra, perdida. A ameaça se concretiza nas catástrofes sucessivas da queda de Efraim para a Assíria e de Judá para a Babilônia. Sim, a versão obscura do Dia de Yahweh chegou (Lm 1:12; 2:1, 21, 22).

Entretanto, a ideia de um dia de cumprimento e bênçãos não estava errada, segundo confirmado por textos bíblicos posteriores. Mesmo em meio ao lamento obscuro dos judeus em juízo, Ezequiel promete que Deus restaurará seu povo. Observamos que a promessa de Ezequiel se constitui em reformulações de promessas que remontam a Abraão, suplementados por promessas feitas a Davi sobre sua linhagem e sobre o templo e a cidade.[45] Ezequiel figura Deus trazendo de volta à vida uma nação cujo aspecto se assemelha ao de um cadáver.

---

[45] Cf. "Visionárias", seção 2.2.

A restauração da comunidade após o exílio constitui um cumprimento parcial da promessa da era vindoura. No entanto, profetas como Ageu, Zacarias e Malaquias, bem como a história contada em Esdras-Neemias, demonstram como a era antiga persiste. É nesse contexto que Isaías 65 faz sua promessa de novos céus e nova terra, incorporados na figura de uma nova Jerusalém. Assim, a passagem indica tanto que o propósito original de Yahweh ainda não está cumprido como que será cumprido.

Entretanto, nada acontece com muita intensidade nessa conexão nos séculos subsequentes. No contexto da grande perseguição de Antíoco Epifânio durante a década de 160 a.C., as visões em Daniel prometem, mais uma vez, que a era vindoura está prestes a se manifestar; e essas visões se mostram verdadeiras por uma libertação que vai contra todas as expectativas. A comunidade de Jerusalém recebe um novo começo. Mais uma vez, porém, a era antiga continua.

O triunfo de Deus virá apenas quando o arco se completar, quando céus e terra originais alcançarem seu destino nos novos céus e na nova terra.

Era vindoura

A vinda de Jesus traz consigo a introdução mais abrangente da era vindoura. À primeira vista, podemos inferir que o Novo Testamento relata a chegada factual do novo dia, antecipado pelo Primeiro Testamento. Chegou a plenitude do tempo (Gl 4:4). "O clímax do drama divino" está aqui.[46] "O clímax escatológico decisivo já chegou com a morte e a ressurreição de Jesus."[47] Jesus se "entregou a si mesmo por nossos pecados para nos remover da presente era perversa" (Gl 1:4).

Assim, o Novo Testamento começa ao traçar o contexto familiar do nascimento de Jesus da seguinte maneira: de Abraão a Davi; de Davi ao exílio; do exílio a Jesus (Mt 1:1-17). Sua vinda representa o clímax da sequência de promessas a Abraão, a Davi e as promessas no contexto do exílio. Gabriel testifica à Maria que seu filho ocupará o trono de Davi e reinará para sempre sobre a casa de Jacó (Lc 1:33). Simeão percebe que

---

[46]Gorman, *Reading Paul* [Lendo Paulo], p. 58.
[47]James D. G. Dunn, "In Search of Common Ground" [À procura de um denominador comum], em Dunn, ed., *Paul and the Mosaic Law* [Paulo e a lei mosaica] (Tubinga: Mohr, 1996), p. 309-34 (na p. 328).

seus olhos viram a libertação de Israel preparada por Deus à vista de todas as nações — "luz para revelação aos gentios e para a glória de Israel, teu povo" (Lc 2:29-32, NVI). Enquanto a execução de Jesus parecia significar mais um retrocesso, sua ressurreição inverte essa impressão. Ela conduz ao derramamento do Espírito Santo sobre a comunidade da fé, que constitui o cumprimento do que Deus prometera a Abraão (Gl 3:14).

Assim, a visão de João sobre novos céus e nova terra figura a nova Jerusalém, que, da parte de Deus, desce dos céus (Ap 21:2). A visão de João pode estar relacionada a algo completamente futuro; contudo, encaixa-se na forma como outras passagens bíblicas relatam algo como se estivesse acontecendo agora, na vida da congregação e no mundo. Trata-se de "um futuro que transpõe e informa o presente", uma realidade "na experiência antecipatória da igreja". A nova Jerusalém "desce dos céus, da parte de Deus, não apenas antes e depois do milênio, mas quando qualquer dos mártires ganha sua coroa" (Ap 3:12; 19:7; 21:2,10).[48] Combina com a ideia de que o Dia de Yahweh ou a era vindoura não se manifestarão apenas no futuro. O Dia de Yahweh acontece agora; a era vindoura já começou.

A vinda, a morte e a ressurreição de Jesus, bem como o derramamento do Espírito Santo, iniciaram a era vindoura. Sim, a era vindoura se manifestou, vencendo a "drástica disjunção entre o presente e o porvir":[49] entre o tempo presente e a era futura (*erchomenos*; Mc 10:30); entre esta era e a que há de vir (*mellōn*; Mt 12:32; Ef 1:21); ou entre "esta e aquela era" (Lc 20:34-35). O Novo Testamento faz outras referências apenas a "esta era" (Lc 16:8; 1Co 1:20; 2:6,8; 3:18; 2Co 4:4), "presente era" (Gl 1:4), "era vindoura" (2Tm 4:10; Tt 2:12), "o futuro" (*to mellōn*; 1Tm 6:19), "a consumação dos séculos" (Mt 13:39-40,49; 28:20), "eras que hão de vir" (*eperchomenos*; Ef 2:7) e "o fim dos tempos" (1Co 10:11).[50]

Essas referências, porém, deixam claro que a era vindoura é ainda um prospecto futuro, e que "esta era" continua. Após a ressurreição de Jesus,

---

[48]G. B. Caird, *A Commentary on the Revelation of St. John the Divine* [Comentário do Apocalipse de João] (Londres: Black; Nova Iorque: Harper, 1966), p. 263, 301.
[49]Gorman, Reading Paul [Lendo Paulo], p. 58.
[50]J. Christiaan Beker comenta que Paulo não fala em termos "desta era" ou de "era vindoura" (*Paul the Apostle* [Paulo, o apóstolo], p. 145); a observação é verdadeira apenas em um sentido minimalista do que conta como escritos de Paulo, mas de qualquer forma (segundo Beker conclui), a linguagem ocorre em outras passagens do Novo Testamento.

Pedro, em seu segundo sermão, fala de um tempo ainda vindouro, em que Deus ocasionará a restauração (*apokatastasis*) de todas as coisas, em conformidade com as promessas encontradas nos Profetas (At 3:21-22); a restauração plena ainda é futura. Ainda que a criação gema por sua escravidão, chegará ao seu destino e compartilhará da liberdade e do esplendor dos filhos de Deus (Rm 8:19-23); contudo, ela ainda não alcançou esse ponto. Liberdade é tanto uma realidade futura como uma realidade presente. Redenção pode se referir ao que Jesus já conquistou por sua morte (Rm 3:24; 1Co 1:30; Cl 1:14; Hb 9:15), mas também a algo que reside no futuro (Lc 21:28; Ef 1:14; 4:30).

O relato do Novo Testamento sobre a vida e a experiência das congregações descritas em Atos, nas cartas e em Apocalipse esclarece que a antiga era continua. Por isso, seu relato coincide com o padrão do Primeiro Testamento de promessa e cumprimento parcial, da chegada da era vindoura e da persistência da antiga. Enquanto a ressurreição de Jesus significa que ele é exaltado como Senhor, marca "o início da ressurreição":[51] o período após sua ressurreição e depois do Pentecoste é um tempo em que as eras se sobrepõem e permanecem em tensão. Nossa ressurreição da morte para a vida com Jesus demonstrará as riquezas da graça de Deus nas "eras que hão de vir" (Ef 2:7). Ainda que a era vindoura seja real e parcialmente visível agora, um dia será mais claramente manifesta. No momento, precisamos de dons como os de profecia e línguas; "então", conheceremos plenamente, da mesma forma como somos plenamente conhecidos (cf. Jr 31:34). A vida eterna é conhecer a Deus (Jo 17:3). No momento, nós o conhecemos apenas de modo fragmentado (o *insight* pós-moderno está certo sobre a natureza fragmentária do nosso conhecimento, embora esse conhecimento seja verdadeiro).

Era passada, era presente, era porvir

Em um sentido negativo, a sobreposição entre as eras começa quando os primeiros seres humanos recebem a informação de que morrerão ao comerem da árvore do conhecimento do bem e do mal, e não da árvore

---

[51]George Eldon Ladd, *A Theology of the New Testament* [Teologia do Novo Testamento] (Grand Rapids: Eerdmans, 1974), p. 332 (ed. rev., p. 368).

da vida. Embora eles não tenham morrido naquele momento, suas vidas foram prejudicadas, e eles morreram novecentos anos ou mais depois. Há uma drástica disjunção entre o Éden e a vida ao oriente do Éden. Sua ação leva a uma transformação de uma era para a outra, uma transição de uma era boa para aquela que chamamos de era presente.

As Escrituras não indicam que o propósito da criação foi cumprido de modo algum no Princípio. Não há qualquer indício de que, por um tempo, a humanidade tenha vivido em um bom relacionamento com Deus, consigo mesma e com o mundo. Até onde sabemos, a tentação e a desobediência do ser humano ocorreram cinco minutos após a criação.

Contudo, há uma sobreposição entre a era da criação e a era presente. Ao passo que podemos descrever, sem sombra de dúvidas, o rompimento entre Deus e o homem por causa do pecado, o ser humano não deixa, na verdade, de se relacionar com Deus (cf. e.g., Gn 4:1, 4,23), embora o relacionamento não corresponda à intenção divina original. A humanidade não se move da luz para as trevas, mas da luz para a luz mesclada com as trevas.

Assim como existe uma sobreposição entre a era da criação e a era presente, existe uma intersecção entre a era porvir e a presente. Há uma iniciação real da era vindoura, mas a antiga continua. "As coisas antigas já passaram; eis que se fizeram novas" (2Co 5:17, ARA; 6:2); mas a vida da congregação para a qual Paulo escreve essas palavras demonstra de modo particularmente evidente que as coisas são mais complicadas do que aparentam. Isolada, a declaração de Paulo é um exagero ou uma simplificação excessiva, paralela à declaração de Josué de que todas as promessas de Deus foram cumpridas. Tanto Paulo quanto Josué demonstram reconhecer esse fato em outras declarações que eles mesmos fazem.

No devido tempo, Deus resolverá a tensão entre as eras. "O reino do mundo se tornou do nosso Senhor e do seu Ungido" pela morte e a ressurreição de Jesus (Ap 11:15); no Fim, esse governo estará completo. "Viver durante a sobreposição das eras é viver em um tempo de grande cumprimento, mas também de grande antecipação."[52]

O padrão entre os dois Testamentos nos ajuda a fazer sentido dos dois mil anos que se passaram desde a primeira vinda de Jesus, durante

---

[52]Gorman, *Reading Paul* [Lendo Paulo], p. 63.

o qual a era antiga continua saudável, tanto na igreja como no mundo. Assim como Abraão e sua família experimentaram um cumprimento parcial das promessas, mas, de certa forma, as coisas retrocederam e em alguns momentos até trouxeram tribulação em vez de bênção às pessoas, a igreja experimenta uma concretização parcial das promessas de Deus, mas também enxerga retrocessos que em certos momentos trazem problemas em vez de bênção às pessoas. Vivemos na era presente, mas a era passada se intercala com a era presente; vivemos na era presente, mas a era no porvir se intercala com a presente era.

Um casal de noivos pode continuar a viver como solteiros e, ao mesmo tempo, experimentar certo comprometimento, segurança, amor e proximidade que serão mais característicos após o casamento. Como resultado da morte e da ressurreição de Jesus, é possível viver na era porvir e nesta era, e a igreja experimenta algo da liberdade do egoísmo e do sofrimento que caracterizarão o mundo porvir. Estamos a caminho da completude (*teleiōsis*) ou da santificação. Nosso alcance de um estado de perfeição é garantido porque Jesus já o alcançou e, desse modo, derrotou o poder da morte (Hb 2:9-10). Portanto, é ele que leva nossa fé à consumação (Hb 12:2).

Céus e terra como um todo são afetados pelo relacionamento entre as duas eras. Na era presente, Jesus não abateu todos os inimigos, nos céus e na terra; contudo, a era no porvir será caracterizada pela unidade de comprometimento a Deus nos céus e na terra. Até essa consumação, quando Deus será "tudo em todos" (1Co 15:25-28), tanto este mundo como o mundo celestial são afetados pela rebelião contra Deus. A morte e a ressurreição de Jesus trouxeram vitória sobre os poderes rebeldes da esfera celestial, antecipando a consumação final. O Ungido quebrou o poder dos governantes "desta era". Paradoxalmente, porém, sua vitória introduz ou aumenta a tensão entre os fiéis e as realidades celestiais.

Oramos para que o nome de Deus seja santificado, para que o seu reino se torne uma realidade, para que a vontade de Deus seja feita, "assim na terra como no céu" (Mt 6:9-10). Talvez a implicação seja que a vontade de Deus é feita nos céus agora, mas, em certas passagens, o Novo Testamento põe um ponto de interrogação nessa inferência. De qualquer maneira, nossa tarefa é instar Deus para que a terra o santifique e obedeça ao seu reinado.

O abolicionista Theodore Parker declarou sua fé de que o arco do universo moral "pende para a justiça",[53] convicção repetida por Martin Luther King e Barack Obama. A Bíblia não dá qualquer indício de que a situação do mundo melhorará com o tempo, nem que os esforços feitos pelos discípulos para o avanço do reino de Deus serão eficazes em relação a isso. O máximo que o fiel pode esperar é conter as forças do engano e da opressão. Qualquer declaração de fé no arco do universo moral deve ser uma declaração de fé em Deus.

Expectativa

"Vem chegando o dia" (Rm 13:12, ARA). Talvez Paulo esperasse que o Dia chegaria durante o seu tempo de vida, mas, sabiamente, o apóstolo não o declara. O fato de que o Dia se distanciaria cronologicamente por mais de 1900 anos da época apostólica não mina a linha de raciocínio de Paulo ao falar sobre o assunto. Seu argumento não é explicitamente cristológico; talvez contenha um pensamento teológico implícito, correspondendo à seção toda de Romanos 12—16. Paulo afirma as mesmas coisas que os profetas afirmaram quando falaram à luz da certeza da vinda do Dia de Yahweh. Deus decidiu que "vem chegando o dia"; por isso, sua vinda é certa, como se já estivesse presente. Além disso, o povo de Deus deve viver à luz desse fato. Na verdade, pouco do que Paulo fala seria rebatido por um judeu que cria em Jesus. Ao falar em termos de duas eras, o presente e o porvir, o Novo Testamento se expressa em termos semelhantes a outras vertentes do judaísmo do Segundo Templo.[54] E, ao falar em cumprimento agora e no reconhecimento de que Deus ainda tem mais a fazer, Paulo se expressa da mesma forma que Josué.

Naturalmente, Paulo podia dizer aos leitores: "nossa salvação está mais próxima do que quando cremos" (Rm 13:11, NVI). O fato de que o Dia se aproxima significa que a igreja não deve viver como se fosse noite, quando o sono é apropriado e quando brigas, imoralidade e confusão são mais comuns. Os fiéis podem vestir a roupa de pessoas que

---

[53]Theodore Parker, *Ten Sermons of Religion* [Dez sermões sobre religião], p. 48, reimp. em *The Collected Works of Theodore Parker* [Obras seletas de Theodore Parker], vol. 2 (Londres: Trubner, 1879).
[54]Cf. Richard N. Longenecker, *Galatians* [Gálatas] (Dallas: Word, 1990), p. 8-9.

pertencem às trevas (assemelhando-se e comportando-se como incrédulos) ou vestir a armadura protetora daqueles que pertencem à luz e desejam ser visivelmente identificados com o lado vitorioso na batalha final entre Deus e as forças malignas. A armadura protetora consiste no estilo de vida praticado por Jesus: somos destinados a compartilhar sua imagem; assim, é-nos apropriado começar a manifestá-la agora (Rm 13:12-14; cf. Rm 8:29). Esse estilo de vida corresponderá ao que já foi descrito por Paulo: ministrando para o benefício de outros e não de si mesmo; odiando o mal; sendo generoso e acolhedor; compartilhando as alegrias e tristezas de outros.

Ao final de um capítulo gigantesco sobre a ressurreição, Paulo não infere que seus leitores possam agora relaxar e descontrair por saberem que Deus lhes tem reservado um grande futuro. Pelo contrário, ele os encoraja a que sejam abundantes na obra do Senhor, porque o trabalho deles não é em vão (1Co 15:58, ARA).[55] Antecipar o Fim e a aparição de Jesus não leva as pessoas a ficarem menos preocupadas com este mundo e esta vida. Pelo contrário: adiciona urgência na busca por amor e serviço mútuo. Afinal, "o fim da história estava a apenas uma missão de distância".[56] Isso também gera uma tolerância de ambiguidade e anseio pelo tempo em que o gemido e a esperança da criação serão cumpridos, assim como "exclui toda possibilidade de comprometermos as drásticas exigências do discipulado".[57]

"Existência em fé [...] é um movimento entre 'não mais' e 'ainda não'".[58] Envolve a decisão da fé porque devemos continuar colocando o passado para trás e porque o futuro continua obscuro, mesmo que, com Jesus, ele já tenha ocorrido. O conhecimento é um aspecto importante para o exercício e desenvolvimento da fé — especialmente o entendimento da importância do que Jesus fez.

Há, assim, uma confiança que se relaciona com a consumação final dos propósitos de Deus e uma confiança que se interliga com o destino

---

[55]Cf. N. T. Wright, *Surprised by Hope* [Surpreendido pela esperança] (Londres: SPCK, 2007; Nova Iorque: HarperOne, 2008), p. 192.
[56]Dunn, *Theology of Paul the Apostle* [Teologia do apóstolo Paulo], p. 311,312.
[57]Richard B. Hays, *The Moral Vision of the New Testament* [Visão moral do Novo Testamento] (São Francisco: Harper, 1996), p. 21-27,87.
[58]Bultmann, *Theology of the New Testament* [Teologia do Novo Testamento], 1:322, e páginas 322-27 para o argumento seguinte.

de indivíduos; essa segunda confiança é testada e afirmada, de maneiras diferentes, nos Salmos, em Jó e em Eclesiastes. A confiança não condiz apenas com uma atitude mental ou um ato que inicia nosso relacionamento com Deus, mas com uma postura que continuamos a ter em meio às diferentes situações que confrontamos. Cada vez que deparamos com alguma necessidade ou algum desafio, nós os abordamo com confiança. Vivemos nossa vida na carne pela fé no Filho de Deus (Gl 2:20); por isso, nossa confiança se expressa em amor (Gl 5:6). Essa é a forma que a vida adquire quando vivemos entre o "não mais" e o "ainda não". E sua forma individual se concretiza no exercício dos dons de graça que Deus nos dá.

Prática da esperança

"A fé é a fundamentação das coisas que se esperam, e a convicção de provas que não se veem." Significa estar certo de coisas que estão presentes e não podemos ver, e estar confiante acerca de coisas que são certas, mas não presentes (Hb 11:1; uma longa lista de exemplos ilustra essa dinâmica). A confiança operando em conexão com o futuro é, assim, esperança ou expectativa. Não devemos fazer nada acontecer; podemos aguardar a ação de Deus com expectativa.[59] Os seguidores de Jesus são pessoas que "antecipam a revelação do nosso Senhor Jesus" (1Co 1:7). Eles "mal podem esperar". O comentário de Paulo deve conter certa ironia: os coríntios estão tão empolgados com o que Deus está fazendo agora que, na realidade, não vivem com tanta expectativa.[60] De forma estranha, a congregação de Corinto lembra cristãos modernos, para quem a vinda de Jesus é uma doutrina que aceitamos nominalmente ao invés de um acontecimento que mal podemos esperar.

Em contrapartida, a confiança dos colossenses em Jesus e seu amor pelos santos são realidades que partem "da esperança que lhes está reservada nos céus" (Cl 1:5). A congregação de Colossos sabe que o propósito de Deus para o mundo será alcançado e que os fiéis o verão; esse fato a motiva, particularmente em contextos em que a situação do mundo parece sem esperança e não há nada a fazer a respeito. A razão pela qual

---

[59] Barth, CD IV, 3, ii:667,668.
[60] Anthony C. Thiselton, "Realized Eschatology at Corinth" [Escatologia realizada em Corinto], NTS 24 (1978): 510-26.

creem e amam não é que, como consequência, receberão o que esperam. Antes, o fato de que certamente verão o que esperam serve de garantia para o exercício da confiança e do amor — agora. E regozijo é um fruto do Espírito por resultar do conhecimento de que o propósito de Deus será completado. Parafraseando uma fala de Jesus: "Estou para morrer, e isso parece despedaçar toda esperança. Mas confiem em Deus; confiem também em mim.[61] Em vez de impedir o plano de Deus, minha morte o possibilitará" (Jo 14:1).

Saber esperar, pacientemente, é uma atitude de quem nutre esperança. Os israelitas deviam ser um povo que esperava em Deus continuamente (Os 12:6 [TM 7]). A prática da esperança devia ser uma característica da vida de Israel, do indivíduo e do mundo. É um tema proeminente em Provérbios e Jó, mesmo que Jó gaste muito tempo indagando se é possível ter esperança. Esperança pelo mundo emerge do fato de que Deus garantiu mantê-lo, a despeito da rebelião da humanidade.[62] Por isso, não se trata de uma atitude que o ser humano evoca a partir de seu interior, mas de um comportamento que responde racionalmente aos fatos a respeito de Deus: que ele tem um propósito elaborado em favor de seu povo; que esse propósito se caracteriza por graça e compaixão; que Deus é o *gōʾēl* de seu povo, como o membro mais velho de uma família, ávido por usar recursos próprios para restaurar as pessoas necessitadas da família.

O desvio de Israel significa que a nação entrou em uma bagunça da qual não consegue sair, mas Deus está horrorizado com a escuridão que vê na experiência de seu povo e promete que a luz nascerá em meio às trevas e brilhará sobre a nação. Embora tenha abandonado seu povo e sua cidade, ele pretende retornar, pois eles são, afinal, seu povo e sua cidade; e Deus pretende redimir sua propriedade. Ele é o rei divino, cuja intenção é exercer sua autoridade legítima; seu braço está desnudo, pronto para agir. Deus é como alguém que deixou o cônjuge infiel, porém pretende voltar, e o próprio ato de fazê-lo tem o potencial de atrair o cônjuge

---

[61] Ou talvez: "Vocês confiam em Deus e em mim" ou "vocês confiam em Deus; confiem também em mim". Qualquer das opções faz pouca diferença ao que Jesus está dizendo.
[62] Cf. Walther Zimmerli, *Man and His Hope in the Old Testament* [O homem e sua esperança no Antigo Testamento] (Londres: SCM Press; Naperville: Allenson, 1971), em diálogo com Ernst Bloch, *The Principle of Hope*, 3 vols. (Oxford: Blackwell; Cambridge: MIT Press, 1986).

de volta à fidelidade e mudá-lo. Ele é como o médico que sabe curar o ferido, como um aliado que pretende reafirmar o acordo com um grupo que traiu a aliança, como um rei capaz de perdoar um súdito rebelde. Com essas ações, Deus pode conquistar outra vez seu povo, levando-o a abandonar objetos alternativos de esperança, confiança e adoração; banindo, assim, incredulidade e restabelecendo a fidelidade; tornando a mente de Israel arável em vez de rígida, inspirando-o a produzir o fruto pelo qual espera desde o início.[63]

O conhecimento de que Deus não terminou conosco e com o mundo é uma característica importante da espiritualidade do Primeiro Testamento. Os cristãos podem falar como se Jesus simplesmente tivesse cumprido as expectativas do Primeiro Testamento, sugerindo que Deus, agora, acabou sua obra. Após dois mil anos, somos inclinados a perguntar: "Isso é tudo? Não resta mais nada para o mundo, para a comunidade de fiéis em Jesus e para o fiel individual?". A Escritura nos convida a uma esperança segura e certa de que Deus ainda não concluiu seu trabalho em prol das nações.[64]

8.3 ENTRE O FIM E O FIM

No Novo Testamento, a expressão "últimos dias" designa todo o período que abrange de Jesus até o Fim, cuja consumação continua futura. Entretanto, a forma como o Novo Testamento fala corresponde à dinâmica do Primeiro Testamento, segundo a qual os profetas declaram que o fim está próximo, e um fim vem, mas não é *o* Fim, embora seja uma encarnação transitória. "Escritores bíblicos [...] normalmente usavam linguagem de-fim-de-mundo para se referir, metaforicamente, ao que sabiam não ser o fim do mundo."[65] Quer percebessem ou não que o fim do qual falavam não seria o Fim, tal entendimento da importância de sua linguagem encaixa-se com a maneira pela qual suas palavras encontram cumprimento. O Dia de Yahweh virá no Fim, mas, ao mesmo tempo, o

---

[63]Cf. ainda OTT 2:350-94.
[64]Cf. ainda OTT 3:99-116, com referências a Kornelis H. Miskotte, *When the Gods Are Silent* [Quando os deuses se silenciam] (Londres: Collins; Nova Iorque: Harper, 1967), p. 283-88.
[65]George B. Caird, *The Language and Imagery of the Bible* [Linguagem e imaginário da Bíblia] (Londres: Duckworth; Filadélfia: Westminster, 1980), p. 256; cf. Thiselton, *Hermeneutics of Doctrine* [Hermenêutica da doutrina], p. 550.

"dia" ocorre esporadicamente. A queda de Jerusalém representa o acontecimento desse dia, mas ainda não o Fim. O Fim envolverá a queda final da superpotência e, nesse meio de tempo, os fiéis devem permanecer firmes em relação a ela, estando preparados para reconhecer que aceitar o martírio pode contribuir com sua queda.

A recorrência do dia de Yahweh

Quando Jesus fala sobre "aquele dia" (e.g., Lc 10:12; 21:34), ele o faz a partir das expectativas dos profetas do Primeiro Testamento. O Apocalipse apropria-se, então, das profecias de Jesus e do trabalho dos profetas. Jesus desvela as implicações de sua profecia acerca daquele "dia" à luz das profecias do Primeiro Testamento, nas quais "o dia" reflete um tema importante. O Dia de Yahweh é materializado em eventos particulares, após os quais, porém, a história continua. Descobrimos que esse evento não é a catástrofe final que esperaríamos à luz das palavras dos profetas. *O* Fim não veio, embora *um* fim, sim.

A queda de Jerusalém, em 587 a.C., é um grande exemplo. Coincide com o momento em que "trouxeste o dia que apregoaste" (Lm 1:21), "o dia da ira de Yahweh" (Lm 2:22; cf. Lm 1:7, 12; 2:1, 21). Os Profetas, Jesus, o Apocalipse e os escritores do Novo Testamento falam em termos de destruição e consumação final. Tal consumação não chega, mas as advertências e as promessas bíblicas são parcialmente cumpridas.

Assim, a ira de Deus é uma realidade presente e será uma realidade futura; ela é expressa em termos de história contínua e Fim. Promessas de que Deus reverterá tais catástrofes e restaurará Israel "naquele dia" também encontram cumprimento recorrente (e.g., Is 49:8); e seu cumprimento não é a consumação final da bênção. "O dia do Senhor [...] é tanto uma visitação histórica de Deus como um ato escatológico."[66] Surge, então, uma possibilidade assustadora. Ao pressupormos que a bênção que experimentamos agora nem se compara à consumação final da bênção, talvez a expressão final da ira de Deus sobrepujará amplamente qualquer experiência de ira que experimentamos agora.[67]

---

[66]George Eldon Ladd, *The Gospel of the Kingdom* [O evangelho do Reino] (Grand Rapids: Eerdmans; Exeter: Paternoster, 1959), p. 36.
[67]Devo a sugestão a Kathleen Scott Goldingay.

Uma razão pela qual a catástrofe nunca é final é que ela combina o que chamamos de juízo e punição com disciplina e correção. Embora as Escrituras não deem a impressão de que juízo é sempre uma expressão de amor, uma calamidade pode ser uma expressão tanto da misericórdia de Deus como de sua ira. A catástrofe da qual os profetas testificam poupa um "restante" (um "remanescente"), e o mesmo é verdade em relação às declarações de Jesus sobre a calamidade que sobrevirá ao seu povo. O Apocalipse fala em termos de destruição total, mas não seria de surpreender se o mesmo padrão continuasse. As expressões da ira de Deus são geralmente mais notórias do que sua ira realizada propriamente dita, como no caso de uma mãe em relação aos filhos.

Em um de seus ensinos mais longos (Mt 24; Mc 13; Lc 22), Jesus fornece uma descrição amedrontadora de catástrofes prestes a sobrevir à terra. Sua descrição começa com a declaração de que todo o complexo do templo será destruído. Em tese, pode ser apenas "mais uma das diversas ocorrências da história", o tipo de catástrofe que uma superpotência ocasiona às vezes. Mas ele já declarou que Deus trará desastre ao seu povo por causa da rebeldia que chega ao clímax com sua incapacidade de reconhecê-lo, e esse aviso em si implicaria que o próximo desastre é o ato de julgamento de Deus.

Em parte, a profecia de Jesus se cumpre com a queda de Jerusalém, em 70 d.C., porém o fato de você estar lendo este livro indica que a profecia não foi, na época, totalmente cumprida. Em retrospectiva, podemos ver indicadores na descrição de Jesus com respeito a uma distinção entre eventos que estão prestes a ocorrer e eventos que remetem "àquele dia ou hora" (Mc 13:32). De fato, ocorreu uma disjunção cronológica clara entre a queda de Jerusalém e "aquele dia ou hora", ainda que, em Marcos 13, pelo menos nas próprias palavras de Jesus, tal disjunção não seja muito evidente. À luz da forma como as coisas aconteceram, podemos ver que eventos associados à destruição de Jerusalém por Roma em 70 d.C. pertencem aos eventos que estão prestes a acontecer, mas esse evento apavorador não foi o Fim. O Fim ainda estaria no futuro.

A queda de Jerusalém e o Fim

Ao falar de modo a não distinguir claramente entre eventos associados à destruição do templo e a consumação final do propósito de Deus, que, mesmo no século XXI, ainda pertencem ao futuro, Jesus fala como outros profetas; sua profecia retrata catástrofe, juízo e salvação de modo a se apropriar de elementos encontrados nos Profetas do Primeiro Testamento.

A versão de Lucas acerca da profecia torna a distinção ainda mais explícita. A desolação de Jerusalém significará que "os dias da reparação" sobrevêm à cidade (Lc 21:22).[68] Enquanto a expressão "dias de reparação" corresponde de perto às palavras de Oseias sobre o tempo do castigo de Efraim (Os 9:7), também remete à referência anterior de Jesus a Isaías 61:1-2 (cf. Lc 4:18-19). Na passagem, o profeta foi enviado "para proclamar o ano aceitável de Yahweh, o dia da reparação do nosso Deus". Em Isaías, as duas expressões formam um paralelismo: restaurar Israel e abater seus opressores são duas faces da mesma moeda. Ao declarar que está se apropriando e cumprindo (preenchendo) a comissão de Isaías, Jesus para depois de "proclamar o ano aceitável de Yahweh", que equivale ao período de seu ministério. Ainda não é tempo de reparação para o seu povo ou de vingança aos opressores. Esse tempo chegará quando o templo for destruído. É o evento que trará "o cumprimento de tudo que está escrito" (Lc 21:22), a frase que nos leva a pensar nas palavras sobre reparação em Isaías 61 que anteriormente Jesus omitiu, que são a outra parte desse "tudo".

Os discípulos têm duas reações à declaração de Jesus sobre a destruição do templo: querem saber quando acontecerá e que sinal demonstrará a destruição iminente do templo (Mc 13:4). Segundo seu costume, Jesus insiste na reformulação da conversa: ele não pode responder à pergunta sobre o tempo. O padrão recorre quando os discípulos lhe perguntam, após sua ressurreição, se uma restauração da soberania de Israel está prestes a acontecer; sua resposta é evitar a pergunta (At 1:6-8). Implicitamente, sua resposta é: "a restauração virá, mas não vou dar informações sobre quando há de vir".

Em Marcos 13, Jesus aborda a questão do sinal apenas posteriormente — se é que aquilo que oferece corresponde realmente a "sinais". Inicialmente, ele trata de quando os eventos não ocorrerão e quais não serão os sinais. "Muitos virão em meu nome, dizendo: 'Sou eu!' e enganarão a muitos." É possível enganar dessa forma, sem, literalmente, falar em nome de Jesus; a profecia inclui aqueles que se projetam como

---

[68] Algumas traduções trazem "dias de vingança" (NVI), mas a frase dá uma falsa impressão.

salvadores dos problemas do mundo, como um tipo de "salvador messiânico".[69] Haverá "guerras e rumores de guerras", terremotos e fomes. Os discípulos devem esperar prseguição, aprisionamento e tribulação inigualável, mas também ver essas experiências como uma forma pela qual o evangelho alcançará as nações. Enquanto devemos sempre esperar por multidões complacentes, falsos profetas, discípulos inconsistentes e construtores ignorantes (Mt 7:13-27), no texto em questão é a perseguição que leva à apostasia.

Paulo também fala de apostasia ou rebelião religiosa (*apostasia*) que deve acontecer antes do Dia do Senhor (2Ts 2:3). Ele espera eventos que seguirão o padrão de apostasia "anterior", durante a crise macabeia (cf. 1Mc 1—2). "É necessário que passemos por muitas tribulações para entrarmos no Reino de Deus" (At 14:22, NVI). O padrão também segue a dinâmica antiga da queda de Efraim e Judá, casos em que a apostasia resultou em parte de pressão política. "A forma da cruz é projetada sobre a imagem da história mundial."[70]

Dor pode ser simplesmente isto — dor. No entanto, também pode ser um sinal, ou mesmo o meio para uma vida nova. As realidades das quais Jesus fala não anunciam o Fim, embora sejam o princípio das dores de parto. Mas dores de parto podem continuar por dias a fio, e não por horas. As dores não são um sinal de que o nascimento é iminente, mas, sim, de que está a caminho. Guerras e desastres naturais não são sem sentido, mas nem por isso sinalizam a ausência de Deus. Antes, são uma garantia paradoxal de que o nascimento virá, porém não um sinal de que está para acontecer. Ao se sentirem exasperados por desastres, os discípulos devem responder de modo apropriado: nem com antecipação exagerada, nem com desespero e alarme. Os fiéis podem permanecer calmos.

Sinais do Fim

Junto com perseguição e engano, haverá indignação religiosa (Mc 13:14-23), um sacrilégio do tipo que ocorreu por intermédio de

---

[69]M. Eugene Boring, "The Gospel of Matthew" [O Evangelho de Mateus], em *The New Interpreter's Bible* [Nova Bíblia do intérprete], Leander E. Keck *et al.*, eds. (Nashville: Abingdon, 1995), 8:87-505 (em 442).
[70]Lesslie Newbigin, *The Open Secret* [O segredo aberto] (Grand Rapids: Eerdmans; Londres: SPCK, 1978), p. 41.

Antíoco Epifânio: os discípulos verão "a atrocidade desoladora constante onde não deveria". Jesus se apropria da imagem de Daniel 7—12, passagem que se refere a algum objeto religioso escandaloso ou ato introduzido no templo durante a crise macabeia pelo governante selêucida de Jerusalém, uma imagem ou forma de adoração que se contrapôs horrivelmente à Torá. Algo desse tipo ocorrerá novamente.

Será, então, tempo de fugir; o acontecimento prenunciará um tempo de aflição horrível. Ao menos os discípulos poderão ter confiança de que Deus não permitirá a eliminação de seu povo escolhido, permitindo, assim, que a tribulação continue. A crise será terrível, porém curta. Será novamente um tempo para desconfiar dos impostores que afirmam ser o Ungido e dos profetas que realizam sinais e milagres de um tipo que poderia enganar até mesmo o povo escolhido de Deus. Sinais do Fim serão aterradores e extraordinários.

De modo semelhante, Paulo declara que a vinda do Dia do Senhor deve seguir a revelação do "homem do pecado", alguém que "se opõe e se exalta acima de tudo o que se chama Deus ou é objeto de adoração, chegando até a assentar-se no santuário de Deus" (2Ts 2:3-4, NVI). Mais uma vez, a linguagem se apropria da descrição de Antíoco Epifânio, que ilustra o tipo de pessoa que será o 'homem do pecado'. Ele usará sinais e maravilhas para enganar pessoas, e elas perecerão por se deixarem enganar. É um processo no qual Deus está envolvido, já que "lhes envia um poder sedutor, a fim de que creiam na mentira" (2Ts 2:11, NVI). Por enquanto, algo o detém.

Agostinho comenta que não tem ideia sobre o que Paulo está se referindo,[71] mas o nosso entendimento não mudou muito desde os dias desse pai da igreja. Talvez as coisas não sejam mais claras porque Paulo está trabalhando de uma perspectiva mais avançada do que as Escrituras disseram. O mesmo é verdadeiro a respeito das visões de Daniel, da profecia de Jesus e de Apocalipse. É inevitável que apareçam as tribulações e os horrores que Jesus e Paulo descrevem, mas que forma literal elas terão é outra questão. A reserva de Paulo também significa que podemos ver seu comentário cumprido na autodeificação de outras entidades.

Felizmente, "o homem do pecado" é alguém "destinado à destruição". Ao aparecer, Jesus o derrotará pelo sopro de sua boca, a palavra

---
[71] Cidade de Deus 20:19.

autoritativa que serviu de meio para a criação (Sl 33:6), mas também pode significar "aquele que é o meio da destruição" (Is 11:4). Jesus o vencerá pela manifestação do seu esplendor (2Ts 2:8).

Faz sentido associar essa imagem que emerge das palavras de Jesus, de Paulo e do Apocalipse a um período antes do Fim, durante o qual Satanás é solto — assim como associá-la a diversas visões de Apocalipse. João vê um anjo apoderando-se do "dragão, a antiga serpente, que é o Diabo, Satanás", aprisionando-o por mil anos (Ap 20:1-3). Os "mil anos" não são uma figura literal; em outros trechos da Escritura, "mil" não é um número literal, e Apocalipse é o último lugar do qual podíamos esperar literalidade. A expressão dá a entender um longo período de tempo segundo os padrões humanos, embora não segundo os padrões divinos (2Pe 3:8).

O contexto imediato não deixa claro se os mil anos começarão em algum ponto no futuro ou se começam com Jesus, mas a primeira ideia implica que Satanás ainda está totalmente livre para fazer o que quiser, ponto de vista que entra em conflito, assim, com o fato de Jesus ter ganho uma vitória decisiva contra o Diabo (e.g., Ap 12:7-12). O ministério, a morte e a ressurreição de Jesus ocasionaram a queda de Satanás: "Agora, chegou o julgamento deste mundo. Agora, o príncipe deste mundo será lançado fora; e quando eu for levantado da terra, atrairei todos a mim mesmo" (Jo 12:31-32). Durante o período de "mil anos", chamado apropriadamente de "era da igreja" por dispensacionalistas, o evangelho é pregado às nações, de modo que não estão mais sujeitas ao engano de Satanás. Mas, ao final da era da igreja, Satanás será solto por um curto período, como um prelúdio para o Fim, para enganar as nações mais uma vez e orquestrar uma última grande tentativa de destruir o povo de Deus. Contudo, a libertação do Diabo será apenas o meio estratégico e preliminar da destruição de tudo que se opõe a Deus.

A queda de Roma

O elemento político da imagem interliga-se com a forma como o líder da superpotência se coloca no lugar de Deus (Is 14:3-23; Ez 28:1-19).[72] Por seu

---

[72] Essas profecias partem de um mito sobre um ser sobrenatural que tenta se exaltar como deus principal, porém não abordam, em si, a queda de Satanás. Elas usam o mito para retratar a queda dos reis da Babilônia e de Tiro.

intermédio, as forças demoníacas exercem demasiados poder e influência (Ap 13). Rivalizando com Deus, o poder imperial mata aqueles que tentam resistir a ele, fornecendo evidência persuasiva de que a humanidade deve acatá-lo. Entretanto, uma voz dos céus declara que as pessoas que "morrem no Senhor" são abençoadas, e a voz parece referir-se aos que "venceram a besta e sua imagem" (Ap 14:13; 15:2). A implicação é que a estratégia da besta se volta contra ela por levar os fiéis à vitória pelo martírio?

Embora essa dominação seja uma realidade prevalecente no tempo a respeito do qual Daniel e Apocalipse falam, nem sempre é uma realidade. Na história bíblica como um todo, o nível de opressão exercido por potências imperiais varia, conforme também é verdade na história mundial. No século XXI, boa parte do mundo pode enxergar-se como que sob o domínio do Ocidente e da Rússia, e vê-los como que sob o domínio do engano da segunda besta (Ap 13). A China e as potências islâmicas podem estar incluídas. O desafio para o povo de Deus é manifestar a sabedoria para ver o que está acontecendo e simplesmente permanecer firme.

Em Apocalipse, Jesus elabora a profecia de Marcos 13. Mais uma vez, ele aponta para a distinção entre o dia final da ira do Senhor e um dia de ira do Senhor, que acontece na história e é sucedido por mais história. Os eventos que anunciam o Fim, mas não são o Fim, incluem guerras de conquista, guerras civis, fome, matanças, martírio, um grande terremoto e declarações de pânico, tanto por poderosos e ricos como por escravos e pessoas comuns que reconhecem que "chegou o grande dia de sua ira" — ou seja, a ira daquele que se assenta no trono e do cordeiro (Ap 6:17). Deste modo, tais eventos ocasionam o que se parece com o Fim. A despeito do fato de Jesus ser Senhor e este tempo ser caracterizado pela atuação do Espírito, a era presente é o tempo da "igreja que carrega a cruz".[73] Nesse período, Deus garantirá a proteção de Israel e preservará uma multidão inumerável de todas as nações (Ap 7).

Os eventos envolvem matanças e desastres naturais terríveis, aparentemente designados para levar as pessoas ao arrependimento; os povos, porém, não se arrependem (Ap 8—9). Catástrofes formam um paralelo com as pragas do Egito e com tragédias mencionadas em Amós. Duas

---

[73] G. C. Berkouwer, *The Return of Christ* [O retorno de Cristo] (Grand Rapids: Eerdmans, 1972), p. 121.

testemunhas estão por trás dos desastres (Ap 11), personagens não identificados cuja função e cujo poder correspondem ao papel exercido por Moisés e Elias, Josué e Zorobabel. Ambas são mortas, mas ressuscitam, ocasionando um grande terremoto; os sobreviventes glorificam a Deus. Mais uma vez, esse desenvolvimento conduz a algo semelhante ao Fim, pois "o reino de mundo se tornou de nosso Senhor e do seu Ungido" (Ap 11:15).

No devido tempo, a própria Roma imperial, a última materialização da Babilônia, deve cair. Roma caiu na visão (Ap 17:1—19:5), mas a queda não aconteceu na época do Novo Testamento. Na verdade, podemos indagar quando Roma realmente caiu, ou mesmo se caiu. Ela nunca se tornou um antro de aves e espíritos imundos, da mesma forma como isso deixou de acontecer com a Babilônia ao cair diante da Pérsia. Em certo sentido, porém, Roma deve cair, visto que sua grande atividade econômica se assemelha à de uma prostituta. Roma deve cair pela forma como desviou as nações, pois governantes locais e classes dominantes nas diferentes províncias lucraram com sua associação com a cidade; o domínio de Roma e sua segurança possibilitaram sua atividade econômica. Roma deve cair por sua autoindulgência e confiança de que nunca deixará o poder, como se fosse Deus; deve cair por causa da adoração falsa que encoraja e inspira; deve cair porque matou santos, apóstolos, profetas e pessoas comuns (Ap 18:24). Roma cairá nas mãos da própria besta, cuja ação é inspirada por Deus (Ap 17:16-17). O pecado da cidade significa que o povo de Deus não deve, em nada, associar-se a ela. Sua queda é motivo de grande louvor a Deus, que a julga com justiça.

O papel dos mártires

Entre a ressurreição de Jesus e a ressurreição do povo de Deus, um vasto número de adoradores louvam, no céu, o Senhor Deus Todo-poderoso e o Cordeiro (Ap 4—5); e a congregação na terra, também localizada no céu em espírito e no Espírito, junta-se a essa adoração. Durante esse tempo, os mártires ocupam uma posição especial (Ap 20:4-6). Não usufruirão de nova vida física até a partilharem com todos os demais fiéis, mas, nesse ínterim, enquanto os cristãos em geral continuam mortos, os mártires recebem uma nova vida espiritual, reinando com Jesus. Por seu martírio, esse grupo já compartilhou o próprio testemunho de Jesus até a morte, testificando, assim, ao mundo com vistas a levá-lo ao reconhecimento de Deus. Punir nações não é muito eficaz na conquista desse objetivo; o martírio, com sua confiança de vitória sobre a morte dada por Jesus, produz melhores resultados.[74]

O tiro de Roma saiu pela culatra nos séculos seguintes aos dias de João. Roma procurou destruir a igreja em crescimento ao perceber que o movimento cristão pôs em xeque sua importância como superpotência, suas crenças e sua ideologia; mas a disposição dos fiéis em enfrentar a morte foi um dos fatores que levaram à vitória do evangelho. Talvez possamos responder à indagação da queda de Roma da seguinte maneira: sua conversão em um império que veio a reconhecer Jesus constituiu sua queda ou, alternativamente, prorrogou sua paz em relação ao cumprimento da visão com a qual João a ameaçara. Ironicamente, porém, quando Roma cedeu e acolheu o evangelho, foi capaz de domesticá-lo; o Sacro Império Romano *não* constituiu o império do qual Daniel falou.

Quando o leão-cordeiro abre o rolo, sua ação libera quatro formas de morte e destruição (Ap 6:1-8). João não confirma que são punições, nem que afetam apenas o ímpio, tampouco que o selo dos 144 mil (Ap 7) os isenta — embora as calamidades sejam retidas até que o selo sobre eles se complete. Mas a imposição de morte e destruição é uma resposta ao clamor dos mártires pelos fiéis em geral (Ap 6:9-11; 8:3-5; cf. Ap 19:2). Pressupõe um contexto em que os fiéis não têm poder real de retribuição, embora tais contextos possam estimular pessoas oprimidas a tomar ações drásticas, até mesmo suicidas. Desse modo, a profecia também inibe o fiel de agir em vingança; ele deve confiar nas promessas de Deus. A convicção de que agressão e contundência pertencem a Deus é o que possibilita ao ser humano abrir mão da violência.[75]

A queda da Babilônia e da besta é a colheita da ira de Deus (Ap 14:14-20). O prospecto de sete catástrofes resulta no louvor daqueles que são vitoriosos contra a besta, os quais entoam o cântico de Moisés e do cordeiro: é um cântico devidamente comparável ao que Moisés compôs em conexão com a vitória de Yahweh sobre o Egito. O abatimento da maldade é

---

[74]Cf. Richard Bauckham, *The Theology of the Book of Revelation* [Teologia do livro de Apocalipse] (Cambridge e Nova Iorque: Cambridge University Press, 1993), p. 87-88.
[75]Cf. Miroslav Volf, *Exclusion and Embrace* [Exclusão e aceitação] (Nashville: Abingdon, 1996), p. 302-3.

como uma vitória sangrenta contra um grande guerreiro, acompanhado de exércitos celestiais (Ap 19:11-21). A vitória é ganha contra exércitos, contra nações e contra a besta. Mas o ato de louvor baseado nessa vitória também é comparável ao "evangelho eterno", proclamado por toda a terra (Ap 15:1-4; cf. Ap 14:1-7).

É possível evitar o juízo de Deus sujeitando-se a ele. Conversão significa voltar-se para Deus, que promete libertação da ira vindoura (1Ts 1:10). O motivo pelo qual Paulo se orgulha do evangelho é que ele "é o poder de Deus para a salvação" (Rm 1:16). Com base na confiança, o evangelho resgata pessoas do juízo que, de outra forma, teriam de enfrentar no Fim. A *dikaiosynē* ou justiça de Deus é revelada no evangelho: ou seja, o evangelho é uma expressão da retidão de Deus em relação ao povo judeu, mas também em relação ao mundo (primeiro ao judeu, mas também ao grego). Essa retidão trabalha com base em uma confiança que estabelece um relacionamento, o qual, por sua vez, acarreta justiça da parte de Deus. Essa justiça é transferível. A confiança adequada estabelece um relacionamento de retidão por parte do ser humano e, assim, dá vida àquele que entrou nesse relacionamento de fé, livrando-o da ira de Deus: aquele que é justo por intermédio da confiança viverá (Rm 1:17).[76]

8.4 A APARIÇÃO DE JESUS

O triunfo de Deus e o cumprimento de seu propósito estão interligados com a aparição de Jesus. Na medida em que sua aparição é um corolário inevitável de sua ressurreição, ela está próxima. Pode acontecer a qualquer momento. Se morrermos antes desse acontecimento, nossa morte é simplesmente um tipo de sono, como se, seguros, estivéssemos em um quarto de hotel. No Fim, vivos e mortos em Jesus receberão, juntos, corpos ressurretos.

---

[76]Textos como Habacuque 2:4; Salmos 98:2-3 e Isaías 50:7-8; 51:4-5; 52:10 estão por trás de Romanos 1:16-17. Paulo traz apenas "fé/fidelidade", não "sua fé/fidelidade" com o hebraico, ou "minha fidelidade" com o grego. Ambas as opções são possíveis, conforme especificado em *ek pisteōs eis pistin*. Cf. Richard B. Hays, *Echoes of Scripture in the Letters of Paul* [Ecos da Escritura nas cartas de Paulo] (New Haven e Londres: Yale University Press, 1989), p. 36-41.

A vinda do Homem

O Novo Testamento não fala em termos de "segunda vinda" de Jesus, mas não tem outro termo técnico equivalente para descrever o evento.[77] O termo mais próximo é *parousia* — aparição, chegada ou vinda de Jesus (1Ts 2:19; 3:13; 4:15; 5:23; 2Ts 1:1, 8; cf. 1Co 15:23). O termo aponta para a aparição de um deus ou para a presença de alguém há muito ausente, como quando um rei aparece em determinada localidade do seu reino para impor sua autoridade. O Jesus fisicamente ausente estará, agora, presente.[78] Incomum para Paulo, *parousia* é uma palavra sem contornos bíblicos.[79] A vinda de Jesus será sua revelação (*apocalypsis*; 1Co 1:7), sua manifestação (*epiphaneia*; 1Tm 6:14; 2Tm 4:1,8).[80] Ele "virá" (Rm 11:26; 1Co 4:5; 11:26; 16:22). O "dia de Yahweh" se transforma no "dia do nosso Senhor Jesus, o Ungido" (1Co 1:8). "A graça de Deus apareceu", mas nós vivemos na espera da "aparição" de Jesus (Tt 2:11-13).[81]

Em sua própria fala sobre o futuro, Jesus declara que, após o período de tribulação, sobrevirão acontecimentos de outra magnitude (Mc 13:24-27): o cosmos tremerá, como Isaías disse (Is 13:10; 34:4), e as nações verão o Homem vindo com as nuvens, como Daniel previu (Dn 7:13). Jesus virá com grande glória para juntar seu povo escolhido, espalhado por todo o mundo, como Moisés e os Profetas prometeram (e.g., Dt 30:6; Zc 2:6 [TM 10]). Não haverá dúvidas sobre o que está acontecendo quando Jesus vier; ninguém deve temer ser enganado.

A vinda do Homem levará as nações a lamentarem (Mt 24:30). O lamento sinaliza arrependimento frutífero (como o choro de Zacarias 12:10, cuja descrição é apropriada em Apocalipse 1:7)? Ou assemelha-se ao pranto infrutífero e ao ranger de dentes de que Jesus fala com frequência? A ambiguidade reflete o foco de Jesus no reconhecimento do mundo quanto ao que está acontecendo, não no significado do pranto para as pessoas que o reconhecem. A profecia reflete o outro lado do reconhecimento de

---

[77]Cf. Joseph Plevnik, *Paul and the Parousia* [Paulo e a parousia] (Peabody: Hendrickson, 1997), p. 3-44.
[78]Cf, e.g., Wright, *Surprised by Hope* [Surpreendido pela esperança], p. 128-36.
[79]Cf. Wright, *Paul and the Faithfulness of God* [Paulo e a fidelidade de Deus], p. 1082.
[80]George Eldon Ladd (*The Blessed Hope* [A esperança bendita] [Grand Rapids: Eerdmans, 1956], p. 63-69) observa a importância do uso neotestamentário dessas três palavras para teorias sobre a grande tribulação, o arrebatamento e a ressurreição.
[81]Cf. Gorman, *Reading Paul* [Lendo Paulo], p. 61-62.

Jerusalém: "Bendito o que vem em nome do Senhor" (Mt 23:39), o que pode ser feliz e frutífero ou forçado e infrutífero.

Quando a profecia de Jesus narrada por Lucas explicita a distinção entre a queda de Jerusalém e o dia final, talvez reflita o fato de que, pelo tempo em que o evangelista o registrou, estava claro que a queda de Jerusalém não era o Fim. Por um lado, Jesus diz em Lucas: "haverá grande aflição na terra e ira contra este povo", resultando na condição em que "Jerusalém será pisada pelos gentios, até que os tempos deles se cumpram". Por outro lado, "aquele dia" sobrevirá à toda a terra "inesperadamente" (Lc 21:23-24,34-35, NVI; cf. Is 24:17). Visto que apenas com o benefício da retrospectiva podemos distinguir entre um Dia de Yahweh transitório e o último Dia de Yahweh, as pessoas que passam pela grande catástrofe mencionada experimentam-na como se fosse o Fim.

Sua inevitabilidade

O prospecto da aparição ou vinda de Jesus está integralmente relacionado ao fato de sua ressurreição. Os destinatários das primeiras cartas de Paulo foram pessoas que "se voltaram para Deus, abandonando ídolos a fim de servir ao Deus vivo e verdadeiro e esperar seu filho dos céus, a quem ressuscitou dentre os mortos" (1Ts 1:9-10). O evangelho "acolhe a confissão da 'fé em Deus' e da 'fé em Jesus Cristo, que há de vir'".[82] A ressurreição do Ungido antecipa sua aparição. Assim, a comunidade de pessoas que creem em Jesus também é a comunidade que anseia por sua vinda, e boa parte da visão neotestamentária para a igreja é modelada por essa percepção.

A ressurreição de Jesus não é um acontecimento isolado, nem um mero sinal e meio de sua presente exaltação; tampouco é a garantia da ressurreição do fiel. A ressurreição de Jesus constitui o início da ressurreição final. "A morte e a ressurreição de Cristo abriram um novo futuro para o mundo. O auge desse futuro é o reino de Deus como o acontecimento que leva a ordem criada ao seu destino glorioso, em consonância com as promessas de Deus."[83]

---

[82]Edward Schillebeeckx, *Christ* [Cristo] (Nova Iorque: Crossroad; Londres: SCM Press, 1980), p. 115.
[83]Beker, *Paul's Apocalyptic Gospel* [O evangelho apostólico de Paulo], p. 29.

A certeza de que Jesus aparecerá em breve e de que nada pode impedir que ele apareça amanhã deriva do conhecimento de que Deus não precisa fazer nada mais antes de introduzir a conquista triunfante de seu propósito para o mundo. Nada mais é necessário após a ressurreição de Jesus dentre os mortos. A ressurreição inicia um processo; a aparição e a ressurreição final concluem esse processo. O fato está atrelado a Jesus como "primícias" da ressurreição final (1Co 15:20,23). Depois da ressurreição de Jesus, nada mais precisa acontecer antes da ressurreição final dos mortos.[84]

João sabe de um livro em forma de rolo em que está registrado o relato de acontecimentos vindouros, o qual apenas o leão-cordeiro pode abrir (Ap 5). Seu sofrimento e triunfo estabelecem o desenrolar dos acontecimentos. O que está escrito se cumprirá não apenas por ter sido predeterminado, mas também por ter sido revelado por Deus de antemão. Há uma relação intrínseca entre a morte e a ressurreição de Jesus e esses eventos. Abrir o livro significa que eles acontecerão e que o Ungido pode revelar-nos o conteúdo do que foi determinado.

João chora porque a perseguição à igreja continuará se ninguém abrir o rolo; não haverá resolução. Entretanto, o triunfo do leão-cordeiro significa que a resolução chegará, sim; daí o entusiasmo daqueles que carregam as orações dos santos e que se regozijam no fato de que a igreja reinará, e não sofrerá, para sempre. A morte e a ressurreição de Jesus tornam o Fim possível e certo, uma vez que são a fonte do qual os eventos do rolo decorrem.

Assim, Jesus e os escritores do Novo Testamento sabiam que o Fim viria, porém "recusavam-se a permitir que o senso de proximidade se transformasse na crença de que o Fim, sem dúvida alguma, ocorreria dentro de certo tempo predeterminado".[85] A história vê materializações recorrentes da dinâmica dessa misericórdia, tal como a descrita em Apocalipse 6—9. Deus permite guerras e outros desastres, ou mesmo os ocasiona, buscando levar o mundo ao arrependimento; a lógica do desastre é a mesma que em Amós ou Isaías. Mas, precisamente por terem esse

---

[84]Cf. Beker, *Paul's Apocalyptic Gospel* [O evangelho apostólico de Paulo], p. 46, 145.
[85]A. L. Moore, *The Parousia in the New Testament* [A parousia no Novo Testamento] (Leiden: Brill, 1966), p. 207; cf. Thiselton, *Hermeneutics of Doctrine* [Hermenêutica da doutrina], p. 570.

objetivo, Deus restringe os desastres e protege os que lhe pertencem de serem consumidos por eles.

Nesse Fim, Deus "enviará aquele que lhes foi designado, Jesus, o Ungido. Os céus devem recebê-lo até o tempo da restauração de todas as coisas, conforme Deus falou, há muito tempo, pela boca dos seus santos profetas" (At 3:20-21). A era vindoura estará presente em sua plenitude, e o senhorio de Jesus será manifesto. Advertências bíblicas sobre ira e desastre são estabelecidas em um contexto mais encorajador de Princípio e Fim (Gn 1; Mt 1—2; Ap 19—22). Um corolário da queda de Roma é a celebração do casamento de Jesus com seu povo; talvez a implicação seja de que a comunidade dos fiéis tem sido noiva de Jesus desde a sua morte e ressurreição. Agora, porém, o casamento é celebrado.

Sua proximidade

Em Atos, talvez Pedro tenha dado a impressão de que o tempo para "a restauração de todas as coisas" era iminente; contudo, as letras miúdas também implicam que o retorno de Jesus dependia da mudança de posicionamento de seus compatriotas judeus (At 3:17-21). Em geral, essa mudança não aconteceu, e a restauração não chegou. De qualquer maneira, outras partes do Novo Testamento transmitem uma impressão mais sóbria.

Um dos resultados é que o fiel deve manter-se alerta para o verdadeiro Fim. Embora Jesus não ofereça indicadores quanto à possibilidade de seu retorno levar dois mil anos para acontecer, dá a entender que seu tempo não está fixado. Não é o desejo de Jesus que os discípulos suponham que a *parousia* não ocorrerá em seus dias. Ele quer, antes, que fiquem atentos, vigilantes. Seu desejo corrobora com o testemunho que dá a respeito de não saber "o dia e a hora" (Mc 13:32). "O cristão não é chamado a uma atitude de não *considerar*, e sim de *considerar constantemente* a vinda do Senhor."[86]

Apocalipse declara que pessoas são abençoadas ao ler, escutar e guardar no coração a revelação de Deus sobre o que está para acontecer, pois "o tempo está próximo" (Ap 1:3). "Venho sem demora", assegura Jesus, mais de uma vez (Ap 22:7,12,20). Todavia, em outras passagens,

---

[86] Berkouwer, The Return of Christ [O retorno de Cristo], p. 124.

Apocalipse sugere um período maior, particularmente ao falar de mil anos (Ap 20); Jesus também ordena aos discípulos: "Vigiem, porque vocês não sabem o dia e a hora" (Mt 25:13). A promessa de que Jesus virá em breve significa que ele definitivamente virá. Nada é capaz de detê-lo, com exceção, talvez, da própria misericórdia de Deus.[87] "Eis que ele vem com as nuvens, e todo olho o verá, até mesmo aqueles que o traspassaram"; será então que "todos os povos da terra lamentarão por causa dele" (Ap 1:7, NVI).

Embora Paulo tenha muito a dizer sobre a vinda de Jesus em suas cartas à igreja de Tessalônica, as primeiras que escreveu, e o tema pareça não ter tanta proeminência em suas cartas posteriores, essa diferença pode apenas refletir fatores circunstanciais, e não uma mudança em seu pensamento. Paulo não abandonou sua expectativa no breve retorno de Jesus, nem sugere um senso de que essa vinda tenha sido atrasada. "Vem chegando o dia", essa continua a ser a afirmação do apóstolo (Rm 13:12, ARA), e "perto está o Senhor" (Fp 4:5, ARA).

Outro fator subjacente à falta de clareza quanto ao sentido em que a aparição de Jesus está próxima é quanto à dinâmica entre o Dia final e os cumprimentos parciais das declarações de Deus. Esse inter-relacionamento ajuda na interpretação de que "o tempo está próximo" (Ap 1:3; cf. Ap 1:1; 22:10,12), uma proximidade tão real que João não deve selar seu livro, como Daniel (Ap 22:10). Apocalipse se autointroduz como uma mensagem de Deus com aplicação direta ao leitor dos dias de João. Não se refere simplesmente a um Fim de todas as coisas, visto que já se passaram dois mil anos; tampouco revela como a história deve se desdobrar-se decorrer dos séculos.

Desse modo, a comunidade de fé aguarda pela vinda de Jesus. No entanto, "se esse é um período de espera, é um período de espera divina, ao qual a espera humana deve corresponder". Deus aguarda para ocasionar o Fim, talvez porque seu desejo seja dar tempo à humanidade para que se arrependa (cf. Lc 13:6-9; 1Pe 3:20).[88] Uma das razões pelas quais os escritores do Novo Testamento relutam em estabelecer um tempo para

---

[87]Talvez todo dia seja o Dia Final e Deus, em sua graça, decide, ao invés de implementar o que planejou, dar-nos outra chance, inventando um novo mundo (um mundo com uma extensão de graça) ao invés de um mundo em que todos somos condenados (Kathleen Scott Goldingay).
[88]Berkouwer, The Return of Christ [O retorno de Cristo], p. 84.

a aparição de Jesus deve ser que "eles consideravam o tema da graça" e sabiam que o tempo para arrependimento e fé não poderia ser limitado pelo ser humano; "a provisão da misericórdia de Deus não podia ser nem medida nem prognosticada".[89]

Em contrapartida, porque Deus está preparado para aguardar quase indefinidamente até que as pessoas se arrependam, é possível apressar a vinda do dia de Deus (2Pe 3:8-12). Nesse ínterim, então, e no curto prazo, existe uma interação entre os planos de Deus e a resposta humana. Assim, algumas das declarações de Jesus sobre o futuro (notavelmente Mc 9:1; 13) dão a impressão de um prazo muito menor do que os dois mil anos que se passaram desde então. O propósito de Deus é posto em prática em sua interação com os discípulos, o povo judeu e os romanos, sem contar aqueles que vieram depois deles.

Jesus disse que tudo aconteceria naquela geração, mas então prossegue adicionando que ninguém pode saber quando essas coisas acontecerão; por isso, cabe ao discípulo permanecer alerta (Mc 13:28-37). Talvez ele tenha pretendido dizer que o tempo de vida da geração atual estabeleceu os limites para os eventos finais que viriam, e que Deus, subsequentemente, mudou de ideia sobre o tempo, ou talvez o dia ou a hora que ninguém pode conhecer esteja além desses paradigmas, ou talvez ainda Jesus evite emitir juízos sobre tais alternativas.

Sono

Ao retornar, Jesus transformará o corpo frágil dos fiéis em um corpo glorioso, como o seu (Fp 3:20-21). Mas e quanto às pessoas que morrerem antes de sua vinda?

Não há nada a temer sobre a morte porque morrer é simplesmente uma forma extrema de dormir. Isso é verdade no Primeiro Testamento, mas muito mais verdadeiro depois de Jesus, visto que o fiel agora dorme "por intermédio de" Jesus (*dia*; 1Ts 4:13-14); morrem tendo a perspectiva do relacionamento com Jesus,[90] ou seja, dormem "em [um relacionamento]

---

[89] Moore, *Parousia in the New Testament* [Parousia no Novo Testamento], p. 208; cf. Thiselton, *Hermeneutics of Doctrine* [Hermenêutica da doutrina], p. 570.
[90] Cf. F. F. Bruce discute a expressão em *1 & 2 Thessalonians* [1 & 2 Tessalonicenses] (Waco: Word, 1982), p. 98.

com Jesus",[91] ideia que se interliga com esperar "em" Jesus (1Co 15:18-19). Ao passo que Jesus morreu, os fiéis apenas dormem (1Co 15:3,6; cf. At 7:59). Esse "pegar no sono" pode ser um prospecto atraente, especialmente para alguém sob tamanha pressão, como Paulo (sem contar para alguém em uma prisão). A perspectiva de relaxar em segurança na companhia de Jesus, "longe do corpo e presente com o Senhor" (2Co 5:6,8), significa que morrer é lucro. Significa estar com Jesus (Fp 1:23).[92] "Imediatamente após a morte, os fiéis [...] encontram-se na presença e na companhia do Senhor", mas, além disso, "seu estado após a morte é, em outras passagens, descrito como um sono do qual despertarão" (1Co 15:51-52). "Um modelo representativo deve ser complementado pelo outro."[93]

A ideia de que os fiéis vão para o céu depois da morte é uma suposição comum; contudo, é difícil achar embasamento bíblico que dê suporte a esse pensamento. De fato, J. Richard Middleton nos diz que, já há alguns anos, tem oferecido dinheiro a alguém que remeta a uma passagem bíblica que faz essa declaração; e o dinheiro continua no seu bolso.[94] Não vamos para o céu depois da morte; já estamos lá agora, e continuaremos lá.[95] Ao morrer, dormimos; no devido tempo, ressuscitaremos para uma nova vida corpórea na nova Jerusalém.[96] Morrer significa começar um sono que poderá durar bastante, embora nos pareça um período curto, como quando acordamos.

---

[91]Conforme o seu costume, Paulo emprega as expressões "no" e "através de" Jesus com sentidos semelhantes em 1Tessalonicenses 4:1-2 (James Everett Frame, *A Critical and Exegetical Commentary on the Epistles of St. Paul to the Thessalonians* [Comentário crítico e exegético das cartas de S. Paulo aos Tessalonicenses] [reimp., Edimburgo: T&T Clark, 1975], p. 169).
[92]Contra a posição de N. T. Wright, *The Resurrection of the Son of God* [A ressurreição do Filho de Deus] (Londres: SPCK; Mineápolis: Fortress, 2003), p. 216,226.
[93]J. B. Lightfoot, *Saint Paul's Epistle to the Philippians* [Carta de S. Paulo aos Filipenses] (reimp., Grand Rapids: Zondervan, 1965), p. 93.
[94]Cf. J. Richard Middleton, *A New Heaven and a New Earth* [Um novo céu e uma nova terra] (Grand Rapids: Baker, 2014), p. 14.
[95]Cf. "New Earth" ["Nova terra"], seção 8.2.
[96]Testemunho à exatidão desse ponto de vista é indicado pela ineficácia dos argumentos de Markus Bockmuehl contra ela, em "Did St. Paul Go to Heaven When He Died?" [Paulo foi para o céu depois da morte?], em Nicholas Perrin e Richard B. Hays, eds., *Jesus, Paul and the People of God* [Jesus, Paulo e o povo de Deus] (Downers Grove: InterVarsity Press, 2011), p. 211-31; cf. ainda a resposta de N. T. Wright, "Response to Markus Bockmuehl" [Resposta a Markus Bockmuehl], p. 231-34; e seu *For All the Saints?* [Para todos os santos?] (Londres: SPCK, 2003; Harrisburg: Morehouse, 2004).

Visto que alguns fiéis estarão vivos e outros mortos durante a aparição de Jesus, a primeira coisa a acontecer será uma alta voz de comando; e aqueles que morreram se levantarão (1Ts 4:13-18). A dinâmica remete à ocasião em que Jesus ressuscitou Lázaro: uma voz poderosa como a de Jesus é capaz de ressuscitar mortos (Jo 11). Quando essa ressurreição acontecer, mortos e vivos estarão na mesma condição. Paulo não diz que Deus trará fiéis *com* Jesus (segundo algumas traduções sugerem), mas que ele os *conduzirá* até Jesus (*agō*); assim, todos serão recolhidos para se encontrar com Jesus "nos ares" ou "nas nuvens". "Nuvens" não se refere apenas a um local ou método de transporte, mas a um sinal da presença de Deus, real e, ao mesmo tempo, velada.[97] Tomada em isolamento, a declaração pode sugerir que ficaremos nas nuvens para sempre; essa ideia inadequada, porém, não se encaixa com outras passagens. O mais provável é que "ares" seja simplesmente uma referência ao local de encontro. O ajuntamento dos fiéis encontra-se então em posição de acompanhar Jesus em seu retorno à terra.[98] Quer acordados quer dormindo (vivos ou mortos) quando Jesus voltar, viveremos com ele para sempre (1Ts 5:10).

Evidentemente, há um aspecto desagradável atrelado ao prospecto da morte; é como se a sua tenda fosse arrancada, expondo-o ao clima. Todavia, você terá um senso de segurança, já que Deus lhe proverá outra tenda. Na verdade, será uma tenda ainda melhor, de modo que estamos inclinados a antecipar a perda desta tenda atual a fim de receber a outra; e a presença do Espírito em nós, como primícias ou garantia desse acontecimento, inclina-nos ainda mais a ansiar por esse dia (2Co 5:1-10).

Paulo poderia ter em mente que receberemos uma nova tenda assim que a atual se desfizer, uma visão diferente da encontrada em 1Coríntios 15.[99] Entretanto, não é bem isso que ele fala; suas palavras não desfazem sua impressão em outros lugares de que receberemos o corpo ressurreto apenas no dia da ressurreição. Nesse ínterim, após a morte, todos dormimos, em um estado estranho e desencorpado, aguardando nosso corpo da ressurreição, porém seguros com Jesus até o comparecimento perante o seu tribunal.

---

[97]Bruce, *1 & 2 Thessalonians* [1 & 2 Tessalonicenses], p. 102.
[98]Cf. Wright, *Resurrection of the Son of God* [A ressurreição do Filho de Deus], p. 217-18.
[99]Cf. Margaret E. Thrall, *A Critical and Exegetical Commentary on the Second Epistle to the Corinthians* [Comentário crítico e exegético da segunda carta aos Coríntios] (Edimburgo: T&T Clark, 1994), 1:356-400.

Desse modo, Paulo não aponta para uma visão dualista, segundo a qual o corpo é um recipiente descartável da pessoa real. "Vida após a morte exige corporeidade — ou seja, a obtenção de um novo corpo."[100] Paulo dá a entender que uma pessoa é distinguível do corpo e capaz de uma forma de existência isolada dele. Contudo, no devido tempo, receberemos um corpo novo e espiritual — não um corpo não físico, mas "um corpo animado pelo Espírito do Deus vivo".[101]

Bem-vindo ao hotel Califórnia

A imagem do sono se encaixa com as descrições do Antigo Testamento, segundo as quais o indivíduo recupera ou retém certo nível de consciência após a morte. Samuel pode ser acordado e atraído a uma aparição entre os vivos, embora não se agrade muito da perturbação (1Sm 28). Sua história e a história de Moisés aparecendo na transfiguração de Jesus levantam a seguinte questão: "[Deus] não pode fazê-los dormir e acordar (por quanto tempo desejar)?".[102] Os mártires são capazes de orar (Ap 6:9-11), embora talvez constituam um caso especial.[103] Jesus fala do Deus de Abraão, Isaque e Jacó como Deus dos vivos, e a versão de Lucas acrescenta: "para ele, todos vivem" (Lc 20:38). Para Lutero, não há razão para temermos a morte; é como um cochilo no sofá.[104] "Dormiremos até que ele venha e bata à porta do nosso pequeno túmulo e diga: 'Dr. Martinho, levante-se!' Então, levantar-me-ei rapidamente e, alegre, estarei eternamente com ele".[105] A ressurreição de Jesus significa, então, que a morte não tem poder; antes, serve apenas de porta para a ressurreição.[106]

---

[100]Joel B. Green, Body, *Soul and Human Life* [Corpo, alma e vida humana] (Grand Rapids: Baker; Milton Keynes: Paternoster, 2008), p. 179.
[101]Wright, *The Resurrection of the Son of God* [A ressurreição do Filho de Deus], p. 354.
[102]Martinho Lutero, em carta a Nicholas von Amsdorf (13 de janeiro de 1522), *Letters I* [Cartas 1], LW 48 (Filadélfia: Fortress, 1963), p. 360-61; cf. ainda seu comentário em 1Pedro 3:8-10, em *The Catholic Epistles* [Epístolas gerais], LW 30 (St. Louis: Concordia, 1967), p. 196-97.
[103]Cf. "O papel dos mártires", seção 8.2.
[104]Cf. sermões em Mateus 9:18-26, em *Sermons of Martin Luther* [Sermões de Martinho Lutero] (reimp., Grand Rapids: Baker [1989]), 5:344-62 (em 359).
[105]Martinho Lutero, "Predigt am 16. Sonntag nach Trinitatis (im Hause)," [Pregação 16, domingo da trindade], em Lucas 7:11-17, em *Werke* [Obras], *Weimarer Ausgabe 37* (Weimar: Hermann Bohlaus Nachfolger, 1910), p. 149-51 (em p. 151); cf. Jürgen Moltmann, *The Coming of God* [A vinda de Deus] (Londres: SCM Press; Mineápolis: Fortress, 1996), p. 101.
[106]Moltmann, *The Coming of God* [A vinda de Deus], p. 101.

"Na casa de meu Pai há muitas moradas. [...] Vou preparar-vos lugar." Então, "voltarei e vos receberei para mim mesmo, para que, onde eu estou, estejais vós também" (Jo 14:1-3, ARA). Como no caso de qualquer rei, Deus tem um palácio, mas seu palácio está nos céus. Como no caso de outros lugares, trata-se de um local onde Deus e seu *staff* convivem, bem como o lugar onde a reunião do conselho acontece. Nesse sentido, assemelha-se mais à Casa Branca do que ao Palácio de Buckingham. Ocasionalmente, alguns seres humanos são admitidos à reunião. Profetas podem juntar-se aos participantes em alguns dos encontros; aparentemente, Enoque e Elias o frequentam.

Jesus se apropria dessa imagem bíblica e a explora. Como em outros palácios, o palácio de Deus tem um número extraordinário de cômodos. Outra coisa extraordinária é que pessoas comuns podem viver nele. Há espaço suficiente para todos; os quartos estão abertos a todo mundo, não apenas a pessoas como Enoque e Elias, de modo que pessoas podem ter um quarto próprio semipermanente, e não apenas acesso temporário para uma reunião. Isso é possível porque Jesus as introduz, à custa de ter morrido por elas. Eis o porquê de prefaciar a declaração sobre "moradas" ao afirmar que os discípulos não devem inquietar-se com o fato de que ele está prestes a morrer. A fim de lhes preparar um lugar no palácio, sua morte é inevitável (Jo 14:1). Morrer é seu caminho para o Pai, e sua morte é o único caminho pelo qual os discípulos chegarão lá. Assim, Jesus mesmo é o caminho (Jo 14:6) — e não somente o caminho, mas também a verdade, ou seja, o caminho verdadeiro e confiável para o Pai. Outros caminhos não funcionam; este é infalível. Mostre outros ingressos, e você descobrirá que não passam de falsificações; mostre esse *ticket*, e você é aceito. Por isso, Jesus é a vida: ele é o caminho por meio do qual encontramos um lugar permanente na casa do Pai.

Tudo isso não quer dizer que, nesse lugar, você não encontrará algum cananeu, mulçumano, budista, judeu que não creu em Jesus, ateu ou agnóstico. Talvez sim, talvez não; a Escritura não aborda essa questão. Apenas pessoas que se depararam com Jesus têm a chance de reconhecê-lo como o caminho e trilhá-lo. Talvez outros tropecem por ele. E talvez as pessoas que conheceram Jesus e então decidiram não ser ele o caminho não chegarão ao lugar em direção ao qual esse caminho conduz. A ideia das Escrituras é que aqueles que se depararem com a casa do Pai estarão lá por conta de Jesus, que morreu por eles.

A palavra usada para "moradas" é *monai*, lugares onde você descansa durante uma jornada. Usando outra imagem, quando os fiéis morrem, vão para o Paraíso (Lc 23:43) — um parque tranquilo, onde os mortos descansam até o dia da ressurreição.[107] Embora a morte não seja imediatamente sucedida pela ressurreição, a promessa de que "nada nos separará do amor de Cristo [...] também se aplica à morte. A morte não causa separação entre Cristo e nós".[108]

"Ao atingirmos nosso fim, não apenas a morte, mas o próprio Deus estará nos aguardando." Pode ser um fato assustador. "Mas o Deus que nos espera na morte e como Senhor da morte é gracioso. Deus é pelo homem."[109]

Ressurreição

A morte é natural e inevitável; é própria à existência humana. Vida após a morte, nova vida ou vida ressurreta não nos são naturais ou inevitáveis; são puro dom de Deus. Não se trata apenas de uma exigência lógica do trabalhar da justiça de Deus para com o seu povo, em particular para com fiéis cujo martírio foi imerecido; tal ideia pode estar por trás da crença dos fariseus na ressurreição. Não se trata apenas de uma esperança infundada por parte daqueles que não conseguem encarar a ideia de que a morte pode ser o fim. É um prospecto interligado à ressurreição de Jesus (cf. 1Co 15:1-11). A ideia não é irrelevante, como se a sobrevivência do espírito fosse tudo o que precisamos; é necessária para o nosso perdão e para que o projeto cósmico de Deus seja completo (cf. 1Co 15:12-34). Não é uma impossibilidade lógica ou algo que não podemos provar a partir da Torá, pensamento mantido pelos saduceus, conforme Marcos registra (Mc 12:18-27): Deus é capaz de possibilitar a ressurreição, uma inferência lógica da Torá (cf. 1Co 15:35-44).

A habilidade de Jesus em restaurar alguém às portas da morte ou de 38 anos de vida moribunda (Jo 4:43—5:40) é um sinal de sua capacidade de conceder nova vida. Enquanto uma das novidades sobre Jesus é o fato

---

[107]Mas para um entendimento mais tradicional dessa passagem, cf. Green, *Body, Soul and Human Life* [Corpo, alma e vida humana], p. 163-64.
[108]Herman Ridderbos, *Paul: An Outline of His Theology* [Paulo: um esboço de sua teologia] (Grand Rapids: Eerdmans, 1975), p. 508.
[109]Barth, CD III, 2:608,609.

de seu ministério ser significativo tanto para o mundo gentílico como para o mundo judaico, sua vinda é relevante para o mundo judaico no sentido de a era vindoura estar, agora, aberta aos judeus por causa dele. Jesus cura enfermidades, mas também ressuscita mortos (Jo 5:21). Ele não apenas ressuscitará pessoas a uma vida que chegará novamente ao fim, mas possibilitará às pessoas a passagem da morte para a vida de forma tal que a morte não poderá reivindicá-las outra vez. Jesus ressuscitará para a vida eterna até mesmo os que há muito estão mortos, uma indicação de que Deus concedeu ao Filho ter vida em si mesmo. Ele "transfigurará nosso corpo humilhado para ser semelhante ao seu corpo glorioso" (Fp 3:21).

Quando Jesus vê o pesar das pessoas pela morte de Lázaro, a cena o atribula profundamente (Jo 11:33). O fato de Lázaro ser aparentemente jovem ou de meia-idade ressalta ainda mais a ideia. Enquanto Jesus sente que há algo de escandaloso na morte de qualquer um, o Primeiro Testamento subentende que é particularmente ultrajante quando a morte chega antes do tempo. A reação atribulada de Jesus não é um sinal particular de sua humanidade: ele está personificando a reação de Deus em relação à morte, particularmente, talvez, em relação à morte precoce. De modo semelhante, o choro de Jesus é uma indicação da aflição que a morte de Lázaro lhe causa, além de expressar ainda mais a reação de Deus à sua realidade.

Marta "sabe" que seu irmão ressuscitará outra vez no último dia. Talvez ela compartilhe a fé dos fariseus; talvez seja sua própria reação ousada de fé em Deus. "Eu sou a ressurreição e a vida", diz Jesus. Aquele que crê nele viverá, ainda que tenha de morrer primeiro, para nunca mais morrer outra vez (Jo 11:24-26). Jesus ajusta, assim, a confissão de Marta de duas maneiras. Em primeiro lugar, declara ser aquele através do qual a ressurreição acontece; Jesus é o "primogênito dentre os mortos" (Ap 1:5), e outros o seguirão. Após sua ressurreição, alguns voltaram à vida e apareceram em Jerusalém (Mt 27:52-53). Em segundo lugar, sendo esse o caso, sua presença agora significa que a ressurreição (ou pelo menos a ressuscitação) não precisa esperar; pode acontecer agora. Por isso, Jesus "revelou a ressurreição".[110]

---

[110] João Damasceno, Exposição da fé ortodoxa 4.27.

O clímax por vir de nossa história será nossa ressurreição. Dado que a ressurreição de Jesus já aconteceu, o ponto culminante de nossa história será sua aparição. A ressurreição dos fiéis recebe ênfase particular em 1Coríntios; a aparição de Jesus, em 1Tessalonicenses.[111] Aos coríntios, Paulo responde à questão levantada pela própria realidade da morte; aos tessalonicenses, à pergunta se as pessoas que morreram antes da aparição de Jesus sairiam prejudicadas em relação àquelas que estivessem vivas na ocasião.

8.5 JUÍZO

Como Senhor exaltado, Jesus também é juiz, e o lado obscuro do triunfo de Deus é o juízo. Deus "estabeleceu um dia em que há de julgar o mundo com justiça, por meio do homem que designou. E deu provas disso a todos, ressuscitando-o dentre os mortos" (At 17:31, NVI). O dia da ressurreição será uma boa notícia apenas àqueles que praticaram o bem; aqueles que praticaram o mal também ressuscitarão, mas para ser finalmente condenados (Jo 5:29). Ao final, todos ressuscitarão, mas a ressurreição não será uma boa experiência para todos. Juízo é um tema que cresce em proeminência com o desdobramento da Escritura, e começa com o povo de Deus. Envolve uma ira objetiva e subjetiva, e tanto livra o oprimido como abate o mal.

Jesus, o juiz

Uma das primeiras coisas que aprendemos sobre Jesus é a função que deve cumprir, como Deus, ao trazer juízo. João batiza com água em conexão com o arrependimento das pessoas; Jesus batizará com o Espírito Santo e com fogo, queimando a palha com fogo inextinguível (Mt 3:11-12). "Ó geração incrédula e perversa! Até quando estarei com vocês? Até quando terei de suportá-los?" (Mt 17:17).

---

[111]Cf. Karl P. Donfried, "The Theology of 1 Thessalonians" [Teologia de 1Tessalonicenses], em Donfried e I. Howard Marshall, *The Theology of the Shorter Pauline Letters* [Teologia das cartas concisas de Paulo] (Cambridge e Nova Iorque: Cambridge University Press, 1993), p. 1-79, em p. 34, seguindo Gerd Ludemann, "The Hope of the Early Paul" [A esperança inicial de Paulo], *Perspectives in Religious Studies* 7 (1980):195-201.

Usamos a palavra *juízo* para denotar tanto o veredito final de um juiz como a implementação da punição sobre os culpados, embora a primeira situação conduza à segunda, de modo que não podemos separá-las ordenadamente. Jesus declara a punição e a implementa. Ademais, nas Escrituras, tanto a declaração como a implementação do juízo estão atrelados à libertação. João escuta a voz de uma grande multidão celestial, celebrando: "Aleluia! Libertação, glória e poder ao nosso Deus, pois os seus juízos são justos!" (Ap 19:1-2). Juízo se interliga com libertação por significar que o povo de Deus é resgatado de poderes malignos que o oprimem. Também significa que a verdade é afirmada e vindicada.

Uma razão pela qual o rei tem o trabalho de julgar é esta: seu trabalho como monarca é abater o mal e libertar o oprimido. "Na Bíblia, o juízo de Deus é uma função de sua ação como Rei. E até hoje, quando o senso devido do reinado de Deus se perde, com ele se perde o senso do juízo." É impressionante, então, que "muitos que refletem e ensinam sobre o reino de Deus ainda são contrários à ideia de juízo".[112] Os atos do juízo de Deus são manifestações de poder; também são verdadeiros e justos. Todos esses fatores são motivo suficiente para um grito de louvor. "O juízo vindouro de Deus é algo bom, algo a ser celebrado, esperado, ansiado."[113]

Assim, Paulo assegura aos tessalonicenses que estão crescendo em fé, amor e tenacidade que será justo aos olhos de Deus retribuir àqueles que os atribulam e livrar os tessalonicenses como povo atribulado "na revelação de Jesus nos céus, com anjos poderosos, em fogo abrasador". Deus julgará aqueles que não o reconhecem e não obedecem ao evangelho. Os perseguidores da congregação "receberão juízo, destruição eterna da presença do Senhor e do seu forte esplendor quando ele aparecer para ser glorificado pelo seu povo santo e admirado por todos que nele confiam" (2Ts 1:3-10).

Deus é "aquele que repaga perseguidores com perseguição", bem como "aquele que dá descanso ao perseguido".[114] Para as vítimas de

---

[112]P. T. Forsyth, *The Justification of God* [A justificação de Deus] (Londres: Duckworth, 1916; Nova Iorque: Scribner's, 1917), p. 180, 182.
[113]Wright, *Surprised by Hope* [Surpreendido pela esperança], p. 137.
[114]Karl P. Donfried, "The Theology of 2 Thessalonians" [Teologia de 2Tessalonicenses], em Donfried e Marshall, *Theology of the Shorter Pauline Letters* [Teologia das cartas concisas de Paulo], p. 81-113 (em p. 91).

violência, perspectiva da qual Apocalipse foi escrito, a ira vindoura de Deus e de Jesus não é má notícia, um acontecimento do qual precisamos de libertação, mas boa notícia e promessa de libertação. "A ira de Deus também é a ira do Cordeiro, ou seja, a ira do Redentor"; o Cordeiro é o pastor dos sofredores, e Deus lhes enxugará dos olhos toda lágrima (Ap 6:16-17; 7:17).[115]

Comparada com imagens de juízo, do retorno de Jesus e da ressurreição, a figura de "um *inferno* de punição e destruição [...] possivelmente reteve mais poder do que qualquer outra imagem bíblica na imaginação moderna, ao mesmo tempo em que foi sujeita a maiores abusos".[116]

A sombra crescente do juízo

Não podíamos ter antecipado a maior parte das coisas que Jesus realizou, ainda que, em retrospectiva, tudo faça sentido. No Evangelho de João, sua primeira atitude é transformar água em vinho (talvez em grande quantidade) em uma festa de casamento; em seguida, porém, Jesus afronta e censura aqueles que, no templo, ajudam adoradores com a venda de animais para o sacrifício (Jo 2:13-22). É provável que Maria tenha utilizado do serviço desses vendedores ao apresentar perante o sacerdote o sacrifício exigido para o primogênito (Lc 2:22-24). Em ambas os contextos, ele age como Elias e Eliseu, dois dos profetas mais extravagantes e imprevisíveis de Israel, ambos os quais você não gostaria de ter como inimigo. "Como ousam transformar a casa de meu Pai em mercado?"

Sua ação fez os discípulos se recordarem da linha de um salmo (um dos salmos que os cristãos menos gostam): "a paixão pela tua casa me consome" (Sl 69:9 [TM 10]). "Jesus não tentou evitar violência em busca de uma existência pacífica. Antes, entrou ativamente em uma situação de violência, até mesmo exacerbando o conflito. A expulsão de demônios envolvia convulsões para o possesso, e a pregação e a prática do reino geralmente traziam não 'paz', mas 'espada'".[117]

---

[115]Reinhard Feldmeier e Hermann Spieckermann, *God of the Living* [Deus dos vivos] (Waco: Baylor University Press, 2011), p. 359-60.
[116]James W. McClendon, *Systematic Theology: Doctrine* [Teologia sistemática: doutrina] (Nashville: Abingdon, 1994), p. 85.
[117]Richard A. Horsley, *Jesus and the Spiral of Violence* [Jesus e a espiral de violência] (reimp., Filadélfia: Fortress, 1993), p. 319.

No Novo Testamento, juízo é:

> Uma sombra cuja escuridão aumentou mais que diminuiu em comparação com os paralelos do Antigo Testamento. Como pode ser de outra forma tendo em vista a perspectiva central da cruz de Cristo no Novo Testamento, em que a comunidade cristã primitiva via o envolvimento do mistério entre o pecado do homem contra Deus e o mistério da execução divina como punição em favor do homem pecador — e viu, em ambos os mistérios, a ocultação de Deus em sua realidade completa? Agora, pela primeira vez e a partir desse ponto de vista, as acusações contra o homem tornam-se fundamentais e compreensíveis; as ameaças de juízo tornam-se ameaças de juízo eterno; os encontros do Deus santo com o homem pecador, testificados pelo Antigo Testamento, deixam de ter a aparência insatisfatória de tentativas pedagógicas, adquirindo, antes, um caráter absoluto de seriedade.[118]

De fato, a ira de Deus adquire foco crescente no desenrolar das Escrituras. O padrão é especialmente claro nas ordens grega e portuguesa das Escrituras. A ira de Deus é um tema relativamente pequeno nos livros narrativos e poéticos, alcançando certa proeminência nos Profetas, que terminam com a palavra ḥērem, termo usado para coisas devotadas à destruição. Poucas páginas após seu início, o Novo Testamento já começa a advertir sobre a ira vindoura (Mt 3:7). Posteriormente, Jesus fala de pessoas que se dirigem para a punição eterna ou para a vida eterna, dependendo da forma como trataram seus irmãos e irmãs (Mt 25:31-46).

O objetivo de Jesus ao vir não foi trazer juízo (Jo 3:17; 12:47); contudo, ele sabia que sua vinda teria esse efeito, de modo que podia declarar: "Eu vim a este mundo para juízo" (Jo 9:39). "Não julgo ninguém. Mesmo, porém, que eu julgue, meu julgamento é verdadeiro" (Jo 8:15-16). "Se a vida é prometida aos que aceitaram a revelação de Jesus, o juízo é prometido aos que não a aceitaram."[119]

---

[118]Barth, CD I, 2:109.
[119]John Ashton, *Understanding the Fourth Gospel* [Entendendo o quarto Evangelho] (Oxford e Nova Iorque: Oxford University Press, 1991), p. 220 (2ª ed., p. 405).

O veredito é alcançado no presente, embora não surta efeito senão posteriormente. As pessoas trarão condenação sobre si por sua reação a Jesus. Ele é a personificação da luz, de modo que sua rejeição indica que o indivíduo optou pelas trevas (Jo 3:18-19). Sua execução leva esse processo a um momento decisivo: é tanto meio de salvação como de juízo. "Os judeus atraíram condenação sobre si ao expulsarem o homem que nascera cego" (Jo 9:39) e "o mundo, ao crucificar Jesus".[120]

O juízo começa pela casa de Deus

Mais uma vez, em semelhança com o discurso dos Profetas e de João Batista, Jesus declara que o juízo pronunciado contra as nações recairá sobre o próprio povo de Deus. Ele descreve como os membros desse povo serão lançados nas trevas, onde haverá "choro e ranger de dentes" (Mt 22:13). Tais parábolas deviam remeter a "histórias de terror".[121] Ambos os Testamentos falam de juízo em conexão com o povo de Deus, mais do que com outras nações. O povo de Deus será avaliado com base no tipo de vida que levou (Rm 2:5-16). Paulo não se refere aqui ao mundo em geral, mas ao povo de Deus, e não ao tipo de gentio que busca "glória, honra e imortalidade" ao persistir na prática do bem (Rm 2:7); pensamos em pessoas como Raabe e Rute. (Responder à questão de como Deus lida com gentios incrédulos em geral, ou seja, com aqueles que não ouviram o evangelho e levam um estilo de vida honesto, não é o objetivo do apóstolo.)

Se tudo correr bem, os fiéis experimentam juízo agora, o que lhes dá a oportunidade de aprender com a disciplina (1Co 11:29-32). Se continuarem a viver deliberadamente no pecado depois de ter recebido o conhecimento da verdade, a única coisa que lhes resta é uma expectativa horrível de juízo e fogo consumidor, capaz de consumir os adversários de Deus. Afinal, se pessoas morreram por terem desobedecido à Torá de Moisés, quanto mais severo será o castigo para as pessoas que pisotearam o Filho de Deus. Ele é quem então corrige (como está escrito em

---

[120]C. K. Barrett, *The Gospel According to St John* [O Evangelho Segundo João] (Londres: SPCK, 1962), p. 355.
[121]Luise Schottroff, "The Kingdom of God Is Not Like You Were Made to Believe" [O reino de Deus não se equipara ao que nos fizeram acreditar], em Botta e Andinach, *The Bible and the Hermeneutics of Liberation* [A Bíblia e a hermenêutica da libertação] (Atlanta: SBL, 2009), p. 169-79 (em p. 170).

Deuteronômio 32:35-36), e é uma coisa terrível cair nas mãos do Deus vivo (Hb 10:26-31).

Por isso, os fiéis dentre os gentios agem de modo insensato quando assumem uma postura de superioridade em relação aos judeus rejeitados por Deus por causa de sua incredulidade; também nós podemos ser lançados fora se não permanecermos firmes na bondade divina (Rm 11:22). Os fiéis que ainda vivem de acordo com a natureza inferior não terão acesso ao reino de Deus (Gl 5:21). A linguagem de juízo empregada por Paulo em relação aos perseguidores dos tessalonicenses reflete a descrição do juízo de Deus em Isaías (cf. Is 2:10,11,17,19,21) e em outras passagens, mas os fiéis de Tessalônica estão isentos desse juízo apenas se continuarem como pessoas de fé, amor e perseverança (2Ts 1:3-5).

Ter a consciência limpa não garante o resultado do juízo final. Ao voltar, Jesus trará à luz aquilo que está escondido nas trevas — isto é, os propósitos do coração, que podem estar ocultos até mesmo de nós. Nesse ínterim, não cabe a nós julgar uns aos outros (1Co 4:4-5). "Todos devemos comparecer perante o tribunal do Ungido, para que cada um receba de acordo com as obras praticadas por meio do corpo, quer sejam boas quer sejam más" (2Co 5:10). Esse princípio se aplica especificamente às pessoas envolvidas no ministério (1Co 3:10-15).

Apocalipse explora um pouco mais esse tema. Como carta direcionada a sete congregações, aborda implicitamente toda a igreja, conforme implica sua incorporação às Escrituras. Contudo, a igreja se sente ambivalente sobre o livro, especialmente pela ênfase que ele dá sobre a ira de Deus. É possível que almas sensíveis se sintam atribuladas pela forma como o Novo Testamento aborda o tema do juízo, particularmente o juízo de fiéis. Por isso, devemos assegurá-las de que pessoas que se preocupam dessa forma não são aquelas que, na verdade, são ameaçadas por esse julgamento. Por outro lado, enquanto Apocalipse vê a ira de Deus como boa notícia às congregações oprimidas enquanto permaneçam fiéis, a ameaça que isso representa às potências do tipo imperial dá a entender que há certa sabedoria em nossa ambivalência sobre o juízo como leitores ocidentais.

Ira

Porque a "'graça' de Deus não é uma qualidade, um tipo de bondade sem fim", o evangelho "não ilumina um aspecto mal compreendido da natureza divina, como se, até agora, Deus tivesse sido erradamente interpretado como um Deus de ira que, a partir de então, deve ser considerado como gracioso. [...] Tanto hoje como antigamente, '*a ira de Deus*' é derramada 'contra toda impiedade e perversão dos homens'" (Rm 1:18). O impenitente ainda atrai para si "ira para o dia da ira e da revelação do justo juízo de Deus" (Rm 2:5). "'Infligir ira' pertence inerentemente a 'fidelidade', 'verdade' e 'justiça' judicial de Deus (Rm 3:3-6). Deus continua Juiz, e a fé cristã na graça de Deus não consiste na convicção de que a ira de Deus não existe, nem que não há juízo iminente (2Co 5:10), mas na convicção de ser resgatado da ira de Deus" (Rm 5:9; 1Ts 1:10; 5:9). Aqui, a ira de Deus é "uma ocorrência, a saber, *o julgamento de Deus*", e a revelação da ira divina não é apenas transmitir alguma informação sobre ela, mas "sua efetividade", tanto agora (cf. Rm 1:18-32) quanto em um dia futuro.[122]

Como juiz, Jesus é uma figura de autoridade cujos olhos são como de fogo, cuja voz é esmagadora e cuja palavra são como uma espada (Ap 1:13-16). Ele está destinado a governar o mundo com um cetro de ferro (Ap 12:5). Ele é "o leão do clã de Judá, a raiz de Davi"; "a raiz e a geração de Davi, a estrela brilhante da manhã" (Apocalipse 5:5; 22:16: as duas declarações unificam imagens de Gênesis 49:9; Números 24:17; Isaías 11:1,10). Ele pisará "o lagar da vinha do furor da ira do Deus Todo-Poderoso" [cf. Ap 19:15, ARA], de acordo com seu papel como rei davídico (cf. Sl 2:9; Is 11:4-5; 63:1-2). "Com justiça ele julga e faz guerra. [...] Está vestido de um manto tingido [ou manchado] de sangue. [...] Da sua boca sai uma espada afiada, com a qual ferirá as nações. Ele as apascentará com cetro de ferro" (Ap 19:11-15).

Jesus também declara que congregações cujo posicionamento é firme em oposição à idolatria compartilharão seu pastoreio com cetro de ferro e no despedaçamento das nações como vaso (Ap 2:26-27), ainda que, para elas, o exercício de tal violência em nome de Deus decorra do outro lado do martírio.[123]

Ao passo que as referências à ira de Deus podem aludir ao acontecimento do juízo, também podem significar o sentimento que está

---

[122]Bultmann, *Theology of the New Testament* [Teologia do Novo Testamento], 1:288.
[123]Sobre o tema em Apocalipse, cf. Matthew J. Street, *Here Comes the Judge* [Ei-lo, o juiz!] (Londres e Nova Iorque: T&T Clark, 2012).

por trás desse juízo. A ira de Deus tem aspectos subjetivo e objetivo. Subjetivamente, aponta para uma ira que Deus sente como pessoa; objetivamente, refere-se a uma forma de punição e, como tal, não implica necessariamente o sentimento da ira. Ambos os aspectos denotam ira conforme Deus a experimenta e como as pessoas a experimentam.

Os Salmos cuja referência denota a ira de Deus podem, na verdade, referir-se à ira experimentada pelas pessoas (isto é, sua aflição). Nesses salmos, Yahweh não está necessariamente irado, porém eles indicam que ele está tratando alguém da mesma forma que fazemos quando estamos irados. Nesse caso, o problema expresso pelo salmista é quando não se está ciente a respeito daquilo contra o qual Deus estaria irado. O Primeiro Testamento pode falar de "grande ira contra Israel", sem identificar a origem dessa ira (2Rs 3:27). Nesse contexto, ira é mais uma questão de repercussão do que de comoção.[124]

Em consonância com as implicações negativas da ideia do "dia de Yahweh" em Amós e Lamentações, esse dia se torna, no Novo Testamento, "o dia do nosso Senhor Jesus, o Ungido", mas também "o grande dia" da ira de Deus e do cordeiro (Ap 6:16-17). A "grande tribulação" na qual ele implica (Ap 7:14) remete à necessidade de o Deus fiel manter os discípulos firmes até o fim, como pessoas contra as quais não haverá acusação (*anenklētos*) naquele dia (1Co 1:8). O fato de Deus nos chamar para a comunhão de seu Filho serve-nos de base nesse contexto. Visto que haverá um dia de ira, é justo que Jesus também nos resgate dele (Rm 5:9-10).

A abolição do mal

Enquanto os atos divinos de julgamento manifestam a glória de Deus por resgatarem o oprimido, também tratam os poderes do mal de uma maneira punitiva adequada. Ao final dos mil anos, a libertação de Satanás leva à grande batalha, na qual ele é lançado no lago de fogo e enxofre, juntando-se à besta. Segue-se, então, a última declaração de juízo (Ap 20:7-15). Possivelmente, essa cena de corte representa uma ocasião em que apenas os culpados compareçam essencialmente para receber

---

[124]Cf. Stephen H. Travis, *Christ and the Judgment of God* [Cristo e o juízo de Deus] (Basingstoke: Marshall, 1986), p. 33 (2ª ed., p. 54).

sua sentença; ao que tudo indica, há muito se estabeleceu quem pertence ao povo de Deus, de modo que, na ocasião em questão, é tarde para declarações de inocência. Partindo do pressuposto de que o lago de fogo e enxofre é o mesmo que o "lago de fogo", a morte e o Hades se juntam a Satanás, bem como àqueles cujos nomes não estão registrados no livro da vida.

Ao que parece, juízo não constitui apenas uma expressão paradoxal do amor.[125] O mais provável é que seja uma insistência quanto a um universo limpo, embora possamos argumentar que, essencialmente, ambos representam a mesma coisa. O filme *Dogma* conta a história de como dois anjos acabam expulsos do céu por não conseguirem exercer seu ofício como agentes de juízo. Eles então pensam ter encontrado uma lacuna no dogma católico-romano que lhes permitirá retornar ao céu sem a necessidade de arrependimento. Mas Deus não deixa isso acontecer. O retorno dos anjos comprometeria, macularia, estragaria e poria em risco a própria estrutura da realidade. Por fim, Deus desce à terra, deixa-se maltratar e, com o tempo, obtém o arrependimento de pelo menos um dos anjos.

O dia do Senhor é "primariamente um dia de *juízo*", não apenas no sentido de "condenação", mas no sentido de "tempo quando tudo será resolvido, quando tudo que deve ser conciliado, será".[126] Juízo é "o lado obscuro da esperança".[127]

A despeito da justiça envolvida no juízo de Deus, o tema gera certo pesar. Naturalmente, pode não ser correto terminar um estudo de teologia bíblica de modo tão negativo, não é? Contudo, é assim que o livro de Isaías termina, bem como termina o Primeiro Testamento (na ordem cristã; a ordem judaica é um pouco mais encorajadora).[128] É assim que o Novo Testamento termina, e é como termina o Sermão do Monte. A ideia

---

[125]Cf. "Que se ira e não inocenta", seção 1.1.
[126]Wright, *Paul and the Faithfulness of God* [Paulo e a fidelidade de Deus], p. 1080.
[127]Stephen H. Travis, *I Believe in the Second Coming of Jesus* [Creio na segunda vinda de Jesus] (Londres: Hodder; Grand Rapids: Eerdmans, 1982), p. 184.
[128]Na sinagoga, também é costume repetir o penúltimo versículo de Isaías e Malaquias, de modo a terminar a leitura desses livros em uma nota de esperança ao invés de pesar (cf. Goldingay, *Isaiah 56–66* [Isaías 56—66], p. 524; Eileen M. Schuller, "The Book of Malachi" [O livro de Malaquias], em *New Interpreter's Bible* [Nova Bíblia do intérprete], 7:841-77 [em p. 876]).

é encorajar as pessoas a se certificarem de que não acabarão engolidas pela ira de Deus. Significa temer. Jesus diz:

> Todo aquele que ouve estas minhas palavras e não as pratica será comparado a um homem insensato que edificou a sua casa sobre a areia; e caiu a chuva, transbordaram os rios, sopraram os ventos e deram com ímpeto contra aquela casa, e ela desabou, sendo grande a sua ruína (Mt 7:26-27, ARA).

Portanto, é desse modo que eu termino.

OBRAS CONSULTADAS

Abbott, T.K. *A Critical and Exegetical Commentary on the Epistles to the Ephesians and to the Colossians* [Comentário crítico e exegético de Efésios e Colossenses]. Edimburgo: T&T Clark; Nova Iorque: Scribner, 1897.

Abelardo, Pedro. *Commentary on the Epistle to the Romans* [Comentário da carta aos Romanos]. Washington: Catholic University of America Press, 2011.

Ahmanson, Roberta Green. "Dreams Become Reality" [Sonhos se tornam realidade]. *Books and Culture* 21, no. 1 (2015): 18-20.

Allen, Leslie C. *A Theological Approach to the Old Testament* [Abordagem teológica ao Antigo Testamento]. Eugene: Wipf and Stock, 2014.

Anderson, Ray S. *Historical Transcendence and the Reality of God* [Transcendência histórica e a realidade de Deus]. Grand Rapids: Eerdmans, 1975.

Anselmo de Cantuária. *Why God Became Man and The Virgin Conception and Original Sin* [Por que Deus se fez homem, concepção virginal e pecado original]. Reimp., Albany: Magi, 1969.

Ashton, John, ed. *The interpretation of John*. [A interpretação de João], 2ª ed. Edimburgo: T&T Clark, 1997.

———. *Understanding the Fourth Gospel* [Entendendo o quarto Evangelho]. Oxford e Nova Iorque: Oxford University Press, 1991. 2ª ed., 2007.

Atanásio. *The Letters of Saint Athanasius Concerning the Holy Spirit* [Cartas de S. Atanásio acerca do Espírito Santo]. Londres: Epworth, 1951.

Agostinho de Hipona. *The City of God* [Cidade de Deus]. Reimp., Londres e Nova Iorque: Penguin, 1984.

———. *On free will* [Sobre o livre-arbítrio]. Em *Augustine: Earlier Writings* [Agostinho: primeiros escritos], editado e traduzido por John H. S. Burleigh, p. 102-217. Filadélfia: Westminster; Londres: SCM Press, 1953.

———. *On Grace and Free Will* [Sobre graça e livre-arbítrio]. NPNF 1, 5:43565.

———. *On Nature and Grace* [Sobre natureza e graça]. NPNF 1, 5:11551.

Aulen, Gustaf. *Christus Victor*. Londres: SPCK, 1931.

Badenas, Robert. *Christ the End of the Law* [Cristo, o fim da lei]. Sheffield: JSOT, 1985.

Balla, Peter. *Challenges to New Testament Theology* [Desafios à teologia do Novo Testamento]. Tubinga: Mohr, 1997.

Banks, Robert. *Paul's Idea of Community* [Ideia paulina de comunidade]. Grand Rapids: Eerdmans, 1980. Ed. rev., Peabody: Hendrickson, 1994.

Barr, James. "Abba Isn't 'Daddy'" [Abba não é 'papai']. *Journal of Theological Studies* 39 (1988): 2847.

———. *The Bible in the Modern World* [A Bíblia no mundo moderno]. Londres: SCM Press; Nova Iorque: Harper, 1973.

Barrett, C. K. *A Commentary on the Second Epistle to the Corinthians* [Comentário da segunda carta aos Coríntios]. Londres: Black; Nova Iorque: Harper, 1973.

———. *The Gospel According to St John* [O Evangelho segundo João]. Londres: SPCK, 1962.

———. "Things Sacrificed to Idols" [Coisas sacrificadas a ídolos] NTS 11 (1964–1965): 13853.
Barrett, Rob. *Disloyalty and Destruction* [Deslealdade e destruição]. Londres e Nova Iorque: T&T Clark, 2009.
Barth, Christoph F. *Introduction to the Psalms* [Introdução a Salmos]. Nova Iorque: Scribner's; Oxford: Blackwell, 1966.
Barth, Karl. *The Christian Life: Church Dogmatics* [A vida cristã: dogmática eclesiástica] IV/4: Lecture Fragments. Grand Rapids: Eerdmans, 1981.
———. *Church Dogmatics* [Dogmática cristã]. 13 vols. Edimburgo: T&T Clark, 1936–1969.
Barth, Markus. *Ephesians* [Efésios]. 2 vols. Garden City: Doubleday, 1974.
Barton, John. *Ethics in Ancient Israel* [Ética no antigo Israel]. Oxford e Nova Iorque: Oxford University Press, 2014.
Barton, Stephen C., ed. *Holiness* [Santidade]. Londres e Nova Iorque: T&T Clark, 2003.
———. *Where Shall Wisdom Be Found?* [Onde encontrar sabedoria?] Edimburgo: T&T Clark, 1999.
Bassler, Jouette M. *1Timothy, 2Timothy, Titus* [1Timóteo, 2Timóteo, Tito]. Nashville: Abingdon, 1996.
Bauckham, Richard. *The Climax of Prophecy* [O auge da profecia]. Edimburgo: T&T Clark, 1993.
———. *God Crucified* [Deus crucificado]. Carlisle: Paternoster, 1998; Grand Rapids: Eerdmans, 1999. 2ª ed., *Jesus and the God of Israel* [Jesus e o Deus de Israel]. Milton Keynes: Paternoster, 2008; Grand Rapids: Eerdmans, 2009.
———. *Jesus and the Eyewitnesses* [Jesus e as testemunhas oculares]. Grand Rapids: Eerdmans, 2006.
———. *The Testimony of the Beloved Disciple* [O testemunho do discípulo amado]. Grand Rapids: Baker, 2007.
———. *The Theology of the Book of Revelation* [Teologia do livro de Apo-calipse]. Cambridge e Nova Iorque: Cambridge University Press, 1993.
Bauckham, Richard, Daniel Driver, Trevor Hart and Nathan MacDonald, eds. *The Epistle to the Hebrews and Christian Theology* [A carta aos Hebreus e a teologia cristã]. Grand Rapids e Cambridge: Eerdmans, 2009.
Bauckham, Richard, and Carl Mosser, eds. *The Gospel of John and Christian Theology* [O Evangelho de João e a teologia cristã]. Grand Rapids e Cambridge: Eerdmans, 2008.
Bavinck, Herman. *Reformed Dogmatics* [Dogmática reformada]. 4 vols. Grand Rapids: Baker, 2003–2008.
Beale, G. K. *The Temple and the Church's Mission* [O templo e a missão da igreja]. Leicester: InterVarsity Press; Downers Grove: InterVarsity Press, 2004.
Beilby, James K., e Paul Rhodes Eddy, eds. *Justification: Five Views* [Justificação: cinco perspectivas]. Downers Grove: InterVarsity Press, 2011.
Beker, J. Christiaan. *Paul the Apostle* [Paulo, o apóstolo]. Reimp., Filadélfia: Fortress, 1984.
Bennett, Thomas A. *"The Cross as the Labor of God"* [A cruz como trabalho de Deus] PhD diss., Fuller Theological Seminary, 2015. Forthcoming. Waco: Baylor University Press, 2017.
Berkhof, H. *Christ and the Powers* [Cristo e os poderes]. Scottdale: Herald, 1962.
Berkouwer, G. C. *The Church* [A igreja]. Grand Rapids: Eerdmans, 1976.
———. *Man: The Image of God* [Homem: imagem de Deus]. Grand Rapids: Eerdmans, 1962.
———. *The Providence of God* [A providência de Deus]. Grand Rapids: Eerdmans, 1952.
———. *The Return of Christ* [O retorno de Cristo]. Grand Rapids: Eerdmans, 1972.
———. *Sin* [Pecado]. Grand Rapids: Eerdmans, 1971.
———. *The Work of Christ* [A obra de Cristo]. Grand Rapids: Eerdmans, 1965.
Berlin, Isaiah. *The Proper Study of Mankind* [O estudo adequado da humanidade]. Nova Iorque: Farrar, Straus, Giroux; Londres: Chatto, 1997.
Best, Ernest. *One Body in Christ* [Um só corpo em Cristo]. Londres: SPCK, 1955.
Betz, Hans Dieter. *Galatians* [Gálatas]. Filadélfia: Fortress, 1979.
———. *The Sermon on the Mount* [O sermão do monte]. Mineápolis: Fortress, 1995.

▶ OBRAS CONSULTADAS

Bieringer, Reimund, e Didier Pollefeyt, eds. *Paul and Judaism* [Paulo e o judaísmo]. Londres e Nova Iorque: T&T Clark, 2012.
Bieringer, R., Didier Pollefeyt e Frederique Vandecasteele-Vanneuville, eds. *Anti-Judaism and the Fourth Gospel* [Antijudaísmo e o quarto Evangelho]. Assen: Van Gorcum, 2001.
Black, C. Clifton. "The First, Second, and Third Letters of John" [Primeira, segunda e terceira carta de João] Em *The New Interpreter's Bible* [A nova Bíblia do intérprete], Leander E. Keck et al., eds., 12:363469. Nashville: Abingdon, 1998.
Black, David Alan. *Paul, Apostle of Weakness* [Paulo, apóstolo da fraqueza]. Nova Iorque: Lang, 1984.
Bloch, Ernst. *The Principle of Hope* [O princípio da esperança]. 3 vols. Oxford: Blackwell; Cambridge: MIT Press, 1986.
Blomberg, Craig L. *Neither Poverty nor Riches* [Nem pobreza nem riqueza]. Downers Grove: InterVarsity Press; Leicester: InterVarsity Press, 2000.
Bloom, Harold. *Jesus and Yahweh* [Jesus e Yahweh]. Nova Iorque: Riverhead, 2005.
Boda, Mark J., e Jamie Novotny, eds. *From the Foundations to the Cren-ellations* [Dos fundamentos às torres]. Münster: Ugarit-Verlag, 2010.
Boff, Leonardo. *Jesus Christ Liberator* [Jesus Cristo, o libertador]. Maryknoll, Nova Iorque: Orbis, 1978.
Bonhoeffer, Dietrich. *Discipleship* [Discipulado]. Reimp., Mineápolis: Fortress, 2003.
Boring, M. Eugene. "The Gospel of Matthew" [O Evangelho de Mateus] Em *The New Interpreter's Bible* [A nova Bíblia do intérprete], Leander E. Keck et al., eds., 8:87505. Nashville: Abingdon, 1995.
———. "The Theology of Revelation" [Teologia do Apocalipse]. Interpretation 40 (1986): 25769.
Bornkamm, Gunther. *Paul* [Paulo]. Nova Iorque: Harper; Londres: Hodder, 1971.
Botta, Alejandro F., e Pablo R. Andinach, eds. *The Bible and the Hermeneutics of Liberation* [A Bíblia e a hermenêutica da libertação]. Atlanta: SBL, 2009.
Bousset, W. *Jesus*. Nova Iorque: Putnam; Londres: Williams and Norgate, 1906.
Boyarin, Daniel. *A Radical Jew* [Um judeu radical]. Berkeley e Londres: University of California Press, 1994.
Brower, Kent E., e Andy Johnson, eds. *Holiness and Ecclesiology in the New Testament* [Santidade e eclesiologia no Novo Testamento]. Grand Rapids e Cambridge: Eerdmans, 2007.
Brown, Nicholas C. R. "For the Nation: Jesus, the Restoration of Israel and Articulating a Christian Ethic of Territorial Governance" [Pela nação: Jesus, a restauração de Israel e a articulação da ética cristã para a governança territorial. Dissert. de doutorado, Fuller Theological Seminary, 2015.
Brown, Peter R. L. *The Body and Society* [O corpo e a sociedade]. Nova Iorque: Columbia University Press, 1988; Londres: Faber, 1989.
Brown, Raymond F. *The Gospel According to John* [O Evangelho segundo João]. Garden City: Doubleday, 1966; Londres: Chapman, 1971.
Bruce, F. F. *The Epistle to the Hebrews* [Carta aos Hebreus]. Grand Rapids: Eerdmans, 1964; Londres: Marshall, 1965.
———. *1 & 2 Thessalonians* [1 & 2Tessalonicenses]. Waco: Word, 1982.
Brueggemann, Walter. *Israel's Praise* [Louvor de Israel]. Filadélfia: Fortress, 1988.
Bruner, Frederick Dale. *A Theology of the Holy Spirit* [Teologia do Espírito Santo]. Grand Rapids: Eerdmans, 1970.
Bryan, Steven M. *Jesus and Israel's Traditions of Judgement and Restoration* [Jesus e as tradições judaicas de juízo e restauração]. Cambridge e Nova Iorque: Cambridge University Press, 2002.
Buber, Martin. *Two Types of Faith* [Dois tipos de fé]. Londres: Routledge; Nova Iorque: Macmillan, 1951.
Bultmann, Rudolf. *Existence and Faith* [Existência e fé]. Nova Iorque: Meridian, 1960; Londres: Hodder, 1961.

―――. *The Gospel of John* [O Evangelho de João]. Oxford: Blackwell; Filadélfia: Westminster, 1971.
―――. *Primitive Christianity in Its Contemporary Setting* [Cristianismo primitivo em seu contexto contemporâneo]. Londres e Nova Iorque: Thames and Hudson, 1956.
―――. "Das Problem der Ethik bei Paulus" [O problema da ética segundo Paulo] Zeitschrift für die neutestamentliche Wissenschaft und die Kunde der älteren Kirche 23 (1924): 12340.
―――. *Der Stil der paulinischen Predigt und die kynisch-stoische Diatribe* [O estilo da pregação paulina e a diatribe cínico-estoica]. Gottingen: Vandenhoeck, 1910.
―――. *Theology of the New Testament* [Teologia do Novo Testamento]. Reimp., Waco: Baylor University Press, 2007.
Buntain, D. N. *The Holy Ghost and Fire* [Espírito Santo e fogo]. Springfield: Gospel Publishing House, 1956.
Burggraeve, Roger, e Marc Vervenne. *Swords into Plowshares* [Espadas em podadeiras]. Louvain: Peeters; Grand Rapids: Eerdmans, 1991.
Burridge, Richard A. *Imitating Jesus* [Imitando Jesus]. Grand Rapids e Cambridge, Reino Unido: Eerdmans, 2007.
Byrne, Peter, e Leslie Houlden, eds. *Companion Encyclopedia of Theology* [Enciclopédia de teologia]. Londres e Nova Iorque: Routledge, 1995.
Caird, George B. *A Commentary on the Revelation of St. John the Divine* [Comentário do Apocalipse de João]. Londres: Black; Nova Iorque: Harper, 1966.
―――. *The Language and Imagery of the Bible* [Linguagem e imaginário da Bíblia]. Londres: Duckworth; Filadélfia: Westminster, 1980.
Calvino, João. *The Catechism of the Church of Geneva* [Catecismo da igreja de Genebra]. Hartford: Sheldon and Goodwin, 1815.
―――. *Commentaries on the Epistle of Paul the Apostle to the Romans* [Comentários da carta de Paulo aos Romanos]. Reimp., Grand Rapids: Eerdmans, 1947.
―――. *Commentaries on the Epistles of Paul to the Galatians and Ephesians* [Comentários na carta de Paulo aos Gálatas e Efésios]. Reimp., Grand Rapids: Eerdmans, 1948.
―――. *Institutes of the Christian Religion* [Institutas da religião cristã]. 2 vols. Filadélfia: Westminster, 1960; Londres: SCM Press, 1961.
―――. *The Second Epistle of Paul the Apostle to the Corinthians and the Epistles to Timothy, Titus and Philemon* [Segunda carta do apóstolo Paulo aos Coríntios e cartas a Timóteo, Tito e Filemom]. Edimburgo: Oliver and Boyd, 1964.
Campbell, Douglas A. *The Deliverance of God* [A libertação de Deus]. Grand Rapids: Eerdmans, 2009.
Caputo, John D., e Michael J. Scanlon, eds. *God, the Gift, and Postmodernism* [Deus, o dom e o pós-modernismo]. Bloomington: Indiana University Press, 1999.
Carlyle, Thomas, ed. *Oliver Cromwell's Letters and Speeches* [Cartas e discursos de Oliver Cromwell]. 5 vols. Nova Iorque: Scribner, 1871–1872.
Casey, Maurice. "Where Wright Is Wrong" [Onde Wright está errado]. *JSNT* 69 (1998): 95103.
Cassiodoro. *Explanation of the Psalms* [Explicação dos Salmos]. 3 vols. Reimp., Nova Iorque: Paulist, 1990, 1990, 1991.
Charlesworth, James H., ed. *The Messiah* [O Messias]. Mineápolis: Fortress, 1992.
Chester, Andrew. *Future Hope and Present Reality* [Esperança futura e realidade presente]. Volume 1. Tubinga: Mohr, 2012.
Childs, Brevard S. *Biblical Theology in Crisis* [Teologia bíblica em crise]. Filadélfia: Westminster, 1970.
―――. *Biblical Theology of the Old and New Testaments* [Teologia bíblica do Antigo e do Novo Testamento]. Londres: SCM Press, 1992; Mineápolis: Fortress, 1993.
―――. *Old Testament Theology in a Canonical Context* [Teologia do Antigo Testamento em um contexto canônico]. Londres: SCM Press, 1985; Filadélfia: Fortress, 1986.
Chilton, Bruce D. *God in Strength* [Deus em força]. Freistadt: Plochl, 1979.

Obras consultadas

———, ed. *The Kingdom of God in the Teaching of Jesus* [O reino de Deus no Ensino de Jesus]. Londres: SPCK; Filadélfia: Fortress, 1984.
———. *Pure Kingdom* [Reino puro]. Londres: SPCK; Grand Rapids: Eerdmans, 1995.
Chilton, Bruce D., e J. I. H. McDonald. *Jesus and the Ethics of the Kingdom* [Jesus e a ética do reino]. Londres: SPCK, 1987; Grand Rapids: Eerdmans, 1988.
Cochrane, Arthur C. *The Church's Confession Under Hitler* [A confissão da igreja sob Hitler]. Reimp., Pittsburgh: Pickwick, 1976.
Cole, Graham A. *The God Who Became Human* [O Deus que se tornou homem]. Downers Grove: InterVarsity Press; Nottingham: InterVarsity Press, 2013.
Cousar, Charles B. *A Theology of the Cross* [Uma teologia da cruz]. Mineápolis: Fortress, 1990.
Craigie, Peter C. The Problem of War in the Old Testament. Grand Rapids: Eerdmans, 1978.
Cranfield, C. E. B. *A Critical and Exegetical Commentary on the Epistle to the Romans* [Comentário crítico e exegético da carta aos Romanos]. 2 vols. Edimburgo: T&T Clark, 1975, 1979.
Crossan, John Dominic. *God and Empire* [Deus e império]. São Francisco: Harper, 2007.
Crump, David. *Knocking on Heaven's Door* [Batendo à porta do céu]. Grand Rapids: Baker, 2006.
Dahl, Nils A. *The Crucified Messiah and Other Essays* [O messias crucificado e outros ensaios]. Mineápolis: Augsburg, 1974.
———. *Studies in Paul* [Estudos em Paulo]. Mineápolis: Augsburg, 1977.
Das, A. Andrew, e Frank J. Matera, eds. *The Forgotten God* [O Deus esquecido]. Paul J. Achtemeier Festschrift. Louisville e Londres: Westminster John Knox, 2002.
Davidson, A. B. *The Theology of the Old Testament* [Teologia do Antigo Testamento]. Edimburgo: T&T Clark; Nova Iorque: Scribner's, 1904.
Davies, Margaret. *Matthew* [Mateus]. Sheffield: Sheffield Academic Press, 1993.
Davies, W. D. *Paul and Rabbinic Judaism* [Paulo e o judaísmo rabínico], 2ª ed. Reimp., Nova Iorque: Harper; Londres: SPCK, 1962.
de Boer, Martinus C. "Paul's Mythologizing Program in Romans 5-8" [Programa mitologizador de Paulo, em Romanos 5—8]", em Beverly Roberts Gaventa, ed., *Apocalyptic Paul* [Paulo apocalíptico], 120. Waco: Baylor University Press, 2013.
Denney, James. *The Death of Christ* [A morte de Cristo]. Londres: Hodder and Stoughton; Nova Iorque: Armstrong, 1902.
Donaldson, T. L. "The 'Curse of the Law' and the Inclusion of the Gentiles" [A 'maldição da lei' e a inclusão dos gentios] NTS 32 (1986): 94112.
Donfried, Karl P., e I. Howard Marshall. *The Theology of the Shorter Pauline Letters* [Teologia das cartas concisas de Paulo]. Cambridge e Nova Iorque: Cambridge University Press, 1993.
Dulles, Avery. *Models of the Church* [Modelos da igreja], 2ª ed. Dublin: Gill and Macmillan, 1988.
Dunn, James D. G. *Baptism in the Holy Spirit* [Batismo no Espírito Santo]. Londres: SCM Press; Naperville: Allenson, 1970.
———. *The Christ and the Spirit* [Cristo e o Espírito]. 2 vols. Edimburgo: T&T Clark; Grand Rapids: Eerdmans, 1998.
———. *Christology in the Making* [Cristologia em formação]. Londres: SCM Press; Filadélfia: Westminster, 1980. 2ª ed., Londres: SCM Press; Grand Rapids: Eerdmans, 1989.
———. *Did the First Christians Worship Jesus?* [Os primeiros cristãos adoravam Jesus?] Louisville: Westminster John Knox; Londres: SPCK, 2010.
———. *The New Perspective on Paul* [A nova perspectiva sobre Paulo]. Tubinga: Mohr, 2005.
———. *The Partings of the Ways* [Desavenças]. Londres: SCM Press; Filadélfia: Trinity Press International, 1991.
———, ed. *Paul and the Mosaic Law* [Paulo e a lei mosaica]. Tubinga: Mohr, 1996; Grand Rapids: Eerdmans, 2001.
———. *Romans* [Romanos]. 2 vols. Dallas: Word, 1988.
———. *The Theology of Paul the Apostle* [Teologia do apóstolo Paulo]. Grand Rapids e Cambridge: Eerdmans, 1998.

———. *Unity and Diversity in the New Testament* [Unidade e diversidade no Novo Testamento]. Londres: SCM Press; Filadélfia: Westminster, 1977. 2ª ed., 1990.

Ebeling, Gerhard. *Word and Faith* [Palavra e fé]. Filadélfia: Fortress; Londres: SCM Press, 1963.

Ehrensberger, Kathy, *et al.*, eds. *Decisive Meals* [Refeições decisivas]. Londres e Nova Iorque: T&T Clark, 2012.

Eisen, Robert. *The Peace and Violence of Judaism* [A paz e a violência do judaísmo]. Oxford e Nova Iorque: Oxford University Press, 2011.

Elliott, Neil. *The Arrogance of Nations* [A arrogância das nações]. Mineápolis: Fortress, 2008.

Ellul, Jacques. *The Politics of God and the Politics of Man* [Política de Deus e política do homem]. Grand Rapids: Eerdmans, 1972.

Epiteto. *The Moral Discourses of Epictetus* [Discursos morais de Epiteto]. Londres: Dent; Nova Iorque: Dutton, 1910.

Fee, Gordon D. *The First Epistle to the Corinthians* [Primeira carta aos Coríntios]. Grand Rapids: Eerdmans, 1987.

———. *God's Empowering Presence* [Presença empoderadora de Deus]. Peabody: Hendrickson, 1994.

Feldmeier, Reinhard, e Hermann Spieckermann. *God of the Living* [Deus dos vivos]. Waco: Baylor University Press, 2011.

Forsyth, P. T. *The Justification of God* [A justificação de Deus]. Londres: Duckworth, 1916; Nova Iorque: Scribner's, 1917.

Frame, James Everett. *A Critical and Exegetical Commentary on the Epistles of St. Paul to the Thessalonians* [Comentário crítico e exegético das cartas de S. Paulo aos Tessalonicenses]. Reimp., Edimburgo: T&T Clark, 1975.

France, R. T. *The Gospel of Matthew* [O Evangelho de Mateus]. Grand Rapids e Cambridge: Eerdmans, 2007.

Fredriksen, Paula, e Adele Reinhartz, eds. *Jesus, Judaism, and Christian Anti-Judaism* [Jesus, judaísmo e antissemitismo]. Louisville: Westminster John Knox, 2002.

Frydrych, Tomaš. *Living Under the Sun* [Vivendo debaixo do sol]. Leiden e Boston: Brill, 2002.

Fung, Ronald Y. K. *The Epistle to the Galatians* [Carta aos Gálatas]. Grand Rapids: Eerdmans, 1988.

Gager, John G. "Functional Diversity in Paul's Use of End-Time Language" [Diversidade funcional no uso que Paulo faz da linguagem do fim dos tempos]. JBL 89 (1970): 32537.

Gaventa, Beverly Roberts. "The Cosmic Power of Sin in Paul's Letter to the Romans" [Poder cósmico do pecado na carta de Paulo aos Romanos]. Interpretation 58 (2004): 22940.

Girard, Rene. *Violence and the Sacred* [Violência e o sagrado]. Baltimore e Londres: Johns Hopkins University Press, 1977.

Goldingay, John. *Daniel* [Daniel]. Dallas: Word, 1989.

———. *Do We Need the New Testament?* [Precisamos do Novo Testamento?] Downers Grove: InterVarsity Press, 2015.

———. *Isaiah 56–66* [Isaías 56—66]. Londres e Nova Iorque: Bloomsbury, 2013.

———. *Key Questions About Biblical Interpretation* [Questões-chave sobre interpretação bíblica]. Grand Rapids: Baker, 2011.

———. *Key Questions About Christian Faith* [Perguntas chave sobre a fé cristã]. Grand Rapids: Baker, 2010.

———. *The Message of Isaiah 40–55* [A mensagem de Isaías 40—55]. Londres e Nova Iorque: T&T Clark, 2005.

———. *Models for Scripture* [Modelos para a Escritura]. Grand Rapids: Eerdmans; Carlisle: Paternoster, 1994.

———. *Old Testament Theology* [Teologia do Antigo Testamento]. 3 vols. Downers Grove: InterVarsity Press; Milton Keynes: Paternoster, 2003, 2006, 2009.

———. *Theological Diversity and the Authority of the Old Testament* [Diversidade teológica e a autoridade do Antigo Testamento]. Grand Rapids: Eerdmans, 1987; Carlisle: Paternoster, 1995.

Gordon, Robert P. *Hebrews* [Hebreus]. Sheffield: Sheffield Academic Press, 2000.
Gorman, Michael J. Cruciformity [Cruciformidade]. Grand Rapids e Cambridge: Eerdmans, 2001.
———. *Inhabiting the Cruciform God* [Habitando o Deus cruciforme]. Grand Rapids e Cambridge: Eerdmans, 2009.
———. *Reading Paul* [Lendo Paulo]. Eugene: Cascade, 2008.
Goshen-Gottstein, Alon. "God the Father in Rabbinic Judaism and Christianity," [Deus Pai no judaísmo rabínico e no cristianismo]. *Journal of Ecumenical Studies* 38 (2000–2001): 471504.
Green, Joel B. *Body, Soul and Human Life* [Corpo, alma e vida humana]. Grand Rapids: Baker; Milton Keynes: Paternoster, 2008.
Green, Joel B., e Mark D. Baker. *Recovering the Scandal of the Cross* [Recuperando o escândalo da cruz]. Downers Grove: InterVarsity Press, 2000.
Gregory, Andrew F., e C. Kavin Rowe, eds. *Rethinking the Unity and Reception of Luke and Acts* [Repensando a unidade e recepção de Lucas e Atos]. Columbia: University of South Carolina Press, 2010.
Greimas, A. J. *Structural Semantics* [Semântica estrutural]. Lincoln: University of Nebraska Press, 1983.
Guelich, Robert A., ed. *Unity and Diversity in New Testament Theology* [Unidade e diversidade na teologia do Novo Testamento]. G. E. Ladd Festschrift. Grand Rapids: Eerdmans, 1978.
Gunkel, Hermann. *The Influence of the Holy Spirit* [A influência do Espírito Santo]. Filadélfia: Fortress, 1979.
Gunton, Colin E. *The Actuality of Atonement* [A contemporaneidade da expiação]. Edimburgo: T&T Clark; Grand Rapids: Eerdmans, 1989.
Gutierrez, Gustavo. *Essential Writings* [Escritos essenciais]. Maryknoll: Orbis, 1996.
———. *A Theology of Liberation* [Teologia da libertação]. Maryknoll: Orbis, 1973; Londres: SCM Press, 1974.
Hafemann, Scott J., ed. *Biblical Theology* [Teologia bíblica]. Downers Grove: InterVarsity Press; Leicester: Inter-Varsity Press, 2002.
———. *The God of Promise and the Life of Faith* [O Deus da promessa e a vida de fé]. Wheaton: Crossway, 2001.
Harris, Murray J. *Slave of Christ* [Escravo de Cristo] Downers Grove: InterVarsity Press; Leicester: Inter-Varsity Press, 2001.
Hart, T. A., e D. P. Thimell, eds. *Christ in Our Place* [Cristo em nosso lugar]. J. Torrance Festschrift. Exeter: Paternoster; Allison Park: Pickwick, 1990.
Harvey, Anthony E. *Strenuous Commands* [Mandamentos extenuantes]. Londres: SCM Press; Filadélfia: Trinity Press International, 1990.
Harvie, Timothy. "God as a Field of Force" [Deus como campo de força]. *Heythrop Journal* 52 (2011): 25059.
Hauerwas, Stanley. *A Community of Character* [Comunidade de caráter]. Notre Dame e Londres: University of Notre Dame Press, 1981.
———. *With the Grain of the Universe* [Em harmonia com o universo]. Grand Rapids: Baker, 2001.
Hawk, Dan. *Every Promise Fulfilled: Contesting Plots in Joshua* [Toda promessa cumprida: enredos conflitantes em Josué]. Louisville: Westminster John Knox, 1991.
Hawthorne, Gerald F. *Philippians* [Filipenses]. Waco: Word, 1983.
Hays, J. Daniel. *From Every People and Nation*. Downers Grove: InterVarsity Press; Nottingham: Inter-Varsity Press, 2003.
Hays, Richard B. *Echoes of Scripture in the Letters of Paul* [Ecos da Escritura nas cartas de Paulo]. New Haven e Londres: Yale University Press, 1989.
———. *The Moral Vision of the New Testament* [A visão moral do Novo Testamento]. São Francisco: Harper, 1996.
Hays, Richard B., e Stefan Alkier, eds. *Revelation and the Politics of Apocalyptic Interpretation* [Apocalipse e a política da interpretação apocalíptica]. Waco: Baylor University Press, 2012.

Heiler, Friedrich. *Prayer* [Oração]. Londres e Nova Iorque: Oxford University Press, 1932.
Heim, S. Mark. *Saved from Sacrifice*. Grand Rapids e Cambridge: Eerdmans, 2006.
Hengel, Martin. *The Son of God* [O Filho de Deus]. Londres: SCM Press; Filadélfia: Fortress, 1976.
―――. *Studies in Early Christology* [Estudos em cristologia primitiva]. Edimburgo: T&T Clark, 1995.
Hill, Charles E., e Frank A. James III, eds. *The Glory of the Atonement* [A glória da expiação]. Roger Nicole Festschrift. Downers Grove: InterVarsity Press, 2004.
Hooker, M. D., e S. G. Wilson, eds. *Paul and Paulinism* [Paulo e paulinismo]. C. K. Barrett Festschrift. Londres: SPCK, 1982.
Horsley, Richard A. *In the Shadow of Empire* [À sombra do império]. Louisville e Londres: Westminster John Knox, 2008.
―――. *Jesus and the Spiral of Violence* [Jesus e a espiral de violência]. Reimp., Filadélfia: Fortress, 1993.
Hubbard, David A. "The Wisdom Movement and Israel's Covenant Faith" [Movimento de sabedoria e a aliança de fé de Israel]. *Tyndale Bulletin* 17 (1966): 334.
Hui, Archie. "The Spirit of Prophecy and Pauline Pneumatology" [O espírito da profecia e pneumatologia paulina]. *Tyndale Bulletin* 50 (1999): 93115.
Hurtado, Larry. *At the Origins of Christian Worship* [Nas origens da adoração cristã]. Carlisle: Paternoster, 1999; Grand Rapids: Eerdmans, 2000.
―――. *God in New Testament Theology* [Deus na teologia do Novo Testamento]. Nashville: Abingdon, 2010.
―――. *How on Earth Did Jesus Become God?* [Como foi que Jesus se tornou Deus?] Grand Rapids e Cambridge: Eerdmans, 2005.
―――. *Lord Jesus Christ: Devotion to Jesus in Earliest Christianity* [Devoção a Jesus nos primórdios do cristianismo]. Grand Rapids e Cambridge: Eerdmans, 2003.
―――. *One God, One Lord* [Um Deus, um Senhor]. Filadélfia: Fortress; Londres: SCM Press, 1988. 2nd ed., Edimburgo: T&T Clark, 1998.
Irineu de Lyon. *Against Heresies* [Contra heresias]. *Ante-Nicene Fathers* [Pais pré-nicenos] 1:307567.
Irons, Charles Lee. *The Righteousness of God* [A justiça de Deus]. Tubinga: Mohr, 2015.
Jackson, Bernard S. "Legalism" [Legalismo]. *Journal of Jewish Studies* 30 (1979): 122.
Jeffery, Steve, Michael Ovey e Andrew Sach. *Pierced for Our Transgressions* [Traspassado pela nossa transgressão]. Nottingham: InterVarsity Press; Wheaton: Crossway, 2007.
João Damasceno. *Exposição da fé ortodoxa*. NPNF 2, 9 (segunda parte), 1101.
Johnson, Luke T. "The New Testament's Anti-Jewish Slander and the Conventions of Ancient Polemic" [Acusação antijudaica do Novo Testamento e convenções polêmicas antigas]. *JBL* 108 (1989): 41941.
Jones, L. Gregory. *Embodying Forgiveness* [Incorporando o perdão]. Grand Rapids: Eerdmans, 1995.
Kalimi, Isaac, ed. *Jewish Bible Theology* [Teologia da Bíblia judaica]. Winona Lake: Eisenbrauns, 2012.
Kaminski, Carol M. *Was Noah Good?* [Noé era justo?] Londres e Nova Iorque: T&T Clark, 2014.
Kaminsky, Joel. ""Did Election Imply the Mistreatment of Non-Israelites?" [Eleição sugere maus--tratos de gentios?] *Harvard Theological Review* 96 (2003): 397425.
Karkkainen, Veli-Matti. *Toward a Pneumatological Theology* [Em busca de uma teologia pneumatológica]. Lanham: University Press of America, 2002.
Kasemann, Ernst. *Essays on New Testament Themes* [Ensaios em temas do Novo Testamento]. Londres: SCM Press, 1964.
―――. *New Testament Questions of Today* [Questões contemporâneas do Novo Testamento]. Londres: SCM Press; Filadélfia: Westminster, 1969.
―――. *The Testament of Jesus* [O testamento de Jesus]. Londres: SCM Press; Filadélfia: Fortress, 1968.

Kazen, Thomas. *Emotions in Biblical Law* [Emoções na lei bíblica]. Sheffield: Sheffield Phoenix, 2011.
Keck, Leander E. *Paul and His Letters* [Paulo e suas cartas]. Filadélfia: Fortress, 1979. Ed. rev., 1988.
Keener, Craig S. "'Brood of Vipers'" [Raça de víboras]. *JSNT* 28 (2005): 311.
Kierkegaard, Søren. *The Present Age, and Of the Difference Between a Genius and an Apostle* [Sobre a presente era e a diferença entre gênio e apóstolo]. Reimp., Nova Iorque: Harper 1962.
Kilner, John F. "Humanity in God's Image" [Humanidade à imagem de Deus]. *Journal of the Evangelical Theological Society* 53 (2010): 601-17.
Kim, Seyoon. *Christ and Caesar* [Cristo e César]. Grand Rapids: Eerdmans, 2009.
Kimel, Alvin F., ed. *Speaking the Christian God* [Retratando o Deus cristão]. Grand Rapids: Eerdmans; Leominster: Gracewing, 1992.
Kirk, J. R. Daniel. *Jesus Have I Loved, but Paul?* [Jesus eu amei, mas Paulo?] Grand Rapids: Baker, 2011.
———. "The Sufficiency of the Cross" [A suficiência da cruz] *Scottish Bulletin of Evangelical Theology* 24 (2006): 3664, 13354.
Knowles, Michael P. *The Unfolding Mystery of the Divine Name* [O desdobrar do mistério do nome divino]. Downers Grove: InterVarsity Press, 2012.
Kohler, Ludwig. *Old Testament Theology* [Teologia do Antigo Testamento]. Londres: Lutterworth, 1957; Filadélfia: Westminster, 1958.
Kramer, Werner. *Christ, Lord, Son of God* [Cristo, Senhor, Filho de Deus]. Londres: SCM Press; Naperville: Allenson, 1966.
Krans, Jan, Bert Jan Lietaert Peerbolte, Peter-Ben Smit e Arie Zwiep, eds. *Paul, John, and Apocalyptic Eschatology* [Paulo, João e escatologia apocalíptica]. Martinus C. de Boer Festschrift. Leiden e Boston: Brill, 2013.
Kung, Hans. *Does God Exist?* [Deus existe?] Garden City: Doubleday; Londres: Collins, 1980.
———. *On Being a Christian* [Sobre ser um cristão]. Garden City: Doubleday, 1976; Londres: Collins, 1977.
Kunneth, Walter. *The Theology of the Resurrection* [Teologia da ressurreição]. Londres: SCM Press; St. Louis: Concordia, 1965.
Ladd, George Eldon. *The Blessed Hope* [A esperança bendita]. Grand Rapids: Eerdmans, 1956.
———. *The Gospel of the Kingdom* [O evangelho do Reino]. Grand Rapids: Eerdmans; [Exeter:] Paternoster, 1959.
———. *A Theology of the New Testament* [Teologia do Novo Testamento]. Grand Rapids: Eerdmans, 1974. Ed. rev., editada por Donald A. Hagner, Grand Rapids: Eerdmans, 1993.
Lane, Anthony N. S., ed. *The Unseen World* [O mundo invisível]. Carlisle: Paternoster; Grand Rapids: Baker, 1996.
Laniak, Timothy S. *Shepherds After My Own Heart* [Pastores segundo o meu coração]. Downers Grove: InterVarsity Press; Leicester: Inter-Varsity Press, 2006.
Lapsley, Jacqueline E. "Shame and Self-Knowledge" [Vergonha e autoconhecimento], em *The Book of Ezekiel* [O livro de Ezequiel], ed. Margaret S. Odell and John T. Strong, 14373. Atlanta: Scholars Press, 2000.
Larsson, Tord. *God in the Fourth Gospel* [Deus Pai no quarto Evangelho]. Estocolmo: Almqvuist, 2001.
Leivestad, Ragnar. "Exit the Apocalyptic Son of Man" [Sai o filho do homem apocalíptico]. *NTS* 18 (1971–1972): 24367.
Levenson, Jon D. *Creation and the Persistence of Evil* [Criação e a persistência do mal]. Reissued, Princeton e Chichester: Princeton University Press, 1994.
———. *The Death and Resurrection of the Beloved Son* [A morte e ressurreição do Filho amado]. New Haven e Londres: Yale University Press, 1993.
———. *The Hebrew Bible, the Old Testament, and Historical Criticism* [A Bíblia hebraica, o Antigo Testamento e a alta crítica]. Louisville: Westminster John Knox, 1993.

Levering, Matthew. *Jesus and the Demise of Death* [Jesus e a morte da morte]. Waco: Baylor University Press, 2012.
Levine, Baruch A. *In Pursuit of Meaning* [À procura de significado]. 2 vols. Winona Lake: Eisenbrauns, 2011.
Levison, John R. *Filled with the Spirit* [Cheio do Espírito]. Grand Rapids e Cambridge: Eerdmans, 2009.
Lightfoot, J. B. *Saint Paul's Epistle to the Philippians* [Carta de S. Paulo aos Filipenses]. Reimp., Grand Rapids: Zondervan, 1965.
Lightfoot, R. H. *St. John's Gospel* [O Evangelho de João]. Oxford e Nova Iorque: Oxford University Press, 1956.
Lincoln, Andrew T. *Born of a Virgin?* [Nascido de uma virgem?] Londres: SPCK; Grand Rapids: Eerdmans, 2013.
———. *Ephesians* [Efésios]. Dallas: Word, 1990.
———. "Liberation from the Powers" [Libertação dos poderes], em M. Daniel Carroll R. *et al.*, eds., *The Bible in Human Society* [A Bíblia na sociedade humana], 33554. John Rogerson Festschrift. Sheffield: Sheffield Academic Press, 1995.
———. *Truth on Trial* [Verdade sob julgamento]. Peabody: Hendrickson, 2000.
Lindars, Barnabas. *The Theology of the Letter to the Hebrews* [Teologia da carta aos Hebreus]. Cambridge e Nova Iorque: Cambridge University Press, 1991.
Lindbeck, George A. *The Church in a Postliberal Age* [A igreja em uma era pós-liberal]. Editada por James J. Buckley. Grand Rapids: Eerdmans, 2004.
Lohfink, Gerhard. *Jesus and Community* [Jesus e a comunidade]. Filadélfia: Fortress, 1984.
Lohse, Eduard. *Colossians and Philemon* [Colossenses e Filemom]. Filadélfia: Fortress, 1971.
———. *Theological Ethics of the New Testament* [Ética teológica do Novo Testamento]. Mineápolis: Fortress, 1991.
Lombard, Peter. *The Sentences Book 3* [Livro de frases 3]. Toronto: *Pontifical Institute of Mediaeval Studies*, 2008.
Longenecker, Bruce W., e Mikael C. Parsons, eds. *Beyond Bultmann* [Além de Bultmann]. Waco: Baylor University Press, 2014.
Longenecker, Richard N. *Galatians* [Gálatas]. Dallas: Word, 1990.
Loning, Karl, e Erich Zenger. *To Begin with, God Created...* [Para início de conversa, Deus criou...] Collegeville: Liturgical, 2000.
Ludemann, Gerd. "The Hope of the Early Paul" [A esperança inicial de Paulo]. *Perspectives in Religious Studies* 7 (1980): 195201.
———. *Paulus und das Judentum* [Paulo e o judaísmo]. Munique: Kaiser, 1983.
Lutero, Martinho. *Large Cathecism* [Catecismo maior]. Reimp., St. Louis: Concordia, 1988.
———. *Lectures on Galatians 1535 Chapters 1–4* [Estudos em Gálatas 1535, caps. 1—4]. LW 26. St. Louis: Concordia, 1963.
———. *Lectures on Romans* [Aulas em Romanos]. LW 25. St. Louis: Concordia, 1972.
———. *Letters I* [Cartas I]. LW 48. Filadélfia: Fortress, 1963.
———. *Sermons on the Gospel of St. John Chapters 1–4* [Sermões no Evangelho de João, caps. 1—4]. LW 22. St. Louis: Concordia, 1957.
———. *Sermons on the Gospel of St. John Chapters 6–8* [Sermões no Evangelho de João, caps. 6—8]. LW 23. St. Louis: Concordia, 1959.
———. *Small Catechism* [Catecismo menor]. Reimp., St. Louis: Concordia, 1965.
———. *Werke: Kritische Gesamtausgabe* [Obras: edição geral crítica]. 61 vols. Weimar: Hermann Bohlaus Nachfolger, 1883–1983.
Lyotard, Jean-Francois. *The Postmodern Condition* [A condição pós-moderna]. Manchester: Manchester University Press; Mineápolis: University of Minnesota Press, 1984.
MacDonald, Nathan. *Deuteronomy and the Meaning of "Monotheism"* [Deuteronômio e o significado de "monoteísmo"]. Tubinga: Mohr, 2003.

———. "The Origin of 'Monotheism'" [A origem do monoteísmo], em Wendy North e Loren T. Stuckenbruck, eds., *Early Jewish and Christian Monotheism* [Primórdios do monoteísmo cristão e judaico], 20415. Londres e Nova Iorque: Continuum, 2004.

MacKinnon, D. M. "Subjective and Objective Conceptions of Atonement" [Concepções subjetivas e objetivas da expiação], em F. G. Healey, ed., *Prospect for Theology*, p. 16982. H. H. Farmer Festschrift. Welwyn: Nisbet, 1966.

Maluleke, Tinyiko. "Black Theology as Public Discourse" [Teologia do negro como discurso público] www.religion.uct.ac.za/sites/default/files/image_tool/images/113/Institutes/Religion_in_Public_Life _ME_1999/Concep_Papers/Tinyiko_Maluleke.pdf.

Marguerat, Daniel. "Paul the Mystic" [Paulo, o místico], em Jan Krans *et al.*, eds., *Paul, John, and Apocalyptic Eschatology* [Paulo, João e escatologia apocalíptica], 7693. Martinus C. de Boer Festschrift. Leiden e Boston: Brill, 2013.

Marshall, Christopher D. *Beyond Retribution* [Além da retribuição]. Grand Rapids e Cambridge: Eerdmans, 2001.

Marshall, I. Howard. *New Testament Theology* [Teologia do Novo Testamento]. Downers Grove: InterVarsity Press; Nottingham: Inter-Varsity Press, 2004.

Martin, Dale B. *The Corinthian Body* [O corpo dos coríntios]. New Haven: Yale University Press, 1995.

———. *Slavery as Salvation* [Escravidão como salvação]. New Haven e Londres: Yale University Press, 1990.

Martin, Ralph P. *2Corinthians* [2Coríntios]. Waco: Word, 1986.

———. *Philippians* [Filipenses]. Reimp., Londres: Marshall; Grand Rapids: Eerdmans, 1980.

———. *Reconciliation* [Reconciliação]. Londres: Marshall; Atlanta: John Knox, 1981. Ed. rev., Eugene: Wipf and Stock, 1989.

Matlock, R. B. *Unveiling the Apocalyptic Paul* [Desvendando o Paulo apocalíptico]. Sheffield: Sheffield Academic Press, 1996.

Mauser, Ulrich. "One God Alone" [Apenas um Deus]. *Princeton Seminary Bulletin* 12 (1991): 25565.

McClendon, James W. *Systematic Theology* [Teologia sistemática]: Doctrine. Nashville: Abingdon, 1994.

———. *Systematic Theology: Ethics* [Teologia sistemática: ética]. Nashville: Abingdon, 1986.

McClendon, James W., com Nancey Murphy. *Systematic Theology: Witness* [Teologia sistemática: testemunho]. Nashville: Abingdon, 2000.

McCue, James F. "*Simul iustus et peccator* in Augustine, Aquinas, and Luther" [Simul iustus et peccator em Agostinho, Aquino e Lutero]. *Journal of the American Academy of Religion* 48 (1980): 8196.

McFarland, Ian A. *In Adam's Fall* [Na queda de Adão]. Chichester e Malden: Wiley-Blackwell, 2010.

McKnight, Scot. *Jesus and His Death* [Jesus e sua morte]. Waco: Baylor University Press, 2005.

———. *A New Vision for Israel* [Uma nova visão para Israel]. Grand Rapids e Cambridge: Eerdmans, 1999.

McKnight, Scot, e Joseph B. Modica, eds. *Jesus Is Lord, Caesar Is Not* [Jesus é Senhor, César impostor]. Downers Grove: InterVarsity Press, 2013.

Meeks, Wayne A. *The First Urban Christians* [Primeiros cristãos urbanos], 2ª ed. New Haven e Londres: Yale University Press, 2003.

Meier, John P. *A Marginal Jew* [Um judeu marginal]. 3 vols. Nova Iorque: Doubleday, 1991, 1994, 2001.

Mekilta de-Rabbi Ishmael. Filadélfia: JPS, 1933.

Melanchthon, Filipe. *Letters I* [Cartas I]. Filadélfia: Fortress, 1963.

Mendenhall, G. E. "The Monarchy" [A monarquia]. *Interpretation* 29 (1975): 15570.

Michaels, J. Ramsey. *Revelation* [Apocalipse]. Downers Grove: InterVarsity Press; Leicester: Inter-Varsity Press, 1997.

Middleton, J. Richard. *The Liberating Image* [A imagem libertadora]. Grand Rapids: Brazos, 2005.
———. *A New Heaven and a New Earth* [Um novo céu e uma nova terra]. Grand Rapids: Baker, 2014.
Miles, Jack. *God: A Biography* [Deus: uma biografia]. Nova Iorque e Londres: Simon and Schuster, 1995.
Mills, C. Wright. *White Collar* [Colarinho branco]. Nova Iorque: Oxford University Press, 1951.
Miskotte, Kornelis H. *When the Gods Are Silent* [Quando os deuses se silenciam]. Londres: 1967.
Moberly, Elizabeth R. *Suffering, Innocent and Guilty* [Sofrimento, inocência e culpa]. Londres: SPCK, 1978.
Moberly, R. W. L. "How Appropriate Is 'Monotheism' as a Category for Biblical Interpretation?" [Quão apropriado é o 'monoteísmo' como categoria para interpretação bíblica?], em Wendy North e Loren T. Stuckenbruck, eds., *Early Jewish and Christian Monotheism* [Primórdios do monoteísmo cristão e judaico], p. 21634. Londres e Nova Iorque: Continuum, 2004.
Moltmann, Jürgen. *The Church in the Power of the Spirit* [A igreja no poder do Espírito]. Londres: SCM Press; Nova Iorque: Harper, 1977.
———. *The Coming of God* [A vinda de Deus]. Londres: SCM Press; Mineápolis: Fortress, 1996.
———. *God in Creation* [Deus na criação]. Londres: SCM Press; São Francisco: Harper, 1985.
———. *History and the Triune God* [História e o Deus triuno]. Londres: SCM Press, 1991; Nova Iorque: Crossroad, 1992.
———. *On Human Dignity* [Sobre a dignidade humana]. Londres: SCM Press; Filadélfia: Fortress, 1984.
———. *The Spirit of Life* [Espírito da vida]. Londres: SCM Press; Mineápolis: Fortress, 1992.
———. *Theology of Hope* [Teologia da esperança]. Londres: SCM Press; Nova Iorque: Harper, 1967.
———. *The Trinity and the Kingdom of God* [A trindade e o reino de Deus]. Londres: SCM Press; Nova Iorque: Harper, 1981.
———. *The Way of Jesus Christ* [O caminho de Jesus Cristo]. [São Francisco:] HarperCollins; Londres: SCM Press, 1990.
Moore, A. L. *The Parousia in the New Testament* [A parousia no Novo Testamento]. Leiden: Brill, 1966.
Morris, Leon. *The Apostolic Preaching of the Cross* [A pregação apostólica da cruz]. Londres: Tyndale; Grand Rapids: Eerdmans, 1955. 3ª ed., 1965.
Motyer, J. A. "Covenant and Promise" [Aliança e promessa]. *Evangel: The British Evangelical Review 1*, no. 1 (1983): 24.
Moule, C. F. D. "The Individualism of the Fourth Gospel" [O individualismo do quarto evangelho] *Novum Testamentum* 5 (1962): 17190.
Moxnes, Halvor. *Theology in Conflict* [Teologia em conflito]. Leiden: Brill, 1980.
Munck, Johannes. *Paul and the Salvation of Mankind* [Paulo e a salvação da humanidade]. Londres: SCM Press; Richmond: John Knox, 1959.
Newbigin, Lesslie. *A Faith for This One World?* [Fé somente para este mundo?] Nova Iorque: Harper; Londres: SCM Press, 1961.
———. *The Gospel in a Pluralist Society* [O evangelho em uma sociedade pluralista]. Grand Rapids: Eerdmans; Londres: SPCK, 1989.
———. *The Open Secret* [O segredo aberto]. Grand Rapids: Eerdmans; Londres: SPCK, 1978.
Newman, Carey C., ed. *Jesus and the Restoration of Israel* [Jesus e a restauração de Israel]. Downers Grove: InterVarsity Press; Carlisle: Paternoster, 1999.
Newman, Carey C., James R. Davila, e Gladys S. Lewis, eds. *The Jewish Roots of Christological Monotheism* [Raízes judaicas do monoteísmo cristológico]. Leiden e Boston: Brill, 1999.
Neyrey, Jerome H. *Render to God* [Dai a Deus]. Mineápolis: Fortress, 2004.
Niebuhr, H. Richard. *Christ and Culture* [Cristo e a cultura]. Reimp., São Francisco: Harper, 2001.
Niehaus, Jeffrey J. *Ancient Near Eastern Themes in Biblical Theology* [Temas do Oriente Próximo na teologia bíblica]. Grand Rapids: Kregel, 2008.

Nietzsche, Friedrich. *Twilight of the Idols and The Anti Christ* [Crepúsculo dos ídolos e o anticristo]. Londres e Nova Iorque: Penguin, 1968.
North, Wendy, e Loren T. Stuckenbruck, eds. *Early Jewish and Christian Monotheism* [Primórdios do monoteísmo cristão e judaico]. Londres e Nova Iorque: Continuum, 2004.
Noth, Martin. *The Laws in the Pentateuch and Other Studies* [As leis no pentateuco e outros estudos]. Edimburgo: Oliver and Boyd, 1966; Filadélfia: Fortress, 1967.
Nygren, Anders. *Agape and Eros* [Agape e Eros]. Londres: SPCK, 1953.
Oakes, Peter. *Philippians* [Filipenses]. Cambridge e Nova Iorque: Cambridge University Press, 2001.
O'Brien, Peter Thomas. *Introductory Thanksgivings in the Letters of Paul* [Agradecimentos introdutórios nas cartas de Paulo]. Leiden: Brill, 1977.
O'Day, Gail R. "The Gospel of John" [O evangelho de João], em Leander E. Keck *et al.*, eds., *The New Interpreter's Bible* [A nova Bíblia do intérprete], 9:491871. Nashville: Abingdon, 1995.
Odell, Margaret S., e John T. Strong, eds. *The Book of Ezekiel* [O livro de Ezequiel]. Atlanta: Scholars Press, 2000.
O'Donovan, Oliver. *Finding and Seeking* [Procurando e encontrando]. Grand Rapids e Cambridge: Eerdmans, 2014.
———. *Self, World, and Time* [O 'eu', o mundo e o tempo]. Grand Rapids e Cambridge: Eerdmans, 2013.
Origen. *Homilies on Genesis and Exodus* [Homílias em Gênesis e Êxodo]. Washington: Catholic University of America Press, 1982.
Otto, Rudolf. *The Kingdom of God and the Son of Man* [Reino de Deus e o Filho do Homem]. Reimp., Londres: Lutterworth, 1951.
Ouspensky, Leonid. *Theology of the Icon* [Teologia do ícone]. Crestwood: St Vladimir's Seminary Press, 1992.
Owens, Mark. *As It Was in the Beginning: An Intertextual Analysis of New Creation in Galatians, 2 Corinthians, and Ephesians* [Análise intertextual da nova criação em Gálatas, 2Coríntios e Efésios]. Eugene: Wipf and Stock, 2016.
Packer, J. I. *Knowing God* [O conhecimento de Deus]. Londres: Hodder; Downers Grove: InterVarsity Press, 1973.
Pannenberg, Wolfhart. *Jesus—God and Man* [Jesus: Deus e homem]. Filadélfia: Westminster; Londres: SCM Press, 1968.

Parker, Theodore. *Ten Sermons of Religion* [Dez sermões sobre religião]. Ed. reimp. em *The Collected Works of Theodore Parker* [Obras seletas de Theodore Parker], vol. 2. Londres: Trubner, 1879.
Penchansky, David. *Twilight of the Gods* [Crepúsculo dos deuses]. Louisville: Westminster John Knox, 2005.
Perdue, Leo, *et al*. *Families in Ancient Israel* [Famílias no antigo Israel]. Louisville: Westminster John Knox, 1997.
Perrin, Nicholas, e Richard B. Hays, eds. *Jesus, Paul and the People of God* [Jesus, Paulo e o povo de Deus]. Downers Grove: InterVarsity Press, 2011.
Peterson, Eugene H. *Working the Angles* [Trabalhando os ângulos]. Grand Rapids: Eerdmans, 1987. Reimp, 1993.
Fílon de Alexandria. "Concerning the Cherubim" [Acerca dos querbins]; "Concerning the Confusion of Tongues" [Acerca da confusão de línguas]; e "Concerning Dreams" [Acerca de sonhos], em Fílon, com tradução de F. H. Colson e G. H. Whitaker. 11 vols. Cambridge: Harvard University Press; Londres: Heinemann, 1929–1943.
Piper, John. *Future Grace* [Graça futura]. Sisters: Multnomah, 1995.
Pitre, Brant. *Jesus, the Tribulation, and the End of the Exile* [Jesus, a tribulação e o fim do exílio]. Tubinga: Mohr; Grand Rapids: Baker, 2005.

Plevnik, Joseph. *Paul and the Parousia* [Paulo e a parousia]. Peabody: Hendrickson, 1997.
Pope, Alexander. *The Complete Poetical Works of Alexander Pope* [Obras poéticas completas de Alexander Pope]. Boston: Houghton Mifflin, 1903.
Porter, Barbara N., ed. *One God or Many?* [Um Deus ou muitos deuses?] Chebeague: Casco Bay Assyriological Institute, 2000.
Raisanen, Heikki. *Beyond New Testament Theology* [Além da teologia do Novo Testamento]. Londres: SCM Press; Filadélfia: Trinity Press International, 1990.
Rashdall, Hastings. *The Idea of Atonement in Christian Theology* [A ideia da expiação na teologia cristã]. Londres: Macmillan, 1919.
Reicke, Bo. "The Law and This World According to Paul" [A lei e este mundo segundo Paulo]. JBL 70 (1951): 25976.
Reid, J. K. S. *Our Life in Christ* [Nossa vida em Cristo]. Londres: SCM Press, 1963.
Richardson, Alan. *An Introduction to the Theology of the New Testament* [Introdução à teologia do Novo Testamento]. Londres: SCM Press; Nova Iorque: Harper, 1958.
Ricoeur, Paul. *Essays on Biblical Interpretation* [Ensaios sobre a interpretação bíblica]. Filadélfia: Fortress, 1980; Londres: SPCK, 1981.
Ridderbos, Herman. *Paul: An Outline of His Theology* [Paulo: um esboço de sua teologia]. Grand Rapids: Eerdmans, 1975.
Rieger, Joerg. *Christ and Empire* [Cristo e império]. Mineápolis: Fortress, 2007.
Rissi, Mathias. *The Future of the World* [O futuro do mundo]. Londres: SCM Press; Naperville: Allenson, 1972.
Robinson, J. Armitage. *St. Paul's Epistle to the Ephesians* [Carta de S. Paulo aos Efésios], 2ª ed. Londres: James Clarke, [?1904].
Rodd, Cyril S. , *Glimpses of a Strange Land* [Vislumbres de uma terra estranha]. Edimburgo: T&T Clark, 2001.
Rogerson, J. W., e John Vincent. *The City in Biblical Perspective* [A cidade na perspectiva bíblica]. Londres e Oakville: Equinox, 2009.
Rosner, Brian S. *Paul and the Law* [Paulo e a lei]. Nottingham: Inter-Varsity Press; Downers Grove: InterVarsity Press, 2013.
Rowland, Christopher. *The Open Heaven* [Os céus abertos]. Londres: SPCK; Nova Iorque: Crossroad, 1982.
Sanders, E. P. *Paul and Palestinian Judaism* [Paulo e o judaísmo palestino]. Londres: SCM Press; Filadélfia: Fortress, 1977.
———. *Paul, the Law, and the Jewish People* [Paulo, a lei e o povo judeu]. Londres: SCM Press; Filadélfia: Fortress, 1983.
Schaeffer, Francis A. *The God Who is There* [O Deus que intervém]. Londres: Hodder; Chicago: InterVarsity Press, 1968.
———. *He Is There and He Is Not Silent* [Ele se faz presente e não está em silêncio]. Ed. rev. Wheaton: Tyndale House, 2001.
Scharen, Christian. *Faith as a Way of Life* [Fé como estilo de vida]. Grand Rapids e Cambridge: Eerdmans, 2008.
Schillebeeckx, Edward. *Christ* [Cristo]. Nova Iorque: Crossroad; Londres: SCM Press, 1980.
———. *The Church with a Human Face* [Igreja com um rosto humano]. Nova Iorque: Crossroad; Londres: SCM Press, 1985.
———. *Jesus*. Nova Iorque: Crossroad; Londres: Collins, 1979.
Schlink, Edmund. *The Coming Christ and the Coming Church* [O Cristo vindouro e a igreja vindoura]. Edimburgo: Oliver and Boyd, 1967; Filadélfia: Fortress, 1968.
Schluter, Michael, e John Ashcroft, eds. *Jubilee Manifesto* [Manifesto do jubileu]. Leicester: InterVarsity Press, 2005.
Schnackenburg, Rudolf. *Baptism in the Thought of St. Paul* [Batismo no pensamento de S. Paulo]. Oxford: Blackwell; Nova Iorque: Herder, 1964.

▶ Obras consultadas

———. God's Rule and Kingdom [O reino de Deus e seu governo]. Friburgo: Herder; Montreal: Palm, 1963.
Schneiders, Sandra M. "The Lamb of God and the Forgiveness of Sin(s) in the Fourth Gospel" [O Cordeiro de Deus e o perdão do(s) Pecado(s) no quarto evangelho]. *Catholic Biblical Quarterly* 73 (2011): 129.
Schuller, Eileen M. "The Book of Malachi" [O livro de Malaquias], em *New Interpreter's Bible* [Nova Bíblia do intérprete], Leander E. Keck *et al.*, eds., 7:84177. Nashville: Abingdon, 1996.
Schussler Fiorenza, Elizabeth. *The Book of Revelation: Justice and Judgment* [O livro de Apocalipse: justiça e juízo], 2ª ed. Filadélfia: Fortress, 1998.
———. *The Power of the Word* [O poder da palavra]. Mineápolis: Fortress, 2007.
Schutz, John Howard. *Paul and the Anatomy of Apostolic Authority* [Paulo e a anatomia da autoridade apostólica]. Londres e Nova Iorque: Cambridge University Press, 1975.
Schwartz, Daniel R., e Zeev Weiss, eds. *Was 70 CE a Watershed in Jewish History?* [O ano 70 d.C. foi um divisor de águas na história judaica?]. Leiden e Boston: Brill, 2012.
Schweizer, Eduard. *The Holy Spirit* [O Espírito Santo]. Filadélfia: Fortress, 1980.
Seeley, David. *The Noble Death* [A morte nobre]. Sheffield: JSOT, 1989.
Segal, Alan F. *Two Powers in Heaven* [Dois poderes no céu]. Leiden: Brill, 1977.
Seligman, Adam B. *Modernity's Wager* [A aposta da modernidade]. Princeton e Oxford: Princeton University Press, 2000.
Shriver, Donald W. *An Ethic for Enemies* [Uma ética para inimigos]. Nova Iorque: Oxford University Press, 1995.
Smail, Thomas A. *The Forgotten Father* [O pai esquecido]. Londres: Hodder, 1980; Grand Rapids: Eerdmans, 1981.
———. *Once and for All* [De uma vez por todas]. Londres: DLT, 1998; Eugene: Wipf and Stock, 2006.
Smart, James D. *The Strange Silence of the Bible in the Church* [O estranho silêncio da Bíblia na Igreja]. Filadélfia: Westminster; Londres: SCM Press, 1970.
Smith, D. Moody. *The Theology of the Gospel of John* [Teologia do Evangelho de João]. Cambridge e Nova Iorque: Cambridge University Press, 1995.
Sobrino, Jon. *Jesus the Liberator* [Jesus, o libertador]. Maryknoll: Orbis, 1993; Tunbridge Wells: Burns and Oates, 1994.
Sobrino, Jon, e Ignacio Ellacuria, eds. *Mysterium Liberationis*. Maryknoll, Nova Iorque: Orbis, 1993. Ed. resumida, *Systematic Theology* [Teologia sistemática]. Maryknoll: Orbis, 1996.
Sommer, Benjamin D. *The Bodies of God and the World of Ancient Israel* [Os corpos de Deus e o mundo do Israel antigo]. Cambridge e Nova Iorque: Cambridge University Press, 2009.
Spurgeon, C. H. "The Immutability of God" [A imutabilidade de Deus]. *The New Park Street Pulpit* [Púlpito de New Park Street]. www.spurgeon.org/sermons/0001.htm.
Stendahl, Krister. *Paul Among Jews and Gentiles and Other Essays* [Paulo entre judeus e gentios e outros ensaios]. Filadélfia: Fortress, 1976.
Streett, Matthew J. *Here Comes the Judge* [Ei-lo, o juiz!]. Londres e Nova Iorque: T&T Clark, 2012.
Sun, Henry T. C., e Keith L. Eades, eds. *Problems in Biblical Theology* [Problemas em teologia bíblica]. Rolf Knierim Festschrift. Grand Rapids e Cambridge: Eerdmans, 1997.
Swing, Albert Temple. *The Theology of Albrecht Ritschl* [Teologia de Albrecht Ritschl]. Nova Iorque e Londres: Longmans, Green, 1901.
Thattayil, Benny. *In Spirit and Truth* [Em espírito e verdade]. Louvain: Peeters, 2007.
Theissen, Gerd. *The Social Setting of Pauline Christianity* [Contexto social do cristianismo paulino]. Filadélfia: Fortress, 1982.
Thielman, Frank. *From Plight to Solution* [De problema à solução]. Leiden e Nova Iorque: Brill, 1989.
———. *Paul and the Law* [Paulo e a lei]. Downers Grove: InterVarsity Press, 1994.
Thiselton, Anthony C. *1Corinthians* [1Coríntios]. Grand Rapids e Cambridge: Eerdmans, 2006.

———. *The Hermeneutics of Doctrine* [Hermenêutica da doutrina]. Grand Rapids e Cambridge: Eerdmans, 2007.
———. "Realized Eschatology at Corinth" [Escatologia realizada em Corinto]. NTS 24 (1978): 51026.
———. *Thiselton on Hermeneutics* [Thiselton sobre hermenêutica]. Grand Rapids e Cambridge: Eerdmans, 2006.
Thomas, Heath A., Jeremy Evans e Paul Copan, eds. *Holy War in the Bible* [Guerra santa na Bíblia]. Downers Grove: InterVarsity Press, 2013.
Thompson, Marianne Meye. *The God of the Gospel of John* [O Deus do Evangelho de João]. Grand Rapids e Cambridge: Eerdmans, 2001.
———. *The Promise of the Father* [A promessa do Pai]. Louisville: Westminster John Knox, 2000.
Thrall, Margaret E. *A Critical and Exegetical Commentary on the Second Epistle to the Corinthians* [Comentário crítico e exegético da segunda carta aos Coríntios]. Edimburgo: T&T Clark, 1994.
Torrance, T. F. *Calvin's Doctrine of Man* [Doutrina de Calvino acerca do homem]. Nova ed. Grand Rapids: Eerdmans, 1957.
———. "The Divine Vocation and Destiny of Israel in World History" [A vocação divina e o destino de Israel na história mundial], em *The Witness of the Jews to God* [O testemunho judaico de Deus], ed. David W. Torrance, p. 85104. Edimburgo: Handsel, 1982.
Travis, Stephen H. *Christ and the Judgment of God* [Cristo e o juízo de Deus]. Basingstoke: Marshall, 1986. 2ª ed ed., *Christ and the Judgment of God* [Cristo e o juízo de Deus]. Milton Keynes: Paternoster; Peabody: Hendrickson, 2009.
———. *I Believe in the Second Coming of Jesus* [Creio na segunda vinda de Jesus]. Londres: Hodder; Grand Rapids: Eerdmans, 1982.
Troeltsch, Ernst. *The Social Teaching of the Christian Churches* [Ensino social das igrejas cristãs]. Londres: George Allen; Nova Iorque: Macmillan, 1931.
Turner, Max. *The Holy Spirit and Spiritual Gifts in the New Testament Church and Today* [O Espírito Santo e dons espirituais na igreja do Novo Testamento e hoje]. Ed. rev. Carlisle: Paternoster; Peabody: Hendrickson, 1998.
———. *Power from on High* [Poder do alto]. Ed. Corrigida. Sheffield: Sheffield Academic Press, 2000.
Van der Watt, Jan G., ed. *Eschatology of the New Testament and Some Related Documents* [Escatologia do Novo Testamento e documentos correlatos]. Tubinga: Mohr, 2011.
Verhey, Allen. *The Great Reversal* [A grande inversão]. Grand Rapids: Eerdmans, 1984.
Volf, Miroslav. *Against the Tide* [Contra a maré]. Grand Rapids: Eerdmans, 2010.
———. *Captive to the Word of God* [Cativo à palavra de Deus]. Grand Rapids e Cambridge: Eerdmans, 2010.
———. *Exclusion and Embrace* [Exclusão e aceitação]. Nashville: Abingdon, 1996.
von Harnack, Adolf. , *The Mission and Expansion of Christianity in the First Three Centuries* [Missão e expansão do cristianismo nos primeiros três séculos]. Londres: Williams and Norgate; Nova Iorque: Putnam, 1908.
von Rad, Gerhard. *Old Testament Theology* [Teologia do Antigo Testamento]. 2 vols. Edimburgo: Oliver and Boyd; Nova Iorque: Harper, 1962, 1965.
Wagner, J. Ross. *Heralds of the Good News: Isaiah and Paul "in Concert" in the Letter to the Romans* [Arautos da boa notícia: Isaías e Paulo "em harmonia" na carta aos Romanos]. Leiden e Boston: Brill, 2002.
Ware, Kallistos. *The Inner Kingdom* [O reino interior]. Crestwood: St Vladimir's Seminary Press, 2001.
Watson, Francis. *Text and Truth* [Texto e verdade]. Edimburgo: T&T Clark; Grand Rapids: Eerdmans, 1997.
———. *Text, Church and World* [Texto, igreja e mundo]. Edimburgo: T&T Clark; Grand Rapids: Eerdmans, 1994.

Weber, Otto. *Foundations of Dogmatics* [Fundamentos da dogmática]. 2 vols. Grand Rapids: Eerdmans, 1981, 1983.
Wedderburn, A. J. M. "Some Observations on Paul's Use of the Phrases 'in Christ' and 'with Christ'" [Algumas observações sobre o uso de Paulo nas frases 'em Cristo' e 'com Cristo']. *JSNT* 25 (1985): 8397.
Weinfeld, Moshe. *Social Justice in Ancient Israel and in the Ancient Near East* [Justiça social e o antigo Oriente Próximo]. Filadélfia: Fortress, 1995.
Welker, Michael. *God the Spirit* [Deus, o Espírito]. Mineápolis: Fortress, 1994.
Wenham, David. *Paul: Follower of Jesus or Founder of Christianity?* [Paulo: seguidor de Jesus ou fundador do cristianismo?]. Grand Rapids e Cambridge: Eerdmans, 1995.
Wenham, G. J. "The Religion of the Patriarchs" [A religião dos patriarcas], em A. R. Millard e D. J. Wiseman, eds., *Essays on the Patriarchal Narratives* [Ensaios sobre as narrativas dos patriarcas]. Leicester: InterVarsity Press, 1980; Winona Lake: Eisenbrauns, 1983.
West, Gerald O. "Liberation Hermeneutics After Liberation" [Hermenêutica da libertação], em Alejandro F. Botta and Pablo R. Andinach, eds., *The Bible and the Hermeneutics of Liberation* [A Bíblia e a hermenêutica da libertação], 1338. Atlanta: SBL, 2009.
Westerholm, Stephen. *Israel's Law and the Church's Faith* [A lei de Israel e a fé da igreja]. Grand Rapids: Eerdmans, 1988.
Westermann, Claus. *The Praise of God in the Psalms* [O louvor a Deus nos Salmos]. Richmond: John Knox, 1965; Londres: Epworth, 1966. Ed. rev., *Praise and Lament in the Psalms* [Louvor e lamento nos Salmos]. Atlanta: John Knox; Edimburgo: T&T Clark, 1981.
Whale, J. S. *Victor and Victim* [Vencedor e vítima]. Cambridge e Nova Iorque: Cambridge University Press, 1960.
White, Vernon. *Atonement and Incarnation* [Expiação e encarnação]. Cambridge e Nova Iorque: Cambridge University Press, 1991.
Whybray, R. Norman. *The Good Life in the Old Testament* [A boa vida no Antigo Testamento]. Edimburgo: T&T Clark, 2002.
Wiedemann, Thomas. *Greek and Roman Slavery* [Escravidão grega e romana]. Reimp., Londres e Nova Iorque: Routledge, 2005.
Wiesel, Elie. *From the Kingdom of Memory* [Do reino da memória]. Nova Iorque: Summit, 1990.
Wikenhauser, Alfred. *Pauline Mysticism* [Misticismo paulino]. Nova Iorque: Herder, 1959.
Williams, James G. *The Girard Reader* [O leitor de Girard]. Nova Iorque: Crossroad, 1996.
Wilson, R. McL. *A Critical and Exegetical Commentary on Colossians and Philemon* [Comentário crítico e exegético de Colossenses e Filemom]. Londres e Nova Iorque: T&T Clark, 2005.
Windisch, Hans. "Das Problem des paulinischen Imperativs" [O problema do imperativo paulino], *Zeitschrift für die neutestamentliche Wissenschaft und die Kunde der älteren Kirche* 23 (1924): 26581.
———. *Taufe und Sünde im ältesten Christentum* [Batismo e pecado no cristianismo primitivo]. Tubinga: Mohr, 1908.
Wink, Walter. *Engaging the Powers* [Enfrentando os poderes]. Mineápolis: Fortress, 1992.
———. *Naming the Powers* [Nomeando os poderes]. Filadélfia: Fortress, 1984.
———. *Unmasking the Powers* [Desmascarando os poderes]. Filadélfia: Fortress, 1986.
Witherington, Ben, III. *The Christology of Jesus* [A cristologia de Jesus]. Mineápolis: Fortress, 1990.
Woodhead, Linda. "Love and Justice" [Amor e justiça]. *Studies in Christian Ethics* 5 (1992): 4461.
Wrede, William. *The Messianic Secret* [O segredo messiânico]. Londres: Clarke; Greenwood: Attic, 1971.
Wright, Christopher J. H. *God's People in God's Land* [Povo de Deus na terra de Deus]. Exeter: Paternoster; Grand Rapids: Eerdmans, 1990.
———. *The Mission of God* [A missão de Deus]. Downers Grove: InterVarsity Press; Nottingham: Inter-Varsity Press, 2006.

Wright, N. T. *Christian Origins and the Question of God* [Origens cristãs e a questão de Deus]. Mineápolis: Fortress, 1992.

———. *The Climax of the Covenant* [O auge da aliança]. Edimburgo: T&T Clark, 1991; Mineápolis: Fortress, 1992.

———. *For All the Saints?* [Para todos os santos?] Londres: SPCK, 2003; Harrisburg: Morehouse, 2004.

———. *Jesus and the Victory of God* [Jesus e a vitória de Deus]. Mineápolis: Fortress; Londres: SPCK, 1996.

———. *Justification* [Justificação]. Londres: SPCK; Downers Grove: InterVarsity Press, 2009.

———. "The Letter to the Romans" [Carta aos Romanos], em Leander E. Keck *et al.*, eds., *The New Interpreter's Bible* [A Bíblia do novo intérprete], 10:393770. Nashville: Abingdon, 2002.

———. *The New Testament and the People of God* [O Novo Testamento e o povo de Deus]. Mineápolis: Fortress; Londres: SPCK, 1992.

———. *Paul and the Faithfulness of God* [Paulo e a fidelidade de Deus]. Mineápolis: Fortress; Londres: SPCK, 2013.

———. *The Resurrection of the Son of God* [A ressurreição do Filho de Deus]. Londres: SPCK; Mineápolis: Fortress, 2003.

———. *Surprised by Hope* [Surpreendido pela esperança]. Londres: SPCK, 2007; Nova Iorque: HarperOne, 2008.

———. "Theology, History and Jesus" [Teologia, história e Jesus]. *JSNT* 69 (1998): 10512.

Yinger, Kent. "Defining Legalism" [Definindo Legalismo]. *Andrews University Seminary Studies* 46 (2008): 91108.

———. *Paul, Judaism and Judgment According to Deeds* [Paulo, judaísmo e juízo segundo as obras]. Cambridge e Nova Iorque: Cambridge University Press, 1999.

Yoder, John Howard. "Armaments and Eschatology" [Armamentos e escatologia]. *Studies in Christian Ethics* 1 (1988): 4361.

———. *For the Nations* [Para as nações]. Grand Rapids e Cambridge: Eerdmans, 1997.

———. *The Politics of Jesus* [A política de Jesus], 2ª ed. Grand Rapids: Eerdmans; Carlisle: Paternoster, 1993.

———. *The Priestly Kingdom* [Reino sacerdotal]. Notre Dame: University of Notre Dame Press, 1984.

Yong, Amos. *Renewing Christian Theology* [Renovando a teologia cristã]. Waco: Baylor University Press, 2014.

Young, Frances M. *Sacrifice and the Death of Christ* [Sacrifício e morte de Cristo]. Londres: SPCK, 1975.

Zimmerli, Walther. *Man and His Hope in the Old Testament* [O homem e sua esperança no Antigo Testamento]. Londres: SCM Press; Naperville: Allenson, 1971.

———. , *Old Testament Theology in Outline* [Teologia do Antigo Testamento em esboço]. Richmond: John Knox; Edimburgo: T&T Clark, 1978.

ÍNDICE DE NOMES

Abbott, T. K., 158, 315, 386, 537, 546
Abelard, Peter, 326
Agostinho de Hipona, 205, 226, 230, 277, 357, 369, 371, 477, 556
Ahmanson, Roberta Green, 557
Alkier, Stefan, 286, 556, 557
Allen, Leslie C., 95, 149
Anderson, Ray S., 28
Andiñach, Pablo R., 185
Anselmo de Cantuária, 357
Ashcroft, John, 170
Ashton, John, 141, 114, 303, 311, 323, 324, 597
Atanásio, 212
Aulén, Gustaf, 126, 366
Avery Dulles, 401
Badenas, Robert, 479
Baker, Mark D., 356
Balla, Peter, 17
Banks, Robert, 394
Barr, James, 41, 111
Barrett, C. K., 107, 244, 266, 341, 436, 516, 538, 598
Barrett, Rob, 244
Barth, Christoph F., 130
Barth, Karl, 11, 15, 23, 26, 30, 31, 49, 77, 85, 91, 96, 98, 101, 111, 118, 122, 127, 146, 148, 152, 158, 174, 187, 189, 190, 191, 192, 193, 194, 196, 202, 215, 222, 236, 239, 266, 277, 285, 286, 287, 296, 299, 301, 329, 333, 339, 369, 371, 378, 380, 383, 396, 398, 400, 401, 402, 410, 414, 415, 431, 435, 437, 441, 443, 449, 452, 474, 485, 486, 487, 492, 495, 503, 507, 509, 520, 521, 523, 524, 538, 541, 545, 569, 592, 597
Barth, Karl, 369
Barth, Markus, 162, 400
Barton, John, 50, 165
Barton, Stephen C., 45, 54, 329
Bassler, Jouette M., 472
Bauckham, Richard, 1, 22, 35, 39, 79, 81, 83, 89, 114, 116, 118, 138, 186, 260, 284, 317, 324, 325, 580
Bavinck, Herman, 101, 108
Beale, G. K., 69
Beilby, James K., 338
Beker, J. Christiaan, 282, 290, 371, 544, 550, 552, 555, 563, 583, 584
Bennett, Thomas A., 12, 71, 75, 199, 351, 394, 431
Berkhof, H., 368
Berkouwer, G. C., 31, 151, 187, 214, 301, 371, 403, 529, 578, 585, 586
Berlin, Isaiah, 372
Best, Ernest, 424
Betz, Hans Dieter, 476, 477, 480, 481, 526
Bieringer, Reimund, 125, 138, 140
Black, C. Clifton, 60
Black, David Alan, 202
Bloch, Ernst, 570
Blomberg, Craig L., 170
Bloom, Harold, 36, 44, 123, 300, 319, 334, 347
Boda, Mark J., 65
Boff, Leonardo, 298, 312, 318, 377
Bonhoeffer, Dietrich, 127, 231, 257, 260, 269, 363, 371, 540
Boring, M. Eugene, 185, 575
Bornkamm, Günther, 283, 336, 457, 468, 501
Botta, Alejandro F., 185, 598
Bousset, W., 308
Boyarin, Daniel, 179, 281, 472, 485
Brower, Kent E., 409
Brown, Nicholas C. R., 180
Brown, Peter R. L., 198, 199
Brown, Raymond F., 420
Bruce, F. F., 367, 587, 589
Brueggemann, Walter, 508
Bruner, Frederick Dale, 395
Bryan, Steven M., 250, 280
Buber, Martin, 104, 175
Bultmann, Rudolf, 15, 70, 72, 119, 124, 127, 137, 162, 206, 207, 208, 211, 218, 228, 231, 260, 299, 300, 314, 323, 342, 371, 421, 454, 486, 492, 547, 549, 568, 600
Buntain, D. N., 395
Burggraeve, Roger, 140
Burridge, Richard A., 467, 538
Byrne, Peter, 16
Caird, George B., 563, 571
Calvino, João, 25, 154, 226, 279, 394, 424, 492, 521
Campbell, Douglas A., 285, 337, 361, 372, 373
Caputo, John D., 317
Carlyle, Thomas, 332
Casey, Maurice, 250
Cassiodoro, 133
Charlesworth, James H., 306
Chester, Andrew, 106, 552

Childs, Brevard S., 15, 17, 127, 146, 191, 195, 246, 284, 446, 464
Chilton, Bruce D., 243, 251, 255, 260, 551
Cochrane, Arthur C., 395
Cole, Graham A., 83
Cousar, Charles B., 317
Craigie, Peter C., 182
Cranfield, C. E. B., 119, 278, 360, 370, 486, 548
Crossan, John Dominic, 384
Crump, David, 510
Dahl, Nils A., 308, 435, 466, 473, 533
Das, A. Andrew, 21, 120
Davidson, A. B., 446
Davies, Margaret, 272
Davies, W. D., 317
de Boer, Martinus C. de, 554
Denney, James, 332, 335
Donfried, Karl P., 280, 421, 594, 595
Dulles, Avery, 401
Dunn, James D. G., 15, 16, 24, 29, 35, 37, 38, 40, 69, 74, 79, 81, 85, 113, 123, 124, 125, 139, 158, 159, 161, 192, 206, 213, 228, 231, 232, 264, 271, 278, 283, 285, 288, 299, 308, 315, 337, 338, 349, 361, 380, 400, 409, 410, 412, 423, 426, 428, 435, 439, 444, 445, 455, 456, 459, 466, 473, 480, 489, 502, 505, 523, 535, 536, 551, 562, 568
Eades, Keith L., 157, 225
Ebeling, Gerhard, 15
Ehrensberger, Kathy, 539
Eisen, Robert, 182
Ellacuria, Igancio, 222, 254
Elliott, Neil, 384
Ellul, Jacques, 187
Epíteto, 549
Fee, Gordon D., 66, 70, 73, 87, 121, 202, 212, 213, 233, 264, 276, 291, 396, 411, 457, 506
Feldmeier, Reinhard, 32, 38, 42, 45, 53, 325, 490, 511, 596
Fílon de Alexandria, 76
Forsyth, P. T., 358, 595
Frame, James Everett, 588

France, R. T., 273
Fredriksen, Paula, 138
Frey, Jörg, 551
Frydrych, Tomáš, 95
Fuller, Daniel P., 126
Fung, Ronald Y. K., 362, 476, 483
Gager, John G., 546
Gaventa, Beverly Roberts, 228, 359
Girard, Reńe, 312, 369
Goldingay, John, 58, 87, 113, 137, 144, 319, 449, 465, 551, 602
Goldingay, Kathleen Scott, 72, 572, 586
Gordon, Robert P., 367
Gorman, Michael J., 28, 199, 339, 423, 457, 467, 474, 485, 522, 535, 553, 562, 563, 565, 582
Goshen-Gottstein, Alon, 44
Green, Joel B., 208, 356, 382, 590, 592
Gregory, Andrew F., 116
Greimas, A. J., 361
Guelich, Robert A., 343
Gunkel, Hermann, 69
Gunton, Colin E., 75, 351, 359, 366, 368, 369, 422
Gutierrez, Gustavo, 558
Hafemann, Scott J., 13, 126, 256, 494
Harnack, Adolf von, 404
Harris, Murray J., 467, 477
Hart, T. A., 30
Harvey, Anthony E., 538
Harvie, Timothy, 72
Hauerwas, Stanley, 447, 553
Hawk, Dan, 284, 416
Hawthorne, Gerald F., 85, 535
Hays, J. Daniel, 166
Hays, Richard B., 15, 21, 30, 109, 141, 142, 185, 283, 284, 285, 286, 329, 337, 395, 396, 434, 481, 488, 556, 568, 581
Heiler, Friedrich, 42
Heim, S. Mark, 357, 369
Hengel, Martin, 304, 308, 313
Hill, Charles E., 317
Hooker, M. D., 479

Horsley, Richard A., 185, 254, 259, 312, 384, 596
Houlden, Leslie, 16
Hubbard, David A., 95
Hui, Archie, 102
Hurtado, Larry W., 21, 38, 81, 308, 309, 322, 377, 379, 385, 402, 504, 507, 516
Irineu de Lyon, 148
Irons, Charles Lee, 337
Jackson, Bernard S., 124
James, Frank A., III, 317
Jeffery, Steve, 335
João Damasceno, 593
Johnson, Andy, 409
Johnson, Luke T., 138, 140
Jones, L. Gregory, 126, 335, 342, 530, 542
Kalimi, Isaac, 188
Kaminski, Carol M., 28
Kaminsky, Joel, 175
Karkkainen, Veli-Matti, 395, 457
Käsemann, Ernst, 322, 324, 405, 554, 555
Kazen, Thomas, 210
Keck, Leander E., 60, 283, 337, 417, 502, 575
Keener, Craig S., 220
Kierkegaard, Søren, 111
Kilner, John F., 187
Kim, Seyoon, 384
Kimel, Alvin F., 86
Kirk, J. R. Daniel, 288, 358
Knowles, Michael P., 25
Köhler, Ludwig, 193
Kramer, Werner, 309
Krans, Jan, 431
Küng, Hans, 79, 326, 402
Künneth, Walter, 378, 383, 389
Ladd, George Eldon, 158, 251, 331, 392, 405, 412, 564, 572, 582
Lane, Anthony N. S., 160, 254
Laniak, Timothy S., 469
Lapsley, Jacqueline E., 449
Larsson, Tord, 298, 299, 300, 328
Leivestad, Ragnar, 310
Levenson, Jon D., 27, 496
Levering, Matthew, 377

ÍNDICE DE NOMES

Levine, Baruch A., 45, 65
Levison, John R., 69, 73, 253, 427, 428
Lightfoot, J. B., 588
Lightfoot, R. H., 317, 438
Lincoln, Andrew T., 114, 158, 301, 400, 529, 546
Lindars, Barnabas, 353
Lindbeck, George A., 286
Lohfink, Gerhard, 376, 526
Lohse, Eduard, 519, 548
Lombard, Peter, 326
Longenecker, Bruce W., 207
Longenecker, Richard N., 567
Löning, Karl, 92, 147, 149
Ludemann, Gerd, 279, 594
Lutero, Martinho, 12, 91, 98, 135, 298, 299, 300, 324, 338, 371, 402, 452, 461, 492, 590
MacDonald, Nathan, 36
MacKinnon, D. M., 330
Maluleke, Tinyiko, 559
Marguerat, Daniel, 431
Marshall, Christopher D., 97, 171
Marshall, I. Howard, 280, 343, 421, 594
Martin, Dale B., 457, 467, 470
Martin, Ralph P., 331, 343, 354, 522, 552
Matera, Frank J., 21, 120
Mauser, Ulrich, 157
McClendon, James W., 151, 190, 204, 217, 234, 372, 380, 397, 422, 447, 462, 529, 596
McCue, James F., 371
McDonald, J. I. H., 251, 260
McFarland, Ian A., 228, 451
McKnight, Scot, 45, 256, 318
Meeks, Wayne A., 264, 300, 395, 398, 403, 410, 423, 460, 528
Meier, John P., 195, 234, 256, 312, 414, 491
Melâncton, Filipe, 461
Mendenhall, G. E., 464
Michaels, J. Ramsey, 294
Middleton, J. Richard, 188, 358
Miles, Jack, 295
Mills, C. Wright, 193
Miskotte, Kornelis H., 571

Moberly, Elizabeth R., 95
Moberly, R. W. L., 36
Modica, Joseph B., 384
Moltmann, Jürgen, 37, 39, 53, 91, 193, 212, 213, 217, 230, 287, 288, 318, 377, 395, 398, 403, 404, 406, 408, 412, 423, 428, 464, 476, 494, 508, 540, 544, 550, 590
Moore, A. L., 584, 587
Morris, Leon, 342, 351, 373
Mosser, Carl, 54, 56, 136, 138, 220, 324, 328, 437
Motyer, J. A., 28
Moule, C. F. D., 392
Moxnes, Halvor, 32, 39
Munck, Johannes, 277, 283
Newbigin, Lesslie, 238, 543, 575
Newman, Carey C., 39
Neyrey, Jerome H., 41, 100, 120, 338
Niebuhr, H. Richard, 219
Niehaus, Jeffrey J., 246
Nietzsche, Friedrich, 14
North, Wendy, 36, 39, 79
Noth, Martin, 124
Novotny, Jamie, 65
Nygren, Anders, 524
O'Brien, Peter Thomas, 516
O'Day, Gail R., 417
O'Donovan, Oliver, 91, 121, 165, 429, 448, 475, 510, 532, 547, 548
Oakes, Peter, 384
Odell, Margaret S., 449
Orígenes, 373
Otto, Rudolf, 255
Ouspensky, Leonid, 558
Owens, Mark, 393
Packer, J. I., 21, 34
Pannenberg, Wolfhart, 378, 389
Parker, Theodore, 567
Parsons, Mikeal C., 207
Penchansky, David, 157
Perdue, Leo, 197
Perrin, Nicholas, 588
Peterson, Eugene H., 129, 130
Piper, John, 126
Pitre, Brant, 250, 274, 355

Plevnik, Joseph, 582
Pollefeyt, Didier, 125
Pope, Alexander, 21
Porter, Barbara, 36
Rad, Gerhard von, 126
Räisänen, Heikki, 16, 18
Rashdall, Hastings, 326, 373
Reid, J. K. S., 426
Reinhartz, Adele, 138, 139
Richardson, Alan, 18
Ricoeur, Paul, 88
Ridderbos, Herman, 30, 592
Rieger, Joerg, 384
Rissi, Mathias, 157, 289, 293, 294, 558, 559
Robinson, J. Armitage, 219, 226, 381, 528, 534
Rodd, Cyril S., 164
Rogerson, J. W., 174
Rosner, Brian S., 477
Rowe, C. Kavin, 116
Rowland, Christopher, 552, 556
Sach, Andrew, 335
Sanders, E. P., 11, 15, 125, 141, 279, 280, 292, 372, 385, 446, 484, 489
Scanlon, Michael J., 317
Schaeffer, Francis A., 74
Scharen, Christian, 421
Schillebeeckx, Edward, 126, 253, 260, 318, 341, 414, 463, 583
Schlink, Edmund, 287, 403
Schluter, Michael, 170
Schnackenburg, Rudolf, 423
Schneiders, Sandra M., 327, 369, 514
Schuller, Eileen M., 602
Schüssler Fiorenza, Elizabeth, 384, 402
Schütz, John Howard, 406, 466
Schwartz, Daniel R., 519
Schweizer, Eduard, 69
Seeley, David, 373, 423
Segal, Alan F., 39
Seligman, Adam B., 32
Shriver, Donald W., 141
Smail, Thomas A., 41, 318, 325, 339, 345, 358, 509
Smart, James D., 465

Smith, D. Moody, 80, 218
Sobrino, Jon, 165, 169, 218, 222, 234, 244, 254, 264, 268, 538, 558
Sommer, Benjamin D., 300
Spieckermann, Hermann, 30, 32, 38, 42, 45, 48, 53, 325, 490, 511, 596
Spurgeon, C. H., 21
Stendahl, Krister, 202, 286, 537, 545
Street, Matthew J., 600
Strong, John T., 449
Stuckenbruck, Loren T., 36, 39, 79
Sun, Henry T. C., 157, 225
Swing, Albert Temple, 521
Thattayil, Benny, 68
Theissen, Gerd, 113, 250, 406, 539
Thielman, Frank, 481
Thimell, D. P., 30
Thiselton, Anthony C., 16, 26, 41, 70, 166, 189, 191, 198, 206, 208, 212, 231, 277, 356, 397, 423, 465, 467, 486, 524, 539, 540, 541, 545, 547, 569, 571, 587
Thomas, Heath A., 244
Thompson, Marianne Meye, 41, 43, 86, 323, 556

Thrall, Margaret E., 159, 404, 535, 589
Torrance, Thomas F., 86, 120, 179, 221
Travis, Stephen H., 601, 602
Troeltsch, Ernst, 406
Turner, Max, 102
Verhey, Allen, 525, 532
Vervenne, Marc, 140
Vincent, John, 174
Volf, Miroslav, 14, 29, 56, 112, 136, 220, 397, 408, 421, 491, 580
Wagner, J. Ross, 249
Ware, Kallistos, 199, 257, 273, 447, 448
Watson, Francis, 146, 218
Watt, Jan G. van der, 551
Weber, Otto, 30, 91, 146, 160, 322, 357, 375, 434, 545
Wedderburn, A. J. M., 425
Weinfeld, Moshe, 173
Weiss, Zeev, 519
Welker, Michael, 69, 70, 71, 72, 155, 217, 254, 276, 288, 302, 522
Wenham, David, 251, 257, 467
Wenham, G. J., 160
West, Gerald O., 559
Westerholm, Stephen, 124
Westermann, Claus, 131

Whale, J. S., 351, 362
White, Vernon, 357
Whybray, R. Norman, 193
Wiesel, Elie, 112
Wikenhauser, Alfred, 431
Wilson, R. McL., 516
Wilson, S. G., 479
Windisch, Hans, 371
Wink, Walter, 157, 368
Witherington III, Bem, 255, 261
Woodhead, Linda, 520
Wrede, William, 307
Wright, Christopher J. H., 42, 154, 171, 197, 241, 431
Wright, N. T., 11, 15, 35, 68, 82, 85, 134, 180, 249, 250, 251, 252, 259, 268, 269, 279, 285, 286, 290, 306, 337, 338, 339, 361, 378, 379, 380, 384, 385, 399, 403, 419, 469, 482, 502, 529, 530, 551, 557, 568, 582, 588, 589, 590, 595, 602
Wright, Nigel G., 160
Yinger, Kent L., 124, 453
Yoder, John Howard, 156, 269, 368, 397, 529, 553
Yong, Amos, 207, 254, 259, 262, 442, 541
Young, Frances M., 317
Zenger, Erich, 92
Zimmerli, Walther, 104, 570

ÍNDICE TEMÁTICO

aborto, 16, 398
Abraão, 46, 50, 97, 99, 100, 101, 109, 114, 126, 137, 143, 168, 236, 237, 239, 240, 243, 273, 390, 399, 407, 414, 415, 461, 478, 487, 560
   da família de, 99, 180, 181, 407407
   descendentes de, 57, 176, 422, 487, 560
   e aliança, 240, 494
   e bênção, 67, 99, 179, 243, 425, 557, 560399
   e confiança, 97, 100, 104, 137, 419, 478, 493
   e Cristo, 424-425, 434
   e oração, 510, 514-515
   e os nomes de Deus, 45-46, 80
   e os patriarcas, 221, 327, 590
   e promessa, 99, 109, 174, 178-179, 236, 277, 415, 489, 493, 560-561, 563
adam, 227
Adão, 85, 228, 229, 293, 429, 443
   e Eva, 26, 51, 103, 122, 190, 192, 216, 227, 301, 327, 336, 363, 500
   e humanidade, 188, 207, 215, 327, 360, 424-425
   e Jesus, 85, 98, 301, 447
adoração, 68, 81, 129-133, 135, 137, 153, 159-160, 184, 200, 210, 240, 263, 401-402, 427, 444, 458, 462, 481, 484, 496, 497, 537, 557, 576, 579
   de outras deidades, 159, 173, 231, 258, 348, 409
   e a mulher, 198, 470-471
   e a Torá, 284, 288
   e expectativa de Deus, 121, 500-519
   e Jesus, 39, 159
   e judeus e samaritanos, 274, 294, 315
   em/por espírito e verdade, 67, 412
agapē, 24, 154, 275, 341, 488, 524, 526
aliança, 45, 66, 124, 245, 486, 497, 332, 339, 343, 402, 489, 541
   e a Torá, 125-127, 482
   e Abraão, 240, 421, 494
   e batismo, 136, 423
   e circuncisão, 241, 478
   e comprometimento, 99-100, 123
   e comunidade, 290, 395
   e graça, 29, 121
   e Israel, 176, 239-241, 290-291, 336
   e Jesus, 277, 478
   e obediência, 125, 336
   e reconciliação, 332, 346
   e redenção, 374-376
   e relacionamento, 105, 122, 239-241, 293, 339, 571
amor, 94, 97, 122, 185, 190, 240, 276, 318, 326-328, 330, 402, 407, 411, 421, 453, 459, 472, 478, 492, 532, 566, 568, 570, 592
   e a Torá, 209, 276, 480, 484, 489, 495, 519-521
   e adoração, 501, 509
   e as Escrituras, 140, 488
   e congregação, 58, 391, 434, 536, 540-542
   e conhecimento, 19, 401
   e Deus, 21, 24-25, 29-35, 38, 41, 44, 57, 75, 86, 91, 126, 131, 135, 169, 209, 219, 238, 313, 322, 331, 336, 341-341, 346, 350, 424, 454, 487, 491
   e discípulos, 265, 268, 282, 530
   e ética teológica, 474-475
   e fiéis, 370, 395, 444, 531
   e Jesus, 129, 160, 251, 273, 313, 324-326, 358, 394, 486, 535, 549
   e juízo, 573, 595, 598, 602
   e o Espírito, 427, 432, 442
   e o mundo, 136, 175, 219
   e pessoas, 47, 138
   e próximo, 128, 191
   e unidade, 528-529, 534
   mútuo, 42, 87, 199
   natureza do, 522-527
Cf. também *agapē*; *ḥesed*
anátema, 541
apocalíptico, 550, 552-553
apolytrōsis, 361, 373, 376
Arão, 295, 351, 461
arrependimento, 29, 51-54, 95, 126, 219, 251, 257-258, 262, 348, 382, 423, 434, 446-447, 450, 530, 578, 582, 584, 587, 594, 602
Assíria, 139, 178, 184, 243, 263, 508, 561
   como agente de Deus, 34, 51, 183, 247

e potências do Oriente
  Médio, 183, 247
rei da, 52, 243
autoridade, 41, 156, 180, 184,
303, 305, 311, 344, 412, 466,
467, 468, 470, 486
  canônica, 90, 143
  de Deus, 121, 150, 214, 233,
    246, 249, 345, 400, 435,
    571
  e a besta, 219, 544
  e a Torá, 478, 483
  e igreja, 287, 400, 464, 466
  e Jesus, 312-314, 352, 377,
    379-385, 400, 483, 518,
    582, 600
  e juízo, 176, 560
  e mišpāṭ, 72, 173, 181, 555
  e o ser humano, 186, 188,
    227, 269, 366, 370, 400
  e perdão, 335, 352
  e poderes sobrenaturais,
    362, 368
Babilônia, 27, 96, 99, 117,
130, 139, 374, 561
  como agente de Deus, 34,
    97, 183, 247
  e a soberania de Deus, 248,
    263, 267, 321, 435
  e o Império Romano, 293,
    330, 579
  e potências do Oriente
    Médio, 183, 187, 247
  queda de, 106, 177, 248, 250,
    260, 322, 580
  rei da, 52, 97, 377
bondade, 151, 298, 336
  e Deus, 24, 86, 103, 147, 224,
    494, 538
  e o fruto do Espírito, 24, 276
  e o mundo, 150, 153, 216
  ordem e beleza, 147-149
budistas, 591
Caifás, 49, 281
carisma, 456, 522, 405
  e amor, 523, 527, 541
  e congregação, 399, 456-462
  e unidade, 528-529, 535
casamento, 81, 96, 147, 166,
187, 196-199, 398, 471, 520,
585

Ceia do Senhor,
César, 186, 298, 384-385, 486
charis, 24, 126, 341, 457, 507
charisma, 341, 405, 457, 464,
517
christos, 309
circuncisão, 210, 236, 409,
420, 424
  e a Torá, 478, 495
  e Jesus, 424, 478, 495
  e promessa, 100, 241
  e sinais sacramentais, 411,
    421-424
Ciro, agente de Deus, 48, 51,
183, 248, 321
ciúme, 31, 159, 232, 258
compaixão, 34, 57, 97, 529,
571
  e fiéis, 365, 387, 531, 542
  e Jesus, 209, 313
  e sacrifício, 450-451
comprometimento, 91, 104,
196, 209, 284, 292, 373, 379,
398, 400, 415, 470, 497, 504,
519-526, 566
  aliança, 99, 122, 240,
    375-376
  e a Torá, 360, 455, 476
  e congregação, 401, 408,
    540, 444
  e Deus, 35, 65, 75, 86, 123,
    132, 153, 216, 240, 246,
    267, 307, 332, 336-338,
    344, 363, 407, 433, 509,
    512
  e fidelidade, 22, 94, 100
  e graça, 24, 29, 123, 126,
    327, 450-451
  e Israel, 177, 446
  e restauração, 391, 420
  mútuo, 41, 42, 87, 126, 199,
    245, 305
  ou amor leal, 24, 24, 185
  para com Deus, 39, 61, 133,
    135, 214, 236, 436, 482,
    487-489, 500, 566
  pessoal, 46, 173, 511
comunhão, 398-399
condenação, 266, 341, 370,
598, 602
congregação, 40, 58, 140, 174,

203, 203, 215, 275, 364, 424,
497, 507, 540, 564, 600
  como filhos de Deus,
    390-410
  e a presença de Deus, 68, 87
  e a sabedoria de Deus,
    118-120, 130
  e a Torá, 478, 481-482
  e adoração, 501, 505-506
  e amor, 519, 522-523, 526,
    532-533, 540-542
  e cidade, 173, 293
  e família, 201, 526,
    530-531531
  e Israel, 296, 483
  e juízo, 540, 600
  e martírio, 118, 579, 595
  e o Espírito, 67, 427, 555
  e o mundo, 434, 507, 563
  e oração, 511-514
  e revelação, 101, 105,
    108-109
  e unidade, 113, 528-529,
    534-536
  servos da, 456-473
Cf. também **igreja**
corpo, 163, 287, 397, 399, 400,
424, 456-457, 470, 481, 528,
532, 559, 590, 599
  e alma, 191, 201, 204-207,
    299, 443
  e carne, 204-207, 231, 327
  e coração, 64, 487
  e Deus, 43, 299
  e espírito, 70, 209, 232, 386
  e igreja/congregação,
    203, 399, 400, 403,
    407, 456-457, 468, 511,
    529-530
  e impureza, 347, 498, 539
  e Israel, 174, 293, 309, 460,
    468
  e Jesus, 203, 225, 362, 375,
    377, 409, 439, 455, 457,
    557, 587
  e mente, 409, 453, 487
  e o Espírito Santo, 211, 428
  e pecado, 230, 363
  e unidade, 404, 534, 537
  atos do, 429, 433
  humano, 201-203, 456

ÍNDICE TEMÁTICO

cosmos, 22, 62, 145, 147, 149, 150, 153, 218, 400, 550, 554, 556, 582
Cf. também cosmos
criação, 22, 26, 42, 48, 55, 73, 75-76, 90, 91, 98, 236, 253, 300, 351, 378, 441, 495, 507, 560, 565
   e a soberania de Deus, 47, 51, 121, 243, 315
   e amor, 23, 524
   e Deus, 145-233, 234
   e graça, 91, 340
   e humanidade, 327, 343, 499, 564
   e Jesus, 79, 91, 119, 278, 359, 385
   e o mal, 366, 368
   e o triunfo de Deus, 543, 545, 549, 554
   nova, 366, 392-394, 555
   propósito da, 560, 564
   relacionamento, 122, 340
crucificação, 106, 309, 317, 328, 383, 435, 438
cruz, 28, 85, 91, 117, 120, 212, 269, 281, 300, 317, 321, 324-327, 337, 362, 366, 367, 377, 383, 422, 501, 575, 578, 597
   sabedoria da, 328-329
cura, 289, 421, 428, 457, 518, 532
   e a atividade de Deus, 50, 448
   e Jesus, 84, 204, 220, 254, 261, 287, 304, 313, 319, 413, 417, 559
   e nações, 293, 555
   e o Espírito, 104, 396, 433
   e profetas, 255, 303
Daniel, 132, 219, 249, 451, 582
Davi, 72, 89, 173, 184, 196, 203, 284, 393, 450, 561
   e aliança, 240, 245
   e Jesus, 117, 204, 298, 301, 304-307, 376-377, 379, 562, 600
   e o templo, 64-65, 260, 315, 518, 555
   e promessas, 105, 248, 305, 561

   e servo, 456, 468
desigualdade, 173, 216
Cf. também **igualdade**
desvio, 23, 135, 164, 174, 357, 359, 381, 446, 540, 546-547
   a consequência do, 213-233
   carregando, 25-29, 335
   e a Torá, 123, 520
   e Israel, 258, 333, 438, 571
   e Jesus, 111, 161, 350-351, 356
   e o mundo, 335, 544
Diabo, 138, 160-163, 302, 366-367, 369, 374, 426, 437, 452, 531, 577
dikaioō, 338, 361, 373
dikaiōsis, 338-339, 361
dikaiosynē, 336, 338, 580
discípulo, 62, 80, 112, 115-116, 119, 198, 257, 268, 270, 317, 328, 381, 479, 486-487, 530, 574, 596
   e a identidade de Jesus, 307, 314
   e a iniciativa de Jesus, 413, 416
   e amor, 522, 525
   e congregação, 391, 394, 396, 400, 462, 470, 530
   e eleição, 277, 406-407
   e fé, 108, 461
   e hostilidade, 224, 268, 273, 434, 438
   e judeus, 138, 309
   e mal-entendidos, 221, 319, 378
   e moralidade, 207, 480
   e mulheres, 195, 470
   e o Diabo, 138, 160, 369
   e o Espírito, 72, 114, 253, 265, 426
   e o Fim, 585-587
   e o mundo, 219, 435, 566
   e o reino de Deus, 260-261, 329, 411
   e o sábado, 270, 311, 539
   e oração, 41-43, 509, 514
   e promessa, 265, 282
   e salvação, 382, 544
   e sofrimento, 203, 491, 575-576

   e unidade, 527, 529
dons. *Cf.* **carisma**
Dorcas, 50
dualismo/dualidade, 54-55, 204, 380
ecologia, 16
ekklēsia, 286, 400, 402-403, 409, 457, 506
El, 42, 43, 45
Elias, 229, 255, 271, 303, 313, 378, 578, 591, 596
Emanuel, 80
encarnação, 47, 85, 90, 199, 301, 322, 324, 383
escatologia, 550-553
escravidão, 138-140, 217, 365, 366, 405, 413, 470, 476, 485-486, 544
   e pecado, 228, 327, 358, 548
esperança, 17, 62, 118, 169, 230, 237, 247, 283, 290, 401, 408, 435, 441, 451, 452, 465, 474, 507, 517, 545-548, 548-550, 561, 569, 571, 592, 602
   e amor, 23, 433, 474-475, 523, 531
   e confiança, 493, 568-570
   e fé, 421, 433, 474, 492, 523, 531
   e glória, 340, 430-432
   e Jesus, 109, 268-270, 288, 296, 454, 516
   e o mundo, 570, 571
   e o Ungido, 263, 293, 307, 325, 387
   e unidade, 404, 534
espírito, 39, 48, 68-70, 72-73, 87, 119, 135, 157, 161, 183, 211, 217, 218, 313, 381, 386, 393, 417, 457, 479, 486, 534, 579, 592
   de Deus, 40, 60-61, 66, 67-73, 102, 212-213, 251, 253, 275, 288, 301-303, 386, 399, 427, 444, 555
   de Jesus, 73, 430-432
   de Yahweh, 66, 67, 464
   e adoração, 210, 295, 316, 412, 502
   e carne, 202, 204
   e congregação, 462, 531

e corpo, 205-209, 232
e verdade, 67, 275, 379
humano, 201, 212-213
Cf. também **Espírito Santo**
Espírito Santo, 45, 68, 70, 71,
72, 87, 102, 104, 122, 212, 213,
217, 232, 252, 258, 264-266,
268, 329, 386, 390, 396, 411,
428-428, 433, 442, 457, 485,
489-490, 492-495, 522, 534,
548-549, 557, 589
   dons do, 103, 424
   e a Escritura, 110, 142-143
   e a palavra de Deus, 118,
     211
   e a presença de Deus, 66
   e a Torá, 361, 480-482,
     519-520
   e adoração, 68-68, 129-129,
     500, 503, 505-506
   e Deus, 23, 40
   e fiéis, 443, 476-478, 486,
     489
   e igreja/congregação,
     400-401, 433, 541
   e Jesus, 81, 114, 116,
     192, 205, 253, 297-
     298, 301-303, 317, 350,
     376-378, 381, 411, 415,
     423, 426, 432, 445,
     562-563, 594
   e o corpo, 559, 590
   e o evangelho, 427, 455
   e o Fim, 264, 578
   e o templo, 66, 68, 399
   e oração, 509, 513-514, 518
   e unidade, 291, 404, 456, 536
   o fruto do, 23, 31, 232,
     276-277, 407, 481, 505,
     570
Cf. também **pneuma**; **rûaḥ**
Ester, 49, 196
   ética, 47, 93, 121, 194, 276,
     405, 490
   cristã, 476, 529
   e teologia, 14-16
   teológica, 172, 474
eucharistia, 507, 517
exílio, 89, 125, 173, 241,
247-248, 250, 264, 267, 272,
333, 336, 343, 369, 393, 549

e a presença de Deus, 66,
   293
e Jesus, 118, 562
e restauração, 344, 561
êxodo, 49, 70, 89, 127, 183,
   264, 287, 368
e libertação, 242, 244
novo, 83, 250
expiação, 25125, 325, 331,
333-334, 345, 346, 348, 358,
503, 504
   Dia da, 353
Ezequias, 65, 511
família, 14, 27, 168, 170-171,
187, 193, 196, 196, 199-201,
224, 236, 292, 318, 339, 353,
373-374, 375, 406, 413, 414,
423, 424, 471, 491, 495, 499,
530-531, 543, 571
   e a Torá, 218, 520
   e adoração, 504, 517
   e aliança, 136, 422, 486
   e amor, 523, 526
   e comunidade, 167, 215,
     258, 416-417
   e congregação, 394, 396,
     403, 408-410, 526, 531
   e Deus, 42, 46, 54, 238
   e Jesus, 257, 268, 377, 394
   e o Espírito, 428, 433
   e o mundo, 94, 180-181
   e pecado, 216, 347
   e promessa, 98, 174, 278,
     343, 560, 565
faraó, fariseus, 49, 54, 101,
177, 183, 209, 242, 272, 278,
311, 364, 396-398, 484, 500,
592-593
fé, 17, 37, 89, 98, 112, 174,
182, 200, 244, 264, 268, 276,
278, 418, 421, 437, 441, 457,
461, 465, 468, 471, 481, 531,
541, 556, 566, 568, 593, 595,
599, 600
   bíblica, 17, 84, 135, 148,
     160, 543
   e a Torá, 128, 287, 360
   e ações, 420-421
   e batismo, 423-424
   e congregação, 528, 536,
     542

e esperança, 531, 546-548
e ética teológica, 474-475
e Israel, 195, 201, 495, 541
e Jesus, 112, 115, 143,
   334, 337, 350, 373, 389,
   415-417, 431, 448, 497,
   566, 586
e judeus/judaica, 124, 278,
   311, 497, 501
e o Espírito, 205, 433, 522
e o sábado, 493, 504-505
e obediência, 100, 125, 421
e revelação, 101, 108
e salvação, 370, 472, 492
e transgressão/pecado,
   339, 352
e unidade, 404, 458, 529, 534
Novo Testamento, 17, 164
significado da, 104, 381
fidelidade, 58, 95, 96, 100,
137, 153, 172, 181, 398,
419-421, 451-453, 542, 561
   e as pessoas, 47, 63, 168,
     435, 571
   e Deus, 22-23, 32, 34, 38,
     75, 94, 135, 173, 176, 239,
     247, 337, 346, 350, 355,
     376, 330, 555, 600
   e Jesus, 83, 103, 265, 419
   e transgressão, 214, 223
   para com Deus, 133, 252,
     445
flexibilidade, 33, 506,
538-539
gentios, 67, 278, 410, 420, 428,
531, 599
   e a Torá, 97, 484-484
   e Israel, 280-281, 563
   e Jerusalém, 555, 583
   e Jesus, 270, 282, 290, 350,
     467, 537
   e judeus, 43, 107, 109,
     141, 278, 281, 285, 286,
     290-293, 359, 361, 473,
     478, 535
   e Paulo, 282-283, 287-288
graça, 25-26, 28-29, 34, 98,
121, 124, 126-128, 226, 264,
327, 333, 340-346, 396, 433,
450, 457-458, 472, 545, 569
   e a Torá, 370, 475-476

ÍNDICE TEMÁTICO

e aliança, 29, 336
e amor, 24, 29
e criação, 91, 123
e eleição, 238, 272
e fé, 340, 421
e Israel, 235, 238
e Jesus, 25-26, 78, 82, 88, 116, 122, 256, 313, 322-325, 353, 361, 373, 386-387, 414, 417, 420, 425, 444, 455, 468, 564, 582, 587
e juízo, 30, 32, 475, 600
e o caráter de Deus, 133, 570
e o mundo, 91, 284, 541
e o Primeiro Testamento, 82-83
e obediência, 125, 453-454
e oração, 513, 516
e perdão, 258, 352
Cf. também **charis**
guerra, 94, 182, 224, 231, 520, 544, 555, 560, 584, 600
crimes, 97, 177
e a Escritura, 140, 182
e Deus, 247, 260
e Israel, 184, 240
e o Espírito, 70, 217
e o Fim, 575, 578
e Yahweh, 175, 243
hagios, , 500
ḥēn, 24
ḥērem, 541, 597
ḥesed, 24, 86, 153, 154, 185, 488, 526
homossexualismo, 16, 398
humanidade, 14, 120, 145, 159, 164, 182, 191, 195, 201, 203, 239, 289-291, 326-327, 359-360, 445, 495-497, 499, 525, 543
e a expectativa de Deus, 97, 128, 543
e a imagem de Deus, 55, 167, 187-190, 299, 314
e a Torá, 361, 484
e comunidade, 391-392
e congregação, 118, 434
e corpo, 204, 223
e criação, 146-147, 163

e desvio, 23, 29
e Deus, 42, 49, 53, 60-61, 77, 78, 83, 123, 162, 186, 192, 213, 230, 235, 331, 333-334, 343, 346, 359, 363, 475, 499-501, 558, 560, 564, 586
e graça, 340, 507, 523
e Jesus, 281, 298, 300-301, 314, 318, 337, 354, 362, 367, 375, 380, 593
e nação, 175, 179
e natureza, 224, 226, 386
e o Espírito, 69, 73
e o mundo, 90, 92, 146, 153, 217, 219
e pecado, 227, 545
e promessa, 98-100, 111
e transgressão, 215, 356
e vida eterna, 341, 360
igreja, 68, 87, 118, 122, 125, 199, 218, 232, 307, 394, 398, 398, 421, 458, 459, 462, 463, 496, 520, 529, 540, 550, 566, 578, 580, 599
e autoridade, 380, 399, 466
e Cristo, 70-71, 295
primitiva, 104, 356
e gentios e judeus, 138, 141, 270-270, 278-280, 286, 406, 428, 462
e Deus, 287-288, 344, 401
história da, 470, 527
e Israel, 286-288, 293-296, 463
e Jesus, 111, 116, 286, 315
e Paulo, 466, 468
e perseguição, 55, 584
e Pedro, 113-114, 307
e oração, 130, 516
e propósito, 292, 369, 501
e rebelião, 433, 435, 451
e o Espírito, 68, 104, 264, 266, 433
e unidade, 256, 403-405, 536
e a mulher, 470, 499
e adoração, 130, 160, 501-504
e a Bíblia, 13, 17
e o mundo, 54, 218, 219, 343, 397, 401, 434, 445, 529, 557-558, 563, 565

Cf. também **congregação**
igualdade, 290, 327, 404, 473
Cf. também **desigualdade**
imagem, 173, 186, 288, 289, 314-317, 446, 447, 456, 498, 578, 596
da vinha, 274, 392, 407
e Deus, 32-33, 50, 65, 69, 84-85, 122, 167, 501, 503, 553
e família, 201, 394, 408
e humanidade, 128, 187-190, 195, 227, 299, 354
e ídolos, 22, 173, 225, 231, 248, 348, 482, 485, 495, 552
e igreja/congregação, 400, 558
e Jesus, 136, 298, 309, 317, 351, 367, 567, 576, 591, 600
e luz, 91, 176
e morte, 590, 592
e nova Jerusalém, 293, 555
e o Espírito, 69, 72
e o pastor, 246, 469
e Pai, 41, 42, 53
e ressurreição, 412-413, 422
e transgressão, 214-215, 228
injustiça, 95
Cf. também **justiça**; *mišpāṭ*
inspiração, 90, , 143, 299, 535
intervenção divina, 42, 52, 75, 412
ira de Deus, 17, 23-24, 28-34, 97, 157, 224-226, 230, 274, 279-280, 325, 330, 340, 441, 453, 472, 475, 508, 546, 572-573, 578, 580-580, 583-585, 594-596, 597, 600-603
Isabel, 258
isotēs, 404
Israel, 15, 17, 26, 81, 82-83, 88, 111, 122-123, 125-126, 132, 139, 146-149, 176, 196, 203, 223, 228, 231-232, 263, 271, 274, 276, 399, 406, 415, 416, 470, 487, 493, 498-499, 514, 543, 561, 570, 574
e a nação, 174-176, 177-184, 216

e a presença de Deus, 66, 70
e a Torá, 124, 128, 475, 477,
    481, 539
e adoração, 68, 160, 503-507
e ambiguidade, 433-455
e as Escrituras, 89-90, 115,
    157
e cidade, 172, 173
e comunidade, 163-164,
    391-392, 395
e confiança, 492-495
e desvio, 26, 571
e Deus, 22, 24, 32, 41-46,
    52, 57-58, 64-65, 104, 213,
    548, 550
e família, 200-201, 530
e fé, 104, 224, 541
e homem e mulher, 195, 470
e igreja/congregação, 402,
    460-464, 484, 496, 529
e Jesus, 28, 55, 161, 251-252,
    255-258, 262, 265-270,
    271, 275, 297-389, 417
e juízo, 31, 272, 560, 578,
    596, 600
e *mystērion*, 278-281
e o Espírito, 65-66, 71,
    143-145, 555
e o mundo, 77, 150, 219, 227
e o plano de Deus, 281-296
e o reino de Deus, 234-250,
    258-261, 413
e promessa, 105, 276, 561,
    562, 572
e servidão, 468, 485,
    501-502
Jerusalém, 36, 63, 105, 117,
248, 251, 312, 442, 451, 493,
496, 583, 593
    destruição/queda de, 51,
        116, 139, 225, 247, 265,
        313, 333, 572-575
    e a presença de Deus, 65-69
    e a superpotência, 183,
        243-243, 246
    e adoração, 503, 518
    e Daniel, 137, 250
    e exílio, 247, 267, 393
    e gentios e judeus, 286, 292
    e igreja/congregação, 404,
        458, 462, 528

e Jesus, 200, 221, 266, 271,
    283, 304-305, 351, 430
e o Fim, 576, 583
e o templo, 48, 64, 518
    nova, 173-174, 278, 289,
    293-295, 393, 399-400,
    555-563, 589
Jesus, 17, 35, 44-46, 47-49,
49, 55, 60, 62, 75, 80, 82, 87,
419-421, 422-424, 491-493,
495-498, 504, 538, 543, 555,
557, 558-560, 575-576, 579-580
    e a Torá, 475-484, 519-521
    e adoração, 81, 503, 517-518
    e ambiguidade, 433-440,
        442-449, 451-455
    e amor, 487-488, 495,
        520-525, 536
    e aparição, 568-571, 577,
        580-594
    e congregação, 390-406,
        424, 530-531, 533, 535,
        537
    e criação, 145-146,
        155-157, 160-161,
        167-169, 173-175, 180,
        182, 184-185, 189,
        192, 194-209, 218-222,
        224-225, 227-231, 232
    e Deus, 22-28, 34-35, 63, 75,
        83-87, 546
    e esperança, 545, 550
    e iniciativa divina, 413-418
    e *insight*/sabedoria de
        Deus, 78-79, 88-93,
        97-98, 102-103, 105-123,
        125-130, 136-143
    e juízo, 573, 578, 594-603
    e logos, 73, 76
    e louvor, 507-508
    e nova criação, 562-567
    e o Espírito, 73, 426-432,
        489, 505
    e o Fim, 571-572, 574
    e o mundo, 54, 61
    e o Pai, 41-43, 549
    e oração, 509-515
    e paixão, 37-40
    e presença de Deus, 64,
        67, 80
    e reino de Deus, 51, 234,

    245, 249, 250-270,
    272-296, 544
e servidão, 459, 462-469,
    472, 486-487
e transformação, 411-412
e unidade, 527-529
    morte de, 55, 75, 317-376
    resposta a, 418-419
    ressurreição de, 55, 376-389
    vida de, 297-317, 433
João Batista, 27, 46, 106, 108,
111, 117, 196, 252, 255, 257,
302, 304, 307, 309, 419, 423,
467, 544, 598
José, filho de Jacó, 54, 87,
276, 281, 369, 438, 526
José, pai de Jesus, 80, 156,
199, 252, 258, 377, 518
Judas, 54, 136-138, 161, 270,
311, 437
judeus, 11, 42, 86, 97, 101,
107, 117, 126, 130, 136, 138,
139, 591, 236, 263, 264, 269,
271, 272, 275, 278, 279, 282,
288, 291, 293-295, 300, 306,
308, 311, 315, 398, 437, 526,
585, 593, 598, 599
    e gentios, 43, 109, 123,
        141, 278, 281, 286, 286,
        289-293, 359, 361, 428,
        473, 478, 535, 537
    e samaritanos, 274, 288,
        295, 416
juízo, 97, 125, 174, 176, 226,
263, 266, 270, 276, 325, 333,
375, 453, 471, 488, 516, 527,
551, 552, 560, 561, 573, 579,
580, 594-603
    e gentios e judeus, 537, 286
    e a ira de Deus, 225, 331
    e Jesus, 81, 304, 306, 309,
        313, 320, 334, 337, 362,
        379, 479, 491, 574, 577,
        590
    e o caráter de Deus, 23, 26,
        29-33, 60, 82
justiça, 32, 171-172, 306-307,
317, 357, 370, 420, 480
    e amor, 126-128, 484
    e juízo, 594, 600-600
    e oração, 510-512, 566

ÍNDICE TEMÁTICO

Cf. também **injustiça**; *mišpāṭ*
justificação, 125, 325, 338, 358, 362, 473, 523
kosmos, 27, 341, 436
Cf. também **cosmos**
lei, 172, 183, 339, 340, 368, 481, 488, 520, 527, 544, 548
  e o Espírito, 426, 480-481
  e o Novo Testamento, 128, 484
  e Paulo, 283, 466
  e pecado, 215, 361
Lei, lei mosaica, 110, 123-125, 126-127, 283
libertação, 70-70, 101, 182, 249, 252, 264, 273, 321, 397, 437, 453, 496, 510, 516, 563, 580
  e Ester, 196, 241
  e Israel, 70, 175, 244, 563
  e Jesus, 80, 255, 480
  e Judá, 34, 37, 183
  e juízo, 594-596
Lincoln, Abraham, 119, 364
logos, 28, 73-76, 112, 119, 297
lytrōsis, 376
Maria, 62, 132, 156, 249, 252, 311
  e Jesus, 200, 221, 281, 301, 306-307, 311, 348, 372, 380, 518, 562, 596
  e o Espírito, 258, 506
Marta, 311, 593
mártires, martírio, 27, 113, 118, 136, 261, 269, 273-274, 319-320, 328, 331, 358, 367, 373, 378, 381, 436, 439, 491, 555, 563, 572, 579-580, 590, 600
ministério, 118, 195, 302, 319, 465, 533
  das pessoas, 355, 449, 458, 599
  de Jesus, 57, 89, 113, 222, 251, 253, 302, 319, 324, 334, 352, 355, 413, 438, 518, 574, 577,
  de Paulo, 287, 385, 514
  e igreja/congregação, 462, 463, 482, 496
misericórdia, 23, 27, 30, 33, 70, 126, 133, 141, 183, 240, 252, 258, 278, 280, 288, 296, 338, 352-353, 357, 446, 521, 537, 540, 541, 573, 584, 586, 586
mišpāṭ, 72, 153, 172, 181, 203, 275, 555
Cf. também **justiça**; **injustiça**
Moisés, 22, 25, 34, 49, 51, 56, 96, 101, 114-117, 123, 126, 130, 163, 209, 244-245, 248, 263, 268, 295-296, 309, 311, 313, 322-323, 340, 352, 376, 456, 462, 464, 468, 484, 488, 508, 518, 548, 578, 580, 582, 590, 598
monismo, 54-56
monoteísmo, 35, 38, 286
morte, 162, 172, 176, 226, 241, 261, 269, 293, 391, 423, 499-500
  e corpo, 204-205, 590
  e juízo, 226, 580
  e vida, 54, 91, 94, 135, 315, 387-388, 436,544, 546, 550
  e martírio, 273, 439
  e ressurreição, 255, 376-389, 466, 562, 580,583-585, 591-594
  e salvação, 447, 450
  e Satanás, 254, 601
  e o Espírito, 428, 433
  e sofrimento, 549-550, 555
  e Jesus, 15, 26, 55-55, 75, 82-83, 85, 89, 106, 109-111, 161, 180, 189, 204, 222, 262, 266, 274, 278, 280, 297, 300-302, 307-308, 310-311, 313, 317-376, 398, 422-423, 439-440,444-445, 454, 465, 483, 488, 503, 505, 508, 511, 516, 564, 566, 577, 579-580, 587
  e pecado, 23, 47, 98, 158, 202, 228-230, 264, 426, 476, 489, 547, 549, 559
mulçumanos, 21, 503, 591
mulher, 16, 96, 138, 140, 156, 195, 197, 477, 499
  e homem, 191, 192, 194-196, 222, 405, 470-473, 505-506
mystērion, 109, 278, 291, 293
Nabucodonosor, 34, 48, 51
nação, 99, 164, 166, 216-217, 460
  e a besta, 219, 544
  e criação de Deus, 174-187
  e Israel, 235, 245, 256, 284, 306, 462, 463
  e Jesus, 81, 281, 470
  e pecado, 216-217
nações, 97-98, 99, 131, 138, 165, 257, 293, 508, 555, 577, 578, 579, 580-580
  e a presença de Deus, 62, 293
  e a soberania de Deus, 22, 234, 263
  e Abraão, 99, 239, 560
  e as Escrituras, 165, 543
  e gentios e judeus, 285, 290, 292
  e Israel, 241, 252, 288, 295, 561-563
  e Jesus, 261-262, 321, 329, 582
  e juízo, 597-599, 601
  e o reino de Deus, 244, 245, 247, 274, 283
  e o templo, 67, 282
  e Paulo, 468, 491
  e perseguição, 268, 575
  e transgressão, 213, 216
Noé, 28, 100, 123, 166, 222, 240, 327, 343, 414, 461, 489
nûaḥ, 72
onipotência, 36, 53, 62
onipresença, 36, 62
onisciência, 36, 58, 62
oração, 14, 15, 45,64, 65, 99, 100, 181, 247, 249, 258, 282, 299, 391, 393, 407, 440, 451-452, 477, 508-511, 541, 545-546, 584
  de protesto, 511-512
  e a sabedoria de Deus, 90, 129
  e adoração, 129, 518
  e agradecimento, 515-517
  e confiança, 272, 492
  e congregação, 399, 408, 506, 530-531

633

e intercessão, 513-515
e Israel, 176, 248, 281
e o Espírito, 73, 81, 426, 432
e o reino de Deus, 250, 261
e Pai, 41, 43
e sacrifício, 376, 503
e unidade, 527, 529
o saltério, 130-134, 168
Pai, 35, 41-43, 44-46, 53-54, 57, 78, 201, 264, 282, 290, 401, 407, 434, 505-506, 509
   e adoração, 67, 86, 275
   e Jesus, 17, 80, 82-87, 114, 122, 130, 160-161, 265, 276, 297, 300, 303, 305, 307, 312-314, 317, 320, 322, 324, 350, 357, 366, 379, 383, 414, 417, 419, 437, 440, 446, 482, 486, 518, 525, 526, 529, 537, 549, 591, 596
   e o Espírito, 427-428, 430-432, 433, 492, 505
   e o Único Deus, 37-38, 40
   e unidade, 404, 534
Cf. também **patēr**
paixão, 37, 318, 326, 360-361, 365, 542, 596
parousia, 396, 582
patēr, 41, 201
Cf. também **Pai**
pátria, 201
Cf. também **família**
patriarcas, 327
Paulo, 24, 25, 27, 29, 37, 100-101, 113, 124-125, 127, 134, 143-143, 158, 159, 180, 186, 191, 198-198, 202, 209, 211, 223, 224, 240, 264, 267, 269, 276, 328, 338, 373, 380, 393-394, 401, 403, 404, 455, 470, 492, 506, 516-517, 541, 551, 552-553, 575, 577
   e a sabedoria de Deus, 40, 120-121, 139
   e a Torá, 271, 283, 361, 475, 477-478, 481, 484, 489, 501, 520-522, 527
   e a vinda de Jesus, 567, 569, 576, 582-583, 585, 587-589

e adoração, 471, 502, 506, 508
e amor, 29, 542
e comunhão, 395, 398
e corpo, 163, 205, 207-209, 298, 590
e dons, 405, 457-458
e gentios e judeus, 278-280, 282, 286-288, 485, 599
e homem e mulher, 195, 198, 470, 473
e igreja/congregação, 400, 434, 459, 462, 466, 482, 533, 536-540, 565
e iniciativa divina, 413-415, 417, 421
e Jesus, 308, 330, 349, 379, 383-385, 424, 431, 439, 443-444, 454
e liberdade, 278, 476
e *mystērion*, 109, 291
e o Espírito, 67-68, 73, 122, 211-213, 426-428, 490
e o evangelho, 491, 580
e o reino de Deus, 183, 250, 257
e o triunfo de Deus, 544-545, 550
e oração, 509, 511-514
e Pai, 41-42, 433
e pecado, 162, 202, 225, 227, 230, 258, 370
e perseguição, 439-442, 595
e reconciliação, 141, 344-345, 530
e revelação, 92, 96-97, 108-109
e sacrifício, 318, 324
e santidade, 407, 410, 436
e servidão, 456, 467-468
paz, 290-291, 306-307, 332, 340, 344, 387, 420, 428, 433-434, 437, 440, 482, 490, 513, 525, 534, 536, 542, 559, 596
pecado, 25, 138, 140, 158, 219-222, 226, 231, 257, 327, 358, 374-375, 443-444, 461, 476, 478, 499, 546, 579
   carregando, 26-27, 450
   e a humanidade, 187, 190, 224, 361

e a lei, 123, 215
e arrependimento, 258, 447
e corpo, 370-371, 409, 559
e Deus, 225, 301, 340, 452, 565, 596
e graça, 342, 545
e Israel, 71, 216
e Jesus, 97, 112, 202, 252, 264, 280, 308-309, 332, 334-335, 337, 349-355, 366, 369, 382, 393, 398, 417, 426, 479, 486, 489, 549, 562
e juízo, 362-363, 599
e morte, 228-230, 360
e o caráter de Deus, 60, 223
e o Diabo, 160-163
e o indivíduo, 164, 217
e perdão, 26, 91, 249, 357-358
e poder, 227, 231
e sacrifício, 134, 348, 351
e sofrimento, 203, 324
Pedro, 113, 114, 116, 136, 139, 221, 282, 305, 385, 414, 438, 467, 470, 523, 563, 585
   e o Ungido, 274, 307, 310
perdão, 26, 71, 91, 141, 249, 335, 342, 357, 371, 374-375, 382, 447, 450, 527510, 529, 530, 542
   e a morte de Jesus, 317, 454
   e amor, 32, 97
   e arrependimento, 126, 258
   e fiéis, 387, 531, 540
   e o cumprimento da promessa de Deus, 545, 592
   e sacrifício, 134, 351
Pilatos, 256, 280, 308
pneuma, 69-70, 72, 204
pneumatika, 381, 457
pneumatikos, 212-213, 386
presença, 72-73, 115, 192, 499
   de Deus, 52, 55, 60-63, 65-70, 86-87, 117, 204, 223, 255, 293, 297, 333, 346-351, 354, 377, 380, 381, 386, 387-388, 398, 409, 440, 444, 451, 481, 589

ÍNDICE TEMÁTICO

de Jesus, 260, 413, 587, 595
de Yahweh, 63-64, 65, 461
do Espírito, 72-73, 104, 205, 428, 589
do saltério, 130-131
e a imagem de Deus, 314-316
pureza, 284, 409, 461, 477, 479, 498-500, 531-532
qādoš, 500
reconciliação, 97, 141, 318, 331-332, 342-346, 350, 391, 396, 530
recordação, 57, 112, 480, 505
redenção, 126, 200, 274, 350, 359, 361, 372-376, 410, 515, 531, 556, 564
reino, 44, 218, 255, 257, 260, 271, 558, 566, 595-596
  anti-, 234, 253
  congregação, 390, 399-401
  de Deus, 44, 47, 180, 234
  e as pessoas, 82, 372
  e Israel, 180, 243, 261, 460
  e oração, 130, 509
ressurreição, 55, 82, 111, 112, 180, 207, 221, 228, 255, 262, 269, 278, 280, 308, 310, 311, 313, 317, 343, 362, 365, 396-396, 405, 419, 439-440, 442, 444, 454-455, 465-466, 562-563, 566, 574, 577, 579, 584, 593
  e a aparição de Jesus, 580, 583
  e a Escritura, 14, 89
  e a soberania de Deus, 47, 152, 565
  e discípulos/discipulado, 108, 568
  e exaltação, 277, 321, 564
  e gentios e judeus, 109, 263-264, 301
  e glória, 161, 327
  e Jesus, 204, 297, 366, 369, 376-389, 559
  e juízo, 551, 590, 594
  e morte, 230, 362-363, 591-592
  e o Espírito, 82, 265, 302, 390, 426, 428, 433, 445
  e o sábado, 497, 505

e oração, 511, 518
e transformação, 411-412, 422
restauração, 42, 97, 178, 250, 344, 540, 551
  e a morte de Jesus, 317, 320
  e Israel, 196, 249, 252, 254, 258, 262-263, 278, 281-282, 355, 375, 481, 574-575
  e Jerusalém, 51, 63
  e Jesus, 337, 584
  e judeus, 266, 273
  e o Espírito, 67, 71
  e o exílio, 264, 561
  e o futuro, 564, 585
  e perdão, 342, 382
revelação, 25, 38, 102, 105, 109, 115, 126, 127, 293, 300, 313, 284-285, 321, 326, 328, 334, 458, 552, 585, 600
  auto-, 83, 86
  e a humanidade de Jesus, 301, 325
  e a humanidade, 93, 159, 228
  e a morte de Jesus, 161, 330-331, 489
  e a sabedoria de Deus, 90, 143
  e a vinda de Jesus, 106, 582
  e acontecimentos, 103, 108
  e gentios e judeus, 292, 563
  e Jesus, 415, 474, 514, 569, 595, 597
  e promessa, 98, 101
  personificada, 322-324
rûaḥ, 69-70, 72
Cf. também **pneuma**
Rute, 49, 96, 171, 196, 239, 241, 284, 290, 292, 408, 526, 598
sábado, 122, 173, 231, 313, 348, 409, 484, 487-488, 492-493, 504, 505, 536, 557
  e a Torá, 248, 478, 481-482, 539
  e igreja/congregação, 118, 506
  e Jesus, 221, 269, 311-312, 368
  e sacralidade, 495-497, 502

sabedoria, 81, 90, 149, 169, 212, 328-329, 492, 520, 532, 599
  de Deus, 26, 239, 534
  e congregação, 120, 460
  e vida, 47, 227
sacrifício, 134, 177, 312, 354, 375, 433, 438, 453, 461, 499, 524-525, 596
  auto-, 219, 342, 344
  e adoração, 160, 340, 498, 501-504, 507
  e Ceia do Senhor, 397, 496, 505
  e comunhão, 318, 477
  e corpo, 409, 487
  e Jesus, 27, 75, 81, 85, 136, 317, 349-353, 355, 369, 376, 496, 518, 596
  e Noé, 28, 343
  e pecado, 346-348, 450-451
  e perdão, 134, 351
saduceus, 219, 311, 592
šālôm, 51, 248-248, 440
Salomão, 62-63, 65, 169, 203, 209, 248, 561
salvação, 47, 81, 119, 141, 143, 222, 226, 252-253, 257, 271, 274, 288-289, 322, 342, 344-345, 370, 377, 382, 420, 437, 447, 450, 452-454, 472, 492, 514, 535, 549, 574, 598
samaritanos, 274, 288, 295, 416
santificação, 410, 436, 454, 486, 490, 523, 566
santo, 45, 116, 215, 243, 263, 338, 352, 399, 413, 436, 448, 452, 500, 502
  e a expectativa de Deus, 474, 487
  e amor, 487, 532
  e características de Deus, 30, 44, 46, 284
  e cidade, 173-175, 293, 399, 555-557
  e congregação, 174, 287, 390, 400, 402, 406-407, 452, 527, 533, 540, 595
  e gentios e judeus, 285, 290
  e inclusão, 409-410

e Israel, 238, 547
e Jesus, 309, 376, 584, 597
Santo de Israel, 45-46, 75, 215
santuário, 62-65, 68, 83, 235, 347-348, 423, 486, 499, 518
šāpaṭ, 176, 256
Satanás, 55, 138, 147, 161-163, 254, 267, 312, 366, 368, 436, 577, 601
Senaqueribe, 48, 53
servo, 27, 41, 48, 50, 51, 57, 72, 114, 121, 170, 245-278, 183, 193, 200, 214, 400, 406, 509, 520, 525, 537
e congregação, 456-473, 401, 505, 536
e Deus, 137, 345, 402
e Israel, 177, 300, 501
e Jesus, 39, 106-107, 112, 136, 204, 255, 268, 273, 310, 319-322, 334-335, 354-355, 362, 369, 372, 383, 417, 440, 449
e ministros, 484-487, 491
e senhor, 184, 524
sexo, 190, 193, 196, 198, 201, 217, 231-233, 258, 289, 296, 334, 347-350, 354, 369, 387, 405, 409-410, 453, 470, 473, 482, 484, 499, 520, 531-532
Shemá, 35, 38, 41, 102
Sião, 105, 126, 176, 293
soberania de Deus, 22, 34-35, 46-48, 50-54, 58, 87, 145-146, 149-153, 157, 168, 188, 227, 234, 236, 238, 243, 246-249, 252-253, 257, 263-264, 277, 383, 417, 435, 496, 545, 554, 565, 574
sofrimento, 25, 202-204, 273, 325, 326, 403, 441, 451, 491, 555
e Deus, 223, 300, 322, 325
e igreja/congregação, 408, 566
e Israel, 145, 433
e Jesus, 91, 189, 268, 273, 299, 310, 319, 354, 358, 419, 436, 440, 454-455, 584

e Jó, 96, 192, 276
e oração, 510-512, 514
humano, 95, 201, 299
ṣôdāqâ, 72, 153, 154, 181, 203, 214, 275, 336
templo, 37, 83, 105, 156, 173, 269, 282, 289, 295, 347, 461, 497, 555-556
construção do, 260, 561
destruição do, 221, 319, 573-574
e a morte de Jesus, 333, 351
e a presença de Deus, 63-65, 67-69, 316, 481
e adoração, 496, 502-504, 518-519, 576, 596
e congregação, 390, 399, 407, 413, 462
e o Espírito, 67-68, 505
e sacrifício, 134, 351, 353
purificação do, 304, 306
reconstrução do, 48, 248, 250, 451
Tiago, 285, 405, 441
Tiglate-Pileser, 48
Timóteo, 142, 472
Torá, 13, 68, 70, 84, 96, 123, 125-127, 129-130, 169-170, 172, 178, 203, 209, 218, 220, 224, 228, 272, 311, 371, 461, 480, 482-484, 489, 503, 533, 539-540, 592, 598
e a sabedoria de Deus, 88, 122
e adoração, 132, 500-502, 504-505
e amor, 276, 523, 526, 549
e comprometimento, 487-489, 519
e comunidade, 167, 171, 248, 391
e confiança, 478, 493-495
e eleição, 238, 239-241
e expectativa de Deus, 128-129, 474-477
e família, 200, 531
e fiéis, 431, 451, 455, 520
e gentios e judeus, 97, 271, 281, 285, 287, 290-292
e igreja/congregação, 406, 481, 529, 540

e Israel, 284, 296, 395
e Jesus, 106, 116-117, 198, 209, 257, 269, 299, 339, 359-362, 366, 370, 426, 479-480, 518
e o rei, 183, 245-247
e o sábado, 497, 539
e relacionamento com Deus, 124, 128, 415-416, 481
e revelação, 101, 322
Cf. também tôrâ
tôrâ, 123, 481
Cf. também **Torá**
transcendência, 35, 45, 46, 326
Trindade, 18, 40-41, 87, 345, 358
Ungido, 37-38, 43, 74, 80, 103, 115-116, 119, 129-130, 183, 184, 204-206, 213, 240, 252, 273, 276, 283, 290, 291, 293, 297-389, 411, 418, 419, 422, 437, 439, 446, 453, 454, 456-458, 466-467, 475, 476, 495, 506, 514, 544, 546, 582
e a igreja, 287-288, 402, 404, 406
e gentios e judeus, 40, 117, 263, 269, 297, 292, 473
e juízo, 598, 601
e nova criação, 392-393
e o Espírito, 428, 489, 505
e o fim, 565, 576, 579, 584
verdade, 25-27, 91, 295, 599
e Deus, 82-83, 91, 322, 341
e fiéis, 437, 531
e Jesus, 25-27, 82, 88, 116, 256, 322-324
vida, 15, 24, 41, 58, 74, 77, 94, 94, 96, 113, 122, 125, 135, 160, 182, 191, 197, 212, 215, 216, 225, 231, 317, 344, 421, 422, 433, 438, 450, 472, 474, 491, 497, 532, 534, 556, 561, 569, 579, 598-599, 602
árvore da, 201-202, 227, 229, 230, 340-341, 362, 564
e a Torá, 127, 183, 359, 477-478, 480-482
e adoração, 129, 133,

501-503, 505, 508, 513,
516, 519
e arrependimento, 257, 447
e as Escrituras, 14, 89-90,
543
e cidade/vilarejo, 167-168,
173, 200, 435
e comunidade, 262, 369,
523, 530
e confiança, 104, 421
e Deus, 47, 92, 190, 361, 486,
488, 533
e esperança, 547, 570
e família, 187, 200
e fragilidade, 201-204, 211,
227
e gentios, 221, 410
e igreja/congregação,
112, 116, 287, 292, 295,
390-392, 395-398, 405,
408, 414, 459, 471, 477,
520, 563-564, 565
e Israel, 88, 111, 177-178,
248, 276, 296, 334, 485,
539
e Jesus, 78, 80, 82-85, 91,
111, 115, 184, 204, 256,
258, 273, 297-317, 318,
323, 325, 328, 332, 353-
358, 366, 372-372, 378,
380, 417, 432, 439, 492,
538, 564, 570, 591, 593
e liberdade, 192-194
e libertação, 453, 455
e morte, 54, 230, 367,
499-500, 550, 589-590,
592
e o Espírito, 70, 213, 233,
266, 426-428, 443
e o mundo, 54, 75-76,
145-147, 151, 219
e palavra de Jesus, 119,
180, 531
e Paulo, 338, 467, 490, 492,
533

e presença de Deus, 387-389
e promessa, 100, 105
e reino de Deus, 250-251,
263, 544
e rejeição, 267, 269
e ressurreição, 363, 379,
386, 442
e sofrimento, 440, 575
eterna, 114, 341, 360, 377,
411-412, 418, 420, 424,
471, 521, 597
nova, 558-560
que pertence a Deus, 34,
258
violência, 16, 120, 182, 196,
216, 312, 317, 369, 520, 595,
600
e Deus, 244, 357, 370, 580
e Jesus, 312, 357, 370, 515,
596
injusta, 307, 445
vocação, 190, 193, 194,
262, 263, 456, 472, 489, 491,
498-499, 523, 530, 534
e casamento, 187, 197-198
e igreja, 118, 288
e Jesus, 189, 307, 312
e os profetas, 246, 409, 515,
523
e Paulo, 99, 405
humana, 169, 188, 545
Yahweh, 22, 25-27, 34, 42, 45,
49, 52, 56-57, 59, 63, 76, 80,
87, 94, 97, 102, 103-104, 105,
122, 126, 157, 168, 173, 202,
214-216, 300, 309, 320-322,
333-334, 347-348, 352, 435,
448, 459, 485, 492, 495, 574,
580
agentes de, 48, 52, 97, 183,
303
compromisso com, 236, 488
e congregação, 460-461, 464
e aliança, 240, 375-376
e criação, 22, 154

o Dia de, 305, 561-563, 567,
572-574, 582-583
e eleição, 238-239, 242, 284,
393
e expectativa de Deus, 123,
125, 474
e graça de Deus, 235, 340
e o nome de Deus, 45-46,
101, 319
e a presença de Deus, 52,
60-65, 83, 147, 315
e o reino de Deus, 150, 247-
251, 267, 274
e a soberania de Deus, 47,
51, 149, 234, 263
e a palavra de Deus, 74,
115, 153
e Jesus, 310, 313, 335,
354-355, 367, 369, 374,
384-385, 388
e juízo, 176, 272
como rei, 242-247
e conhecimento, 401, 418
e as nações, 174-176,
176-179, 181, 184
e um único Deus, 35-38, 40,
56, 81
e oração, 510, 515
e promessa, 98-100, 561
e o espírito, 61, 67, 70, 399,
428, 465
e a Torá, 124, 130-132, 478,
482-483, 489, 519, 539
e confiança, 295-296,
492-493
e adoração, 133, 139, 160,
497-501, 503, 508, 518
e ira, 31, 34, 225, 600
caráter de, 25, 33
Zacarias, pai de João, 132,
156, 249, 252, 258, 281, 306,
372, 506, 517
Zacarias, profeta, 66, 305,
367, 562
Zeus, 42

ÍNDICE BÍBLICO

ANTIGO TESTAMENTO

Gênesis
1,   p. 147, 149, 150, 585
1–2,   p. 77, 189, 190, 197, 216, 474, 500
1–11,   p. 98, 99, 123, 165
1:1,   p. 74, 75, 146
1:3,   p. 48, 74, 92, 119
1:6,   p. 48, 119
1:21,   p. 149
1:26,   p. 187, 300
1:28,   p. 154
1:31,   p. 165
2,   p. 149, 472
2–3,   p. 201
2–4,   p. 190
2:1,   p. 495
2:5,   p. 15, 154
2:7,   p. 207
3,   p. 222
3–4,   p. 216
3–11,   p. 474
3:6,   p. 231
3:13,   p. 52, 58
3:16,   p. 26, 197
4,   p. 500
4–11,   p. 222
4:1,   p. 4, 23, 565
4:3,   p. 519
4:4,   p. 519
4:6,   p. 58
4:7,   p. 215
4:10,   p. 52, 511
4:23,   p. 172
4:26,   p. 223
5,   p. 229
5:22,   p. 489
5:24,   p. 229
6–8,   p. 151
6:1,   p. 382
6:5,   p. 216
6:6,   p. 26, 28
6:8,   p. 28
6:9,   p. 28, 489
6:11,   p. 216
6:13,   p. 216
8:1,   p. 343
8:15–9:17,   p. 343
8:20,   p. 223, 519
8:21,   p. 29, 216
9–11,   p. 216
9:1,   p. 100
9:8,   p. 29
11,   p. 99
12,   p. 104, 179
12–50,   p. 123, 560
12:1,   p. 99, 103, 176, 178, 416
12:2,   p. 174, 362
12:4,   p. 416
12:7,   p. 519
13,   p. 104
13–14,   p. 169
14,   p. 182
14:19,   p. 46
14:22,   p. 46
15:6,   p. 100, 104
15:13,   p. 57
15:16,   p. 178, 183
16,   p. 104
16:13,   p. 46
17,   p. 421
17:1,   p. 100, 489
17:4,   p. 174
17:7,   p. 99
17:10,   p. 100
17:14,   p. 236, 540
18,   p. 169, 514
18:8,   p. 174
18:18,   p. 239
18:20,   p. 511
18:33,   p. 515
20,   p. 104, 515
20:5,   p. 210
21:33,   p. 46
22,   p. 273, 318, 319
22:12,   p. 58
22:16,   p. 100
24:7,   p. 100
24:12,   p. 50
24:16,   p. 148
24:40,   p. 489
26:7,   p. 148
26:12,   p. 168
26:24,   p. 46
27–34,   p. 169
32:25,   p. 34
35:7,   p. 101
41:25,   p. 57, 101
41:32,   p. 57
45:8,   p. 281
48:15,   p. 489
50:20,   p. 369

Êxodo
1–18,   p. 33
1:15,   p. 532
2:17,   p. 485
2:23,   p. 238, 511
3:6,   p. 46
3:7,   p. 377
3:8,   p. 51
3:12,   p. 500
3:14,   p. 22, 56, 81, 242
3:16,   p. 101
3:18,   p. 519
3:19,   p. 57

ÍNDICE BÍBLICO

4–18, p. 49
4:23, p. 485, 500
4:24, p. 34
5:19, p. 511
8:15, p. 209
10:3, p. 500
10:7, p. 500
10:8, p. 500
10:11, p. 500
10:24, p. 500
10:26, p. 500
12, p. 375
12:1, p. 397
12:43, p. 292, 365
12:46, p. 107
14–15, p. 182
14–17, p. 267
14:21, p. 70
15, p. 263
15:1, p. 102, 399
15:3, p. 242
15:6, p. 242
15:8, p. 10, 70
15:18, p. 242
15:26, p. 202
16:4, p. 58
16:18, p. 404
17:7, p. 65
17:8, p. 182
19–40, p. 474
19:3, p. 123
19:5, p. 286
19:6, p. 244, 409, 460
19:21, p. 462
19:22, p. 461
19:24, p. 461
20–22, p. 167
20–24, p. 539
20:5, p. 36
21–23, p. 122
21:8, p. 214
21:30, p. 373
24, p. 376
24:1, p. 123
25:8, p. 62, 65
28:43, p. 335
30:12, p. 373
31, p. 540
32–34, p. 30, 33
32:11, p. 548
32:12, p. 34
33:11, p. 114
33:13, p. 174
33:18, p. 322
34, p. 143
34:6, p. 25, 30, 322, 488
34:7, p. 25
34:9, p. 65
34:14, p. 36
35:31, p. 373
40:34, p. 62, 83

Levítico
1–18, p. 474
1:3, p. 407
1:9, p. 501
1:13, p. 501
1:17, p. 501
4–5, p. 348, 354
4:20, p. 446
4:26, p. 446
4:31, p. 446
4:35, p. 446
5:6, p. 349
5:17, p. 335
8–9, p. 461
16, p. 348
16:22, p. 27
18:5, p. 476, 477
19, p. 487
19:1, p. 502
19:2, p. 474
19:17, p. 532
19:18, p. 519, 520
21:1, p. 208
21:11, p. 208
23:29, p. 540
25:35, p. 170
26:11, p. 294
27, p. 195

Números
5:6, p. 171
5:12, p. 214
5:27, p. 214
9, p. 539
9:12, p. 107
11–20, p. 267
11:25, p. 71
13–14, p. 296
14:11, p. 34
14:18, p. 25
14:33, p. 335
15:22, p. 446
16:28, p. 209
20:14, p. 163
22–24, p. 296
27, p. 539
31:1, p. 182
36, p. 539

Deuteronômio
1:16, p. 395
1:17, p. 155
2:14, p. 215
3:20, p. 395
4, p. 84
4:24, p. 493
6:4, p. 35
6:5, p. 209, 500, 519
7:6, p. 238
7:7, p. 272
8:2, p. 58
9:26, p. 238, 374
9:5, p. 272
12:5, p. 63
12:10, p. 215
15:1, p. 395
15:7, p. 170
16:3, p. 217
17:2, p. 215
17:14, p. 244
22:1, p. 167
26:2, p. 63
26:3, p. 100
26:5, p. 174
26:13, p. 215
26:15, p. 100
26:18, p. 238
28:9, p. 489
30:6, p. 582
30:11, p. 109
32:8, p. 381
32:35, p. 530, 599
32:39, p. 80
33, p. 462

Josué
1:9, p. 62
2, p. 541
3:17, p. 174
6, p. 541
7, p. 541

7:1, p. 215
24, p. 541

Juízes
2:22, p. 58
8:22, p. 245
9, p. 245
21:25, p. 180, 245

Rute
1:8, p. 526
2:3, p. 50
3:10, p. 526

1Samuel
1, p. 512
1:5, p. 50
2:1, p. 399
2:10, p. 44
8:7, p. 245
8:10, p. 464
8:11, p. 181
9:16, p. 245
10:24, p. 245
11:14, p. 245
12:12, p. 245
12:19, p. 245
16:13, p. 71
24:5, p. 210
25:31, p. 210
26:16, p. 546
28, p. 590

2Samuel
6:9, p. 50
7, p. 65, 68, 305, 519, 555
7:8, p. 245
8:15, p. 72
12:5, p. 546
12-13, p. 246
16, p. 246
23:5, p. 246
24:10, p. 210
28, p. 246

1Reis
3:9, p. 209
4:25, p. 193
8, p. 519
8:10-13, p. 62
8:12, p. 65

8:27, p. 147
8:30, p. 147
12:33, p. 209
14:21, p. 250
19:15, p. 178
19:16, p. 303

2Reis
3:7, p. 214
3:27, p. 157, 601
8:20, p. 214
19, p. 511
19:14, p. 65

1Crônicas
5:26, p. 48
23, p. 462
26, p. 462
28:9, p. 58

2Crônicas
3:6, p. 148
6, p. 64
12:5, p. 247
20, p. 511
20:7, p. 114
30, p. 539

Esdras
1:1, 48, p. 183
1:3, p. 248
6:13-23, p. 63
7, p. 184
7:27, p. 248
9, p. 247, 249, 451
9-10, p. 215
9:7, p. 177

Neemias
1:3, p. 177
1:5, p. 248
8-10, p. 248
9, p. 247, 249, 451
9:17, p. 25
9:20, p. 72

Jó
1-2, p. 158, 161
1:8, p. 58
5:13, p. 120
19:1, p. 532

26:10, p. 151
26:13, p. 162
26:7, p. 148
27:6, p. 210
28, 94, p. 153
28:28, p. 94
33:4, p. 213
34:13, p. 213
38, p. 147
38-39, p. 94
38-41, p. 47, 153
38:8, p. 151
40-41, p. 150
41:1, p. 161

Salmos
1, p. 130, 131
2, p. 309
2:8, p. 131
2:9, p. 600
8, p. 227
10:16, p. 243
11:4, p. 44, 147
18:23, p. 407
18:25, p. 33
18:30, p. 407
22:5, p. 177
22:28, p. 234
23:6, p. 86
24, p. 147
24:1, p. 147, 168
27:4, p. 388
29:3, p. 150
29:10, p. 150
31:19, p. 24
33:4, p. 153
33:6, p. 74, 577
33:10, p. 178
33:13, p. 60
36:5, p. 75
37:5, p. 495
37:11, p. 168
41, p. 130
42, p. 130
42:2, p. 315
44, p. 47
44:21, p. 58
44:26, p. 374
46, p. 151, 173, 177
47:1, p. 243
48, p. 173

ÍNDICE BÍBLICO

49:8, p. 373
51:10, p. 393
51:11, p. 302
62:12, p. 86, 225
67, p. 153, 175
69:9, p. 37, 596
72, p. 130, 181
73, p. 130
74:9, p. 66
79:9, p. 349
80:8, p. 275
82, p. 155
84:1-4, p. 64
84:10, p. 64
88, p. 512
89, p. 130
89:10, p. 161
89:11, p. 146
90, p. 130
90:2, p. 56, 150
93:1, p. 150
94:11, p. 120
95:7, p. 296
96-100, p. 22
96:10, p. 176
96:13, p. 176
98:2, p. 581
98:9, p. 176
100, p. 507
104, p. 147, 151
104:10, p. 496
104:15, p. 193
104:26, p. 149
104:27, p. 194
104:29, p. 152
106, p. 130
106:19-20, p. 225
106:39, p. 223
107, p. 130
107:17, p. 202
119:1, p. 490
119:16, p. 121
119:35, p. 448, 490
119:40, p. 121
119:48, p. 121
128, p. 168
130:8, p. 374
132, p. 173
133:3, p. 388
139, p. 492
139:1, p. 59

139:13, p. 202
139:7, p. 61
143, p. 133
145:18, p. 65
147:15, p. 119
148, p. 153

Provérbios
1:1, p. 94
1:7, p. 492
3:19, p. 76, 149
4:14, p. 135
6:35, p. 373
7, p. 191
8:1, p. 91
8:22-31, p. 40, 495
10:5, p. 168
10:11, p. 532
10:14, p. 532
10:18, p. 532
11:16, p. 168
12:4, p. 168
13:5, p. 168
13:8, p. 373
15:19, p. 135
16:24, p. 532
17:27, p. 532
20:9, p. 223
22:17-24:22, p. 93
25:21, p. 530
27, p. 167
30:1, p. 93
31:1, p. 93

Eclesiastes
3:1, 94, p. 560
5:20, p. 193
11:8, p. 193

Cântico dos Cânticos
1:8, p. 148
1:15, p. 148
1:16, p. 148
8:8, p. 66

Isaías
1-12, p. 216, 547
1:1, p. 105
1:2, p. 393
1:10, p. 502
2:2, p. 176, 291, 294

2:5, p. 177
2:10, p. 599
2:11, p. 599
2:17, p. 599
2:19, p. 599
2:21, p. 599
4:2, p. 148
5:1, p. 57, 275
6, p. 105
6:1, p. 263
6:3, p. 47
6:10, p. 289
7, p. 178
8:17-18, p. 110
9, p. 255
9:2, p. 218
9:7, p. 36
10:4, p. 53
10:5, p. 183
10:7, p. 183
11, p. 72, 255, 288, 428
11:1, p. 600
11:2, p. 72, 400
11:4, p. 72, 600
11:10, p. 600
12, p. 547
13-23, p. 177, 216
13:6, p. 183
13:8, p. 183
13:10, p. 582
13:12, p. 377
14:3, p. 577
14:4, p. 155
14:20, p. 97
19:18, p. 175, 178, 184
19:25, p. 286
24, p. 412
24-27, p. 216
24:5, p. 554
24:17, p. 583
25:6, p. 176, 294, 555
27:1, p. 368
28:21, p. 31
29:14, p. 329
30, p. 178
31:1, p. 298
34:4, p. 582
35, p. 255
35:5, p. 304
40-55, p. 33, 149, 257, 319
40:5, p. 63

40:6, p. 202, 298
40:8, p. 119
40:12, p. 153
40:13, p. 329
40:22, p. 147
40:26, p. 155
41–44, p. 102
41:1, p. 401
41:4, p. 81
41:8, p. 114
41:20, p. 145
41:21, p. 57
42, p. 72, 288, 428
42:1, p. 176, 273, 402
42:5, p. 176
42:6, p. 362, 402
42:18, p. 177
43:1, p. 218, 374
43:3, p. 374
43:6, p. 41, 393
43:8, p. 402
43:10, p. 81
43:13, p. 80
44:6, p. 56, 82, 244
44:24–45:7, p. 184
45:7, p. 50, 145
45:14, p. 184, 292
45:22, p. 385
46:4, p. 80
47, p. 183
47:6, p. 97
48:12, p. 56, 82
49:1, p. 523
49:7, p. 184
49:8, p. 344, 572
49:13, p. 265
49:22, p. 184
50, p. 524
50:2, p. 374
50:7, p. 581
51:3, p. 265
52:7, p. 248, 253, 256, 265
52:10, p. 27, 321
52:13–53:12, p. 184, 310, 319, 320, 321, 333, 354, 369
53, p. 108, 289, 356, 449, 524
53:1, p. 27, 321, 333, 334
53:4, p. 27
53:6, p. 321
53:7, p. 354
53:10, p. 274, 321, 354, 356, 372
53:11, p. 372
53:12, p. 27, 335
54:7, p. 247
55:1, p. 184
55:3, p. 246, 400
55:8, p. 258
55:10, p. 119
56–66, p. 551, 602
57:15, p. 65
60, p. 281, 282
60–62, p. 281
60:1, p. 63
61, p. 72, 255, 428
61:1, p. 303, 304
62:5, p. 411
63, p. 67
63:1, p. 34, 600
63:7, p. 66, 70
63:8, p. 57
63:10, p. 73
63:15, p. 37
64:4, p. 329, 330
64:5, p. 32
64:7, p. 32
65, p. 293, 560
65:15, p. 173
65:17, p. 329, 393, 555
66:1, p. 65
66:18, p. 177

Jeremias
2:7, p. 178
2:21, p. 275
2:26, p. 177
3:6, p. 57
3:13, p. 214
3:20, p. 214
3:21, p. 214
5:11, p. 214
8:5, p. 450
8:6, p. 450
9:24, p. 329
10:14, p. 22
11:16, p. 148
18, p. 320
18:1, p. 33
19, p. 57
23:9, p. 459
23:15, p. 215

23:18, p. 388, 408
23:22, p. 408
23:23, p. 62
23:29, p. 119
26:3, p. 57
27, p. 183
29, p. 247
31, p. 483
31:18, p. 448
31:20, p. 43
31:29, p. 165, 333
31:31, p. 442, 483
31:34, p. 564
33:6, p. 202
46–51, p. 177
46:20, p. 148
50:15, p. 185

Lamentações
1:2, p. 214, 265
1:4, p. 511
1:7, p. 12, 572
1:8, p. 511
1:9, p. 265
1:11, p. 511
1:12, p. 225, 561
1:16, p. 265
1:17, p. 265
1:21, p. 265, 511
1:22, p. 511
2:1, p. 225, 561, 572
2:9, p. 66
2:21, p. 225, 561
2:22, p. 225, 561, 572
3:22, p. 451
3:33, p. 31
5:20, p. 451

Ezequiel
1–3, p. 262
2:2, p. 429
3:1, p. 137
3:12,14,24, p. 429
5:6, p. 489
5:13, p. 449
6:9, p. 449
7:19, p. 225
8:3, p. 429
9–10, p. 62
11:1, p. 429
11:19, p. 448

ÍNDICE BÍBLICO

11:24, p. 429
12:3, p. 57
14:23, p. 449
15, p. 275
16:63, p. 349
18, p. 165, 447
18:1, p. 333
18:31, p. 448
19:10, p. 275
26–28, p. 34
28:1, p. 155, 577
29:17, p. 34
31:3, p. 148
33, p. 320
33–48, p. 105
34, p. 257, 469, 470
36, p. 256, 428
36–37, p. 73, 450
36:31, p. 449
37, p. 230, 255
37:1, p. 429
37:9, p. 253
37:11, p. 230
37:26, p. 294
38:16, p. 178
40–48, p. 293

Daniel
1, p. 460
6, 33, p. 503
7, p. 309, 310, 320
7–12, p. 249
7:3, p. 554
7:13, p. 582
8:16, p. 156
8:26, p. 108
9, p. 249, 451
9:7-8, p. 177
9:21, p. 156
10:13, p. 156
10:21, p. 156
11, p. 173
11:33, p. 435
11:33–12:3, p. 555
12:1, p. 156, 442
12:2, p. 412
12:3, p. 378
12:4, p. 108

Oseias
6:4, p. 448
9:7, p. 574

10:1, p. 275
11, p. 393
11:1-9, p. 238
12:6, p. 570

Joel
1:6, p. 178
2, p. 428
2:13, p. 25
2:28, p. 67, 102, 261, 302, 385, 427

Amós
1–2, p. 177
1:3–2:3, p. 97
2:4, p. 128
3:6, p. 51
3:7, p. 51
4:13
5:18, p. 225, 561
7:1, p. 34, 105
8:1, p. 34, 105
8:11, p. 66
9:7, p. 52, 179

Jonas
3:8, p. 33
4:2, p. 34

Miqueias
6:8, p. 488

Habacuque
2:4, p. 581

Sofonias
1:15, p. 225
1:18, p. 225

Ageu
2:1, p. 63
2:3, p. 66
2:4, p. 66

Zacarias
1:3,16, p. 448
1:14, p. 36
2:6, p. 582
3, p. 161, 367
3:10, p. 193
4, p. 352

4:6, p. 66
8:2, p. 36
8:23, p. 291
9:9, p. 305
12:10, p. 106, 582

Malaquias
1:2, p. 240
3:7, p. 448

APÓCRIFOS

1Macabeus
1–2, p. 575

2Macabeus
6:12, p. 373
7:28, p. 148
7:37, p. 373

NOVO TESTAMENTO

Mateus
1–2, p. 585
1:1, p. 298, 562
1:18, p. 301
1:18–2:23, p. 118, 155, 305
1:20, p. 155
1:21, p. 252
1:23, p. 80
2, p. 408
2:1, p. 184, 306
2:2, p. 155
2:6, p. 306
2:13, p. 155
2:16, p. 117
2:23, p. 107
3:2, p. 252
3:3, p. 109
3:7, p. 220, 597
3:9, p. 276
3:10, p. 275
3:11, p. 304, 594
3:12, p. 594
3:17, p. 273
4:1, p. 369, 426, 437
4:5, p. 45
4:11, p. 487
4:17, p. 252, 413, 491
4:18-22, p. 220, 413
4:23, p. 220

5–7,   p. 391, 481, 530
5:3,   p. 259
5:5,   p. 168, 387
5:13, p. 259, 529
5:14, p. 220, 530
5:17, p. 209, 480
5:20, p. 257
5:21, p. 208
5:21–7:27, p. 257
5:23, p. 47, 530
5:43, p. 526
5:45, p. 91
5:48, p. 208
6:1,   p. 492
6:5,   p. 510
6:7,   p. 510
6:9,   p. 44, 566
6:10, p. 255
6:12, p. 452
6:14, p. 126, 352
6:19, p. 533
6:20, p. 386
6:24, p. 135
6:25, p. 272, 387, 533
6:26, p. 92, 151
6:28, p. 92
6:33, p. 168
7:3,   p. 530
7:7,   p. 514
7:13, p. 135, 416, 575
7:15, p. 459
7:26, p. 603
7:28, p. 220, 303
8:4,   p. 307
8:5,   p. 200, 270, 313
8:16, p. 220
8:18, p. 416
8:23, p. 440
8:34, p. 220
9:3,   p. 220
9:8,   p. 220
9:9,   p. 185
9:11, p. 221
9:14, p. 270
9:18, p. 590
9:30, p. 307
9:33, p. 220
9:34, p. 221
9:35, p. 261
9:36, p. 260
10,   p. 491

10:1, p. 253
10:9, p. 268
10:17, p. 434
10:23, p. 261
10:24, p. 221
10:28, p. 205
10:34, p. 201
11:2, p. 304
11:3, p. 544
11:20, p. 270
11:25, p. 272
11:27, p. 305
11:28, p. 272
12:1, p. 270, 273, 311, 539
12:6, p. 67, 497
12:8, p. 497
12:15, p. 319
12:16, p. 533
12:22, p. 304
12:28, p. 254, 426
12:31, p. 352
12:32, p. 563
12:38, p. 270
12:41, p. 270
12:46, p. 395, 530
13:11, p. 270
13:39, p. 261
13:53, p. 270
14:3, p. 465
14:14, p. 313
14:22, p. 314
15:21, p. 282, 312, 514
15:24, p. 261
15:32, p. 313
16:13, p. 305
16:17, p. 307, 414
16:18, p. 382, 403
16:21, p. 274, 312
16:23, p. 437
16:24, p. 491
16:27, p. 320
17:17, p. 594
18:20, p. 62
19:1, p. 197
19:28, p. 256, 412, 559
20:1, p. 24
20:20, p. 468
20:28, p. 487
20:34, p. 313
21,   p. 303
21:1, p. 305

21:33, p. 282
22:13, p. 598
22:15, p. 186
22:37, p. 209, 487, 519
22:40, p. 520
22:41, p. 304
23:4, p. 272
23:8, p. 462
23:33, p. 138
23:37, p. 266
23:39, p. 583
24,   p. 268, 573
24:9, p. 268
24:14, p. 282
24:22, p. 406
24:24, p. 406
24:30, p. 582
24:31, p. 261, 406
25:13, p. 586
25:14, p. 407
25:31, p. 445, 597
25:44, p. 487
26:2, p. 310
26:20, p. 270
26:36, p. 318
26:39, p. 510
26:53, p. 53
26:64, p. 310
27:11, p. 308
27:25, p. 280
27:37, p. 308
27:46, p. 318
27:51, p. 333
27:52, p. 593
27:55, p. 487
28:1, p. 156
28:16, p. 62, 262, 282, 400

Marcos
1:4,   p. 257
1:9,   p. 298
1:11, p. 305
1:13, p. 156
1:15, p. 257
1:21–2:12, p. 313
1:41, p. 210
2:5,   p. 202, 352
3:31, p. 201
4,   p. 267
4:10, p. 49
4:11, p. 414

▶ ÍNDICE BÍBLICO

4:19, p. 268
4:41, p. 314
5:1, p. 254
6:34, p. 210
6:45, p. 314
7:19, p. 479
8:2, p. 210
8:27, p. 307
8:33, p. 138
8:34, p. 269, 438
8:38, p. 156
9:1, p. 587
9:22, p. 210
9:43, p. 544
9:47, p. 544
10:1, p. 197
10:17, p. 545
10:29, p. 201
10:30, p. 563
10:38, p. 274
10:45, p. 274, 372
11:15, p. 518
12:1, p. 275, 303
12:18, p. 592
12:27, p. 378
12:29, p. 500
12:30, p. 209
13, p. 103, 268, 573, 574, 578, 587
13:4, p. 574
13:7, p. 182, 559
13:9, p. 434
13:11, p. 268
13:13, p. 440
13:14, p. 575
13:24, p. 440, 582
13:27, p. 156
13:28, p. 587
13:32, p. 57, 573, 585
14:12, p. 375
14:32, p. 511

Lucas
1, p. 281
1:1, p. 112, 115
1:2, p. 114
1:5, p. 199
1:5-2:20, p. 155
1:5-2:40, p. 184
1:5-2:52, p. 517
1:11, p. 155

1:26, p. 155
1:28, p. 62
1:32, p. 306
1:33, p. 562
1:35, p. 70
1:41, p. 102
1:46, p. 129
1:52, p. 249, 252
1:67, p. 102
1:68, p. 129, 282, 372
1:71, p. 252
1:72, p. 45
1:74, p. 249, 252, 306
1:77, p. 252
2:9, p. 155
2:22, p. 499, 596
2:29, p. 129, 563
2:41, p. 199
3:22, p. 302
4:1, p. 302
4:14, p. 302, 426
4:18, p. 248, 302, 426, 574
4:43, p. 248
5:8, p. 440
6:13, p. 406
6:34, p. 533
7:11, p. 590
7:39, p. 60
8:19, p. 256
8:45, p. 60
10:10, p. 257
10:12, p. 572
10:18, p. 368
10:25, p. 284
10:27, p. 209
10:29, p. 521
11:2, p. 41, 255
11:5, p. 510
11:20, p. 254
11:23, p. 445
12:32, p. 256
13:1, p. 257
13:6, p. 586
14:26, p. 201
16:8, p. 563
16:27, p. 257
17:7, p. 486
17:21, p. 254
18:1, p. 512
18:18, p. 169, 470
19:44, p. 282

20:34, p. 563
20:38, p. 590
21, p. 268
21:22, p. 574
21:23, p. 583
21:28, p. 564
21:34, p. 572, 583
22, p. 573
22:3, p. 138
22:26, p. 487
22:31, p. 161
22:43, p. 156, 592
23:46, p. 202
24:27, p. 116

João
1, p. 103
1:1, p. 73, 88, 115, 267, 297, 313
1:2, p. 76, 147
1:3, p. 74, 91, 558
1:5, p. 55
1:8, p. 256
1:9, p. 27
1:10, p. 218
1:12, p. 392, 418
1:14, p. 63, 78, 82, 83, 204, 256, 298, 324
1:16, p. 341
1:17, p. 25, 78, 256, 322
1:18, p. 43, 322, 323
1:19, p. 271
1:29, p. 26, 220, 350
1:32, p. 302
1:33, p. 302
1:34, p. 302
1:37, p. 418
1:38, p. 309
1:41, p. 309, 416
1:45, p. 309
1:51, p. 309
2:1, p. 328
2:4, p. 307
2:6, p. 271
2:11, p. 63, 313, 518
2:12-17, p. 67
2:13, p. 596
2:17, p. 37
2:18, p. 271
2:19, p. 518
2:20, p. 271

645

2:22, p. 74, 108, 221
2:24, p. 303
3, p. 274
3:1, p. 413
3:3, p. 394, 411
3:5, p. 411, 426, 545
3:6, p. 211, 298
3:10, p. 138
3:11, p. 114
3:13, p. 309
3:15, p. 114
3:16, p. 175, 220, 341
3:17, p. 597
3:18, p. 598
3:19, p. 229
3:32, p. 114
3:34, p. 114
3:36, p. 341, 545
4, p. 274, 288, 413
4:6, p. 298
4:10, p. 315
4:14, p. 316
4:18, p. 303
4:19, p. 294
4:21, p. 418
4:22, p. 271, 275
4:23, p. 211, 275, 316, 412, 67
4:24, p. 275
4:26, p. 308
4:34, p. 303
4:41, p. 74
4:42, p. 220
4:43–5:40, p. 592
4:53, p. 392
5, p. 413
5:1, p. 271
5:6, p. 298
5:10, p. 271
5:14, p. 417, 480
5:15, p. 271
5:16, p. 271, 497
5:17, p. 151, 496
5:18, p. 314
5:19, p. 341
5:20, p. 314
5:21, p. 593
5:24, p. 74
5:26, p. 313, 314
5:29, p. 594
5:33, p. 114
5:36, p. 114

5:40, p. 116
5:43, p. 418
5:46, p. 116
5:47, p. 418
6, p. 117
6:10, p. 138
6:29, p. 420
6:35, p. 417, 418
6:37, p. 417
6:39, p. 417
6:40, p. 418
6:41, p. 271
6:44, p. 415
6:52, p. 271
6:63, p. 119, 298
6:64, p. 303
6:65, p. 415, 417
6:68, p. 92
6:69, p. 418
6:70, p. 303, 406, 437
7:7, p. 218
7:11, p. 271
7:13, p. 271
7:16, p. 115
7:17, p. 419
7:22, p. 497
7:27, p. 418
7:30, p. 307
7:37, p. 316, 418
7:39, p. 68, 253, 302
7:50, p. 413
8:9, p. 210
8:11, p. 480
8:15, p. 480, 597
8:16, p. 303
8:20, p. 307
8:24, p. 80
8:28, p. 303
8:31, p. 138, 437
8:32, p. 114
8:34, p. 221
8:40, p. 114
8:42, p. 303
8:43, p. 437
8:44, p. 114, 162
8:45, p. 418
8:47, p. 437
8:58, p. 80
9, p. 413
9:3, p. 50
9:25, p. 118

9:30, p. 221
9:39, p. 597, 598
10, p. 470
10:1, 4 p. 69
10:16, p. 288
10:17, p. 380
10:18, p. 380
10:29, p. 415
10:38, p. 418
11, p. 589
11:4, p. 203, 303
11:11, p. 303
11:14, p. 303
11:24, p. 593
11:33, p. 593
11:49, p. 49
11:51, p. 288
12, p. 311
12:9, p. 271
12:19, p. 311
12:23, p. 307, 311
12:25, p. 55
12:26, p. 487
12:30, p. 307
12:31, p. 219, 367, 577
12:32, p. 319
12:34, p. 310
12:38, p. 319
12:39, p. 289
12:44, p. 300
12:46, p. 220
12:47, p. 597
13, p. 271
13:1, p. 161, 221, 303, 307
13:2, p. 437
13:17, p. 437
13:19, p. 80
13:21, p. 161
13:27, p. 138
13:31, p. 161
13:34, p. 522
13:35, p. 282, 529
14–16, p. 265
14:1, p. 570, 591
14:6, p. 136, 591
14:9, p. 82, 322
14:12, p. 282
14:15, p. 491
14:16, p. 73, 265
14:17, p. 68, 265
14:18, p. 265, 379

ÍNDICE BÍBLICO

14:20, p. 265
14:23, p. 265
14:25, p. 73
14:28, p. 87
14:31, p. 87
15, p. 275
15:1, p. 275
15:3, p. 119
15:6, p. 276
15:7, p. 514
15:8, p. 275
15:10, p. 525
15:12, p. 486, 524
15:15, p. 114, 486
15:16, p. 407, 510
15:17, p. 486
15:18, p. 434
15:19, p. 175
15:26, p. 68, 114
16, p. 73
16:1, p. 434
16:8, p. 266
16:12, p. 266
16:13, p. 68
16:23, p. 266
16:24, p. 514
16:28, p. 303
16:30, p. 303, 418
16:32, p. 303
16:33, p. 434
17:1, p. 307
17:3, p. 401, 564
17:4, p. 303
17:5, p. 80, 218
17:6, p. 8, 83
17:8, p. 114
17:9, p. 136, 436
17:11, p. 436, 436
17:14, p. 436
17:17, p. 436
17:18, p. 220
17:20, p. 436, 527
17:24, p. 218
18–19, p. 308
18:4, p. 303
18:5, p. 80
18:11, p. 316
18:33, p. 255
18:36, p. 255
18:37, p. 218, 256
19:24, p. 106

19:36, p. 106, 107
19:38, p. 413
19:39, p. 470
20:19, p. 440
20:21, p. 308, 408, 440
20:22, p. 253, 426
20:26, p. 440
20:27, p. 378
20:28, p. 80, 385
20:29, p. 115
20:31, p. 80
21, p. 113
21:16, p. 470
21:24, p. 114

Atos
1:6, p. 574
1:8, p. 114, 262
1:21, p. 114
1:24, p. 406
2, p. 67, 102, 116, 390, 426
2:1, p. 518
2:3, p. 72
2:17, p. 73
2:21, p. 385
2:23, p. 53, 317, 378
2:31, p. 377
2:33, p. 381
2:34, p. 304
2:44, p. 261
2:46, p. 503
3:1, p. 503
3:17, p. 585
3:19, p. 262
3:20, p. 585
3:21, p. 564
4:4, p. 74
4:31, p. 390, 518
5:3, p. 138
5:31, p. 257
5:17, p. 273
5:19, p. 156
5:30, p. 382
6:2, p. 74
6:3, p. 462
6:5, p. 73
6:7, p. 104
7, p. 82, 518
7:14, p. 207
7:29, p. 202
7:38, p. 115

7:51, p. 73
7:59, p. 588
8, p. 439
8:4, p. 74
8:15, p. 390
8:26, p. 156
8:30, p. 108
9, p. 468
9–10, p. 282
9:17, p. 390
9:20, p. 385
9:36, p. 50
10, p. 392
10–11, p. 285
10:3, p. 156
10:44, p. 390
11:30, p. 462
12:1, p. 273
12:7, p. 156
12:23, p. 156
13:6, p. 271
13:10, p. 138
13:39, p. 476
13:44, p. 271
14:15, p. 22
14:22, p. 575
14:23, p. 462
15, p. 405
15:5, p. 476
15:7, p. 74
15:14, p. 285
16:13, p. 504
16:15, p. 31, 392
16:30, p. 420
17:22, p. 159
17:27, p. 497
17:28, p. 42
17:29, p. 69
17:31, p. 594
18:13, p. 476
19:1, p. 390
20:7, p. 505
20:16, p. 504
20:17, p. 462
20:24, p. 74
20:28, p. 287, 462, 470
21:17, p. 476
21:19, p. 324
21:21, p. 490
24:16, p. 210
27:23, p. 156

28:17, p. 271
28:25, p. 73

Romanos
1-3, p. 289
1:1, p. 466, 468
1:2, p. 107, 116
1:3, p. 298, 376
1:4, p. 204, 385
1:5, p. 99, 421, 468, 491
1:7, p. 424
1:9, p. 502
1:16, p. 119, 581
1:17, p. 25, 581
1:18, p. 159, 215, 222, 225, 331, 600
1:19, p. 92
1:20, p. 206
1:22, p. 225
1:24, p. 209, 231
1:28, p. 206, 210, 232
2-4, p. 535
2:1, p. 222
2:5, p. 225, 429, 598, 600
2:7, p. 598
2:14, p. 96
2:15, p. 210, 424
2:25, p. 480
2:29, p. 210
3:1, p. 115, 187
3:3, p. 336, 600
3:5, p. 336
3:20, p. 123
3:21, p. 340, 419, 420
3:23, p. 215, 220, 340, 424, 545
3:24, p. 361, 373, 564
3:25, p. 337, 350, 358
3:26, p. 419
3:30, p. 31
4, p. 100, 137, 143, 291, 415, 476
4:1, p. 420
4:5, p. 339
4:15, p. 123
4:23, p. 107
4:24, p. 370
5, p. 440
5-8, p. 554, 609
5:1, p. 332, 340, 546
5:2, p. 340, 342, 440, 546

5:3, p. 186, 440, 441
5:4, p. 441
5:5, p. 427, 441, 442
5:6, p. 223, 309, 345, 442
5:8, p. 332, 336, 345
5:9, p. 224, 225, 332, 340, 601
5:12, p. 85, 229
5:13, p. 424
5:14, p. 215
5:15, p. 341
5:19, p. 215, 358
5:20, p. 342
6, p. 429
6:1, p. 483
6:2, p. 363
6:4, p. 63, 426
6:6, p. 230, 363
6:10, p. 362
6:11, p. 424, 444
6:12, p. 206, 230, 370
6:18, p. 486
6:19, p. 409
6:23, p. 229, 359
7, p. 444, 445
7:3, p. 360
7:5, p. 549
7:7, p. 231, 359
7:8, p. 360
7:14, p. 443
7:18, p. 230
7:22, p. 205
7:24, p. 433, 559
7:25, p. 230
8, p. 426, 429, 435
8:1, p. 361, 426
8:3, p. 298, 349
8:4, p. 429, 480, 488, 489
8:5, p. 429
8:6, p. 429
8:7, p. 231
8:9, p. 429, 431
8:10, p. 559
8:11, p. 428, 429
8:12, p. 490
8:13, p. 429
8:14, p. 429
8:15, p. 291, 433, 486
8:16, p. 426
8:18, p. 546
8:19, p. 388, 564
8:22, p. 154

8:23, p. 291, 559
8:24, p. 548
8:26, p. 548
8:28, p. 47, 549
8:29, p. 201, 568
8:31, p. 440, 549, 550
8:33, p. 406
8:34, p. 341
8:35, p. 439
8:36, p. 512
8:39, p. 424
9-11, p. 238, 240, 280
9, p. 267
9:1, p. 210
9:2, p. 210
9:4, p. 180, 240, 502
9:6, p. 276
9:13, p. 240
9:14, p. 277
9:17, p. 183
9:22, p. 278
10, p. 479
10:4, p. 290, 475
10:5, p. 476, 477
10:6, p. 109
10:8, p. 210
10:9, p. 385
10:13, p. 511
10:17, p. 421
11, p. 279, 291, 535
11:5, p. 272
11:7, p. 272
11:11, p. 279
11:16, p. 295
11:17, p. 288
11:22, p. 455, 599
11:24, p. 272
11:25, p. 278
11:26, p. 279, 280, 582
11:29, p. 280, 296
11:31, p. 280
11:33, p. 134
12, p. 487, 527
12-16, p. 567
12:1, p. 206, 409, 453, 486
12:2, p. 409
12:3, p. 535
12:5, p. 396, 424
12:9, p. 396, 523
12:9-13:14, p. 435
12:10, p. 523

▶ ÍNDICE BÍBLICO

649

12:13,   p. 532
12:14,   p. 527, 530
12:15,   p. 167
12:16,   p. 396, 535
13,   p. 180, 250
13:1,   p. 186, 207
13:8,   p. 479, 520
13:11,   p. 567
13:12,   p. 567, 568, 586
14:1-15:6,   p. 536
14:5,   p. 210
14:10,   p. 538
14:19,   p. 396
15:1,   p. 537
15:4,   p. 107, 118
15:6,   p. 291
15:7,   p. 396
15:13,   p. 433, 546
15:16,   p. 282
15:17,   p. 424
15:18,   p. 121
15:19,   p. 283
15:25,   p. 501
15:30,   p. 514
16:1,   p. 533
16:3,   p. 424
16:7,   p. 424
16:9,   p. 424
16:17,   p. 410
16:25,   p. 109, 134
16:26,   p. 99

1Coríntios
1-2,   p. 19
1-3,   p. 463
1:1,   p. 468
1:2,   p. 286, 287, 403, 411, 511
1:4,   p. 458
1:7,   p. 458, 569
1:8,   p. 582, 582
1:9,   p. 31
1:10,   p. 404, 467, 528
1:16,   p. 392
1:18,   p. 40, 330
1:18-2:5,   p. 204
1:18-2:15,   p. 329
1:20,   p. 563
1:23,   p. 118
1:26,   p. 203
1:30,   p. 410, 564
2,   p. 211

2:1,   p. 120
2:4,   p. 70
2:6,   p. 118, 219, 330, 563
2:8,   p. 324
2:10-13,   p. 73
2:12,   p. 426
3:1,   p. 213, 405
3:3,   p. 232
3:4,   p. 211
3:5-9,   p. 468
3:8,   p. 156
3:9,   p. 399
3:10,   p. 599
3:16-17,   p. 68
3:18,   p. 120, 563
3:22,   p. 405
4:1,   p. 468
4:4,   p. 599
4:5,   p. 582
4:7,   p. 458
5,   p. 516, 540
5-7,   p. 198
5:3,   p. 205, 213
5:7,   p. 27, 375, 232
5:9-11,   p. 232
6:1,   p. 404
6:7,   p. 410
6:9,   p. 232, 350, 546
6:11,   p. 411, 427
6:12,   p. 409
6:15,   p. 206
6:17,   p. 213
7,   p. 198, 200, 405, 482
7:1-11:1,   p. 538, 540
7:4,   p. 206
7:7,   p. 405
7:17,   p. 403
7:25,   p. 546
8:1,   p. 19
8:6,   p. 37, 297
8:11,   p. 201, 395
9,   p. 107, 465, 470, 478
9:9,   p. 107, 478
9:19,   p. 467, 468
9:24,   p. 443
9:27,   p. 206
10:1,   p. 231, 286, 296
10:11,   p. 107, 264
10:13,   p. 31
10:17,   p. 397
10:20,   p. 159

10:25,   p. 148
11,   p. 470
11-14,   p. 516
11:1,   p. 538
11:2,   p. 23, 112, 198, 113
11:11,   p. 196
11:16,   p. 403
11:17,   p. 203, 396
11:18,   p. 397, 506
11:23,   p. 113, 376
11:26,   p. 508, 582
11:27,   p. 226
11:29,   p. 598
12,   p. 405, 457
12-13,   p. 527
12-14,   p. 427, 459
12:1,   p. 457
12:2,   p. 286
12:3,   p. 415, 485
12:7,   p. 457, 458
12:11,   p. 458
12:13,   p. 405, 427, 456
12:25,   p. 396
12:26,   p. 404
12:27,   p. 287
13,   p. 488, 524, 540
13:3,   p. 206
13:13,   p. 421
14:1,   p. 457
14:4,   p. 399
14:12,   p. 399
14:14,   p. 213, 517
14:16,   p. 399
14:27,   p. 541
14:34,   p. 471
15,   p. 380, 589
15:1,   p. 592
15:2,   p. 455
15:3,   p. 112, 309, 588
15:12,   p. 592
15:18,   p. 588
15:20,   p. 264, 584
15:22,   p. 425
15:23,   p. 582
15:24,   p. 264
15:25,   p. 87, 566
15:31,   p. 269
15:34,   p. 401
15:35,   p. 592
15:45,   p. 85, 208
15:51,   p. 588

15:58, p. 568
16:2, p. 505
16:13, p. 541
16:15, p. 463
16:19, p. 533
16:22, p. 541, 582

2Coríntios
1:2, p. 37
1:3, p. 516
1:5, p. 436
1:8, p. 517
1:12–2:4, p. 542
1:18, p. 31
1:21, p. 264, 427
1:22, p. 264
2:5, p. 540
2:14, p. 222, 501
2:16, p. 433
3, p. 143
3:17, p. 476
4:4, p. 63, 563
4:5, p. 383
4:6, p. 82
4:7, p. 436, 439, 469
4:10, p. 204
4:15, p. 517
4:16, p. 205, 546
5:1, p. 206, 207, 557, 589
5:5, p. 264
5:6, p. 588
5:8, p. 588
5:10, p. 599, 600
5:11, p. 492
5:14, p. 363, 394, 535
5:15, p. 370
5:17, p. 393, 452, 565
5:18, p. 342
5:21, p. 346, 349, 355, 357
6, p. 440
6:1, p. 341, 344, 458
6:2, p. 344, 452, 565
6:3, p. 469
6:4, p. 439
6:6, p. 45, 73
6:14–7:1, p. 159, 399
6:16, p. 399
6:18, p. 41
7:10, p. 450
8–9, p. 533
8:1, p. 458

8:9, p. 84
8:13, p. 404
9:1, p. 501, 533
9:6, p. 533
9:7, p. 210
9:11, p. 516
9:13, p. 421
10–12, p. 459
10:5, p. 401
11, p. 440
12:1, p. 205
13:5, p. 431
13:11, p. 528

Gálatas
1:2, p. 201
1:3, p. 37
1:4, p. 453, 562, 563
1:9, p. 541
1:11-12, p. 452
1:13, p. 287
1:15, p. 468
1:18, p. 118
1:23, p. 104
2:1-10, p. 405
2:11, p. 539
2:14, p. 466
2:19, p. 128, 389
2:20, p. 431, 439, 569
3, p. 103, 143, 495
3:1, p. 210, 363
3:2, p. 427, 478
3:3, p. 210
3:8, p. 116, 425
3:10, p. 478
3:12, p. 478
3:13, p. 67, 362
3:14, p. 424, 425, 427, 563
3:19, p. 362
3:20, p. 31
3:26, p. 424
3:28, p. 404, 472, 506
4:4, p. 299, 428, 452, 562
4:5, p. 291
4:7, p. 431
5:1, p. 455, 476
5:3, p. 477, 478
5:4, p. 342
5:5, p. 428, 433, 493
5:6, p. 421, 425, 495
5:10, p. 424

5:13, p. 477, 490, 535
5:14, p. 477, 480, 495, 520
5:16, p. 230, 490
5:17, p. 233, 443
5:18, p. 428, 482, 490
5:19, p. 31, 232
5:21, p. 546, 599
5:22, p. 23, 232, 276, 428, 490
5:23, p. 482
5:25, p. 211, 490, 428
6:1, p. 491
6:2, p. 479, 534
6:8, p. 428
6:10, p. 201, 526
6:12, p. 366
6:14, p. 365
6:15, p. 393
6:16, p. 279

Efésios
1, p. 516
1:2, p. 43, 513
1:3, p. 386, 507, 557
1:4, p. 406, 407
1:5, p. 291
1:7, p. 374
1:9, p. 292
1:13, p. 264, 424
1:14, p. 264
1:17, p. 400
1:18, p. 401, 546
1:19, p. 381, 546
1:20, p. 386
1:21, p. 219, 563
1:22, p. 400, 403
2:1, p. 230, 546
2:2, p. 162, 219, 437
2:3, p. 226
2:4, p. 24
2:5, p. 226, 387, 426
2:6, p. 386
2:7, p. 564
2:8, p. 475
2:11, p. 289
2:12, p. 180, 223, 230, 546
2:13, p. 350
2:14, p. 290
2:15, p. 281, 290
2:17, p. 291
2:18, p. 43
2:19, p. 395, 399

ÍNDICE BÍBLICO

3:1,   p. 467
3:4,   p. 109, 291, 293
3:5,   p. 400
3:6,   p. 291
3:9,   p. 292
3:10, p. 386
3:14, p. 510, 513
3:15, p. 201
3:16, p. 428
3:17, p. 431, 522
3:20, p. 513
4:1,   p. 533
4:1-5:2,   p. 457
4:25-5:20,   p. 531
4:3,   p. 404, 534
4:5,   p. 398
4:7,   p. 426, 458
4:11, p. 470
4:12, p. 287, 463, 528
4:17, p. 221, 410
4:25, p. 396
4:26, p. 528, 542
4:30, p. 264, 424
4:32, p. 396
5:1,   p. 410
5:2,   p. 501
5:5,   p. 255
5:6,   p. 331
5:18, p. 129, 432, 505
5:21, p. 199
5:26, p. 423
6:1,   p. 200
6:4,   p. 492
6:5,   p. 405
6:10, p. 437
6:11, p. 162, 436
6:12, p. 158, 382, 386
6:17, p. 118
6:18, p. 129, 432, 513

Filipenses
1:1,   p. 462
1:2,   p. 37
1:3,   p. 516
1:9,   p. 522
1:19, p. 514
1:20, p. 206
1:23, p. 588
2,   p. 537
2:1,   p. 324, 452, 534
2:3,   p. 396

2:5,   p. 328, 385
2:6,   p. 28, 84
2:7,   p. 28
2:12, p. 452, 492
2:14, p. 452
2:16, p. 452
3:1,   p. 454
3:3,   p. 68
3:4,   p. 415
3:7,   p. 417
3:8,   p. 419
3:9,14,   p. 454
3:10, p. 454
3:12, p. 416, 454, 455
3:19, p. 455
3:20, p. 384, 557, 587
3:21, p. 593
4:5,   p. 586
4:9,   p. 112

Colossenses
1-2,   p. 40
1:2,   p. 513
1:3,   p. 516
1:5,   p. 111, 569
1:7,   p. 468
1:9,   p. 401, 432, 490
1:13, p. 255, 374
1:14, p. 564
1:15, p. 86, 314
1:16, p. 79, 315
1:18, p. 315, 403
1:20, p. 344
1:24, p. 439
1:25, p. 74
1:26, p. 109, 293
1:27, p. 431
2:2,   p. 293, 401
2:3,   p. 120
2:5,   p. 205
2:6,   p. 112
2:8,   p. 120
2:9,   p. 315, 324, 484
2:10, p. 120
2:11, p. 422
2:12, p. 426
2:13, p. 362
2:15, p. 366
2:16, p. 484, 497
2:19, p. 498
2:20, p. 369, 388

2:20-3:5,   p. 452
3:1,   p. 386, 388
3:1-4:6,   p. 422
3:5,   p. 387
3:10, p. 187, 189, 366
3:12, p. 387
3:13, p. 396
3:15, p. 537
3:16, p. 74, 506
3:18, p. 199
3:20, p. 200
3:22-4:1,   p. 405
4:2,   p. 513
4:6,   p. 537
4:7,   p. 403
4:12, p. 468, 514
4:15, p. 533
4:16, p. 506

1Tessalonicenses
1:3,   p. 421
1:6,   p. 427
1:8,   p. 421
1:9,   p. 583
1:10, p. 225, 581
2:13, p. 112
2:14, p. 527
2:16, p. 138, 280
2:19, p. 582
3:6,   p. 421
3:10, p. 528
3:12, p. 526
3:13, p. 582
4:1,   p. 112
4:1-5:21,   p. 531
4:3,   p. 411
4:8, 73,   p. 427
4:9,   p. 396
4:10, p. 395
4:13, p. 587, 589
4:15, p. 582
5:8,   p. 421
5:9,   p. 600
5:10, p. 589
5:11, p. 396
5:12, p. 506
5:15, p. 396
5:23, p. 582

2Tessalonicenses
1:1,   p. 582
1:2,   p. 37

1:3,   p. 595
1:5,   p. 527
1:8,   p. 401
2:2,   p. 210
2:3,   p. 575, 576
2:8,   p. 577
2:11, p. 576
2:13, p. 411
2:15, p. 112
2:16–3:5,   p. 513
3:6,   p. 112
3:14, p. 540

1Timóteo
1:2,   p. 37
1:3,   p. 471
2:5,   p. 297
2:11, p. 471
2:15, p. 472
3:1,   p. 463
3:2,   p. 462
3:9,   p. 104
3:15, p. 395
4:3,   p. 147, 471
4:4,   p. 134
4:14, p. 462
4:16, p. 472
5:1,   p. 462
5:4,   p. 200
5:8,   p. 200
6:1,   p. 405
6:10, p. 169
6:14, p. 582
6:15, p. 155
6:19, p. 563
6:20, p. 112

2Timóteo
1:2,   p. 37
1:14, p. 112
2:11, p. 426
2:14, p. 471
3:6,   p. 471
3:14, p. 142
4:1,   p. 582
4:6,   p. 273
4:10, p. 563

Tito
1:4,   p. 37
1:5,   p. 463

1:7,   p. 462
1:10, p. 471
2:9,   p. 405
2:11, p. 582
2:12, p. 563
2:14, p. 286
3:4,   p. 472
3:5,   p. 427

Filemom
Fm 2,   p. 533

Hebreus
1,   p. 86
1:1,   p. 79, 88, 43, 110, 322, 474
1:2,   p. 79, 86
1:3,   p. 119, 313, 350, 353, 381
1:4,   p. 159
1:13, p. 353
2:5,   p. 189, 227
2:6,   p. 110, 189
2:9,   p. 299, 566
2:11, p. 374
2:14, p. 366
3:6–4:11,   p. 296
3:7,   p. 110
3:7–4:10,   p. 119
3:12, p. 443
4:11, p. 493
4:12, p. 119
4:13, p. 58
4:14, p. 353
4:15, p. 299
4:16, p. 433
5:2,   p. 202
5:7,   p. 189, 299
6:4,   p. 455
6:10, p. 501
6:13, p. 100, 455
7,   p. 351
7:25, p. 352
8–9,   p. 375
8:1,   p. 353
8:6,   p. 376
9–10, p. 333
9:1,   p. 502
9:6,   p. 502
9:7,   p. 352
9:9,   p. 352, 502
9:12, p. 376

9:14, p. 352, 502
9:15, p. 376, 564
10:2, p. 352, 502
10:3, p. 352
10:12, p. 304, 353
10:14, p. 352
10:19, p. 352
10:22, p. 352
10:26, p. 446, 455
10:32, p. 455
11,   p. 182
11:1, p. 101, 382, 569
11:3, p. 148
11:34, p. 182
12,   p. 110
12:2, p. 353, 566
12:18, p. 493
12:24, p. 60
12:28, p. 501
12:29, p. 31
13,   p. 532
13:2, p. 382
13:7, p. 119

Tiago
1:2,   p. 441
1:17, p. 42
2,   p. 137
2:14, p. 420
2:19, p. 31
2:23, p. 114
3,   p. 262
3:1,   p. 470
3:9,   p. 188
5:12, p. 100
5:14, p. 462

1 Pedro
1:1,   p. 406
1:3,   p. 507, 557
1:10, p. 108
1:15, p. 45
1:24, p. 202
2:4,   p. 406
2:9,   p. 286, 529
2:16, p. 486
2:17, p. 201, 492
2:21, p. 524
2:24, p. 335
3:8,   p. 590
3:20, p. 208, 586

ÍNDICE BÍBLICO

4:6, p. 377
4:10, p. 524
5:1, p. 470, 558
5:5, p. 462

2 Pedro
1:2, p. 37
2:21, p. 112
3:8, p. 54, 577, 587
3:9, p. 52
3:13, p. 554

1 João
11:5, p. 491
11:7, p. 350, 446
12:1, p. 265, 350, 446
12:7, p. 524
13:1, p. 401
13:4, p. 215
13:6, p. 393
13:8, p. 162, 367, 437
13:9, p. 453, 483
13:16, p. 525
13:17, p. 210
13:20, p. 60
14:2, p. 298
14:8, p. 23, 25, 487
14:16, p. 487
4:18, p. 492
14:19–5:3, p. 521
15:1, p. 418
15:19, p. 218

2 João
23, p. 37
27, p. 298

Judas
1:9, p. 156
3, p. 104, 112

Apocalipse
1–3, p. 463
1:1, p. 57, 101, 103, 586
1:3, p. 585, 586
1:4, p. 56, 544
1:5, p. 103, 383, 593
1:6, p. 383, 401
1:7, p. 582, 586
1:8, p. 56, 185, 544
1:10, p. 429
1:12, p. 407
1:13, p. 600
1:16, p. 20, 155
1:17, p. 81
1:18, p. 383
2–3, p. 157, 295, 411
2:1–3:22, p. 58
2:9, p. 138
2:14, p. 409
2:26, p. 600
3:9, p. 138
3:12, p. 563
3:14, p. 103
3:19, p. 29
4–5, p. 262, 579
4:2, p. 429
4:8, p. 45, 46, 56, 185, 544
4:11, p. 46
5, p. 584
5:5, p. 600
5:6, p. 372
5:9, p. 81, 372
5:13, p. 381
6–9, p. 584
6:1, p. 580
6:9, p. 295, 580, 590
6:16, p. 29, 331, 596, 601
6:17, p. 578
7, p. 29, 578, 580
7:1, p. 289
7:9, p. 289
7:14, p. 601
8–9, p. 578
8:3, p. 580
9:20, p. 29
11, p. 579
11:1, p. 293
11:8, p. 555
11:15, p. 565, 579
11:17, p. 56, 185
12–13, p. 157
12:5, p. 184, 600
12:7, p. 156, 367, 577
12:11, p. 367
13, p. 578
13:7, p. 219, 435, 544
13:8, p. 75
13:10, p. 435
14:1, p. 289, 508, 581
14:4, p. 289
14:6, p. 289
14:13, p. 436, 578
14:14, p. 580
15:1, p. 29, 508, 581
15:2, p. 578
15:3, p. 185, 263
15:4, p. 175
16:7, p. 185
16:14, p. 185
17–18, p. 186
17:1–19:5, p. 579
17:3, p. 429
17:16, p. 579
18:10, p. 294, 555
18:24, p. 579
19–22, p. 585
19:1, p. 595
19:6, p. 185
19:7, p. 563
19:11, p. 581, 600
19:15, p. 184, 185, 600
20, p. 586
20:1, p. 368, 577
20:4, p. 579
20:7, p. 601
21, p. 412
21–22, p. 554, 556
21:1, p. 293, 294, 557
21:1–22:5, p. 173
21:2, p. 294, 399, 554, 563
21:4, p. 555
21:6, p. 56, 391
21:8, p. 554
21:9, p. 411
21:10, p. 294, 399, 429, 563, 586
21:22, p. 46, 185, 294, 555
21:24, p. 175
22:1, p. 316
22:3, p. 400
22:7, p. 585
22:10, p. 586
22:11, p. 45
22:12, p. 585, 586
22:13, p. 81
22:16, p. 600
22:18, p. 136
22:19, p. 399
22:20, p. 585

Este livro foi impresso em 2024, pela Braspor,
para a Thomas Nelson Brasil. A fonte usada no
miolo é Libertinus Serif corpo 11.
O papel do miolo é pólen natural 70 g/m².